高等学校法学教学丛书

民事诉讼法教程

主编 陈永革 张斌 李志萍 刘海蓉 潘庆林 崔霞

副主编 刘晴辉 高跃先 罗文禄 邵宴生 马丽芳 王夏玮 孙燕

撰稿人（姓氏笔画为序）
马丽芳 毛天媛 王夏玮 韦淇宁
孙燕 刘海蓉 刘晴辉 刘艳群
陈永革 李志萍 邵宴生 李勇军
柯宁 卓敏 张斌 张淑芬
罗文禄 高跃先 崔霞 喻芳
周竹青 董浙 虞丽琴 潘庆林

四川大学出版社

责任编辑:李勇军
责任校对:曾　鑫
封面设计:墨创文化
责任印制:王　炜

图书在版编目(CIP)数据

民事诉讼法教程 / 陈永革等主编. —成都：四川大学出版社，2017.10
（高等学校法学教学丛书）
ISBN 978-7-5690-1228-6

Ⅰ.①民…　Ⅱ.①陈…　Ⅲ.①民事诉讼法－中国－高等学校－教材　Ⅳ.①D925.1

中国版本图书馆 CIP 数据核字（2017）第 248850 号

书名　**民事诉讼法教程**

主　　编　陈永革　张　斌　李志萍　刘海蓉　潘庆林　崔　霞
出　　版　四川大学出版社
地　　址　成都市一环路南一段 24 号 (610065)
发　　行　四川大学出版社
书　　号　ISBN 978-7-5690-1228-6
印　　刷　郫县犀浦印刷厂
成品尺寸　185 mm×260 mm
印　　张　39.25
字　　数　980 千字
版　　次　2017 年 10 月第 1 版
印　　次　2017 年 10 月第 1 次印刷
定　　价　88.00 元

◆读者邮购本书,请与本社发行科联系。
电话:(028)85408408/(028)85401670/
(028)85408023　邮政编码:610065
◆本社图书如有印装质量问题,请
寄回出版社调换。
◆网址:http://www.scupress.net

目　录

第一编　绪　论

第一章　民事诉讼法概述

【学习提示】通过本章学习，了解民事纠纷的含义、特点以及民事纠纷的解决方式；掌握民事诉讼、民事诉讼法、民事诉讼法学的基本概念、特点及民事诉讼的具体程序、民事诉讼法的任务及效力；领会民事诉讼法学的研究方法、民事诉讼法与相邻部门法的关系。

第一节　民事纠纷与民事诉讼

一、民事纠纷的概念

人类社会发展过程中，人们在生产、流通、分配、消费等诸多领域，形成了纷繁复杂的各种社会关系，并使社会呈现出有秩序的状态。这种社会秩序即是人们在社会生活自形成的，也是人们自觉遵守自己制定的各种行为规范的结果。由于人们在观念及利益方面总是存在不一致，因此往往表现为行为的冲突，从而导致各种纠纷的产生。

民事纠纷，又称民事争议，是法律纠纷和社会纠纷的一种。所谓民事纠纷是指平等主体之间发生的，以民事权利义务为内容的社会纠纷。民事纠纷作为法律纠纷的一种，一般来说，是因为违反了民事法律规范而引起的。民事主体违反民事法律义务规范而侵害了他人的民事权利，由此产生以民事权利义务为内容的民事争议。

民事纠纷具有以下特点：

1. 民事纠纷主体之间法律地位平等。民事纠纷主体（民事主体）之间不存在服从与隶属的关系，在纠纷中处于平等的地位。

2. 民事纠纷的内容是对民事权利义务的争议。民事主体之间的争议内容，只限于他们之间的民事权利义务关系，民事权利义务的争议构成了民事纠纷的内容，如果超出这个范围，则不属于民事纠纷。

3. 民事纠纷的可处分性。由于民事纠纷是民事权利享有和民事义务承担的争议，因而民事纠纷主体有共处分的权利。

根据民事纠纷的内容和特点，可将民事纠纷分为两大类：一类是财产关系方面的民事纠纷，包括财产所有关系的民事纠纷的财产流转关系的民事纠纷；另一类是人身关系方面的民事纠纷，包括人格权关系的民事纠纷和身份关系的民事纠纷。

二、民事纠纷的解决机制

民事纠纷的解决机制，是指缓解和消除民事纠纷的方法和制度。根据纠纷处理的制度和方法，可从以下三种形式来论述民事纠纷的解决机制。

（一）自力救济

自力救济，包括自决、和解，是指纠纷主体依靠自身力量解决纠纷，以维护自己的权益。自决是指纠纷主体一方强调凭借自己的力量使对方服从，和解是指双方相互妥协和让步。两者的共同点是：纠纷主体都是依靠自我的力量来解决争议，无须第三者参与，也不受任何规范制约。自力救济是最原始、最简单的民事纠纷处理机制，这与生产力低下、文明程度不高的人类早期社会密切联系。

（二）社会救济

社会救济，包括调解（诉讼外调解）和仲裁，是指依靠社会力量处理民事纠纷的一种机制。调解是指第三者依据一定的道德和法律规范，对发生纠纷的当事人摆事实、讲道理，促使双方在相互谅解和让步的基础上，最终解决纠纷的一种活动。仲裁是指纠纷主体根据有关规定或者双方协议，将争议提交一定的机构，由第三者居中裁决的一种方式。调解和仲裁的共同点是：第三者对争议的处理起着重要作用。不同之处在于：调解的结果更多地体现了主体的意愿；而仲裁的结果则是更多地体现了仲裁者的意愿。运用调解和仲裁处理纠纷，标志着人类社会解决民事纠纷的方法的进步。

（三）公力救济

公力救济，是指诉讼。诉讼的实质是由特定国家机关，在纠纷主体参加下，处理特定的社会纠纷的一种最有权威的最有效的机制。诉讼的特点：一是国家强制性。诉讼是法院凭借国家审判权确定纠纷主体双方之间的民事权利义务关系，并以国家强制执行权迫使纠纷主体履行生效的判决和裁定。二是严格的规范性。诉讼必须严格按照法律规范进行。上述特点说明，现代社会采取公力救济的方式能够使纠纷得到最公平、最合理的解决。

我国现行的民事纠纷处理机制：一是和解，二是调解，三是仲裁，四是诉讼。上述四种处理机制中，诉讼是最终的、具有权威性的处理民事纠纷的机制。

三、民事诉讼的概念和特点

（一）民事诉讼的概念

民事诉讼，是指法院、当事人和其他诉讼参与人，在审理民事案件的过程中所进行的各种诉讼活动，以及由这些活动所产生的各种诉讼关系的总和。

诉讼活动，即包括法院的审判活动，如案件受理，调查取证，采取强制措施，作出裁判等；又包括诉讼参与人的诉讼活动，如原告起诉，被告提出答辩或反诉，证人出庭作证等。但是法院的活动不都是诉讼活动，如合议庭评议案件的活动、审判委员会讨论案件的活动就不是诉讼活动，而是法院内部的一种活动，这种活动是由法院组织法所调整的。诉讼活动必须是法院和诉讼参与人在诉讼过程中所进行的能够发生诉讼关系活动。如法院受理了原告的起诉活动。诉讼活动与诉讼关系密切相关。

诉讼关系，是指法院和一切诉讼参与人之间，在诉讼过程中所形成的诉讼权利义务关系。法院始终是诉讼关系中的一方，与作为诉讼关系中另一方的诉讼参与人之间发生关系。如原告起诉后，法院经审查，认为符合法定起诉条件，裁定予以受理，并在法定期限内将原告起诉状副本送达被告，这样法院就同原告和被告分别发生了诉讼关系。

可见，诉讼是由诉讼活动和诉讼关系两方面的内容构成的。诉讼活动能够产生、变更或消灭诉讼关系，而诉讼关系又通过诉讼活动表现出来。同时，这些诉讼活动和诉讼关系都是民事诉讼法所规定的。换言之，都是依法进行的诉讼活动和依法产生的诉讼关系。

（二）民事诉讼的特点

民事诉讼作为解决民事纠纷的一种独特的形式，与解决民事纠纷的其他形式相比，具有自身特殊之处，也与行政诉讼、刑事诉讼不同。从法律上看，民事诉讼主要具有以下特点：

1. 诉讼标的特定性。诉讼标的是双方当事人发生争议，要求法院作出裁判的法律关系。民事诉讼的诉讼标的只能是民事主体之间发生争议，要求法院作出裁判的民事法律关系。不是民事主体之间民事权益问题发生争议，不能作为民事诉讼的诉讼标的；虽是民事主体之间民事法律关系发生争议，而未诉诸法院解决的，也不成为民事诉讼的诉讼标的。

2. 双方当事人在诉讼上对抗的特殊性。诉讼就是对抗，但在不同的诉讼中，诉讼主体的地位不同，诉讼的目的不同，对抗的方式也不同，民事诉讼是以依法协调民事权利义务关系为基础的，双方当事人在实体和程序上的地位是平等的，诉讼的目的是维护自己的民事权益，这就决定了民事诉讼当事人在诉讼上对抗的特殊性。比如，一方当事人提起了诉讼，而另一方当事人可以提出反诉与之对抗。而在刑事诉讼中，被告不得向公诉人提出反诉；在行政诉讼中，作出具体行政行为的行政机关被起诉后，也不得向行政行为的相对人提出反诉。再如，民事诉讼中原告起诉提出诉讼请求，被告应诉反驳原告的诉讼请求，请求与反驳请求不仅贯穿诉讼的全过程，而且对抗的程度往往是激烈的，对抗的方式也是多种多样的。在刑事诉讼中是有罪无罪、罪轻罪重的对抗，而不是诉讼请求与反驳诉讼请求的对抗，也不是诉讼请求与反驳诉讼请求的对抗。

3. 当事人处分权利的自由性。民事诉讼反映民事主体权益之争，而民事主体不论在实体上还是在程序上，都有依法处分其权利的自由。民事诉讼中的原告有权依法处分其诉讼权利和实体权利，被告也有权依法处分其诉讼权利和实体权利。正因为如此，民事诉讼形成了自己特有的机制。诉讼中的和解制度和调解制度，对当事人处分其权利具有独特的作用和意义。对法院发生法律效力的判决，胜诉的一方当事人可以申请执行，也可以不申请执行，以自由处分自己的权利。但是，在刑事诉讼和行政诉讼中情况则不同，刑事诉讼中公诉人与被告不能进行和解调解，行政诉讼中就行政法律关系之争议，也不适用调解方式解决，作为当事人一方的行政机关胜诉后也无权放弃自己的权利。

4. 解决纠纷的强制性与最终性。民事诉讼是解决民事纠纷的司法手段，这就决定了它具有强制性和最终性。民事诉讼与诉讼外调解、仲裁等解决纠纷的手段不同，无须双方当事人自愿，只要一方起诉，另一方当事人就只能被动地参加诉讼，而且诉讼的结果是由法院作出裁判，最终的生效裁判当事人必须服从并履行，否则就会受到法律上的强制执行，当事人不能因为不服而采取进一步的解决方法。

民事诉讼是一个约定俗成的传统概念，我们对它应当作广义理解，现代意义的民事诉讼已远远超出了狭义的民事范围。目前，我国的民事诉讼不仅包括狭义的民事案件的诉讼，还包括经济案件的诉讼、知识产权案件的诉讼、部分劳动案件的诉讼以及海事、海商案件的诉讼等。随着市场经济的发展，各种新型的专门诉讼也相继出现，如房地产诉讼、期货诉讼、票据诉讼、股票诉讼等等，它们也属于民事诉讼范围。此外，法律规定适用民事诉讼法审理的其他案件，其审查也涵盖于民事诉讼的范畴之内。随着社会和经济的迅猛发展，我国民事诉讼的领域无疑会更加广阔。民事诉讼法通过协调各种民事程序制度形成了一个预防与处理相结合、人民自治与司法强制相结合的强有力的民事程序法律系统，对保障我国社会主义市场经济进一步发展将发挥巨大的作用。

四、民事诉讼的对象

（一）法律上的争议

公民间由于生活关系发生的争议，以法律上的争议为限，可以为民事诉讼的对象。换句话说，就是在当事人之间关于具体的权利义务的争议，必须用判决解决的时候，这种有争议的权利义务，就是民事诉讼的对象。所谓争议，一般是指关于权利主张的当否，在当事人之间发生的争议。关于法律、法规的效力或者司法解释的争议，不得成为民事诉讼的对象。民事诉讼是以平等的当事人之间，由于生活关系发生的争议为对象。所以，国家与公民之间的权利的争议，如果是由于平等关系发生的争议，也可以为民事诉讼的对象。例如，关于个人调节税的争议等。

（二）事实上的争议

事实上的争议，即关于事实真假的争议。单纯的事实，例如，关于文书真伪的争议，各国法律都特设明文规定，可以为民事诉讼的对象。我国民事诉讼法，对这个问题虽然没有明文规定，但事实上也是承认的，当然也可以为民事诉讼的对象。

五、民事诉讼的程序

（一）概念

所谓程序，就是指因一定的目的，按一定的计划而为的多数行为的集合体。构成这项程序的多数行为的形式、期间和效力等，都根据民事诉讼法的规定进行，所以称为法定程序或法律上的程序。

民事诉讼的程序，即民事诉讼的诉讼程序，又称民事审判程序。具体地说，就是人民法院在审理民事案件时必须遵守的程序。根据我国民事诉讼法的规定，民事诉讼的诉讼程序，依据不同的标准可以分为不同的种类。

（二）种类

1. 第一审程序

根据我国民事诉讼法的规定，第一审程序，又可分为下列各种程序：

（1）普通程序

又称通常诉讼程序。即一般诉讼共同适用的诉讼程序。除有特别规定外，第二审程序、审判监督程序也适用。

（2）简易程序

即对简单民事案件审理适用的诉讼程序。对划分简单案件的标准，民事诉讼法虽然没有作具体规定，但在司法解释中作了明确规定。简易程序，只在第一审适用，在第二审不适用。

（3）特别程序

特别程序就是人民法院审理特别案件适用的程序。特别程序、简易程序，都是第一审程序的一种。根据我国民事诉讼法的规定，适用特别程序审理的案件，有这几种：选民资格案件；宣告失踪、宣告死亡案件；认定公民无行为能力、限制行为能力案件；认定财产无主案件；确认调解协议案件；实现担保物权案件等。

2. 第二审程序、审判监督程序

（1）第二审程序

审理对第一审法院的判决或者裁定不服提起上诉案件适用的程序叫作第二审程序，又称上诉审程序。由于我国实行两审终审制，所以，也可以称为终审程序，即对二审法院的判决或者裁定，不得提起上诉。

（2）审判监督程序

又称再审程序。审判监督程序，就是本院院长、最高人民法院、上级人民法院对下级人民法院的确定判决，裁定，发现确有错误，提出再次审理的程序，或者人民检察院对生效裁判的抗诉和当事人申请再审的程序，又称再审程序。

3. 其他程序

根据我国民事诉讼法的规定，民事诉讼程序，除上述程序外，还有督促程序、公示催告程序、执行程序和涉外民事案件的诉讼程序。

第二节　民事诉讼法

一、民事诉讼法的概念和特点

（一）民事诉讼法的概念

民事诉讼法，就是国家制定或者认可的，调整法院和其他诉讼参与人在审理民事案件过程中所进行的各种诉讼活动以及由此而产生的各种诉讼关系的法律规范的总和。

由此可见，民事诉讼与民事诉讼法是两个既相互联系，又相互区别的概念。二者之间的关系是调整对象与法律本身的关系。民事诉讼是民事诉讼法的调整对象，民事诉讼法是调整民事诉讼的法律规范。如前所述，民事诉讼既是诉讼活动，又是诉讼关系。这种活动和关系是依法进行和依法产生的。因而民事诉讼法的调整对象具体包括：诉讼活动和诉讼关系。

民事诉讼法有狭义和广义之分。狭义的民事诉讼法是指民事诉讼法典，即国家最高权力机关制定颁行的关于民事诉讼的专门法律。我国 1991 年 4 月 9 日第七届全国人民代表大会第四次会议通过公布施行的《民事诉讼法》[①]，就是狭义的民事诉讼法。广义的民事诉讼法，是指除了民事诉讼法典之外，其他法律中有关民事诉讼程序的规定。例如，《民法》、《婚姻法》、《合同法》等法律中有关民事诉讼的法律规范。最高人民法院发布的指导民事诉讼的司法解释，其形式分为“意见”、“解释”、“规定”、“批复”、“通知”、“复函”几种，都具有法律效力。例如，《最高人民法院关于适用〈中华人民共和国民事诉讼法〉的解释》、《最高人民法院关于民事诉讼证据的若干规定》、《最高人民法院关于民事损害赔偿案件当事人的再审申请超出原审诉讼请求，人民法院是否应当再审问题的批复》等等，虽不具有民事诉讼法典的形式，但对进行民事诉讼活动具有指导作用，是各级人民法院审判民事案件所必须遵循的，并作为人民法院判决或者裁定的依据，应当在司法文书中援引，亦属广义的民事诉讼法范畴。此外，最高人民检察院为履行民事诉讼法律监督职责而发布的相关检察解释，如《人民检察院民事诉讼监督规则（试行）》（2013 年 9 月 23 日最高人民检察院第十二届检察委员会第十次会议通过）（本书以下简称《检察院民诉监督规则》）等，也是广义的民事诉讼法。

（二）民事诉讼法的制定根据

1. 宪法是制定《民事诉讼法》的根据

《民事诉讼法》是以《中华人民共和国宪法》（以下简称《宪法》）为根据制定的。《宪法》是国家的根本大法，是制定其他一切法律的母法。1999 年 3 月 15 日第九届全国人民代表大会第二次会议通过《中华人民共和国宪法修正案》第 13 条规定：“宪法第五条增加一款，作为第一款，规定：‘中华人民共和国实行依法治国，建设社会主义法治国家。”《民事诉讼法》的制定，必须以《宪法》为根据。例如，宪法第 123 条规定，人民法院是国家的审判机关。《民事诉讼法》则具体规定了各级人民法院对民事案件行使审判权的原则、制度和程序。又如，《宪法》第 125 条规定，人民法院审理案件，除法律规定的特别情况外，一律公开进行。《民事诉讼法》则规定了公开审判制度，并对不公开审理的具体案件作了规定。这都表明民事诉讼法是以宪法为根据制定的，是对宪法中有关原则、制度的具体化。

2.《民事诉讼法》是对我国民事审判工作经验的总结

《民事诉讼法》是在科学地总结我国民事审判工作经验的基础上制定的。在新民主主义革命时期，革命根据地制定出许多民事诉讼条例、规定，创立了一整套依靠群众、联系群众、便利群众，为土地革命、抗日战争和解放战争服务的民事诉讼制度和程序。新中国成立后，在《宪法》、《人民法院组织法》、《人民检察院组织法》和其他有关法律中，都对民事诉讼的原则、制度和程序作了规定。最高人民法院还制定了许多关于民事诉讼的批复、指示。我国新民主主义革命时期和中国成立以来所积累起来的一整套民事审判工作经验，经过长时间的审判实践检验，证明是成功的，应当加以总结、提高，用法律条文的形式将其肯定下来，使之定型化、法律化。《民事诉讼法》中规定的基本原

---

① 该法根据 2007 年 10 月 28 日第十届全国人民代表大会常务委员会第三十次会议《关于修改〈中华人民共和国民事诉讼法〉的决定》第一次修正，根据 2012 年 8 月 31 日第十一届全国人民代表大会常务委员会第二十八次会议《关于修改〈中华人民共和国民事诉讼法〉的决定》第二次修正，根据 2017 年 6 月 27 日第十二届全国人民代表大会常务委员会第二十八次会议《关于修改〈中华人民共和国民事诉讼法〉和〈中华人民共和国行政诉讼法〉的决定》第三次修正。

则、制度和程序，多是过去司法实践经验的总结。

3.《民事诉讼法》是结合我国实际情况和借鉴外国的经验制定的

我国的政治、经济和文化、司法制度都与其他国家不同。近几年来，市场经济的发展，民事案件增多，起诉难、争管辖、审判不公、执行难等问题突出。因此，必须从我国实际情况出发来制定民事诉讼法。在民事诉讼立法时，既要坚持民事诉讼法的科学性，吸取古今中外民事诉讼制度的经验，借鉴国外民事审判的有益制度，又不能脱离我国的国情。凡有利于保护当事人的诉讼权利，有利于人民法院正确行使审判权的，都写入了我国《民事诉讼法》中。增加了督促程序、公示催告程序等许多新内容，使《民事诉讼法》更加适应改革开放和市场经济发展的需要，更加具有中国特色，更能促进经济建设的发展，建设社会主义法治国家。

（三）我国民事诉讼法的特点

1. 体现了社会主义民主原则和社会主义法制原则

在民事诉讼法中规定的诉讼权利，就是社会主义民主权利的体现。民事诉讼法根据诉讼法律关系主体的不同情况，规定了各自所享有的诉讼权利和应承担的诉讼义务，规定行使诉讼权利和履行诉讼义务的程序，以及行使或不行使诉讼权利，履行或不履行诉讼义务的法律后果，使社会主义民主在诉讼领域内制度化、法律化。民事诉讼法还规定了许多保障诉讼权利实现的法律条文，设专章对妨害民事诉讼的强制措施作了规定。这就能有效地保障司法工作人员和一切诉讼参与人，能在良好的秩序中进行诉讼活动，这都充分体现了社会主义的民主原则和社会主义法制原则。

2. 便利群众进行诉讼，便利人民法院办案

我国一切国家机关，在本质上都是为人民服务的。人民法院对民事案件行使审判权，解决当事人间的争议，也要体现为人民服务的精神。便利群众进行诉讼，便利人民法院办案，既是制定民事诉讼法的出发点，也是执行民事诉讼法的归宿。民事诉讼法的所有规定，都必须体现“两便”原则的精神。我国《民事诉讼法》第一审普通程序中关于“人民法院审理民事案件，根据需要进行巡回审理，就地办案”的规定，关于简易程序的规定，就是“两便”原则精神的集中、突出体现。我国民事诉讼法中的“两便”原则，还表现在整个法典的内容方面，对主要的诉讼制度和程序都作了规定，法律条文简明，所使用的语言通俗易懂，既便于审判人员掌握法律条文的精神实质，正确审判案件，又便于广大群众通晓法律条文的含义，正确进行诉讼。便利群众进行诉讼，便利人民法院办案，二者是统一的。

3. 用调解的方式解决民事纠纷

这一原则充分体现了我国民事诉讼法的特色。所谓调解，指两个方面：一方面是指人民调解委员会的调解，通常叫人民调解，这是我国民诉法的一个很大的特点。外国人把这点称为“东方经验”。人民调解委员会是调解民事纠纷的第一线，大量的民事纠纷都是通过它来解决的。另一方面是法院调解。法院审理民事案件，贯彻自愿合法原则。我国民事诉讼法明确规定，在人民法院受理案件以后，到言词辩论终结后判决前，只要有可能，都应当进行调解，其他国家的民事诉讼法，没有这种规定。

4. 原则性规定与灵活性规定相结合

《民事诉讼法》是国家的基本大法，必须在全国范围内统一实施。因此，《民事诉讼

法》第 4 条规定：“凡在中华人民共和国领域内进行民事诉讼，必须遵守本法。”但是，我国地域辽阔，民族众多，各地情况千差万别，故《民事诉讼法》第 16 条又明文规定：“民族自治地方的人民代表大会根据宪法和本法的原则，结合当地民族的具体情况，可以制定变通或者补充的规定。”民事诉讼法对一些重要的诉讼原则、制度和程序都作了规定，以便人民法院办案和一切诉讼参与人进行诉讼活动有所遵循，但又有许多可以灵活运用的弹性条款，以便适应不断发展变化的新形势、新情况，充分体现了原则性与灵活性的结合。

二、民事诉讼法的性质和任务

（一）民事诉讼法的性质

民事诉讼法就其社会性质来说，是社会主义法，属于社会主义经济基础的上层建筑的一部分，是为社会主义市场经济建设服务的。而就其法律属性而言，可从以下三方面理解：

第一，民事诉讼法是基本法。基本法是相对于宪法和其他民事程序法而言，其效力低于宪法而高于一般法。宪法是国家的根本法。民事诉讼法由国家最高权力机关制定与修改，在我国法律体系中和民法、刑法等均属于国家基本法，是一切民事程序法的基本法，与其他民事程序法共同构成我国预防和解决民事纠纷的民事程序法律体系。

第二，民事诉讼法是部门法。部门法之间是根据所调整的对象而区别的。民事诉讼法的调整对象是民事诉讼活动和民事诉讼关系，这种特定的调整对象是与其他法律部门相区别的根本标志。

第三，民事诉讼法是程序法。程序法是相对于实体法而言的，实体法是规定人们实体权利义务的法律。民事诉讼法是民事程序法的主要组成部分，在民事程序法中起主导作用。

（二）民事诉讼法的任务

根据我国民事诉讼法第 2 条规定，民事诉讼法的任务有下列四项：

1. 保护当事人行使诉讼权利

诉讼权利是《宪法》确定的公民基本权利在民事诉讼中的体现。《民事诉讼法》明确规定保护当事人行使诉讼权利，目的在于保证当事人在诉讼活动中享有宪法权利。《民事诉讼法》第 8 条规定：“人民法院审理民事案件，应当保障和便利当事人行使诉讼权利”。依《民事诉讼法》的规定，当事人享有广泛的诉讼权利，当事人通过实施诉讼行为，行使诉讼权利，履行诉讼义务。在诉讼中要提高诉讼效益，在立法上就要提高程序要求，力求减少或排除行使诉讼权利，履行诉讼义务效益不高，甚至完全无效益的程序形式。在司法上除人民法院的审判人员慎重地选择程序手段外，更要特别重视保护当事人充分行使诉讼权利，为其提供行使诉讼权利的机遇，注意引导和启发当事人实施诉讼行为，提高诉讼行为的合理程度，避免诉讼行为失当，防止造成不必要的耗费或损失。

保护当事人行使诉讼权利，要特别注意改善当事人的诉讼境遇，增强当事人实施诉讼行为的主动性。要努力提高当事人在诉讼过程中的人格和人身待遇，改变把当事人单纯地作为审问对象的情形，增强双方当事人在诉讼中的指控和对抗手段，使一方当事人的进攻手段与另一方当事人的对抗手段相平衡。对抗手段应能够使诉讼主体足以有效地表达自己对实体权益和诉讼程序的愿望。对各种缺少公正基础的审判组织所采取的不当措施和错误裁判，诉讼当事人也能予以对抗，能够表达自己的否定意见。当事人对人民法院的审判人员是否保障当事人行使诉讼权利，有权实行监督。如果审判人员有违反法律规定，剥夺或者限制当事人行使诉讼权利的，当事人有权就此提出异议，直至向上级人民法院或者法律监督机关、权力机关反映。上级人民法院发现此类情况，应当责令其纠正。

2. 保证人民法院查明事实，分清是非，正确适用法律，及时审理民事案件

人民法院正确审理民事案件，事实是基础。只有查清事实，才能分清是非，明确责任，依法对案件作出公正的裁判。查明事实，主要是查明当事人所主张的事实，如查明争议的民事法律关系设立、变更和终止的事实和对该法律关系发生争议的事实。要查明这两方面的事实，人民法院必须借助证据，从认识上去再现案件事实的真实情况。为了保证人民法院能够查明事实，《民事诉讼法》规定了证据的种类、效力，当事人提供证据的责任，人民法院审查核实证据，调查收集证据的程序和方法，以及判断证据的原则等。《民事诉讼法》规定的各项制度、程序，为人民法院查明案件事实和分清是非责任提供了有力的保障。

正确适用法律，是指人民法院根据实体法和程序法的规定，解决当事人之间的争议。适用法律，不能简单地理解为把案件事实与法律规定“对号入座”。要根据实体法的有关规定，把法律的一般规定，运用于案件的具体情况，对当事人之间争议的法律关系进行具体分析，以实体法作为确定当事人是非责任的标准和解决争议的准绳。在适用实体法时，如遇地方法规与国家法律、法规的规定不一致时，要适用国家统一的法律、法规。对于争议的问题没有法律、法规规定的，适用国家政策；没有政策的，可以依法制的原则精神，或者群众中存在的符合社会主义法律意识的进步习惯解决争议。人民法院适用程序法，就是要遵守《民事诉讼法》规定的原则、制度和程序审理案件。

及时审理民事案件，是指人民法院应当遵守《民事诉讼法》对诉讼期间的规定，在审理期限内将案件审结，不能久拖不决。《民事诉讼法》总结多年的司法实践经验，明确规定了诉讼各阶段各项诉讼活动的期间，使整个民事诉讼活动更加严谨，于法有据。这样规定，使人民法院在规定的审理期限内将案件审结，就可以稳定民事法律关系，使当事人能够行使权益，参与民事、经济流转，为自己和社会增殖财富；可以防止纠纷扩大，矛盾激化，影响社会政治稳定；可以提高人民法院审判民事案件的效率，取得较高的社会效益。

3. 确认民事权利义务关系，制裁民事违法行为，保护当事人的合法权益

民事纠纷的发生，往往是当事人之间民事权利义务关系不明确，需要依法予以确认，即需要由人民法院作出确认判决；或者是应当履行义务的一方当事人不履行义务，需要人民法院依法判令其履行义务，以实现权利人的权利；或者因某种新情况出现，原有的法律关系需要加以变更，或使原有的法律关系宣告终止，使不明确的民事法律关系重新明确起来，使不确定的权利义务重新确定。因此，民事诉讼法的任务之一，就是要保障人民法院通过对案件的审理，确认当事人之间的民事权利义务关系，解决当事人之间的争议。

制裁民事违法行为，是确认民事权利义务关系的必然结果。在民事活动中，民事主体因某种原因发生民事违法行为事件，应依法予以制裁。对公民、法人或者其他组织违反合同或者不履行其他义务的；或者因过错侵害国家、集体财产，侵害公民人身、财产的，都应当承担民事责任；即使没有过错，但法律规定应当承担民事责任的，亦应承担民事责任。人民法院依法判令有违法行为的人承担民事责任，也就是对民事违法行为的制裁。这种制裁就是强令其履行义务，承担由实体法规定的违法后果。

人民法院依法对民事案件及时进行审理，使发生争议的民事权利义务关系得到确认，民事违法行为受到制裁，当事人的合法权益就受到了保护。当事人不论是公民还是法人或者其他组织，也不论是中国的当事人还是外国人、无国籍人、外国企业和组织，他们的合法权益都应当依法予以保护，不能偏向某一方而损害另一方的权益。

4. 教育公民自觉遵守法律

民事诉讼法教育公民自觉遵守法律的任务，是通过人民法院对民事案件的审判来实现的。人民法院公开审判民事案件，不仅诉讼当事人及其他诉讼参与人要参加，而且允许群众旁听，允许新闻记者采访报道。这就可以使当事人及其他诉讼参与人、广大群众都能受到法制教育，知道国家法律保护什么，支持什么，提倡什么，反对什么，制裁什么；知道什么是守法，什么是违法，增强法制观念，从而自觉遵守国家法律，用法律规范自己的行为。

人民法院通过对民事案件的审判，完成上述四项任务，所要达到的目的是：维护社会秩序、经济秩序，保障社会主义建设事业的顺利进行。因为当事人之间的争议解决了，就能创造安定团结的社会环境，从而稳定经济秩序，促进生产的发展。随着改革开放的不断深入，市场经济的不断发展，民事纠纷不可能不发生。《民事诉讼法》规定的原则、制度和程序得到贯彻实施，民事诉讼法的任务就一定能实现，目的也就一定能达到。

三、民事诉讼法的效力

民事诉讼法的效力，是指民事诉讼法的适用范围，即对什么人、对什么事、在什么空间和时间适用和发生作用。具体包括对人的效力，对事的效力，空间的效力，时间的效力。

（一）对人的效力

民事诉讼法对人的效力，就是指民事诉讼法对哪些人适用，哪些人应受其约束。《民事诉讼法》第 4 条规定："凡在中华人民共和国领域内进行民事诉讼，必须遵守本法。"这就是说，民事诉讼法对在我国人民法院进行诉讼活动的一切人有效。不论是中国的当事人还是外国或无国籍的当事人，只要在我国领域内进行民事诉讼，都必须受我国《民事诉讼法》的约束，遵守我国《民事诉讼法》的规定。具体讲，民事诉讼法对下列人有效：中国公民、法人和其他组织；居住在中国领域内的外国人、无国籍人，以及在中国的外国企业和组织（享有司法豁免权者除外）；申请在中国进行民事诉讼的外国人、无国籍人，以及外国企业和组织。

（二）对事的效力

民事诉讼法对事的效力，是指法院依照民事诉讼法审理民事案件的范围，即哪些案件应当依照民事诉讼法规定进行审理。这实际上是一个法院主管的问题。根据《民事诉讼法》第3条和其他有关法律、法规的规定，主要有以下两类案件：一是平等主体之间因民事法律关系发生的争议，如民法、婚姻法、经济法等调整的财产关系、人身关系发生的争议；二是法律规定适用民事诉讼法审理的其他案件，如选民资格案件。

（三）空间效力

民事诉讼法的空间效力，是指适用民事诉讼法的空间范围。在中华人民共和国领域内进行民事诉讼，适用《民事诉讼法》。这里的领域，包括：领土、领海、领空以及领土的延伸部分。凡在这些领域内发生的民事纠纷，在我国人民法院进行诉讼时，均应遵守我国《民事诉讼法》的规定。按照国际私法和国际惯例，在我国领域外或他国领域内发生的民事纠纷，当事人向我国法院起诉的，仍按我国《民事诉讼法》的规定进行审理。

（四）时间效力

民事诉讼法的时间效力，就是指民事诉讼法发生法律约束力的时间。《民事诉讼法》第284条规定："本法自公布之日起施行，《中华人民共和国民事诉讼法（试行）》同时废止。"民事诉讼法于1991年4月9日经第七届全国人民代表大会第四次会议通过，同日由国家主席令第44号公布施行，根据2007年10月28日第十届全国人民代表大会常务委员会第三十次会议《关于修改〈中华人民共和国民事诉讼法〉的决定》第一次修正，自2008年4月1日起施行，根据2012年8月31日第十一届全国人民代表大会常务委员会第二十八次会议《关于修改〈中华人民共和国民事诉讼法〉的决定》第二次修正，自2013年1月1日起施行，根据2017年6月27日第十二届全国人民代表大会常务委员会第二十八次会议《关于修改〈中华人民共和国民事诉讼法〉和〈中华人民共和国行政诉讼法〉的决定》第三次修正，自2017年7月1日起施行。从民事诉讼法公布施行之日起，在我国领域内进行的民事诉讼，都必须依照《民事诉讼法》的规定进行。在此之前颁行的民事诉讼法律、法规与《民事诉讼法》相违背的均不得再适用。

四、民事诉讼法与相邻法律部门的关系

在我国，有许多法律部门，除宪法外，有民法、刑法、刑诉法、民诉法、经济法、行政法等等。所有这些法律部门，形成了一个统一的社会主义法律体系，而各个法律部门之间是互相联系的。其中一些部门法与民事诉讼法有着比较密切的关系，现将民事诉讼法与几个主要相邻法律部门的关系分别阐述如下：

（一）民事诉讼法与民事实体法的关系

民事诉讼法与民法、婚姻法、继承法、经济法、劳动法、知识产权法等的关系，是民事程序法与民事实体法的关系。

民法、婚姻法、继承法、经济法、劳动法、知识产权法都是实体法。所谓实体法就是说，它规定实体的权利义务。民事诉讼的目的，是解决纠纷，保护当事人的合法权益。解决纠纷的方式、方法，不仅是民事诉讼法，而且还必须有规定解决纠纷内容的法律，所以，国家必须制定民事实体法。这即是说，民事实体法也是解决纠纷的规范，裁判的规范。尽管民事诉讼法与民事实体法都是裁判的规范，但是二者还是有不同点。其不同点主要是：民事实体法，是关于事件实体内容的判断标准，而民事诉讼法，则是应

该用什么方式、方法作判断的标准。但是，二者的关系非常密切。实体法规定了实体权利义务关系，由这些权利义务关系而产生的纠纷，就要通过民事诉讼法规定的诉讼程序来解决，确定平等主体之间的权利义务关系，并保证其实现，从而起到维护社会主义市场经济秩序的作用。

由此可见，实体法总是和程序法伴随而生，两者是解决民事纠纷的两个不可缺少的车轮。正如马克思所说的那样：二者之间的联系如此密切，就像植物的外形与植物的联系，动物的外形与血肉的联系一样。审判程序与法律应该有同样的精神。因为审判程序只是法律的生命形式，因而也是法律的内部生命的表现。日本东京大学法律系教授石田穰曾经指出：民法学的理论，是通过民事诉讼法的程序法来实现。两者是目的与手段的关系，是解决纠纷的两个车轮。民法与民事诉讼法，有这样不可分的关系。但是，应该注意，程序法与实体法在具有共同的价值目标的同时，又都有各自的独立价值，二者处于平等地位，是两个独立的部门法相互独立的关系，不是主从的关系。

（二）民事诉讼法与刑事诉讼法的关系

二者都是程序法。刑事诉讼法是保证刑法的贯彻实施，是公安部门、检察部门、人民法院与犯罪作斗争的准绳；民事诉讼法是保证民事法律的贯彻执行。这两个程序法的共同之点，都是人民法院行使审判权的程序规定。因此，在某些方面，一些原则制度是共同的。如合议制、公开审判等。但是由于这两个法的调整对象、任务和目的不一样，二者之间有重大区别：（1）具体的目的和任务不同。民事诉讼法是解决民事纠纷，保护民事合法权益，维护民事实体法律秩序。行政诉讼法则是查明被诉行政行为是否具有合法性，监督行政机关依法行政，保障行政相对人合法权益免受行政权力侵犯。（2）起诉的主体不同。民事案件是由与本案有直接关系的当事人向法院提起诉讼的。行政案件除法定的行政公益诉讼案件外，是由行政行为的相对人的及其他与行政行为有抻害关系的公民、法人或者其他组织提起诉讼的，作出被诉行政行为的行政机关只能当被告且不能提出反诉。（3）某些基本原则不同。当事人诉讼权利平等原则、同等原则、处分原则、法院调解原则、支持起诉原则、人民调解原则是民事诉讼法的特有原则，被诉行政机关负责人应出庭应诉原则，行政行为合法性审查原则，被告行政机关负举证责任原则，则是行政诉讼法的特有原则。（4）某些审判程序不同。民事诉讼法有特别程序，而行政诉讼法没有特别程序。（5）执行程序不同。行政案件执行的目的是实现权利人的民事权利，而不是限制义务人的人身自由。刑事裁判除由法院执行外，还有依法由被诉行政机关执行。以上是从宏观上谈及民事诉讼和刑事诉讼的差异，二者在许多具体规范、具体制度上也存在着差别。

（三）民事诉讼法与行政诉讼法的关系

二者都是程序法，而且行政诉讼法与民事诉讼法的法源最近、关系最为密切。我国在试行民事诉讼法时期，是以民事诉讼法来审理行政案件的，英美法等国家也是运用民事诉讼法审理行政案件的。可见，行政诉讼法与民事诉讼法的联系最为密切。但是，由于研究对象的不同，使得二者在具体内容上有显著的不同：（1）具体的目的和任务不同。民事诉讼法是解决民事纠纷，保护民事合法权益，维护民事实体法律秩序。行政诉讼法则是查明被诉行政行为是否具有含法性，监督行政机关依法行政，保障行政政相对人合法权益免受行政权力侵犯。（2）起诉的主体不同。民事案件是由与本案有直接关系的当事人向法院提起诉讼的。行政案件除法定的行政公益诉讼案件外，是由行政行为的相对人以及其他与行政行为有利害关系的公民、法人或者其他组织提起诉讼的，作出被诉行政行为的行政机关只能当被告且不能提出反诉。(3) 某些基本原则不同。当事人诉讼权利平等原则、同等原则、处分原则、法院调解原则、支持起诉原则、人民调解原则是民事诉讼法的特有原则，被诉行政机关负责人应出庭应诉原则，行政行为合法性审查原则，被告行政机关负举证责任原则，则是行政诉讼法的特有原则。(4) 某些审判程序不同。民事诉讼法有特别程序，而行政诉讼法没有特别程序。(5) 执行程序不同。民事裁判绝大多数当事人都能自动履行，少数由法院强制执行。行政案件除由法院执行外，还有依法由被诉行政机关执行。以上是从宏观上谈及民事诉讼和刑事诉讼的差异，二者在许多具体规范、具体制度上也存在着差别。

(四) 民事诉讼法与人民法院组织法的关系

人民法院组织法是规定人民法院的性质、任务、组织体系、活动原则、组织建设和人员任免的法律规范。人民法院的性质决定民事审判庭的性质。人民法院的活动原则和民事诉讼的基本原则及民事审判基本制度紧密相关，不可分割。民事诉讼法研究的内容也包括人民法院审判活动原则、审判组织和审判制度，不过它是从民事诉讼角度去研究的，其目的在于保证民事审判工作质量，改进审判作风，提高工作效率。具体区别体现在：(1) 调整对象不同。民事诉讼法调整人民法院和一切诉讼参与人在诉讼中所进行的诉讼活动以及由此产生的诉讼关系；人民法院是调整人民法院行使国家审判权时所必须遵守的组织与活动原则。(2) 适用范围不同，民事诉讼法适用于民事、经济等案件的审判和执行，人民法院审查民事案件不仅要遵守民事诉讼法，而且还要遵守人民法院组织法；而人民法院组织法是人民法院审理任何案件都必须遵守的。

1. 民事诉讼法与其他民事程序法的关系

民事程序法是保护公民、法人和其他组织民事合法权益的程序法律规范的总称。民事诉讼法是协调各种民事程序法的基本法，与其他民事程序法（公证法、仲裁法、人民调解法）共同构成了我国预防和解决民事权益纠纷的民事程序法律体系。区别在于，民事诉讼法主要是通过诉讼渠道保护当事人的合法权益，而其他民事程序法则是通过非诉讼渠道保护当事人的合法权益。

2. 民事诉讼与公证法的关系

公证法的民事程序法的一种。《中华人民共和国公证法》是调整公证机关公证证明活动的规范依据。公证法与民事诉讼法关系密切：(1) 经过法定程序公证证明的法律行为、法律事实和文书，人民法院应当作为认定事实的根据。但有相反证据当事人的申请，以公证证明方式予以保全。在当事人起诉后，把保全的证据移送受诉人民法院审查。(3) 公证机关依法赋予强制执行效力的债权文书，一方当事人不履行的，对方当事人可以向有管辖权的人民法院申请强制执行。但是，民事诉讼法公证法又有区别：(1) 调整对象不同。公证法的调整对象是公证活动；民事诉讼的调整对象是诉讼活动和诉讼关系。(2) 活动性质不同。公证活动属非讼性质，它是在民事法律关系发生纠纷之前进行的，公证机关与当事人之间的关系是非讼法律关系；民事诉讼活动具有诉讼性质，民事诉讼中的诉讼活动和诉讼关系是在民事法律关系发生纠纷之后进行和发生的。(3) 程序不同。公证法规定的是公证程序，公证活动应依照公证法规定的公证程序进行；民事诉讼法规定的是民事诉讼程序，民事诉讼活动则应按照民事诉讼法规定的诉讼程序进行。

3. 民事诉讼与人民调解法的关系

人民调解是我国民间解决纠纷的一种方式，这种方式对解决民间纠纷、减少诉讼起到很大作用。《中华人民共和国人民调解法》是人民调解的主要规范依据。人民调解法也是程序法，它与民事诉讼法的关系密切，主要表现在：(1) 民事诉讼法对人民调解委员会的性质、任务及其地位作了明确规定。(2) 人民调解委员会是人民调解的组织机构，它在处理民间纠纷时应适用民事诉讼法有关规定。(3) 人民调解委员会业务上受人民法院的指导和监督。但是，人民调解法与民事诉讼法也有重大区别：(1) 人民调解委员会是群众性的自治组织，因而，人民调解属非讼调解，不是诉讼前的必经程序，当事人不接受调解的，可以直接向人民法院提起诉讼。(2) 调解所达成的协议不具有强制执行的效力。(3) 人民调解委员会调解案件，如违反法律规定的，人民法院应当予以纠正。

(八) 民事诉讼法与仲裁法的关系

仲裁法与民事诉讼法都是处理民事纠纷的程序法，但仲裁法与民事诉讼法都作出了规定。这些问题主要是：(1)《民事诉讼法》第124条第（二）项规定了凡有书面仲裁协议的，不得向人民法院起诉，只能由仲裁机构受理，但仲裁协议无效的除外。(2)《中华人民共和国仲裁法》(以下简称《仲裁法》) 第26条规定了当事人达成仲裁协议，一方向人民法院起诉未声明有仲裁协议，人民法院受理后，另一方在首次开庭前未对人民法院受理该案提出异议的，视为放弃仲裁协议，人民法院应当继续审查。(3)《民事诉讼法》第271条、第273条规定了涉外经济纠纷以当事人有无书面仲裁协议为根据，来划分涉外仲裁机构与人民法院的主管范围，以及当事人约定仲裁后不得向人民法院起诉的平行管辖制度。(4)《仲裁法》第20条规定，当事人对仲裁协议的效力有异议的，可以请求仲裁委员会作出决定或者请求人民法院作出裁定。一方请求仲裁委员会作出决定，另一方请求人民法院作出规定的，由人民法院裁定。(5)《民事诉讼法》第272条规定了涉外仲裁机构采取保全措施，应提请人民法院裁定的程序。(6)《民事诉讼法》第237、274条规定了仲裁机构生效裁决执行程序及其不予执行的情形。

综上所述，民事诉讼法不仅是规定民事诉讼的法律，而且对公证、人民调解、仲裁等在民事程序系统中的地位、作用，以及民事诉讼法对其具有的保障作用都作了相应的规定。

第三节 民事诉讼法学

一、民事诉讼法学的概念

民事诉讼法学是分析研究民事诉讼制度的诉讼法律规范和民事诉讼运行规律的科学。从这个概念中，我们可以概括出民事诉讼法学的基本特点：

首先，它以民事诉讼法为依托，随着民事诉讼法律制度的建立而建立，随着民事诉讼法律制度的发展而发展。但是，民事诉讼法学又不是简单地反映民事诉讼法律制度，而是对民事诉讼法律制度建立的基础，客观条件，立法依据，从理论上揭示其合理性和科学性，并从民事诉讼立法的发展过程，揭示其诉讼法律制度发展变化的规律性。对于现行民事诉讼法律制度，将其置于一定历史时期、社会环境、客观需求来认识，系统理解和揭示其立法指导思想、基本原理，以入各项制度建立的基础，包含的内容和具有的功能，探讨其在客观实践中的适应性和适用度，为健全和完善民事诉讼法律制度提供一定的理论依据。

其次，它以民事诉讼实践为基础，随着民事诉讼实践发展而发展。但是，民事诉讼法学又不是简单地反映实践，而是以科学的态度和方法去认识实践，总结实践经验，考察和揭示民事诉讼法律机制在实际运行中的协调和适应性。将那些成功的、行之有效的、具有一定规律性的经验条理化、系统化，上升为理论，用以指导实践，对那些偏离民事诉讼法的立法精神、违背诉讼客观规律、不产生良好社会效应的现象和问题，提出科学的、有效的对策，以促进诉讼实践的发展。

最后，民事诉讼法学是应用性的法学，它适用性大、操作性强，对民事诉讼立法与民事诉讼实践的理论概括，其意义在于，以民事诉讼的一般原理，探求其诉讼程序制度的科学性和实践运用中适用性，提出系统的理论意见，在诉讼实践与诉讼制度建设之间，发挥其中介与桥梁的作用。

二、民事诉讼法学的研究对象

民事诉讼法学，是以民事诉讼法律机制的科学性及其运行的客观规律性为研究对象的科学。它的具体研究对象是：

1.《中华人民共和国民事诉讼法》及其他有关的民事程序法律制度。研究民事诉讼法主要是：第一，深刻理解我国民事诉讼法的性质、任务，以及基本原则的精神实质；第二，了解和研究我国民事诉讼法体例结构的合理性和科学性；第三，审判和谐制度与诉讼程序制度的健全性、完整性及其相互之间的协调性；第四，民事诉讼法律关系主体权利的合理性及其关系协调性；第五，民事诉讼法律机制在诉讼实践运行中的适应性与规律性。与民事诉讼法有关的民事程序法律制度，包括公证、人民调解和仲裁等法律制度。这些不同的法律制度，虽有其不同的性质和内容，成为各自独立的法律制度，但在维护民事权益、协调民事权益关系、解决民事纠纷等功能上，与民事诉讼不无共通之处，而属于民事程序法律制度系列，因而在研究民事诉讼法的同时，要对这些法律制度与民事诉讼法的关系和联系，一并进行研究，而作为民事诉讼法学研究的对象。

2. 民事诉讼活动和民事诉讼实践。研究民事诉讼活动，是从频繁的诉讼活动中，探讨不同主体活动的合理性和规律性。研究民事诉讼实践，是从丰富多彩的社会实践中，发现新情况，研究新问题，探索规律性的新理论。

3. 民事诉讼法与民事实体法的关系。民事实体法与民事诉讼法的关系极为密切，二者共同作用于保护民事主体的民事合法权益，因此应研究二者的协调发展，研究不同主体的不同权益通过何种具体的诉讼方式获得保护，研究在诉讼中保护某些权益需要在实体法上如何进一步加以健全和完善。

4. 我国民事诉讼法学的发展。这里一是研究旧中国民事诉讼法和民事诉讼法学的概况，以揭露其阶级本质，批判其封建糟粕，吸收其某些文化遗产。一是研究我国新民主主义时期及民事诉讼法颁布前的民事诉讼立法和民事诉讼程序制度，了解人民司法的发展，总结发展的经验，发扬优良传统，丰富民事诉讼法学的内容，结合改革开放与建立市场经济的经验，为完善我国的民事诉讼制度，发展我国的民事诉讼法学服务。

5. 外国民事诉讼法律制度和民事诉讼法学。研究外国的民事诉讼法律制度和民事诉讼法学，在于考察其发展变化的状况，探讨其发展的规律，了解现代社会民事诉讼法律制度和民事诉讼法学发展的趋势，从中参考、借鉴其有益的经验，服务于我国民事诉讼法学的研究和发展。

三、民事诉讼法学的研究方法

民事诉讼法学的研究方法是马克思列宁主义的唯物辩证法。具体说来，应采取下列的研究方法。

（一）宏观与微观相结合的方法

民事诉讼法与其他法律一样，是上层建筑的重要组成部分，它植根于社会物质生活条件。任何诉讼制度都是社会经济基础的曲折反映。因此，在研究民事诉讼法各类问题时，必须把它们放在社会大环境中，从政治、经济、文化、思想、观念等多方面进行考察，以便更加符合和接近复杂的社会现实。同时，由于民事诉讼法是程序法，有独特的个性和发展的规律，因而应以自身为出发点，运用民事诉讼法学基本理论，具体问题具体分析，以免无的放矢。只有宏观与微观相结合，才能既有广度，又有深度，具有说服力和可行性。

（二）理论与实际相结合的方法

理论与实际相结合是民事诉讼法学最根本的研究方法。民事诉讼法学是从实践中产生，也随着实践的发展，并受到实践的检验。民事诉讼法本身就是一个中国实际情况与诉讼相结合的产物，它的实施贯彻也要与实际情况结合。所以，学习研究民事诉讼法时，只有采取理论与实际相结合的方法，才能深刻体会民事诉讼法的主要内容和基本精神，明确为社会主义市场经济服务的方向。

（三）程序法与实体法相结合的方法

民事诉讼法与民事实体法有着十分密切的关系。这种关系表现为：一是程序法和实体法都是人类调整一定社会生活关系的一种工具。其工具性的含义是广泛的，二者既包括互为工具性，又包括对人类的工具性；既包括对权利主体的工具性，又包括对社会、公众的工具性。二是程序法是法律生命形式和内部生命的表现，因为实体法只有通过审判，其固有的强制力属性才能表现在人们面前。法院按照民事程序法的规定审理民事案件，并作出公正的裁判，才能保证民事实体权利义务的实现。三是在民事实体法中，往往含有民事诉讼程序法的规范。例如：《民法总则》、《继承法》以及《合同法》中有关诉讼时效的条款，当事人提起诉讼必须严格遵守诉讼时效。在规定的诉讼时效内进行诉讼，其权利才能受到法律保护；否则，行使诉权就会失去效果。又如，《婚姻法》规定，人民法院审理离婚案件应当进行调解。又如，女方在怀孕期间和分娩后1年内，男方不得提出离婚。女方提出离婚的，或人民法院认为确有必要受理男方离婚请求的，不在此限。这些规定都属于民事实体法中规定的民事诉讼程序规范。因此，必须把民事诉讼法和民事实体法结合起来进行学习研究，才能比较全面地掌握民事诉讼法的内容。

（四）原则性规定与具体条款规定相结合的方法

原则性规定是通过具体条款规定来贯彻实施的。原则性规定是民事诉讼法精神的体现，诉讼法具体条款的规定是保证原则性规定实施的。没有原则性规定，不仅民事诉讼法会失去方向和灵魂，而且具体条款规定也会失去方向，更不能适应客观形势发展的需要。反之，没有具体条款规定，原则性规定就不能得到实施贯彻。我国《民事诉讼法》就是由原则性规定与具体条款规定相结合而构成的一部民事诉讼法典，其体系结构的内容共计有 4 编 27 章 284 个条文，但是，整个法典编章节条之间既有密切联系，又有严格区别。各种规范的联系性，表现了每一条款都是调整民事诉讼活动以及由此产生的各种诉讼法律关系的；各种规范的区别性，表现了每一条款都是针对不同的具体情况而规定的，有特定的含义和要求。因此，民事诉讼法学的研究方法，应当采取原则性规定与具体条款规定相结合的研究方法，才能领会整个民事诉讼法的精神实质，同时注意区别和分析研究每一条文的确切含义，只有这样，才能保证民事诉讼法正确无误地得到贯彻实施。

（五）现行法与历史的、外国的法相比较的方法

有比较才会有鉴别。民事诉讼法学的研究方法，应当采取现行民事诉讼法与中国历代民事诉讼制度相比较的方法，探讨它们之间的联系性和差异性；同时，还应当采取现行民事诉讼法与外国民事诉讼制度相互比较的方法，正确认识我国民事诉讼法的特点及其优越性，关注当今世界各国民事诉讼制度的存在状况和发展趋势，并吸取其中有益的东西，为我所用。

【学习总结与拓展】

【关键词】民事纠纷　民事诉讼　民事诉讼法　民事诉讼法学

【思考题】

1. 民事纠纷的解决方式主要包括哪些？
2. 民事诉讼的特点是什么？
3. 民事诉讼法的效力包括哪些内容？
4. 我国民事诉讼程序有哪些？
5. 民事诉讼法与刑事诉讼法的区别有哪些？

【阅读资料】

1.《中华人民共和国民事诉讼法》（2017 年修正）。

2.《最高人民法院关于适用〈中华人民共和国民事诉讼法〉的解释》（法释〔2015〕5 号）。

3.【德】罗森贝克、施瓦布、戈特瓦尔德著：《德国民事诉讼法》，李大雪译，中国法制出版社 2005 年版。

4.【日】中村宗雄著：《诉讼法学方法论——中村民事诉讼理论精要》，陈刚、段文波译，中国法制出版社 2009 年版；【日】田中成明著：《现代社会与审判：民事诉讼的地位和作用》，郝振江译，北京大学出版社 2016 年版；【日】新堂幸司著：《新民事诉讼法》，林剑锋译，法律出版社 2008 年版；弘文堂 1990 年版；【日】棚濑孝雄著：《纠纷的解决与审判制度》，王亚新译，中国政法大学出版社 1994 年版。

5. 张卫平:《对民事诉讼法学贫困化的思索》,《清华法学》2014 年第 1 期。

6. 陈溪:《民事诉讼中的程序滥用及其法律规制》,《青年与社会》2013 年第 8 期。

7. 徐昕:《法律的私人执行》,《法学研究》2004 年第 1 期;徐昕著:《论私力救济》,中国政法大学出版社 2005 年版。

8. 章武生等著:《司法现代化与民事诉讼制度的建构(修订本)》,法律出版社 2003 年版;孙谦,郑成良主编:《司法改革报告——有关国家司法改革的理念与经验》,法律出版社 2002 年版;叶自强著:《民事诉讼法的新发展》,中国社会科学出版社 2008 年版。

9. 何文燕著:《民事诉讼理论与改革的探索》,中国检察出版社 2002 年版;何为民主编:《民事司法心理学理论与实践》,群众出版社 2002 年版。

第二章　民事诉讼法的历史沿革

【学习提示】通过本章学习，了解奴隶社会、封建社会民事诉讼法的内容及特点；领会资本主义国家大陆法系与英美法系民事诉讼法的不同特点；掌握我国民事诉讼法制定和修改的内容。

第一节　奴隶社会的民事诉讼法

一、概述

奴隶社会是人类社会的第一个阶级社会。随着阶级社会的出现，有了国家，有了法律。首先出现实体法，随着实体法的出现程序法应运而生。但是在奴隶社会，民法和刑法，实体法和程序法，刑事诉讼法和民事诉讼法不分，简单说，在奴隶社会，诸法合一，实体法和程序法犬牙交错，糅和在一起，不易分清。因此，在奴隶社会还没有形式意义上的民事诉讼法，即没有民事诉讼法典。但并不是说连民事诉讼规范都没有了。罗马法是奴隶社会最早的法，罗马法的《十二铜表法》（有的称《十二表法》）第一表第一条规定，如果有人被传出庭受讯，被传唤人必须到庭，如果不到庭，传讯人可在证人在场的情况下，证实传票，可以强制被传讯人到庭。第二条规定，被传讯人如果拒绝不到案，或企图回避，传讯的人可以拘捕他。这里所说的传讯人和被传讯人就是民事诉讼中的原告和被告。这证明在罗马法中已经有了民事诉讼的规范。在罗马时候，在奴隶社会的初期，民事诉讼和刑事诉讼还是有区别的。后期就民刑不分了。这与奴隶反抗有关系，奴隶要反抗奴隶主的统治，奴隶主就要加强统治，不论什么案件，通通按刑事对待。

在中国的奴隶社会，民事、刑事诉讼还是有界限的，是两个不同的概念。《周礼·秋官·大司寇》记载："以两造禁民讼"，"以两剂禁民狱"，其注释讲："讼谓以财货相告者"，"狱谓相告以罪者"，即以财产打官司的，称为讼，是民事诉讼；以某人犯了罪打官司的，称为狱，是刑事诉讼。"听讼折狱"，是对办理民事案件、刑事案件的两种不同称谓。办理民事案件，称为"听讼"；办理刑事案件，称为"折狱"。在西周时期，民事案件因争议的诉讼标的不同，审理案件的机构也就不同。交易货物诉讼案件，由"市师"、"贾师"审理；土地疆界诉讼案件，由"夏官"审理；婚姻案件，由"地官"审理。刑事案件，则是由"司寇"审理。在西周时期进行民事诉讼，已有收取诉讼费用的规定。《周礼·秋官·大司寇》上说："以两造禁民讼，入束矢于朝，然后听之"。即诉讼当事人进行民事诉讼，须在案件受理前，先交"束矢"于朝，不交"束矢"，则驳回起诉，不受理案件。交了“束矢”不出庭，或者拒不交“束矢”，就是“自服不直”，承认自己无理视为败诉，所交的“束矢”充公。交“束矢”，还兼有诉讼保证金的性质。当时在诉讼制度上已采用对席审判、坐地对质；在诉讼证据方面，盟誓、物证、书证、人证、当事人陈述等已被广泛采用。说明西周的证据制度已摒弃了原始的神示证据，并有核实、审查、判断等验明证据的方法，形成一套比较完整的证据制度。同时对听讼，总结出五听：一是辞听（观其出言，不直则烦）；二是色听（观其颜色，不直则赧然）；三是气听（观其气息，不直则喘）；四是耳听（观其听聆，不直则惑）；五是目听（观其眸子，不直则眊然）。对后世有着深远的影响。民事诉讼法律制度已有了初步发展。

二、特点

奴隶社会的民事诉讼，有实质意义上的民诉法，没有形式意义上的民诉法。即是说，奴隶社会有民事诉讼的规范，没有民事诉讼法典。总的来看，奴隶社会的民事诉讼法有以下三个特点：

第一，当事人资格的公开不平等。即一部分人有诉讼权利能力，一部分人没有。可以做独立的权利主体进行诉讼的，只有奴隶主和自由民。奴隶是奴隶主的财产，不是权利主体，所以不能当诉讼主体。奴隶主可以把奴隶送给人卖给人，可以任意杀害。别人伤害了奴隶，认为是伤害了奴隶主的物品，只负损害赔偿责任。奴隶伤害了别人，奴隶主代为打官司，奴隶没有打官司的资格。阶级的不平等，反映在诉讼法上当事人资格的公开不平等。

第二，审理案件广泛地使用刑讯逼供的方法。无论审理民事或刑事案件都一样。奴隶社会认为只有被告承认的才算数，被告的供述是“证据之王”，被告不承认的就采取刑讯逼供。中国有句话，叫“无供不录案”。

第三，民事裁判的执行采取“自力救济”的方法。“自力救济”是指民事裁判后，当事人如果不执行，审判官不去执行，由债权人自己执行。当时罗马法认为民法是私法，私法一直采取自治原则。表现在诉讼上，债权人可以直接扣押债务人的财产。如果被执行的是奴隶，可以随意出卖、杀死，这在法律上叫“自力救济”。汉谟拉比法典第256条规定，债务人若无力偿还财物，可以用牺口将他撕裂在土地上。罗马法规定，几个债权人，一个债务人时，如果还不起债，可以将债务人分成几块给债权人。这种做法是原始社会同态复仇观念遗留下来的。

第二节　封建社会的民事诉讼法

封建社会的民事诉讼法继承了奴隶社会的民事诉讼法，比之奴隶社会的民事诉讼法有所改善，有所进步。在封建社会初期，甚至是中期，民刑诉程序还是不分的，民法和刑法不分。一直延续到封建社会的后期。有的国家封建经济发展快些，有的慢些。因此民刑分开也有早些的，也有晚些的。中国到满清末年才分开。

一、欧洲封建社会的民事诉讼法

（一）欧洲早期封建社会民事诉讼法的特点

欧洲早期封建社会民事诉讼法的主要特点表现为以下几点：

第一，没有专门的审判机关，司法由行政长官兼管，即使有审判官，也是听命于行政长官，国王、皇帝是最高的裁判官。

第二，承办案件的官吏只是监督当事人进行诉讼，作出裁判，他自己不搜集调查证据。原告告状，原告搜集证据，原告传唤被告。如果原告三次传唤被告不到庭，就上告给国王，国王就宣布这个人是不受法律保护的人，那么原告可以对被告随意处分，可以把他押起来，可以把他出卖。这就看出“同态复仇”在封建社会还有残余表现。

第三，采取宣誓证言，采取神判决斗的方法。神判在奴隶社会就有，在封建社会大量使用。宣誓证言是指当事人证明自己陈述的真实，要有证人，证人要宣誓，否则证言不发生效力。当事人的陈述是否真实，也要有人证明，叫仪式的保证人。被告要推翻原告的主张，就要比原告多一倍的仪式保证人。同时，证人的证言同他的社会地位、职业很有关系，证人的证言要用封建等级的观点去判断。贵族的证言优于农奴的证言，官吏的证言优于普通人的证言，僧侣的证言优于世俗老百姓的证言，男子的证言优于妇女的证言。现在看来，在大陆法系的国家还有残留，比如证人出庭作证都要宣誓。日本还要证人写宣誓证言。旧中国法院要求证人在法庭上具结。这都是封建社会宣誓证言的痕迹。“神判”是利用迷信的观念，想用超自然的力量来决定案件胜负，这种方法在中国、在欧洲延续的时间比较长。中国西汉王充写了一部书叫《论衡》，书中记载，皋陶治狱无法定罪时，令羊触之以定有罪无罪。

神判最常用的方法有两种：一种是用火，一种是用水。前者用火考验被告是否犯罪，后者是把被告扔在水里，不沉下去就是有理，如果沉下去就是没理。用火的方法更残酷，把铁器烧红后，让被告把手放在上面，如果手没有烫伤，就证明被告有理，如果烫伤了，就证明被告无理。

最后一个制度是司法决斗。神判是用超自然的力量来决定案件胜负的，司法决斗则是利用当事人的体力来决定案件胜负的。比如双方证据一样，证人数目一样，法官无法判，那么就让原告与被告两人决斗。后来，欧洲专门有决斗士，专门代当事人决斗，中国没有。还有一种是当事人同法官决斗，法官判了案子，当事人不服，在规定的情况下，让法官同当事人决斗，当事人打赢了，法官就判错了。司法决斗的当事人必须是同一等级的人，否则，对方可以拒绝决斗。

（二）十三世纪以后欧洲民事诉讼法的特点

自十三世纪开始，德、法、意等国搞了一个罗马法的复兴运动，在大陆法系国家影响不小。在这个运动推动下，欧洲大陆法系国家民事诉讼法有了显著的改进，比较突出的有三个方面：

第一个突出的方面，诉讼代理制度开始建立。在罗马早期就有一种代人写文书的人，实际上起了诉讼代理人的作用。十三世纪欧洲大陆发展到当事人的懂得法律的亲属可以作为当事人的代理人进行诉讼，但当事人也要出庭。代理人与当事人的诉讼活动发生同样的效力。代理人在庭上说得不对，当事人可以当庭撤销代理。以后有一种以代理诉讼为职业的人，后发展到现在的律师制度。

第二个突出的方面，法定证据制度已经形成。证据的效力大小在法律上做了明确规定，比如文书分为皇室文件和私人文书，前者有绝对效力，什么也不能推翻。私人文书要有证人证明了才有效力。又如，一个人的证言不是完全证据，两个人的证言才是完全的证据。

这个制度的出现，在当时是有进步意义的，其目的在于约束法官，防止法官的专横，防止行政长官的专横。

第三个突出的方面，民事裁判的执行已由审判机关执行，废除了奴隶社会由当事人“自力救济”的做法，这是一个很大的进步。

罗马法对欧洲大陆法系国家有很大影响，但对英美法系的诉讼制度影响很小。特别是英国，形成了一套自己的诉讼制度。英美法系有普通法和衡平法之分。普通法指一般法院形成的判例习惯，衡平法是指普通法院按普通法判案，当事人不服，上诉到国王，国王指定大法官去审理。大法官不是按普通法去审理，而按所谓“公平”原则去办，其办案的案例是衡平法的重要来源。英美法系国家审案采用陪审团制度，有大小陪审团。案件事实由陪审团认定，法官根据陪审团认定的事实适用法律作出裁判。法官实际上处于一个仲裁人的地位，由双方当事人及其代理律师进行辩论。证据的收集，也是由当事人进行的，律师起的作用很大。陪审团的出现有两个原因：第一，想用陪审团的制度来推翻法定证据制度；第二，想用陪审团制度防止法官的专横。

从欧洲封建社会民事诉讼法来看，发展到十七世纪，民事诉讼和刑事诉讼，民诉法和刑诉法分开的趋势越来越明显。到1667年，法国国王路易十四制定了《民事敕令》，也叫《路易十四法典》，是世界上最早的民事诉讼法典。对当事人怎样进行诉讼，怎样进行辩论，法官怎样进行判决，都作了规定。这个法典是世界上最早的一部形式意义上的民事诉讼法。中国的民事诉讼法作为单独的法律直到清朝末年才有，比欧洲晚多了。

二、中国封建社会的民事诉讼法

中国漫长的封建社会，除承袭了奴隶制社会的民事诉讼法律制度之外，还在以下几个诉讼制度方面有新的发展：

（一）司法机构和审级

1. 汉代的司法机构和审级。地方上归太守、郡都尉和县令管辖，县令之下，有县丞、狱掾、令史和都乡啬夫。宗室皇族民事案分别由宗正府卿、太守和刺史审理。汉代审级，县为第一级，郡为第二级，民、刑诉讼相同。郡之上两者便不同了，民事归部（州）之刺史，刑事则归廷尉，所以汉代实行的是三级审级制。乡啬夫只调解争讼，不具有初审性质。

2. 三国两晋南北朝的司法机构和审级。三国两晋南北朝时期的司法机构，中央为廷尉，地方由州、郡、县行政长官刺史、郡守、县令兼任。州主簿具体负责州的司法工作。此外，国家行政机关中之事务官长史也兼理民刑事诉讼。乡以下设置的啬夫里正，仍为民事调解机构，无判决权，不能算作一级审级。诉讼的第一审级是县级司法机构，郡为第二级。郡之上，汉代民事归部（州）刺史，刑事归廷尉。三国两晋南北朝的地方行政机构由原来的郡、县二级制改为州、郡、县三级制，故司法审级亦相应一致，无论民事刑事一律受州管辖。州不能决者，再送中央廷尉。所以，这一时期的司法审级由汉代的三级制发展成为县、郡、州、廷尉四级制。不过自州成为地方最高行政机构之后，州刺史的权力日重起来，有的甚至给其加都督诸军事，权尤重者加持节或假节。州刺史一旦兼持节或假节，便操生杀大权，任何民刑案件，到此为止，所以，四级制实为三级制。

3. 隋唐五代的民事诉讼司法机构和审级。唐律规定了级别管辖与地区管辖制度。级别管辖是明确上、下级机关审判分工。唐朝地方以县为基层审判机关，只能审理杖以下的案件，徒刑以上申报州一级机关，州机关只能审理徒刑以下的案件，流刑则申报大理寺审理，大理寺审完，再移送刑部复核。死刑由大理寺和刑部报请皇帝裁定。由于民事法律责任都与刑事责任联系在一起，如故杀官私马牛者，徒一年半。两主放畜斗杀伤，杖八十。“取与不和”以赃定罪。盗与贪赃有流、死之罪。这当中的有关民事的法律责任都一并审理。一般民事纠纷败诉者也往往予以刑罚。因此，民事案件的审理也以此为根据，分为三级审理。地区管辖是为解决牵连案件在同级审判机关的审判分工。实行轻的服从重的，少的服从多的，后的服从先的。若牵连案件相互距离百里以外，各从事发处断之。

4. 南宋时期的民事诉讼的司法机构和审级。民事诉讼也提倡劝和，但不和者必断，不委曲劝和，较少以礼义压和。这是南宋民事法律兴盛的重要标志。南宋人还把诉与讼加以区分，谓诉者，告者也；讼者，争者也。南宋没有明确的管辖制度，但有明确的审级。一般的案子都在县、州（府）两级了结，但也有的经县、州（府）、转运使、提点刑狱司几级审理才结绝。反对越诉，但实际上不仅可以越诉，而且可以同时在几个审级告诉。如有一个案子，由县上诉到府，府未及结断，而经漕司（转运司），漕司方为索案，而又经帅司（按抚司），帅司方为行下，而又经宪司（提点刑狱司）。可以看出，南宋对民事案件采取了十分积极的审理活动。

5. 元朝时期民事诉讼的管辖。元朝在民事诉讼上遇到了两个问题：一是由一个少数民族统治一个版图辽阔的大国；二是民族关系复杂，要保持蒙古贵族的特权，又要“蒙古、回族、汉法”“各依风俗”。这就在一般管辖之外，设定了许多特殊管辖。对汉族人之间发生的婚姻、财产、田宅纠，由各级政府实行一般管辖，对蒙古、色目、回族、僧侣、军户等民族和特殊阶层实行特殊管辖。

蒙古人、色目人：统一前，蒙古诸王驸马、色目人之间的婚姻、驱口、良人等争讼由大宗政府管辖。全国统一后，“以上都、大都所属蒙古人并薛站色目与汉人相犯者，归宗正府处断，其余路、府、州、县汉人、蒙古、色目词讼归有司刑部掌管。”（《元史·百官五》）

回族：全国统一前，元廷在伊斯兰教徒聚居区设置回族哈的司①，作为管理伊斯兰教徒和处断发生在回族人中间的民事纠纷及轻微刑事案件。统一全国后，回族人内迁，法律规定：“都护府……掌领旧州城及畏吾儿之居汉地者，有词讼则听之”（《元史·百官五》）。

迁入汉地的回族人的诉讼由官府审理。仁宗皇庆元年（1312年）发布诏令置全国

① 哈的又称合的，是伊斯兰教法官称号，他的职责是依伊斯兰宗教法律决断教徒争讼和违法案件。

各地回族“哈的司”。诏令说：“哈的大师只管他每（们）掌教念经者。回族人应有刑名、户婚、钱粮词讼大小公事，哈的每（们）休问者，交有官司依体例问者，外头设立来的衙门并委付来的人每（们）革罢了者，么道圣旨了也，钦此。”（《元史·百官五》）。）大师依“回回法”处断。实际上，回族人之间的诉讼多数仍然按习惯由哈的大师处理。

军户：元朝设专门管理军户的机构，曰奥鲁[1]，军户间的婚姻、债负等民事诉讼由奥鲁受理。

僧侣：元统治者崇尚宗教，尤其推崇喇嘛教。因此，憎侣在司法上享有特权。僧侣之间发生的民事争讼和轻微的刑事犯罪，僧院主持有权处理。

6. 明朝时期民事诉讼司法机构和审级。明朝的民事诉讼由省、府、县三级行政与司法合体的机构审理。省有布政使司，府设知府一人“掌一府之政，平狱讼”，各县设知县一人“掌一县之政，严辑缉捕，听狱讼”（《明史·职官志》）。平狱讼听狱讼，刑事民事统由一长处理。明朝在乡里设立“申明亭”，宣教礼义道德，并赋予乡村长老与里长调处民事案件的职能和权力。

7. 清朝时期的民事诉讼司法机构和审级。清朝民事诉讼仍由省、府、州县行政长官审理。明清地方司法审判采取独任制，地方长官必须亲临讯讼。明朝知州设判官，知府设推官，布政使设理问专职辅佐司法审判。清初不再设这些专职的司法审判官员，地方长官转而礼聘幕友，以妥决庶务繁杂而自己又不晓法令所带困难。幕友有多种，但与司法相关者仅刑名、谷两席。刑名幕友办理绝大部分司法案件，钱谷幕友负责小部分司法案件。但并非刑名幕友专办刑事案件，钱谷幕友专办民事案件。由此可见，清代的民刑案件依旧没有严格的划分。民事案件一旦涉及封建纲常名教，就带上了刑事色彩。所以，原则上田宅、钱债等纯粹民事案件由钱谷幕友办理，而刑名幕友则除了办理叛逆、人命、盗贼、斗殴、奸情等刑事案件外，还负责坟山、争继、婚姻等民事案件。

（二）审判回避制度

唐朝第一次在诉讼上规定了回避制度，即“鞫狱官与被鞫狱人有亲属仇嫌者，皆听更之。”（《典六典. 刑部》）。在北宋时期，法律专门规定了审判回避制度。《庆元条法事类》卷八《职制令》：“诸州推法司与提点刑狱司吏人，有系亲戚而不自陈乞回避者杖一百。”《断狱令》：“诸被差请鞫狱录问检法而与罪人若干系人有亲嫌应避者，自陈改差”。

（三）诉请权利

在南宋时期，法律规定了明确的诉请权利。事不干己不受理，契约不明不受理，钱、业主已死亡不受理。诉请有法定时限。法律对交易、典卖、借贷、租赁、遗嘱、析产、契约等都规定了诉请时限，时效已过即丧失诉权。

（四）民事诉讼受案期限

1. 隋唐五代民事诉讼受案期限。在隋唐五代民事纠纷实行自告自诉原则。法律规定告诉必须自下而上进行，由县到州，再由州到中央。禁止越级告诉，禁止卑幼告长，禁止部曲、奴婢告主。在唐代开始以法令规定民事诉讼受案期限，即每年的十月到第二年的三月，为民事案件的受理月份，其他月份不予受理。这一制度称“务开期”制。

[1] 《元朝秘史》译作“老小营”。

2. 北宋时期民事诉讼的受案期限。在民事诉讼上，宋代将唐朝实行的冬季受理民事争讼的作法规定为“务限”制度。《宋刑统·户婚律》附《杂令》：“谓诉田宅、婚姻、债负，起十月一日，至三月三十日检校，以外不合。若先有文案交相侵夺者，不在此列。”

3. 宋朝的受案时限。朱熹《约束榜》规定了民事诉讼结案时限，即婚田之讼结期限两月。当时积压民案已成民病。《约束榜》规定，县道违期许越诉。宋代对有关田宅、婚姻、债负争讼规定了“入务制度”，即只在当年十月一日至次年三月三十（后改为一月三十日）受理此类案件，这个期间以外的时间为“入务”。每年十月一日为“开务日”。

4. 元朝的受案件时限。元代法律也对受理民事案件时限作了规定。《元典章》卷五十三《刑部·诉讼》有“停务”子目和“年例停务月日”，“争田词讼停务”的条款。法律规定：婚姻、良贱、家财、田宅之类的争讼，“三月一日住接词状，十月初一日举行。若有文案者，不须审问追究，及不关农田户计者不妨随即受理归问。”这就是所谓的“务停”“务开”日。同时还要求，诉诸婚田诉讼必于本年结绝。

5. 清朝的受案期限。清律规定每年四月一日至七月三十日为农忙期，民间的田土户婚“细故”，一律不准州县衙门受理，如违律受理要对州县官“指名题参”。

（五）诉讼时效

在北宋时期法律规定了典当、倚当收赎的时限和契约的有效时限，过了时限即丧失了诉权。在宋朝规定（注：《宋刑统·杂律》附《唐长庆四年三月三日制节文》，从一般原则上对契约作了时效规定，即“在三十年以前，而主保已经逃亡无证据，空有契书者，一切不须为理。”）三十年以前的契约，主保逃亡，又没有旁证，契约即丧失诉请权。法律对抵当入官的物业，作了特殊的时限规定。

（六）代诉制度

在元代以前的法律中对代理诉讼没有明确规定，只是某些享有诉讼特权的人，如命官、命妇，他们遇有民事争讼，可以不出庭而由别人代诉。《元典章》卷五十三《刑部·诉讼》有“代诉”子目，其中法律条款是：“老疾合令代诉”，“禁治富户令干人代诉”，“不许妇人诉”，“闲居官与百姓争论子侄代诉。”据此，代理诉讼的范围大大扩大了，而且除特权的性质以外，有了诉讼方便和保护诉权的意义，从而把代诉扩展到一般百姓身上。

（七）书状制度

宋代已经有“书铺”代写诉讼书状的制度，南宋书铺代书制度已纳入单行律令。到了元代，书铺代书制写入正典；《元典章》卷五十三《刑部》十五《诉讼》有“书状”子目和“籍记吏书状”的条款。书辅代书诉讼书状成为普遍化规范化的制度。在南宋之后的元代社会，仍然存在“诸诉讼之繁，婚田为甚”的状况。法律还详细规定了书写诉状的程序，书状人的职责，书状人的纪律等。书状的格式较唐宋有了更科学更规范的要求①。南宋仍然实行诉讼代书制度。有经官府批准的“书铺”诉讼词状必须经书铺书写。

（八）起诉制度

1. 汉代的起诉制度。汉代民事争纷，当事人必须直接向官府提起诉讼，否则，不予立案，不予审理。汉代把原告提起诉讼叫做“自言”。被侵权的当事人亲自到官府自诉或者由亲人代为诉讼。汉代诉讼，不仅要“自言”，而且还须写出诉状，诉状是司法机关能否立案的重要依据。

2. 三国两晋南北朝时期的告诉和起诉。三国两晋南北朝时期私人间的民事纠纷，须由当事人直接向官府告诉，方能立案审理；否则，不告不理。告诉方式，口头、书面均可。对国家公共财物的侵害和由此而产生的诉讼，由官方直接追诉，司法机关受理裁决。

（九）传讯验问制度

在汉代的传讯验问。汉代民刑诉讼的一条重要区别是，民事诉讼，原告起诉后，司法机关不和刑事诉讼一样拘捕被告，而采取传讯方法，验问案情。传讯验问均由被告所在地区基层司法官吏都乡啬夫负责。基层官吏验问后，将结果再上报县、侯官。

三国两晋南北朝时的民事诉讼，原则上由原告的起诉而引起，接着是基层司法官吏对被告的传讯和验问②。验问贯穿于民事纠纷审理的全过程。审理过程中，只要被告返还债务，案子即可了结，但有时，为了强制还债，对债务人实行监押的事例也能见到。

在中国各朝代对上诉制度、申诉复审制度、越诉制度、民事审判法律责任制度、判决和执行制度、爰书和传爰书制度、债务处理制度和调解制度等，都有记载。

第三节　资本主义国家的民事诉讼法

一、大陆法系的民事诉讼法

资产阶级革命在欧洲胜利后，1806 年法国制定的民诉法典，是最早的一部资产阶级民诉法典。法国民诉法虽然是资本主义国家民诉法的先声，如果说《路易十四法典》

---

① 据《事林广记·公理类》记元朝的条格称：“应告一切词状并宜短简，不可浮语泛词，所谓长词短状故也。”《事林广记》还列举了元代的十四种诉状式子，其中有十一种属于民事或行政状子。根据这些词状，可以看出元代诉状的一般格式：抬头为告状人姓名；诉状正文注明告状人的年龄、籍贯及必要的状况，写明诉讼理由及请求的内容；署明呈送的司法机关；写上“如有不实，告者甘愿受罚”的甘结；最后请求司法机关裁决，标明书状年月日，告状人签押。

② 吐鲁番墓葬中出土了三件《翟强辞为共治葡萄园事》文书，其中两件文书就是基层司法官吏对当事人翟强两次验问笔录。第一份文书中翟哟回答了三个问题：一是葡萄因当年“三分枯花而减产；二是他本人已经负债累累，无力承担减产损失；三是两人（立约双方）虽有约在先，但希官府“要从大例”重新“分处”当年的收益分配。事情的原委是：翟强租佃绩的葡萄园，两人已签订了租佃契约，那么，一切就要依约进行。很显然，翟强的意图是企图通过官方使其违约行为合法化。因此，司法官吏对翟强又进行了第二次验问，第二次验问才接触到问题的实质，翟强对原约供认不讳，还回答了原约的全部内容和细节。原文书结尾已残缺，司法机关的判决不得而知，可以想象，翟强的败诉，已确定无疑。

是民诉法的雏形，那么法国民诉法典就是资本主义国家一个完备的法典。但是比法国民诉法晚了七十一年的德国民诉法，无论就结构和形态来讲都比法国民诉法的影响大一些，成为资本主义国家大陆法系民诉法的蓝本。

资本主义国家的民诉法同封建社会的民诉法比较起来有什么特点?

第一，审判独立。根据孟德斯鸠“三权分立”学说，立法、司法、行政三权分开，废除封建的行政长官兼管司法的制度，废除封建社会审案要听行政长官命令的制度。资本主义的民诉法以资产阶级的形式民主代替封建社会的专横，在民诉法中规定了辩论原则、公开原则、直接原则等等，体现了资产阶级的民主，当然资产阶级的民主是少数人的民主，但比之封建的司法制度则是一大进步。

第二，实行辩论式的诉讼。在封建社会不管是刑事诉讼还是民事诉讼实行的都是纠问式的诉讼，纠问式诉讼有两个显著特点：第一，不是把当事人作为诉讼主体来看，而是作为被审问被调查的对象。第二，在审讯方法上和刑讯逼供分不开。

资产阶级夺取政权后，摒弃了纠问式的诉讼，实行辩论式的诉讼。所谓辩论式的诉讼，就是把当事人作为诉讼主体看待，在诉讼进行中，法院对当事人的辩论进行监督，一般不干涉当事人的辩论。英美法系的法官就让当事人的律师去辩论，法官在听。大陆法系的国家，法官有时要问一问。美国有的人就说，大陆法系的诉讼是辩论式和审问式的结合。这种分析不一定对，但说明两个法系的国家在审问的方法上是有区别的。二次大战后，日本的民诉法吸取了英美法系的一些做法。

第三，用自由心证代替了法定证据。法官判断证据的时候凭自己的良心，自己的理性认定事实，认定证据作出裁判。对证据的效力，由他自己做出评价，法律事前不作规定，这就是自由心证。这样就废除了封建社会的法定证据制度。自由心证同法定证据相比较是一个进步，法官判断证据时需要考虑到事实的复杂性，考虑到各方面具体情况，以适应审理案件的复杂情况。但自由心证是否就像资产阶级所鼓吹的那样是最进步的制度？也不一定。马克思讲过，一个人的“良心”、“理性”，怎么决定的呢？并不是脑子里怎么想就怎么决定，而是由社会存在决定的。资产阶级私有制社会的存在，就决定资产阶级法官的判断只能有利于资产阶级。当然，自由心证在诉讼法上，在证据学中还是一个值得研究的问题。

二、英美法系的民事诉讼法

英美法系的民事诉讼法主要是判例法，成文法少。现在美国向成文法发展的趋势较快，美国各个州差不多都有了自己的民诉法。联邦《法律大全》中有民诉法。英国发展较慢，从接触的材料看，好像只有证据方面有规定，别的还没有看到。

美国虽然有成文法，但还是存在大量的判例。它的民事诉讼程序复杂得很。一个老练的有经验的律师，很容易钻民诉法的空子，官司容易打赢。如果不熟悉民诉法的人，则不易打赢官司。英美法系在民事诉讼方面发展趋势有两个问题：

第一个问题，英国和美国的一些州开始取消了普通法院和衡平法院的区别，一些案件过去由衡平法院处理，现在由普通法院处理。

第二个问题，开始有了取消部分陪审团的趋向。英国在民事诉讼上已经取消了陪审团。美国一些州也取消了陪审团，有些州还保留，但人数减少了，原来规定 12 个人，现在是 6 个人。原来规定确定事实要陪审团一致通过，现在改为六分之五通过即可。陪审团审理案件的范围也缩小了，重大的案子才由陪审团参加审理。

第四节　中国近现代民事诉讼法

一、中国近代民事诉讼法

《大清民事诉讼律（草案）》（宣统二年（1901 年）十二月二十七日奏呈），是中国历史上第一部较完整的民事诉讼法。它的体系结构以德国民事诉讼法为蓝本，参照日本等国民事诉讼法，结合中国封建社会的法律和习俗而制定。修律大臣沈家本在给清朝皇帝的奏章中写道："臣等从事编纂、博访周咨、考列国之成规，采最新之原理，复斟酌中国民俗，逐一研求。"这表明它引进了西方资本主义国家的民事诉讼法律制度，但又带有半封建半殖民地的色彩。《大清民事诉讼律（草案）》共 4 篇 800 条。第一编审判衙门，下设管辖、回避拒却及引避等 5 章；第二编当事人，下设能力、多数当事人、诉讼当事人、诉讼费用等 7 章；第三编通常诉讼程序，下设第一审程序、上诉程序和再审程序等 5 章；第四编特别程序，下设督促程序、公示催告程序、人事诉讼（包括婚姻事件）程序、禁治产宣告程序、准禁治产宣告程序、亲子关系事件程序等 5 章。这部民事诉讼法草案虽因清政府的灭亡而未能颁行，但对后来的北洋军阀政府和国民党政府制定民事诉讼法产生了重要影响。

民国政府于 1935 年 2 月 1 日公布了民事诉讼法，同年 7 月 1 日实施。该法共 9 编 636 条。第一编总则，下设法院、当事人、诉讼费用、诉讼程序 4 章；第二编第一审程序，下设通常诉讼程序、调解程序、简易诉讼程序 3 章；第三编上诉审程序，下设第二审程序、第三审程序 2 章；第四编控告程序；第五编再审程序；第六编督促程序；第七编保全程序；第八编公示催告程序；第九编人事诉讼程序，下设婚姻事件程序、亲子关系事件程序、禁治产事件程序、宣告死亡事件程序 4 章。这部民事诉讼法的结构、内容，都与《大清民事诉讼律（草案）》基本相同，具有内容庞杂、程序繁琐、制度复杂等弊病，是一部为大地主官僚资产阶级专政服务的民事诉讼法。

与此同时，中国共产党领导的各革命根据地制定了不少民事诉讼法律规范。1932 年颁布了《裁判部暂行组织及裁判条例》，1934 年公布了《中华苏维埃共和国司法程序》，1943 年颁布了《陕甘宁边区军民诉讼暂行条例》、《晋冀鲁豫边区工作人员离婚程序》、《晋冀鲁豫边区民事诉讼上诉须知》，1946 年颁布了《晋察冀边区各级法院状纸与讼费暂行办法》等，相继建立了依靠群众、便利群众的民事诉讼制度。其中，革命根据地时期的民事诉讼法律规范对中华人民共和国成立后施行的民事审判程序和制定完整的民事诉讼法典起了积极作用。主要包括以下几方面的内容：（1）实行两审终审制度。（2）就地审理和巡回审判制度，如著名的马锡五审判方式。马锡五审判方式就是不拘形式地巡回审判，归纳起来有三个特点：一是深入实际，深入群众，调查研究；二是相信群众，依靠群众，贯彻群众路线，如召开座谈会，听取群众意见；三是在诉讼手续上力求简便，如在审问案件时实行座谈式，不是采取坐堂问案。（3）陪审制度。一审法院采取陪审制度，有三种形式：第一种是法院根据案件情况，邀请陪审员。第二种陪审员是群众选举的。第三种是机关、团体指派陪审员。规定陪审员执行职务时，其待遇由原单位负责。(4) 实行公开审判、诉讼代理制度。规定群众旁听时可以发言。代理人主要由当事人的亲戚朋友或其单位的领导担任。(5) 简化诉讼程序。起诉、上诉无论是书面或口头，有同等效力。如果当事人要求法院代写起诉或上诉文书，法院有义务代写。法院制作的调解书、判决书的语言要大众化，通俗化。(6) 普遍开展调解工作。当时调解分为三种形式：一种是民间调解。当事人发生了纠纷，邀请左邻右舍亲属朋友进行调解，或者是调解委员会进行调解。第二种是政府调解。当事人不服群众调解，可要求基层政府进行调解。第三种是司法调解。当时调解委员会普遍建立，出现了许多调解模范。但是当时调解工作也发生了一些偏向，主要有三点：一是规定一切民事案件"均须履行调解"。二是把调解作为诉讼的必经程序。三是提出"调解为主，审判为辅"的口号。针对这些问题，边区政府，高等法院进行调查研究，总结了调解的三条原则：第一条，调解必须双方自愿，不得强迫。第二条，调解必须符合政策法令，不得违背政策法令或者和稀泥。第三条，调解不是诉讼的必经程序。经过边区政府纠正后，人民调解走上了健康发展的道路。这三条在我国民事诉讼法中是得到贯彻的。

在这个时期，中国共产党领导的革命根据地与国民党领导的国民政府并存，一个国家两种不同的社会制度并存，两种不同的民事诉讼法律制度并存，直到 1949 年中华人民共和国成立，才在大陆上彻底废除了民国政府民事诉讼法。

二、中华人民共和国民事诉讼法

（一）中华人民共和国民事诉讼法的制定与试行

中华人民共和国成立后，国家为制定民事诉讼法做了许多准备工作。1950 年 12 月政务院法制委员会起草了《中华人民共和国诉讼程序试行通则（草案）》，计 82 条。1951 年 9 月中央人民政府通过颁行的《中华人民共和国人民法院暂行组织条例》，计 6 章 39 条。1954 年 9 月第一届全国人民代表大会通过颁行了《中华人民共和国人民法院组织法》、《中华人民共和国人民检察院组织法》。1956 年 10 月最高人民法院印发了《关于各级人民法院民事案件审判程序总结》，并于 1957 年将这个总结条文化，制定了《民事案件审判程序》，共 84 条。1964 年最高人民法院院长谢觉哉在第三届全国人民代表大会第一次会议上所做的报告中，全面提出了我国民事审判工作必须贯彻"依靠群众、调查研究、调解为主、就地解决"的十六字方针。1979 年 2 月，最高人民法院召开了第二次全国民事审判工作会议，制定了《人民法院审判民事案件程序制度的规定（试行）》，为制定中华人民共和国民事诉讼法奠定了基础。

1979 年 9 月，全国人民代表大会常务委员会法制委员会正式成立了民事诉讼法起草小组，开始了中华人民共和国民事诉讼法草案的起草工作。中华人民共和国民事诉讼法草案拟定后，曾先后三次在全国范围内反复征求意见。1981 年 12 月第五届全国人民代表大会第四次全体会议原则通过了《中华人民共和国民事诉讼法草案》。这次会议授权全国人民代表大会常务委员会，根据全国人大代表们的意见和有关单位的意见，对民事诉讼法草案修改后，公布试行。1982 年 3 月 8 日，第五届全国人民代表大会常务委员会第二十二次会议讨论通过了《中华人民共和国民事诉讼法（试行）》（以下简称《民事诉讼法（试行）》），从 1982 年 10 月 1 日起在全国试行。从而推出了我国第一部正式颁布的民事诉讼法典。《民事诉讼法（试行）》继受了新民主主义时期解放区民事诉讼习惯和制度，如两审终审制度；也借鉴了原苏联民事诉讼法的诸多制度，如对民事审判活动事后的监督。该法吸取 1949 年以来的国内民事审判经验，同时也移植了大陆法系国家和地区的某些诉讼制度。该法鉴于当时的环境，有的规定还比较粗疏，但对及时解决民事纠纷，保障经济、社会的稳定发展起到了积极、重要的作用。

（二）中华人民共和国民事诉讼法的制定及修改

从 1982 年到 1991 年这段时间，随着改革开放和社会主义经济的发展，出现了许多新情况，经济纠纷大量增加。这就需要根据当时的新情况，对《民事诉讼法（试行）》进行修改、补充，以适应进一步改革开放，发展社会主义市场经济的需要。全国人民代表大会及其常务委员会相继制定了《民法通则》、《专利法》、《商标法》、《著作权法》等实体法，这也需要在《民事诉讼法》中作出与之相衔接配套的规定，增加新的内容。人民法院在贯彻实施《民事诉讼法（试行）》中积累了不少经验，这就需要将经审判实践检验，证明是行之有效的正确经验加以总结，上升为法律。《民事诉讼法（试行）》本身有的条款不够完善，也需要加以修改、补充。

第七届全国人民代表大会第四次会议于 1991 年 4 月 9 日审议通过了《中华人民共和国民事诉讼法》（以下简称民事诉讼法），并当即公布实施。这在中国法制建设史上和社会主义经济建设中有着极为重要的意义：标明我国社会主义法制建设又有了重大进展；有益于保障民事实体法的贯彻实施，保障公民、法人和其他组织的合法权益；有益于保障改革开放，发展社会主义的市场经济，保障社会主义现代化建设事业的顺利进行。相对于 1982 年《民事诉讼法（试行）》，1991 年的《民事诉讼法》无论是体系结构、诉讼制度的完善、条文的规范化方面都有很大的提升。尤其在弱化职权干预色彩方面有所推进，如规定了协议管辖。最突出的一点是，不再强调着重调解，而是强调能调则调，当判则判，调解自愿的原则。这部民事诉讼法移植和借鉴了诸多域外民事诉讼制度，进一步丰富了我国民事诉讼的规范体系和解纷方式。

随着我国经济、政治、文化等事业的发展，社会各方面改革的深化，1991 年的《民事诉讼法》显露出一系列问题亟须修改，2007 年 10 月 28 日，第十届全国人民代表大会常务委员会第三十次会议通过了《关于修改（中华人民共和国民事诉讼法）的决定》，对已经施行 16 年多的《民事诉讼法》进行了修改，并于 2008 年 4 月 1 日起施行。《民事诉讼法》对妨害民事诉讼的强制措施、审判监督程序、执行程序等问题做出了重大修改，并删除了原《民事诉讼法》中的“企业法人破产程序”一章。但由于当时诸多因素的制约，这次修改并没有实现大改，仅仅是小改。

根据最新的经济发展形势和审判实践，2012 年 8 月 31 日全国人大常委会通过了《关于修改〈中华人民共和国民事诉讼法〉的决定》，新修正的民事诉讼法于 2013 年 1 月 1 日起实施。这是民诉法自 1991 年实施以来的第二次修改，本次修改是在 2007 年第一次修改的基础上进一步完善，其修改、调整的内容略占整部法律的四分之一，可以视为一次中改。新《民事诉讼法》设置了诸多新的原则、诉讼和非讼制度，如诚实信用原则、公益诉讼制度框架、小额案件诉讼制度、第三人撤销之诉、执行监督等，对管辖、证据、诉讼代理人、保全、送达、第一审程序、第二审程序、再审程序、检察监督等方面进行修正和调整。

2017年6月27日第12届全国人民代表大会常务委员会第28次会议通过了《全国人民代表大会常务委员会关于修改〈中华人民共和国民事诉讼法〉和〈中华人民共和国行政诉讼法〉的决定》，国家主席习近平同日签署《国家主席令第七十一号》予以发布，"《中华人民共和国民事诉讼法》根据本决定作相应修改，重新公布。"这是《民事诉讼法》自1991年实施以来的第三次修改。本次修改是在2015年7月至2017年6月检察机关提起民事公益诉讼改革试点二年期满后，总结主要经验成果专门修改第55条增加人民检察院提起民事公益诉讼的条款，新修正的民事诉讼法于2017年7月1日起实施。

由于立法体制、理念、方法等方面的原因，民事诉讼法典在具体制度的规定方面还存在诸多不明确，缺乏一定的操作性，以及某些规定相互之间不统一的问题。这些问题在2012年民诉法实施的实践中也都相应地显现出来，尤其是新增加的若干制度。这就促使了新的司法解释尽快出台。经过历时两年的论证起草和5次审委会讨论，最高人民法院有史以来制定条文最多、篇幅最长的司法解释——《关于适用〈中华人民共和国民事诉讼法〉的解释》(法释〔2015〕5号)(本书以下简称《法院适用民诉法解释》)于2015年2月4日起正式施行，该解释分23章，共552条，最高人民法院在起草过程中召开各类座谈会共150多场，使得这部司法解释成为内容最为丰富、参加起草部门和人员最多的司法解释。该司法解释很大程度上弥补了民诉法规定的不足，有助于民诉法的合理、顺畅的实施。

【学习总结与拓展】

【关键词】 听讼折狱　五听制度　纠问式诉讼　辩论式诉讼　自由心证

【思考题】

1. 中国奴隶社会的民事诉讼法有什么特点?
2. 大陆法系与英美法系的民事诉讼法有什么不同的特点?
3. 马锡五审判方式有什么特点?
4. 试述我国民事诉讼法制定和修改的过程。

【阅读资料】

1.《中华人民共和国民事诉讼法》(2017年修正)。

2.《最高人民法院关于适用〈中华人民共和国民事诉讼法〉的解释》(法释〔2015〕5号)。

3. 张卫平:《民事司法制度的新发展》,《检察日报》2012年9月7日第03版。

4. 王亚新著:《对抗与判定——日本民事诉讼的基本结构》，清华大学出版社2002年版；［日］中村英郎著:《新民事诉讼法讲义》，陈刚、林剑锋、郭美松译，法律出版社2001年版；［德］米夏埃尔·施蒂尔纳编:《德国民事诉讼法学文萃》，赵秀举译，中国政法大学出版社2005年版；齐树洁:《德国民事司法改革及其借鉴意义》,《中国法学》2002年第3期；张家慧著:《俄罗斯民事诉讼法研究》，法律出版社2004年版。

5.［英］梅特兰著:《普通法的诉讼形式》，王云霞等译，商务印书馆2009年版；［美］约翰. 亨利. 梅利曼著:《大陆法系》，顾培东、禄正平译，法律出版社2004年版；［美］史蒂文·苏本，玛格瑞特(绮剑)·伍:《美国民事诉讼的真谛：从历史. 文化. 实务的视角》，蔡彦敏. 徐卉译，法律出版社2002年版；汤维建著:《美国民事司法制度与民事诉讼程序》，中国法制出版社 2001 年版。

6. 王亚新著：《社会变革中的民事诉讼》，中国法制出版社 2001 年版；王亚新：《论民事、经济审判方式的改革》，《中国社会科学》1994 年第 1 期。

7. 徐昕主编：《调解的中国经验》，厦门大学出版社 2010 年版；徐昕：《英国民事诉讼规则》，中国法制出版社 2001 年版；肖建国：《从立法论走向解释论：〈民事诉讼法〉修改的实务应对》，《法律适用》2012 年第 11 期。

8. 张卫平：《回归“马锡五”的思考》，《现代法学》2009 年第 5 期。

9. 刘荣军：《民事程序保障的宪法要求》，载中国法学网（http://www.iolaw.org.cn）；傅郁林：《迈向现代化的中国民事诉讼法》，《当代法学》2011 年第 1 期；陈刚著：《民事诉讼法制的现代化》，中国检察出版社 2003 年版；田平安主编：《民事诉讼程序改革热点问题研究》，中国检察出版社 2001 年版。

10. 最高人民检察院法律政策研究室编：《民事诉讼法修改研究综述》，吉林人民出版社 2006 年版；最高人民法院民事诉讼法调研小组编：《民事诉讼程序改革报告》，法律出版社 2003 年版；王文杰主编：《民事诉讼法之变革》，清华大学出版社 2005 年版。

第三章 民事诉讼的基本原理

【学习提示】通过本章学习，了解关于民事诉讼价值、目的、模式的各种理论学说；领会民事诉讼价值、目的、模式之间的关系；掌握民事诉讼外在价值与内在价值的冲突与协调，我国现行民事诉讼模式及其特点。

第一节 民事诉讼程序价值原理

一、民事诉讼程序价值概说

哲学价值论上的价值是一个关系范畴，是指在主体与客体的相互关系中，客体的存在、作用以及它们的变化对于主体需要及其发展的某种适合、接近或一致。价值反映了人（主体）与自然、社会（客体）的关系，揭示了人的实践活动的动机和目的。人和物之间的需要与满足的对应关系，就是价值关系。理解这一概念，要注意两方面的问题：一是在价值的研究中首先须确定相应的价值主体和客体。因为价值是一个关系的范畴，永远都只具有相对的意义，也就是说在社会生活中，一种事物好不好，有无价值，是相对于一定的人、一定的主体而言；同一社会现象，对不同的人、不同的主体，其价值往往不同，如果没有主体就无法作出价值判断；同样如果没有客体，主体就失去了价值评价的对象。正是由于主客体的这种关系，才构成了价值这一范畴。二是价值兼具一元性和多元性。因为在社会生活中，同一客体对不同的个体主体，群体主体的作用不同，主体作出的价值评价就不一样，所以价值具有多元性；而同一客体对同一时空条件下的同一主体的价值评价是一致的，所以价值又具有一元性。

民事诉讼程序价值，是反映民事诉讼程序价值关系实质的法哲学概念，是对程序主客体关系的一种主体性描述，它代表着程序的主体化过程。具体来讲，它是指民事程序主体依其内在尺度促使程序适合、满足和服务于程序主体的诉讼目的和诉讼需要的一种关系。必须明确，程序价值是一个关系范畴，而非属性范畴。程序价值不等同于程序主体的属性或程序的属性等概念，它既不是程序主体的诉讼目的和需要，也不是程序的性质和功能，而是程序主客体的相互作用。在作用过程中，程序主体把自己的诉讼需求外化为客观存在的东西，程序则把自己的属性和功能内化为程序主体享用的东西，从而形成一种特定的需要与满足的关系。

关于民事诉讼程序价值理论的研究，最早是由英国学者杰罗米·边沁发起的。在19世纪早期，边沁即开始了对证据和法律程序问题的研究。他提出了有关法律程序价值的一般理论，并对实体法与程序法的关系、程序法的价值目标以及功利原则对法律程序制度的作用等问题首次进行了分析。从此，关于法律程序价值的研究开始逐渐升温，有关这方面的著述也不断出现。学者们的观点大体上可以分为两种：程序工具主义论和程序本位主义理论。由此产生了关于民事程序价值性质的分类，即分为民事诉讼程序的外在价值（又称为“工具性价值”）与民事诉讼程序的内在价值（又称为“独立性价值”或“目的性价值”）。

二、民事诉讼程序的外在价值

所谓“外在价值”，是指作为一种手段和工具的价值。因而，民事诉讼程序的外在价值又称为工具性价值。它是指人们据以评价一项民事诉讼程序在形成某一好的裁判结果方面是否有用和有效的价值标准。即要看它是否有助于实现裁判结果的公正和是否有利于维护社会正义。一项诉讼程序如果能够产生好的结果或者具备产生好的结果的能力，人们就会认为它具有一种外在的价值。评价民事诉讼结果的标准是独立的，主要是实体公正、秩序等价值。也就是说，民事诉讼程序的外在价值的实现并非取决于程序本身，而是取决于程序所产生的结果符合外在的实体价值标准。具体包括实体公正和秩序等价值类型。

（一）实体公正

实体公正可以从两种意义上理解：一是指立法者对人们实体权利和义务的公正分配，这是实体一般公正；二是指司法者根据实体一般公正的要求，通过在民事诉讼程序中行使自由裁量权而达到公正裁判结果，这是实体个别公正。前一种意义的实体公正属于民法学和证据学研究的范围，诉讼法上的实体公正通常称裁判结果公正或“结果公正”。公正的裁判结果是法院或法官通过整个民事诉讼过程所要达到的一种理想结果，它主要体现在事实认定真实和法律适用正确两个方面，二者构成了裁判结果公正的标准，任何一项民事裁判必须同时符合这两项公正标准，否则就违背了结果公正的要求。

争执事实的真实再现，是实体公正的首要标准。民事诉讼程序除了具有保护当事人诉讼权利的意义外，还要承担起查明案件事实，正确适用实体法的任务，后者是整个诉讼活动的核心内容和目的指向，并且事实认定是法律适用的基础。如何正确地认定案件事实，诉讼理论上存在三种学说，即“主观真实说”、“客观真实说”以及“法律真实说”。“主观真实说”为英美法系和大陆法系的诉讼理论所主张，认为法院在裁判中认定的事实，是法官依据当事人主张的事实作出的裁判，难以达到与诉讼前发生的事是完全一致的程度，至多只能接近案件的真实情况。因此，法官认定的事实并非客观的真实，而是法官主观上的真实。与之相反，“客观真实说”认为，民事诉讼是一种认识活动，在这一活动过程中当事人的程序参与和证据提供有助于事实真相的揭示，法官的认识能力、判断能力、理解能力、协商能力保证裁判中认定的事实达到客观真实的程度。此种学说长期以来占据我国诉讼理论中的主流地位。近几年来，不少学者在对此种学说反思的基础上提出了“法律真实说”，主张裁判中认定的事实应当符合实体法与程序法的有关规定，达到从法律的角度可以认为是真实的程度。对于这个问题，目前尚无定论，但无论如何，法官对争执事实的真实再现，是建立在证据基础之上的对案件事实的认识。

正确地适用法律，是结果公正的又一要求。法律适用的正确与否取决于两方面的因素：一为适用的法律依据，二为法官的态度、价值观等。要正确地适用法律，法官一方面必须服从法律，即不能为自己的任意所左右，擅断专横，更不应屈从任何私益，徇私舞弊。“法官除了法律就没有别的上司”。另一方面，法官还必须发挥自己的主观能动性，在一些具体、特殊的案件中，恰当地运用其知识、经验、价值判断，对法律规范进行选择、分析、解释甚至创造，从而实现个案的公正处理。

（二）秩序的维持

秩序价值反映了程序的强制性和排他性，它包括和平和安全两个方面。法律秩序的形成需要程序，法律秩序的维护离不开程序。程序在建立和维护社会生活、生产和交换秩序即私法秩序，甚至阶级统治和权力运行秩序的过程中作用重大。这是因为，现代文明的诉讼程序能促使私权争执得以和平地解决，能保证过去的案件事实得以真实（法律真实）地重塑；保持私法的历史连续性和律令一致性，化解社会矛盾、将复杂的权利斗争转化为程序问题。

三、民事诉讼程序的内在价值

民事诉讼程序的内在价值，是指人们评价一项民事诉讼程序本身是否具有善良品质的道德标准。所谓“善”，是指一种高尚的、至少是令人满意的品质。民事诉讼程序无论是否能够产生好的裁判结果，只要它本身具有“善”的品质，人们就会认为它具有独立的内在价值。由于这种需要的满足，是程序主体活动的内在目的本身，因此，程序满足这种需要所形成的价值，又叫作“目的性价值”。它包括程序公正、程序效益和程序自由等具体型态。

（一）程序公正价值

公正或正义，历来被视为人类社会的美德和崇高理想，是人类生生不息的追求。何为公正？人们在对一种至少会使一部分人的权益受到有利或者不利影响的活动或决定作出评价时，不能仅仅关注结果的正当性，更要看这种结果形成的过程或者结果据以形成的程序本身是否正当、合理。人们把追求公平、正义的诉讼程序，称为“正当程序”或者“程序正义”。

程序正义本质上是一种“过程价值”，它主要体现于程序的运作过程中，是评价程序本身正义与否的价值标准。典型的事例是关于“蛋糕等分”的程序。如果确立这样一种程序——负责切蛋糕的人最后领取应当属于自己的一块，那就不要担心是否会分配不公。这样的程序便是合乎正义的。可见，评价的标准在于程序本身，而非结果。判断程序本身是否正当、合理的标准要独立于用以评价程序结果的价值标准。换言之，程序结果正义并不能直接证明程序本身是否正当、合理。或者说，程序正义的实现与结果的正当与否并无必然联系。而且，正当程序的运用，未必一定能够求得公正的结果。例如民事诉讼法规定：“当事人对于自己提出的诉讼请求，必须提供证据。”这就是一项正当程序。但是有的当事人在借款给别人时，没有要对方打借据，后来对方赖账，债权人向法院起诉要求讨还借款却拿不出借据，法院便不可能保护他的实体权益。但即使在这种有悖于实体公正的情况下，人们仍然认为这一正当程序有其内在的价值。

程序正义作为一种对程序本身的道德性要求，反映了为实现程序的最大化与民事诉讼程序所应具备的最起码、最基本的潜力或能力。从这个意义说，程序正义的内容就是构成正义的程序所应具备的要素，或者正义的程序所应达到的标准。这些标准包括：

(1) 法官中立原则，其内容为，法官同争议的事实和利益没有关联性；法官不得对任何一方当事人存有歧视或偏爱。中立原则不能等同于消极原则。如果法官对双方当事人进行的职权干预程度相等，仍然可以称之为中立的第三人。这在英美法的对抗制与大陆法的审问之中有不同表现。(2) 当事人平等原则，包括“静态的平等”和“动态的平等”。前者指当事人享有平等的诉讼权利，这源于立法上的分配；后者指法官在诉讼过程中给予各方当事人以平等参与的机会，对各方的主张、意见和证据给予同等的尊重和关注，即平等保护和平等对待。(3) 程序参与原则，其内容是，当事人对诉讼程序的参与必须是自主、自愿的，而非受强制的、被迫的行为；必须具有影响诉讼过程和裁判结果的充分的参与机会。(4) 程序公开原则，即公开审判。它是指民事诉讼程序的每一阶段和步骤都应当以当事人和社会看得见的方式进行。英国有句古老的法律格言：“正义不但要伸张，而且必须眼见着被伸张”(Justice must not only be done, but must be seen to be done)。美国也有类似的格言：“没有公开则无所谓正义”。

(二) 程序效益价值

效益是表征成本（投入）与收益（产出）之间关系的范畴。民事诉讼程序的效益价值，是指人们对民事诉讼程序的设计和它的实际运作，要考虑是否符合经济效益。程序效益同样包括两个基本要素，即经济成本与经济收益。经济成本是指程序主体在实施诉讼行为的过程中所耗费的人力、物力、财力和时间等司法资源的总和。经济收益对法院而言，实质是指其收取的诉讼费用的数额；对当事人而言，则是指预期利益的实现或预期不利益的避免。程序效益价值要求在程序公正的基础上，建立一种简便、高效、节简而又符合现实情况的民事诉讼制度，从而使社会资源配置效益最大化。

程序效益的标准一般由以下几个要素构成：(1) 诉讼效率原则。这是程序效益的时间标准。它强调以最快的速度终结案件，以最少的时间耗费来解决纠纷。诉讼效率原则要求，在设计民事诉讼程序时，国家应充分挖掘现有司法资源，最大限度地缩短程序运行时间，尤其是要求法院及时审理案件，提高办案效率，并在保证案件审理质量的前提下尽可能缩短办案时间，做到迅速办案、结案，避免民事争执长时间滞留于社会，以期迅速保护当事人合法权益。(2) 诉讼经济原则。这是程序效益的费用标准。在民事诉讼过程中，程序主体实施一定的诉讼行为必定伴随着相应的金钱耗费。诉讼的经济性要求在审判的过程中用较少的人力、物力和时间获得较大的成果，即用尽量少的司法资源投入于个案并获得最好的效果，包括在个案中令当事人感到满意及在社会范围内获得较高的满意度和信任度。(3) 程序终局原则。这是程序效益标准中的程序效力要素。它包括四层含义：一是司法最终解决原则，其目的在于保证民事纠纷在不能以其他方式解决时，通过诉讼程序加以终局性的排解，从而现实地提高了其他解纷手段的适用概率和适用效果。二是两审终审原则。三是程序维持原则，即诉讼行为一旦生效之后要尽量维持其效力，不能轻易否定其既定内容。四是既判力原则，指确定的终局判决所裁判的事项在程序上对于后诉的效力。

程序效益价值的实现，从降低诉讼成本角度看，要求降低诉讼费用和律师费用，缩短诉讼周期，简化诉讼程序；从提高诉讼效益的角度看，要求尽可能利用有限的诉讼空间来容纳更多的当事人或诉讼请求，如共同诉讼、诉讼参加和集团诉讼。

（三）程序自由价值

程序自由价值反映了程序价值的主体性尤其是个体性。主要表现为：（1）保障法院的审判权不受外在压力的干预，保障当事人的诉权和诉讼权利不受来自审判权的压制和侵犯。（2）保障程序主体选择的自由，如撤销诉讼、和解等。

四、程序内在价值与外在价值的冲突与协调

（一）内在价值与外在价值的一致性

主要表现为：（1）民事诉讼程序的公正性能够保证裁判结果的权威性。公正的程序能够确保案件各方参与裁判制作过程，以及对裁判施加影响，并保证当事人的人格尊严和意志自由得到尊重，使当事人从心理上接受和承认判决结果的正当性。此外，程序公正还具有巨大的示范效应，通过公众值得依赖的正当程序，能使裁判结果在社会公众中获得承认。（2）民事诉讼程序的公正性有助于维护社会秩序。表现为：其一，能促使民事权益争议通过文明的诉讼程序得以和平解决；其二，能实现安全的目标，安全意味着放心、依赖，而公正的程序应是值得依赖的程序。程序具有稳定性的特点，经过程序作出的决定应具有强制力、既定力和自我束缚力。

（二）内在价值与外在价值的冲突

主要表现为：（1）程序公正与结果公正的冲突。程序公正是结果公正的前提，一般情况下，公正的程序比不公正程序能产生更加公正的结果。然而，公正的程序并不必然产生公正的结果。这是因为除程序以外因素的作用，程序本身的科学性也是影响结果公正的因素。所以，理论和立法应将不完善的程序公正转化为完善的程序公正。（2）程序公正与程序的矛盾。法律程序与程序公正并不总是一致的。例如，为了维护程序的连续性，不顾及实际救济手段日益变化的需要，如无独立请求权第三人本应有异议权却无异议权。

（三）内在价值与外在价值的协调

程序的内在价值与外在价值构成了民事诉讼程序价值的一对矛盾，它涉及民事诉讼程序的各个环节和方面，涉及程序的立法和运作，涉及程序法与实体法关系的许多内容。解决这对矛盾对于理解和领会民事诉讼程序的精神实质至关重要。

我们主张程序价值的统一观，即程序内在价值与外在价值的统一观。不过，这种统一观并非将程序的内在价值和外在价值置于绝对的水平面上，而是注重于具体条件和个案情况的不同，从符合现实最迫切需要的角度来确定两方面价值的实现程度。这对于我国民事诉讼程序的理论、立法和司法实践具有极其重要的现实意义。

我国一些学者长期以来强调的是程序的外在价值，对程序的内在价值缺乏应有的重视。这就是所谓的“重实体轻程序”。这在立法上也有体现，如不规定违反程序的后果，甚至连强制措施也称为制裁，似乎只有实体法才能规定制裁。在司法实践中的许多现象也反映出法官“实体至上”的观念。要正确对待程序与实体、程序内在价值与外在价值的关系就必须克服“轻程序”的观念和做法，树立程序与实体并重的观念，而当前尤为迫切的是弘扬程序公正、效益、自由等程序的内在价值，确立民事诉讼程序的权威性，这是实现司法公正的必由之路。

第二节　民事诉讼目的原理

一、民事诉讼目的的概念和意义

民事诉讼目的，是立法者基于其客观需要和对民事诉讼本质属性及规律的认识，而预先设定的民事诉讼活动的理想目标。民事诉讼的目的受诉讼价值观的制约。在不同诉讼价值观的支配下，立法者所设定的民事诉讼目的的存在差异民事诉讼的目的一旦确定。便影响和决定着诉讼基本原则、制度和程序的设计。

民事诉讼目的论与诉权论、诉讼标的论、诉讼法律关系论、既判力论共同构成民事诉讼法学的基本理论。目的论是全部理论的出发点，在民事诉讼法学的全部基本理论中，具有前提性的地位，其他的基本理论都是建立在一定的目的论基础之上的。

研究民事诉讼目的，具有重要的理论和实践意义。

目的论的研究，可以为民事诉讼法学其他基础理论提供一个更高层次的理念，从而在对其他基础理论的研究中，在民事诉讼的出发点上获得共识，以推动其他基础理论向纵深发展。

目的论的研究，可以为我国民事诉讼立法的完善提供一个基本指导方向。尽管目的论的天空具有抽象性和普遍性使我们在一定程度上可以进行超越历史、地域的研究，但每个国家的法律文化传统、法制化进程有所不同，因此，旨在为设计我国民事诉讼制度提供基本指导方向的目的论研究必须针对我国国情。

目的论的研究，可以为法官进行法律解释提供方向性的指导。在成文法不甚完善的国家（我国亦是），这种指导尤为重要。目的论的这一功能和它的为设计民事诉讼制度提供基本指导方向的功能是紧密结合、相辅相成的。

二、国外学者关于民事诉讼目的论的学说

自诉讼目的论提出以来，对民事诉讼制度是为了什么而设立的问题，历来有多种学说。在国外，把民事诉讼目的作为一个课题来研究，并形成了完整学说体系的是德国和日本。现将德、日学者诉讼目的论的学说简介如下：

1. 权利保护说。这是最早出现于19世纪初期，德国历史法学派代表萨维尼提出的目的论学说。该说认为，由于国家禁止自力救济，因而设立民事诉讼制度，并由法院依照客观实体法对当事人的实体权利予以保护。这种学说被视为德国目前之通说。权利保护说以实体法规范的实现为其着眼点，强调国家实行民事诉讼的目的就在于保护实体权利。

2. 私法秩序维持说。这是20世纪初期德国学者标罗提出的目的论学说。该说认为，保护私权只是民事诉讼在客观上所起的作用，所以仅从保护私权的意义上难以界定民事诉讼的目的。民事诉讼是以国家制度的组成部分的形式出现的，国家为了满足社会整体的需要才设立民事诉讼制度。因此，国家设立民事诉讼制度是为了维持自身制订的私法秩序，并确保私法的实效性。

3. 纠纷解决说。该说被认为是目前日本的通说，为日本学者兼子一所首倡。该说

认为：即使在私法尚不发达的时代，以裁判解决纠纷的诉讼和审判制度即已存在，所以私法实际上是在以裁判方式为合理解决纠纷的过程中逐渐发展形成的；将民事诉讼的目的视为维护私权或私法秩序实在是本末倒置。民事诉讼也如仲裁、调解一样是解决民事纠纷的一种方式，而不是从既存的实体权利出发来确认当事人之间原有的权利义务关系，因此民事诉讼的目的应为纠纷的强制性解决。

4. 权利保障说。权利保障说是日本学者竹下守夫在1994年提出的。该学说从宪法上权利保障的角度阐述民事诉讼的目的，认为诉讼制度基于宪法所保障的权利实为实体法上的实质权。私权保护说的最大缺陷就在于无视实质权与请求权在机能上的根本区别，以致将二者合成为实体上的权利，并列为民事诉讼制度应予保护的对象。事实上，其中“请求权”属实现“实质权”的救济手段，只有对实质权的保障才是民事诉讼的目的。

5. 程序保障说。这种学说在英美学者的著述中十分流行，在日本得到了以井上治典教授为代表的一部分学者的支持。该说认为，民事诉讼是以程序保障的赋予为目的，换言之，国家设立诉讼制度，就是为了确保当事人双方在程序过程中法律地位的平等，并在诉讼构造中平等使用攻防武器，各拥有主张、举证的机会。该学说以程序保障论为起点，进一步认为，法院不应该把诉讼的审理过程作为只是为了达到判决或者和解而必经的准备阶段，而应把这一过程本身作为诉讼自己应有的目的来把握，只有正当的程序才是使判决或和解获得正当性的源泉。因此，法院应从“以判决为中心”转向“以诉讼的过程本身为中心”。

6. 多元说。任何理论争执过程中总会出现折中的多元说。该学说的主张大致是：对于诉讼目的的认识，应站在制度设置、运作者的国家和作为制度利用者的国民双重立场上进行。依此，纠纷的解决、法律秩序的维护及权利的保护都应当视为民事诉讼制度的目的，上述几种相互对立、相互排斥的价值可依照具体情况的不同而随时在立法、解释及司法运作上进行调整并有所侧重。

从以上诸种学说中，可以得到以下几点启示：

1. 每一种目的理论都是特定历史时代的产物。“保护私权说”是自由资本主义时代的产物，与当时所奉行的“个人本位主义”理念以及当事人个人主义极度膨胀的现实相一致。当事人在诉讼程序中的优越地位十分突出。“维护私法秩序说”则较典型地反映了垄断资本主义时期资产阶级的愿望和社会需要，并与“社会本位主义”理念相适应。较自由资本主义时期相比，国家对民事诉讼的干预加强。“纠纷解决说”则反映了现代资本主义社会的客观需要。随着社会的不断发展，民事经济交往日益纷繁复杂，民事冲突与纠纷日益增多，社会现实迫切需要扩大民事诉讼解决纠纷的机能。

2. 民事诉讼目的理论由侧重于诉讼结果逐渐转向对诉讼程序本身的关注，诉讼程序自身的独立价值逐步提高。“程序保障论”充分地说明了这一点。

3. 民事诉讼目的理论研究由一般社会理念转向对宪法理念的探求，以寻求合法性及正统性资源。“权利保障说”的提出就是一个标志。

三、我国民事诉讼目的论学说

我国民事诉讼法学界关于民事诉讼目的理论的研究和争论，虽然没有像大陆法系一些国家那样“轰轰烈烈”，但事实上也经历了类似的发展变化过程。修订后的《民事诉讼法》所展现的诉讼模式的某些变化，实质上也包含着目的论的变迁。对民事诉讼目的探讨的焦点集中在我国民事诉讼目的的确定上。比较有代表性的有四种观点：

1. 多元说或多层次说。该说认为，现代民事诉讼价值的多元化和相对性，决定了民事诉讼目的的多重性。较为合理的思路是在各种冲突的价值观念中找到一个平衡点。追求真实应当作为民事诉讼目的的一个方面，但不宜无条件地列为民事诉讼运作的唯一、首要目的；同时，民事诉讼目的应当符合当事人的诉讼目的。该说把我国现阶段民事诉讼的目的分为以下几个层次：一是实现权利保障，二是解决民事纠纷，三是维护社会秩序。

2. 纠纷解决说。该说认为，解决民事纠纷是民事诉讼目的。从民事纠纷的解决与民事诉讼机能来看，民事诉讼制度与其他制度的纠纷解决机能和目的是相同的，不同的是在机能的运用方式和目的的实现上，民事诉讼具有国家强制力，并因此成为各种纠纷解决方式中具有终局性的一种。从民事诉讼构造与纠纷解决来看，我国当事人主义与职权主义交错的诉讼构造，其重要特征表现为既要顾及当事人选择民事诉讼制度的目的，也要尊重设立民事诉讼制度的一方即国家的利益和目的。因而，民事诉讼制度的运行必须以审判权和请求权的结合为契机，也必须以一个统一的目的融合两权追求的目的。当事人请求权和法院审判权的指向都是出现混乱的当事人之间的权利义务关系，即民事纠纷。所以民事诉讼制度的实际指向应该是内含着被扰乱了的权利义务关系的民事纠纷，这正是民事诉讼制度的目的所在。

3. 程序保障说。该说是在对“私权保护说”、“维护私法秩序说”、“纠纷解决说”进行批评的基础上，进而论证提出的。鉴于诉讼程序本身在民事诉讼中的核心地位，民事诉讼的目的应该是程序保障。该说还提出，应将民事诉讼目的与功能区分开来，这是因为现代民事诉讼制度的一切功能都只有在程序的运作中才得以发挥，其一切价值追求也只有在程序的不断完善中才能得以实现，所以，只有“程序保障”才能作为指导民事诉讼设计的核心理念①。

4. 利益保障说。该说认为，民事诉讼制度的目的应是利益的提出、寻求、确认和实现，即利益保障。该说所谓利益，包含实体利益和程序利益。按该说的观点，民事诉讼的目的，不仅应按照实体法的规定，廓清民事法律关系，确定民事权利状态，从而贯彻宪法关于保障实体权利的规定，还应依程序法的规定，以追求程序利益为己任，与宪法平行保护诉讼标的外各项基本权利的宗旨相一致。因此，法院在诉讼中运用司法权以保障之利益，由实体利益融入程序利益，其已不再与诉讼前存在于诉讼外，即纠纷发生时之利益完全相同。法院保障此等利益所适用的法律规范亦不只是确定实体民事权益的实体法律规范，而应是融程序法与实体法于一体的法律规范体系②。

我国民事诉讼目的论的研究还处于起步阶段，上述各种学说，尚需进一步论证，目前均未取得通说地位。我国民事诉讼制度正处在机制变革与立法完善的时期，进一步开展民事诉讼目的论的研究，必将有利于当前正在进行的民事审判方式改革，促进民事诉

① 章武生、吴泽勇：《论民事诉讼的目的》，《中国法学》，1998年第6期。
② 李祖军：《民事诉讼目的论纲》，《现代法学》，1998年第5期。

讼制度的发展和完善。

第三节 民事诉讼模式原理

一、民事诉讼模式的基本含义

（一）诉讼模式的概念

所谓“模式”，是指某一系统结构状态或过程状态经过简化、抽象所形成的样式。换言之，模式是对某类事物或行为特征的概括或抽象，即模式通过揭示该事物与它事物的本质属性来说明或表明此事物与彼事物的差异。如何看待诉讼模式呢？

首先，诉讼模式是一种话语表述。当人们要抽象和概括某一事物的本质特征，用以区别于其他事物时，可供选择使用的概念用语是很多的。只是人们切入的角度不同，导致了在使用词语作概念表述时的不同。诉讼模式便是其中一种。当然，使用诉讼模式的概念时，还要注意以下各方面的内容，才能正确了解诉讼模式的意义。

其次，诉讼模式是建立在对诉讼结构（或构造）进行分析的基础之上的。因为，某种诉讼模式的建立，始终要以某种诉讼构造来展现它的具体内容。反过来说，模式的具体内容是在诉讼程序构造中得以存在的。而且，诉讼模式所要反映的诉讼程序本身的特征，首先要从诉讼构造这一现象中寻找，其次才能是其他。

再次，诉讼模式反映了诉讼程序的价值取向和目标定位。不同的诉讼模式的建立和发展的背后，都存在着制约它的文化背景。因此，当我们要抽象出某种诉讼程序的特征，并以模式来加以概括时，应该注意到与模式相关的因素，即价值和目标等的影响，还必须看到不同模式的追求目标或许具有同质性。因而，不应以一种模式来否定另一种模式的价值取向，而应该尽量在多种价值目标的共存中，切实推进模式的实践，实现它们的应有价值。

（二）认识民事诉讼模式的基础

正确界定民事诉讼模式，应当首先明确其认识基础，主要包括以下几个层面：

第一，民事诉讼模式，首先可以从模式的形式和内容两个方面来分析。在形式上表现为法院进行审判和当事人实施诉讼行为的方式；就内容而言，模式实质上表现的是在以当事人及法院为中心的所有诉讼参与人中间，对程序权利和义务的合理分配和适用，具体说就是通过民事诉讼法律关系来调整和分配权利义务，以达到平和的互动，推进诉讼程序的进行。

第二，民事诉讼模式，是现实社会生活反映和理想目标追求的结合。一方面，民事诉讼模式与民事诉讼制度存在的社会基础有着千丝万缕的联系，并且不可避免地受到这个社会各种制度和资源的制约。民事诉讼模式应该是现实生活的真实反映。另一方面，民事诉讼模式还应该表现为一种对民事诉讼制度理想的追求。在概括民事诉讼特征时，不应忽视这种话语表述出来的对内容的概括所具有的导向作用。所以，蕴含有民众期望和要求，国家的理想和理智的民事诉讼的价值和目标，在民事诉讼模式中应该有适当的反映。

第三，民事诉讼模式是一种反映社会现实和制度追求的理论架构，它在现成的法律制度和民事诉讼制度中能够解决的是什么问题，这应该是诉讼法学者必须关心的。以模式概括民事诉讼的本质特征其实不过是对事物的一种阐释，而对事物的阐释永远面对着新的挑战。因此，在理论的论证过程中应更多地关怀实践，在理论和实践的平衡中寻求合适的支点。

（三）民事诉讼模式的含义

民事诉讼模式，是指支持民事诉讼制度和程序运作所形成的结构中各种基本要素及其关系的抽象形式。正确理解其基本含义，应把握以下几点内容。

第一，诉讼模式的主体是原告、被告和法官。民事诉讼的基本含义就是冲突主体利用国家权力解决民事纷争的活动。冲突主体在诉讼中表现为原告方和被告方的对峙，解决纷争的主体表现为行使国家审判权的裁判方。作为冲突主体的原告方或被告方，不仅仅指主体的单一，有时表现为主体的复数，如共同诉讼、群体性纠纷诉讼、第三方参加诉讼等。作为解决冲突的主体（裁判方），不仅包括职业法官，还包括法律授权的普通民众，如陪审团或者陪审员等，但不包括其他诉讼参与人（如证人、鉴定人、翻译人员等）。因为其他诉讼参与人没有独立的诉讼地位，对诉讼体制的基本内容不产生直接影响。

第二，诉讼模式的内容是原告、被告、法官的法律地位和相互关系。既然解决纷争的诉讼机制中存在着三方组合，必然形成相互关系并由此体现主体的法律地位。诉讼模式就是基于对原告、被告、法官的法律地位和相互关系的理性考察所得出的结论。诉讼模式的划分依据就是以冲突主体（当事人）和解决冲突的主体（法官）不同的法律地位和相互关系为标准的，在解决纷争的过程中，当事人占主导地位、起主要作用的模式谓之当事人主义；反之，法官占主导地位、起主要作用的模式谓之职权主义。

第三，诉讼模式的实质是诉权和审判权的关系。诉讼主体的法律地位和相互关系在具体运作过程中是通过诉讼权利的行使和互动得以具体确定，当事人诉讼权利的基础是诉权，法官诉讼权利的根据是审判权，当事人的诉讼地位或者法官的诉讼地位实质上借助于各自诉讼权利的法律地位和所起作用得以体现。因此，界定诉讼模式的划分依据，可以用另一种方式表述：强调诉权在解决纠纷过程的作用谓之当事人主义诉讼模式；反之，强调审判权的作用谓之职权主义诉讼模式。

第四，诉讼模式具体体现在诉讼程序和证据的运行过程中。诉讼模式作为描述诉讼主体地位及其相互关系的法律制度的抽象范畴，应当在诉讼机制的动态运行过程中具体把握。第一审程序是诉讼模式特征的集中体现阶段，随着程序的演进，当事人诉讼权利与法院审判权力作用的发挥，具体显现主体的地位和相互关系。民事诉讼证据伴随着诉讼程序运行的整个过程。证据资料的来源上如何处理当事人举证和法院收集证据的关系；证据资料的审查核实中如何处理当事人质证和法院认证的关系；证据的证明结果即确定审判对象上如何处理当事人决定的和法院认定的案件事实范围的关系。以上诸种关系也直接表明当事方与裁判方的诉讼地位。

综上，民事诉讼模式实质上是诉权和审判权关系的表现，是指在民事诉讼程序和证据的运行过程中体现的原告、被告、法官三方诉讼主体的法律地位和相互关系。

二、民事诉讼模式的基本类型

关于民事诉讼的基本模式，理论界比较认同的有两种类型，即当事人主义诉讼模式和职权主义诉讼模式。

（一）当事人主义诉讼模式

所谓当事人主义，是英美法系国家赖以解决民事纠纷的重要民事诉讼原则，是指在民事纠纷解决中，诉讼请求的确定、诉讼资料和证据的收集和证明主要由当事人负责。其特征包括：第一，诉讼的双方当事人在启动、推进、终结诉讼程序方面，以及在法庭辩论和提供证据方面具有决定性作用。法院据以作出裁判的案件事实，也是在双方当事人平等而激烈的对抗中展示出来。在这种诉讼结构中，当事人的举证责任具有举足轻重的意义。第二，作为裁判者的法官在诉讼中居于中立和超然地位，一般不介入双方当事人的辩论，法律通常禁止法官主动收集证据或积极地谋求当事者和解，法官只能在当事人请求的范围内，在法庭辩论终结以后作出裁判，并且裁判所依据的证据只能来源于当事人。第三，整个民事诉讼程序，尤其是法庭辩论呈现出激烈的对抗色彩。为了使双方当事人能够有效地在诉讼中展开攻击和防御，同时也使陪审团和法官在双方当事人激烈的对抗中正确地采纳和运用证据，这些国家的法律通常设置了精细、严格、完整的程序制度（如交叉询问制）和证据法规则，激烈的对抗性带来了诉讼程序的高度制度化和复杂化。

1806 年的法国民事诉讼法典首先确立了当事人主义。1877 年制定的德国民事诉讼法典和 1891 年制定的日本民事诉讼法典等都确立了当事人主义。作为开山鼻祖的法国民事诉讼法典在制定时，受到当时诉讼法理念的影响，即自由主义诉讼观的影响。也就是说，民事诉讼是涉及私人利益的纠纷，运作诉讼和诉讼程序进行的主导权应该由当事人持有，法院及法官在诉讼中的角色，是扮演严格中立者，只就事实作出法律上的判断，而不是越过当事人之间意思自治的界限，无端进行干预。

当事人主义的形成还有更深层次原因，这就是私法自治原则和市场经济的影响。从私法自治原则的角度说，私法自治与法国民事诉讼法典中表现的自由主义诉讼观是相互关联的。由于民事纠纷起因于民事上权利义务的争执，那么，原来调整民事权利和义务关系的私法及其原则便应得到贯彻和实施。而国家的干预，必然会破坏当事人之间原来建立在私法关系之上的平等关系，反而不利于纠纷的解决，也不符合民事诉讼的运行规律。再从与市场经济的关系说，由于国家在市场经济中的定位只是对经济实施调控，并不直接干预社会生活，因此，反映在民事诉讼中，代表国家的法院只能是居中裁判。

（二）职权主义诉讼模式

所谓职权主义，是指法院在诉讼程序中拥有主导权。该原则可分为职权进行主义和职权探知主义两个方面的内容。职权主义和当事人主义相对立，具体指的是在民事诉讼中程序的进行以及诉讼资料、证据的收集等权能由法院为之。其特征表现为：第一，在开庭审理之前，法官可以通过了解案情，确定争议的焦点，积极主动地对案件事实进行必要的审查。第二，在庭审中，法官有权掌握和控制双方当事人的辩论，有权主动地向当事人、证人等发问，并适时地促成双方和解。诉讼结果并非完全取决于当事人及其律师的法律专业技能及辩才，法官在庭审中始终具有积极性、主动性。第三，法官为了查明案件事实，有权收集、审查和评判证据，并可运用法律允许的一切证明方法来发现案件事实真相，并在此基础上作出裁判。我国学者一般认为，苏联和东欧国家的民事诉讼模式属于职权主义。在资产阶级革命以前，欧美各国的民事诉讼普遍贯彻实施的就是职权主义，资产阶级革命后一度改行当事人主义。在 19 世纪产业革命的浪潮中，以至整个 20 世纪，各国在修改民事诉讼法时又加强了职权主义的色彩。

职权主义民事诉讼法典的典型代表是 1895 年制定的奥地利民事诉讼法。当事人主义的鼻祖法国从 1935 年开始，在遭受法国人民抵触的情况下，也逐渐导入了职权主义的一些规定。德国 1976 年民事诉讼简易化法也有此倾向。更为令人深思的是，1991 年美国司法制度改革法和 1995—1996 年英国沃尔夫勋爵组成的司法改革小组拟定的方案，也对英美法官在民事诉讼程序中的超然地位进行反省，强调了法官对程序的干预。对此，日本学者江藤价泰曾形象地称 19 世纪的民事诉讼法为当事人主义型，而 20 世纪的民事诉讼法则为职权主义型。

19 世纪末到 20 世纪初、中期，职权主义在民事诉讼中得以盛行，究其根源，主要有两个：一是当事人主义支配下的诉讼程序，由于当事人肆意操作诉讼程序，造成了审判迟延、程序复杂以及费用增加等后果，因此，增强法院的职权，是为了防止不利于纠纷解决的情形出现；二是作为当事人主义基础的自由主义思想，随着 19 世纪末产业革命的兴起，城市化和大规模化的纠纷解决，已经不能再任由当事人任意主宰诉讼程序来完成，为了迅速且经济地解决民事纠纷，各国开始强化了民事诉讼中法院的职权。

（三）当事人主义模式与职权主义模式之比较

当事人主义诉讼模式与职权主义诉讼模式各有利弊，可从以下几个方面进行比较。

1. 当事人主义诉讼模式的优势

第一，当事人主义诉讼模式更加符合客观公正的要求。实行当事人主义的国家，双方当事人是诉讼的主角，诉讼程序的发生、变更、消灭以及证据的提供等均由双方当事人掌握主动权，法官处于中立地位，是一个超然于当事人之外的、单纯的听证者及裁判者。法官不积极主动地询问当事人、证人，不主动调查取证，在法庭审理时也不出示证据，从而避免了自己偏袒当事人任何一方的各种可能性，这样做比较有利于树立法官公正的形象。而法官的公正与中立从某种意义上讲就意味着程序的公正。

第二，当事人主义诉讼模式能够充分调动双方当事人的积极性和主观能动性。这种诉讼模式将程序的控制权赋予当事人，使当事人在程序中能够充分地享有各种表达自己意志和反驳对方主张的权利和机会，其结果不仅使双方当事人可以充分利用诉讼程序与对方当事人进行对抗，维护自己的合法权益，而且由于程序的控制权交给了当事人，这样就能使争议各方对通过自己的行为而产生的后果感到更加公平和满意，从而也使民事诉讼程序显得更具有民主性。

2. 职权主义诉讼模式的优势

第一，职权主义诉讼模式比当事人主义诉讼模式更容易发现真实。在职权主义诉讼模式中，法官可以依职权在正式开庭前审查案情，了解双方争执的焦点，从而确定需要解决的证据问题。在庭审中，法官控制证据的调查和双方的辩论，并且可依法询问证人，必要时可依法调查证据，查清案情。显然，较之于当事人主义诉讼模式中法官作为消极的仲裁者的做法，较之于完全依赖于当事人双方的举证、质证、辩论来揭示案情的作法，职权主义诉讼模式显然更加有利于发现真实。

第二，职权主义诉讼模式比当事人主义诉讼模式更富有效率和效益。在当事人主义诉讼模式中，实体利益冲突的双方当事人居于主导地位，证据的提供、证人的询问等均由双方当事人及律师完成。在这个激烈对抗的过程中，当事人为在诉讼中取胜往往最大限度地提供证据证明自己的主张，而对对方的证人及证据则百般盘问和挑剔，其结果是导致诉讼周期漫长，效率低下。而职权主义诉讼模式中的法官则不只是个仲裁者，其依法享有程序的控制权，对证据的调查和证人的询问享有主动权，并可对当事人的诉讼活动以及诉讼程序的进程进行有效的监督，避免当事人不必要的诉讼活动，相比之下效率较高。从程序技术的角度看，当事人主义诉讼模式成本较高。在当事人主义诉讼模式中，提供证据、展示案情的责任在当事人，法官及陪审团只是一个仲裁者，不主动地调查和收集证据，当事人胜诉与否，在相当大的程度上取决于当事人的成本投入。相比之下，职权主义诉讼模式中法官依职权控制诉讼进程，并有权收集证据，调查案情，因而当事人的成本投入就要低得多。

正是由于两种诉讼模式各有优势，近几年来，两种诉讼模式有相互融合的趋势，其区别和差异正在逐渐缩小。即使是英美法系主要国家的英国和美国也表现出对职权主义羡慕。它反映了随着国际交往的日益增多，人类法制文明在逐步靠拢。

三、关于我国民事诉讼模式的探讨

（一）我国现行民事诉讼模式及其特点

我国现行的民事诉讼结构基本上是以法院为主导，表现为强职权主义的特点。在民事诉讼机制运行的过程中，法院的主动性和能动作用得以充分发挥，整个民事诉讼运行机制，是以审判人员对案件事实、证据的调查为主线而展开的，当事人虽然是平等的诉讼主体，但实际上他们在诉讼中的能动作用及彼此间的对抗作用受到很大的遏制。其特点具体表现在：

第一，各种具体的诉讼程序的开始、进行和终结，法院具有主动性和决定性。尽管作为诉讼主体的当事人对多种诉讼程序享有启动权，但很多重要的程序如保全程序、执行程序的启动与否仍可由法院决定。法院可以在当事人没有申请的情况下，依职权开始这些程序。另外在诉讼中，民事诉讼也不能完全按当事人的意志进行或终结。例如，原告提出撤诉，不论该申请是否对原告有利，诉讼得依法官的意志来决定是否继续。

第二，法院可以在当事人负举证责任的同时，依职权积极主动地收集证据，并将此作为认定案件事实的根据。虽然《民事诉讼法》规定当事人应承担举证责任，并限制了法院收集、取证的范围，但事实上，法院仍然依职权收集调查证据。因而法院在作裁判时，常对当事人依举证责任提供的证据不予考虑，而是完全将自己独立收集来的证据作为裁判的根据，并由此使民事举证责任制度和法庭调查、法庭辩论失去意义。

第三，法官主宰整个庭审进程，当事人处在消极、被动的地位。在法庭审判中，法官控制、指挥诉讼，虽然自现行《民事诉讼法》颁布以来，法庭比较注意发挥当事人在法庭审理中的对抗、辩论作用，但这多半停留在形式上，或顶多将双方当事人的意见作为参考，法院在裁判时可不必将当事人的陈述和提出的证据作为裁判的根据。因此实际上，法院仍然是指挥和控制诉讼的主角，而当事人则处于消极、被动的地位，成为被询问和调查的对象。

（二）我国民事诉讼程序模式之构建

采用什么样的诉讼方式最适合我国的国情，诉讼法学界和实践部门仁者见仁，智者见智，积极提出自己的主张，这些主张概括起来有3种：第一种主张以职权主义的模式为基础，吸收当事人主义模式的某些优点；第二种主张实行当事人主义的诉讼模式；第三种主张是以当事人主义的诉讼模式为基础，兼吸收职权主义的某些优点。

我国民事诉讼模式究应在何种程度上加以改革，只是一个无法量化的难题。但可以肯定的是，由于我国强职权主义生存的历史文化因素很难改变，法院实行强职权主义的行为惯性很难减弱，因此应强调和注重当事人主义。但这并非意味着我国民事诉讼模式的最终目标是英美式的当事人主义。因为，一方面完全的当事人主义同样有其不可避免的缺陷，另一方面我国的现实状况（当事人文化素质因素、律师代理不普及的因素等）也决定了完全的当事人主义是不可行的。

最后应该指出的是，我国学者关于民事诉讼模式的议论固然具有积极的意义，但是，从中国的实践出发，尽快明确当事人与法院在民事诉讼中的权能划分，为两种权能的结合寻找有力的黏合剂，形成解决民事纠纷的互动机制，更符合中国现实的需要。审判方式改革已经为我国民事诉讼制度乃至司法制度的改革寻找到了突破口，相信会向纵深发展，并实现预定的目标。淡化模式论，注重程序内容的研究，应该是我们对模式论进行分析后得出的结论。

【学习总结与拓展】

【关键词】民事诉讼价值　民事诉讼目的　民事诉讼模式

【思考题】

1. 试述民事诉讼外在价值与内在价值之间的关系。

2. 你认为我国民事诉讼的主要目的是什么？

3. 简述我国现行民事诉讼模式的特点。

【阅读资料】

1.《中华人民共和国民事诉讼法》（2017年修正）。

2.《最高人民法院关于适用〈中华人民共和国民事诉讼法〉的解释》（法释〔2015〕5号）。

3. 刘荣军：《程序保障的理论视角》，法律出版社1999年版；【日】谷口安平著：《程序的正义与诉讼》，王亚新．刘荣军译，中国政法大学出版社2002年版。

4. 李祖军：《民事诉讼目的论》，法律出版社2001年版；肖建国著：《民事诉讼程序价值论》，中国人民大学出版社2000年版。

5. 范愉：《诉讼的价值、运行机制与社会效应——读奥尔森的〈诉讼爆炸〉》，《北大法律评论》1998年第1期。

6. 张卫平：《民事诉讼基本模式：转换与选择之根据》，《现代法学》1996年第6期；张卫平著：《诉讼架构与程式——民事诉讼的法理分析》，清华大学出版社2002年版。

7. 季卫东：《法律程序的形式性与实质性——以对程序理论的批判和批判理论的程

序化为线索》,《北京大学学报(哲学社会科学版)》2006年第1期。

8. 李浩:《法官素质与民事诉讼模式的选择》,《法学研究》1998年第3期;唐力:《民事诉讼构造研究—以当事人与法院作用分担为中心》,法律出版社2006年版;高壮华:《市场经济与民事诉讼结构研究》,中国法制出版社2006年版;陈刚主编:《移植与创新——混合法制下的民事诉讼》,中国法制出版社2005年版。

9. 江伟、刘荣军:《民事诉讼中当事人与法院的作用分担——兼论民事诉讼模式》,载中国法学网 http://www.iolaw.org.cn;王福华著:《民事诉讼基本结构》,中国检察出版社2002年版。

10. 刘荣军:《法和正义的发现与程序中的对话》,《法学评论》1999年第1期。

第四章 民事诉讼法律关系

【学习提示】通过本章学习，了解民事诉讼法律关系的概念、结构、不同方面的联系与差别；理解引起民事诉讼法律关系产生、变更、消灭的法律事实；着重理解和把握民事诉讼法律关系主体、内容、客体等要素的具体表现，合理界定法院与当事人之间在诉讼上的权利与义务。

第一节 民事诉讼法律关系的概述

民事诉讼法律关系是民事诉讼中的基础问题，揭示民事诉讼主体在民事诉讼中的地位及享有的诉讼权利和承担的诉讼义务，反映民事诉讼的本质。民事诉讼法律关系是特定的法律关系，具有法律关系的共性特征，也有自己的个性特征。研究民事诉讼法律关系对民事诉讼立法和司法有积极意义。

一、民事诉讼法律关系的概念

法律关系是以法律规范的存在为前提，是法律规范调整特定社会关系转变形成的。民事诉讼法律关系，是指法院与当事人及其他诉讼参与人之间、当事人之间以及当事人与其他诉讼参与人之间在民事诉讼过程中发生，由民事诉讼法所调整，以诉讼权利和诉讼义务为内容的法律关系。

1. 民事诉讼法律关系发生在民事诉讼过程中。民事诉讼法律关系以民事诉讼活动为条件。只有当法律所保护的民事权利或者民事法律关系受到侵害或引起争议并形成诉讼，民事诉讼法律关系才得以发生。民事诉讼法律关系主体的权利义务都是通过民事诉讼过程得到体现和实现，二者不可分割。

2. 民事诉讼法律关系存在于多个主体之间，包括多个方面：法院与当事人之间、法院与其他诉讼参与人之间、当事人与当事人之间，当事人与其他诉讼参与人之间。人民检察院参加民事诉讼的，与法院、当事人以及其他诉讼参与人之间也形成民事诉讼法律关系。民事诉讼法律关系并不总是以法院为一方和轴心的关系。

3. 民事诉讼法律关系以诉讼权利义务为内容。任何法律关系都是以权利义务为内容，权利义务内容的不同使法律关系得以区分。民事诉讼法律关系以诉讼权利和义务为内容。由于民事诉讼法律关系是在诉讼过程中发生的，也只能以诉讼权利和诉讼义务内容。离开了诉讼上的权利与义务，民事诉讼法律关系便不存在。

4. 民事诉讼法律关系受民事诉讼法调整。民事诉讼法律关系的产生以民事诉讼法为依据，正因如此，民事法律关系的主体、内容和客体都有特定的范围，民事诉讼法律关系的发生、变更和消灭有特殊的表现形式，使其不同于其他法律关系。

二、民事诉讼法律关系的特征

（一）民事诉讼法律关系由审判法律关系和争讼法律关系构成

所谓审判法律关系，是指在法院与当事人和其他一切诉讼参与人之间形成的，由民事诉讼法律规范所调整的具体的社会关系。在审判法律关系中，法院始终是一方主体，另一方主体分别是诉讼当事人和其他诉讼参与人。审判法律关系由此也表现为两个方面。首先是法院和诉讼当事人之间的关系。这种关系是当事人通过起诉、应诉等诉讼活动行使诉权，为法院行使审判权提供契机和条件，从而在法院与当事人之间产生并形成的审判法律关系。由于当事人的诉权与法院的审判权结合才能实现诉讼目标，因此法院与当事人之间的关系是审判法律关系的基本方面。其次是法院与其他诉讼参与人之间发生的关系。诉讼的进行，其他诉讼参与人如证人、鉴定人等有时是不可缺少的，为此法院还将同其他诉讼参与人发生关系。审判法律关系的存在和发展，使法院能够组织、指挥审判，以便在时机成熟时，就当事人争议的民事权利义务的归属作出裁判。

所谓争讼法律关系，是指在当事人之间以及当事人与其他诉讼参与人之间形成的由民事诉讼法律规范所调整的社会关系。在争讼法律关系中，当事人始终是一方主体，另一方是对方当事人和其他诉讼参与人。因此争讼法律关系也有两个方面。首先是当事人一方与另一方之间在诉讼过程中形成的诉讼关系。这种争讼法律关系是当事人根据民事诉讼法的规定，在诉讼中以相互抗辩，互为攻防的诉讼行为为表征的诉讼关系。其次是当事人与其他诉讼参与人之间的诉讼关系，这种关系同样以民事诉讼法为依据，通过代理诉讼行为、质证，翻译等活动推动诉讼的进行。争讼法律关系存在和发展，既可以使法院查清案件事实，为裁判提供事实基础，也为当事人相互处理诉讼权利和实体权利，解决纠纷提供了契机。

（二）民事诉讼法律关系体现了法院审判权与当事人诉讼权利的有机结合

民事诉讼法律关系上述两个方面的存在，分别以法院的审判权和当事人的诉权为基础和核心。没有法院审判权，民事诉讼法律关系不可能发生；没有当事人的诉权，审判权也就失去了存在的意义。法院审判权和当事人诉权的有机结合，不仅促成了民事诉讼法律关系的形成，而且为合理确定法院和当事人在民事诉讼中的地位和作用提供了依据。民事诉讼不纯粹是由法院行使国家审判权作出裁判，由法院包办的事情。强调法院审判权与当事人诉权结合与并重，促使法院充分尊重当事人的诉讼权益，增强当事人的诉讼主体地位，并通过正当程序，保证民事诉讼的目的得以实现。

第二节 民事诉讼法律关系的要素

与其他法律关系一样，民事诉讼法律关系也是由主体、内容和客体三个要素组成。

一、民事诉讼法律关系的主体

民事诉讼法律关系的主体，是指在民事诉讼中，诉讼权利的享有者和诉讼义务的承担者。所有在民事诉讼中享有诉讼权利承担诉讼义务的人，无论其进入诉讼程序的原因是什么，都是民事诉讼法律关系的主体。根据我国民事诉讼法的规定，民事诉讼法律关系的主体包括如下几种：

1. 人民法院

人民法院是代表国家行使审判权的机关，在诉讼中依法享有诉讼权利和承担诉讼义务，负责组织和指挥诉讼活动和进程，根据民事程序法和实体法对案件作出裁判。人民法院不仅参与诉讼，而且在一定程度上决定诉讼的发生、变更和消灭。没有人民法院的参与，就没有民事诉讼法律关系；没有法院对诉讼程序的组织和指挥，民事诉讼就无法推进，便不能实现诉讼目的。

2. 人民检察院

人民检察院是国家的法律监督机关。按照民事诉讼法，人民检察院对人民法院的民事审判活动进行监督。对人民法院已经发生法律效力的判决、裁定发现确有错误的，人民检察院有权提出抗诉，发动再审程序并有权派员参加再审，与人民法院形成以民事审判监督为表征的诉讼权利义务关系，同时还通过依法提起民事公益诉讼或处理当事人申诉与被告、法院或申诉人发生一定的诉讼权利义务关系，成为民事诉讼法律关系的主体。

3. 诉讼参加人

诉讼参加人包括当事人和诉讼代理人。

（1）当事人。民事诉讼法第五章第一节对当事人作了广义的规定。当事人包括原告、被告、共同诉讼人、第三人和诉讼代表人。由于当事人参加诉讼的目的具有特殊性，与诉讼结果有法律上的利害关系，因此民事诉讼法赋予当事人广泛的诉讼权利。这些诉讼权利使当事人的诉讼行为对民事诉讼程序和诉讼法律关系的发生、变更和消灭有着决定性的影响。

（2）诉讼代理人。诉讼代理人包括法定代理人、指定代理人和委托代理人。诉讼代理人参加诉讼是为了维护被代理的当事人的利益，在诉讼中他们依法享有诉讼权利承担诉讼义务。法定代理人、指定代理人享有与被代理的当事人基本相同的诉讼权利，所实施的诉讼行为能够影响民事诉讼程序的发生、变更和消灭；委托代理人除非经被代理的当事人特别授权，否则只能享有一般性的诉讼权利，所实施的诉讼行为通常不能影响民事诉讼程序的发生、发展和消灭。

4. 其他诉讼参与人

根据民事诉讼法的规定，其他诉讼参与人包括证人、鉴定人、勘验人员和翻译人员。其他诉讼参与人基于不同的原因参加诉讼，但同诉讼结果都不具有法律上的利害关系。他们参加诉讼的目的是协助人民法院和当事人查明案件事实，享有与其诉讼地位相当的诉讼权利并承担相应的诉讼义务，但是他们实施的诉讼行为对民事诉讼程序的发生、变更或消灭不发生影响。

民事诉讼法律关系的主体与民事诉讼理论中所指的诉讼主体是既有区别又有联系。作为民事诉讼理论上的概念，诉讼主体是指在诉讼程序中享有诉讼权利承担诉讼义务，并且有权实施引起诉讼程序发生、变更或消灭的诉讼行为的人。显然，诉讼法律关系主体涵盖了诉讼主体，所有诉讼主体都是诉讼法律关系的主体，其特殊之处在于，诉讼主体是诉讼法律关系中能够以自己的诉讼行为引起诉讼程序及诉讼法律关系发生、变更和消灭的那部分主体。据此分析，在我国民事诉讼中，诉讼主体有人民法院、人民检察院、当事人（包括原告、被告、共同诉讼人、诉讼代表人和第三人）以及法定代理人和经特别授权的委托代理人。

二、民事诉讼法律关系的内容

（一）民事诉讼法律关系的内容的概念

民事诉讼法律关系的内容，是指民事诉讼法律关系主体根据民事诉讼法享有的诉讼权利和承担的诉讼义务。

（二）民事诉讼法律关系的内容

民事诉讼法律关系的主体不同，所享有的诉讼权利和承担的诉讼义务也不尽相同。这些存在一定差异的诉讼权利与诉讼义务的有机统一，构成了民事诉讼法律关系内容：

1. 人民法院的诉讼权利和诉讼义务。人民法院是国家的审判机关，所享有的诉讼权利和承担的诉讼义务与其在审判上的职责具有一致性。依法对民事案件进行审理和裁判是人民法院的职责，一方面，这是人民法院的诉讼权利，另一方面也是人民法院对国家、对当事人承担的诉讼义务。人民法院诉讼权利和诉讼义务的这种性质决定了对进入诉讼的民事案件，人民法院必须行使审判权，不得放弃或拒绝裁判。

2. 人民检察院的诉讼权利和诉讼义务。人民检察院的诉讼权利和诉讼义务是基于法律监督权而由民事诉讼法具体规定的民事公益诉讼权和民事抗诉权。人民检察院依法行使民事公益诉讼权，对损害社会公共利益的民事违反行为的实施法律监督，也是承担民诉法赋予的维护社会公共利益的诉讼义务。人民检察院通过行使民事抗诉权，对人民法院的民事审判活动实施法律监督，促使民事案件在法律范围内得到公正的审判。对民事审判实施法律监督也是人民检察院的诉讼义务。

3. 当事人的诉讼权利和诉讼义务。在民事诉讼中，当事人是不可或缺的主体之一，与人民法院和其他诉讼参与人以及相互间都形成诉讼法律关系。当事人较为广泛地享有民事诉讼权利，也承担相应的诉讼义务。当事人的诉讼权利和义务具有两个特点，一是诉讼阶段不同，诉讼权利和义务有不同；二是当事人不同，诉讼权利和义务的内容和表现形式有所不同。需要指出的是，当事人对其应当承担的诉讼义务必须履行，对其享有的诉讼权利则可以依法处分，自主决定是否行使。在法律范围内，当事人行使诉讼权利的应该给予保障，放弃行使诉讼权利的应该得到尊重。

4. 诉讼代理人的诉讼权利和诉讼义务。诉讼代理人的诉讼权利和诉讼义务以诉讼代理权为基础，并与其担负的代理职责相适应。为使诉讼代理人充分地履行代理职责，维护被代理人的诉讼利益，民事诉讼法赋予了诉讼代理人与当事人相似的诉讼地位和基本相同的诉讼权利和诉讼义务，不过未经特别授权的委托代理人除外。

5. 其他诉讼参与人的诉讼权利和诉讼义务。其他诉讼参与人在诉讼中享有一定的诉讼权利，但基于诉讼地位的特殊性，其他诉讼参与人承担相对多的诉讼义务。在诉讼中，他们的诉讼目标就是协助和配合人民法院进行诉讼，必须对法院负责，对当事人负责。由于参加诉讼的身份不尽相同，所以不同的其他诉讼参与人，其诉讼权利和义务可能存在一定差异。

三、民事诉讼法律关系的客体

民事诉讼法律关系的客体，是指民事诉讼法律关系主体之间的诉讼权利和诉讼义务共同指向的对象。

由于存在审判法律关系和争讼法律关系等多元的民事诉讼法律关系，各个诉讼法律关系主体的诉讼权利和诉讼义务有所不同，因而客体即指向的对象也有差别。

（一）审判法律关系的客体

人民法院和当事人之间的诉讼权利义务所指向的对象，是案件事实和实体权利请求。当事人起诉或应诉，是要求人民法院查明案件事实，确定当事人之间的实体权利和义务关系，并保证诉讼程序的依法进行。为实现这一诉讼目标，在诉讼中，当事人有义务就其主张的案件事实提供证据予以证明，使自己的实体权利请求获得支持。人民法院则有权也有责任查明案件事实，依法对当事人的诉讼请求作出裁判。

人民法院和人民检察院之间的诉讼权利义务所指向的对象是人民法院生效裁判认定的事实和适用的法律，人民检察院认为人民法院生效的判决、裁定确有错误时，有权对其提出抗诉，实施审判法律监督，人民法院有义务进行再审。

人民法院和其他诉讼参与人之间的诉讼权利和诉讼义务所指向的对象是案件事实。证人、鉴定人、勘验人员和翻译人员经人民法院要求或同意而参加诉讼，行使诉讼权利和承担诉讼义务，向法庭作证、提供鉴定结论、勘验笔录和翻译译文，共同的目标在于揭示案件事实的真相。由于其他诉讼参与人与发生争议的民事权益和诉讼结果没有法律上的利害关系，因此与人民法院之间的诉讼权利义务指向的对象也仅仅是案件事实。

（二）争讼法律关系的客体

当事人之间的诉讼权利义务所指向的对象是诉讼请求和诉讼理由。当事人行使诉讼权利承担诉讼义务，彼此之间展开抗辩，目的在于为自己主张的事实和法律依据寻找理由，使自己的诉讼请求获得支撑，争取获得对自己有利的裁判。

当事人与其他诉讼参加人之间的诉讼权利义务所指向的对象是案件事实。二者之间围绕证言是否真实、鉴定结论、勘验笔录和翻译译文是否真实准确行使诉讼权利。

在民事诉讼理论和实践中应注意将民事诉讼法律关系的客体与诉讼标的加以区分。诉讼标的是指当事人之间因民事权利义务关系发生争议的，一方向法院提出的审理和裁判的具体诉讼请求，它是诉的一个要素，法院依据民事实体法对这种争议的法律关系进行审理并在诉讼请求的范围内做出裁判；而民事诉讼法律关系的客体，则是指诉讼法律关系主体之间诉讼权利义务指向的对象，包括案件事实和实体权利的请求。案件事实是否真实，实体权利请求是否合法，由人民法院依据民事诉讼法和民事实体法进行确认。诉讼标的只是诉讼法律关系客体内容的一部分，两者的法律性质和所包含的具体内容均有差异。

第三节　引起民事诉讼法律关系发生、变更和消灭的法律事实

任何法律关系的发生、变更和消灭都由法律规范所规定的某种事实引起，这种事实称为法律事实。由民事诉讼法律规范所规定，能够引起民事诉讼法律关系发生、变更和

消灭的事实，称为诉讼上的法律事实。

根据是否以人的意志为转移，诉讼上的法律事实可以分为诉讼事件和诉讼行为。

一、诉讼事件

诉讼事件，是指不以人的意志为转移，依法能够引起民事诉讼法律关系发生、变更或消灭的客观情况。

在民事诉讼中，不同的诉讼事件会引起不同的诉讼后果，同样的诉讼事件也可能引起不同的诉讼后果。比如在债务纠纷案件中，一方当事人丧失诉讼行为能力或者死亡而有继承人参加诉讼的，将引起民事诉讼法律关系的中止；同是一方当事人的死亡，但有继承人参加诉讼和无继承人参加诉讼的，分别引起民事诉讼法律关系的中止和终结。

二、诉讼行为

作为法律事实的诉讼行为，是指民事诉讼法律关系主体在诉讼过程中实施的，依法能够引起民事诉讼法律关系发生、变更和消灭的各种诉讼活动。诉讼行为是诉讼上的主要法律事实，民事诉讼法律关系的发生、变更和消灭在大多数情况下都是由诉讼行为引起的。

需要明确的是，民事诉讼法律关系主体实施的诉讼行为并非都属于法律事实，只有民事诉讼法律规范确定的，具有引起民事诉讼法律关系发生、变更或消灭效能的诉讼行为才是法律事实。比如当事人申请回避、举证等诉讼行为，不产生民事诉讼法律关系发生、变更或消灭的效果，不属于法律事实。此外，人民法院和人民检察院以外的民事诉讼法律关系主体实施的诉讼行为只有与人民法院的诉讼行为相结合，才产生引起民事诉讼法律关系发生、变更或消灭的效果。例如原告起诉，只有法院受理的才导致原告与法院之间的民事诉讼法律关系发生；原告撤诉，只有经法院裁定允许的才消灭原告与法院之间的民事诉讼法律关系。

主体不同，诉讼行为有所差别：

1. 人民法院的诉讼行为。人民法院代表国家行使审判权，其诉讼行为是具有国家权力性质的审判活动，主要表现为审理行为和裁判行为。人民法院的诉讼行为对民事诉讼法律关系的发生，变更和消灭起着十分重要的作用。

2. 人民检察院诉讼行为。人民检察院行使国家赋予的法律监督权，其诉讼行为是具有国家权力性质的民事审判监督活动，具体表现为对损害社会公共利益的民事违法案件的起诉行为，该行为将直接引起民事公益诉讼法律关系的发生；对人民法院生效裁判的抗诉行为，该行为将直接引起民事再审法律关系的发生。

3. 当事人的诉讼行为。当事人与案件有法律上的利害关系，他们是实体权利义务的担当者。在民事诉讼中，当事人享有广泛的诉讼权利，内容则因诉讼阶段不同而有所不同。由此决定，当事人的诉讼行为不仅能够各种民事诉讼法律关系的发生、变更和消灭，其行使诉讼权利的行为具有特殊性：(1) 任意性，即当事人在诉讼中有权按照自己的意愿依法决定是否实施行使某项诉讼权利的行为，如当事人对一审判决可以实施上诉行为，也可以不实施上诉行为；(2) 可撤销性，即当事人可以依法放弃已经完成或尚未完成的行为，如原告起诉后撤回起诉，上诉人上诉后撤回上诉等；(3) 期限性，即当事人的某些诉讼行为必须在法定期限内进行，否则因丧失进行该诉讼行为的权利而导致行为不具有法律效力。比如逾期上诉的，上诉行为失去法律效力，不发生上诉后果，当事人与二审人民法院之间不形成民事诉讼法律关系。由于诉讼代理人行使被代理的当事人的诉讼权利，诉讼代理人在代理权范围内的诉讼行为等同于当事人的诉讼行为，具有当事人诉讼行为的后果和特征。

4. 其他诉讼参与人的诉讼行为。证人、鉴定人和翻译人员等其他诉讼参与人是为了协助人民法院和当事人查明案件事实而参加诉讼，他们的诉讼行为具有期限性，但不具有任意性和可撤销性。由于证人是不能更换的，证人的诉讼行为还具有不可代替性。

【学习总结与拓展】

【关键词】 民事诉讼法律关系　民事诉讼法律关系主体　民事诉讼法律关系客体　民事诉讼主体争讼法律关系　诉讼上的法律事实

【思考题】

1. 民事诉讼法律关系的构成要素有哪些?
2. 民事诉讼法律关系的主体划分及其关系如何?
3. 试述我国民事诉讼参与人的含义及范围。
4. 民事诉讼法律关系的客体与诉讼标的的关系如何?
5. 诉讼事件与诉讼行为的功能及其结果是什么?
6. 试述当事人诉讼行为的特殊性。

【阅读资料】

1. 《中华人民共和国民事诉讼法》(2017 年修正)。
2. 《最高人民法院关于适用〈中华人民共和国民事诉讼法〉的解释》(法释〔2015〕5 号)。
3. 江伟主编，李浩、刘荣军副主编:《民事诉讼法学原理》，中国人民大学出版社 1999 年版。
4. 张卫平:《民事诉讼法》，法律出版社 2013 年版。
5. [德] 罗森贝克、施瓦布等著，李大雪译:《民事诉讼法 (上)》，中国法制出版社 2007 年版。
6. 章武生:《民事诉讼法新论》，法律出版社 2002 年版。
7. 张卫平:《转换的逻辑：民事诉讼体制转型分析》，法律出版社 2007 年版。
8. 刘荣军:《民事诉讼法律关系的再构筑》，载梁慧星主编《民事法丛论》第 9 卷，法律出版社 1998 年版。
9. 蔡彦敏:《对民事诉讼法律关系若干问题的再思考》，《政法论坛》2000 年第 2 期。
10. 邵明:《民事诉讼法理研究》，中国人民大学出版社 2004 年版。

第二编　总　论

第五章　民事诉讼的基本原则和基本制度

【学习提示】通过本章学习，了解民事诉讼基本原则在民事诉讼立法上的表现，理解民事诉讼的基本制度。着重理解和把握在民事诉讼上有特殊意义的基本原则，尤其是当事人诉讼权利平等原则、辩论原则、处分原则、诚实信用原则的内涵和意义。

第一节　民事诉讼的基本原则

一、民事诉讼法基本原则概述

（一）民事诉讼法基本原则的概念

民事诉讼法的基本原则，是集中体现民事诉讼法的精神实质，在民事诉讼的整个过程中或者在重要的诉讼阶段，起指导、制约作用的诉讼基本准则。在我国，民事诉讼法的基本原则以高度概括性的规范形式为表征，构成民事诉讼法各项制度和具体条文的基础和依据，为民事诉讼活动指明了方向。内容的根本性和效力的贯穿性是民事诉讼法基本原则最突出的属性。

民事诉讼法基本原则内容的根本性，是指民事诉讼法的基本原则最集中地概括民事诉讼法的目的和基本价值。我国民事诉讼法的目的反映在民事诉讼法第 2 条的规定中："中华人民共和国民事诉讼法的任务，是保护当事人行使诉讼权利，保证人民法院查明事实，分清是非，正确适用法律，及时审理民事案件，确认民事权利义务关系，制裁民事违法行为，保护当事人的合法权益，教育公民自觉遵守法律，维护社会秩序、经济秩序，保障社会主义建设事业顺利进行。"在民事诉讼的多元价值中，公正是最基本的也是最高的价值追求。民事诉讼法的基本原则，如辩论原则、处分原则，能够保证查明案件事实，有利于分清责任，也尊重当事人对权利的支配，因而一方面完全符合民事诉讼法的上述目的，集中而概括地体现了实现上述目的的手段要求；另一方面也与诉讼公正的价值相吻合，集中而概括地体现了立法者依其公正观而制定的诉讼政策。民事诉讼法的基本原则内容的根本性使它成为其他具体程序、制度的基础和依据。

民事诉讼法基本原则效力的贯穿性，是指民事诉讼法基本原则的效力及于民事诉讼法生效的全部领域，对民事诉讼法的全部规范具有导向作用。民事诉讼法基本原则的这种属性，保证了其他具体制度的规定不偏离民事诉讼法的目的，不偏离诉讼公正的基本价值取向，并通过具体制度和规范的整合效能，实现民事诉讼法的目的和公正价值。

民事诉讼法的基本原则具有重要作用，是民事诉讼立法是否科学完善，民事诉讼活动能否公正进行的重要标志。

（二）民事诉讼法基本原则的分类

民事诉讼法第一章规定了一系列基本原则。这些原则中，有些是根据宪法原则，参照人民法院组织法的规定确立，是民事诉讼、刑事诉讼和行政诉讼共同遵守的基本原则，简称共有原则。民事诉讼法对这些原则作出规定，是因为它们的内容在民事诉讼的适用上有一定的特殊要求。属于共有的基本原则有：（1）民事审判权由人民法院行使的原则；（2）人民法院依法独立审判民事案件的原则；（3）以事实为根据，以法律为准绳的原则；（4）对当事人在适用法律上一律平等原则；（5）用本民族语言、文字进行诉讼的原则；（6）检察监督原则。

另一些是根据民事诉讼的特殊要求制定的基本原则，民事诉讼特殊规律的体现，属于民事诉讼遵循的原则，简称特有原则。这些原则包括：（1）当事人诉讼权利平等原则；（2）法院调解原则；（3）辩论原则；（4）处分原则；（5）支持起诉原则；（6）人民调解原则；（7）诚实信用原则。

二、民事诉讼基本原则分述

（一）当事人诉讼权利平等原则

民事诉讼法第8条规定："民事诉讼当事人有平等的诉讼权利。人民法院审理民事案件，应当保障和便利当事人行使诉讼权利，对当事人在适用法律上一律平等。"这一规定确立的当事人诉讼权利平等原则，主要包括两方面的含义：

第一，双方当事人的诉讼地位平等。诉讼地位平等是诉讼权利和义务平等的要求和体现。在民事诉讼中，诉讼当事人虽有原告、被告、第三人之分，但他们的诉讼地位没有优劣和高低之分，都平等地享有诉讼权利，平等地承担诉讼义务。这种平等表现为两种情况：一是双方当事人享有相同的诉讼权利。如双方当事人都有委托代理、申请回避、提供证据、请求调解、进行辩论、提起上诉、申请执行等权利。二是双方当事人享有对等的诉讼权利。如，原告有提起诉讼的权利，被告有提出反驳和反诉的权利。同样，当事人承担相同的或对应的诉讼义务。

第二，双方当事人行使诉讼权利的手段和机会是同等的。诉讼手段是实现诉讼权利的具体形式，诉讼机会是实现诉讼权利的时间条件，行使诉讼权利的手段和机会不同等，平等的诉讼权利就只能是一句空话，无法实现。比如行使申请回避的权利，双方都有权采取口头的或书面的形式，都需要说明理由，都有权也有义务在规定的时间内提出；行使辩论权，可以分别通过起诉状和答辩状的方式进行，在法庭上有对等的发言机会等。

当事人诉讼权利平等不仅是"公民在适用法律面前一律平等"宪法原则派生的，也是民事纠纷的特点决定的。民事纠纷是民事法律关系主体之间产生的纠纷，民事法律关系主体的双方地位是平等的。这种平等性必然要反映在诉讼中，要求赋予进入诉讼的当事人平等的诉讼地位、平等的诉讼权利义务。只有如此，诉讼当事人才能获得均等的攻防手段和机会，通过均衡的对抗，使自己一方的民事权益得到应有的平等保护，对民事违法行为进行合理的制裁。

当事人诉讼权利平等不仅要求民事诉讼立法为双方规定平等的诉讼权利和义务，确定平等行使诉讼权利的手段和机会，而且要求人民法院在民事诉讼中，切实保障当事人平等地行使诉讼权利。保障诉讼当事人平等的诉讼地位、为他们平等行使诉讼权利提供同等的手段和创造同样的机会，也平等地要求当事人履行诉讼义务。不偏袒或歧视任何一方，是人民法院的职责。

民事诉讼法第5条第1款规定："外国人、无国籍人、外国企业和组织在人民法院起诉、应诉，同中华人民共和国公民、法人和其他组织有同等的诉讼权利义务。"该条第2款规定："外国法院对中华人民共和国公民、法人和其他组织的民事诉讼权利加以限制的，中华人民共和国人民法院对该国公民、企业和组织的民事诉讼权利，实行对等原则。"同等诉讼权利的规定表明，无论是中国的还是外国的公民、法人或其他组织，作为诉讼当事人，在诉讼中，他们的权利和义务都是平等的，是当事人诉讼权利平等的体现。但外国诉讼当事人与中国诉讼当事人适用诉讼权利平等原则是有条件的。那就是外国法院不限制我国诉讼当事人的诉讼权利，否则我国人民法院对该国当事人的诉讼权利作对等限制，以维护国家主权及司法管辖权。

（二）法院调解原则

民事诉讼法第9条规定："人民法院审理民事案件，应当根据自愿和合法的原则进行调解；调解不成的，应当及时判决。"这一规定确立的法院调解原则，包括以下含义：

第一，人民法院应当重视调解解决民事纠纷案件的方式。在案件受理后，人民法院应当尽可能地采取调解方式结案。所谓尽可能地调解，首先是指案件从性质上讲是能够调解的，否则不适用调解。如适用特别程序的案件、确认合同无效案件等，不得调解。其次是能够调解的案件，应该通过积极疏导和说服方法，促使当事人化解矛盾，转变认识，互相谅解，达成协议，解决纠纷。人民法院审理民事案件，能够用调解方式结案的，就不采用判决的方式结案。

第二，人民法院的调解应当在自愿和合法的基础上进行。所谓自愿，在程序上是指当事人自愿参加调解，在实体上是指当事人达成调解协议确认的实体权利义务是双方愿意接受的。调解必须尊重当事人的意愿，人民法院不得强迫或变相强迫当事人调解。所谓合法，在程序上是指调解应当按照民事诉讼法规定的程序进行，在实体上是指调解协议的内容不得违反国家法律、政策的规定，不得损害国家、集体和他人的利益。因此，查明事实分清是非，是调解的基础。

第三，调解不成的，应当及时判决。必须明确，调解是解决民事案件的重要方式，但不是唯一的方式，也不是审理民事案件的必经程序。调解和判决都是解决民事纠纷的方式，要处理好二者的关系。当事人不愿调解或调解无法达成协议的，人民法院应当及时作出判决。只重视判决而忽视调解，或者盲目调解，久调不决，都是必须反对的。

调解能够消除当事人的对立情绪，避免伤害当事人的感情，也利于执行，是我国司法工作的优良传统和成功经验。调解贯穿于审判程序的始终，无论是一审、二审还是再审，是普通程序还是简易程序，是庭上还是庭下，能调解的都可以调解。

（三）辩论原则

民事诉讼法第12条规定："人民法院审理民事案件时，当事人有权进行辩论。"这一规定确立的辩论原则表明，在民事诉讼中，当事人的辩论权必须得到尊重，予以保证。所谓辩论，是指当事人双方在人民法院的主持下，有权就案件事实和法律适用等有争议的问题，各自陈述自己的主张和根据，互相进行反驳和答辩，以维护自己的合法权益的活动。

辩论原则的主要内容包括：

第一，当事人辩论权的行使贯穿于诉讼的整个过程。当事人有权在一审中辩论，也有权在二审以及再审中辩论；既有权以法定的形式在庭审中进行辩论，也有权以法定形式在庭审外辩论。原告起诉后，被告即可答辩，辩论由此开始。在后续的审理过程中，当事人双方都有权就自己的诉讼主张提供证据，陈述理由，论证其正当性，同时反驳对方的主张。诚然，开庭审理中当事人的质证和辩驳最集中地反映了辩论原则的主要精神，是当事人辩论权的重要体现，但辩论绝不仅仅限于法庭审理阶段，而是贯穿于从当事人起诉到诉讼终结的整个过程中。

第二，辩论的内容既可以是程序方面的问题，也可以是实体方面的问题。程序方面的问题如当事人是否适格、证据的形式、来源是否合法、诉讼行为是否超过法定期限等。实体方面的问题几乎是所有案件的核心内容，案件不同这种内容也不同，加上实体问题的辩论往往是法庭认定事实最重要的依据，因此实体问题通常都是辩论的焦点。

第三，辩论的表现形式及方式是多种多样的。辩论可以通过口头形式进行，也可以运用书面形式表达。口头形式是当事人及其诉讼代理人进行辩论的主要形式，尤其是在法庭辩论阶段，口头形式的运用更为普遍。书面形式是重要的辩论形式，原告的起诉状和被告的答辩状形成的辩论，是书面辩论形式的典型体现。

辩论可以采取否认、抗辩和反诉等方式或手段进行。

民事诉讼中的辩论原则区别于刑事诉讼中的辩护原则。首先是各自建立的基础不同。辩论原则建立在原告和被告彼此对立但诉讼地位平等的基础上；而辩护原则建立在公诉权与辩护权分立，控辩双方的诉讼地位不同的基础上。即检察机关代表国家，以公诉人的身份对刑事被告人行使追诉权，被告人处于被控诉和受审判的地位。正因如此，前者的被告有权反诉，后者的被告则无权反诉；其次是辩论的范围不同。辩论原则的内容广泛，当事人可以就实体事实进行辩论，也可以对程序事实进行辩论；依照辩护原则，刑事诉讼的被告人只能就自己是否犯罪以及罪行轻重进行辩护。

贯彻辩论原则，尊重当事人的辩论权是人民法院的职责。人民法院除了为当事人创造辩论的条件，保证当事人有同等的辩论机会外，更重要的是人民法院的判决应当建立在双方辩论的基础上，受辩论的约束。只有通过辩论核实的事实才能作为判决的根据，否则当事人的辩论权和辩论原则将失去意义。

（四）处分原则

民事诉讼法第13条第2款规定："当事人有权在法律规定的范围内处分自己的民事权利和诉讼权利。"该规定确立了民事诉讼上的处分原则。所谓处分，是指当事人作为权利主体，可以行使自己的权利，也可以不行使以致放弃权利。行使与否，由当事人自己决定。作为民事诉讼法的基本原则，处分原则主要包含以下几方面的内容：

第一，处分权是当事人享有的权利。由民事纠纷的特点和民事诉讼的目的及后果决定，当事人不仅享有而且只有当事人享有处分权，其他诉讼参与人在诉讼上不享有处分权。诉讼代理人是代理当事人行使诉讼权利，是否有处分权，因代理权限的不同而有差别。法定代理人及指定代理人有充分的代理权，诉讼上的地位与当事人基本相同，因此可以代理当事人行使处分权。委托代理人则只有在当事人就处分权作特别授权时才能行使。

第二，处分权的对象包括民事权利和诉讼权利两个方面。在诉讼上，当事人处分民事实体权利情况主要有三种：(1) 原告在起诉时有权自主确定请求司法保护的范围和选择保护的方法，被告反诉时亦然。例如，在财产损害案件中，权利人有权就全部损害请求赔偿，也有权就部分损害请求赔偿；有权请求赔偿，也有权请求恢复原状。(2) 在诉讼开始后，原告有权变更诉讼请求，也可以扩大或缩小诉讼请求的范围。(3) 在诉讼过程中，原告有权放弃其诉讼请求，被告对原告的诉讼请求有权部分或全部承认；当事人双方有权达成或拒绝达成调解协议；在判决未执行完毕之前，双方当事人有权随时就实体问题自行和解。

处分诉讼权利主要有以下几种情况：(1) 纠纷发生后当事人有权决定是否起诉，诉诸法院，通过诉讼解决纠纷；(2) 诉讼提起后，原告有权申请撤诉，请求人民法院终结诉讼；被告也有权决定是否提出反诉对抗原告的诉讼请求。当事人双方都有权请求人民法院调解。(3) 当事人对一审判决有权决定在法定期限内是否提起上诉；对于已生效的判决或调解书认为确有错误时，有权申请再审，是否再审由人民法院决定；(4) 依照有执行力的生效判决和其他法律文书，当事人有权决定是否申请强制执行；在执行过程中，有权决定是否撤回其申请。

民事实体权利的处分与诉讼权利的处分有区别也有联系。由于诉讼权利是保护民事实体权利的手段，处分民事权利一般是通过处分诉讼权利来实现的。比如以处分民事实体权利为目的而放弃诉讼请求的，通常是以撤诉或达成调解协议来实现。不过处分诉讼权利并不相当于处分民事实体权利。如撤诉可能仅仅是原告同意被告在约定的期限内履行债务而终结已经开始的诉讼，并不是放弃债权。

第三，处分权应当在法律范围内行使。在民事诉讼中，当事人的处分权不是绝对的，无限的，而是受到法律的一定限制。概而言之，当事人的处分不得违反法律规定，不得损害国家的、社会的、集体的和公民的合法利益，否则由人民法院代表国家进行干预，确认当事人超出法律范围的某种处分行为无效。

处分原则要求人民法院充分尊重当事人依法处分的行为。人民法院一方面要帮助当事人了解如何行使处分权及其行使的法律后果，保证当事人的处分不超出法律范围；另一方面人民法院的审判应当受到当事人依法处分行为的制约，接受当事人依法处分行为的结果。

（五）诚实信用原则

民事诉讼法第 13 条规定第 1 款规定："民事诉讼应当遵循诚实信用原则"，这是 2012 年 8 月修订民事诉讼法增设的条款。自此，民事诉讼法以明文化、法定化的方式，确立了诚实信用在民事诉讼中的基本原则地位，从而丰富和完善了民事诉讼法基本原则体系，有利于促进诉讼公正，提高诉讼效率。

诚实信用原则被置于《民事诉讼法》第13条第1款。从条文的设计布局看，诚实信用原则意在规制当事人的诉讼行为，但这不意味着其他诉讼主体可以置身事外。“在民事诉讼中，诚实信用原则应该成为规范各种诉讼主体的基本准则。在我国特殊的语境之下，作为一种教化性、指引性很强的原则，将法院纳入诚实信用原则规范的范围同样有助于回应社会对司法品质提升的诉求，有其重要的社会意义或政治意义。”[①] 当然，诚实信用原则规制的重点在于当事人的诉讼行为，并贯穿于民事诉讼的整个过程。从这个意义上讲，诚实信用原则对当事人在诉讼上的处分行为形成制约，目的在于防止当事人滥用诉讼权利。

当事人有违诚实信用原则的诉讼行为将受到法律的制裁，对此民事诉讼法有相对明确的规定。民事诉讼法第112条规定：“当事人之间恶意串通，企图通过诉讼、调解等方式侵害他人合法权益的，人民法院应当驳回其请求，并根据情节轻重予以罚款、拘留；构成犯罪的，依法追究刑事责任”；第113条规定：“被执行人与他人恶意串通，通过诉讼、仲裁、调解等方式逃避履行法律文书确定的义务的，人民法院应当根据情节轻重予以罚款、拘留；构成犯罪的，依法追究刑事责任”。2015年11月1日生效的《刑法修正案（九）》增设“虚假诉讼罪”，并根据不同情况定罪量刑[②]，回应和衔接民事诉讼法诚实信用原则及相关规定。据此可知，在民事诉讼中违反诚实信用原则的法律后果和责任形式，大体可以分为实体性责任和程序性责任、[③] 民事责任和刑事责任。

从上可见，我国民事诉讼法采取一般规定和具体规定相结合的立法体例。民事诉讼法第13条第1款是一般规定，具体规定则分布在相关制度的条文中。与之对应，诚实信用原则通过两种途径规制当事人的诉讼行为。

一是直接适用体现诚实信用原则的具体规定。比如前述民事诉讼法第112条的规定。又如最高人民法院关于适用《中华人民共和国民事诉讼法》的解释第113条规定，“持有书证的当事人以妨碍对方当事人使用为目的，毁灭有关书证或者实施其他致使书证不能使用行为的，人民法院可以依照民事诉讼法第一百一十一条规定，对其处以罚款、拘留。”[④] 这些规定以诚实信用的理念为支撑，是诚实信用原则的规范化和具体化。人民法院有充足的事实依据认定当事人的行为属于这些具体规定的情形，具备相应的处罚条件，直接适用这些规定处理案件即可，无须也不应该直接依据诚实信用原则作出裁判。

二是直接援引诚实信用原则的一般规定。总体而言，诚实信用原则是将道德规范植入法律，以提升法律规范的要求。在民事诉讼法中，将其完全加以具体化、制度化，穷

---

① 张卫平：《民事诉讼中的诚实信用原则》，《法律科学》2012年第6期

② 《刑法修正案（九）》第33条规定，增列刑法第307条之一，共三款，依次为：“以捏造的事实提起民事诉讼，妨害司法秩序或者严重侵害他人合法权益的，处三年以下有期徒刑、拘役或者管制，并处或者单处罚金；情节严重的，处三年以上七年以下有期徒刑，并处罚金。”“单位犯前款罪的，对单位判处罚金，并对其直接责任负责的主管人员和其他直接责任人员，依照前款的规定处罚。”“有第一款行为，非法占有他人财产或者逃避合法债务，又构成其他犯罪的，依照处罚较重的规定定罪从重处罚。”

③ 王琦：《民事诉讼诚实信用原则的司法适用》，《中国法学》2014年第4期

④ 相关司法解释的具体化规定虽然不是立法，但在适用方法上与立法规定的类同，因此可概括为一类。

尽违反诚实信用原则的行为，是困难而不现实的。诚实信用原则本身具有漏洞补充功能。司法实务中，根据诚实信用原则处理诉讼的做法，在制度上已经得到认可。[①] 对于那些恶意利用诉讼制度的“留白”，规避法律的诉讼行为，如果因无具体规定而一概地予以容忍，不仅可能损害其他诉讼当事人的利益，还可能严重损害程序的公正性乃至司法的公信力。允许法官行使自由裁量权，直接以诚实信用原则规制当事人的诉讼行为，具有特殊的意义。当然，法官行使这种自由裁量权必须谨慎，受到一定的限制。首先，没有其他具体的法律规定是直接援引诚实信用原则的前提；其次，法官同样须本着信用、诚实、善良、公正地适用诚实信用原则来处理案件。换言之，法官也必须受诚实信用原则的约束；第三，合理平衡当事人双方的利益，以求纠纷妥善、彻底地解决；第四，对恶意诉讼的行为和做法，应小心求证，给出有说服力的判断和处理。

（六）检察监督原则

民事诉讼法第 14 条规定：“人民检察院有权对民事诉讼实行法律监督。”这一规定确立的检察监督原则，把对人民法院审判活动实施法律监督扩展到对民事诉讼整体上的检察监督。

民事诉讼法第 208 条至第 213 条及 2011 年最高人民法院、最高人民检察院颁布《关于对民事审判活动与行政诉讼实行法律监督的若干意见（试行）》，2013 年最高人民检察院颁行《人民检察院民事诉讼监督规则（试行）》，将检察监督原则进一步制度化、规范化、具体化。概而言之，在民事诉讼中的检察监督原则的内容主要有四方面：

第一，对审判人员在民事审判中的违法行为进行监督。人民检察院发现审判人员在民事审判中有贪污受贿、徇私舞弊、枉法裁判等违法犯罪行为的，有权也有责任依照法律的规定进行追究。

第二，根据民事诉讼法第 55 条第 2 款规定对损害社会公共利益的民事违法行为提起民事公道诉讼，或者支持法定机关或者有关组织提起民事公益诉讼。

第三，对人民法院的审判活动及作出的生效判决、裁定等是否正确、合法通过提出抗诉、检察建议等方式，实施法律监督。(1) 根据审判监督程序的规定，人民检察院对人民法院已经发生法律效力和判决、裁定，如果认为有错误，或者认为法院的调解书有损国家利益、社会公共利益的，应当提出抗诉。对因抗诉而开庭审理再审案件，人民法院应通知人民检察院派员出席法庭，人民检察院应当派员出席。(2) 人民检察院对审判监督程序以外的其他审判程序中审判人员的违法行为，有权向同级人民法院提出检察建议。出席再审案件庭审的检察人员发现庭审活动违法的，应当待休庭或者庭审结束之后，以人民检察院的名义提出检察建议。[②]

第四，对民事执行活动，有权依据民事诉讼法第 235 条规定及相关审判解释，检察解释文件规定实行法律监督。

---

① 2001 年最高人民法院《关于民事诉讼证据的若干规定》第 7 条规定：“在法律没有具体规定，依本规定及其他司法解释无法确定举证责任承担时，人民法院可以根据公平原则和诚实信用原则，综合当事人举证能力等因素确定举证责任的承担。”

② 参见最高人民检察院《人民检察院民事诉讼监督规则（试行）》的相关规定。该规则第 8 条还规定：“人民检察院检察长在同级人民法院审判委员会讨论民事抗诉案件或者其他与民事诉讼监督工作有关的议题时，可以依照有关规定列席会议。”

人民检察院对民事诉讼活动实行法律监督，对于维护社会主义法制，保障审判权的正确行使，具有重要的意义。

第二节 民事诉讼的基本制度

民事诉讼中的基本制度针对人民法院的审判活动而设立，目的在于规范人民法院的审判行为，因此也称民事审判的基本制度，它是人民法院进行民事审判活动的基本规程，是具有关键性作用的审判制度。依据民事诉讼法的规定，民事审判的基本制度有合议制度、回避制度、公开审判制度和两审终审制度等。

一、合议制度

（一）合议制的含义。

合议制与独任制相对应。独任制是指由一名审判员代表人民法院对案件进行审理和判决的审判制度和组织形式，而合议制则是由三名以上的审判人员组成合议庭审理民事纠纷案件的审判制度和组织形式。实行合议制，由审判人员集体组成法庭审理案件，能够充分发挥集体的智慧和力量，弥补个人知识上的缺陷和认识上的不足，为正确处理案件提供组织上的保障。

按照民事诉讼法的规定，适用简易程序审理的民事案件和适用特别程序审理的民事案件（选民资格案件和重大、疑难案件除外）实行独任制审判。除此之外的所有民事案件，都应当适用合议制审理。可见合议制是我国民事审判的基本组织形式。

（二）合议庭的组成

按照合议制组成的法庭，称为合议庭。根据民事诉讼法的规定，在不同的审级，合议庭的组成有不同的要求。

1. 第一审合议庭。民事诉讼法第 39 条规定："人民法院审理第一审民事案件，由审判员、陪审员共同组成合议庭或者由审判员组成合议庭。合议庭的成员人数，必须是单数。适用简易程序审理的民事案件，由审判员一人独任审理。"这就是说，人民法院审理第一审民事案件，除简单民事案件适用独任制以外，其余民事案件的审理适用合议制。根据合议制组成的合议庭，有两种组成形式。

（1）由审判员和人民陪审员共同组成的合议庭。根据人民法院组织法的规定，陪审员从年满 23 岁的有选举权和被选举权的公民中选举产生，但被剥夺过政治权利的人除外。在合议庭中，陪审员与审判员享有同等的权利；

（2）由审判员组成的合议庭。适用普通程序审理的民事案件，其合议庭也可以全部由审判员组成。此外，人民法院依照特别程序中的选民资格案件及重大疑难的非讼案件必须由审判员组成合议庭；

2. 第二审合议庭。民事诉讼法第 40 条第 1 款规定："人民法院审理第二审民事案件，由审判员组成合议庭。合议庭的成员人数，必须是单数。"由此可见，人民法院审理第二审必须采取合议制，并且合议庭只能由审判员单数组成。这是由第二审程序的职能和审理对象决定的。二审法院的审理针对一审的裁判，审查一审裁判认定事实和适用法律是否正确，同时要对当事人所争议的实体权利义务关系作出最终的决定。二审法院的主要职能是监督和指导下级人民法院的工作，因此，第二审法院的审判组织形式只能是合议庭，合议庭的组成人员也只能是审判员。

3. 重审、再审合议庭。民事诉讼法第 40 条第 2 款规定：“发回重审的案件，原审人民法院应当按照第一审程序另行组成合议庭。”依此规定，无论原审是否采取合议制审理，由二审法院发回重审的一审民事案件，原一审法院都应当采取合议制进行审理。原一审合议庭的成员不得参加重审案件审理的合议庭。

民事诉讼法第 40 条第 3 款规定：“审理再审案件，原来是第一审的，按照第一审程序另行组成合议庭；原来是第二审的或者是上级人民法院提审的，按照第二审程序另行组成合议庭。”这就是说，再审案件的合议庭如何组成，取决于原审程序。原一审程序采用独任制或合议制审理的案件再审的，都必须按照一审程序另行组成合议庭进行审理。原二审程序审理的案件再审的，按照二审程序另行组成合议庭。原先参与审判的独任审判员和合议庭成员都不得参加再审案件的合议庭。

（三）合议庭的内部关系及活动原则

合议庭依法由 1 名审判员担任审判长，陪审员不能担任审判长。民事诉讼法第 41 条规定：“合议庭的审判长由院长或者庭长指定审判员一人担任；院长或者庭长参加审判的，由院长或者庭长担任。”审判长的职责是主持合议庭的审判工作，指挥法庭的审判活动。

合议庭是一个审判集体，合议庭成员享有同等权利。案件由合议庭集体讨论、评议。意见不一致时，按照民主集中制，实行少数服从多数的原则。合议庭的决定以多数人的意见为准，评议中的不同意见，必须如实记入笔录。评议笔录由合议庭成员签名。

二、回避制度

（一）回避制度的含义

回避制度，是指人民法院审判民事案件的审判人员或其他有关人员，具有法律规定的情形，与案件具有一定利害关系的，主动退出该案件的审判，或由当事人及其代理人请求而退出审判的制度。

在民事诉讼中设立回避制度是为了保证人民法院对案件的公正审理，消除当事人的顾虑，保护当事人的民事权利和诉讼权利。实行回避制度具有重要意义。

（二）回避的适用对象和法定原因

适用回避的人员是在审判活动中具有一定审判职能或履行其他特定职能的人。按照民事诉讼法第 44 条的规定，回避的对象有审判人员（包括审判员、陪审员）以及书记员、翻译人员、鉴定人、勘验人。

上述人员回避的原因包括：(1) 是本案当事人或当事人、诉讼代理人的近亲属。近亲属一般是指配偶、父母、子女、兄弟姐妹。如系其他亲属但关系密切，可能影响案件公正审理的，也应回避。(2) 与本案有利害关系。所谓“利害关系”是指案件的审判结果直接关系到审判人员或其他有关人员自身的利益，使其受到损害或者获得好处。(3) 与本案当事人、诉讼代理人有其他关系，可能影响对案件公正审理的。所谓“其他关系”，情况比较复杂，通常指具有师生、同学、同事等关系可能影响案件公正审理的情况。

审判人员接受当事人、诉讼代理人请客送礼，或者违反规定会见当事人、诉讼代理人的，当事人有权要求他们回避。

（三）回避的方式和程序。

依照民事诉讼法的规定，回避的方式主要有自行回避、申请回避两种①。自行回避即具有法定回避原因的审判人员等有关人员主动提出退出审判的回避方式；申请回避即当事人或其诉讼代理人认为承办案件的审判人员等有关人员具有法定回避原因而提出申请要求其退出审判的回避方式。

回避的程序是：（1）回避应当在案件开始审理时提出，回避事由在案件开始审理后知道的，也可以在法庭辩论终结前提出。申请回避都应当说明理由。为维护当事人的权利，人民法院受理案件后应当告知当事人申请回避的权利；案件开庭审理时，审判长应询问当事人是否提出回避的申请，申请方式可以是以口头的方式，也可以是以书面的方式。②（2）院长担任审判长时的回避，由审判委员会决定；审判人员回避，由院长决定；其他人员的回避，由审判长决定。当事人申请回避的，人民法院应当在申请提出3日内以口头方式或书面方式作出是否回避的决定，并向当事人宣布。当事人提出申请到法院作出决定的期间，除案件需要采取紧急措施外，被申请回避的人员，应暂时停止执行有关本案的职务。（3）当事人不服不回避的决定，可以申请复议一次，复议期间被申请回避的人员不停止参与本案的工作。人民法院对复议申请，应当在3日内作出复议，并通知复议申请人。

三、公开审判制度

（一）公开审判的含义和意义

根据民事诉讼法第10条和第134条的规定，在我国民事诉讼中，公开审判制度是指人民法院审判民事案件，除法律规定的情况外审理过程应当公开，而判决宣告一律公开的制度。

公开审判一是向群众公开，即人民法院除合议庭评议案件外，允许群众旁听庭审。二是向社会公开，即人民法院审理案件应当允许媒体旁听庭审过程，其对审理过程如实报道，将案件向社会披露。为此人民法院应当在开庭审理前将审理案件的日期予以公告，以便群众旁听和新闻媒体采访报道。

---

① 《最高人民法院关于适用〈中华人民共和国民事诉讼法〉的解释》第46条规定："审判人员有应当回避的情形，没有自行回避，当事人也没有申请其回避的，由院长或者审判委员会决定其回避。"

② 《最高人民法院关于适用〈中华人民共和国民事诉讼法〉的解释》对审判人员的回避原因和方式作出了更为具体的规定。该解释第43条规定："审判人员有下列情形之一的，应当自行回避，当事人有权申请其回避：（一）是本案当事人或者当事人近亲属的；（二）本人或者其近亲属与本案有利害关系的；（三）担任过本案的证人、鉴定人、辩护人、诉讼代理人、翻译人员的；（四）是本案诉讼代理人近亲属的；（五）本人或者其近亲属持有本案非上市公司当事人的股份或者股权的；（六）与本案当事人或者诉讼代理人有其他利害关系，可能影响公正审理的。"第44条规定："审判人员有下列情形之一的，当事人有权申请其回避：（一）接受本案当事人及其受托人宴请，或者参加由其支付费用的活动的；（二）索取、接受本案当事人及其受托人财物或者其他利益的；（三）违反规定会见本案当事人、诉讼代理人的；（四）为本案当事人推荐、介绍诉讼代理人，或者为律师、其他人员介绍代理本案的；（五）向本案当事人及其受托人借用款物的；（六）有其他不正当行为，可能影响公正审理的。"

公开审判有着多方面的积极意义。一是便于群众和社会的监督，能够促使人民法院依法办案，提高办案质量。二是有利于当事人行使诉讼权利，更好地保护自己的实体权益。也促使当事人和证人如实陈述事实和提供证言，人民法院查明案情解决纠纷；三是有利于进行法制宣传教育。允许旁听，使旁听者受到生动的法制教育，从而提高他们的法制观念，增强守法的自觉性，预防纠纷，减少诉讼。

（二）公开审理的案件范围

公开审理的案件具有广泛性。人民法院审理案件，除法律特别规定外，都应当公开进行。根据民事诉讼法第134条的特别规定，有两类案件分别情况不公开审理。

一是不公开审理的案件。包括涉及国家秘密的案件和涉及个人隐私的案件。国家秘密关系到国家的安全和利益。对涉及国家秘密的案件，依法不公开审理，目的在于维护国家政治、经济利益和社会公共利益。个人隐私是指涉及公民私生活但与社会公共利益无关的内容。对涉及个人隐私的案件不公开审理，目的在于防止个人私生活中不宜公开的内容扩散出去，对个人和社会产生不良影响。

二是当事人申请不公开审理的案件，包括离婚案件和涉及商业秘密的案件。离婚案件涉及当事人的感情冲突和其他隐私问题，当事人一般不愿让他人知晓，避免影响未来的生活。当事人的这种意愿应该受到尊重。商业秘密具有一定的经济价值，不当扩散将会损害当事人的合法利益，因而也需要一定的保护，是否愿意为他人和社会知晓，应该尊重当事人的意愿。因此这类案件是否公开审理，取决于当事人的申请。申请不公开审理的法院应当决定不公开审理。未提出不公开审理申请的，人民法院对案件依法公开审理。无论公开审理还是不公开审理，都要一律公开宣告判决。

四、两审终审制度

（一）两审终审制度的含义

根据民事诉讼法第10条规定，民事诉讼中的两审终审制，是指某一民事案件经过两级人民法院审判后即告终结的制度。

一个案件经过的审级越多，纠正错误裁判的机会就越多，生效裁判发生错误的可能性就越小。也就是说，多审级制度更能够保证裁判的正确性。但多审级制也有明显的不足，会造成诉讼拖延，诉讼成本上升，权利义务关系长期处于不确定状态等问题。在我国这样一个地域辽阔，交通仍欠发达，人口众多，收入不高，诉讼资源不足的国家中，在相当一段时间内实行两审终审制度符合国情，较为适宜。一是可以便利当事人进行诉讼，减少讼累。二是避免审级过多地而加重高级人民法院和最高人民法院的工作负担，使其难以集中精力搞好审判业务指导和监督工作；三是审判监督程序和再审能够使错误裁判得到纠正。审判监督程序可以弥补审级少的不足，总体上讲，以审判监督程序为补充的两审终审基本保障了民事案件的正确及时的处理。

（二）两审终审的制度适用范围

在我国民事诉讼中，除少数案件依法实行一审终结外，大多数民事案件都实行的两审终审制，对一审的判决及特定的裁定，当事人有权提起上诉，通过二审后终结。

只有少数民事案件实行一审终审。这些案件包括：（1）最高人民法院作为第一审法院所作出的判决和裁定是终审判决、裁定，当事人不得对此提出上诉。（2）人民法院依照特别程序和督促程序、公示催告程序、企业法人破产还债程序所审理的案件等，是一审终结。

【学习总结与拓展】

【关键词】民事诉讼基本原则　民事诉讼基本制度　当事人地位平等原则　处分原则　诚实信用原则

【思考题】

1. 民事诉讼基本原则的意义是什么？

2. 当事人地位平等原则在民事诉讼中的重要性及其立法体现有哪些？

3. 辩论原则与处分原则的关系如何理解？

4. 试述当事人的处分权与法院审判权的关系。

5. 民事诉讼中贯彻诚实信用原则的目的和要求是什么？

6. 回避制度在民事诉讼中的意义及其具体内容有哪些？

7. 根据《民事诉讼法》规定的诚信原则的基本精神，下列哪一选项符合诚信原则？

A、当事人以欺骗方式形成不正当诉讼状态 B、证人故意提供虚假证言 C、法院根据案件审理情况对当事人提供的证据不予采信 D、法院对当事人提出的证据任意进行取舍或否定

【阅读资料】

1. 《中华人民共和国民事诉讼法》（2017 年修正）第一章任务、适用范围和基本原则。

2. 张卫平：《民事诉讼中的诚实信用原则》，《法律科学》2012 年第 6 期；张卫平：《民事诉讼处分原则重述》，《现代法学》2001 年第 6 期；张卫平：《我国民事诉讼辩论原则重述》，《法学研究》1996 年第 6 期。

3. 田平安：《民事诉讼法 原则制度篇》，厦门大学出版社 2006 年版；占善刚：《对民事诉讼法基本原则之初步检讨》，《法学评论》2000 年第 3 期。

4. 廖中洪：《我国民诉法基本原则规定的问题及其重构设想》（上、下），《河南省政法管理干部学院学报》2002 年第 5/6 期；廖中洪：《民事诉讼基本原则立法体例之比较研究》，《法学评论》2002 年第 6 期。

5. 李浩：《民诉制度的改革与处分原则的强化和完善》，《诉讼法论丛》（第 1 卷），法律出版社 1998 年版；毛玲：《我国民事诉讼辩论原则与处分原则之辨析》，《河南省政法管理干部学院学报》2002 年第 2 期；王琦：《民事诉讼诚实信用原则的司法适用》，《中国法学》2014 年第 4 期。

6. 徐昕：《当事人权利与与法官权力的均衡分配——兼论民事诉讼的本质》，《现代法学》2001 年第 4 期。

7. 傅郁林：《审级制度的建构原理——从民事程序视角的比较分析》，《中国社会科学》2002 年第 4 期。

8. 潘庆林：《法院违法确认的缘由、程序与功效——来自 G 法院的个案分析》，《民事程序法研究》（第二辑）2010 年第 00 期。

9. 吴明童、段莉琼《人民陪审制的理念与发展》，《中国司法》2004 年第 8 期。

第六章 管辖

【学习提示】通过本章学习，了解民事诉讼主管与管辖的含义、关系及其划分依据，恒定管辖的意义。理解级别管辖的立法规定及其适用，着重理解和把握地域管辖的种类、具体规定及适用规则，裁定管辖的适用范围及其实质。

第一节 民事诉讼主管

一、民事诉讼主管概述

主管，是指国家机关、社会团体各自行使职权和履行职责的范围和权限。民事诉讼中的主管，是指法院与其他国家机关、社会团体之间解决民事纠纷的分工和权限。

现实生活中，民事纠纷种类繁多，解决纠纷的途径多种多样，也不是所有的民事纠纷都要通过民事诉讼，由法院解决。当纠纷发生，当事人希望进行民事诉讼时，首先面临的一个问题就是，这一民事纠纷是否属于法院的受案范围，可以进行民事诉讼，人民法院是否有权对这一纠纷行使民事审判权。主管解决的是法院受理民事案件的范围问题。只有解决了主管问题，才有必要进一步明确案件由哪一个人民法院管辖。在民事诉讼中，不解决好主管和管辖问题，法院就无法正确行使审判权，当事人的诉讼权利就无法得到切实保障，诉讼程序也会因为没有依托而难以正常启动和展开。因此民事诉讼中的主管是管辖前提和基础，管辖则是主管的延伸和落实。

民事诉讼中的主管具有两方面的功能：一是划定人民法院在民事诉讼中的受案范围，即确定哪些纠纷属于法院民事审判权的作用范围，哪些纠纷不属于民事审判权的作用范围；二是解决法院和其他国家机关、社会组织在解决民事纠纷上的分工和权限问题，以便它们各自按照职责范围受理和解决民事纠纷。

明确民事诉讼主管有重要的意义。首先是有利于当事人正确行使起诉权。当事人只有明确了法院的民事诉讼主管范围，才能够正确判断哪些纠纷可以通过民事诉讼方式解决，哪些纠纷应当通过其他机关和社会组织解决，从而及时正确地选择解决民事纠纷的途径。其次是有利于法院正确行使审判权。民事纠纷有的适合作为法院民事审判权的对象，有的则未必适宜用民事审判的方式解决。而且审判资源是有限的，民事诉讼也不是唯一途径，人民法院外的其他一些国家机关和社会组织也具有解决民事纠纷的职能。在多个主体都有权解决民事纠纷时，必须作出合理分工。只有从法律上解决了主管问题，明确解决民事案件分工和权限，才能防止在解决纠纷上出现争抢或推诿。

二、民事诉讼主管的标准和范围

民事纠纷种类繁多，随着社会的发展还可能出现新的案件类型。要将法院受理的民事案件一一列出是困难的，也是不适宜的，但也不能没有边际，这需要用一定标准和方式来限定法院受理民事案件的范围。众所周知，民事诉讼法是保证民事实体法实施的程序法，因而将民事法律关系发生的争议作为法院民事诉讼主管的对象和主管标准，是合理而可行的。民事诉讼法确认了这一主管标准，该法第3条规定："人民法院受理公民之间、法人之间、其他组织之间以及他们相互之间因财产关系和人身关系提起的民事诉讼，适用本法的规定。"此外，有关法律及最高法院的规范性文件将某类案件也明确归入民事诉讼主管的范围。

依据上述标准和规定，人民法院主管的民事案件主要有以下几类：

1. 平等主体之间发生的财产权和人身权纠纷。具体包括：(1) 由民法调整的物权关系、债权关系、知识产权关系、人身权关系引起的诉讼。如财产所有权、用益物权、担保物权、合同、无因管理、不当得利、侵权赔偿、著作权、专利权、商标权、人格权和身份权案件等。(2) 由婚姻法、继承法、收养法调整的婚姻家庭关系、继承关系、收养关系引起的诉讼。如离婚案件、追索扶养费案件、财产继承案件、解除收养关系案件等。(3) 由商法调整的商事关系引起的诉讼。如票据案件、股东权益纠纷案件、海商案件等。(4) 由经济法调整的经济关系中属于民事性质的诉讼。如因污染引起的相邻关系案件、因不正当竞争行为引起的损害赔偿案件等。

2. 劳动关系发生的纠纷，主要是劳动法调整的，在劳动合同订立、履行和解除过程中发生的部分劳动关系纠纷。如因企业开除、辞退职工而发生的劳动争议案件，因履行劳动合同而发生的劳动争议案件等。

3. 法律规定由法院适用民事诉讼法解决的其他案件。一是选举法和民事诉讼法规定的选民资格案件；二是民事诉讼法规定的宣告失踪案件、宣告死亡案件、认定公民无民事行为能力或限制民事行为能力案件、认定财产无主案件和企业破产案件等等。

三、民事诉讼主管与其他国家机关、社会团体组织处理民事争议的关系

如前所述，某一类型的民事纠纷有的由法院主管，其他国家机关、社会团体组织无权主管，或者相反；同一类型的民事纠纷也可能人民法院与其他国家机关和社会团体组织依法都担负着解决纠纷的职责。为此，理顺人民法院与其他国家机关、社会团体组织处理民事争议的关系十分必要。在处理这个问题上，我国通常采取的是司法最终解决原则，即凡是其他国家机关、社会团体组织不能彻底解决的民事纠纷，由人民法院依照民事诉讼法，通过审判的方式予以最终解决。不过具体情况存在差别。

（一）法院主管与人民调解委员会处理民事争议的关系

人民调解委员会是群众性自治组织，调解民间纠纷是它的重要任务。受人民调解委员性质、地位和条件决定，它调解的纠纷一般属于事实清楚、权利义务关系明确、争议不大的简单民事纠纷。人民调解委员会调解的民事纠纷中，大部分都可以由人民法院主管，二者处理纠纷的范围存在一定的重合，但人民法院主管的民事案件不限于简单的民事纠纷，范围要广得多。对于人民法院和人民调解委员会都有权处理的民事纠纷，双方

当事人都同意交人民调解委员会调解的，由人民调解委员会调解；一方向人民调解委员会申请调解，另一方向法院起诉的，由法院受理；申请人民调解委员会调解但调解不成的，或者调解达成调解协议后，当事人之间就调解协议的履行或者调解协议的内容发生争议的，当事人还可以向人民法院起诉。不属于人民调解委员会处理的重大民事纠纷，由人民法院主管。

（二）法院主管与仲裁机构处理民事争议的关系

仲裁是处理纠纷的重要途径之一，涉及民事权益争议的仲裁主要有民（商）事仲裁和劳动争议仲裁，与其对应的机构是民（商）事仲裁机构和劳动争议仲裁机构。

在我国，处理民事（商事）的仲裁机构主要是指依据《中华人民共和国仲裁法》设立的仲裁委员会。其受理案件的范围是平等主体的公民、法人和其他组织之间发生的合同纠纷和其他财产权益纠纷，但婚姻、收养、监护、扶养、继承等纠纷除外。显然，该仲裁机构与法院的主管范围存在重合，总体而言，人民法院的主管范围广于仲裁委员会的主管范围。对人民法院和仲裁委员会可主管的民事纠纷，具体由谁主管，分别情况处理：(1) 当事人达成有效仲裁协议的案件，法院不予受理；(2) 当事人未达成仲裁协议或仲裁协议无效的，人民法院有权受理；(2) 如果一方向法院起诉时未声明有仲裁协议，当事人在首次开庭前未提出异议的，视为放弃仲裁协议，法院有权审理受诉案件；(4) 有仲裁协议，一方向法院起诉法院受理的，另一方即被告在法院首次开庭前提出异议并成立的，法院裁定驳回起诉。

劳动争议仲裁委员会是专门处理劳动争议的仲裁机构。目前劳动争议案件实行“先裁后审”的原则和模式，也即劳动争议案件同属劳动争议仲裁委员会和人民法院的主管范围，但在行使主管权利的序位上，劳动争议仲裁委员会的仲裁先于人民法院的审判。劳动争议只有经过仲裁且当事人对仲裁裁决不服，才可以在法定时间内向人民法院起诉，人民法院不受理未经仲裁的劳动争议案件。

（三）法院主管与行政机关处理民事争议的关系

我国法律在赋予行政机关管理社会事务职能的同时，也赋予其处理部分民事纠纷的职能，处理方式包括行政调解、行政仲裁和行政裁决。从有关法律的规定看，法院和行政机关处理民事纠纷的职能有时存在交叉，须分别情况处理。

1. 行政机关的处理是最终解决，排除法院的主管。

2. 行政机关作出处理后，当事人不服可以提起诉讼，但作为行政案件主管而非民事主管。如根据土地管理法的规定，个人之间、个人与全民所有制单位和集体所有制单位之间的土地使用权争议，应由乡级人民政府或县级人民政府处理，当事人对处理决定不服的，才可以向法院起诉，法院应作为行政案件受理。

3. 当事人不服行政机关仲裁裁决提起诉讼的，若法律规定实行“先裁后审”原则和模式的，属于民事诉讼主管的范围，但不受理未经先行仲裁的案件。

第二节 管辖概述

一、管辖的概念和意义

民事诉讼中的管辖，是指各级法院之间以及同级法院之间受理第一审民事案件的分工和权限。法院依法受理某一民事案件的权限称为管辖权。管辖是在法院系统内部具体落实民事审判权的一项制度。

确定主管在于划分法院与其他国家机关、社会团体的职权范围，明确哪些纠纷由法院主管可以进入民事诉讼程序。我国的人民法院有四级，除最高人民法院外，其他各级法院的每一级都有许多法院，在确定属于法院受理范围即主管后，需要就具体受理法院进行分配和确定，这是管辖要解决的问题。管辖问题包括两个方面，一是在四级法院之间确定由哪一级法院管辖；二是在不同地区的同级法院之间确定由哪一个法院具体管辖。总之，管辖就是将法院主管的民事案件进一步在法院系统内部的各个法院之间进行分工，以确定不同法院对一审民事案件的受诉权限，最终将案件落实到具体的法院。正是主管和管辖这两种法律制度的有机结合，使得某一民事纠纷发生后，能迅速判明其是否属于法院解决的事项，应该或者可以由哪级法院和同级的哪个法院来行使审判权。

民事诉讼法对管辖作出科学而明确规定具有重要意义。第一，管辖的确定可以使审判权得到落实，促使各个法院及时、正确地行使其审判职权和履行审判职责，避免互相推诿或者互争管辖权的现象，使诉讼顺利开始；第二，明确管辖有利于当事人行使诉讼权利。一方面，依据管辖的规定，原告知道应该或者可以向哪一级的哪一个法院起诉，恰当地行使诉权；另一方面，被告可以据此判断受诉法院对案件有无管辖权，正确行使管辖异议的权利。第三，明确管辖有利于上级法院督促和监督下级法院按照民事诉讼法的权限受理民事案件，解决下级法院推诿和争抢案件的情况，纠正违反管辖规定受理案件的做法。第四，明确管辖，有利于保证我国的人民法院对有关涉外民事案件依法行使审判权，维护国家主权，保护国家、集体和人民的利益。

二、确定管辖的原则

我国民事诉讼法在管辖的规定上，主要遵循了以下几项原则：

（一）便于当事人进行诉讼

为当事人提供诉讼上的便利，是我国制定民事诉讼法的指导思想，也是确定管辖的原则。按照这一原则，民事诉讼程序和制度的设计都要以便利群众进行诉讼为出发点，便利当事人起诉、应诉以及进行其他各项诉讼活动。在我国，大多数第一审案件依法由基层法院管辖，允许当事人合意选择合同案件的管辖法院等，都体现了这一原则的精神。

（二）便于法院行使审判权

法院在民事诉讼中行使审判权，需要通过一系列的诉讼行为来实现，如向当事人送达诉讼文书，调查有关证据，对相关财产采取保全措施等。为使诉讼富有效率，确定管辖必须为人民法院行使审判权，实施诉讼行为提供便利。也唯有这样，便利当事人进行诉讼才能真正实现。

（三）保证案件的公正审判

公正是民事诉讼最基本的价值，民事诉讼中管辖制度的设计和运行，必须体现公正的要求，让案件进入最宜行使审判权的法院，以保证最大限度地实现公正审判。民事诉讼法在管辖制度的规定中体现公正审判的要求。如赋予当事人管辖异议的诉讼权利，以防止法院违法受理案件；允许合同案件的当事人以协议方式选择双方信赖的法院，力图避免法院为保护地方利益进行不公正的裁判。

（四）均衡各级法院的职能和工作负担

按照人民法院组织法规定，我国法院分为基层人民法院、中级人民法院、高级人民法院和最高人民法院四级，此外还设有专门人民法院。级别不同的法院，职能和任务有不同。基层法院的主要工作任务是审理案件，随着法院级别的升高，指导、监督的工作量越大。民事诉讼法在确定管辖时，应当考虑各级法院的职能和任务，尽可能地均衡各级法院的工作负担，保障各自职能和任务的实现。民事诉讼法将多数第一审案件分工由基层人民法院管辖，随着级别的增高而逐级递减的规定体现了这一原则的要求。

（五）确定性与灵活性相结合

管辖的规定应当是明确而具体的，以便在纠纷发生后能够使当事人及时准确地判明管辖法院，也使法院明确是否有权受理某一具体民事案件，避免管辖争议，减少诉讼过程中的障碍。但诉讼中难免出现特殊情况，因此在管辖制度中必须有某些灵活性规定，以使案件在特殊情况下也能得到及时、公正的审理。民事诉讼法关于移送管辖、指定管辖、管辖权转移的规定都体现了这一原则的要求。

（六）有利于维护国家主权

司法管辖权是国家主权的重要组成部分，是国家主权在司法上的具体体现，直接涉及国家和人民的利益。在处理涉外案件管辖问题时，必须合理而明确地规定我国法院的管辖权，以维护国家主权和人民利益。

三、管辖恒定

所谓管辖恒定，是指法院对某个案件是否享有管辖权，以起诉时为准，起诉时对案件享有管辖权的法院，不因确定管辖的因素在诉讼过程中发生变化而受影响。

管辖恒定是诉讼效益原则的要求。在诉讼进行过程中，据以确定管辖的某些因素可能会发生变化，造成同一案件、依据同一标准而管辖法院前后不一致的情况。管辖恒定可以消除这一矛盾，在诉讼过程中保持管辖的相对稳定，既可以避免因管辖变动造成司法资源浪费，又可以减少当事人讼累，使纠纷得到及时的处理。

管辖恒定包括级别管辖恒定和地域管辖恒定两方面。级别管辖恒定主要是指级别管辖依起诉时的诉讼标的额确定后，一般不因诉讼过程中标的额的增减而受影响。但为了规避级别管辖规定，如隐瞒诉讼的实际标的额而故意主张一个较低的标的额，在案件被下级法院受理后又通过变更、增加诉讼请求而加大标的额，从而规避上级法院管辖的，经对方当事人申请，应将案件移送上级法院，以维护和保障对方当事人的诉讼利益。最高人民法院 1996 年 5 月在《关于案件级别管辖几个问题的批复》即有体现。该批复指出："当事人在诉讼中增加诉讼请求从而加大诉讼标的金额，致使诉讼标的的金额超过受诉法院级别权限的，一般不再变动。但是当事人故意规避有关级别管辖规定的除外。”地域管辖恒定则是指地域管辖依起诉时的标准确定后，不因诉讼过程中据以确定的因素的变动而改变。《法院适用民诉法解释》第37、38条的规定明确了地域管辖恒定：“案件受理后，受诉人民法院的管辖权不受当事人住所地、经常居住地变更的影响”，“有管辖权的人民法院受理案件后，不得以行政区域变更为由，将案件移送给变更后有管辖权的人民法院。”

四、管辖的分类

民事诉讼法第一编第二章专门规定管辖，涉及级别管辖、地域管辖、移送管辖、指定管辖等制度，其中地域管辖进一步细分为一般地域管辖、特殊地域管辖、专属管辖、共同管辖、协议管辖等方面。

在理论上通常依据下列不同标准对管辖进行分类。

（一）以是否由法律直接规定为标准分为法定管辖和裁定管辖

法定管辖，是指法律有明文规定的管辖。法定管辖是管辖的一般规定，是管辖制度的主体。在我国，级别管辖和地域管辖都由民事诉讼法直接规定并适用的管辖，属于法定管辖。裁定管辖，是指由法院基于某种事实和理由，以裁定方式确定案件管辖法院的管辖。裁定管辖是管辖的特殊规定，是法定管辖的补充。在我国，移送管辖、指定管辖以及某些管辖权转移的案件以裁定方式确定，属于裁定管辖。

（二）以是否由法律强制规定，不允许当事人协商变更为标准分为专属管辖和协议管辖

专属管辖，是指法律明确规定某类案件只能由特定的法院管辖，其他法院无管辖权，当事人也不得以协议变更的管辖。协议管辖，又称约定管辖或合意管辖，是指当事人在法律允许的范围内通过协议方式选择管辖法院产生的管辖。就民事诉讼法规定而言，协议管辖是一种任意性规定。

（三）以诉讼关系为标准分为共同管辖和合并管辖

所谓诉讼关系，在这里是指诉讼主体、诉讼客体与法院辖区所存在的法律上的联系。共同管辖，是指两个或两个以上法院对同一案件都具有管辖权。合并管辖，又称牵连管辖，是指对某个案件有管辖权的法院，可以对与该案件有牵连关系的其他案件一并管辖和审理情形。

第三节 级别管辖

一、级别管辖的概念和确定标准

级别管辖，是指划分上下级法院之间受理第一审民事案件的分工和权限的管辖。

我国的人民法院有四级，每一级都受理第一审民事案件，因此需要通过级别管辖的规定对四级人民法院受理第一审民事案件的权限进行分工。依照均衡各级法院的职能和工作负担的原则，大量一审民事案件由基层法院管辖，级别越高的法院受理一审民事案件的数量越少。级别管辖是法定管辖，非依法律规定不得变更。

从民事诉讼的立法规定和司法实务的现状看，在我国，确定民事诉讼级别管辖的标准可以概括为，以诉讼标的金额为基准，兼顾案件性质和影响范围。

二、各级人民法院管辖的第一审民事案件

（一）基层人民法院管辖的第一审民事案件

民事诉讼法第 17 条规定："基层人民法院管辖第一审民事案件，但本法另有规定的除外。"所谓"本法另有规定的除外"即指民事诉讼法规定由中级以上人民法院管辖的案件。换言之，除民事诉讼法规定由中级以上人民法院管辖外的其他案件，都可以由基层人民法院管辖。基层人民法院是我国法院系统中最低的一级，按照县级行政区划设立，数量多，分布广，当事人的住所地、纠纷发生地、争议财产发生地一般也在基层人民法院的辖区内，把大多数民事案件划归基层人民法院管辖，便于诉讼。因此，《最高人民法院关于调整高级人民法院和中级人民法院管辖第一审民商事案件标准的通知》（法发［2015］7 号）规定，婚姻、继承、家庭、物业服务、人身损害赔偿、名誉权、交通事故、劳动争议等案件，以及群体性纠纷案件，一般由基层人民法院管辖。

（二）中级人民法院管辖的第一审民事案件

根据民事诉讼法第 18 条的规定，中级人民法院管辖的第一审民事案件包括三种：

1. 重大的涉外案件。涉外案件是指具有涉外因素的民事案件，其中争议标的额大的案件、案情复杂的案件，或者一方当事人人数众多等具有重大影响的案件为重大涉外案件，由中级人民法院管辖，非重大的一般涉外案件则由基层法院管辖。

2. 在本辖区内有重大影响的案件。这主要是影响超出基层法院的辖区，而在中级人民法院的辖区范围内产生或可能产生重大影响的案件。

3. 最高人民法院确定由中级人民法院管辖的案件。

我国在特定区域另设有海事法院、知识产权法院，级别与中级人民法院相当。所有的海事海商案件依法均由海事法院管辖；在设有知识产权法院所在地区发生的专利纠纷案件，知识产权法院有权管辖。

根据《最高人民法院关于调整高级人民法院和中级人民法院管辖第一审民商事案件标准的通知》（法发［2015］7 号）规定，中级人民法院管辖第一审民商事案件标准为：（1）当事人住所地均在受理法院所处省级行政辖区的第一审民商事案件，京、沪、苏、浙、粤高级人民法院所辖中级人民法院管辖诉讼标的额 1 亿元以上一审民商事案件，津、冀、晋、内蒙古、辽、皖、闽、鲁、豫、鄂、湘、桂、琼、川、渝高级人民法院所辖中级人民法院管辖诉讼标的额 3000 万元以上一审民商事案件，吉、黑、赣、滇、陕、新高级人民法院和新疆生产建设兵团分院所辖中级人民法院管辖诉讼标的额 1000 万元以上一审民商事案件，黔、藏、甘、青、宁高级人民法院所辖中级人民法院管辖诉讼标的额 500 万元以上一审民商事案件。（2）当事人一方住所地不在受理法院所处省级行政辖区的第一审民商事案件，京、沪、苏、浙、粤高级人民法院所辖中级人民法院管辖诉讼标的额 5000 万元以上一审民商事案件，津、冀、晋、内蒙古、辽、皖、闽、鲁、豫、鄂、湘、桂、琼、川、渝高级人民法院所辖中级人民法院管辖诉讼标的额 2000 万元以上一审民商事案件，吉、黑、赣、滇、陕、新高级人民法院和新疆生产建设兵团分院所辖中级人民法院管辖诉讼标的额 1000 万元以上一审民商事案件，黔、藏、甘、青、宁

高级人民法院所辖中级人民法院管辖管辖诉讼标的额 500 万元以上一审民商事案件。

（三）高级人民法院管辖的第一审民事案件

民事诉讼法第 19 条规定，高级人民法院管辖在本辖区有重大影响的第一审民事案件。高级人民法院的主要任务是对本辖区内的中级人民法院和基层人民法院的审判活动进行指导和监督，对不服中级人民法院裁判的上诉案件进行审判，过多管辖第一审案件数量不利于高级人民法院职能的发挥和任务的实现。因此，法律规定只有那些在全省、自治区和直辖市有重大影响的案件，才由高级人民法院管辖。

根据《最高人民法院关于调整高级人民法院和中级人民法院管辖第一审民商事案件标准的通知》（法发［2015］7 号）规定，高级人民法院管辖第一审民商事案件标准为：（1）当事人住所地均在受理法院所处省级行政辖区的第一审民商事案件，京、沪、苏、浙、粤高级人民法院管辖诉讼标的额 3 亿元以上一审民商事案件，津、冀、晋、内蒙古、辽、皖、闽、鲁、豫、鄂、湘、桂、琼、川、渝高级人民法院管辖诉讼标的额 1 亿元以上一审民商事案件，吉、黑、赣、滇、陕、新高级人民法院和新疆生产建设兵团分院管辖诉讼标的额 5000 万元以上一审民商事案件，黔、藏、甘、青、宁高级人民法院管辖诉讼标的额 2000 万元以上一审民商事案件。

（四）最高人民法院管辖的第一审民事案件

根据民事诉讼法第 20 条的规定，最高人民法院管辖的第一审民事案件有下列两类：一是在全国有重大影响的案件。二是认为应当由本院审理的案件。

最高人民法院是国家最高审判机关，除了要审理不服高级人民法院一审裁判的上诉案件外，主要任务是对地方各级人民法院和各专门法院的工作进行监督、指导，对审判过程中如何具体应用法律、法规进行司法解释，对下级法院的请示作出批复；最高人民法院是最高级别的法院，实行一审终审制。如此等等的原因，决定了只有那些涉及面广，在全国范围内有重大社会影响，政策法律性强的一审民事案件需要由最高人民法院管辖。在司法实践中，最高人民法院只是审理民事上诉案件或再审案件，未审理过第一审民事案件。

第四节　地域管辖

一、地域管辖的概念和确定标准

地域管辖，又称属地管辖、区域管辖或土地管辖，是指以法院的辖区与民事案件的隶属关系为依据，确定同级法院之间受理第一审民事案件的分工和权限的管辖制度。

地域管辖是在级别管辖的基础上，进一步解决某一案件由同级法院中的哪个具体法院管辖的问题。级别管辖和地域管辖的确定，使案件的审理得以最终落实。

地域管辖也存在着以何种标准确定的问题。我国民事诉讼法采用的标准主要有两个。一是诉讼当事人所在地，尤其是被告人的所在地与法院辖区之间的联系；二是诉讼标的或者法律事实与法院辖区之间的联系。按照这一标准，当事人的所在地、诉讼标的等在某一法院的辖区内，该案件诉讼就由该地区的法院管辖。

我国民事诉讼法规定的地域管辖分为一般地域管辖、特殊地域管辖、专属管辖、共同管辖和协议管辖等小类。

二、一般地域管辖

一般地域管辖，是指以当事人的所在地与法院的隶属关系来确定诉讼的管辖。我国民事诉讼法以保护双方当事人的诉讼利益，便利法院审理为出发点，对一般地域管辖分别不同情况作了规定。

（一）一般地域管辖的原则规定

当事人分为原告和被告。为抑制原告滥用起诉权，避免被告受原告不当诉讼的侵扰，也为便利法院传唤被告参加诉讼，对诉讼标的物进行保全或勘验以及判决的执行，我国民事诉讼法对一般地域管辖规定的原则是“原告就被告”，即以被告所在地作为确定管辖的一般标准。“原告就被告”也是许多国家确定一般地域管辖的原则

1. 被告为公民。民事诉讼法第 21 条第 1 款规定：“对公民提起的民事诉讼，由被告住所地人民法院管辖，被告住所地与经常居住地不一致的，由经常居住地人民法院管辖”。按照《法院适用民诉法解释》的规定，公民的住所地是指公民的户籍所在地；公民的经常居住地是指公民离开住所地至起诉时已连续居住满 1 年的地方，但公民住院就医的地方除外。

对下列特殊情况，《法院适用民诉法解释》明确规定适用原告就被告原则：（1）原告、被告均被注销户籍的，由被告居住地人民法院管辖。（2）双方当事人都被监禁或者被采取强制性教育措施的，由被告原住所地人民法院管辖。被告被监禁或者被采取强制性教育措施一年以上的，由被告被监禁地或者被采取强制性教育措施地人民法院管辖。（3）夫妻双方离开住所地超过一年，一方起诉离婚的案件，由被告经常居住地人民法院管辖；没有经常居住地的，由原告起诉时被告居住地人民法院管辖。

2. 被告为法人或其他组织。民事诉讼法第 21 条第 2 款规定：“对法人或者其他组织提起民事诉讼，由被告住所地人民法院管辖。”按照《法院适用民诉法解释》规定，（1）法人或者其他组织的住所地是指法人或者其他组织的主要办事机构所在地。法人或者其他组织的主要办事机构所在地不能确定的，法人或者其他组织的注册地或者登记地为住所地。（2）对没有办事机构的个人合伙、合伙型联营体提起的诉讼，由被告注册登记地人民法院管辖。没有注册登记，几个被告又不在同一辖区的，被告住所地的人民法院都有管辖权。

（二）一般地域管辖的例外规定

“原告就被告”的原则在某些特殊情况下会给当事人诉讼和法院审理带来不便。为此，民事诉讼法作了变通，以应对处理特殊情况的需要。这些例外规定可以分为以下两类：

1. “被告就原告”的规定。

民事诉讼法第 22 条规定，有下列四种情形之一的民事诉讼由原告住所地人民法院管辖；原告住所地与经常居住地不一致的，由原告经常居住地人民法院管辖：（1）对不在我国领域内居住的人提起的有关身份关系的诉讼；（2）对下落不明或者宣告失踪的人提起的有关身份关系的诉讼；（3）对被采取强制性教育措施的人提起的诉讼；（4）对被监禁的人提起的诉讼。

《法院适用民诉法解释》特别规定，中国公民一方居住在国外，一方居住在国内，……国外一方在居住国法院起诉，国内一方向人民法院起诉的，受诉人民法院有权管辖。国内一方起诉即为原告，实际上遵循的是“被告就原告”管辖原则。

2. 原被告所在地法院均可管辖的规定。

《法院适用民诉法解释》规定：(1) 追索赡养费、抚育费、扶养费案件的几个被告住所地不在同一辖区的，可以由原告住所地人民法院管辖；(2) 夫妻一方离开住所地超过一年，另一方起诉离婚的案件，可以由原告住所地人民法院管辖。[①] (3) 中国公民双方在国外但未定居，一方向人民法院起诉离婚的，应由原告或者被告原住所地人民法院管辖。

3. 由特定系属法院管辖的规定

依照《法院适用民诉法解释》规定：(1) 不服指定监护或者变更监护关系的案件，可以由被监护人住所地人民法院管辖；(2) 在国内结婚并定居国外的华侨，如定居国法院以离婚诉讼须由婚姻缔结地法院管辖为由不予受理，当事人向人民法院提出离婚诉讼的，由婚姻缔结地或者一方在国内的最后居住地人民法院管辖；(3) 在国外结婚并定居国外的华侨，如定居国法院以离婚诉讼须由国籍所属国法院管辖为由不予受理，当事人向人民法院提出离婚诉讼的，由一方原住所地或者在国内的最后居住地人民法院管辖；(4) 中国公民一方居住在国外，一方居住在国内，不论哪一方向人民法院提起离婚诉讼，国内一方住所地人民法院都有权管辖；(5) 已经离婚的中国公民，双方均定居国外，仅就国内财产分割提起诉讼的，由主要财产所在地人民法院管辖。

针对当事人的户籍迁出后尚未落户的情况，《法院适用民诉法解释》规定：“有经常居住地的，由该地人民法院管辖；没有经常居住地的，由其原户籍所在地人民法院管辖。”

三、特殊地域管辖

特殊地域管辖，又称特别管辖，是指以引起诉讼的法律事实的所在地、诉讼标的所在地为标准确定诉讼的管辖。如下诉讼适用民事诉讼法特殊地域管辖的规定，其中多数情况下并不排除被告人所在地法院的管辖权。

（一）因合同纠纷提起的诉讼

民事诉讼法第 23 条的规定，“因合同纠纷提起的诉讼，由被告住所地或者合同履行地人民法院管辖。”合同履行地，是指合同约定的履行义务所在地，有标的物的合同，其标的物交付地一般为合理履行地。

鉴于实践中的情况复杂，《法院适用民诉法解释》在其第 18 条、第 19 条、第 20 条的规定中，强调合同履行地的确定应遵从约定同时，分别情况做出确定履行地或管辖法院的规定：

1. 即时结清的合同，交易行为地为合同履行地。

2. 未约定合同履行地或约定不明确的：(1) 争议标的为给付货币的，接收货币一方所在地为合同履行地；(2) 交付不动产的，不动产所在地为合同履行地；(3) 其他标

---

① “可以”由原告住所地人民法院管辖，不排斥被告住所地人民法院管辖。

的，履行义务一方所在地为合同履行地；(4) 财产租赁合同、融资租赁合同以租赁物使用地为合同履行地。(5) 以信息网络方式订立的买卖合同，通过信息网络交付标的的，以买受人住所地为合同履行地；通过其他方式交付标的的，收货地为合同履行地。

为便利诉讼，《法院适用民诉法解释》另作变通规定："合同没有实际履行，当事人双方住所地都不在合同约定的履行地的，由被告住所地人民法院管辖。"

（二）因保险合同纠纷提起的诉讼

民事诉讼法第 24 条的规定："因保险合同纠纷提起的诉讼，由被告住所地或者保险标的物所在地人民法院管辖。"

按照《法院适用民诉法解释》规定，(1) 如果保险标的物是运输工具或者运输中的货物，则由被告住所地或者运输工具注册登记地、运输目的地、保险事故发生地的人民法院管辖。(2) 因人身保险合同纠纷提起的诉讼，可以由被保险人住所地人民法院管辖。

（三）因票据纠纷提起的诉讼

民事诉讼法第 25 条规定："因票据纠纷提起的诉讼，由票据支付地或被告住所地人民法院管辖。"票据支付地是指票据上载明的付款地；票据未载明付款地，则以票据付款人（包括代理付款人）的住所地或主营业所所在地为票据付款地。

（四）因公司事务、权益发生纠纷提起的诉讼

民事诉讼法第 26 条规定："因公司设立、确认股东资格、分配利润、解散等纠纷提起的诉讼，由公司住所地人民法院管辖。"《法院适用民诉法解释》规定，因股东名册记载、请求变更公司登记、股东知情权、公司决议、公司合并、公司分立、公司减资、公司增资等纠纷提起的诉讼，也适用民事诉讼法第 26 条的规定，由公司住所地人民法院管辖。

（五）因铁路、公路、水上、航空运输和联合运输合同纠纷提起的诉讼

民事诉讼法第 27 条规定："因铁路、公路、水上、航空运输和联合运输合同纠纷提起的诉讼，由运输始发地、目的地或被告住所地人民法院管辖。"运输始发地，是指旅客或货物的最初出发地，目的地则是指最终到达地。根据最高人民法院的规定，水上运输或水陆联合运输合同纠纷发生在我国海事法院辖区的，由海事法院管辖；铁路运输合同，由铁路运输法院管辖。除此之外的其他运输合同纠纷，由始发地、目的地或被告住所地人民法院管辖。

（六）因侵权行为提起的诉讼

民事诉讼法第 28 条规定："因侵权行为提起的诉讼，由侵权行为地或者被告住所地人民法院管辖。"按照《法院适用民诉法解释》规定，侵权行为地，包括侵权行为实施地和侵权结果发生地。其中信息网络侵权行为实施地包括实施被诉侵权行为的计算机等信息设备所在地，侵权结果发生地包括被侵权人住所地。

《法院适用民诉法解释》另规定，因产品、服务质量不合格造成他人财产、人身损害提起的诉讼，产品制造地、产品销售地、服务提供地、侵权行为地和被告住所地人民法院都有管辖权。

（七）因铁路、公路、水上和航空事故请求损害赔偿提起的诉讼

民事诉讼法第 29 条规定："因铁路、公路、水上和航空事故请求损害赔偿提起的诉

讼，由事故发生地或者车辆、船舶最先到达地，航空器最先降落地或者被告住所地人民法院管辖。”本规定中的航空器，包括在天空运行的飞机、飞艇、热气球、卫星等人造飞行物体。航空事故是指航空器在空中碰撞、坠毁，在飞行中抛物、排油而引起的事故。最先到达地是指车辆、船舶最先到达的车站、港口，最先降落地指第一次降落的机场或其他地点，或者坠毁的地点。

（八）因船舶碰撞或者其他海损事故请求损害赔偿提起的诉讼

民事诉讼法第 30 条规定：“因船舶碰撞或者其他海损事故请求损害赔偿提起的诉讼，由碰撞发生地、碰撞船舶最先到达地、加害船舶被扣留地或者被告住所地人民法院管辖。”在本规定中，海事损害事故是指船舶在航行中相互碰撞以及触礁、触岸、失火、爆炸、沉没、损害港口设施等事故。碰撞发生地一般指船舶发生碰撞的海域、港口或者码头所在地；碰撞船舶最先到达地是指船舶碰撞后第一次停泊的港口或码头所在地；加害船舶被扣留地是指实施侵权行为的船舶在碰撞后未及航行即被扣留的地点或航行中的被扣留地。

（九）因海难救助费用提起的诉讼

民事诉讼法第 31 条规定：“因海难救助费用提起的诉讼，由救助地或被救助船舶最先到达地法院管辖。”在本规定中，海难救助是指对遭遇海难的船舶及船舶上的人员、货物给予的救助。救助地包括实施救助行为地和救助结果发生地；被救助船舶最先到达地是指被救助的船舶第一次靠岸的港口或码头所在地。

（十）因共同海损提起的诉讼

民事诉讼法第 32 条规定：“因共同海损提起的诉讼，由船舶最先到达地。共同海损理算地或者航程终止地人民法院管辖。”在本规定中，共同海损是指船舶在海运中遭受到海难等意外事故时，为了排除危险，挽救船舶、人员和货物而作出的牺牲或支付的费用。我国于 1975 年颁布了《中国国际贸易促进委员会共同海损理算暂行规则》，并在北京设立了共同海损理算处。发生共同海损后，如在我国理算，理算地即为北京。航程终止地是指发生共同海损的船舶航程终止的地点。如船舶最先到达地或船舶航程终止在我国，最先到达地和航程终止地的我国法院有管辖权。

四、专属管辖

专属管辖，是指法律强制规定某些特殊类型的案件专属于特定法院管辖。专属管辖具有极强的排他性，一是既排除外国法院对诉讼的管辖，又排除诉讼当事人以协议方式选择国内的其他法院管辖；二是凡属于专属管辖的诉讼，不得适用一般地域管辖或特殊地域管辖。按照民事诉讼法第 33 条的规定，有三种诉讼适用专属管辖。由于这些诉讼的诉讼标的具有特殊性，为便于法院的调查、鉴定、勘验，保全以及判决、裁定的执行，需要专属于特定法院管辖。

1. 因不动产纠纷提起的诉讼，专属于不动产所在地人民法院管辖。

不动产一般是指不能移动或移动后会降低乃至丧失其价值的财产，如土地及土地上的定着物、河流、滩涂等。按照《法院适用民诉法解释》的规定，不动产纠纷是指因不动产的权利确认、分割、相邻关系等引起的物权纠纷。不动产已登记的，以不动产登记簿记载的所在地为不动产所在地；不动产未登记的，以不动产实际所在地为不动产所在地。此外，农村土地承包经营合同纠纷、房屋租赁合同纠纷、建设工程施工合同纠纷、政策性房屋买卖合同纠纷，按照不动产纠纷确定管辖。

2. 因港口作业发生纠纷提起的诉讼，专属港口所在地人民法院管辖。

港口作业中发生的纠纷主要包括因为装卸、驳运等发生纠纷，因违章作业等行为损坏港口设施或造成其他人身或财产的损害引起的侵权纠纷。

3. 因继承遗产纠纷提起的诉讼，专属于继承人死亡时住所地或主要遗产所在地人民法院管辖。

考虑到遗产继承纠纷的复杂性，民事诉讼法规定专属上述两个地点的人民法院管辖。遗产分布在不同人民法院辖区时，需要区分主要遗产和非主要遗产。遗产既有动产又有不动产的，一般以不动产所在地作为主要遗产地；动产有多项的，则以价值高的动产所在地作为主要遗产地。

五、当事人确定管辖的权利

基于民事纠纷的特点，民事诉讼法在管辖的规定中，赋予当事人在一定范围内确定管辖的权利。当事人确定管辖的权利主要有以下两种：

（一）以共同管辖为前提的选择管辖权

所谓共同管辖，是指依照法律规定，两个或两个以上的法院对同一诉讼都有管辖权的情形。共同管辖的形成原因，可能是诉讼主体或诉讼客体分别处在不同法院的辖区内，也可能是法律的直接规定。共同管辖构成了管辖权的积极冲突，然而就同一个具体的诉讼案件来说，审理的法院只能是一个。为了尊重和保护当事人的诉讼利益，推动诉讼顺利进行，及时合理解决纠纷，在共同管辖的场合，民事诉讼法赋予当事人选择管辖法院的权利。

民事诉讼法第35条规定："两个以上人民法院都有管辖权的诉讼，原告可以向其中一个人民法院起诉；原告向两个以上有管辖权的人民法院起诉的，由最先立案的人民法院管辖。"《法院适用民诉法解释》进一步规定："两个以上人民法院都有管辖权的诉讼，先立案的人民法院不得将案件移送给另一个有管辖权的人民法院。人民法院在立案前发现其他有管辖权的人民法院已先立案的，不得重复立案；立案后发现其他有管辖权的人民法院已先立案的，裁定将案件移送给先立案的人民法院。"

当事人享有选择管辖权的管辖称为选择管辖。从某种意义上讲，选择管辖以共同管辖为前提，是解决共同管辖所形成的管辖权冲突的方法，二者密切联系。从民事诉讼法的规定可知，选择管辖具有如下特点：

1. 享有选择管辖权的主体是原告

2. 原告有权从对自己有利的角度在两个以上有管辖权的法院中作出选择，被先行选中的法院应当尊重当事人的选择受理案件，不得将案件移送到另一有管辖权的法院。

3. 原告只能做单一选择。原告在向某一法院先行提起诉讼后，会产生两方面的后果：一是原告的选择权随之消灭；二是其他有管辖权的法院丧失具体管辖权，不应立案。发现重复立案的，应当将案件移送先立案的法院。

（二）合同纠纷、其他财产纠纷的协议管辖权

协议管辖权，是指民事诉讼法规定的，特定诉讼的当事人在提起诉讼之前约定管辖

法院的权利。行使协议管辖权形成的管辖称为协议管辖（又称合意管辖或约定管辖）。协议管辖权及协议管辖的规定，是民事诉讼制度民主性以及民事诉讼法确立的处分原则的具体体现，也是当代各国民事诉讼立法的普遍做法。

过去的民诉立法把协议管辖分为涉外民事诉讼的协议管辖和非涉外民事诉讼的协议管辖，2012 年修改后的《民事诉讼法》第 34 条把两者予以合并统一，不再区分。该条对协议管辖作出了规定："合同或者其他财产权益纠纷的当事人可以书面协议选择被告住所地、合同履行地、合同签订地、原告住所地、标的物所在地等与争议有实际联系的地点的人民法院管辖，但不得违反本法对级别管辖和专属管辖的规定。"据此规定，协议管辖应满足如下条件：

1. 协议管辖只适用于包括合同或者其他财产权益纠纷。《法院适用民诉法解释》第 34 条规定，"当事人因同居或者在解除婚姻、收养关系后发生财产争议，约定管辖的，可以适用民事诉讼法第三十四条规定确定管辖。"换言之，即便财产争议是基于婚姻、收养关系的解除而发生，也允许协议管辖。反之，合同以及其他财产权益之外的纠纷，不适用协议管辖。

2. 协议管辖必须采用书面形式约定，口头协议无效。协议管辖的书面约定包括两种方式，一是当事人在书面合同中约定协议管辖条款；二是当事人在诉讼前达成的，以书面形式约定选择管辖法院的协议。无论采取哪种方式，协议管辖的约定都具有独立性，即使合同被确认为无效也不影响协议管辖约定的效力。

3. 协议管辖的当事人应当在法律规定的范围内选择管辖法院。按照民事诉讼法第 34 条的规定，可供当事人选择的法院包括被告住所地、合同履行地、合同签订地、原告住所地、标的物所在地的人民法院，选择其他法院的管辖协议无效。

《法院适用民诉法解释》规定，"管辖协议约定两个以上与争议有实际联系的地点的人民法院管辖，原告可以向其中一个人民法院起诉。"

4. 协议管辖不得违反有关级别管辖和专属管辖的规定。

有下列情况之一的，管辖协议的效力如何确定，《法院适用民诉法解释》做出了明确规定：

1. 经营者使用格式条款与消费者订立管辖协议，未采取合理方式提请消费者注意，消费者主张管辖协议无效的，人民法院应予支持。

2. 管辖协议约定由一方当事人住所地人民法院管辖，协议签订后当事人住所地变更的，由签订管辖协议时的住所地人民法院管辖，但当事人另有约定的除外。

3. 合同转让的，合同的管辖协议对合同受让人有效，但转让时受让人不知道有管辖协议，或者转让协议另有约定且原合同相对人同意的除外。

第五节　裁定管辖

裁定管辖是法院基于某种事实和理由，以裁定的方式确定的诉讼管辖。裁定管辖是为了便利法院灵活处理在法定管辖适用中出现的某种特殊情况，因而是法定管辖的必要补充。如果适用法定管辖确定管辖法院并无不妥，法院就不应该适用裁定管辖。法院裁定管辖必须依法进行。在民事诉讼法中，裁定管辖包括移送管辖、指定管辖和管辖权的转移等三种。

一、移送管辖

移送管辖，是指法院在受理民事案件后，发现自己对案件没有管辖权，而依法将案件移送给有管辖权的法院审理。法院受理案件必须有管辖权，否则不应当受理。移送管辖的原因是发生了法院没有管辖权而受理案件的错误，因此移送管辖是法院纠正管辖错误的一种措施。移送管辖发生在同级法院之间，其实质是案件的移送，而不是管辖权的移送。

民事诉讼法第 36 条规定："人民法院发现受理的案件不属于本院管辖的，应当移送有管辖权的人民法院，受移送的人民法院应当受理。受移送的人民法院认为受移送的案件依照规定不属于本院管辖的，应当报请上级人民法院指定管辖，不得再自行移送。"据此，适用移送管辖必须具备以下三个条件：

1. 人民法院已经受理案件即已经立案。如果当事人向法院起诉，法院在立案前就已经发现自己对该案件没有管辖权，应当告知原告向有管辖权的人民法院起诉，不发生移送问题。

2. 移送的人民法院对案件无管辖权。管辖权是人民法院对案件行使审判权的前提条件，没有管辖权，就不能对案件进行审理和裁判。所以当受理法院发现自己没有管辖权时，需要将案件移送到有管辖权的人民法院。无管辖权的情形大体有两种，一是并非法律规定的管辖法院；二是在共同管辖的场合，其他有管辖权的法院已先行受理案件，后受理的法院对同一诉讼不再行使管辖权。

无管辖权的受诉法院在特定情况下，依照相关规定可视为有管辖权，无须移送管辖。民事诉讼法第 127 条第 2 款规定："当事人未提出管辖异议，并应诉答辩的，视为受诉人民法院有管辖权，但违反级别管辖和专属管辖规定的除外。"《法院适用民诉法解释》第 35 条则补充规定："当事人在答辩期间届满后未应诉答辩，人民法院在一审开庭前，发现案件不属于本院管辖的，应当裁定移送有管辖权的人民法院。"由此可以认为，当事人未提出管辖权异议，在答辩期间届满后也未应诉答辩的，受诉法院在一审开庭后发现本院无管辖权的，是否移送可斟酌处理。依照《法院适用民诉法解释》第 223 条第 2 款的规定，"当事人未提出管辖异议，就案件实体内容进行答辩、陈述或者反诉的，可以认定为民事诉讼法第一百二十七条第二款规定的应诉答辩。"

3. 应当向有管辖权的人民法院移送。移送的目的在于纠正管辖错误，使管辖的规定得到正确执行，所以应当将案件移送至有管辖权的人民法院。如果受移送的人民法院认为本院对移送来的案件并无管辖权，为避免来回移送拖延诉讼，只能报请上级法院指定管辖，不得再自行移送到其他法院。

二、指定管辖

指定管辖，指上级人民法院依法以裁定方式指定其下级人民法院对某一案件行使管辖权。民事诉讼法设置指定管辖，赋予上级法院指定管辖权，主要的目的在于解决下级法院出现管辖困难或者发生管辖争议致使诉讼不能及时开始的问题。按照民事诉讼法第 36 条和第 37 条的规定，出现下列三种情形时适用指定管辖：

1. 在移送管辖的场合，受移送的人民法院认为自己对移送来的案件无管辖权。

2. 有管辖权的人民法院由于特殊原因，不能行使管辖权。所谓特殊原因包括法律上的原因和事实上的原因。前者如法院的所有法官均须回避而不能审理；后者如法院所在地发生了地震、水灾等严重的自然灾害致使审理无法进行。

3. 两个以上的人民法院发生管辖权争议未能解决的。两个以上的法院发生管辖权争议的情形可分为两种，一是认为自己对案件有管辖权而竞相管辖；二是认为自己对案件无管辖权而不愿受理，相互推诿。

对发生管辖权争议不能协商解决的诉讼，如何实施指定管辖，《法院适用民诉法解释》第 40 条作出了明确规定。该条第 1 款规定："发生管辖权争议的两个人民法院因协商不成报请它们的共同上级人民法院指定管辖时，双方为同属一个地、市辖区的基层人民法院的，由该地、市的中级人民法院及时指定管辖；同属一个省、自治区、直辖市的两个人民法院的，由该省、自治区、直辖市的高级人民法院及时指定管辖；双方为跨省、自治区、直辖市的人民法院，高级人民法院协商不成的，由最高人民法院及时指定管辖。"该条第 2 款规定："依照前款规定报请上级人民法院指定管辖时，应当逐级进行"。

《法院适用民诉法解释》第 41 条进一步规定，"人民法院依照民事诉讼法第三十七条第二款规定指定管辖的，应当作出裁定。""对报请上级人民法院指定管辖的案件，下级人民法院应当中止审理。指定管辖裁定作出前，下级人民法院对案件作出判决、裁定的，上级人民法院应当在裁定指定管辖的同时，一并撤销下级人民法院的判决、裁定。"

三、管辖权转移

管辖权转移，是指根据上级人民法院的决定或同意，将案件的管辖权从上级人民法院转移至下级人民法院，或者从下级人民法院转移至上级人民法院，案件由接受转移的人民法院管辖。管辖权转移在上下级人民法院之间进行，通常在直接的上下级人民法院间进行，是对级别管辖的变通和个别调整，其实质是使无管辖权的法院获得管辖权。

根据民事诉讼法第 39 条的规定，管辖权转移有两种情形：

1. 管辖权的向上转移，即管辖权从下级人民法院转至上级人民法院。根据民事诉讼法第 38 条的规定，向上转移有两种情况，一是上级人民法院认为下级人民法院管辖的第一审案件由自己审理为宜时，有权决定上调案件由自己审理；二是下级人民法院认为自己管辖的第一审案件需要由上级人民法院审理时，报请上级人民法院同意后将案件移至上级人民法院审理。

2. 管辖权的向下转移，即上级人民法院将自己管辖的第一审案件移至其下一级人民法院审理。对此，民事诉讼法第 38 条的规定是："确有必要将本院管辖的第一审民事案件交下级人民法院审理的，应当报请其上级人民法院批准。"从该条规定看，向下转移案件应有所限制，一是"确有必要"，并非必要的案件不得向下转移；二是"应当报请其上级人民法院批准"，不允许擅自向下转移。允许而有限制的向下转移管辖权，一方面可以便利当事人的诉讼和法院的审理，另一方面也可防止发生规避级别管辖的情形，防止侵蚀上级法院的审判权，损害当事人的审级利益。

哪些案件可以向下转移，如何报请批准，《法院适用民诉法解释》第 42 条做出了规定。该条第 1 款规定，在开庭前，三类案件可向下转移：（1）破产程序中有关债务人的诉讼案件；（2）当事人人数众多且不方便诉讼的案件；（3）最高人民法院确定的其他类型案件。该条第 2 款规定的报批程序是："人民法院交下级人民法院审理前，应当报请其上级人民法院批准。上级人民法院批准后，人民法院应当裁定将案件交下级人民法院审理。"

根据《最高人民法院关于调整高级人民法院和中级人民法院管辖第一审民商事案件标准的通知》（法发［2015］7 号）规定，对重大疑难、新类型和在适用法律上有普遍意义的案件，可以依照民事诉讼法第 38 条的规定，由上级人民法院自行决定由其审理，或者根据下级人民法院报请决定由其审理。

管辖权转移与移送管辖同属裁定管辖，但二者有明显的区别，主要表现在：（1）性质不同。管辖权转移的实质是案件管辖权发生移位，使无管辖权的法院获得管辖权；移送管辖的实质是案件的移送而非移送管辖权，使有管辖权的法院能够行使管辖权。（2）作用不同。管辖权转移是对级别管辖的变通和调整，便利案件的审理；移送管辖是对地域管辖错误的纠正，保证民事诉讼法关于管辖的规定正确执行。（3）程序不同。管辖权转移包括上级人民法院决定转移和同意转移两种情形。移送管辖无须上级人民法院的决定或同意，直接通过作出移送裁定，将案件移送有管辖权的人民法院。

第六节　管辖权异议

一、管辖权异议的概念

管辖权异议，是指当事人认为受诉法院对案件无管辖权，而向其提出的不服管辖的意见和主张。

审判实践中，由于各种各样的原因，出现管辖错误在所难免。民事诉讼法赋予当事人依法提出管辖异议的权利，一方面能够促使无管辖权的受诉法院纠正错误，维护民事诉讼法关于管辖规定的严肃性；另一方面也利于当事人诉讼利益的全面保护。当事人依法提出异议不仅是要求诉讼在程序上合法，而且是诉讼权利平等的需要。一方在起诉时有选择法院的权利，另一方在应诉时对管辖权理应有提出异议的权利。

根据民事诉讼法第 127 条规定，人民法院受理案件后，当事人对管辖权有异议的，应当在提交答辩状期间提出。人民法院对当事人提出的异议，应当审查。异议成立的，裁定将案件移送有管辖权的人民法院；异议不成立的，裁定驳回。

二、提出管辖权异议的条件

根据民事诉讼法的规定，提出管辖权异议必须符合下列条件：

1. 提出异议的主体必须是本案的当事人。

原告是诉讼的发动者，总是向他认为有管辖权的法院起诉，因而一般不会在法院受理后再提出管辖权异议。被告是被动应诉的一方，可能认为原告选择的法院并无管辖权，为保护自己的诉讼利益，可能提出异议，所以在诉讼实务中，提出管辖权异议的通常为被告。但这并不意味原告没有提出管辖异议的权利。比如诉讼开始后被追加的共同原告认为受诉法院无管辖权的应该有权提出异议；受诉法院认为被告提出的管辖异议成立，或者认为自己无管辖权，依职权将案件移送到其他人民法院，原告对法院的移送裁定应当有权提出异议。原告提出管辖权异议有其现实需要，在民事诉讼法中也无限制性规定。

民事诉讼第三人包括有独立请求权第三人和无独立请求权第三人两种。有独立请求权的第三人是参加之诉的当事人而且是该诉讼的原告。由于他不是本诉的当事人，所以无权对本诉的管辖权提出异议。如其主动参加他人已开始的诉讼，应视为承认和接受受诉法院的管辖；即使受诉法院对参加之诉本无管辖权，但因参加之诉与本诉之间的牵连关系，基于合并管辖，本诉的受诉法院也取得了对参加之诉的管辖权，不存在提出管辖权异议的问题。如果有独立请求权的第三人被受诉法院通知参加诉讼，而他认为该法院无权管辖对他的诉讼，那么可以拒绝参加诉讼，然后以原告身份另行向有管辖权的法院起诉，也不必提出管辖权异议。由此可见，有独立请求权的第三人均不宜作为管辖权异议的主体。

无独立请求权第三人参加诉讼的，《法院适用民诉法解释》第 82 条 明确规定其“无权提出管辖异议”。在诉讼实务中，无独立请求权第三人参加诉讼，通常是依附于被告，通过支持被告，避免因被告败诉而自己承担民事责任。如果被告败诉，法院直接追究无独立请求权第三人民事责任时，该第三人在参加之诉中事实上处于被告的地位。基于法院可依职权通知无独立请求权第三人参加诉讼，在此情况下，限制以致剥夺其提出管辖权异议的权利是不合理的，可能不当扩大管辖权的范围，为侵害有关当事人的诉讼利益开方便之门，从而损害程序公正的价值。因此，非经本诉当事人或本人申请，而是法院依职权通知参加诉讼的无独立请求权第三人，应当赋予其管辖异议权。

2. 管辖权异议须在法定的提交答辩状期间提出。

民事诉讼法第 127 条规定，“当事人对管辖权有异议的，应当在提交答辩状期间提出”，结合民事诉讼法第 125 条的规定，管辖权异议应在被告收到起诉状副本之日起 15 日内提出，逾期未提出的，视为无异议，人民法院有权开始审理。

根据民事诉讼法第 83 条关于期间的规定，如果当事人因不可抗拒的事由或者其他正当理由耽误而未在答辩期内提出，在障碍消除后的 10 日内，当事人可以申请顺延，是否准许，由人民法院决定，以保障当事人提出管辖权异议的权利。此外，人民法院在答辩期届满后追加共同被告的，应在通知中指定一个合理期限允许他们在该期限内提出管辖权异议，不宜以答辩期已过为由取消这些被告提出管辖权异议的权利。

三、人民法院对管辖权异议的处理

受诉人民法院收到当事人提出的管辖权异议后，应当认真进行审查。经审查后，认为异议成立的，裁定将案件移送有管辖权的人民法院审理。认为异议不能成立的，应裁定驳回异议。裁定应当送达双方当事人，当事人不服的，可以在 10 日内向上一级人民法院提起上诉。当事人逾期未提出上诉或上诉被驳回的，受诉人民法院应通知当事人参加诉讼。当事人对管辖权问题申请再审的，不影响受诉人民法院对案件的审理。

【学习总结与拓展】

【关键词】民事诉讼主管 级别管辖 地域管辖 协议管辖 裁定管辖 管辖权异议

【思考题】

1. 民事诉讼主管与管辖的关系如何理解？

2. 专属管辖与特殊地域管辖怎样甄别？

3. 试述共同管辖产生的原因及其解决。

4. 选择管辖的实质和范围是什么？

5. 试述裁定管辖的正确适用。

6. 对管辖权转移的合理性评价。

7. A市东区居民朱某（男）与A市西县刘某结婚，婚后双方住A市东区。一年后，公司安排刘某赴A市南县分公司工作。三年之后，因感情不和朱某向A市东区法院起诉离婚。东区法院受理后，发现刘某经常居住地在南县，其对该案无管辖权，遂裁定将案件移送南县法院。南县法院收到案件后，认为无管辖权，将案件移送刘某户籍所在地西县法院。西县法院收到案件后也认为无管辖权。关于本案的管辖问题，下列哪些说法是正确的：

A、东区法院有管辖权 B、南县法院有管辖权 C、西县法院有管辖权 D、西县法院认为自己没有管辖权，应当裁定移送有管辖权的法院

【阅读资料】

1.《中华人民共和国民事诉讼法》（2017年修正）第二章管辖。

2.《最高人民法院关于适用〈中华人民共和国民事诉讼法〉的解释》（法释〔2015〕5号）一、管辖；《最高人民法院关于调整高级人民法院和中级人民法院管辖第一审民商事案件标准的通知》（法发［2015］7号）。

3. 江伟、廖永安：《我国民事诉讼主管之概念检讨与理念批评》，《中国法学》2004年第4期。

4. 黄川：《民事诉讼管辖研究——制度、案例与问题》，中国法制出版社2001年版。

5. 郭晓光：《民事诉讼管辖实证研究》，中国政法大学出版社2016年版；王福华、张士利：《民事诉讼管辖基本问题研究》，《上海交通大学学报（哲社版）》2005年第5期。

6. 胡思博：《对我国民事诉讼管辖权争议处理机制的剖析与反思》，《安徽大学法律评论》2011年第2期；王福华：《民事管辖权争议解决机制研究》，《诉讼法学研究》（第3卷），中国检察出版社2002年版。

7. 廖永安：《我国民事诉讼地域管辖制度之反思》，《法商研究》2006年第2期。

8. 李浩：《民事诉讼管辖制度的新发展——对管辖修订的评析与研究》，《法学家》2012年第4期；李浩：《民事诉讼专属管辖制度研究》，《法商研究》2009年第2期。

9. 张晋红：《民事诉讼合并管辖立法研究》，《中国法学》2012年第2期。

10. 张卫平：《管辖权异议：回归原点与制度修正》，《法学研究》2006年第4期；张卫平著：《探究与构想——民事司法改革引论》，人民法院出版社2003年版。

第七章　诉讼当事人

【学习提示】通过本章学习，了解当事人的概念与特征，当事人的诉讼权利能力和诉讼行为能力；领会诉讼权利义务承担，当事人更换与追加的规定；掌握原告、被告、共同诉讼人、诉讼代表人、第三人等基本概念的联系和区别，能够确定案件中各方当事人的诉讼地位。

第一节　当事人概述

一、当事人的概念和特征

民事诉讼的当事人，是指因民事权利和义务关系发生争议或受到侵害，以自己的名义进行诉讼，并受人民法院的裁判或者调解书约束的人。当事人在诉讼的不同阶段称谓不同。在第一审程序中，提起诉讼的人称为原告，被诉的相对人称为被告；在第二审程序中，提起上诉的人称为上诉人，其相对方称为被上诉人；在执行程序中，提出执行申请的一方，称为申请执行人，相对方称为被执行人；在审判监督程序中，称为再审原告和再审被告。从广义上讲，有独立请求权的第三人虽未引起本诉的发生，但因向本诉原告和被告提出了独立的诉讼请求，因此也属于当事人。

当事人的主要特征是：(1) 以自己的名义进行诉讼。不以自己的名义进行起诉应诉的，不是诉讼当事人。(2) 自己与案件有法律上的利害关系。即争议的民事权益属于自己的或受其管理支配的。没有这种关系参与诉讼的人，不是诉讼当事人，或者说，不是适格的当事人。(3) 人民法院的裁判对当事人有拘束力，即人民法院的裁判、调解书一旦生效，就具有了法律效力，当事人必须履行。

民事诉讼中的当事人，可能是公民，也可能是法人或者其他组织。如果机关、团体、企业事业单位作为当事人，必须由该单位的法定代表人或者主要负责人作为法定诉讼代表人参加民事诉讼。

当事人作为诉讼主体在诉讼中具有十分重要的地位。当事人的概念关系到法院管辖权、回避、当事人能力、当事人诉讼能力、判决效力、强制执行等等。

二、诉讼权利能力和诉讼行为能力

(一) 诉讼权利能力

诉讼权利能力是指公民、法人和其他组织能够享有民事诉讼权利和承担民事诉讼义务的能力，即能够成为民事诉讼当事人的法律资格，也称为当事人能力。

我国法律对当事人的诉讼权利能力和诉讼行为能力没有特别的规定。一般来说，当事人的民事诉讼权利能力的取得和消灭与其民事权利能力是一致的。公民的民事诉讼权利能力也始于出生，终于死亡；法人和其他组织的诉讼权利能力自其成立之时开始，至撤销、解散时终结。所不同的是，民事权利能力是一种实体上的权利能力，是指作为民事主体的资格；而民事诉讼权利能力则是程序上的权利能力，是指作为诉讼主体的资格。

（二）诉讼行为能力

诉讼行为能力，是指能够亲自进行民事诉讼活动，具有独立行使诉讼权利和履行诉讼义务的能力，又称为诉讼能力。既有诉讼权利能力，又具有诉讼行为能力的人，才能亲自实施诉讼行为，如果只具有诉讼权利能力而无诉讼行为能力的人，则只能由其法定代理人代为诉讼。

民事诉讼理论将自然人的诉讼行为能力区分为有诉讼行为能力和无诉讼行为能力两类，只有具有完全民事行为能力的人才具有完全诉讼行为能力，独立进行民事诉讼。这与民事实体法上把自然人的民事行为能力分为无民事行为能力、限制民事行为能力和完全民事行为能力三类是不同的。因为民事诉讼的当事人必须对自己的诉讼行为可能产生的后果具有一定的鉴别能力和判断能力，才能正确行使诉讼权利，承担诉讼义务，在诉讼中维护自己的合法权益。所以只有达到成人年龄且心智正常的人，才具有诉讼行为能力。否则，只能由其法定代理人代为诉讼。

法人和其他组织的诉讼行为能力，自法人依法成立时产生，至撤销、解散时终止。

三、当事人适格

（一）当事人适格的含义

当事人适格，又称正当当事人，是指对于具体的诉讼，有作为本案当事人起诉或应诉的资格。

当事人适格与诉讼权利能力不同。诉讼权利能力是作为抽象的诉讼当事人的资格，与具体的诉讼无关，通常取决于有无民事权利能力。当事人适格是作为具体的诉讼当事人的资格，是针对具体的诉讼而言的；对于当事人适格与否，只能将当事人与具体的诉讼联系起来，主要看当事人与特定的诉讼标的有无利害关系。

当事人适格与作为纯粹形式上的当事人也不同。纯粹形式上的当事人仅以原告主观上主张为准，作为原告就是向法院起诉请求权利保护的主体，作为被告即为被诉的主体。而当事人适格则是指对本案的诉讼标的，谁应当有权要求法院作出判决和谁应当作为被请求的相对人。

（二）判断当事人适格与否的标准

为了使诉讼在适格的当事人之间进行，从而使法院的裁判具有实际意义，需要有一定的标准来判断起诉或者应诉的当事人是否是本案的适格当事人。

法院裁判的目的是解决民事法律关系主体之间的争议，化解他们之间的纠纷，民事法律关系主体也正因为发生了民事权利义务争议，才有必要以民事诉讼的方式解决争议。因此，一般来讲，应当以当事人是否是所争议的民事法律关系（即本案诉讼标的）的主体，作为判断当事人适格与否的标准。根据这一标准，只要是民事法律关系或民事权利的主体，以该民事法律关系或民事权利为诉讼标的进行诉讼，一般就是适格的当事人。

但在某些例外的情况下，非民事法律关系或民事权利的主体，也可以作为适格的当事人。这些例外的情况，主要可以分为以下两种：

1. 根据当事人的意思或法律的规定，依法对他人的民事法律关系或民事权利享有管理权的人或组织，虽然这些主体不是争议法律关系的主体，仍然可以基于管理权作为原告或被告起诉或者应诉：（1）失踪人的财产代管人；（2）遗产管理人；（3）遗嘱执行人；（4）股东代表诉讼中的股东；（5）经著作权人授权的著作权集体管理组织；（6）为保护死者利益而提起诉讼的死者的近亲属。

2. 在确认之诉中，对诉讼标的有确认利益的人或组织。在确认之诉中，对适格当事人的判断，不是看该当事人是不是该被争议法律关系的主体，而是看该当事人对该争议法律关系的解决是否具有法律上的利害关系。例如，在消极的确认之诉中，原告要求法院确认他与被告之间不存在合同关系，此时要求原告是所争议的法律关系的主体，是与此类诉讼的性质相悖的。因此，通常来说，是否具有确认利益是确定在确认之诉中当事人是否适格的基础。

（三）不适格当事人的更换

人民法院在审理案件过程中，发现当事人与案件没有法律上的利害关系，即当事人不适格，就应该做出决定，更换当事人。在民事诉讼实践中，更换当事人的情况比较复杂，常见的有以下四种：

1. 更换不正当（或称为不适格）当事人时，不正当原告或者不正当被告愿意退出诉讼，正当原告或者正当被告又愿意参加诉讼，这时原来的诉讼程序就宣告结束，不正当当事人的一切诉讼行为对于更换当事人后的新诉讼无效。正当当事人参加后，诉讼程序重新开始。

2. 更换不正当当事人时，不正当原告或者不正当被告拒绝退出诉讼，而正当原告或者正当被告又自愿参加诉讼，这时可能形成原诉讼和新诉讼并存的情况，人民法院可以将两案合并审理，依据事实和法律做出正确判决。

3. 不适格原告退出诉讼后，适格原告不愿意参加诉讼，案件将因为没有原告起诉而宣告结束。

4. 不适格被告退出诉讼后，符合条件的适格被告拒绝参加诉讼时，经人民法院合法传唤，无正当理由仍不到庭，可分别情况作如下处理：如果被告是必须到庭的，可以实行拘传；不是必须到庭的，可以缺席判决，以保障原告的合法权益，维护法律的严肃性。

需要注意的是，更换当事人是将不适格当事人更换为适格当事人后重新开始一个新的诉讼，因此原诉讼中的全部诉讼行为对新诉讼无拘束力。而在诉讼权利义务的承担中，诉讼中原当事人和新当事人都是适格当事人，是同一诉讼的继续，所以当事人在原诉讼中的诉讼行为能够拘束继续进行诉讼的新当事人。

我国当事人的更换强调了人民法院的职权作用，不涉及原当事人与新当事人之间关于变更的合意。国外的做法通常是通过法院行使阐明权，告知当事人有关更换的问题，但是否更换，由当事人决定。

四、当事人的诉讼权利和诉讼义务

（一）当事人的诉讼权利

当事人的诉讼权利，是指民事诉讼法赋予当事人维护自己的民事权益的手段，是宪法确定的公民权利在民事诉讼法中的体现。根据《民事诉讼法》第 49 条第 1、2 款及有关条文的规定，民事诉讼双方当事人享有充分、广泛和平等的诉讼权利，主要包括：

1. 一方当事人所享有的诉讼权利：（1）原告有提起诉讼的权利，起诉后有放弃、变更诉讼请求和撤诉的权利。（2）被告有承认或者反驳诉讼请求和提起反诉的权利。

2. 双方当事人均享有的诉讼权利：（1）使用本民族语言文字进行诉讼的权利。（2）有委托代理人、提出回避申请、收集提供证据、进行辩论、请求调解、提起上诉、申请执行的权利。（3）当事人可以查阅与本案有关的材料，并可以复制本案有关材料和法律文书。但查阅范围和方式应当根据最高人民法院的规定进行。（4）当事人可以自行和解，这是当事人处分实体权利的一种方式。（5）当事人有申请证据保全、财产保全、先予执行的权利，有权申请顺延诉讼期间。（6）有要求重新调查、鉴定或者勘验的权利，有申请补正笔录中错误的权利。（7）对已经发生法律效力的判决、裁定和调解书，当事人认为确有错误的，有权申诉和申请再审。

当事人诉讼权利的保障与否，与程序的进行密切相关。忽视当事人诉讼权利，实际上就是忽视程序保障，就会影响司法公正。

（二）当事人的诉讼义务

当事人在享有广泛诉讼权利的同时，也应当承担相应的诉讼义务。根据《民事诉讼法》第 49 条第 3 款规定，当事人应当承担的诉讼义务有以下三这方面：

1. 必须依法行使诉讼权利，不得滥用法律赋予的诉讼权利损害他人的合法权益。但是，我国现行民事诉讼法的相关规定过于简单，对于滥用诉讼权利行为没有相应限制措施。

2. 必须遵守诉讼秩序，服从法庭指挥，不得实施妨碍民事诉讼的行为。

3. 必须履行发生法律效力的判决书、裁定书和调解书。负有履行义务的一方当事人不履行义务的，人民法院可根据权利人的申请或依职权强制执行。

五、诉讼权利义务的承担

诉讼权利义务的承担，也可称为法定的当事人变更，是指在诉讼进行的过程中，由于某种特定原因的出现，将原当事人的诉讼权利、义务转移给案外在法律上有关系的人，后者成为案件的新当事人继续进行诉讼。

诉讼权利义务的承担是基于民事权利义务的转移而发生的。根据最高人民法院的审判解释，诉讼权利义务承担的情形包括以下几种。

（一）一方当事人死亡

根据《法院适用民诉法解释》第 55 条规定："在诉讼中，一方当事人死亡，需要等待继承人表明是否参加诉讼的，裁定中止诉讼。人民法院应当及时通知继承人作为当事人承担诉讼，被继承人已经进行的诉讼行为对承担诉讼的继承人有效。"这就是说，由继承人承担原当事人（死者）的诉讼权利和诉讼义务。

（二）法人或其他组织合并

两个以上的法人或者其他组织合并时，其中一方正在进行诉讼，则由合并后新的法人或其他组织继续进行诉讼，承担原法人或原组织的诉讼权利义务。

在第一审、第二审和再审程序中，都可能发生诉讼权利和义务的承担，在民事诉讼中，不论何时发生承担诉讼权利义务，都是新的当事人继续原当事人已经开始的诉讼，原当事人实施的一切诉讼行为，对承担诉讼的新当事人有拘束力。

第二节　原告和被告

一、原告和被告的概念

民事诉讼中的原告，是指认为自己的合法权益或者受其管理支配的民事权益受到侵害，或者与他人发生争议，为维护其合法权益而向人民法院提起诉讼，引起诉讼程序发生的人。

民事诉讼中的被告，是被诉侵犯原告民事权益或与原告发生民事权益争议而被人民法院传唤应诉人。

在多数情况下，单一原告对应单一被告，这在民事诉讼法学理论研究中称为狭义的当事人。广义的当事人，除单一的原告、被告外，还包括共同诉讼人、诉讼代表人、第三人。

二、原告和被告的特征

原告和被告都是民事诉讼的当事人，是最基本的诉讼主体，最充分地体现了诉讼当事人的特征。原告和被告都以自己的名义参加诉讼，与案件有法律上的利害关系，为保护自己的民事权益而参加诉讼，受人民法院裁判的拘束。原告和被告除具有一切诉讼当事人所共有的特征外，还具有以下三个特征。

（一）原告是引起诉讼程序发生的人

民事诉讼程序的发生，必须有原告向人民法院提起诉讼。没有人向人民法院起诉，人民法院不能进行审判。法院对原告的起诉经过审查，决定予以立案，诉讼程序即开始。这是原告区别于被告、第三人的根本之点。

（二）被告是被人民法院传唤应诉的人

被告参加诉讼，是由于原告诉称其侵犯了他的民事权益或者与原告对某一民事权益发生了争议。人民法院传唤被告应诉，被告的诉讼地位即确定。他是被起诉的一方当事人。

（三）原告与被告处于相对的地位

民事诉讼的进行，必须有双方当事人存在。原告与被告在民事诉讼中处于相对的地位，彼此互相依存，在诉讼中地位对立，所享有的诉讼权利和承担的诉讼义务彼此对等。

必须注意：在民事诉讼中，原告控诉被告侵犯了自己的民事权益，或者因某一民事权益与其争议，仅仅是一种假定。原告不一定就是实体权益的享有者，被告也不一定就是应当对原告承担义务的人。有的案件，原告起诉所指的被告不是真正的被告，或者被告并没有侵犯原告的权益，而是原告侵犯了被告的权益。原告与被告之间的民事权利义务关系到底如何，有待人民法院将案件审理完后才能得出结论。

因此，在民事诉讼理论上，有实体意义上的当事人和程序意义上的当事人之分。实体意义上的当事人是指因民事上的权利义务关系发生纠纷，以自己的名义进行诉讼，并受人民法院裁判拘束的直接利害关系人。程序意义上的当事人，是指以自己的名义起诉或者应诉，要求法院就具体诉讼案件行使审判权并做出裁判的人及其相对人，并非就是案件的直接利害关系人。只有在法院审查之后，才能明确程序意义上的当事人是否就是具体案件中适格的当事人。

三、原告和被告的类型

在民事诉讼中，作为民事法律关系平等主体的公民[①]、法人和其他组织[②]在其人身关系和财产关系发生纠纷而处于不正常状态时都可以作为原告起诉或被告应诉。

（一）公民

我国公民认为自己的民事权益或其代管的财产受到侵犯，或者与他人发生纠纷时，都可以作为原告向人民法院提起诉讼；我国公民对原告的指控也都有应诉答辩的权利；即使是没有诉讼行为能力的人都有作为原告或被告的资格。

此外，许多新出现的民事主体，他们既不是法人或其他组织，又不是一般意义上的公民。根据《法院适用民诉法解释》的规定，应针对不同情形分别确定当事人：

1. 以雇主身份作为当事人。即个体工商户、农村承包经营户、合伙组织雇佣的人员在进行雇佣合同规定的生产经营活动中造成他人损害的，其雇主是当事人。

2. 以业主身份作为当事人。即个体工商户以营业执照上登记的经营者为当事人。有字号的，以营业执照上登记的字号为当事人，但应同时注明该字号经营者的基本信息。

3. 以直接责任人的身份作为当事人。法人或者其他组织应登记而未登记，行为人即以该法人或者其他组织名义进行民事活动的；行为人没有代理权、超越代理权或者代理权终止后以被代理人名义进行民事活动的，但相对人有理由相信行为人有代理权的除外；法人或者其他组织依法终止后，行为人仍以其名义进行民事活动的；企业法人解散的，未依法清算即被注销的，以该企业法人的股东、发起人或者出资人为当事人。

4. 当事人之间的纠纷经人民调解委员会调解达成协议后，一方当事人不履行调解协议，另一方当事人向人民法院提起诉讼的，应以对方当事人为被告。

5. 对侵害死者遗体、遗骨以及姓名、肖像、名誉、荣誉、隐私等行为提起诉讼的，死者的近亲属为当事人。

---

① 需要指出，“公民”的提法，其民事实体法根源是《民法通则》第 2 条及“第二章公民（自然人）”。目前在民事实体法上，“公民”已经被《中华人民共和国民法总则》（2017 年 3 月 15 日第十二届全国人民代表大会第五次会议通过，自 2017 年 10 月 1 日起施行）的第 2 条及“第二章自然人”统一改称为“自然人”。

② 需要指出，“其他组织”的提法，目前在民事实体法上，已经被“非法人组织”取代了。《中华人民共和国民法总则》“第四章非法人组织”的第 102 条定义“非法人组织是不具有法人资格，但是能够依法以自己的名义从事民事活动的组织。非法人组织包括个人独资企业、合伙企业、不具有法人资格的专业服务机构等。”

（二）法人

法人作为民事诉讼的当事人，是由其法定代表人进行诉讼。根据《法院适用民诉法解释》第50、51条规定，法人的法定代表人以依法登记的为准，但法律另有规定的除外。依法不需要办理登记的法人，以其正职负责人为法定代表人；没有正职负责人的，以其主持工作的副职负责人为法定代表人；其他组织，以其主要负责人为代表人。

在诉讼中，法人的法定代表人变更的，由新的法定代表人继续进行诉讼，并应向人民法院提交新的法定代表人身份证明书。原法定代表人进行的诉讼行为有效。法定代表人已经变更，但未完成登记，变更后的法定代表人要求代表法人参加诉讼的，人民法院可以准许。要注意，法人法定代表人的更换，不能理解为是当事人的更换；不论是原告一方更换法定代表人，还是被告一方更换法定代表人，该法人仍然是本案的原告或者被告。

（三）其他组织

不具备法人资格的其他组织必须具有独立民事权利主体资格，才能成为民事诉讼中的原告或被告。根据《法院适用民诉法解释》第52条的规定，其他组织是指合法成立、有一定的组织机构和财产，但又不具备法人资格的组织。这些组织包括：

1. 依法登记领取营业执照的个人独资企业；

2. 依法登记领取营业执照的合伙企业；

3. 依法登记领取我国营业执照的中外合作经营企业、外资企业；

4. 依法成立的社会团体的分支机构、代表机构；

5. 依法设立并领取营业执照的法人的分支机构；

6. 依法设立并领取营业执照的商业银行、政策性银行和非银行金融机构的分支机构；

7. 经依法登记领取营业执照的乡镇企业、街道企业；

8. 其他符合本条规定条件的组织。

其他组织进行民事诉讼活动，是由其主要负责人为代表人。例如，由其经理、主任等代表该组织进行诉讼。代表人的确认及参加诉讼活动的方式，代表人更换等，适用前述法人的法定诉讼代表人的有关规定。其他组织的工作人员因职务行为或者授权行为发生的诉讼，以该其他组织为当事人。

根据《法院适用民诉法解释》有关规定，法人或者其他组织作为诉讼当事人的情形还包括：

1. 法人非依法设立的分支机构，或者虽依法设立，但没有领取营业执照的分支机构，以设立该分支机构的法人为当事人。

2. 法人或者其他组织的工作人员执行工作任务造成他人损害的，该法人或者其他组织为当事人。

3. 提供劳务一方因劳务造成他人损害，受害人提起诉讼的，以接受劳务一方为被告。

4. 在劳务派遣期间，被派遣的工作人员因执行工作任务造成他人损害的，以接受劳务派遣的用工单位为当事人。

5. 企业法人解散的，依法清算并注销前，以该企业法人为当事人。

6. 村民委员会或者村民小组与他人发生民事纠纷的，村民委员会或者有独立财产的村民小组为当事人。

第三节 共同诉讼人

一、共同诉讼人概述

（一）共同诉讼人的概念

共同诉讼人，是指当事人一方或双方为 2 人以上，诉讼标的是共同的或者诉讼标的是同一种类，人民法院认为可以合并审理并经当事人同意，共同在人民法院进行诉讼的人。

共同诉讼人属于广义当事人中的一种。原告一方为 2 人以上的，称为共同原告。被告一方为 2 人以上的，称为共同被告。一同在人民法院起诉的共同原告，或一同在人民法院应诉的共同被告，称为共同诉讼人。

民事诉讼法设立共同诉讼人制度，是使必须共同参加诉讼的人都参加到诉讼中来，以有利于人民法院查明案件的全部事实，正确、彻底解决当事人间的纠纷，避免对同一问题做出互相矛盾的判决；可以节省人力、物力，符合诉讼经济原则；也有利于保护当事人的合法权益。

（二）共同诉讼人的特征

共同诉讼人与单一的原告、被告相比，有以下两个显著特征：

1. 当事人人数上的区别。共同诉讼主体人数至少有一方为 2 人以上，共同诉讼人可以是原告，也可以是被告。

2. 诉讼标的是共同的，或者是同一种类。具体分两种情况：(1) 共同诉讼人与对方之间存在同一法律关系，共同诉讼人在这一法律关系中或者共同享有权利，或者共同负有义务。(2) 共同诉讼人与对方之间存在同类法律关系，事实上存在多个单独的同类诉讼，人民法院认为可以合并审理，当事人也同意合并审理的，便将多个诉合并审理，形成共同诉讼人参加的共同诉讼。共同诉讼人之间存在着同一法律关系或同类的法律关系，是共同诉讼的前提和基础，也是共同诉讼的本质属性，是与单一的原告、被告的质的区别。

（三）共同诉讼人与共同诉讼的关系

共同诉讼人与共同诉讼，是两个既有紧密联系，又有区别的不同概念。共同诉讼是从诉的角度，将诉的主体的合并，即当事人的合并，所依据的是 2 人以上的当事人与诉讼标的关系来确认一种诉讼制度。共同诉讼人则是从诉讼主体资格角度来考虑。共同诉讼中的当事人不一定都是共同诉讼人，若原告一方为多人，被告一方为单人的诉讼，则只有原告方是共同诉讼人，被告方仍是单一诉讼人。

二、必要的共同诉讼人

（一）必要的共同诉讼人的概念和构成条件

必要的共同诉讼人，是指当事人一方或双方为 2 人以上，诉讼标的是共同的，必须共同进行诉讼的当事人。构成必要的共同诉讼人，必须具备以下条件：

1. 诉讼标的必须是共同的。它包括：（1）权利义务关系共同。共同诉讼人一方共同享有权利或者共同负有义务。例如，析产案件中的财产共有人，是对财产共同享有权利的共同诉讼人；债务纠纷案件中的债务担保人，是对债务共同负有义务的人，等等。他们在案件中所享有的权利、义务的共同性，就是诉讼标的共同。（2）同一事实和同一法律原因。共同诉讼人之间的共同权利义务关系，是由同一事实和同一法律原因所产生。例如，多人共同实施某一民事法律行为，形成共同的权利义务关系，他们向人民法院起诉或者被人民法院传唤应诉而形成共同诉讼人。

应当注意，并非同一事实或同一法律上的原因引起，且一方或双方为 2 人以上的，都是必要共同诉讼。有人认为，被损害的数人之间有共同的权利，这一共同权利是因加害人的同一侵权行为所致，如甲驾车不慎同时致伤乙和丙，乙、丙均有权对甲提起诉讼，这就是必要共同诉讼。这种观点是不正确的。因为，乙、丙虽然同时被一辆车撞伤，但他们在实体法上却各自享有独立地取得损害赔偿请求权。他们之间的权利并不是连带的和共同的，他们可以单独起诉，也可以同时起诉。法院既可以分别审理，也可以合并审理。尽管本案的赔偿请求权是因同一事实上或法律上的原因所产生的，但这种同一事实上或法律上的原因并不能形成共同的权利义务。

2. 人民法院必须予以合并审理。共同诉讼人一方，无论是共同原告还是共同被告，都必须共同参加诉讼。人民法院对其民事权利义务关系进行裁判时，所有的共同诉讼人都必须以自己的名义参加诉讼，人民法院对他们所主张的权利或应履行的义务必须合一进行审理，一并做出判决。共同诉讼人如未全体参加诉讼，就会影响查明案件事实，难以作出正确裁判，未参加诉讼的当事人的合法权益就可能得不到保护。

（二）必须共同进行诉讼的情形

根据《法院适用民诉法解释》的规定，能够引起必要共同诉讼的情形有：

1. 以挂靠形式从事民事活动，当事人请求由挂靠人和被挂靠人依法承担民事责任的，该挂靠人和被挂靠人为共同诉讼人。

2. 在劳务派遣期间，被派遣的工作人员因执行工作任务造成他人损害的，以接受劳务派遣的用工单位为当事人。当事人主张劳务派遣单位承担责任的，该劳务派遣单位为共同被告。

3. 个体工商户在诉讼中，营业执照上登记的经营者与实际经营者不一致的，以登记的经营者和实际经营者为共同诉讼人。

4. 在诉讼中，未依法登记领取营业执照的个人合伙的全体合伙人为共同诉讼人。个人合伙有依法核准登记的字号的，应在法律文书中注明登记的字号。全体合伙人可以推选代表人；被推选的代表人，应由全体合伙人出具推选书。

5. 企业法人分立的，因分立前的民事活动发生纠纷，以分立后的企业为共同诉讼人。

6. 借用业务介绍信、合同专用章、盖章的空白合同书或者银行账户的，出借单位和借用人为共同诉讼人。

7. 无民事行为能力人、限制民事行为能力人造成他人损害的，无民事行为能力人、限制民事行为能力人和其监护人为共同被告。

8. 原告起诉被代理人和代理人，要求承担连带责任的，被代理人和代理人为共同被告。

9. 共同财产权受到他人侵害，部分共有权人起诉的，其他共有权人应当列为共同诉讼人。

10. 在继承遗产的诉讼中，部分继承人起诉的，人民法院应通知其他继承人作为共同原告参加诉讼，被通知的继承人不愿意参加诉讼又不明确表示放弃实体权利的，人民法院仍应将其列为共同原告。

11. 因保证合同纠纷提起的诉讼，债权人向保证人和被保证人一并主张权利的，人民法院应当将保证人和被保证人列为共同被告。保证合同约定为一般保证，债权人仅起诉保证人的，人民法院应当通知被保证人作为共同被告参加诉讼；债权人仅起诉被保证人的，可以只列被保证人为被告。

（三）必要的共同诉讼人的法律关系

必要的共同诉讼人共同进行诉讼，存在着以下两方面的法律关系：

1. 共同诉讼人与对方当事人之间的关系。这是指原告和被告之间争议的民事权利义务关系，是请求人民法院裁判的对象，是共同诉讼人的外部关系。

2. 共同诉讼人之间的关系，即共同原告或者共同被告内部的关系，这比单一的对外关系更为复杂。共同诉讼人在实施诉讼行为不一致时，就产生了如何处理这种分歧的问题。我国《民事诉讼法》第 52 条第 2 款规定，共同诉讼的一方当事人对诉讼标的有共同权利义务的，其中一人的诉讼行为经其他共同诉讼人承认，对其他共同诉讼人发生效力。这种承认包括明示承认和默示承认。只要共同诉讼人未对其他共同诉讼人实施的诉讼行为表示异议，即表明该共同诉讼人已经承认。共同诉讼人可就分歧意见进行协商，形成一致意见，即协商一致的原则。但应当注意，协商一致的原则并非适用于所有场合。例如，一审判决之后，共同诉讼人中的一人对判决不服提起上诉，如果上诉后为不可分之诉时，其效力不管其他共同诉讼人是否承认，其上诉行为的效力都及于共同诉讼人全体。

在外国民事诉讼中，处理必要共同诉讼人内部关系的原则是，共同诉讼人一人的行为有利于共同诉讼人的，对全体共同诉讼人有效；不利于共同诉讼人的，对全体无效。判断有利还是不利，是指实施行为的当时。从形式上看，有利于共同诉讼人或不利于共同诉讼人，并不是指在法院审判后。从结果上看，有利的，其效力及于共同诉讼人；不利的，不及于共同诉讼人。例如，共同原告中的一人陈述了对共同诉讼人有利的事实或者提出了有利的证据，而其他共同原告并没有提出这些事实或证据。该共同诉讼人陈述事实或提出证据的行为的效力及于全体共同诉讼人。

（四）必要共同诉讼人的追加

在必要共同诉讼中，诉讼标的具有同一性，法院只能合一审理和判决，当事人应当一同起诉或应诉，否则当事人将不适格，影响案件的公正审理和当事人合法权益的保障。根据《法院适用民诉法解释》第 73 条和《民事诉讼法》第 132 条的规定，必须共同进行诉讼的当事人没有参加诉讼的，应当予以追加。

追加当事人的方式有两种：(1) 由人民法院通知参加，即在诉讼开始以后，人民法院发现与本案有直接利害关系的人没有参加到诉讼中来，影响案件事实的查明和纠纷的解决，应当通知其参加诉讼，追加为当事人。(2) 当事人也可以向人民法院申请追加。人民法院对当事人提出的申请，应当进行审查，申请理由不成立的，裁定驳回；申请理由成立的，书面通知被追加的当事人参加诉讼。

人民法院追加共同诉讼的当事人时，应当通知其他当事人。应追加的原告已明确表示放弃实体权利的，可不予追加；不放弃实体权利，又不参加诉讼的，仍然追加为共同原告；追加必须参加诉讼的共同被告时，无论被告是否愿意，必须按人民法院的通知参加诉讼活动；但是如果原告不同意追加被告而影响案件审查的，可以驳回原告的起诉。

追加当事人可以在第一审程序中进行，也可以在第二审程序中进行。在第二审程序中追加当事人时，如果不能以调解方式结案的，应当将案件发回原审法院重审，以保证追加的当事人能充分行使诉讼权利。

三、普通的共同诉讼人

(一) 普通的共同诉讼人的概念及构成条件

普通的共同诉讼人，是指当事人一方或双方为 2 人以上，诉讼标的同一种类，人民法院认为可以合并审理并经当事人同意的共同诉讼的当事人。

普通共同诉讼人的构成，必须具备以下条件：

1. 诉讼标的是同一种类。这是指诉讼标的属同一类型，具有共同的法律性质。例如，5 个承租人分别与同一房屋出租人发生房屋租赁纠纷，6 户村民分别与村委会发生承包合同纠纷等等。

2. 人民法院认为可以合并审理，即客观上存在合并审理的条件，主观上有合并审理的意愿，只有人民法院认为可以合并审理并决定予以合并审理，才能由普通共同诉讼人进行共同诉讼。

3. 当事人同意合并审理。人民法院认为可以合并审理的，还必须征得当事人同意后才能予以合并审理。倘若当事人不同意，人民法院便不能合并审理。在审判实践中，有的审判人员为了追求审判案件的数量，对应该合并审理的普通共同诉讼案件不予合并审理。这不但不符合民事诉讼法有关共同诉讼的规定，造成大量人财物的浪费，还会出现对同类性质纠纷处理标准不一的情形。

4. 属同一诉讼程序，归同一人民法院管辖。多数当事人的同一种类的多个诉讼，都必须属于人民法院受理民事诉讼的范围，归同一人民法院管辖，适用同一诉讼程序，人民法院才能予以合并审理。

5. 必须符合合并审理的目的。民事诉讼法设立普通共同诉讼制度，目的在于简化诉讼程序，节省时间、费用，避免法院对同类性质的纠纷做出相互矛盾的判决。人民法院对普通共同诉讼人的诉讼决定合并审理，必须符合这一目的。

只有符合以上条件的，人民法院才能予以合并审理。由于普通的共同诉讼人对诉讼标的没有共同的权利义务关系，对此类案件既可以合并审理，也可以分开审理。即使合并审理，也要分别查明各当事人发生纠纷的事实，在判决书或调解书中把事实分别叙述清楚，并分别确定当事人的权利义务。

(二) 普通共同诉讼人之间的关系

根据《民事诉讼法》第 52 条第 2 款的规定："对诉讼标的没有共同权利义务的，其中一人的诉讼行为对其他共同诉讼人不发生效力。”这就是说，任何一个共同诉讼人的诉讼行为，对其他共同诉讼人都没有约束力，而是各自对自己的诉讼行为负责。例如，共同原告中的一人放弃诉讼请求，或共同被告中的一人承认对方的诉讼请求，对其他共同诉讼人不发生效力。由于普通共同诉讼人具有诉讼行为独立性的特点，人民法院审理普通共同诉讼人的案件，如共同诉讼人中一人有诉讼中止或终结的情形时，不影响其他共同诉讼人诉讼的进行。人民法院的裁判也不一定同时做出，可以就共同诉讼人分别出具法律文书，以便执行，也便于当事人行使上诉权，避免互相牵连，浪费时间，影响其他诉讼当事人的合法权利的保护。

第四节　诉讼代表人

一、诉讼代表人概述

（一）诉讼代表人的概念和意义

诉讼代表人，是指当事人人数众多的一方，推选出代表，由其为维护本方当事人利益而进行诉讼活动的人。

诉讼代表人制度是我国民事诉讼法为适应民事纠纷群体化的这一现实所建立的一种新的制度。近年出现因生产和销售不合格的商品而损害广大消费者利益、因环境污染使广大居民群众遭受损失、因出售不合格的种子使广大农民遭受损害等涉及众多人利益的群体纠纷，一方当事人多达数百人或数千人，这就需要在民事诉讼法中确立一个新的诉讼制度。我国在借鉴了美国的集团诉讼，德国、日本的选定当事人制度的基础上，于1991年颁行的民事诉讼法中，确立了诉讼代表人诉讼制度。这种新制度的确立，在我国民事诉讼中有着重要意义：

1. 是对我国诉讼主体制度的完善和发展。我国1982年颁布的《民事诉讼法（试行)》确立了共同诉讼人诉讼制度，随着形势的发展，这种制度已不能适应客观需要。众多的诉讼主体，数千人都是共同诉讼人，都按共同诉讼程序进行，不仅达不到共同诉讼的目的，反而会造成根本无法进行诉讼的情形，给人民法院和当事人都带来诸多的不便。民事诉讼法确立诉讼代表人诉讼制度，不仅丰富完善了我国民事诉讼法，也完善发展了我国的诉讼当事人制度。

2. 能达到诉讼经济的目的。确立诉讼代表人诉讼制度，不论诉讼主体如何庞大，人数如何众多，都由其代表人进行诉讼，就可以极大地简化诉讼程序，节省大量的人力、物力和财力，使案件能及时得到解决，当事人的合法权益能及时得到保护。

3. 有益于提高办案效率和质量。人民法院将当事人众多，案情又复杂的案件，合并在一个程序中进行审理，一并做出判决，就可以大大提高办案效率。还可以避免众多当事人分头进行诉讼，造成人民法院对同一或同类事实的案件做出相互矛盾的裁判，有益于提高办案质量。

（二）诉讼代表人制度的性质

民事诉讼法规定的诉讼代表人制度，就其性质而言，实质上是共同诉讼人与诉讼代理两项制度相结合的一种诉讼形式，是在共同诉讼基础上，吸收代理诉讼制度的某些特征而设立的，解决众多当事人纠纷的一种制度。它体现了两种诉讼制度各自功能的互补和伸展，既不同于共同诉讼人诉讼，也不同于诉讼代理代人诉讼。

1. 与共同诉讼人的区别。一是共同诉讼人制度要求全体共同诉讼人参加诉讼，每个共同诉讼人都是案件的诉讼当事人，都直接行使诉讼权利、承担诉讼义务。诉讼活动可由诉讼代理人进行，也可以由共同诉讼人自己进行诉讼。而诉讼代表人制度，不要求众多的权利人或义务人都参加诉讼直接行使诉讼权利或承担诉讼义务，而是由他们推选的诉讼代表人代为进行。二是共同诉讼人诉讼行为的效力，经全体共同诉讼人一致承认，才对其有效；不经承认，对其无效，只对行为实施人有效力。而诉讼代表人的诉讼行为的效力，除及于代表人外，还及于被代表的同一方共同诉讼人。

2. 与诉讼代理人的区别。推选诉讼代表人进行诉讼，虽然融进了诉讼代理的机制，但被选定的代表人并非一般的诉讼代理人，其主要区别如下：

（1）与诉讼标的之利害关系不同。推选的诉讼代表人是本案的当事人，与被代表人之间有着共同的利益，与本案的诉讼标的有着直接的利害关系。诉讼代理人则不是本案的当事人，与本案的诉讼标的没有利害关系。

（2）保护权益的范围不同。诉讼代表人参加诉讼，既保护自己的合法权益，也保护被代理的共同诉讼人的合法权益。诉讼代理人参加诉讼则只是为了保护被代理人的合法权益。

（3）法律后果不同。诉讼代表人参加诉讼，既以被代表人的名义，也以自己的名义进行诉讼，诉讼的法律后果是由被代表的共同诉讼人和本人承担。诉讼代理人则是以被代理人的名义进行的诉讼，在代理权限范围内所实施的诉讼行为，其法律后果由被代理人承担。

（三）诉讼代表人的人数和条件

根据《法院适用民诉法解释》第75条、第78条和《民事诉讼法》第53条、第54条的规定，当事人一方人数众多，一般指10人以上；诉讼代表人为2～5人，每位代表人可以委托一至二人作为诉讼代理人。推选的诉讼代表人应当具备以下条件：

（1）诉讼代表人应当是当事人。（2）诉讼代表人具有诉讼行为能力。（3）诉讼代表人具备与进行该诉讼相适应的能力，如具有一定的法律知识和文化水平。（4）能够善意地履行诉讼代表人的职责。

二、诉讼代表人的种类

根据《民事诉讼法》第53条和第54条规定，诉讼代表人有两种：一是人数确定的诉讼代表人，二是人数不确定的诉讼代表人。

（一）人数确定的诉讼代表人

人数确定的诉讼代表人，是指共同诉讼的一方人数确定，由共同诉讼人的推选并授权代表共同诉讼人实施诉讼行为的人。

《民事诉讼法》第53条规定，当事人一方人数众多的共同诉讼，可以由当事人推选代表人进行诉讼。《法院适用民诉法解释》第76条规定，当事人一方人数众多在起诉时确定的，可以由全体当事人推选共同的代表人，也可以由部分当事人推选自己的代表人；推选不出代表人的当事人，在必要的共同诉讼中可由自己参加诉讼，在普通的共同诉讼中可以另行起诉。代表人代为诉讼，代表人的诉讼行为对其所代表的当事人发生效力，但代表人变更、放弃诉讼请求或者承认对方当事人的诉讼请求，进行和解，必须经被代表人的当事人同意。

（二）人数不确定的诉讼代表人

1. 人数不确定的诉讼代表人的概念

人数不确定的诉讼代表人，是指诉讼标的同一种类，当事人一方人数众多，在起诉时人数尚未确定，由在人民法院登记的权利人推选或由人民法院与其商定，代表众多当事人进行诉讼的人。这种诉讼代表人与在起诉时当事人人数确定的诉讼代表人既有相同之处，又有明显的区别。其特征如下：

（1）诉讼标的不同。人数确定的诉讼代表人，诉讼标的既有共同的，也有同一种类的。当事人人数不确定的诉讼代表人诉讼的诉讼标的则只能是同一种类的。

（2）诉讼主体人数不同。当事人一方人数众多，并且在起诉时人数尚未确定，才能适用人数不确定的诉讼代表人制度。如果起诉时当事人人数已经确定，则只能适用《民事诉讼法》第53条规定的诉讼代表人诉讼制度。

2. 当事人人数不确定的诉讼代表人诉讼的特定程序

（1）案件的管辖法院。人数不确定的诉讼代表人诉讼案件，往往涉及众多法院的管辖权问题。当事人往往分散居住在数个法院辖区，有的还可能遍布全国各地，难于确定案件的管辖法院。这就需要各有关法院根据案件的具体情况，协商确定；如果协商不成，则应由共同的上级人民法院指定管辖。

（2）发布公告。人民法院受理部分当事人起诉后，可以发出公告。公告的目的，在于向未起诉的权利人说明案件的情况和诉讼请求，通知权利人在一定的期间内向人民法院登记，以便共同推选代表人进行诉讼，保护自己的权益. 彻底解决纠纷。公告期间由人民法院根据案件的情况确定，但最少不得少于30日。公告的方式，可以根据地址不明的当事人所在地区的范围，在法院公告栏张贴公告，或者当事人所在地区张贴公告，或者在公开出版的报刊上登载公告。

（3）权利人登记。人民法院在开始对案件进行实体审理前，应首先确定当事人的人数，然后才能开始对案件进行审理。这就要求在人民法院登记的权利人，应当证明其与对方当事人的法律关系和所受到的损害。证明不了的，不予登记，权利人可以另行起诉。权利人未在人民法院指定的期间内向人民法院登记，且没有正当理由的，视为权利人放弃对诉讼权利的行使，不参加选诉讼代表人的活动，但不影响其享有的实体权利。

（4）推选或商定诉讼代表人。《民事诉讼法》第54条第2款规定："向人民法院登记的权利人可以推选代表人进行诉讼；推选不出代表人的，人民法院可以与参加登记的权利人商定代表人。"诉讼代表人只能从登记的权利人中产生。登记的权利人如果推选不出诉讼代表人的，可以由人民法院提出人选与当事人协商确定代表人；协商不成的，也可以由人民法院在起诉的当事人中指定代表人。

（5）诉讼代表人的权限。诉讼代表人代表的一方当事人进行诉讼，行使诉讼权利，承担诉讼义务。代表人的诉讼行为，对其所代表的当事人发生效力。但是，在被代表人没有特别授权的情况下，不能行使涉及实体权利的诉讼权利。代表人变更、放弃诉讼请求或者承认对方当事人的诉讼请求，进行和解，必须经被代表的当事人同意。

诉讼代表人在诉讼中如果不能履行职责，应当予以更换。例如，诉讼代表人在诉讼中丧失诉讼行为能力或者死亡，应及时另行确定诉讼代表人。诉讼代表人不尽职责，不能维护被代表人合法权益，或者与对方当事人合谋，损害被代表人利益，被代表人要求更换时，也应及时予以更换。更换诉讼代表人可由当事人推选，也可以由人民法院提出人选与当事人商定。更换后的新的诉讼代表人继续原诉讼代表人的职责，原诉讼代表人的诉讼行为，对新的诉讼代表人有拘束力。

(6) 审理和裁判。人民法院审理诉讼标的同一种类，当事人一方人数众多，起诉时人数尚不确定的案件，应当公开审理。被代表的当事人允许到庭旁听，有权监督诉讼代表人是否在为维护被代表人的合法权益而进行诉讼。由于诉讼代表人的诉讼行为，涉及众多当事人的权益，人民法院应针对这种案件的特点，加强监督。

人民法院应对这类案件的损害事实和侵害人应承担的民事责任进行审理、确认。对案件经过审理后所做的判决、裁定，应确定侵害人所应赔偿的标的物种类和总数，以及赔偿的财产在权利人之间的分配方法。判决、裁定生效后，对参加登记的全体权利人发生效力。参加登记的全体权利人必须按照生效裁判确定的内容行使权利，承担义务，不得再行起诉。人民法院制作的法律文书，对人数众多的一方当事人，可以只写明诉讼代表人，其他当事人列入法律文书所附的登记名单中。法律文书除送达登记的人外，还应当公告，以便未登记的权利人知晓诉讼已结束。

未参加登记的权利人在诉讼时效期间内向人民法院提起诉讼，人民法院认定其请求成立的，可以不对案件进行实体审理，直接裁定适用人民法院已做出的判决、裁定，即按该生效判决、裁定所确定的权利义务执行。超过诉讼时效期间起诉的，人民法院受理案件后可以用判决驳回诉讼请求，但义务人愿按生效裁判履行的，人民法院不干预。

第五节　第三人

一、第三人的概念和特征

(一) 第三人概念

民事诉讼中的第三人，是指对他人争议的诉讼标的有独立的请求权，或者虽无独立的请求权，但案件的处理结果与其有法律上的利害关系，而参加到原告、被告已经开始的诉讼中的人。以第三人对他人之间的诉讼标的是否具有独立请求权为标准，第三人分为有独立请求权的第三人和无独立请求权的第三人。

民事诉讼法设立第三人参加诉讼制度，将第三人与原告、被告之间的诉讼合并审理，一并作出判决，可以简化诉讼程序，彻底解决彼此有联系的纠纷，保护当事人的合法权益，防止法院对同一问题作出相互矛盾的判决，也便于诉讼，节约人力、物力、财力和时间。

(二) 第三人的特征

1. 第三人对原告、被告争议的诉讼标的认为有独立请求权，或者案件处理结果与其有法律上的利害关系。这是第三人参加诉讼的根据。第三人同原告、被告之间存在有某种民事法律关系，或者与原告一方，或者与被告一方有某种民事法律关系，案件的审理结果与第三人有法律上的利害关系，这是区别于共同诉讼人和诉讼代理人的根本之点。

2. 第三人参加诉讼的目的在于维护自己的权益。第三人参加诉讼既不是为了维护原告的利益，也不是为了维护被告的利益，即使有时参加到当事人的一方进行诉讼，也不是为了维护参加一方当事人的利益，而是以自己的名义，为维护自己的权益参加诉讼。这是第三人与诉讼代理人的根本区别。

3. 第三人参加诉讼的时间，一般说来，应当是被告应诉时起，至诉讼审理终结前止。如果原告、被告之间的诉讼尚未开始，或者原告、被告之间的诉讼已经结束，即人民法院对案件已经审理终结，就不可能再有第三人参加诉讼。《法院适用民诉法解释》第 81 条第 2 款规定："第一审程序中未参加诉讼的第三人，申请参加第二审程序的，人民法院可以准许。"

二、有独立请求权的第三人

（一）有独立请求权的第三人的概念和特征

有独立请求权的第三人，是指对原告、被告之间争议的诉讼标的，认为有独立的请求权，参加到在原、被告已经开始的诉讼中进行诉讼的人。有独立请求权的第三人，可以分为对当事人之间争议的诉讼标的有全部或部分独立权利的第三人。

《民事诉讼法》第 56 条第 1 款规定："对当事人双方的诉讼标的，第三人认为有独立请求权的，有权提起诉讼。"这是关于有独立请求权的第三人的规定。有独立请求权的第三人具有以下特征：

1. 对原告、被告之间争议的诉讼标的认为有全部或部分的独立请求权。所谓"独立请求权"是指第三人认为案件中原告和被告之间争议的诉讼标的，其合法权益全部或者部分是自己的。至于第三人是否确有独立请求权，只有在人民法院对案件进行审理后才能确定。

2. 将本诉的原告、被告作为被告提起诉讼而参加诉讼。有独立请求权的第三人与正在进行诉讼的原告、被告双方对立，既不同意原告的主张，也不同意被告的主张。他认为无论原告胜诉还是被告胜诉，都是对自己合法权益的侵犯。因此，他有权将本诉的原告和被告同时作为新诉的被告提起，请求人民法院保护自己的合法权益。人民法院受理后，事实上是将本诉和第三人提起的新诉合并审理。

3. 在诉讼中处于原告的诉讼地位。根据《法院适用民诉法解释》第 81 条的规定："有独立请求权的第三人有权向人民法院提出诉讼请求和事实及理由，成为当事人。"他是以提起诉讼的方式参加诉讼的，实际上是提起一个新诉。在这个诉讼中，原告是有独立请求权的第三人，被告则是本诉中的原告和被告，诉讼标的是本诉中的诉讼标的的全部或部分，诉讼理由是有独立请求权的第三人主张的事实和理由。有独立请求权的第三人参加诉讼后，处于原告的诉讼地位，享有原告所享有的诉讼权利，承担原告所应承担的诉讼义务。他并不是本诉中的原告或者共同诉讼人。

（二）有独立请求权的第三人与必要共同诉讼人的区别

在审判实践中，必要的共同诉讼人和有独立请求权的第三人极易混淆，特别是对追加的当事人，究竟是必要的共同诉讼人还是独立请求权的第三人，难以区别，这就有必要对这两种诉讼当事人进行对比研究。其区别如下：

1. 对争议的诉讼标的持不同的态度。必要的共同诉讼人争议的诉讼标的是共同的，是争议法律关系的一方当事人，在同一法律关系中共同享有权利，或者共同承担义务，对争议标的态度完全一致。有独立请求权的第三人提起的诉讼，与本诉的诉讼标的不同，他与本诉的原告或被告无共同的权利、义务关系。若有独立请求权的第三人对诉讼标的主张全部的权利，而排除他人的权利，则是对诉讼标的主张全部独立请求的第三人；若对诉讼标的不排除本诉原告的一部分权利，但本诉原告排除他的权利，则应是对诉讼标的主张部分独立请求权的第三人；当第三人主张的部分权利被本诉的原告承认时，其诉讼地位则可变更为共同原告参加诉讼。

2. 诉讼地位不同。必要的共同诉讼人一方在诉讼中只能与对方当事人发生争议，追加的共同诉讼人参加诉讼，要么属原告一方成为共同原告，要么属被告一方成为共同被告。有独立请求权的第三人参加诉讼，既不站在本诉的原告一边，也不站在本诉的被告一边，而是独立存在于原告、被告之外，同本诉的原告和被告相对立，在其提起的新诉讼中处于原告的地位。

3. 参加诉讼的方式不同。必要的共同诉讼人一般在原告起诉或被告应诉时一同参加诉讼，未参加诉讼的，人民法院应通知其参加诉讼，追加为原告或被告。有独立请求权的第三人是以提起新诉讼方式参加诉讼，其诉讼标的与本诉有联系，可以合并审理，但也可以分开审理。有独立请求权的第三人既有权提起诉讼，也有权不起诉，放弃权利，或者在本诉终结后另行起诉。人民法院在审理案件过程中发现存在有独立请求权的第三人，应通知其诉讼发生情况，但不能强制追加其为当事人。

三、无独立请求权的第三人

无独立请求权的第三人，是指对原告、被告双方争议的诉讼标的没有独立的请求权，但案件的处理结果可能与其有法律上的利害关系，为维护自己利益而参加到原、被告已经开始的诉讼中进行诉讼的人。

《民事诉讼法》第 56 条第 2 款规定："对当事人双方的诉讼标的，第三人虽然没有独立请求权，但案件处理结果同他有法律上的利害关系的，可以申请参加诉讼，或者由人民法院通知他参加诉讼。人民法院判决承担民事责任的第三人，有当事人的诉讼权利义务。"据此规定，无独立请求权的第三人有以下特征：

1. 参加诉讼的根据是案件处理结果同他有法律上的利害关系。所谓"法律上的利害关系"，是指本诉中原、被告争议的法律关系，与无独立请求权的第三人与原告或被告形成的另一个法律关系有牵连，而在后一个法律关系中，无独立请求权的第三人是否参加诉讼，对本诉的当事人行使诉讼权利、履行诉讼义务有直接影响。在原告、被告所争议的法律关系中，是否因一方当事人履行或者不适当履行义务而给对方造成的损失，需要无独立请求权的第三人参加诉讼后，才能审查清楚。如果在没有第三人参加的情况下，法院判决一方当事人败诉，应当承担某种法律责任或履行某种义务，而当该当事人请求无独立请求权的第三人赔偿损失或履行相应的义务，法院可能做出矛盾的判决。因此，第三人参加诉讼，才能在法律上维护自己的权利。例如，在医疗纠纷案件中，病人认为医疗行为造成了损害起诉医院；医院认为是药品质量问题造成了病人的损害；而制药公司认为是病人对药品保管不当所致的损害，此时，如果制药公司没有加入诉讼，法院可能判令医院败诉；如果制药公司加入诉讼，出示证据，法院可能判原告败诉。因此，制药公司应当作为无独立请求权的第三人参加诉讼。

2. 参加到当事人一方进行诉讼。由于案件的处理结果与无独立请求权的第三人有法律上的利害关系，涉及他的合法权益，因此，他总是参加到当事人一方进行诉讼。在诉讼中总是支持所参加的那方主张，反对另一方的主张，并为他所支持的一方提供证据进行辩论。无独立请求权的第三人参加诉讼，既可能参加到原告一方进行诉讼，也可能参加到被告一方进行诉讼。不论参加何方都必须与所参加的一方有法律上的利害关系。

3. 在诉讼中具有独立诉讼地位。无独立请求权的第三人虽然参加到当事人一方进行诉讼，但他既不是原告，也不是被告，而是一种具有独立诉讼地位的诉讼参加人。他参加诉讼虽然支持一方当事人的主张，但实质上是维护自己的民事权益。根据《法院适用民诉法解释》第 82 条规定，在一审诉讼中，无独立请求权的第三人无权提出管辖异议，无权放弃、变更诉讼请求或者申请撤诉，被判决承担民事责任的，有权提起上诉。

无独立请求权的第三人参加诉讼的方式，可以由其自行申请参加诉讼，也可以由人民法院通知其参加诉讼。申请参加诉讼的，应向人民法院递交申请书，说明理由，经人民法院审查同意后才能参加诉讼。人民法院通知参加诉讼的无独立请求权的第三人，应当参加诉讼。经人民法院用传票合法传唤，无正当理由拒不到庭的，可以缺席判决。根据最高人民法院《关于在经济审判工作中严格执行〈中华人民共和国民事诉讼法〉的若干规定》，对下列人员不得通知其参加诉讼：

（1）受诉人民法院对与原被告双方争议的诉讼标的无直接牵连和不负有返还或者赔偿等义务的人，以及与原告或被告约定仲裁或有约定管辖的案外人，或者专属管辖案件的一方当事人，均不得作为无独立请求权的第三人通知参加诉讼。

（2）人民法院在审理产品质量纠纷案件中，对原、被告所争议法律关系以外的人，证据已证明其已经提供了合同约定或符合法律规定的产品的，或者案件中的当事人未在规定的质量异议期内提出异议的，或者作为收货方已经认可该产品质量的，不得作为无独立请求权的第三人通知其参加诉讼。

（3）人民法院对已经履行了义务，或者依法取得了一方当事人的财产，并支付了相应对价的原、被告所争议的法律关系以外的人，不得作为无独立请求权的第三人通知参加诉讼。

【学习总结与拓展】

【关键词】 当事人　诉讼权利能力　诉讼行为能力　必要共同诉讼人　普通共同诉讼人　诉讼代表人　有独立请求权第三人　无独立请求权第三人

【思考题】

1. 当事人的诉讼权利能力与民事权利能力有什么关系？与诉讼行为能力有何区别？
2. 如何理解当事人适格？
3. 必要共同诉讼与普通共同诉讼有哪些区别？
4. 人数不确定的代表人诉讼在程序上有哪些特色？
5. 有独立请求权的第三人和无独立请求权的第三人有什么区别？
6. 赵老汉住在某市某区，有二子一女，分别是赵山、赵水、赵燕。赵山与其父亲同住一个城市，赵水与赵燕在外地工作。赵老汉立一遗嘱交给其女赵燕。遗嘱中说，其遗产房屋全部由赵燕继承。赵老汉去世后，丧葬费用均由赵山承担。赵山为其父办完丧事后，便将其父遗留的房屋卖给了李海，得价款 26 万元。赵水回来后，向法院提起诉讼，要求继承遗产。在诉讼过程中，赵水因病死亡，赵水之子赵明和女儿赵红要求参加诉讼。某市某区法院受理此案后，赵燕也从外地赶来，在该法院尚未开始审理时向该法院递交诉状，并附有其父遗嘱，请求该法院将房屋判给自己。

问：赵山、赵水、赵燕、李海、赵明、赵红在诉讼中各处于什么样的诉讼地位？

【阅读资料】

1.《中华人民共和国民事诉讼法》(2017 年修正) 第五章诉讼参加人第一节当事人。

2.《最高人民法院关于适用〈中华人民共和国民事诉讼法〉的解释》(法释〔2015〕5 号) 三、诉讼参加人第五十条至第八十二条。

3. 肖建华著:《民事诉讼当事人研究》，中国政法大学出版社 2002 年版；齐树洁、陈贤贵:《现代型诉讼中的当事人适格问题》,《厦门大学学报 (哲学社会科学版)》2010 年第 5 期；张晓薇:《滥用诉讼权利之比较研究》,《比较法研究》2004 年第 4 期；张晋红:《民事诉讼改革与当事人诉讼权利的检讨和完善》,《法学评论》2000 年第 6 期。

4. 王明振:《论必要共同诉讼人的认定——以赡养之诉为分析对象》,《公民与法 (法学版)》2011 年第 7 期；叶永禄、张玉标:《论我国必要共同诉讼制度之重构——以票据诉讼为视角》,《法律适用》2007 年第 6 期；章武生、段厚省:《必要共同诉讼的理论误区与制度重构》,《法律科学 (西北政法学院学报)》2007 年第 1 期。

5. 高壮华:《论普通共同诉讼制度的立法完善》,《商丘师范学院学报》2009 年第 8 期；蓝凤英:《普通共同诉讼之探讨》,《前沿》2008 年第 6 期；胡震远:《美国共同诉讼制度及其启示》,《东方法学》2008 年第 4 期；卢正敏、齐树洁:《连带债务共同诉讼关系之探讨》,《现代法学》2008 年第 1 期。

6. 王亚新:《第三人参与诉讼的制度框架与程序操作》,《当代法学》2015 年第 2 期；叶永禄、曹莉:《论民事诉讼第三人制度的缺失与完善——港、澳、台、陆民事诉讼第三人制度的比较与借鉴》,《学习与探索》2007 年第 1 期；李为民:《民事诉讼第三人新论》,《法学评论》2005 年第 3 期；张卫平:《"第三人": 类型划分及展开》,《民事程序法研究》2004 年第 00 期。

7. 哈书菊、张淇、张琳:《有独立请求权第三人制度的缺陷及完善》,《辽宁科技学院学报》2016 年第 4 期；王保民、王泊达:《论有独立请求权的第三人制度之完善》,《行政与法》2011 年第 12 期；曹莉:《有独立请求权的第三人制度中被告之探析》,《黑龙江省政法管理干部学院学报》2006 年第 4 期；张晋红、易萍:《有独立请求权的第三人与必要共同原告的界限及其认定》,《法商研究 (中南政法学院学报)》1996 年第 5 期。

8. 章武生:《我国无独立请求权第三人制度的改革与完善》,《法学研究》2006 年第 3 期；付琴:《民事诉讼中无独立请求权第三人的现状和完善》,《当代法学》2002 年第 9 期；赵钢:《从司法解释与现行立法之抵触看无独立请求权第三人诉讼地位之窘困及其合理解脱》,《法学》1997 年第 11 期；江伟、单国军:《论民事诉讼中无独立请求权第三人的确定》,《中国人民大学学报》1997 年第 2 期。

9. 蔡彦敏著:《民事诉讼主体论》，广东人民出版社 2001 年版。

第八章　诉讼代理人

【学习提示】通过本章学习，了解诉讼代理人的概念和特征，掌握法定代理人和委托代理人的区别；能够正确适用诉讼代理的法律规定。

第一节　诉讼代理人概述

一、诉讼代理人的概念和特征

（一）诉讼代理人的概念

根据法律规定或者当事人的委托，代当事人进行民事诉讼的人，称为民事诉讼代理人，简称诉讼代理人。

民事诉讼一般由当事人亲自进行。但在当事人不能或难以亲自进行诉讼时，就需要有人代替或帮助其诉讼。民事诉讼代理就是适应这一客观需要而设立的一种法律制度。

（二）诉讼代理人的特征

1. 以被代理人的名义进行诉讼活动。诉讼代理人代理被代理人进行诉讼活动，目的在于维护被代理人的合法权益。诉讼代理人不能以自己的名义进行诉讼。

2. 诉讼代理人是有诉讼行为能力，并具备一定诉讼知识的人。没有诉讼行为能力的人不能作为诉讼代理人。在诉讼中，如果诉讼代理人丧失诉讼行为能力，也就丧失了诉讼代理人资格。诉讼代理人还须具备一定的诉讼基本知识，具备诉讼所需的社会经验、文化知识、表述能力和一定的法律修养。否则就难以代为诉讼，也难以维护被代理人的合法利益。因此，有的国家法律规定，只有律师才能担任诉讼代理人。

3. 诉讼代理人必须在被代理人代理权限范围内进行诉讼活动。当事人在民事诉讼活动中依法享有广泛的诉讼权利。作为当事人的诉讼代理人却不一定享有广泛的诉讼权利。“诉讼代理权限”由法律规定或由当事人授予。诉讼代理权限由法律规定者称为法定代理人；由当事人授予者称为委托诉讼代理人。如果诉讼代理人不充分行使“代理权”即构成失职，而超越“代理权限”则视为越权。前者会遭到被代理人反对，后者不会被人民法院认可。

4. 诉讼代理的法律后果由被代理人承担。诉讼代理人是在代理权限范围内实施的诉讼行为，其行为后果就应归属于被代理人。

诉讼法律后果是指诉讼结束后人民法院对案件的最后判定结果。因为诉讼代理人在代理权限范围内的诉讼行为是一种法律上的劳务行为，他是帮人打官司，而不是为自己争输赢。值得说明的是，诉讼代理人不承担诉讼法律后果，不等于诉讼代理人不享有诉讼权利或不承担诉讼义务。诉讼代理人是民事诉讼法律关系主体，在诉讼中他要依法行使诉讼权利，履行诉讼义务。如果诉讼代理人实施了违法行为，妨害民事诉讼顺利进行而产生的法律后果，则直接由诉讼代理人承担，不得转嫁给被代理人。

二、民事诉讼代理人与民事代理人、刑事辩护人的区别

（一）民事诉讼代理人与民事代理人的区别

1. 担负的任务不同。民事代理人是代理当事人完成某种民事行为，实现当事人的实体权利义务。民事诉讼代理人是代替或协助被代理人实施某些诉讼行为，维护被代理人的合法利益。

2. 法律依据不同。民事代理人行为的法律依据是民事实体法。民事诉讼代理人诉讼行为的法律依据是民事诉讼法。

3. 完成任务的方式不同。民事代理人完成任务的基本方式是与第三者以合同形式建立某种实体法律关系，从而实现被代理人意愿，如代为买卖。民事诉讼代理人完成任务的基本方式是代为诉讼行为，如进行辩论等，从而争取胜诉达到维护被代理人利益的目的。

4. 代理范围略有不同。依据《民法总则》第 161 条规定，民事主体可以通过代理人实施民事法律行为，但是依照法律规定、当事人约定或者民事法律行为的性质应当由本人亲自实施的民事法律行为不得代理。一般说来，凡具有人身性质的行为，具有人身性质的债务和侵权行为是不能请人代理的。民事诉讼代理的范围则广泛得多，无论是具有人身性质的案件或者是侵权案件，不管当事人有理或无理，合法或非法，代理人均可代理。即使是涉及人身关系的离婚案件，法律规定也可代理。

（二）诉讼代理人与刑事辩护人的区别

诉讼代理人尤其是委托诉讼代理人与刑事辩护人，属于两种性质不同的诉讼程序参与人。他们之间有许多不同点：

1. 所依据的法律性质不同。刑事辩护人辩护的是刑事案件，依据刑事诉讼法行使辩护权；民事诉讼代理人代理的民事、经济纠纷案件，依据民事诉讼法行使代理权。二者法律性质不同，辩护人和代理人在诉讼中的地位也不一样。

2. 任务不同。刑事辩护人担负的任务是为被告人是否犯罪，是否存在从轻或减轻情节进行辩护；民事诉讼代理人是为当事人的民事权利义务的归属而言。

3. 范围不同。刑事辩护人仅为被告服务。民事诉讼代理人不仅为被告方也为原告方服务，有第三人存在时，还为第三人服务。

第二节　法定诉讼代理人

一、法定诉讼代理人的概述

法定诉讼代理人，是指按照法律规定代理无诉讼行为能力的当事人实施民事诉讼行为的人。法定诉讼代理人的最基本特征在于代理权的取得不是因当事人的委托，而是由法律直接加以规定的。《民事诉讼法》第 57 条规定："无诉讼行为能力人由他的监护人

作为法定代理人代为诉讼。"

法定诉讼代理人的另一个基本特点是被代理人只限于无民事行为能力人或限制民事行为能力人。法定代理是一种全权代理，即法定诉讼代理人可以按照自己的意志代被代理人实施所有诉讼行为，如起诉、应诉、放弃或变更诉讼请求、进行调解、提起反诉等等，也应履行当事人所承担的一切诉讼义务。虽然法定代理人不需要被代理人的授权即可自由处分诉讼权利和实体权利。但法定诉讼代理人如果损害被代理人的合法权益，同样要承担责任。

根据《法院适用民诉法解释》第83条规定，在诉讼中，无民事行为能力的人、限制民事行为能力人的监护人是他的法定代理人；事先没有确定监护人的，可以由有监护资格的人协商确定；协商不成者，由人民法院从他们中间指定法定诉讼代理人；如果事先已确定监护人，但他们互相推诿诉讼代理责任的，则由人民法院指定其中一人代为诉讼。从《民法总则》的相关规定看，无民事行为能力人和限制民事行为能力人的监护人范围比较广泛，监护人可以是公民，也可以是一定社会组织。监护人的职责是既要保护被监护人人身权又要保护他的财产权益和其他权益。必要时以法定诉讼代理人的身份，借助司法手段维护被监护人的利益。

二、法定诉讼代理人的代理权限和诉讼地位

法定诉讼代理人在诉讼中所处法律地位应当根据其代理权限判断。虽然《民事诉讼法》并未明文规定法定诉讼代理人的代理权限，但是法定诉讼代理人代理权的取得、消灭与监护权的取得、消灭基本同步。因此，根据《民法总则》、《婚姻法》等实体法规定，监护人有全面保护被监护人权益的职责，可以推定，监护人一旦作为法定诉讼代理人进入民事诉讼领域，为了维护被监护人利益就应该享有被监护人所享有的全部诉讼权利，包括与对方和解、承认、放弃、变更诉讼请求，提起反诉或者上诉的权利，其法律地位相当于被代理人即当事人。但是，法定诉讼代理人不等于就是当事人。因为法定诉讼代理人与被代理的当事人之间仍然存在着某些区别。例如，人民法院确定管辖时是以被代理的当事人住所地为准，并不以其法定诉讼代理人住所地为转移；又如人民法院的判决并非为代理人制作，而是专为被代理人制作的等等。

三、法定诉讼代理权限的取得和消灭

1. 法定诉讼代理权的取得与监护权的取得同步。监护权的取得大致有三种情况：(1) 因某种身份关系的存在；(2) 基于自愿而发生某种扶养义务；(3) 基于人道主义而产生的社会保障措施。监护权一旦取得，监护人就要正当履行职责，一旦被监护人与他人发生纠纷，监护人即依法取得代理诉讼权。

2. 法定代理权的消灭与监护权的丧失同步。在诉讼持续期间，法定诉讼代理人的监护权丧失必然导致法定诉讼代理权的消灭。代理权一旦消灭，原法定诉讼代理人即应退出诉讼。司法实践表明，法定诉讼代理权消灭的情形有：(1) 被监护人取得或恢复行为能力，如被监护人年龄达到18周岁或精神病痊愈；(2) 监护人丧失行为能力，如监护人突患精神病；(3) 基于婚姻关系而发生的监护权因解除婚姻关系而使一方丧失监护权；(4) 监护人或被监护人死亡；(5) 收养关系解除。

第三节　委托诉讼代理人

一、委托诉讼代理人概述

所谓委托诉讼代理人，是指受当事人、法定代理人委托并以当事人的名义在授权范围内进行民事诉讼活动的人。

与法定诉讼代理人相比，委托诉讼代理人具有下列特点：(1) 代理诉讼的权限、范围和事项不由法律直接规定，而由被代理人委托和授予；(2) 委托诉讼代理人与被代理人之间不存在监护与被监护关系；(3) 委托诉讼代理人进行诉讼须向人民法院提交被代理人的授权委托书，而法定代理人进入诉讼只需提交表明监护关系的证明文件。

二、委托诉讼代理人的人数和范围

当事人、法定代理人委托诉讼代理人的人数，以 2 人为限。如委托 2 人代理诉讼，授权委托书应分别记明代理诉讼事项和权限。

根据《民事诉讼法》第 58 条的规定，下列人员可以被委托为诉讼代理人：

1. 律师、基层法律服务工作者。

2. 当事人的近亲属或者工作人员。根据《法院适用民诉法解释》第 85、86 条的规定，与当事人有夫妻、直系血亲、三代以内旁系血亲、近姻亲关系以及其他有抚养、赡养关系的亲属，可以当事人近亲属的名义作为诉讼代理人。与当事人有合法劳动人事关系的职工，可以当事人工作人员的名义作为诉讼代理人。

3. 当事人所在社区、单位以及有关社会团体推荐的公民。根据《法院适用民诉法解释》第 87 条的规定，有关社会团体推荐公民担任诉讼代理人的，应当符合下列条件：(1) 社会团体属于依法登记设立或者依法免予登记设立的非营利性法人组织；(2) 被代理人属于该社会团体的成员，或者当事人一方住所地位于该社会团体的活动地域；(3) 代理事务属于该社会团体章程载明的业务范围；(4) 被推荐的公民是该社会团体的负责人或者与该社会团体有合法劳动人事关系的工作人员。专利代理人经中华全国专利代理人协会推荐，可以在专利纠纷案件中担任诉讼代理人。

同时，按照《法院适用民诉法解释》第 84 条规定，无民事行为能力人、限制民事行为能力人以及其他依法不能作为诉讼代理人的，当事人不得委托其作为诉讼代理人。

三、委托诉讼代理人的权限和诉讼地位

(一) 委托诉讼代理人的权限

委托诉讼代理人的权限由委托人授予，委托人授予何种权限应当书面约定清楚，具体可分两种情况：

1. 一般授权，即授予一般诉讼权利，如起诉权、应诉权、申请回避权、提供证据权、辩论权等，由委托人在授权委托书中载明“授予代理人一般的诉讼权利”即可，也可以进一步写明“诉讼代理人不得代为承认、放弃、变更诉讼请求……”

2. 特别授权，即授予特别诉讼权利，是指与实体权利联系紧密的诉讼权利，如承

认、放弃、变更诉讼请求，进行和解，提起反诉或者上诉。委托人必须在授权委托书中载明："特别授权包括：承认、放弃、变更诉讼请求，和解，提起反诉或者上诉的权利。"人民法院在审查授权委托书时若发现只写有"全权代理"而无具体授权内容的，应判定委托诉讼代理人无权代为承认、放弃、变更诉讼请求，进行和解，提起反诉或者上诉。这样严格规范的目的是杜绝委托诉讼代理人越权，也避免被代理人或者对方当事人节外生枝。

当事人如果在授权委托书中，没有写明代理人在执行程序中有代理权及具体的代理事项，那么代理人的代理权仅限于第一审或第二审程序，在执行程序中没有代理权。

《法院适用民诉法解释》第89条规定，当事人向人民法院提交的授权委托书，应当在开庭审理前送交人民法院。适用简易程序审理的案件，双方当事人同时到庭并径行开庭审理的，可以当场口头委托诉讼代理人，由人民法院记入笔录。

（二）委托诉讼代理人的诉讼地位

委托代理人在代理权限范围内的诉讼行为，视为当事人的诉讼行为，在法律上对当事人发生效力。但委托诉讼代理人与法定诉讼代理人不同，无论被授予多大代理权限，在诉讼中始终居于诉讼代理人地位，只能在授权范围内进行诉讼。

委托代理人得到授权后，应以事实为根据，以法律为准绳，充分发挥自己的主观能动性，运用自己的经验、知识和技巧，在权限范围内最大限度地维护被代理人的合法利益。《民事诉讼法》第61条规定，代理诉讼的律师和其他诉讼代理人有权调查收集证据，可以查阅本案有关材料。查阅本案有关材料的范围和办法由最高人民法院规定。

一般情况下，民事案件的当事人委托诉讼代理人代为出庭诉讼的，本人可以不出庭，但是离婚案件除外。因为离婚案件的核心问题是确认双方是否已经具备解除婚姻关系的条件，因此双方当事人都必须出庭。这既有利于法院正确判断，也有利于法院进行调解。对此《民事诉讼法》第62条规定，离婚案件有诉讼代理人的，本人除不能表达意思的以外，仍应出庭；确因特殊情况无法出庭的，必须向人民法院提交书面意见。

四、委托诉讼代理权的取得、变更和消灭

（一）委托诉讼代理权的取得

委托诉讼代理权基于当事人、法定代理人的授权委托而产生。换言之，没有当事人、法定代理人的授权，委托诉讼代理人无权进入诉讼。授权委托以书面方式进行。

根据《民事诉讼法》第59条第1款规定，委托他人代为诉讼，必须向人民法院提交由委托人签名或盖章的授权委托书。在授权委托书中应载明受托人、委托人、委托人的基本情况、委托事项和权限。为保证授权委托书的真实可信度，委托人必须在授权委托书中亲自签名或者盖章。侨居在国外的中华人民共和国公民从国外寄交或者托交的授权委托书，必须经中华人民共和国驻该国的使领馆证明；没有使领馆的，由与中华人民共和国有外交关系的第三国驻该国的使领馆证明，再转由中华人民共和国驻该第三国使领馆证明，或者由当地的爱国华侨团体证明。

《法院适用民诉法解释》第88条规定，诉讼代理人除根据民事诉讼法第59条规定提交授权委托书外，还应当按照下列规定向人民法院提交相关材料：

1. 律师应当提交律师执业证、律师事务所证明材料；

2. 基层法律服务工作者应当提交法律服务工作者执业证、基层法律服务所出具的介绍信以及当事人一方位于本辖区内的证明材料；

3. 当事人的近亲属应当提交身份证件和与委托人有近亲属关系的证明材料；

4. 当事人的工作人员应当提交身份证件和与当事人有合法劳动人事关系的证明材料；

5. 当事人所在社区、单位推荐的公民应当提交身份证件、推荐材料和当事人属于该社区、单位的证明材料；

6. 有关社会团体推荐的公民应当提交身份证件和符合本解释第87条规定条件的证明材料。

（二）委托诉讼代理权的变更

授权是单方行为，在诉讼存续期间，当事人、法定代理人可以变更授权。例如，加大或缩小原授权范围。代理权限的大小，关系到对方当事人利益和整个诉讼的推进，故《民事诉讼法》第60条规定：诉讼代理人的权限如果变更，当事人应当书面告知人民法院，并由人民法院通知对方当事人。

审判实践中，存在委托诉讼代理人受托后能否转委托的问题，对此，法无明文规定。本书认为，一般情况下不允许转委托，因为委托诉讼代理人转委托他人代为诉讼时，必须事先征得原委托人认可，所以，事实上是委托人已解除原委托关系，另建立了新的委托关系。在紧急情况下的转委托，事后得经委托人追认才发生效力。

（三）委托诉讼代理权的消灭

委托代理人权限因下列情况而消灭：(1) 诉讼代理任务完成，诉讼结束；(2) 委托诉讼代理人辞去代理职务；(3) 委托人解除委托；(4) 委托诉讼代理人在诉讼中丧失诉讼行为能力或死亡。诉讼代理人的权限如果解除，当事人也应当书面告知人民法院，并由人民法院通知对方当事人。

【学习总结与拓展】

【关键词】 诉讼代理人　法定诉讼代理人　委托诉讼代理人　一般授权　特别授权

【思考题】

1. 某市法院受理了中国人郭某与外国人珍妮的离婚诉讼，郭某委托黄律师作为代理人，授权委托书中仅写明代理范围为“全权代理”。关于委托代理的表述，下列哪一选项是正确的？

A. 郭某已经委托了代理人，可以不出庭参加诉讼

B. 法院可以向黄律师送达诉讼文书，其签收行为有效

C. 黄律师可以代为放弃诉讼请求

D. 如果珍妮要委托代理人代为诉讼，必须委托中国公民

2. 关于法定诉讼代理人，下列哪些认识是正确的？

A. 代理权的取得不是根据其所代理的当事人的委托授权

B. 在诉讼中可以按照自己的意志代理被代理人实施所有诉讼行为

C. 在诉讼中死亡的，产生与当事人死亡同样的法律后果

D. 所代理的当事人在诉讼中取得行为能力的，法定诉讼代理人则自动转化为委托代理人

3. 法定诉讼代理人与委托诉讼代理人的区别何在？

4. 哪些人员可以被委托为诉讼代理人？

5. 委托诉讼代理人要向法院提交哪些材料？

【阅读资料】

1.《中华人民共和国民事诉讼法》（2017 年修正）第五章诉讼参加人第二节诉讼代理人。

2. 最高人民法院关于适用〈中华人民共和国民事诉讼法〉的解释》（法释〔2015〕5 号）三、诉讼参加人第八十三条至第八十九条。

3. 高海波：《论我国民事诉讼委托代理制度的改革与完善》，《公民与法（法学）》，2011 年 01 期。

4. 王典：《公正与效益的抉择：论民事诉讼中的强制律师代理制度》，《法治研究》，2010 年 01 期。

5. 许红霞：《我国民事诉讼委托代理人制度评述——立足于新民事诉讼法第 58 条的分析》，《公民与法（法学版）》，2014 年 08 期。

6. 刘郡：《民事诉讼代理人资格扩张论——亦论公民代理司法审查中的法官“造法”》，《上海政法学院学报（法治论丛）》，2015 年 01 期。

第九章　民事诉讼中的诉权和诉

【学习提示】通过本章学习，了解诉权与诉理论的基本内容，领会诉权、诉和反诉的概念与特征、诉权和诉的二重性含义，掌握诉的要素、诉的种类、反诉的条件。

第一节　诉权

一、诉权的概念与特征

（一）民事诉权的概念

民事诉讼中的诉权，是指法律所确定的民事纠纷当事人请求人民法院对其合法民事权益给予司法保护的权利。

这一定义揭示了民事诉权的四个特征：

1. 民事诉权的享有基础是对于所争讼事项享有合法民事权益，无权益者无诉权。但法律另有规定（主要是：法律规定的机关和有关组织、人民检察院这些“无民事权益者”依《民事诉讼法》（2017 年修正）第 55 条提起民事公益诉讼而）享有诉权的除外。

2. 民事诉权的享有主体是民事纠纷的各方当事人。诉权，是当事人进行民事诉讼的基本权利，其主体包括当事人各方即原告、被告、共同诉讼人、诉讼代表人、第三人，不能理解为只有原告才有诉权。

3. 民事诉权发生的前提在于民事纠纷的出现，在于当事人之间民事权利义务关系不正常的事实状态。国家法律在确立诉的制度的同时，就确定了诉权，即赋予了民事权利主体在其权益受到侵犯或者权利义务关系发生争议时，具有进行诉讼的资格。因此，民事诉权是基于民事纠纷的事实而发生，没有民事纠纷的现实存在就没有民事诉权的现实存在前提，诉权是民事当事人请求人民法院就具体的民事纠纷作出裁判的权利。

4. 民事诉权是由民事实体法和民事程序法所共同规定的，在民事诉讼程序上行使的一种权利。民事实体法确定当事人在何种情况下有权提起诉讼，民事诉讼法则确定具备何种条件有权进行诉讼，二者统一于诉的法律制度之中，构成民事诉权。民事诉权的行使则只能在民事诉讼程序上，且只能向行使国家审判权的法院提出，在民事诉讼法规定的诉讼程序上运行，同时具备着启动、影响民事诉讼程序运作的法律功能。

二、诉权的二重性含义

我国民事诉讼法学界通说认为，诉权具有二重性含义：程序意义上的诉权和实体意义上的诉权。

（一）程序意义上的诉权

程序意义上的诉权，又称起诉权或诉辩权，是指民事诉讼法赋予当事人到法院进行诉讼的基本权利。当民事权益受到侵害或者民事权利义务关系发生争执时，认为被侵害的或者有利害关系的双方当事人都有程序意义上的诉权。对原告而言，程序意义上的诉权是依法诉请人民法院行使审判权对自己的合法民事权益给予保护的权利。对被告来讲，程序意义上的诉权是依法辩求人民法院行使审判权对自己的合法民事权益给予保护的权利。

程序意义上的诉权，具体表现为《民事诉讼法》所规定的处分自己诉讼权利权、用本民族语言文字诉讼权、要求提供翻译权、选择管辖权、管辖异议权、起诉权、反诉权、申请撤诉权、应诉答辩权、同意合并审理权、推选代表人进行诉讼权、请求调解权、拒绝调解权、自行和解权、委托诉讼代理权、上诉权、申请撤回上诉权、申请再审权、申请检察建议或者检察院抗诉权、申请保全权、参加庭审权、申请不公开审理权、申请回避权、法庭质证权、法庭辩论权、证据收集提供权、申请法院收集证据权、申请证人出庭作证权、申请鉴定权及协商确定具备资格的鉴定人权、对鉴定意见异议权、申请法院通知有专门知识人出庭权、向证人鉴定人勘验人发问权、提出新的证据及要求重新调查鉴定勘验权、申请保全证据权、申请顺延期限权、查阅复制本案有关材料权、申请缓交减交免交诉讼费用权。在民事诉讼中，除原告、被告之外，共同诉讼人、诉讼代表人、诉讼第三人（除无独立请求权第三人没有起诉权和反诉权、（未被法院判决承担民事责任的无独立请求权第三人就没有）上诉权外）都享有程序意义上的诉权。

（二）实体意义上的诉权

实体意义上的诉权，又称胜诉权，是指民事实体法及民事诉讼法赋予当事人依法提请人民法院通过审判保护其被侵害或存争议的民事实体权益且由对方承担实体义务的请求权。实体意义上的诉权对原告来讲，是请求人民法院判令其与被告存在或不存在或变更其与被告之间的某种民事法律关系、或由被告承担一定民事义务以维护原告实体权益。实体意义上的诉权对被告而言，是通过反驳或提出反诉请求法院裁判否定或对抗原告的实体权益请求以维护被告实体权益。在民事诉讼中，有的案件是一方（原告或被告）享有实体上的权利而对方（被告或原告）只有实体义务，这在诉讼结局上表现为一方胜诉享有实体权利而对方败诉承担实体义务；而有的案件原告、被告双方只有部分实体权利及义务，这在诉讼结局上表现为双方各有胜负即各自享有部分实体权利且各自分担部分实体义务。因此，当民事权利义务关系发生争执时，有利害关系的当事人不论何方起诉或应诉，都有实体意义上的诉权，不能认为只有原告才有实体意义上的诉权。

实体意义上的诉权，具体表现为：（1）《民法总则》等民事实体法所规定的民事权利人自知道或者应当知道权利受到损害以及义务人之日起在法定诉讼时效期间提请人民法院保护其民事权利的请求权，包括保护人身权利财产权利物权债权知识产权继承权股权等民事权利的请求权，撤销民事法律行为的请求权，未成年人遭受性侵害的损害赔偿请求权等；（2）《民法总则》所规定的民事权利人依法不适用诉讼时效的其他请求权；（3）《民法总则》所规定的民事权利人自知道或者应当知道权利产生之日起在法定除斥期间提请人民法院保护法律规定或者当事人约定的撤销权、解除权等的请求权；以及（4）《民事诉讼法》所规定的当事人处分自己民事权利权、放弃或者变更诉讼请求权、承认或者反驳诉讼请求权、第三人对当事人双方的诉讼标的的独立请求权、第三人撤销之诉的诉讼请求权、申请先予执行权、申请执行权、申请延期执行权、撤销执行申请权、执行异议权等。在民事诉讼中，除原告、被告之外，共同诉讼人、诉讼代表人、诉讼第三人（但没有被人民法院判决承担民事责任的无独立请求权第三人除外）都享有实体意义上的诉权。

（三）程序意义上的诉权与实体意义上的诉权的关系

程序意义上的诉权与实体意义上的诉权，是一个统一体的两个方面，有着紧密的联系。当事人行使程序意义上的诉权，其目的都在于保护自己的合法权益，实现实体意义上的诉权。如果当事人没有程序意义上的诉权，程序意义上的诉权也就没有行使的必要。可见，二者是互相依赖，密不可分的，它们之间的关系是形式、手段与内容、目的的联系，即程序意义上的诉权是保护合法民事权益的形式和手段，实体意义上的诉权是保护合法民事权益的内容和目的。

三、诉权与诉的联系与区别

诉与诉权联系：(1) 诉权是诉的存在基础，当事人享有诉权才能向法院提出保护其合法民事权益的请求，即才能有诉。诉，是当事人向人民法院提出的对其民事权益予以司法保护的请求。诉是诉权的表现形式和行使诉权的起点。没有诉权就不会有诉，不享有诉权的人就不能提出诉，反之，没有诉，诉权也就不能得到实现。(2) 诉有二重含义，诉权也有二重含义。诉权二重权，决定诉二重性。程序意义上的诉取决于程序意义上的诉权，实体意义上的诉取决于事实体意义上的诉权。

诉与诉权区别：(1) 诉是一种请求，诉权是一种权利，(2) 诉处于动态，诉权处于静态，(3) 诉是具体的，诉权是抽象的。

四、诉权与诉讼权利的联系与区别

诉权与诉讼权利不能截然割裂，诉权与诉讼权利不能完全等同。

诉权与诉讼权利密切联系：(1) 诉权是诉的制度所确定的当事人的基本权利，是诉讼权利的基础，而诉讼权利则是诉权在诉讼中的具体表现形式。(2) 只有依法享有诉权的人，才是符合条件的当事人，才能进行诉讼，享有诉讼权利。没有诉权的人，不是合格的当事人，不能进行诉讼，也就无所谓诉讼权利；即使参加到诉讼中来，也会因不符合当事人的条件而被更换，已经行使的诉讼权利和实施的诉讼行为通通归于无效。(3) 享有诉权的人进行诉讼，必然有不同的程序和方式，体现不同的诉讼权利，所以诉权必然表现为各种不同的诉讼权利，成为诉讼权利的核心与本质。

同时，诉权与诉讼权利又有所不同：(1) 诉讼权利单纯由程序法所确定，是当事人进行民事诉讼活动所享有的权利；诉权则是由实体法与程序法共同规定的，运行于民事诉讼程序之中的权利。(2) 诉权的享有主体是当事人，诉权归当事人各方所共享，并非某一方所独占；诉讼权利的享有主体是当事人和其他诉讼参与人，当事人对诉讼权利的享有，有的是共享，如法庭辩论权利、用本民族语言文字诉讼权利、上诉权等等，有的则不共享，对一些诉讼权利可以依法由某一方所独占，如起诉权归于原告，而反诉权则专属于被告。(3) 诉权是抽象的，诉讼权利是具体的。当事人对于诉权的行使必须要通过其行使具体的诉讼权利才能表现出来。(4) 诉权派生出当事人的诉讼权利以具体地落实诉权，但诉讼权利并不完全派生于或取决于诉权。有的诉讼权利就不是诉权所派生的，而是基于其享有主体的诉讼义务产生的，如鉴定人有权查阅案卷材料的诉讼权利就不是立足于诉权之上派生而是基于其履行鉴定义务所产生。

五、诉权的保护

民事诉讼中的诉权，是当事人进行民事诉讼的基础，保护诉权至关重要。保护诉权首先必须加强对诉权的观念认识，不断完善诉权立法。其次，关键则在于落实司法上的保护措施，正确处理好当事人行使诉权与人民法院行使审判权的相互关系。人民法院应当依法保障当事人的诉权得到充分地行使，这是保护当事人诉权实现民事诉讼法宗旨的基本需要。

第二节 诉的概述

一、诉的概念与基本特征

(一) 诉的概念

诉，是指当事人因民事权利义务关系处于非正常状态而向法院提出予以司法保护的一种请求。

(二) 诉的基本特征

1. 它只能向法院提出。诉的本质是一种司法保护请求，而法院是国家设立的司法机关，依法负责对当事人合法民事权益给予司法保护。当事人只有向法院提出诉，法院才能通过审判方式对其合法权益予以保护。当事人向非法院机构提出解决民事权益争议的请求，如向仲裁委员会提出的合同仲裁请求不属于诉的范畴，因其依法解决民事纠纷不是行使司法权。

2. 它的主体包括当事人双方

当事人双方都有权提出诉，都能成为诉的主体。因为，诉既然是当事人获得司法保护的一种请求，任何一方当事人都有权以不同方式（起诉、反诉、独立请求权行使、撤销之诉、执行异议之诉）向人民法院提出诉，以获司法保护。不能认为只有原告一方才是诉的主体只有原告才能向人民法院提出诉。

3. 它的内容仅限于请求保护民事权益

当事人向法院提出司法保护的请求只限于民事权益，如果其请求保护内容是保护非民事权益，这种请求也就不能成为民事诉讼中的诉。比如，提出要求法院保护厂长经理职务的诉讼请求，就不成为民诉之诉。当事人所请求法院保护的民事权益必须是民事实体法所规定的，依法可以向人民法院提出请求的，既要符合民事实体法的规定，又要符合民事诉讼法的规定，当事人提出的请求才能成立。

4. 它以当事人之间的民事权利义务关系处于非正常状态为形成原因

民事权利义务关系处于非正常状态，亦即当事人民事权益受到侵害或发生争议或民事法律关系不明了，当事人才有必要和可能提出诉，如果当事人民事权利义务关系处于正常状态，亦即当事人的合法民事权益没有受到侵犯或没有与他人发生争议，就没有必要请求法院予以司法保护，也不可能产生诉。

二、诉的二重性含义

诉，是一个完整统一的概念，具有形式与内容相统一的双重含义，即从诉的法律性质上分为程序意义上的诉和实体意义上的诉。

（一）程序意义上的诉和实体意义上的诉的概念

1. 程序意义上的诉

程序意义上的诉，是指当事人（民事权利主体）按照民事诉讼法的规定，向人民法院提出进行诉讼的请求。

当事人在民事法律关系处于不正常状态时，向人民法院提起诉讼，请求人民法院开始诉讼程序进行审理和裁判。这种请求就是程序意义的诉。通常为如下用语所表现："根据我国民事诉讼法第一百二十三条之规定，特向你院提起诉讼，请予依法审判。"或是"根据我国民事诉讼法第一百四十条之规定，特向你院提起反诉，请予依法审判。"

因此，简言之，程序意义上的诉，就是当事人向法院提出的运作民事审判程序的请求。起诉、反诉、上诉、申请再审等是程序意义上的诉的具体主要表现形式，此外，其他一些影响法院运作审判程序的请求，如申请法官回避、申请诉讼保全、申请延期审理、申请诉讼中止或终结、申请追加或变更当事人、申请不公开审理、申请法院调查取证等等，也是程序意义上的诉的具体表现形式。

2. 实体意义上的诉

实体意义上的诉，是指当事人向法院提出的依照民事实体法的规定来保护他的实体法上的合法权益的请求。简言之，当事人的基于民事实体法上的权利义务律关系产生的请求，即为实体意义上的诉。

当事人请求法院依法确认或变更双方民事法律关系、判决对方当事人给付财物或行为，是实体意义上的诉的具体内容。民事诉讼文书中当事人所提出的"具体诉讼请求"，就是实体意义上的诉的主要具体表现形式，其通常用语是："特向你院提出如下诉讼请求：一、判令被告（如：偿还所拖欠的货款人民币三百万元整及利息。）二、判令被告（如：赔偿原告为本案所付出的诉讼代理费损失）三、判令被告（如：承担本案诉讼费用）。"

（二）程序意义上的诉与实体意义上的诉的关系

程序意义上的诉与实体意义上的诉互相依存，密不可分，是统一在一个诉里的两个方面。程序意义上的诉是实现实体意义上的诉的前提和法律保障，实体意义上的诉是程诉的基础和存在价值。二者具备，才可成一个诉的整体。

程序意义上的诉与实体意义上的诉，是形式与内容、手段与目的的关系。程序意义上的诉是保护实体意义上的诉的诉讼形式，而实体意义上的诉，则是程序意义上的诉所要保护的内容（即实体权益）。实体意义上的诉，是法律规定的一种保护民事权利的实际内容。程序意义上的诉是实现实体意义上的诉的手段，而实体意义上的诉则是程诉所要达到的目的。

三、诉的意义

（一）诉是民事诉讼程序开始的前提和条件，是人民法院行使民事审判权的起点

诉的根据源于当事人的诉权，没有当事人提出诉讼请求的诉讼行为，民事诉讼程序便无法启动。而一旦提起了诉，则程序将要开始，人民法院就有义务就诉的正当与否进行裁判。

（二）诉是当事人实现诉权的重要形式

当事人因其合法权益受到侵害，由此获得诉权，而要让法律规定的诉权直接服务于实体权利的实现，则必须由当事人实施的起诉行为来予以体现。

（三）诉决定了讼争的对象和裁判的范围

当事人有权提起体现自己意志的诉，这种诉的内容完全由当事人确定，对不属于诉或与诉无关的事项，当事人不予讼争，法院不予审理，民事裁判的范围也就由此而确定，人民法院不能超越当事人诉讼请求的范围进行裁判。可见，因诉的提起，民事诉讼法律关系在当事人与法院之间得以具体产生和确定。

四、诉与非诉的区别

（一）诉与民事权利请求的区别

民事权利请求，是作为民事权利主体的当事人，直接向负有民事义务的另一方当事人请求满足自己的民事权益。比如，“你偿还欠我的钱?”“你搞坏我的书，要赔我”。

诉不同于民事权利请求：（1）诉是向人民法院提起，民事权利请求则是直接向民事义务人提起。（2）诉是通过起诉或反诉、法院受理、审理、裁判、执行等诉讼方式及诉讼程序，借力国家司法保护而实现实体权益，民事权利请求则是通过民间民俗方式，借助社会道德诚信约束而实现实体权益。

（二）诉与诉讼、起诉的区别

1. 诉与诉讼的区别

诉讼是法院在当事人和其他诉讼参与人的参加下审理和解决案件的活动及由活动所引起的诉讼关系的总和。而诉是当事人向法院提出的一种请求。

诉是当事人诉讼的前提，是诉讼程序的基础，诉讼是诉在实践中的运用，诉贯穿诉讼的全进程。

2. 诉与起诉的区别

（1）诉是一种请求，起诉是一种提出诉的诉讼行为。（2）诉可以由当事人提出，起诉则只由原告提出。（3）在一审、二审，再审程序中，当事人都可以提出诉，起诉不能在二审、再审程序提出，只能在第一审程序提出。

第三节　诉的要素

诉的要素，是指构成一个诉所必备的、不可缺少的能使诉特定化的因素，又称诉的构成要素。它是构成一个诉所必不可少的组成部分，是诉的内在组成元素，是区别不同种类的诉和每一个具体的诉的依据，决定着诉的内容，并使诉特定化、具体化。

诉的要素在理论界主要有二要素说和三要素说，二要素说认为，诉的要素，是诉讼标的和诉讼理由；三要素说认为，诉的要素包括三个方面，即诉的主体、诉的标的和诉的理由。

一、诉的主体

诉的主体也就是民事诉讼当事人。任何一个诉，都必须要有当事人，有权利义务的主体。只有当主体之间发生了侵权或实体权益争议等民事纠纷时，才可能涉及诉的问题。因为诉是当事人依法向人民法院提出的保护自己合法民事权益的请求，如果没有当事人这一诉的主体，就没有人向人民法院提出司法保护的请求，诉也就不能成立。人民法院审理案件，就是要解决当事人之间的民事纠纷，因此任何一个诉都必须要有提出请求的一方，还必须要有与其相对的另一方，人民法院才能对案件进行审理。所以，诉的主体是诉的构成要素之一。

二、诉的标的

（一）诉的标的的概念

诉的标的又叫诉讼标的，指的是当事人之间发生争议的、并要求人民法院进行审理和解决的民事法律关系，它是民事诉讼当事人与人民法院之间的诉讼权和诉讼义务所共同指向的客观对象。要通过民事诉讼解决民事纠纷，必须由人民法院根据当事人的诉求，就具体的案件进行审理之后，基于法律作出判决。而法院要作出判决，就必须针对特定的对象作出，因此诉讼也就必须围绕特定的对象进行，这一特定的对象就是诉讼标的。民事诉讼中诉的标的又往往被当事人直接指明为被诉的民事侵权行为或争议的法律事实及其对合法民事权益所造成的损害后果，这是因为集中反映了当事人双方所争议的民事法律关系，直接涉及民事实体法上的权利义务以及责任的查证、判定与落实。

在诉的构成要素中，最重要的就是诉的标的，是任何一个诉都必须具有的。诉的标的既可能是单一的，也可能有两个以上。由于不同的诉的标的所涉及的民事实体法的具体领域和规范（如民法总则、商法、婚姻法、继承法、物权法、合同法、侵权责任法等等）的不同，从而形成不同的诉，法院要对此作出不同的裁判。因此，诉的标的重要功能之一就是确定审判的范围并约束着法院民事审判权的行使。在具体的民事案件中，以何种民事法律关系为诉的标的，应以提起诉的当事人所表明的意思而定，即应以起诉的当事人请求人民法院审理裁判的事项而定，法院不能随意扩大或缩小当事人请求的范围，而且在裁判时亦必须以当事人的权利请求为基础。

（二）诉的标的与诉的标的物的关系

诉的标的与诉的标的物虽有联系，但二者又有明显的区别。诉的标的，是指当事人提出的有争议的，请求法院裁判或确定的法律关系或实体权利。诉的标的物，是争议法律关系中的权利义务所指向的对象。金钱、物品、行为等是诉的标的物而不是诉的标的。例如，请求返还借款之诉的诉讼标的是借贷法律关系和还钱的请求，要求归还的钱则是标的物。在民事诉讼中，任何一个诉都有诉的标的，但不一定都有标的物。财产权益之争的诉，有诉的标的和标的物；非财产权益之争的诉，则不一定有标的物。人民法院审理民事案件，是通过对法律关系的审查，以确定当事人之间的权利义务关系，解决权利义务之争，即审理的是诉的标的，而不是标的物。在财产纠纷案件中，财物本身是权利所指向的客体，而不是权利。在分清权利义务关系之后，才能确定财产的归属，当事人之间的争议才能得以解决。

在司法实践中有时也不明确区分使用诉的标的和诉的标的物这两个概念。如，最高人民法院院长周强 2017 年 3 月 12 日在 12 届全国人大第 5 次会议作《最高人民法院工作报告》称：地方各级人民法院在 2016 年内“受理案件 2303 万件，审结、执结 1977.2 万件，结案标的额 4.98 万亿元，同比分别上升 18%、18.3%和 23.1%。”在这里，显然以诉的标的取代诉的标的物。

（三）诉的标的与诉讼请求的关系

诉的标的与诉讼请求，既有联系又有区别。诉的标的是双方当事人之间争议的法律关系，是就争议的总体来讲的。诉讼请求则是当事人通过人民法院向对方当事人所主张的具体权利。法律关系决定诉讼请求，当事人是基于民事实体法律关系提出诉讼请求。原告只有在法律关系中享有权利，其提出的请求才能实现。如果法律关系不存在，或者虽有法律关系，但原告在这一法律关系中不享有权利，诉讼请求也就不能存在。可见诉的标的与诉讼请求是两个不同的概念，既不能混淆，也不能互相代替。

在民事诉讼中，诉的标的是不能变更的。因为变更了诉的标的，就等于变更了原来的诉。当事人变更后的诉，实际上是一个新的案件，例如，原告将房屋的租赁合同纠纷变成买卖合同纠纷，就不能允许。但是，对诉讼请求则允许变更，例如，原告要求被告交付房租的请求，可以变为请求腾房。诉讼请求还可以放弃，也可以增加或减少诉讼请求的数额。

三、诉的理由

诉的理由，又称诉讼理由，指的是当事人向人民法院请求司法保护和支持诉讼的根据。理由决定于事实，事实是客观存在的，只有提供客观存在而又能证明的事实，才能成为诉的理由。一般认为，在民事诉讼中，诉的理由包括两方面的事实：一是引起当事人之间民事法律关系发生、变更或者消灭的事实；二是有关当事人对民事实体法律关系是否存在争议或者当事人的实体权益是否受到侵害的事实。这两类事实共同成为诉讼的事实基础，并且因情况不同，这两类事实在诉讼中的意义也就不同。前者被用作请求确认民事实体权利义务责任状态的根据，后者则被用作请求司法保护的根据。人民法院审理民事案件，就是要查明这两方面的事实，才能根据客观事实提供司法保护。

诉的理由，是任何一个诉都必须具备的要素之一。当事人向人民法院提出保护自己合法权益的请求，没有理由支撑，请求就不能实现。没有诉讼理由的诉，是不完整的诉，不能为人民法院受理；即便受理了，也会因为缺乏诉讼理由的支撑，而使当事人的请求得不到法律的支持和保护。

诉的理由，需要当事人有相应的民事诉讼证据以及进行充分、有效的民事诉讼证明行为予以支持。否则，诉的理由便难被法院所信纳。

第四节　诉的种类

民事诉讼理论一般以当事人诉讼请求的目的和内容为标准，分确认之诉、给付之诉和变更之诉。作此区分，有利于法院对不同的诉，采取不同的保护手段，作出不同的裁判。

一、确认之诉

（一）确认之诉的概念

确认之诉，是指一方当事人，向法院提出的确认其与发生争议的对方当事人之间存在或不存在一定法律关系的请求。

（二）确认之诉的分类

确认之诉，依不同标准又可分为不同种类：

1. 依当事人请求的目的性，分为肯定的和否定的（或称积极的和消极的）二种确认之诉。

（1）肯定的（或积极的）确认之诉，指当事人向人民法院提出的确认其与对方当事人之间存在某一民事法律关系的请求。比如，请求确认收养关系成立。要求法院确认双方当事人之间存在的买卖关系、夫妻关系等。要求确认债权债务关系等。

（2）否定的（消极的）确认之诉，指当事人向人民法院提出的确认其与对方当事人之间不存在某一民事法律关系的请求。比如，请求法院确认与对方之间不存在继承关系、合同关系、夫妻关系、父子关系，等。

2. 依确认之诉的诉讼标的，可分为法律关系确认之诉、民事权利确认之诉、法律事实确认之诉。

（1）法律关系确认之诉。即当事人请求法院确认与对方当事人之间存在或不存在某一民事法律关系。

（2）民事权利确认之诉。即当事人请求法院确认某一民事权利的所有人。比如，确认财产所有权归属请求法院确认自己享有对方不享有对某房产的所有权。

（3）法律事实确认之诉。即当事人请求法院确定某一法律事实的真伪。日本、德国民诉法规定，确认证书真伪这种单纯的法律事实，可以提起确认之诉。又如，学历文凭证书真伪的确认之诉。

3. 依确认之诉提出方式，又可分独立的确认之诉和中间的确认之诉。

（1）独立的确认之诉。即单独提出不依随给付之诉、变更之诉而请求法院处理的确认之诉。

（2）中间的确认之诉。即指在给付之诉、变更之诉提出之中而请求法院处理的确认之诉。

（三）确认之诉的特点

1. 确认之诉的诉讼标的：当事人之间在主观上不明确是否存在或有效的某种民事法律关系、民事权利、法律事实。

这种不明确因双方发生争执，而有除去的必要，因为法律关系不明确，会使一方当事人权利有受侵害的危险。

如果当事人双方因明确的法律关系发生争执，则应为其他性质之诉（或给付之诉或变更之诉）。

2. 确认之诉的诉讼理由：是否有不明确的法律关系、民事权利、法律事实存在或有效的事实和条件。

人民法院查明诉讼理由后，才能作出某种民事法律关系、民事权利、法律事实存在或不存在，有效或无效的判决。

3. 确认之诉的诉讼目的与争执：当事人的目的仅仅是求法院判明与对方之间的某种不明确而发生争执的民事法律关系、民事权利、法律事实是否存在或有效。不是要求法院判令对方当事人履行一定的给付义务。双方当事人在确认之诉的争执仅仅是对某种民事法律关系、民事权利、法律事实本身是否存在或有效发生争执，而不是行使权利和履行义务之争。

4. 确认之诉的判决：法院审理确认之诉后所作的判决没有给付内容，从而不具有执行性。

在确认之诉中，法院所作的判决内容仅仅是确认当事人某种民事法律关系、民事权利、法律事实有效或无效，存在或不存在。无须判令败诉一方当事人履行一定的民事义务或承担一定的民事责任。

判决不具有执行性，是指确认之诉的判决作出后，只是明确了当事人因不明确而争执的关系、权利、事实，只起一个确认的作用。当事人只能以此判决，确定双方关系、权利、事实。此判决只是类似一份"公证书"。但无强制执行的效力，法院执行机构不能据此判决强制（负有义务的败诉的）一方当事人为或不为一定行为实现被确认的某种法律关系的内容。

比如，甲公司因与乙公司就双方之间是否存在货物购销合同关系发生争执而提起积极的确认之诉，法院在审理后的确认判决中不得判决乙公司承担该合同关系义务。甲公司如因乙公司在案结后继续予以否认双方有货物购销合同关系以至拒绝履行义务而向法院申请强制执行该确认判决，法院不予受理。

确认之诉的判决，虽然本身不具有执行性，但可对将发生的给付之诉具有预决的效力。并且确认之诉也可能转化为给付之诉而结案，即当事人要求的是确认某种权利，而法律上规定这种权利是以履行一定义务来保证的，则以给付判决而结案。

（四）确认之诉的提起条件

1. 法律关系不明确，且这一法律关系应是受法律保护的。所谓不明确，即当事人之间对该法律关系民事权利、法律事实是否存在或有效有争议。所谓应受法律保护，即民事实体法规定在保护范围内的合法的民事权利义务关系。如系不受法律保护的高利贷关系、赌债关系、违禁品买卖关系、非法同居关系、夫妾关系等等，不能提起确认之诉。

2. 有对该法律关系存在或不存在问题而发生争议的双方当事人。这种争议的双方实质上是对（最终根据法院确认之诉判决）确认某种法律关系、民事权利、法律事实存在或不存在，有效或无效而具有法律上利益的双方当事人。比如收养人与被收养人，借款人和贷款人、债权人和债务人、非婚生子女和生父母、合同供方和需方。等等。也就是不仅要有原告方，而且要有被告方，不能只有原告方，没有被告方。否则，便不成其为确认之诉的诉讼。

确认之诉的正当当事人（原告或被告）都必须是与被确认的民事关系、民事权利义务、民事法律事实等事宜存在民事实体法律利益的人。如，对被确认存在或不存在收养关系而发生争议的双方当事人，原、被告或是收养人或是被收养人。与被确认之事宜没有民事法律利益关系的人不能成为确认之诉当事人。

与被确认的民事关系、民事权利义务、民事法律事实等事宜存在民事实体法律利益的人，若只有一方，而没有与其发生争议的另一方，难以提出确认之诉。但可以通过其他合法途径即依法寻求公正机构公证确认或启动特别程序处理满足其确认请求。比如，合同公证、财产公证、请求宣告死亡等等。

（3）确认某一实体法律关系是否存在或有效须属于法院的民事审判范围。

如果不属于法院民事审判范围，则不能提起确认之诉。如对公务员关系存在或不存在的确认，不属于法院民事主管事项，故不能提起确认之诉。

二、给付之诉

（一）给付之诉的概念

给付之诉，是指一方当事人向法院提出的判令对方当事人履行一定民事给付义务的请求。

有观点认为，给付之诉，是指原告要求被告履行一定的民事义务的诉讼。本书认为不妥，如按此定义，便将给付之诉主体局限于原告独占而排斥被告于给付之诉之外，则反诉不准进行，因为反诉就是被告请求法院判令原告履行一定的民事义务的给付之诉。

（二）给付之诉的分类

1. 依请求给付的内容，可分为物的给付之诉和行为给付之诉。

请求对方交付一定财物的，即物的给付之诉。包括特定物给付之诉和种类物给付之诉。特定物的给付之诉，即指请求对方交付法律文书所指明的不可以用其他同等价值的或相同的物来替代交付的具有特殊意义（用途或价值的）具体物品（如某名人的一幅字画手稿等等）。种类物给付之诉，即请求对方交付具有一般意义的可以用同类用途或价值物替代的物品（同一币种的金钱，同一型号和品牌的电视机等等）。行为给付之诉，即请求对方为或不为一定的行为。如搬出挤占的相邻地带，不再阻止本方进行正常生产活动等等。

2. 依请求给付的时间，可分为现在给付之诉和将来给付之诉。

现在给付之诉，即在法院判决生效即行完成给付义务。通常追索“四费二金案件”即请求赡养费、抚养费、抚育费、医疗费、抚恤金、劳动报酬金，以及小额财物的给付为现在给付之诉。将来给付之诉，即在判决生效后所规定的给付期限届满或给付条件具备，才完成给付义务。

具体使用现在给付或将来给付，由法院视原告请求、被告实际履行能力和案情的实际需要酌定。

（三）给付之诉的特点

1. 给付之诉的诉讼标的：双方当事人之间现存的民事实体法律关系和一方当事人

的给付请求权利。

2. 给付之诉的诉讼理由：法律上确定的权利义务与行使给付请求权利的条件。即原告依法存在请求给付权、被告依法应承担给付义务，或双方各自都享有权利和承担义务。

3. 给付之诉的诉讼目的与争执：当事人提出给付之诉的目的，在于要求法院判令对方履行应尽义务从而实现自己的民事权益。双方当事人争议的内容是权利义务之争，是如何享有权利与履行义务之争。

4. 给付之诉的判决：具有给付内容和执行性。法院对给付之诉的判决是判令负有义务的一方当事人依法履行其民事义务、此判令内容建于确认民事权利义务关系基础上。在判决生效后，如果义务方不自愿履行，法院可依权利方申请，强制执行判决。

注意，给付之诉较为复杂，其判决也就不一定必然都是给付内容判决，因为，有的案件是给付之诉开始，而以确认判决告终。原告提出给付之诉后，经法院审查，因法律关系不存在或权利义务关系已结束，原告不具有实体权利请求权，而以确认判决来结案。切不可千案一律认为给付之诉必然以给付判决结案。

（四）给付之诉的提起条件

1. 当事人之间对应否给付或者给付的数额、方式等存在争议。

没有争议，则无必要提起给付之诉，自觉给付即可。

2. 给付请求权存在，并且该请求权已经到履行期，而对方当事人按民事实体法律规定负有一定的给付义务但尚未履行给付义务。

如果给付请求权不存在，当然不能受到保护。比如，不是债权人当然就不存在债务给付请求权，不能提出债务给付之诉。

如果给付请求权存在，但未到履行期，也不能够受到保护。比如，虽然是债权人，拥有债务给付请求权，但是约定的还债期未届满，其给付请求权就未到履行期，不能提出给付之诉。

如果现存的给付请求权存在，并已到履行期，而对方已履行给付义务。比如，债权人在债务到归还期中催促债务人还债，债务人已履行给付义务，债权人当然也不必提出给付之诉。

3. 给付之争议事项须有受法律保护的资格，解决该争议属于法院的民事审判范围。

须有受法律保护的资格，即受给付之争的民事权利或法律关系须是法律所不禁止的，否则，没有受法律保护的资格，不能提出给付之诉。比如，要求给付赌债，请求追索高利贷，赔偿丢失的私运鸦片等等。又如，土地改革前劳动人民欠地主富农的债务，地主富农后人现在又提出要求偿还的，依法不予保护。

给付之争若不属于法院的民事审判范围，也不能提出给付之诉。我国民诉法第124条第（3）项规定：“依照法律规定，应当由其他机关处理的争议，告知原告向有关机关申请解决。”

（五）给付之诉与确认之诉的联系与区别

1. 给付之付与确认之诉的联系

（1）确认之诉产生的判决（肯定的确认判决），对以后可能产生的给付之诉具有预决作用。后来的给付判决可以基于确认判决作出。如给付债务判决的作出可以基于债权确认判决。

（2）确认之诉与给付之诉可以互相转化。一是表现为，确认之诉因当事人增加提出给付请求而直接可以发展成为给付之诉。比如，一方先是请求确认双方有购销合同关系，紧接着提出要求对方履行按期交货的义务。先确诉后给诉。二是表现为，当事人的诉讼请求是一种诉（或确认之诉，或给付之诉）但在法院审理后也可以变成另一种诉（或给付之诉，或确认之诉）的判决。

（3）确认之诉与给付之诉，可以作为两个独立诉而并存于一个民事案件之中。这有二种情况：一是，当事人在提起确认之诉的同时，可以一并提起给付之诉。比如原告请求法院确认与被告有夫妻关系，同时又请求判令被告给付扶养费。原告请求确认贷款合同成立有效，同时又请求判令被告履行合同借贷义务。二是，在当事人提起给付之诉的案件中，另一方提起消极确认之诉（反诉），以对抗其给付请求。

（4）要想解决给付之诉，必先确认请求方与被请求方之间存在某种法律关系，否则给付之诉就不可能执行。只有明确确认存在给付权利与给付义务关系之后，才谈得上履行给付的义务。

2. 给付之诉与确认之诉的区别

（1）目的不同：给付之诉的目的在于实现一定民事权益，判令对方履行一定民事义务，确认之诉的目的在于消除不明确的争执状态，确认某种民事法律关系。

（2）审理内容不同：给付之诉，法院不仅要查明这一内容，而且更需进一步查明义务人对权利人应当履行的义务以及该项义务的具体内容。从而解决应否给付、给付多少、怎样给付等问题。法院对给付之诉的审理，还可以采取先予执行、财产保全、强制执行的制度，以体现对当事人给付请求权的特殊保护。确认之诉，法院只需查明当事人间的不明确的某种民事法律关系是否存在或有效即可。

（3）裁判有无执行性不同：确认之诉的判决只确认当事人之间是否存在一定的民事法律关系，不具有执行性，因不涉及履行义务享受权利。给付之诉的判决判令败诉当事人履行一定的给付义务，若不自觉履行，可以依法强制执行。

三、变更之诉

（一）变更之诉的概念

变更之诉，指一方当事人向法院提出的改变或消灭其与对方当事人之间现存的某种民事法律关系的请求。

（二）变更之诉的种类

1. 以对现存法律关系的变更程度分：改变关系的变更之诉和消灭关系的变更之诉。

改变关系的变更之诉，指一方当事人向法院提出的改变其与对方当事人间现存的民事法律关系的主体或权利义务内容的请求。比如，当事人不请求解除供用电合同关系，而只请求减少或增加供用电合同的电费，就是变更义务人给付电费义务的变更之诉。当事人请求把共同共有变成按份共有，这是改变而不消灭财产共有关系的变更之诉。消灭关系的变更之诉，指一方当事人向法院提出的解除与对方当事人间现存的民事法律关系的请求。比如，解除夫妻关系、废止继承权利的请求等等均属消灭关系的变更之诉。

2. 以其法律性质分：实体法上的变更之诉和程序法上的变更之诉。

实体法上的变更之诉，即当事人请求变更民事实体法上事项。如要求变更合同条款的合同诉讼，解除婚姻关系的离婚诉讼。程序法上的变更之诉，即当事人请求变更程序法上的事项。如请求撤销除权判决之诉，请求变更生效民事判决的申请再审之诉，请求撤销仲裁裁决之诉等等。

（三）变更之诉的特征

1. 变更之诉的诉讼标的：双方当事人之间现存的在应否变更或解除上有争议的民事法律关系和变更请求权利之有无。

当事人对该现存的民事法律关系是否存在或是否有效不生争议，只是对该关系应否存在，应否变更，是否解除以及有无变更之请求权，存有争议。比如，离婚之诉的诉讼标的是婚姻法律关系及其变更请求，双方当事人对是否解除该关系存争议，并就主张消灭该关系的变更请求权是否具备实体法上有效要件而纠纷。

2. 变更之诉的诉讼理由：已存在法律认可的变更条件，以及符合当事人的合法权益。亦即变更或消灭某一民事法律关系的法律事实和法律根据。

变更条件，亦即法律所认可的改变或解除某种法律关系的法律事实。比如，婚姻关系的变更条件是婚姻法规定的导致夫妻感情确已破裂等事实，如《婚姻法》第 32 条："有下列情形之一，调解无效的，应准予离婚：（一）重婚或有配偶者与他人同居的；（二）实施家庭暴力或虐待、遗弃家庭成员的；（三）有赌博、吸毒等恶习屡教不改的；（四）因感情不和分居满二年的；（五）其他导致夫妻感情破裂的情形。"（第 3 款）"一方被宣告失踪，另一方提出离婚诉讼的，应准予离婚。"（第 4 款）经济合同关系的变更条件是《合同法》规定的允许变更或解除合同的法定情况，如：由于不可抗力致使合同的全部义务不能履行等。当事人在提出变更之诉时需要对法律认可的变更条件已经存在予以证明。

符合当事人的合法权益，即当事人提出变更之诉是维护自己合法的权益。比如，提出离婚之诉，有利于当事人从死亡婚姻痛苦中解救出来。如为非法利益，规避法律则不行。

3. 变更之诉的目的与争执：当事人提起变更之诉的目的是请求法院判令变更或解除与对方当事人之间的某种现存、合法的民事法律关系，而不是确认双方之间的民事法律关系是否存在或有效，也不是请求判令对方履行一定民事义务。当事人争执的，是双方之间现存、合法的某种民事法律关系是否应当变更或解除，以及如何变更或解除。在争执过程中，可能会出现行使权利与履行义务之争，但只要在总体上是为变更或解除双方间现存某种民事法律关系服务的，仍可视为变更之诉。

比如，离婚之诉，是解除婚姻法律关系的变更之诉，一方要离一方不离而争执，争执中涉及小孩给谁财产分多少、给付小孩抚养费等之争，是服务于变更之诉的，因此，离婚诉讼，归类于变更之诉，但其中有给付之诉内容。

4. 变更之诉的判决效力：变更之诉的判决生效前，原法律关系仍然存在，生效以后，原法律关系发生变更或解除的变化，或者在判决否定变更之诉的诉讼请求后，仍然存在。涉及给付内容，就有执行，否则不具有执行性。

（四）变更之诉的提起条件

1. 当事人存在法律关系，且双方对变更该法律关系存在难以自行解决的分歧。

2. 当事人须以证据证明存在变更该法律关系所要求具备的一定的法律事实。

3. 当事人请求变更的法律关系须属法院民事审判范围之事项。

第五节 反诉

一、反诉的概述

（一）反诉的概念

反诉，是指在已经开始尚未结束的本诉诉讼中，本诉的被告针对本诉原告的诉求向法院提出的反请求。

民事诉讼法规定反诉制度，允许被告反诉，体现了民事诉讼当事人双方诉讼权利平等，有利于保护当事人的合法权益；人民法院将反诉与本诉合并审理，可以简化诉讼程序尽快解决纠纷，节省人民法院和诉讼当事人的时间、人力；可以防止本诉审理终结后，被告又提起诉讼，作出相矛盾的裁判或者出现裁判难于执行的情形。

（二）反诉的特征

1. 反诉当事人的特定性。根据《法院适用民诉法解释》第 233 条第 1 款规定，反诉的当事人应当限于本诉的当事人的范围。即反诉中的原告只能是本诉中的被告。反诉中的被告只能是本诉中的原告。

2. 反诉请求的独立性。反诉是被告以实体法和程序法为根据所提起的独立于本诉之诉，不受本诉的撤诉或被法院驳回的影响而独立存在。

3. 反诉时间的限定性。反诉应在本诉进行中提起，一般是在本诉原告起诉后，法庭辩论终结前提起，以便于人民法院将反诉与本诉合并审理。

《民事诉讼法》第 51、146 条规定，被告有权提起反诉；在第一审普通程序中，被告提出反诉的，可以合并审理。但是对于上诉审中能否提起反诉问题，《民事诉讼法》没有规定。根据《法院适用民诉法解释》第 328 条规定，在第二审程序中，被告可以提起反诉。

4. 反诉目的的对抗性。反诉是针对本诉原告请求的反请求，其旨在吞并、抵消、排斥本诉原告的诉讼请求，以保护自己的合法权益。

（三）反诉与反驳的区别

《民事诉讼法》第 51 条规定，被告可以反驳原告提出的诉讼请求。反驳，是被告为维护自己的合法权益，提出各种有利于自己的事实和根据，以否定原告提出的诉讼请求的一项诉讼权利。反诉与反驳都是被告所享有的诉讼权利，但二者有明显的区别：

1. 性质不同。反诉是被告针对本诉提起的一种独立的诉，具有诉的性质。而反驳则只是被告反驳原告诉讼请求的一种诉讼手段，不是一个独立存在的诉，不具有诉的性质。

2. 前提不同。反诉是以承认本诉的存在为前提，被告对原告提出的诉讼请求并不加以否定。而反驳则是以否定原告提出的部分或全部诉讼请求为前提。

3. 目的不同。被告反诉的目的除吞并、抵销、排斥原告的诉讼请求，使本诉的原告败诉外，还对本诉的原告提出了独立的反请求，主张独立的权利，而反驳的目的则只是否定原告提出的诉讼请求，没有独立的诉讼请求。

二、提起反诉的条件

被告提起反诉，除必须具备诉的要素外，还必须具备以下条件：

（一）反诉与本诉须有牵连关系

反诉与本诉的牵连性表现为，反诉与本诉的诉讼请求（或诉讼标的）或诉讼理由（或攻击防御方法）是基于同一实体法律关系或同一案件事实、本诉与反诉的诉讼请求互不相容但属于同一目的、诉讼请求属于同一种类可以互相抵销等等。根据《法院适用民诉法解释》第233条第2款规定，反诉与本诉的诉讼请求基于相同法律关系、诉讼请求之间具有因果关系，或者反诉与本诉的诉讼请求基于相同事实。如果本诉的被告提起的诉与本诉原告提起的诉毫无联系，则应是两个独立案件，应分开审理。

（二）反诉须在诉讼中于举证期限届满前或法庭辩论结束前提出

根据《最高人民法院关于民事诉讼证据的若干规定》第34条第3款规定，被告“提起反诉的，应当在举证期限届满前提出。”被告提出反诉，应当附有符合起诉条件的相应的证据材料。另，根据《法院适用民诉法解释》第232条规定，在案件受理后，法庭辩论结束前，被告也可以提出反诉。

被告在第一审程序中未提出反诉，而在第二审程序中提起反诉的，按照后述《法院适用民诉法解释》第328条规定处理。

（三）反诉须向受理本诉的法院提起，反诉不属其他法院专属管辖

本诉被告只有向审理本诉法院提起反诉，且属于审理本诉法院管辖，才能由同一法院对反诉与本诉合并审理，达到反诉的目的。本诉的被告若向其他法院对本诉的原告提起诉讼，不是反诉。

根据《法院适用民诉法解释》第233条第3款规定，如果反诉应由其他人民法院专属管辖，或者反诉与本诉的诉讼标的及诉讼请求所依据的事实、理由无关联的，受理本诉的人民法院应当裁定不予受理，告知本诉被告另行起诉。

（四）反诉必须与本诉为同一诉讼程序

反诉与本诉必须同属普通程序或简易程序。本书认为，已经适用简易程序审理的案件，在审理过程中本诉被告提出反诉的，法院如认为案件情况仍然是属于简单的民事诉求，可以与本诉一同用简易程序由独任庭审理；如认为反诉提出致使案情复杂，需要转为普通程序对本诉和反诉进行合并审理的，可以转为普通程序合并审理，但应及时将变更程序的决定及合议庭组成人员告知当事人。

四、反诉的审理

人民法院对反诉应及时审查，不符合反诉条件的，应当根据不同情况通知被告向有关部门申请解决或者向有管辖权的人民法院另行起诉。

《民事诉讼法》第140条规定：“被告提出反诉……可以合并审理”。《法院适用民诉法解释》第232条规定，“在案件受理后、法庭辩论结束前，……被告提出反诉，……可以合并审理的，人民法院应当合并审理”。反诉是独立的诉讼请求，对符合条件的反诉，法院决定受理的，应即向被告发出受理案件通知，并由原告（反诉被告）答辩；如

果是被告在开庭才提出反诉的，除非原告放弃法定的答辩期权益，法院应当裁定休庭让原告答辩并另行确定开庭期日。在第一审程序中，法院对符合条件的反诉，应该与本诉合并审理，将两个诉合并调查和辩论，且对两诉一并判决。但在例外情况下，法院也可以将反诉与本诉分开调查和辩论，并且在其中一诉已达到可作出判决的程序时，先行作出部分判决。

如果达不到合并审理的目的，也可将反诉从本诉中分离出来，另案审理。法院对反诉案件，仍应贯彻调解的原则，调解无效的要及时判决。由于反诉与本诉请求都是独立的，因此，本诉的撤回并不影响法院对反诉的继续审理。同样，反诉的撤回也不影响本诉的继续审理。法院对反诉理由成立与否和对反诉请求是否支持，应在判决理由部分和判决主文给予明确。

在第二审程序中，根据《法院适用民诉法解释》第328条规定，原审被告提出反诉的，第二审人民法院可以根据当事人自愿的原则就反诉进行调解；调解不成的，告知当事人另行起诉，但双方当事人同意由第二审人民法院一并审理的，第二审人民法院可以一并裁判。此外，发现一审法院漏审漏判反诉的，二审法院应依法撤销原判，发还重审。

第六节　诉的合并与分离

一、诉的合并

（一）诉的合并的概念

诉的合并，是指人民法院把几个独立的诉，合并在一个案件中进行审理和裁判。

诉的合并审理，便利当事人诉讼，简化诉讼过程，节约司法资源，提高办案效率，防止对数个诉作出相互矛盾的判决。

（二）诉的合并的情形

1. 诉的主体合并。这是指将数个当事人合并到同一诉讼程序中审理和裁判。诉的主体合并，有四种类型：一是必要共同诉讼；二是普通共同诉讼；三是无独立请求权第三人参加诉讼；四是当事人资格转移，如原告或被告在诉讼中死亡而其当事人资格转移至其继承人数人承受诉讼。

根据最高人民法院1999年12月29日发布的《关于适用〈中华人民共和国合同法〉若干问题的解释（一）》第16条第2款的规定，两个或者两个以上债权人以同一次债务人为被告提起代位权诉讼的，人民法院可以合并审理。此即诉的主体合并。次债务人对债务人的抗辩，可以向债权人主张。

2. 诉的客体合并。这是指在同一诉讼程序中，一方当事人向对方当事人提出了数个诉（具体、直观地表现为数个诉讼标的及诉讼请求），人民法院予以合并审理。诉的客体合并，必须符合三个要件：（1）由一方当事人针对对方当事人向受诉法院提出了数个诉；（2）这数个诉，受诉法院有管辖权；（3）这数个诉，适用同一诉讼程序。只有符合这三个条件，人民法院才能予以合并审理裁判。

3. 诉的混合合并。这是指人民法院在诉的合并审理过程中既有主体合并的内容又有客体合并的内容，简言之，即诉的主、客体合并。诉的混合合并，有三种类型：(1)反诉与本诉的合并而导致诉的混合合并。一审法院受理案件后本诉被告向本诉原告提出反诉，法院将反诉与本诉合并审理，既是两个诉的主体合并又是两个诉的客体合并，使本案构成了“二主体两客体”格局的诉的混合合并。(2)有独立请求权第三人提起之诉与本诉并存而导致诉的混合合并。有独立请求权第三人是以本诉中的原告、被告作为被告提起诉讼而参加本案诉讼的，从这个意义上讲，是诉的主体合并。同时，在与本诉进行中，有独立请求权第三人提起之诉，使本案形成了诉讼标的及诉讼请求不同的两个诉，这是诉的客体合并。因此，有独立请求权第三人提起之诉与本诉就构成了“三主体两客体”格局的诉的混合合并。(3)在反诉与本诉合并基础上因有独立请求权第三人提起之诉而导致诉的混合合并。有独立请求权第三人是以本诉中的原告、被告作为被告提起诉讼而参加本案诉讼的，但因被告对本诉原告有反诉与本诉合并审理，从这个意义上讲，是诉的三主体合并。同时，在与本诉级反诉进行中，有独立请求权第三人提起之诉，使本案形成了诉讼标的及诉讼请求不同的三个诉，这是诉的三客体合并。因此，有独立请求权第三人提起之诉与本诉、反诉合并审理，就构成了“三主体三客体”格局的诉的混合合并。

诉的合并，应当注意排除“重复起诉”。根据《法院适用民诉法解释》第247条规定，当事人就已经提起诉讼的事项在诉讼过程中或者裁判生效后再次起诉，同时符合下列三个条件的，构成重复起诉：(1)后诉与前诉的当事人相同；(2)后诉与前诉的诉讼标的相同；(3)后诉与前诉的诉讼请求相同，或者后诉的诉讼请求实质上否定前诉裁判结果。人民法院对于当事人重复起诉的，裁定不予受理；已经受理的，裁定驳回起诉，但法律、司法解释另有规定的除外。

二、诉的分离

诉的分离，是指人民法院将原先合并审理的几个诉从一个案件中分离出来，作为几个独立的案件分别进行审理。

诉的分离的情形：(1)将普通共同诉讼分为若干案件审理。在普通的共同诉讼中如果当事人不愿意继续合并审理的，或者法院认为不便继续进行合并审理的，可以进行诉的分离处理。(2)同一原告向同一被告提出的几个诉的分离。(3)被告向本诉原告提出的反诉与本诉的分离。

诉的分离，是针对诉的合并而言的，目的在于避免民事诉讼程序的复杂化，加速人民法院对案件的审理，以迅速解决当事人的民事纠纷。因此，诉的分离，应当注意：(1)诉的分离的前提，是已经合并受理的若干个诉的审理将会使诉讼复杂化或导致诉讼迟延。(2)诉的分离不得违背法律的强制性规范。比如，对必要共同诉讼，不得进行分离审理。(3)诉先合并后分离的，当事人和法院在诉的合并审理时所实施的诉讼行为，在诉的分离后的审理中继续有效。

【学习总结与拓展】

【关键词】 诉权　诉　确认之诉　给付之诉　变更之诉　反诉　诉的合并　诉的分离

【思考题】

1. 诉权和诉的特征有哪些？
2. 确认之诉、给付之诉、变更之诉的各自特点是什么？
3. 试述诉的构成要素。
4. 诉权及诉的二重性含义是什么？
5. 诉讼标的与诉讼标的物、诉讼请求的区别有哪些？
6. 反诉的特征有哪些？
7. 反诉的条件有哪些？
8. 试述反诉。

【阅读资料】

1.《中华人民共和国民事诉讼法》（2017 年修正）第一百四十、一百四十三条。

2.《最高人民法院关于适用〈中华人民共和国民事诉讼法〉的解释》（法释〔2015〕5 号）第三十九、八十九、二百二十三、二百二十五、二百三十三、二百三十九、二百八十、三百二十八条。

3. 王晓：《民事诉权的保护与滥用规制研究—兼以社会控制论为基础展开分析》，中国政法大学出版社 2015 年版；刘敏：《诉权保障研究—宪法与诉讼法视角的考察》，中国人民大学出版社 2014 年版；潘牧天：《滥用民事诉权的侵权责任研究》，上海社会科学院出版社 2011 年版；江伟、邵明、陈刚：《民事诉权研究》，法律出版社 2002 年版。

3. 张培：《民事诉权滥用界说》，《湖北社会科学》2012 年第 1 期；田平安、柯阳友：《民事诉权新论》，《甘肃政法学院学报》2011 年第 5 期；江伟、徐继军：《民事诉讼标的新说——在中国的适用及相关制度保障》，《法律适用》2003 年第 5 期；王福华：《两大法系中诉之利益理论的程序价值》，《法律科学. 西北政法学院学报》2000 年第 5 期；袁岳：《诉权现代化与诉讼民主化——历史与现状的比较研究》，《比较法研究》1988 年第 4 期。

4. 江伟. 邵明. 陈刚合著：《民事诉讼权研究》，法律出版社 2002 年版。

5. 李龙：《民事诉讼标的理论研究》，法律出版社 2000 年版。

6. 毕玉谦：《试论反诉制度的基本议题与调整思路》，《法律科学—西北政法学院学报》2006 年第 2 期；李志平、刘运良、陈永革：《近年来反诉制度研究的主要问题与观点》，《法学研究》1986 年第 5 期。

第十章　民事诉讼中的证据与证明

【学习提示】通过本章学习，了解民事诉讼证据的基本理论和法律制度，领会民事诉讼证据的概念及“三性”特征、证据种类、证据分类，证明对象，掌握民事诉讼证明责任、证明标准、举证责任承担、证据交换、质证、认证的基本原理与程序规范、效力规则。

第一节　民事证据概述

一、民事证据的概念

民事诉讼证据，是指由民事诉讼法所规定的可以用于证明民事案件事实的材料。

凡是符合民事诉讼法律规范文件有关证据种类形式和取证、举证、质证、认证规定的能够证明当事人讼争的民事法律关系存在或不存在及其发生、变更、消灭的事实之材料，能够证明民事法律权利义务发生纠纷或者民事侵权损害行为与后果存在的事实之材料，以及能够证明可以导致有关民事诉讼程序进行、中断、终结的事实之材料，都是民事诉讼证据。

二、民事证据的特征

民事诉讼证据具有三个基本特征：客观性、关联性和合法性。

（一）客观性

证据的客观性，是指民事诉讼证据必须是客观存在的事实材料。

证据的客观性，是证据的基石，本身是“证据”这一事物内在的本质性规定。如果缺乏或者否定客观性的本质，“证据”就丧失其存在的正义性（证据与案件事实情况是正向同义的，即在本质上证据事实与案件事实情况意义相一致，而非本质上意义相异）、合理性（证据是以其自身所含的事实来说服诉讼各方，而不是脱离事实压服诉讼各方）基础，就不成其为“证据”，否则，“证据”就只能成为貌似公允而实际毫无理性的强制压服工具。

在古代诉讼及证据史上，曾经一度出现以证据的神意性（如神判证据制度下的河神纳良或拒污之示意），以及证据的形式性（如法定证据制度下的口供至上）掩埋了证据的客观性的非理性状态。在现代诉讼及证据制度及其理念上，以发见案件事实真相为诉讼的基本功能，承认客观性是证据的最本质的特征。只有以客观存在的事实之材料为证据，才能揭示案件的事实真相。

（二）关联性

证据的关联性，是指作为民事诉讼证据的客观事实之材料，必须是与民事诉讼案件有关联的客观事实之材料。否则，即使是客观事实之材料，但与民事案件无关，就不能作为民事诉讼证据。

证据的关联性，是证据的证明力之基础。世界是物质的世界，世界上存在的客观事实之材料是多种多样的，但并不是每一客观事实之材料都可以成为民事诉讼证据，只有那些与民事案件本身有联系的客观事实之材料才可以成为证据。按照辩证唯物主义认识论观点，事物之间的证明关系取决于事物之间的客观存在的相互联系性，没有关联性的事物之间就不可能存在证明与被证明的基础。

（三）合法性

证据的合法性，是指作为民事诉讼证据的客观事实之材料，必须是法律所许可的事实之材料。也就是说，作为民事诉讼证据的客观事实之材料，应当符合法律的规定或要求。

证据的合法性，是证据的证据能力之基础，也是服务于诉讼领域的证据区别于一般意义上的证据而特别具备的内在本质之一。证据能力，即客观事实之材料作为诉讼证据所应当具有的法律资格，换言之，即是客观事实之材料能够进入诉讼领域成其为诉讼证据的“准入证”。而合法性之有无，亦即是否为法律所许可，就是衡量某一客观事实之材料，能否作为诉讼证据的资格的唯一标准。欠缺合法性的客观事实之材料，就不能作为诉讼证据。

证据的合法性，主要表现在以下四个方面：

第一，证据种类形式要合法。

作为民事诉讼证据的客观事实之材料，必须具有民事诉讼法律规范性文件所要求的法定证据种类形式。按照民事诉讼法规定，客观事实之材料必须以当事人陈述、书证、物证、证人证言、视听资料、电子数据、鉴定意见、勘验笔录等法定的八种证据种类形式进入诉讼。如果没有法定的证据种类形式之外貌，即使是客观事实之材料，也难以进入诉讼领域而成其为诉讼证据。因此，民事诉讼证据，必须是具备法定证据种类形式的客观事实之材料。

第二，证据取得方法要合法。

作为民事诉讼证据的客观事实之材料，必须依法定取证程序进行收集而得，一切通过非法的手段如威胁、利诱、刑讯逼迫等方法收集到的，即便是具有客观性和关联性的事实之材料，也不能作为证据使用。

非法取得的证据，不具有证据能力，不能作为认定民事案件事实的根据。关于非法证据排除问题，最高人民法院曾作出法复（1995）2号《关于未经对方当事人同意私自录制其谈话取得的资料不能作为证据使用的批复》，将录音取得的证据资料的合法性标准限定在经对方同意。事实上，一方当事人同意对方录制其谈话的情形在实践中极其罕见，而依据该《批复》，审判人员即使确信证据资料内容真实也不得对权利人合法权益给予司法保护。有鉴于此，最高人民法院根据审判实践，结合我国国情，重新设置民事诉讼中非法证据的判断标准，在《最高人民法院关于民事诉讼证据的若干规定》（法释〔2001〕33号）（以下简称《民事证据规定》）第68条中明确规定，除了以侵害他人合法权益（比如，违法侵害他人基本人权的，如威胁利诱约束他人精神自由，捆绑殴打约束他人人身自由，侵犯他人隐私权等）或者违反法律禁止性规定的方法（比如，擅自将法律禁止公民使用的窃听装置安到他人住处进行窃听等）取得的证据外，其他情形不得视为违法证据。因此，民事诉讼证据，必须是合法取得的客观事实。

第三，证据程序要合法。

现代法治社会要求诉讼公信力，其重要标志就是证据的公信力。证据公信力，要求证据不仅必须是客观、相关的事实之材料，而且这一事实之材料还必须是在依法公开的（或者依法不公开的）庭审调查辩论程序之中，经受双方当事人质证论辩法庭认证的环节，才最终获得其作为证据的资格。作为民事诉讼证据，必须经过法定的庭审调查辩论程序进行举证、交换、质证、认证等一系列共同核查环节。除另有合法规定外，任何证据未经法庭质证，不得作为定案的根据。即使是有关联性的客观事实之材料，如未经庭审调查辩论程序的，因其缺乏法定程序规定必须经过当事人运作诉权和法院运作审理权的共同核查环节，而缺乏诉讼证据的公信力，也不能作为证据定案。因此，民事诉讼证据，必须是经历合法的庭审调查辩论程序运作诉权与审理权共同核查环节的客观事实之材料。

第四，证据使用要合法。

所谓证据使用要合法，是指用以证明诉讼主张事实的证据，必须是符合法律法规规章或司法解释的使用规则的证据，否则没有证据资格。例如，《事业单位登记管理暂行条例实施细则》（中央编办发［2005］15号）明确规定了证明事业单位法人资格的书证使用四项规则：一是："登记管理机关向核准设立登记的事业单位颁发《事业单位法人证书》。《事业单位法人证书》是事业单位法人资格的唯一合法凭证。未取得《事业单位法人证书》的单位，不得以事业单位法人名义开展活动。"（第6条）二是："《事业单位法人证书》分为正本和副本，正本和副本具有同等法律效力。《事业单位法人证书》正本应当置于事业单位住所的醒目位置。"（第56条）三是（在中央编办、最高人民法院、最高人民检察院等15部门《关于〈事业单位法人证书〉使用问题的通知》（中编办发［2000］17号）第2条规定基础上重申了）："事业单位进行下列活动时，应当向有关部门出示《事业单位法人证书》：（一）刻制印章、办理机动车船牌照；（二）申办有关社会保险事宜；（三）开立银行账户、贷款；（四）申办税务登记、减免税收及其他优惠；（五）从事经营活动或兴办企业，申办有关执照；（六）国有资产登记管理和统计登记；（七）土地、房产登记管理事宜；（八）申办收费项目及标准、收费许可证，购领收据、发票；（九）法律诉讼、公证事宜；（十）人事调动和工资基金管理事宜；（十一）申办海关事宜；（十二）有关部门要求事业单位出示《事业单位法人证书》的其他事宜。"（第57条）四是："《事业单位法人证书》是限期有效证书。超过有效期的《事业单位法人证书》，自动废止。"（第58条）而某案件起诉一方为了证明Y市供销社在2006年3月20日从事有关合资股份企业事宜时是"全资国有事业单位""国有事业单位"，先拿出一份标示"有效期自2003年10月20日至2004年3月31日"的《事业单位法人证书（副本）》（事证第151120000126号）后又出具一份加盖Y市供销社公章的内称"由于《事业单位法人证书》每年要提交年检，故案发期间的《事业单位法人证书》已被市委编办收回，无法提供"其2006年3月期间的《事业单位法人证书》的《情况说明》。

但该份《事业单位法人证书（副本）》已超过有效期自动废止，其后提交的这份《情况说明》更非《事业单位法人证书》，均不符合上述《事业单位登记管理暂行条例实施细则》规定的对证明事业单位法人资格的书证使用规则，没有证据资格。

以上对“民事诉讼证据”概念与特征的阐述，是建立在证据与证据材料的对立统一关系基础之上的。证据与证据材料的统一，是以客观事实和诉讼程序环节为基础。客观事实是以证据材料的身份而被采集，又经过诉讼程序环节的显伪示真、剔粗取精，最终成其为定案的证据，走的是一条从存在客观事实之材料到作为证据材料被收集、被查核属实到成为证据用于定案的并非直线性的发展轨迹。

《民事诉讼法》没有对证据与证据材料的语词作特别的区别，但在使用“证据”的时候，于特定的语言环境里则是指的“证据材料”。如《民事诉讼法》第 63 条在第 1 款规定“证据包括：……”之后，又在第 2 款规定“证据必须查证属实，才能作为认定事实的根据。”此“证据”一词显然有指“证据材料”之义。

三、民事诉讼证据的意义

“打官司”也就是“打证据”。因为，证据问题是民事诉讼的核心问题，它与诉讼的实体内容直接相关，对当事人的诉讼活动和法院的审判活动都有着十分重要的意义。民事诉讼的过程，实际是人民法院在当事人及其他诉讼参与人的参加下，运用证据查明案件事实的过程。在这一过程中证据的作用是显而易见的，没有证据，诉讼就无法进行下去。

对当事人及其诉讼代理人而言，其诉讼活动在很大程度上是围绕证据进行的，通过收集证据、向法院提供证据、围绕证据进行质辩等活动来维护当事人自身的合法权益。民事诉讼法规定，当事人对自己的诉讼主张，有责任提出证据。在民事诉讼中，争讼的双方当事人不仅有权提出自己的诉讼主张，还必须有确实、充分的证据来支持自己的诉讼主张。如有一方提供不出有力的证据，它就有可能在诉讼中处于不利地位，甚至导致败诉。因此，证据对双方当事人来说，是他们维护自己合法民事权益的有力工具。

对法院而言，法院通过指定举证期间、必要的调查取证、组织当事人质证、审核认定证据等活动，保障诉讼活动正常有序地进行。人民法院在民事诉讼过程中不是凭主观臆断办案，而是依靠证据办案即通过依法收集、审查、运用证据来证明案件的真实情况。人民法院应当以证据能够证明的案件事实为依据依法作出裁判。离开了证明案件真实情况的证据，审判人员就不可能形成对案件的正确认识，最终也不可能对案件作出正确的裁决。因此，证据是人民法院查明民事案件事实，依法作出正确裁决，确保“让人民群众从每一个司法案件中感受到公平正义”（习近平语）的基础。

对完成民事诉讼法的教育任务而言，民事诉讼证据有利于法院有理有据地说服当事人服判息讼，教育公民自觉遵守法律；有利于提高公民的证据法律意识，懂得注意保存收集证据维护自己民事合法权益。

第二节 民事证据的种类

民事证据的种类，是指我国民事诉讼法以证据的表现形式为标准，对民事诉讼证据所作的划分。根据《民事诉讼法》第63条第1款规定，民事证据包括以下八种：当事人的陈述、书证、物证、视听资料、电子数据、证人证言、鉴定意见、勘验笔录。

一、当事人的陈述

（一）当事人的陈述的概念与特征

1. 当事人的陈述的概念

当事人的陈述，是指民事诉讼当事人就案件事实情况向人民法院所作的口头或者书面陈述。

当事人陈述的内容有三种类型：叙述、承认和反驳。叙述（又可称“陈述”），即当事人就所知道案件事实情况向法院所做的阐明。承认，即当事人就对方当事人所阐明的案件事实情况或证据表示认同。反驳，即当事人针对对方当事人所陈述的案件情况或者证据提出不予认同的驳辞。

2. 当事人的陈述的特征

当事人的陈述具有两重性的特征：一方面，当事人双方同为所争议的民事权利义务责任纠纷的当事人，对民事法律关系的发生、变更、消灭以及争议的事实知道得最清楚、最全面，如能如实陈述，便有利于查明案情；另一方面，由于当事人双方是利害关系人，与民事案件处理结果有着直接的法律利害关系，因此其陈述又可能存在一定的虚假性或片面性。

当事人陈述，是民事诉讼最普遍的证据，每一民事诉讼案件都离不开当事人陈述。但由于当事人陈述的双重性特点，在审查时要特别注意其真伪。

（二）当事人的陈述的效力

《民事诉讼法》和司法解释对于当事人的陈述及其效力的适用规则是：

1. 补强规则：人民法院对当事人的陈述，应当结合本案的其他证据，审查确定能否作为认定事实的根据。

2. 承认规则：诉讼过程中，当事人在起诉状、答辩状、陈述及其委托代理人的代理词中承认的对己方不利的事实和认可的证据，人民法院应当予以确认，但当事人反悔并有相反证据足以推翻的除外。

诉讼过程中，一方当事人对另一方当事人陈述的案件事实明确表示承认的，另一方当事人无须举证。但涉及身份关系的案件，如婚姻、收养、抚养、扶养、监护关系纠纷案件等除外。

对一方当事人陈述的事实，另一方当事人既未表示承认也未否认，经审判人员充分说明并询问后，其仍不明确表示肯定或者否定的，视为对该项事实的承认。

当事人委托代理人参加诉讼的，代理人的承认视为当事人的承认。但未经特别授权的代理人对事实的承认直接导致承认对方诉讼请求的除外；当事人在场但对其代理人的承认不作否认表示的，视为当事人的承认。

当事人在法庭辩论终结前撤回承认并经对方当事人同意，或者有充分证据证明其承认行为是在受胁迫或者重大误解情况下作出且与事实不符的，不能免除对方当事人的举证责任。

3. 逐项陈述规则：案件有两个以上独立存在的事实的，可以要求当事人逐项陈述事实，逐个出示证据并分别进行调查和质证。对当事人无争议的事实，无须举证、质证。

经审判长许可，当事人可以互相发问。

审判人员可以询问当事人。

4. 零陈述规则：当事人拒绝陈述的，不影响人民法院根据证据认定案件事实。

5. 认可免除补强规则：当事人对自己的主张，只有本人陈述而不能提出其他相关证据的，除对方当事人认可外，其主张不予支持。

6. 主张推定成立规则：有证据证明持有证据的一方当事人无正当理由拒不提供，如果对方当事人主张该证据的内容不利于证据持有人，可以推定该主张成立。

此外，根据《最高人民法院关于适用〈中华人民共和国婚姻法〉若干问题的解释（三）》（法释〔2011〕18号）第2条规定，在亲子关系确认之诉中，主张推定成立规则有二：（1）夫妻一方向人民法院起诉请求确认亲子关系不存在，并已提供必要证据予以证明，另一方没有相反证据又拒绝做亲子鉴定的，人民法院可以推定请求确认亲子关系不存在一方的主张成立。（2）当事人一方起诉请求确认亲子关系，并提供必要证据予以证明，另一方没有相反证据又拒绝做亲子鉴定的，人民法院可以推定请求确认亲子关系一方的主张成立。

7. 认可规则：一方当事人提出的证据，另一方当事人认可或者不予反驳或者提出的相反证据不足以反驳的，人民法院可以确认其证明力。

一方当事人提出的证据，另一方当事人有异议并提出反驳证据，对方当事人对反驳证据认可的，可以确认反驳证据的证明力。

当事人在庭审质证时对证据表示认可，庭审后又反悔，但提不出相应证据的，不能推翻已认定的证据。

人民法院对当事人无争议的证据，是否采纳的理由可以不在裁判文书中表述。

二、书证

（一）书证的概念与特征

书证是以物品上的文字、图形、符号等所记载的内容或表达的思想来证明民事案件情况的证据。如各种合同、文件、票据以及书信、书面遗嘱、传单、电报等。

书证的特征，是：（1）以物品所记载的思想内容来证明案件情况。（2）往往能够直接证明案件的主要事实。比如，在合同履行纠纷案件中的合同文本就可以作为证明当事人双方所约定的民事权利义务的直接证据。（3）真实性较强。（4）使用具有普遍性。民事法律行为大量表现为要式法律行为，即法律规定需要特定形式的民事行为。民事法律关系的发生、变更或消灭大多是以书面形式表示的。这通常表现为“口说无凭，白纸黑字，以书为证”。这就决定了在民事诉讼中，书证是非常普遍的证据。

（二）书证的分类

书证从不同的角度分为以下几类：

1. 公文书证和私文书证，这是按制作者的身份不同的分类。

公文书证，是指国家机关、企业事业单位、社会团体在法定的权限范围内依职权所制作的文书。结婚证书，注册商标，判决书，学生证，单位交往公函等。

私文书证，是指公民个人制作的文书，如书信、借条等。

2. 处分性书证和报道性书证，这是按书证的内容及效果不同的分类。

处分性书证，是指具有设立、变更、消灭一定民事法律关系的内容，可以引起一定法律后果的书证。如，合同、遗嘱等。

报道性书证，是指只报道某种具有法律意义的事实，而没有设立、变更、消灭一定法律关系的效果的书证。如，账簿、日记、向别人报告某件事实的信函等，都属于报道性书证。

3. 普通形式书证和特殊形式书证，这是按照书证的形式不同的分类。

普通形式书证，是指只要求具有一定的思想内容，并不要求具有特定的形式的书证，如即时清结的买卖合同、信件等。

特别形式的书证，不仅要求具有一定的思想内容，还要求具有法律规定的特定形式的书证，并依法制作，如企业法人营业执照，事业单位法人证书，国民教育学历文凭证书，收养关系公证文书等。

4. 原本、正本、副本、节录本和影印本书证，这是按照书证形成方式不同的分类。

原本书证，是指文件的制作人最初做成的文件。如合同当事人亲笔签字盖章确定双方意思表示的合同文本的原稿等。原本书证一般保留存档备查。

正本书证，是指按照原本全文印制发送给受件人的对外部具有与原本同等法律效力的文件。如根据合同文本的原稿打印制作的发送双方当事人的合同正本。

副本书证，是指按照原本全文印制发送受件人以外的其他须知晓原本内容的有关单位或个人的对外部效力不同于原本的文件。制作副本的目的，是为了告知有关单位知晓原本文件内容。

节录本书证，是指按照原本或正本的部分内容摘录的文件。

影印本书证，是指对原本或正本予以摄影印制而形成的文件，如可视性胶片、照片等。

5. 中文书证、外文书证和译本书证，这是按照书证的语言文字不同的分类。

中文书证，是指用中国语言文字表达而形成的文件。外文书证，是指用外国语言文字表达而形成的文件。中文译本书证，是指将原本或正本外文书证翻译为中国语言文字（含汉语或少数民族语言文字）而形成的文件。

6. 文字书证、符号书证、图形书证，这是按照书证的表达工具不同的分类。

文字书证，是指以语言文字为表达工具而形成的书证，这是最常见的书证。符号书证，是指以特定符号为表达工具而形成的书证。图形书证，是指以构图方案等为表达工具而形成的书证。如施工设计图纸，商标图案，侮辱他人的漫画等。

（三）书证的提出

根据《民事诉讼法》和司法解释的规定：

1. 书证应当提交原件。提交原件确有困难的，可以提交复制件、照片、副本、节录本。

2. 当事人向人民法院提供外文书证或者外文说明资料，必须附有中文译本。

3. 法院调查人员调查收集的书证，可以是原件，也可以是经核对无误的副本或者复制件。是副本或者复制件的，应当在调查笔录中说明来源和取证情况。

4. 公民之间、公民与法人之间、公民与其他组织之间发生的借贷纠纷，以及因借贷外币、台币和国库券等有价证券发生纠纷的诉讼案件，原告起诉时应当提供书面借据；无书面借据的，应当提供必要的事实根据。否则，法院将依据《最高人民法院关于人民法院审理借贷案件的若干意见》之规定不予受理起诉。

5. 对书证进行质证时，当事人有权要求出示证据的原件。但有下列情况之一的除外：（1）出示原件确有困难并经人民法院准许出示复制件的；（2）原件已不存在，但有证据证明复制件与原件一致的。

（四）书证的效力

《民事诉讼法》和司法解释对于书证的效力规则有：

1. 人民法院对有关单位和个人提出的证明文书，应当辨别真伪，审查确定其效力。

2. 人民法院就数个证据对同一事实的证明力，可以依照下列国家机关、社会团体依职权制作的公文书证的证明力一般大于其他书证，历史档案、经过公证、登记的书证，其证明力一般大于其他书证原则认定。

3. 一方当事人提出的书证原件或者与书证原件核对无误的复印件、照片、副本、节录本，对方当事人提出异议但没有足以反驳的相反证据的，人民法院应当确认其证明力。

（五）书证与物证的区别

书证与物证，有明显的区别：（1）书证是以记载（通过人的主观意思表示而形成）在物质材料上的文字、符号、图形表达的思想内容来证明案情，而物证则不以思想内容，仅以物品具有的位置、形状、质量、数量、规格、痕迹等等外部存在和物资属性来证明案情。（2）法律对某些书证（主要是公文书证）的格式有特殊规定，如不具有法定的格式就不发生效力（如营业执照上没有加盖公章），而对物证则无特殊格式要求。

注意，就实体形态而言，书证与物证都是物品，在某些情况下，物证与书证是联系在一起，由同一物质材料为其实体，这就是当某一物品的客观存在以及所记载的思想内容均与案件发生联系时，该物品既以其客观存在为证，又以其思想内容为证，一身兼二任，既是物证又是书证。

三、物证

（一）物证的概念与特征

物证，是指以物品的外部形状、质量、数量、特征、规格、痕迹等来证明案件真实情况的证据。如妨碍邻居采光权的遮雨棚、伪劣的取暖器、不足称的海鲜、伪造他人签名的字据、面积缩水的商品房、抓扯打斗留下的伤痕等等。

物证的主要特征，是以其客观存在为证，是不依赖任何人的主观意志而客观独立存在的物品。

（二）物证的提供

1. 物证应当提交原物。提交原物确有困难的，可以提交复制品、照片。

2. 调查人员调查收集的物证应当是原物。被调查人提供原物确有困难的，可以提供复制品或者照片。提供复制品或者照片的，应当在调查笔录中说明取证情况。

（三）物证使用的规则

在司法解释中对于物证的使用规则是：

1. 无法与原物核对的复制品不能单独作为认定案件事实的依据。

2. 判断数个证据的效力应当注意：物证的证明力一般高于视听资料和证人证言。

3. 对物证进行质证时，当事人有权要求出示证据原物。但有下列情况之一的除外：（1）出示原物确有困难并经人民法院准许出示复制品的；（2）原物已不存在，但有证据证明复制品与原物一致的。

四、视听资料

（一）视听资料的概念与特征

视听资料，是指利用录音或录像等技术手段反映出来的声音、图像等来证明案件事实的证据，包括录音资料和影像资料。根据《法院适用民诉法解释》第 116 条规定，存储在电子介质中的录音资料和影像资料，适用电子数据的规定。

视听资料的不同于书证、物证的特征在于，作为视听资料的声音、影像等都与现代科技器物有着密切的联系，即必须借助于一定的特殊仪器、技术设备等进行一系列的能量转换，使这些声音、图像等信息以声、光、电、磁等媒体形式而固定、贮存、演播、显现。简言之，视听资料的本质特征是借助于特定的现代科技器物记载的内容证明案情事实。

（二）视听资料的效力

视听资料必须是合法取得，才具有证据效力，在司法实践中，应当特别注意视听资料收集的合法性。《民事证据规定》第 68 条规定："以侵害他人合法权益或者违反法律禁止性规定的方法取得的证据，不能作为认定案件事实的依据。"这里的"证据"包括视听资料，这也就废止了 1995 年的《最高人民法院关于未经对方当事人同意私自录制其谈话取得的资料不能作为证据使用的批复》，因此，在司法实践中，判断当事人提供的某一视听资料是否具备合法性，不再以其"未经对方当事人同意私自录制"为标准而是以其是否"以侵害他人合法权益或者违反法律禁止性规定的方法取得"为标准。

（三）视听资料使用的规则

在民事诉讼法和司法解释中，对于视听资料的使用规则是：

1. 人民法院对视听资料，应当辨别真伪，并结合本案的其他证据，审查确定能否作为认定事实的根据。

2. 人民法院调查人员调查收集录音、录像等视听资料的，应当要求被调查人提供有关资料的原始载体。提供原始载体确有困难的，可以提供复制件。提供复制件的，调查人员应当在调查笔录中说明其来源和制作经过。所谓视听资料的原始载体，是指直接来源于案件事实的视听资料，如交通事故发生时的现场录像，冲突发生时双方谈话的现场录音。复制件则是指通过翻录、复制、拷贝等方式取得的视听资料。

3. 在法庭上，对视听资料进行质证时，当事人有权要求出示视听资料的原件或者原物。但有下列情况之一的除外：（1）出示原件或者原物确有困难并经人民法院准许出示复制件或者复制品的；（2）原件或者原物已不存在，但有证据证明复制件、复制品与原件或原物一致的。

4. 一方当事人提出的有其他证据佐证并以合法手段取得的、无疑点的视听资料或者与视听资料核对无误的复制件，对方当事人提出异议但没有足以反驳的相反证据的，人民法院应当确认其证明力。

5. 存有疑点的视听资料，不能单独作为认定案件事实的依据。

6. 人民法院就视听资料与非视听资料等数个证据对同一事实的证明力的认定原则是：视听资料的证明力一般低于物证、历史档案、鉴定意见、勘验笔录。

五、电子数据

（一）电子数据的概念、种类、特点

电子数据，是指通过电子邮件、电子数据交换、网上聊天记录、博客、微博客、手机短信、电子签名、域名等形成或者存储在电子介质中的信息。简言之，电子数据是民事案件发生过程中形成的，以数字化形式存储、处理、传输的，能够证明民事案件事实的数据材料。

人类科学技术特别是互联网的发展催生了新型的“互联网+”生产经营模式、“大数据”时代电子交易的市场繁荣社会发展。2012 年 8 月 31 日全国人大常委会第 11 届 28 次会议修改通过的《民事诉讼法》在原来七种证据的基础上增添“电子数据”作为一种新的证据种类，乃是对科学技术发展和社会生活变化的一种民诉立法回应。《法院适用民诉法解释》第 116 条列举规定了电子数据的种类，包括：（1）电子邮件、（2）电子数据交换、（3）网上聊天记录、（4）博客、（5）微博客、（6）手机短信、（7）电子签名、（8）域名、（9）存储在电子介质中的录音资料和影像资料，等。

电子数据从生成到呈现在法庭上的整个过程，都依赖于特定的现代电子技术，具有数字化存在、不固定依附特定载体、可无限复制、易修改等特点。

（二）电子数据的运用规则

人民法院有权依据当事人申请或者认为必要时向有关单位和个人收集、调取电子数据。有关单位和个人应当如实提供。

电子数据应提供原件。但电子数据能够无限复制的特性决定了，电子数据的复制件与原始载体的区别甚微，只要能够证明电子数据在传播或者拷贝过程中主要内容未发生实质性改变，其复制件也应具有与原始载体相同的法律效力，据《电子签名法》第 5 条之规定“符合下列条件的数据电文，视为满足法律、法规规定的原件形式要求：（一）能够有效地表现所载内容并可供随时调取查用；（二）能够可靠地保证自最终形成时起，内容保持完整、未被更改。但是，在数据电文上增加背书以及数据交换、储存和显示过程中发生的形式变化不影响数据电文的完整性。”

电子数据可依法公证。当事人在诉前诉中，对通过互联网取得电子数据的过程可以进行公证保全，但注意《办理保全互联网电子证据公证的指导意见》（2012 年 1 月 7 日中国公证协会第六届常务理事会第七次会议通过）第 4 条第 4 款的规定：“当事人申请保全网上聊天记录、电子邮件的，公证人员应当告知其如果不能证明对方的真实身份，则保全的电子信息可能不具有证据效力。”当事人没有自行公证的，则可采取法庭演示的方法，即举证方通过公用网络对数据电文进行随机读取的方式验证。

保护电子数据的完整性。对作为证据使用的电子数据，应当采取以下一种或者几种

方法保护电子数据的完整性：（1）封存电子数据原始存储介质；（2）计算电子数据完整性校验值；（3）制作、封存电子数据备份；（4）冻结电子数据；（5）对收集、提取电子数据的相关活动进行录像；（6）其他保护电子数据完整性的方法。在此注意，根据《电子签名法》第6条之规定："符合下列条件的数据电文，视为满足法律、法规规定的文件保存要求：（一）能够有效地表现所载内容并可供随时调取查用；（二）数据电文的格式与其生成、发送或者接收时的格式相同，或者格式不相同但是能够准确表现原来生成、发送或者接收的内容；（三）能够识别数据电文的发件人、收件人以及发送、接收的时间。"

审查电子数据的真实性，可以参考《电子签名法》第8条规定即"审查数据电文作为证据的真实性，应当考虑以下因素：（一）生成、储存或者传递数据电文方法的可靠性；（二）保持内容完整性方法的可靠性；（三）用以鉴别发件人方法的可靠性；（四）其他相关因素。"或者参考最高人民法院、最高人民检察院、公安部2016年9月9日联合印发的《关于办理刑事案件收集提取和审查判断电子数据若干问题的规定》第22条之规定即对电子数据是否真实，应当着重审查以下内容：（1）是否移送原始存储介质；在原始存储介质无法封存、不便移动时，有无说明原因，并注明收集、提取过程及原始存储介质的存放地点或者电子数据的来源等情况；（2）电子数据是否具有数字签名、数字证书等特殊标识；（3）电子数据的收集、提取过程是否可以重现；（4）电子数据如有增加、删除、修改等情形的，是否附有说明；（5）电子数据的完整性是否可以保证。在此注意，根据《电子签名法》第13、14条之规定，电子签名同时符合下列条件的，视为可靠的电子签名："（一）电子签名制作数据用于电子签名时，属于电子签名人专有；（二）签署时电子签名制作数据仅由电子签名人控制；（三）签署后对电子签名的任何改动能够被发现；（四）签署后对数据电文内容和形式的任何改动能够被发现。当事人也可以选择使用符合其约定的可靠条件的电子签名。"可靠的电子签名与手写签名或者盖章具有同等的法律效力。

电子数据具有下列情形之一的，不得作为定案的根据：（1）电子数据系篡改、伪造或者无法确定真伪的；（2）电子数据有增加、删除、修改等情形，影响电子数据真实性的；（3）其他无法保证电子数据真实性的情形，如，非法侵入计算机系统获得的电子数据；私自拦截取得的传输中的电子数据；私自破解的已加密的电子数据；通过非法搜查、扣押获得的电子数据；以植入病毒、木马等侵害他人合法权益的手段获得的电子数据等。

六、证人证言

（一）证人证言的概念与特征

证人是指除当事人等诉讼角色以外的了解案件情况的人。从《民事诉讼法》第72条关于"凡是知道案件情况的单位和个人，都有义务出庭作证"的规定可以看出，我国民事诉讼中的证人包括两大类：单位证人和自然人证人。根据《民事诉讼法》第72条规定，有关单位的负责人应当支持证人作证。但是，不能正确表达意思的人，不能作证。

证人证言是指证人就其所感知的案件事实情况向人民法院所作的口头或书面陈述。

证人证言的特征，是以其生理感官来感知、记忆、表达案件事实，且其真实性亦受证人在对案件事实感知、记忆、表达三阶段中各种主客观因素的影响。如主观方面受证人的智力状况、品德、知识、经验、法律意识和专业技能等因素的影响；客观方面受光线、位置、威胁、利诱以及听觉、视觉、感受力、记忆力、表达力等因素的影响，而出现失真或作伪。因此，审查时须予以注意。

（二）证人资格

证人资格主要是由证人所具有的事实条件（知道案件情况）决定的。同时，证人资格还包括生理条件（能够正确表达意志）和法律条件（不与本案件其他诉讼角色发生冲突，即：不是本案的当事人、鉴定人、诉讼代理人、勘验人、翻译、办理本案的司法人员）。

具体讲，凡是知道案件情况的单位和个人，都有作证的资格。待证事实与其年龄、智力状况或者精神健康状况相适应的无民事行为能力人和限制民事行为能力人，可以作为证人。知道案件情况的与当事人一方有亲疏利害关系的人，也可以作为证人。但是，以下人员除外：

（1）不能正确表达意思的人，不能作证人。

（2）当事人、诉讼代理人、鉴定人、翻译人员、勘验人的诉讼地位，不能与证人地位发生冲突，因此这些诉讼参与人不能同时担任本案件的证人。

（3）审判人员（审判员、人民陪审员）、书记员、法警，或参与民事诉讼检察人员，只能依法履行自己的法定司法职责，或民事诉讼监督职责，不能同时担任本案件的证人。

（三）证人证言的提供

1. 证人有义务出庭作证。

按照《民事诉讼法》第72、74条规定和《民事证据规定》的要求，证人有义务出庭作证。

（1）证人应当根据法院依法通知出庭作证，接受当事人的质询。证人在人民法院组织双方当事人交换证据时出席陈述证言的，可视为出庭作证。

当事人申请证人出庭作证，应当在举证时限届满十日前提出，并经人民法院许可。

人民法院对当事人的申请予以准许的，或者依职权通知证人出庭作证的，应当在开庭审理前通知证人出庭作证，并告知其应当如实作证及作伪证的法律后果。

当事人提供的证人在人民法院通知的开庭日期，没有正当理由拒不出庭的，由提供该证人的当事人承担举证不能的责任。

（2）法庭调查时应当告知证人的权利义务，证人作证，宣读未到庭的证人证言；证人不得旁听法庭审理；当事人经法庭许可，可以向证人发问。经法庭许可，当事人可以向证人发问。

出庭作证的证人应当客观陈述其亲身感知的事实，不得使用猜测、推断或者评论性的语言。证人为聋哑人的，可以其他表达方式作证。

审判人员和当事人可以对证人进行询问。证人不得旁听法庭审理；询问证人时，其他证人不得在场。人民法院认为有必要的，可以让证人进行对质。经法庭许可，当事人可以向证人发问。询问证人不得使用威胁、侮辱及不适当引导证人的言语和方式。

人民法院认为需要通知新的证人到庭的，可以延期开庭审理。

（3）对妨害证人作证的处理。当事人、其他诉讼参与人或者其他人以暴力、威胁、贿买方法阻止证人作证或者指使、贿买、胁迫他人作伪证的，或者对证人打击报复的，人民法院依照《民事诉讼法》第 110 条第 1 款第（二）项和第 2 款的规定处理即：①可以根据情节轻重予以罚款、拘留；构成犯罪的，依法追究刑事责任。②对妨害证人作证的单位，可以对其主要负责人或者直接责任人员予以罚款、拘留；构成犯罪的，依法追究刑事责任。

（4）证人出庭作证的费用及损失的承担。证人因履行作证义务而支出的交通、住宿、就餐等必要费用以及误工损失，由败诉一方当事人负担。

当事人申请证人作证的，由该当事人先行垫付；人民法院在当事人没有申请证人作证情况下依法通知证人作证的，由人民法院先行垫付。案结之后，均由败诉一方当事人承担证人作证费用及误工损失。

2. 证人确有不能出庭法定情形的，可以在庭外作证。

根据《民事诉讼法》第 73 条规定，经人民法院依法通知，证人应当出庭作证，但有下列情形之一的，可以不出庭：（1）因健康原因不能出庭的；（2）因路途遥远，交通不便不能出庭的；（3）因自然灾害等不可抗力不能出庭的；（4）其他有正当理由不能出庭的。比如，特殊岗位确实无法离开的；年迈体弱或者行动不便无法出庭的，等等。

具有上述可以不出庭的法定情形之一的证人，经人民法院许可，可以通过书面证言、视听传输技术或者视听资料等方式作证。

不具有上述法定情形的证人所提交的书面证言，应当视为没有证据能力。

（四）证人证言的效力

1. 人民法院认定证人证言，可以通过对证人的智力状况、品德、知识、经验、法律意识和专业技能等的综合分析作出判断。

2. 人民法院就证人证言与证人证言或与非证人证言等数个证据对同一事实的证明力的认定原则是：（1）证人证言证明力一般低于物证、历史档案、鉴定意见、勘验笔录或者经过公证、登记的书证。（2）证人提供的对与其有亲属或者其他密切关系的当事人有利的证言，其证明力一般小于其他证人证言。

3. 未成年人所作的与其年龄和智力状况不相当的证言；与一方当事人或者其代理人有利害关系的证人出具的证言（如，与一方当事人有亲属关系的证人出具的对该当事人有利的证言）；以及无正当理由未出庭作证的证人证言，都不能单独作为认定案件事实的依据。

七、鉴定意见

（一）鉴定意见的概念与特征

鉴定，是指鉴定人接受司法机关或者当事人的委托，依照法律规定的条件和程序，运用专门的知识或技能，对案件的专门性问题进行鉴别和评定的活动。

鉴定意见，是指鉴定人运用专门知识或技能，对案件的专门性问题进行检测、分析、鉴别后所作的结论性意见。案件的专门性问题，是指凭借常人的一般感知所不能认识的案件的事实问题。

鉴定意见由于是专门技术人员运用科学知识和手段获得的，因而具有真实性和可靠性的特征，是查明案件事实、确定案件性质、明确责任的重要根据；是审查判断其他证据的重要手段；是人民法院正确处理民事案件的重要现代科技证据，对诉讼的公正性起着十分重要乃至决定性的作用。

鉴定意见的特征是：一方面，它是鉴定人根据送检案件事实材料，按鉴定科学技术要求，以自己的专门知识，进行鉴定后提出的结论性意见；另一方面，它是鉴定人对应予查明的案件事实中的一些专门性问题所作结论，而不是就案件的法律问题提供意见。

（二）鉴定意见的提供

根据《民事诉讼法》第 76 至 79 条规定和司法解释，提出鉴定申请及鉴定意见的规则是：

1. 当事人可以就查明事实的专门性问题向人民法院申请鉴定。在诉讼过程中，当事人申请鉴定，应当在举证时限内提出。符合司法解释规定的情形由当事人申请重新鉴定的除外。

2. 对需要鉴定的事项负有举证责任的当事人，在人民法院指定的期限内无正当理由不提出鉴定申请或者不预交鉴定费用或者拒不提供相关材料，致使对案件争议的事实无法通过鉴定意见予以认定的，应当对该事实承担举证不能的法律后果。

3. 当事人申请鉴定的，由双方当事人协商确定具备资格的鉴定人；协商不成的，由人民法院指定。在诉讼实践中，当事人申请鉴定经人民法院同意后，由双方当事人协商确定有鉴定资格的鉴定机构、鉴定人员；需要进行医疗事故技术鉴定的，由双方当事人共同委托负责医疗事故技术鉴定工作的医学会组织鉴定。如果双方对确定鉴定人实在协商不成的，应该告请人民法院指定。

根据《最高人民法院关于审理侵犯植物新品种权纠纷案件具体应用法律问题的若干规定》（法释〔2007〕1 号）规定，侵犯植物新品种权纠纷案件涉及的专门性问题需要鉴定的，由双方当事人协商确定的有鉴定资格的鉴定机构、鉴定人鉴定；协商不成的，由人民法院指定的有鉴定资格的鉴定机构、鉴定人鉴定。没有这些有鉴定资格的鉴定机构、鉴定人的，由具有相应品种检测技术水平的专业机构、专业人员鉴定。

对于侵犯植物新品种权纠纷案件涉及的专门性问题可以采取田间观察检测、基因指纹图谱检测等方法鉴定。

根据《最高人民法院关于审理因垄断行为引发的民事纠纷案件应用法律若干问题的规定》（法释〔2012〕5 号）规定，因垄断行为引发的民事纠纷案件当事人可以向人民法院申请委托专业机构或者专业人员就案件的专门性问题作出市场调查或者经济分析报告。经人民法院同意，双方当事人可以协商确定专业机构或者专业人员；协商不成的，由人民法院指定。人民法院可以参照民事诉讼法及相关司法解释有关鉴定意见的规定，对前款规定的市场调查或者经济分析报告进行审查判断。

4. 当事人未申请鉴定，人民法院对专门性问题认为需要鉴定的，应当委托具备资格的鉴定人进行鉴定。在诉讼过程中，人民法院对专门性问题认为需要鉴定的，应当交由法定鉴定部门鉴定；没有法定鉴定部门的，由人民法院指定的鉴定部门鉴定。对需要进行医疗事故技术鉴定的，人民法院应当交由负责医疗事故技术鉴定工作的医学会组织鉴定。不得交给非医学会组织鉴定。

5．司法鉴定机构可受人民法院的委托，对拟作为证据使用的鉴定文书、检验报告、勘验检查记录、医疗病情资料、会计资料等材料作文证审查。

6．鉴定人有权了解进行鉴定所需要的案件材料，必要时可以询问当事人、证人。

7．鉴定人应当提出书面鉴定意见，在鉴定书上签名或者盖章。鉴定人鉴定的，应当由鉴定人所在单位加盖印章，证明鉴定人身份。

8．当事人对鉴定意见有异议或者人民法院认为鉴定人有必要出庭的，鉴定人应当出庭作证。鉴定意见应当在法庭上宣读。鉴定人应当出庭接受当事人质询。当事人经法庭许可，可以向鉴定人发问。询问鉴定人不得使用威胁、侮辱的言语和方式。

人民法院应严格执行《民事诉讼法》和《民事证据规定》有关鉴定人应当出庭接受当事人质询的规定要求。鉴定人确因特殊原因无法出庭的，经人民法院准许，可以书面答复当事人的质询。

9．当事人可以申请人民法院通知有专门知识的人出庭，就鉴定人作出的鉴定意见或者专业问题提出意见。根据司法解释规定，当事人可以向人民法院申请由一至二名具有专门知识的人出庭就鉴定人作出的鉴定意见或者案件的专门性问题提出意见进行说明。人民法院准许其申请的，有关费用由提出申请的当事人负担。审判人员和当事人可以对出庭的具有专门知识的人进行询问。经人民法院准许，具有专门知识的人可以对鉴定人进行询问，并且可以由当事人各自申请的具有专门知识的人就鉴定意见或者专业问题进行对质。

根据2011年6月最高人民法院在杭州召开的全国民事审判工作会议《纪要》第30条规定，人民法院在审理建设工程施工合同纠纷案件时，应当准许并鼓励合同当事人就与诉争焦点密切相关的工程管理、质量标准、工程技术、计价方法和计价标准等专业性问题，聘请专家证人参加庭审、邀请鉴定人出庭接受质询或者出具专业性书面意见。

按照《最高人民法院关于审理因垄断行为引发的民事纠纷案件应用法律若干问题的规定》（法释〔2012〕5号）第12条规定，因垄断行为引发的民事纠纷案件当事人可以向人民法院申请一至二名具有相应专门知识的人员出庭，就案件的专门性问题进行说明。

10．鉴定人经人民法院通知，拒不出庭作证的，其鉴定意见不得作为认定事实的根据；支付鉴定费用的当事人可以要求返还鉴定费用。

（二）申请重新鉴定的情形

2011年6月全国民事审判工作会议《纪要》特别强调，当事人对人民法院委托的鉴定部门作出的鉴定意见有异议，申请重新鉴定的，人民法院应严格执行《民事证据规定》第27条规定，决定是否予以准许，切实解决当前不同程度存在的随意启动重新鉴定问题。

根据《民事证据规定》第27条规定，当事人对人民法院委托的鉴定部门作出的鉴定意见有异议申请重新鉴定，提出证据证明存在下列情形之一的，人民法院应予准许：（1）鉴定机构或者鉴定人员不具备相关的鉴定资格的；（2）鉴定程序严重违法的；（3）鉴定意见明显依据不足的；（4）经过质证认定不能作为证据使用的其他情形。

此外，当事人当庭要求重新鉴定，人民法院认为有必要的可以准许。一方当事人自行委托有关部门作出的鉴定意见，另一方当事人有证据足以反驳并申请重新鉴定的，人民法院应予准许。

重新鉴定应当附送历次鉴定所需的鉴定资料，新鉴定人应独立进行鉴定，不受以前鉴定的影响。

对有缺陷的鉴定意见，可以通过补充鉴定、重新质证或者补充质证等方法解决的，不予重新鉴定。

需要重新鉴定的，可以延期开庭审理。重新进行鉴定的结论，必须再次开庭质证。

（三）鉴定意见的效力

鉴定意见是民事诉讼证据之一，应严格依据《民事诉讼法》以及《民事证据规定》的有关规定，对鉴定意见进行审查正确认定其效力。

1. 鉴定意见应当采书面形式，即鉴定书，并具备完整的内容。否则，鉴定意见无效力。

审判人员对鉴定人出具的鉴定书，应当根据《民事证据规定》要求审查是否具有下列内容：（1）委托人姓名或者名称、委托鉴定的内容；（2）委托鉴定的材料；（3）鉴定的依据及使用的科学技术手段；（4）对鉴定过程的说明；（5）明确的鉴定意见；（6）对鉴定人鉴定资格的说明；（7）鉴定人员及鉴定机构签名盖章。

2. 人民法院委托鉴定部门作出的鉴定意见，当事人没有足以反驳的相反证据和理由的，可以认定其证明力。

3. 就鉴定意见与非鉴定意见等数个证据对同一事实的证明力，人民法院可以依照鉴定意见的证明力一般大于视听资料和证人证言的原则认定。

八、勘验笔录

（一）勘验笔录的概念与特征

勘验笔录，是指人民法院审判人员为查明案件事实，对于与解决民事纠纷有关的现场、物证进行勘查、测量、拍照、绘图、检验、分析之后制作的笔录。

勘验笔录的特征在于，它是由人民法院审判人员在民事诉讼过程中根据需要制作，主要侧重于对现场、物证的各种情况的客观反映，同时也是对有关现场、物证提取的客观状况环境特征等重要的证据信息予以保全固定。它是一种具有综合性的证明力较强的证据。

（二）勘验笔录的形成

勘验笔录，随着勘验活动而形成。勘验，是审判人员对与案件争议有关的现场和物品进行查验、拍照、测量的活动。勘验可以由当事人申请进行，也由人民法院依职权进行。其程序要求是：

1. 勘验物证或者现场，勘验人必须出示人民法院的证件，并邀请当地基层组织或者当事人所在单位派人参加。当事人或者当事人的成年家属应当到场，拒不到场的，不影响勘验的进行。

2. 有关单位和个人根据人民法院的通知，有义务保护现场，协助勘验工作。

3. 勘验人应当将勘验物证或者现场的情况和结果制作勘验笔录，详细记录勘验的时间、地点、勘验人、在场人、勘验的经过、结果，由勘验人、在场的当事人或其成年家属和被邀参加人签名或者盖章。对于绘制的现场图应当注明绘制的时间、方位、测绘人姓名、身份等内容。

（三）勘验笔录的效力

1. 勘验笔录是审判人员或者专门的勘验人员制作的，但也必须经过质证，才有证据效力。未经质证的勘验笔录，不能作为认定案件事实的依据。

2. 勘验笔录应当在法庭宣读。经法庭许可，当事人可以向勘验人发问。询问勘验人不得使用威胁、侮辱的言语和方式。

3. 一方当事人提出的本方申请人民法院依照法定程序制作的对物证或者现场的勘验笔录，对方当事人提出异议但没有足以反驳的相反证据的，人民法院应当确认其证明力。

4. 就勘验笔录与非勘验笔录数个证据对同一事实的证明力，人民法院可以依照勘验笔录证明力一般大于其他书证、视听资料和证人证言的原则予以认定。

第三节　民事证据的分类

民事证据的分类，是指在民事诉讼理论上按照不同标准将民事诉讼法规定的证据种类划分为两厢对应的四类八种证据类别，包括本证与反证、直接证据与间接证据、原始证据与传来证据、言词证据与实物证据。民事证据的分类，有利于指导当事人、审判人员在诉讼证明活动中正确提供、调查收集、审查核实、判断运用证据。

一、本证与反证

（一）本证和反证的划分标准及概念

根据证据与当事人所主张事实的关系不同作用为标准，可以把证据分为本证和反证。

本证，是指负有证明责任的当事人一方所提出的用以证明自己所主张事实的证据。本证的特点是当事人（包括原告、被告）一方以证据从正面肯定自己所主张的事实。原告为了证明自己主张的事实而提出的证据是本证，被告为了证明作为答辩的基础事实存在履行其举证义务所提出的证据也是本证。比如，原告主张被告返还逾期借款，而向法院提出的被告书写的借条，是本证；而被告提出的由原告书写的内容为被告已经返还借款且因借条丢失而无法将被告的借条退还被告的书证，也是本证（因为该书证不是反驳原告主张事实，而是证明自己主张事实）。

反证，是指能够否定负有证明责任的当事人一方所主张的事实而提出的证据。反证的特点是当事人以证据从反面否定对方所主张的事实。例如，原告凭被告写的借条而向法院主张被告返还借款（该借条是本证），被告则出示一份与原告共同签署的备忘录，其内容是说明原被告双方并没有真正发生借贷关系，该借条只是应原告的要求而写，这份备忘录是反证（反驳原告主张借款关系存在事实）。

注意，反证否定的对象，是直接针对本证证明的事实，而不是直接针对对方当事人的诉讼请求，因此，直接针对对方当事人的诉讼请求，用以否定对方当事人诉讼请求的证据，不是反证。

（二）划分的意义

划分本证和反证的意义在于，及时解决好当事人在诉讼过程中的证明责任完成与否的检测问题。《民事诉讼法》规定，当事人对自己提出的事实主张，有责任提供证据。据此，凡是提出诉讼事实主张的一方当事人包括原告、被告，若无本证给予支持，则其主张不能成立；反之，在其已经提出本证证明诉讼事实主张成立后，对方若要否定其主张，则必须提出反证，否则承担败诉后果。倘若对方提出反证否定本证方的主张，则本证方必须提出本证对反证加以否定以巩固支撑自己的主张，才可以达到胜诉的目的。

（三）使用的规则

在民事诉讼中，案件的同一事实，除特殊侵权诉讼的举证责任承担外，都是由提出事实主张的一方当事人有责任首行举证即提出本证，然后由另一方当事人举证即提出反证。另一方当事人不能提出反证足以推翻前一事实的本证的，对这一事实可以认定；提出足以推翻前一事实的本证的，再转由提出主张的当事人继续举证以否定反证。

反证不同于反驳证据。反证是当事人提出旨在否定对方主张事实的证据；反驳证据是指当事人并没有提出证据而只是就对方所提出证据本身存在的瑕疵进行披露，以揭示对方证据的不可信，从而达到间接否定对方主张事实的一种诉讼抗辩方法。

二、直接证据与间接证据

（一）划分的标准

根据证据与民事案件主要事实的证明联系不同，把证据划分为直接证据和间接证据。直接证据和间接证据的划分是相对而言的，并且是以同一证明对象为参照的。所谓民事案件的主要事实，是指双方当事人讼争并需要法院判明的民事法律关系内容的事实即当事人有无民事权利或民事义务、责任的事实。

直接证据，是指能够单独直接证明民事案件主要事实的证据。如，合同文本或者给付货款的凭据，就是合同货款纠纷案件的直接证据，因为这一合同文本或者付款凭据能够单独直接证明当事人合同（付款）义务的存在或者（因已付款完毕而）不存在（或部分不存在，因已付一部分款项）。

间接证据，是指不能单独直接证明民事案件的主要事实，而必须同其他证据联系起来互相印证，才能推断出该主要事实的证据。如上例，没有合同文本，只有以下证据：（1）原告发送若干数量货物的凭据，（2）被告提取该若干数量货物的签单，（3）证人证明，原告曾要求被告支付货物价款，而被告则表示向谁支付款项要集体研究才能确定。这每个证据就是间接证据，不能独立证明双方之间存在合同货款给付权利、义务，只能证明这一重要事实的某个环节片段（如证据（1）单独只能证明货物发送的情节），而必须结合在一起才能对有无合同货款给付权利义务这一案件的主要事实予以证明。

这里注意，不能把直接证据与原始证据画等号，不能把传来证据排斥在直接证据之外，因为某一证据可以既是直接证据，又是传来证据，比如，在陈文涛诉李先楚借款纠纷一案中被告李先楚的同事乔生明作证："我在 2016 年 3 月 21 日听李先楚说，李先楚向陈文涛借了 30000 元钱，准备到外地去旅游时用。"这个证人证言是直接证据，同时也是传来证据。

（二）划分的意义

划分直接证据与间接证据的意义在于认清这两类证据在诉讼过程中有不同证明效率。由于直接证据有较快证明效率，因此，凡是存在直接证据的，要尽可能去搜集、提交、运用直接证据，节约诉讼成本，提高证明效率。

（三）使用的规则

根据《民事证据规定》，在证据的审核认定阶段，人民法院就数个证据对同一事实的证明力，可以依照直接证据的证明力一般大于间接证据的原则认定。

在搜集直接证据的同时，也不可轻视间接证据。证据运作实务中，间接证据往往配合直接证据形成无可攻击的证据锁链，牢固支持诉讼主张的事实。对发现的每一间接证据也要认真搜集。因为间接证据不仅对直接证据起着印证作用，而且在直接证据搜集不到的情况下，间接证据遵守其运用规则，同样可以对案件的主要事实起到证明作用。

间接证据运用规则是：（1）真实性规则。据以定案的每一个间接证据必须查证属实。（2）关联性规则。间接证据必须与案件事实之间存在联系。这种联系应以其能与当事人争执点事实有关为标准判定。凡是与争执点事实同时发生的事实以及当时解释争执点事实的陈述，都属于与争执点事实有关的事实，都可以作为间接证据。例如，在10年前当事人向邻居们说明在其家里居住的（后来成为对方当事人的）这个小孩是作为儿子来收养的陈述，是与当事人之间有无收养关系这一争执点事实有关联的事实，可以作为间接证据使用。（3）一致性规则。间接证据之间必须一致，即所有的间接证据都不能相互矛盾，互相印证。如有矛盾必须是已经得到合理排除。（4）锁链性规则。间接证据必须形成一个完整的"证据锁链"，案件情况的每一个环节都有证据加以证明，每一个环节的间接证据之间都能做到环环相扣、紧密相连。（5）排他性规则。运用间接证据最终必须得出具有一个确定性的证明结论，排除其他任何的可能性结论。

三、原始证据与传来证据

（一）划分的标准

根据证据来源的不同，可以把证据分为原始证据和传来证据。

原始证据，是指直接来源于案件事实或者在案件事实的直接作用下形成的证据。即所谓"第一手证据"。如书证的原件或者物证的原物、计算机数据或者录音、录像等视听资料的原始载体、目击证人的陈述等都是原始证据。原始证据的特点在于直接来源于案件事实，是案件事实的直接产品。

传来证据，是指由原始证据派生出来或者在信息传递的中间环节形成的证据。如书证的复印本、物证的复制品、证人就其听别人转述的情况所作的证言等，都是传来证据。传来证据的特点在于它是原始证据的替代和转述，是案件事实的间接产物。

（二）划分的意义

在传来证据与原始证据同源的情况下，原始证据的证明力大与传来证据的证明力。本书认为，这是由证据的证明力与证据同证明对象之间的距离是一种反比例关系所决定的。证据同证明对象的距离越近，其信息损耗就小，失真率就低，可靠性就强，故证明力就大。若证据同证明对象距离越远，其信息损耗就大，失真率就高，可靠性就弱，故证明力就小。原始证据同证明对象（即案件事实）之间的距离最近，因其失真率小，可靠性强，故证明力就大。而传来证据同证明对象（即案件事实）之间的距离较远，因其信息损耗大，失真率大，可靠性弱，故证明力就小。

但传来证据也有其作用，它可以成为寻找原始证据的线索，可以印证原始证据，在原始证据不存在或者不便提供的情况下，传来证据经查证属实也可以作为定案证据使用。

（三）使用的规则

在《民事诉讼法》和司法解释（《民事证据规定》等）中，对于原始证据与传来证据的使用规则是：

1. 当事人向人民法院提供证据，应当提供原件或者原物。如需自己保存证据原件、原物或者提供原件、原物确有困难的，可以提供经人民法院核对无异的复制件或者复制品。

2. 人民法院调查人员调查收集的书证，可以是原件，也可以是经核对无误的副本或者复制件。是副本或者复制件的，应当在调查笔录中说明来源和取证情况。

调查人员调查收集的物证应当是原物。被调查人提供原物确有困难的，可以提供复制品或者照片。提供复制品或者照片的，应当在调查笔录中说明取证情况。

调查人员调查收集计算机数据或者录音、录像等视听资料的，应当要求被调查人提供有关资料的原始载体。提供原始载体确有困难的，可以提供复制件。提供复制件的，调查人员应当在调查笔录中说明其来源和制作经过。

3. 在法庭审判中，对书证、物证、视听资料进行质证时，当事人有权要求出示证据的原件或者原物。但有下列情况之一的除外：

（1）出示原件或者原物确有困难并经人民法院准许出示复制件或者复制品的；

（2）原件或者原物已不存在，但有证据证明复制件、复制品与原件或原物一致的。

4. 无法与原件、原物核对的复印件、复制品不能单独作为认定案件事实的依据。

5. 证据材料为复制件，提供人拒不提供原件或原件线索，没有其他材料可以印证，对方当事人又不予承认的，在诉讼中不得作为认定事实的根据。

6. 在证据的审核认定阶段，人民法院就数个证据对同一事实的证明力，可以依照原始证据的证明力一般大于传来证据的原则认定。

四、言词证据与实物证据

根据证据的表现形式不同，可以把证据分为言词证据和实物证据。

言词证据，是指以语词的形式反映的事实来证明案件情况的证据。如证人证言、当事人陈述以及鉴定意见等。言词证据的特点是通过人的感受、记忆、表述三个心理活动阶段而形成。

实物证据，是指以物资的形式反映的事实来证明案件情况的证据。如书证、物证、视听资料、电子数据、勘验笔录等。实物证据的特点在于，它是客观存在的物品所记载的证据信息而立证。

划分言词证据和实物证据的意义在于根据其不同规律和特点对证据进行搜集、审查和判断。尤其对言词证据的审查判断，要注意提供该证据的主体在对所陈述的事实进行感知、记忆、和表达三个心理阶段当时的主客观条件如何，有无不利的主客观因素干扰和影响；对于实物证据的审查判断，要注意该实物证据有无被人为变造、伪造，或者由于客观条件的影响出现异化现象影响证据信息。

第四节 证据保全

一、证据保全的概念和意义

在总结民事诉讼证据保全实践经验的基础上，《民事诉讼法》第 81 条规定明确将证据保全分为诉讼中的证据保全和诉讼前的证据保全。

（一）诉讼中的证据保全的概念

根据《民事诉讼法》第 81 条第 1 款规定，诉讼中的证据保全，是指在法院立案受理后诉讼过程中，在证据有可能灭失或以后难以取得的情况下，人民法院根据当事人申请或者依职权主动采取措施对证据进行固定和保护。

（二）诉前证据保全的概念

根据《民事诉讼法》第 81 条第 2 款规定，诉前证据保全，是指在提起诉讼或者申请仲裁前，因情况紧急，在证据可能灭失或者以后难以取得的情况下，由证据所在地或被申请人住所地或者对案件有管辖权的人民法院根据利害关系人的申请采取措施对证据予以固定和保护。

法律、司法解释规定诉前保全证据的，依照其规定办理。一是，海事证据保全。即由海事法院依据当事人的申请进行的证据保全。我国《海事诉讼特别程序法》规定当事人有权在起诉前申请海事证据保全，海事法院根据其申请对有关海事请求的证据予以提取、保存或者封存。二是，仲裁证据保全。即我国《仲裁法》规定的在证据可能灭失或者以后难以取得的情况下，当事人可以申请证据保全，仲裁委员会应当将当事人的申请交由证据所在地的基层人民法院进行证据保全。三是，证据保全公证。即我国公证机关根据当事人的申请进行的证据保全。四是，著作、商标、专利侵权证据保全。2001 年修正后的《著作权法》、《商标法》确立诉前证据保全。《著作权法》第 50 条规定："为制止侵权行为，在证据可能灭失或者以后难以取得的情况下，著作权人或者与著作权有关的权利人可以在起诉前向人民法院申请保全证据。人民法院接受申请后，必须在四十八小时内做出裁定；裁定采取保全措施的，应当立即开始执行。人民法院可以责令申请人提供担保，申请人不提供担保的，驳回申请。申请人在人民法院采取保全措施后十五日内不起诉的，人民法院应当解除保全措施。"《商标法》第 58 条有类似规定。2001 年最高人民法院《关于对诉前停止侵犯专利权行为适用法律问题的若干规定》第 16 条指出："人民法院执行诉前停止侵犯专利权行为的措施时，可以根据当事人的申请，参照民事诉讼法第 74 条的规定[①]，同时进行证据保全。"五是，侵犯植物新品种权证据保全。根据《最高人民法院关于审理侵犯植物新品种权纠纷案件具体应用法律问题的若干规定》（法释〔2007〕1 号）第 5 条规定，品种权人或者利害关系人向人民法院提起侵犯植物新品种权诉讼时，同时提出先行停止侵犯植物新品种权行为或者保全证据请求

① 《民事诉讼法》原第 74 条于 2012 年 8 月已修改为第 81 条。

的，人民法院经审查可以先行作出裁定。人民法院采取证据保全措施时，可以根据案件具体情况，邀请有关专业技术人员按照相应的技术规程协助取证。

二、证据保全的条件

（一）诉讼中的证据保全的条件

1. 待保全的事实材料应当与案件所涉及的法律关系有关，即应当是能够证明案件有关事实的材料。与案件事实无关的材料，不予进行证据保全。

2. 待保全的事实材料存在毁损、灭失或者以后难以取得的可能性。如物证将因质体腐烂、变形而丧失证据价值，证人因病将有死亡危险以致重要证言最终取不到，等等。不存在这种可能性的事实材料，不予证据保全。

3. 待保全的证据还没有提交到法院，或当事人无法将该证据提交法院。已经交付法院或在法院控制之下（如已被法院依法扣押、查封、提取的物证、书证、视听资料、电子数据等等）的证据，不予证据保全。

（二）诉前证据保全的条件

1. 在提起诉讼或者申请仲裁之前，有关的证据面临着灭失或者以后难以取得的情形。

2. 利害关系人必须向证据所在地、被申请人住所地或者对案件有管辖权的法院提出申请。法院不可以主动采取诉前证据保全措施。

三、证据保全的程序

在司法实践中，证据保全的程序适用《民事诉讼法》“第九章保全”及司法解释的有关规定。

（一）诉讼中的证据保全的程序

1. 当事人向法院申请保全证据[①]，根据《民事证据规定》，不得迟于举证时限届满前 7 日。法院许可双方当事人商议同意延长举证时限的，当事人申请证据保全的期限可相应延长。

2. 当事人申请保全证据的，根据《民事诉讼法》第 100 条第 2 款以及《民事证据规定》规定，法院可以责令申请人提供相应的担保。如保全的证据为双方有争议的标的物，需采取查封、扣押方式进行证据保全，申请人提供担保的数额应与讼争物的实际价值相当；如果采取鉴定、勘验、拍照等方法保全物证，申请人提供担保的数额应相当于采取该保全措施可能给对方造成的损害。人民法院责令申请人提供相应担保后，申请人不提供担保的，裁定驳回其证据保全申请。

3. 当事人申请证据保全的，应向法院预交申请费，待判决后由败诉方负担。

4. 法院在收到申请后 15 日内，认为符合证据保全条件的，应当裁定采取证据保全，并开始执行；认为不符合证据保全条件的，应当裁定驳回申请。

对情况紧急的，人民法院接受申请后必须在 48 小时内作出裁定；裁定采取保全措

---

① 《民事诉讼法》规定的证据保全申请主体于 2012 年 8 月已从“诉讼参加人”（原第 74 条）改为“当事人”（第 81 条）。

施的，应当立即开始执行。

法院裁定保全证据的，对方当事人可以申请复议。参照《海事诉讼特别程序法》的规定，海事诉讼当事人对驳回其保全证据申请裁定不服的，可以在收到裁定书之日起 5 日内申请复议一次。法院应当在收到复议申请之日起 5 日内作出复议决定。复议期间不停止证据保全裁定的执行。

5. 立案后，法院在发现证据可能灭失或者以后难以取得的情况下，即使没有当事人申请也可以依职权主动采取措施进行证据保全。

6. 法院进行证据保全，可以要求当事人或者诉讼代理人到场。

（二）诉前证据保全的程序

诉前证据保全的程序，可以分为两类：司法保全程序和公证保全程序。公证保全程序。即向公证机关申请证据保全，按照公证法律、规章如《公证法》、《公证程序规则》、《房屋拆迁证据保全公证细则》等程序进行。

这里，只讲司法保全程序，即在提起诉讼或者申请仲裁前向人民法院提出申请，参照《民事诉讼法》第 101 条规定进行的诉前证据保全程序：

1. 利害关系人因情况紧急，不立即申请保全将会使其合法权益受到难以弥补的损害的，在提起诉讼或者申请仲裁前，可以向被保全证据所在地、被申请人住所地或者对案件有管辖权的人民法院书面申请采取证据保全措施。

法院不得依职权主动进行诉前证据保全。

2. 申请人应当提供担保，法院责令申请人提供担保，申请人不提供担保的，裁定驳回申请。

3. 法院接受申请后，必须在 48 小时内严格审查申请的条件和理由并分别情况作出裁定：（1）认为符合诉前证据保全条件的，应当裁定采取证据保全措施的，并应立即开始执行，不得滥用诉前证据保全措施；（2）认为不符合诉前证据保全条件的，应当裁定驳回申请，并向申请人耐心解释原因。

4. 申请人在法院采取对证据的提取、保存或者封存保全措施后 30 日内必须依法提起诉讼或者申请仲裁。采取诉前证据保全的法院对该案有管辖权的，应当依法受理；没有管辖权的，应当及时将采取诉前证据保全的全部材料移送有管辖权的受诉法院。

5. 申请人在法院采取证据保全措施后 30 日内不依法提起诉讼或者申请仲裁的，法院应当裁定解除诉前证据保全。

6. 申请人申请诉前证据保全后没有在法定的期间起诉，因而给被申请人造成财产损失引起诉讼的，由采取该证据保全措施的人民法院管辖。

7. 申请诉前证据保全错误的，申请人应当赔偿被申请人或者利害关系人因此所遭受的损失。

四、证据保全的方法

人民法院进行证据保全，可以根据具体情况，采取提取、保存或者封存、查封、扣押、拍照、录音、录像、复制、鉴定、勘验、制作笔录等方法。

第五节　证明对象

一、证明对象的概念

民事诉讼中的证明对象，是指需要证明主体用证据加以证明的案件事实。当事人的举证、质证活动，法官调查、审核、认定证据的活动，都应当紧紧地围绕着证明对象进行。一般而言，证明对象须具备三个条件：第一，该事实对正确处理诉讼具有法律意义，可以是实体法上的也可以是程序法上的意义。第二，双方当事人对该事实存在着争议。第三，该事实不属于诉讼上免予证明的事实。

二、证明对象的范围

（一）民事实体法事实

民事实体法事实，即对于解决当事人实体法上的权益争议有意义的事实。这是证明对象的主干部分，包括当事人所主张的作为诉讼请求根据或者反驳诉讼请求根据的民法、商法、经济法所规定的能够引起一定民事法律关系发生、变更、消灭的法律事实。该部分事实主要有以下几类：(1) 当事人之间产生权利义务关系的法律事实。如结婚登记、合同签订、侵权行为的构成要件。(2) 当事人之间变更权利义务关系的法律事实。如合同的变更。(3) 当事人之间消灭权利义务关系的法律事实。如债务的履行、债务的免除、合同的解除、离婚登记、收养关系的解除。(4) 妨碍当事人权利行使、义务履行的法律事实。如行为人无民事行为能力、不可抗力的发生。

（二）民事程序法事实

民事程序法事实，即不直接涉及当事人的实体权利，但对当事人的实体权利和对诉讼程序会发生很大的影响，能够产生诉讼法上的效果的法律事实。如，受诉法院是否有管辖权的事实，当事人是否适格的事实，当事人是否有诉讼行为能力的事实，审判人员是否具有回避情形的事实，是否有延期审理情形的事实，当事人耽误上诉期间理由是否正当的事实，等。

（三）民事诉讼证据事实

《民事诉讼法》第63条规定“证据必须查证属实，才能作为认定事实的根据。”当证据本身的真实性发生疑问时或者证据相互发生矛盾时，比如证人陈述同一案情前后矛盾的证言内容，书证、物证等是否具有客观真实性，所反映内容是否与本案件待证事实相关，便理所当然地成为证明对象。

（四）外国法和地方性法规

对外国法，法官则未必了解，要求法官熟悉或知晓外国现行法是不现实的。因此，当涉外民事法律关系涉讼，当事人又要求适用某一并不为法官知晓的外国法时，该外国法便成为诉讼中的证明对象，就需要当事人对此加以证明。地方性法规与外国法存在类似的情况，因此，当事人向当地法院主张存在某一可适用于本案的外地的地方性法规时，该法规便成为证明对象。此时，只要主张的一方当事人出示外国法律或者地方性法规文本并就其有效性与合法性予以证明即可。

三、免予证明的事实

（一）诉讼上承认的事实

诉讼上承认的事实，即自认，又称对事实的自认，一般是一方当事人对另一方当事人主张的案件事实予以承认。诉讼上承认的事实，其客观真实性因当事人自认而得以确定，故免予证明。

根据《民事证据规定》第8条规定，自认的适用规则有三：(1) 诉讼过程中，一方当事人对另一方当事人陈述的案件事实明确表示承认的，另一方当事人无须举证。但涉及身份关系（如收养关系、婚姻关系、亲子关系）的案件除外（即涉及身份关系案件的事实必须举证证明，而不能靠自认来认定）。(2) 对一方当事人陈述的事实，另一方当事人既未表示承认也未否认，经审判人员充分说明并询问后，其仍不明确表示肯定或者否定的，视为对该项事实的承认。(3) 当事人委托代理人参加诉讼的，经特别授权的代理人的承认视为当事人的承认。(4) 未经特别授权的代理人对事实的承认直接导致承认对方诉讼请求的，不得视为当事人的承认（主张一方仍须举证证明）；但是，如果当事人在场对未经其特别授权的代理人的该项承认不作否认表示的，视为当事人的承认。

注意：诉讼上承认可以撤回。其撤回条件有二：(1) 时间条件。即：当事人在法庭辩论终结前撤回承认；(2) 主体心态条件。即：并经对方当事人同意，或者有充分证据证明其承认行为是在受胁迫或者重大误解情况下作出且与事实不符的。

诉讼上承认撤回的后果是：不能免除对方当事人的举证责任。

根据《民事证据规定》第13条规定，对双方当事人无争议但涉及国家利益、社会公共利益或者他人合法权益的事实，人民法院可以责令当事人提供有关证据。也就是说，对于此类涉及公益、他人权益的事实，即使对方当事人予以诉讼上承认，法院仍然可以责令主张一方提供证明予以证明。

此外，根据《民事证据规定》第67条规定，在诉讼中，当事人为达成调解协议或者和解的目的作出妥协所涉及的对案件事实的认可，不得在其后的诉讼中作为对其不利的证据。

（二）众所周知的事实

众所周知的事实，是指在一定范围内为普通知识经验的人所知晓的事实。如一个国家的民族风俗传统（中国人过春节燃放烟花爆竹），一个地域民众的生活习惯（四川人爱吃麻辣烫火锅），日本军队在第二次世界大战中征用中国女子做慰安妇，2001年在美国纽约世贸中心大厦发生“9·11”恐怖袭击事件，等等。众所周知的事实，之所以免予证明，是因为它具有公知真实性。没有公知性的事实不能成为众所周知的事实。具体的案件审理中，由审理案件的法官判断有关事实是否属于众所周知的事实。

（三）自然规律及定理

自然规律，是指客观事物在特定条件下内在的、本质的联系。定理，是指在科学上通过特定条件已被反复证明其发生变化过程的某种必然规律，且被人们普遍采用作为原则性命题或公式。自然规律及定理，通常由现代人类社会的文明风序良俗所认知及由现代自然科学领域的公认权威特定载体（即自然科学教学研究相关领域的权威教科书、权威学科研究报告、学科公认著述文本、相关学科国际会议决议文本，等等）所表达。自然规律及定理，已经为人们所认识并反复验证，在被人们和科学的新发现或新认识推翻否定之前，具有公认的客观真实性，当事人只需提交传播或者记载该自然规律及定理的文明风序良俗或者特定载体及申请法院予以司法认知即可，无须也无能力在诉讼中予以证明。法院一般应当在当事人提出该自然规律及定理作为本案的事实并提出司法认知申请时，以司法认知确定之。法官对于自然规律及定理不理解的，可以询问相关行业的专家学者予以确认。

（四）根据法律规定或已知事实能推定出另一事实

推定，就是根据已经存在的一定事实，假定另一事实的存在。前一事实称为基础事实，后者称为推定事实。推定本身并非证据，而是一种证据法则。推定包括法律上的推定和事实上的推定。当事人有相反证据足以推翻的除外。

法律上的推定，是指根据法律的规定，当基础事实存在时，必须假定推定事实存在。立法文本上对于推定的用语不尽一致，有的法律用“推定”，有的法律则用“视为”。比如，《合同法》第78条规定“当事人对合同变更的内容约定不明确的，推定为未变更。”第125条规定“合同文本采用两种以上文字订立并约定具有同等效力的，对各文本使用的词句推定具有相同含义。”而《继承法》第25条规定“继承开始后，继承人放弃继承的，应当在遗产处理前，作出放弃继承的表示。没有表示的，视为接受继承。受遗赠人应当在知道受遗赠后两个月内，作出接受或者放弃受赠的表示。到期没有表示的，视为放弃受遗赠。”内中之“视为”接受继承或放弃受遗赠，便是法律上的推定。

事实上的推定，是指根据已经确知的事实和日常生活经验法则，按照形式逻辑规则而推理出存在另一事实。如从已经确立一个人隐藏证据这一事实，可以作出该证据对他不利的推定等。已经确立的事实和日常生活经验法则是基础事实，应该是明晰的并具有公认的真实性。如，信函写明受信人地址，贴足邮资，交付邮局，推定为受信人收到该邮件。合同如果以书面形式订立，推定缔约的当事人经过多次考虑而订定。债权凭证为债务人所持有时，推定该债务已经清偿。在国外制作的文书，经我国驻在国使领馆认证，推定其为文书上签名的人所制作。外国政府机关制作的公文书，经中华人民共和国驻外使领馆认证的，推定其真实。私文书经本人或其代理人签名、盖章、按捺指印，推定其真实。公民制作的私文书，保管20年以上的，推定其内容真实。文书载有制作的时间与地点的，推定该文书在该时间与地点做成。文书上的签名，推定为该文书所表彰的签字人亲自所签。

（五）已为人民法院发生法律效力的裁判所确认的事实

已为人民法院发生法律效力的裁判所确认的事实，是指受诉法院、其他法院审理各种类型案件（包括刑事、民事、行政案件）后作出的与本案诉讼所主张的事实有关的已生效裁定判决所确认的事实，具有预决效力。当事人举出本案所涉及的事实，是已经在其他已经审结的案件中被人民法院所确认的事实的，无须举证证明，只需提交该生效裁判文书即可。

（六）已为仲裁机构的生效裁决所确认的事实

仲裁机构的生效裁决与法院生效裁判具有同样的法律效力，因此，已为仲裁机构的生效裁决确认的事实，对诉讼中的事实具有预决效力。

（七）已为有效公证文书所证明的事实

公证文书是公证机关依照法定程序对法律事实以及文书加以证明的法律文书。《民事诉讼法》第69条规定，经过法定程序公证证明的法律事实和文书，人民法院应当作为认定事实的根据，但有相反证据足以推翻公证证明的除外。在此条规定里，已排除了对“有关法律行为”予以公证的证明效力的司法确认。

上述（二）至（七）类无须证明的事实，除自然规律及定理外，其余五类事实即：众所周知的事实、根据法律规定或者已知事实和日常生活经验法则能推定出的另一事实、已为人民法院发生法律效力的裁判所确认的事实、已为仲裁机构的生效裁决所确认的事实、已为有效公证文书所证明的事实，对方当事人都可以以反证推翻。有相反证据足以推翻上述五类无须证明的事实的，主张一方需举证证明该事实。

第六节 证明责任与证明标准

一、民事诉讼的证明责任

（一）证明责任的含义

证明责任，又称举证责任，是指诉讼当事人对自己提出的主张，有提出证据并加以证明的责任，如果当事人未能尽到上述责任，则有可能承担对其主张不利的法律后果。证明责任基本含义是：(1) 当事人对自己提出的主张，应当提出证据。(2) 当事人对自己提出的证据，应当能够证明自己的主张。(3) 当事人不能提出证据或者提出的证据不能证明自己主张的，该待证事实处于真伪不明法官无法相信该事实存在与否的不确定状态，将可能导致法院裁判其承担不利诉讼后果。

（二）行为责任与结果责任

行为责任，又称行为意义上的证明责任，是指当事人对自己提出的诉讼请求所依据的事实或者反驳对方诉讼请求所依据的事实，负有提供证据加以证明的责任。结果责任，又称结果意义上的证明责任，是指没有证据或者证据不足以证明当事人的事实主张的，由负有举证责任的当事人承担不利后果。行为意义的证明责任与结果意义的证明责任，都是民事诉讼证明责任的有机组成部分。

（三）证明责任的分配

首先，《民事诉讼法》第64、65、66条对当事人证明责任（或举证责任）的规定：

1. 当事人对自己提出的主张，有责任提供证据。

但是，当事人及其诉讼代理人因客观原因不能自行收集的证据，或者人民法院认为审理案件需要的证据，人民法院应当调查收集。

2. 当事人对自己提出的主张，应当及时提供证据。

人民法院根据当事人的主张和案件审理情况，确定当事人应当提供的证据及其期限。当事人在该期限内提供证据确有困难的，可以向人民法院申请延长期限，人民法院根据当事人的申请适当延长。人民法院收到当事人提交的证据材料，应当出具收据，写明证据名称、页数、份数、原件或者复印件以及收到时间等，并由经办人员签名或者盖章。

3. 当事人逾期提供证据的，人民法院应当责令其说明理由；拒不说明理由或者理由不成立的，人民法院根据不同情形可以不予采纳该证据，或者采纳该证据但予以训诫、罚款。

其次，最高人民法院有关司法解释对当事人证明责任（或举证责任）分配：

1. 行为责任和结果责任的具体分配

根据《民事证据规定》第2条规定，行为责任和结果责任的具体分配如下：

（1）当事人对自己提出的诉讼请求所依据的事实或者反驳对方诉讼请求所依据的事实有责任提供证据加以证明。这是对行为责任的分配，包括：对自己提出的诉讼请求所依据的事实，提出诉讼请求方应当承担举证责任；反驳对方诉讼请求所依据的事实，反驳诉讼请求方应当承担举证责任，而不能无证据地反驳。但是，提出诉讼请求方和反驳诉讼请求方的举证责任有一个先后顺序，即举证责任转移问题。前者的举证责任，对后者的举证责任能否进行有决定性作用。

（2）没有证据或者证据不足以证明当事人的事实主张的，由负有举证责任的当事人承担不利后果。这是对结果责任的分配。负有举证责任的当事人对于自己主张的事实承担不利结果责任的条件是二者择其一：一是“没有证据”予以证明属于“举证不能”范畴，包括提不出证据或提出的证据不能成为证据。如“对需要鉴定的事项负有举证责任的当事人，在人民法院指定的期限内无正当理由不提出鉴定申请或者不预交鉴定费用或者拒不提供相关材料，致使对案件争议的事实无法通过鉴定意见予以认定的，应当对该事实承担举证不能的法律后果。”又如，“当事人举证时限届满后提供的证据不是新的证据的，人民法院不予采纳。”二是虽有证据但“证据不足以证明”，属于“举证不足”范畴。如只提出了不能单独作为认定案件事实的证据的“无正当理由未出庭作证的证人证言”等。

应当注意，在保障当事人承担举证责任方面，受诉人民法院负有说明义务：“应当向当事人说明举证的要求及法律后果，促使当事人在合理期限内积极、全面、正确、诚实地完成举证。当事人因客观原因不能自行收集的证据，可申请人民法院调查收集。”

2. 起（反）诉者首先要负举证责任，否则起（反）诉不能成立

原告向人民法院起诉或者被告提出反诉，应当附有符合起诉条件的相应的证据材料。根据《民事诉讼法》第108条起诉必须符合的条件之规定，起（反）诉者首负举证责任的范围一般包括：（1）原、被告的诉讼主体资格证明；（2）作为起（反）诉者诉讼请求基础的事实理由之证据材料；（3）法院有主管和管辖权的原因事实的证据。

3. 当事人对公益事实的证明责任的强制承担

对公益事实的举证责任的强制负担，即：“对双方当事人无争议但涉及国家利益、社会公共利益或者他人合法权益的事实，人民法院可以责令当事人提供有关证据。”这是为了避免双方串谋，而致诉讼结果损害国家利益、社会公共利益或者他人合法权益。被法院责令举证的当事人，如不能提供证据予以证明该公益事实，同样应当对此承担不利后果。

4. 合同纠纷诉讼证明责任的承担

合同纠纷诉讼中，主张合同关系成立并生效的事实承担证明责任；主张合同关系变更、解除、终止、撤销的一方当事人对引起合同关系变动的事实承担证明责任。对合同

是否履行发生争议的，由负有履行义务的当事人承担证明责任。

根据《最高人民法院关于适用〈中华人民共和国合同法〉若干问题的解释（二）》（法释〔2009〕5号）第6条规定，提供格式条款一方对已尽合理提示及说明义务承担举证责任。第7条规定，对于合同法所称交易习惯，由提出主张的一方当事人承担举证责任。

5. 代理权发生争议的证明责任的承担

代理权发生争议的，由主张有代理权的一方当事人承担证明责任。

6. 一般侵权诉讼证明责任的承担

一般侵权诉讼案件中，主张损害赔偿的权利人应当对损害赔偿请求权产生的事实加以证明。损害赔偿法律关系产生的法律要件事实，包括侵害事实、侵害行为与侵害事实之间的因果关系、行为具有违法性以及行为人的过错等。

7. 劳动争议纠纷诉讼证明责任的承担

劳动争议纠纷案件中，因用人单位作出开除、除名、辞退解除劳动合同、减少劳动报酬、计算劳动者工作年限等劳动争议的，由用人单位负证明责任。

根据《最高人民法院关于审理劳动争议案件适用法律若干问题的解释（三）》（法释〔2010〕12号）的规定，劳动者主张加班费的，应当就加班事实的存在承担举证责任。但劳动者有证据证明用人单位掌握加班事实存在的证据，用人单位不提供的，由用人单位承担不利后果。

在劳动争议纠纷案件诉讼中，根据2011年6月最高人民法院全国民事审判工作会议《纪要》第55条规定，用人单位或他人代替劳动者签订劳动合同，用人单位有充分证据证明代签劳动合同经劳动者本人同意，或者劳动者以实际行为表明接受所代签劳动合同的，不影响劳动合同效力。

8. 不正当竞争民事案件证明责任的承担

根据《最高人民法院关于审理不正当竞争民事案件应用法律若干问题的解释》（法释〔2007〕2号）规定，在中国境内具有一定的市场知名度，为相关公众所知悉的商品，应当认定为《反不正当竞争法》第5条第（二）项规定的“知名商品”。原告应当对其商品的市场知名度负举证责任。

不正当竞争民事案件中，当事人指称他人侵犯其商业秘密的，应当对其拥有的商业秘密符合法定条件、对方当事人的信息与其商业秘密相同或者实质相同以及对方当事人采取不正当手段的事实负举证责任。其中，商业秘密符合法定条件的证据，包括商业秘密的载体、具体内容、商业价值和对该项商业秘密所采取的具体保密措施等。

9. 因垄断行为引发的民事纠纷案件证明责任的承担

根据2012年6月1日起施行的《最高人民法院关于审理因垄断行为引发的民事纠纷案件应用法律若干问题的规定》（法释〔2012〕5号）第7、8条规定，被诉垄断行为属于《反垄断法》第13条第1款第（一）项至第（五）项规定的垄断协议的，被告应对该协议不具有排除、限制竞争的效果承担举证责任。被诉垄断行为属于《反垄断法》第17条第1款规定的滥用市场支配地位的，原告应当对被告在相关市场内具有支配地位和其滥用市场支配地位承担举证责任。被告以其行为具有正当性为由进行抗辩的，应当承担举证责任。

10. 票据诉讼证明责任的承担

票据诉讼的举证责任由提出主张的一方当事人承担。包括：(1) 依照《票据法》第4条第2款、第10条、第12条、第21条的规定，向人民法院提起诉讼的持票人有责任提供诉争票据。该票据的出票、承兑、交付、背书转让涉嫌欺诈、偷盗、胁迫、恐吓、暴力等非法行为的，持票人对持票的合法性应当负责举证。(2) 票据债务人依照《票据法》第13条的规定，对与其有直接债权债务关系的持票人提出抗辩，人民法院合并审理票据关系和基础关系的，持票人应当提供相应的证据证明已经履行了约定义务。(3) 付款人或者承兑人被人民法院依法宣告破产的，持票人因行使追索权而向人民法院提起诉讼时，应当向受理法院提供人民法院依法作出的宣告破产裁定书或者能够证明付款人或者承兑人破产的其他证据。

在票据诉讼中，负有举证责任的票据当事人应当在一审人民法院法庭辩论结束以前提供证据。因客观原因不能在此举证期限以内提供的，应当在举证期限届满以前向人民法院申请延期。延长的期限由人民法院根据案件的具体情况决定。

票据当事人在一审人民法院审理期间隐匿票据、故意有证不举，应当承担相应的诉讼后果。

11. 民间借贷纠纷诉讼证明责任的承担

根据2011年6月最高人民法院全国民事审判工作会议《纪要》第31条规定，民间借贷纠纷案件，出借人应对存在借贷关系、借贷内容以及已将款项交付给借款人等事实承担举证责任；借款人应承担已经归还借款的举证责任。

（四）证明责任分配的倒置

证明责任分配的倒置，是指法律或司法解释直接或间接规定主张有利于自己的事实者不负担证明责任，而由对方当事人承担证明责任；对方当事人在不能履行证明义务时，将承担败诉的后果。证明责任倒置必须有法律或司法解释的规定，在诉讼中法官不可以任意倒置证明责任分配。

证明责任分配的倒置，通常出现于一些特殊侵权纠纷案件之中，故又可以称为特殊侵权诉讼的举证责任承担。

根据法律和《民事证据规定》第4条等司法解释，证明责任倒置的具体情形往往出现在以下几类特殊侵权诉讼之中：

1. 产品制造方法发明专利引起的专利侵权诉讼，由制造同样产品的单位或者个人对其产品制造方法不同于专利方法承担举证责任。

2. 高度危险作业致人损害的侵权诉讼，由加害人就受害人故意造成损害的事实承担举证责任。

铁路运输也是一种特殊的高度危险作业，在铁路运输人身损害赔偿纠纷案件中的证明责任倒置，应当遵循最高人民法院《关于审理铁路运输人身损害赔偿纠纷案件适用法律若干问题的解释》（法释〔2010〕5号）规定，铁路运输中发生人身损害，铁路运输企业举证证明有下列情形之一的，不承担赔偿责任：(1) 不可抗力造成的；(2) 受害人故意以卧轨、碰撞等方式造成的。此外，受害人不听从值守人员劝阻或者无视禁行警示信号、标志硬行通过铁路平交道口、人行过道，或者沿铁路线路纵向行走，或者在铁路线路上坐卧，造成人身损害，铁路运输企业举证证明已充分履行安全防护、警示等义务的，不承担赔偿责任。

3. 因环境污染引起的损害赔偿诉讼，由加害人就法律规定的免责事由及其行为与损害结果之间不存在因果关系承担举证责任。

根据《侵权责任法》第66条规定，因污染环境发生纠纷，污染者应当就法律规定的不承担责任或者减轻责任的情形及其行为与损害之间不存在因果关系承担举证责任。

4. 建筑物或者其他设施以及建筑物上的搁置物、悬挂物发生倒塌、脱落、坠落致人损害的侵权诉讼，由所有人或者管理人对其无过错承担举证责任。

根据《侵权责任法》第85、88条规定，(1) 建筑物、构筑物或者其他设施及其搁置物、悬挂物发生脱落、坠落造成他人损害，所有人、管理人或者使用人不能证明自己没有过错的，应当承担侵权责任。(2) 堆放物倒塌造成他人损害，堆放人不能证明自己没有过错的，应当承担侵权责任。

5. 饲养的动物致人损害的侵权诉讼、自然保护区内野生动物肇事致人损害的侵权诉讼，由动物饲养人或者管理人、自然保护区管理单位就受害人有过错或者第三人有过错承担举证责任。

民法通则规定，饲养的动物造成他人损害的，动物饲养人或者管理人应当承担民事责任；由于受害人的过错造成的，动物饲养人或者管理人不承担民事责任；由于第三人的过错造成损害的，第三人应当承担民事责任。发生诉讼的，由动物饲养人或者管理人就受害人有过错或者第三人有过错承担举证责任。《侵权责任法》第78条也规定，饲养的动物造成他人损害的，动物饲养人或者管理人应当承担侵权责任，但能够证明损害是因被侵权人故意或者重大过失造成的，可以不承担或者减轻责任。

民法通则规定，自然保护区内野生动物肇事致人损害的，由管理单位负责赔偿。如果管理单位能够证明损害是由于受害人的过错造成的，不承担赔偿责任。由于第三人的过错造成损害的，第三人应当承担侵权责任。我国法律对野生动物致人损害的特殊侵权行为曾经缺少具体的法律规定，影响到当事人依法保护自己的合法权益。民法的这一规定，明确界定了这种侵权行为的法律责任。发生诉讼，由管理单位负担举证责任，既有利于保护人的权利，也有利于保护野生动物。《侵权责任法》第81条也规定，动物园的动物造成他人损害的，动物园应当承担侵权责任，但能够证明尽到管理职责的，不承担责任。

6. 因缺陷产品致人损害的侵权诉讼，由产品的生产者就法律规定的免责事由承担举证责任。

依据《产品质量法》的规定，产品责任适用无过错责任原则。产品生产者主张免责的，应当就法律规定的免责事由承担举证责任。

7. 因共同危险行为致人损害的侵权诉讼，由实施危险行为的人就其行为与损害结果之间不存在因果关系承担举证责任。

共同危险行为，又称准共同侵权行为，是指2人或2人以上共同实施侵害他人民事权益的危险行为，但根据现有证据无法判明究竟谁是造成损害后果的具体加害人的情形。共同危险行为致人损害的侵权责任，采过错推定的原则，如民法规定，因污染环境对他人造成损害，不能确定具体的加害人的，由与损害后果具有联系的排污单位或者个人根据其排放量的比例承担相应的侵权责任。行为人只有在证明其行为与损害结果之间不存在因果关系的情况下才能免除民事责任的承担。根据《侵权责任法》第10条规定，二人以上实施危及他人人身、财产安全的行为，其中一人或者数人的行为造成他人损害，能够确定具体侵权人的，由侵权人承担责任；不能确定具体侵权人的，行为人承担连带责任。

8. 因医疗行为引起的侵权诉讼，由医疗机构就医疗行为与损害结果之间不存在因果关系及不存在医疗过错承担举证责任。

也就是说，在医疗行为引起的侵权诉讼中，应当由医疗机构承担两个方面的举证责任：一是，医疗行为与损害结果之间不存在因果关系；二是，不存在医疗过错。根据2011年6月最高人民法院全国民事审判工作会议《纪要》第45、46条规定，在医疗损害责任纠纷案件中，医疗机构依据《侵权责任法》第60条第1款规定主张不承担赔偿责任的，应承担举证责任。当事人应提交由其保管的涉案病历资料。医疗机构提交的客观性病历资料与主观性病历资料，符合民事诉讼法相关证据规定的，人民法院经依法认定后，均可以作为证据采用。在以下三种情况下医疗损害责任纠纷案件当事人应承担不利后果：（1）因伪造、篡改、涂改或以其他不当方式改变病历资料的内容，致使医疗行为与损害后果之间是否存在因果关系或医疗机构及其医务人员是否有过错无法认定的，改变病历资料的当事人应承担相应的不利法律后果。（2）制作方对病历资料内容存在的明显矛盾或错误不能做出合理解释的，应承担相应的不利法律后果。但病历仅存在错别字、未按病历规范格式书写等形式瑕疵的，不影响对病历资料真实性的认定。（3）因当事人遗失、销毁、抢夺病历，导致医疗行为与损害结果之间的因果关系或医疗机构及其医务人员是否有过错无法认定的，遗失、销毁、抢夺一方当事人应承担不利的法律后果。

9. 因会计师事务所在审计业务活动中出具不实报告引起的民事侵权诉讼，由会计师事务所就自己没有过错承担证明责任。

根据《最高人民法院关于审理涉及会计师事务所在审计业务活动中民事侵权赔偿案件的若干规定》（法释〔2007〕12号）规定，利害关系人以会计师事务所在从事注册会计师法规定的审计业务活动中出具不实报告并致其遭受损失为由向人民法院提起的民事侵权赔偿诉讼，会计师事务所因在审计业务活动中对外出具不实报告给利害关系人造成损失的，应当承担侵权赔偿责任，但其能够证明自己没有过错的除外。

10. 有关法律对侵权诉讼的举证责任有特殊规定的，从其规定。

如《民用航空法》"对地面第三人损害的赔偿责任"第161条规定："依照本章规定应当承担责任的人证明损害是完全由于受害人或者其受雇人、代理人的过错造成的，免除其赔偿责任；应当承担责任的人证明损害是部分由于受害人或者其受雇人、代理人的过错造成的，相应减轻其赔偿责任。但是，损害是由于受害人的受雇人、代理人的过错造成时，受害人证明其受雇人、代理人的行为超出其授权的范围的，不免除或者不减轻应当承担责任的人的赔偿责任。一人对另一人的死亡或者伤害提起诉讼，请求赔偿时，损害是该另一人或者其受雇人、代理人的过错造成的，适用前款规定。"

又如，《侵权责任法》第38、70、71、72、73、75条以及第87、90和91条既规定侵权责任承担同时也规定了特殊举证责任：（1）无民事行为能力人在幼儿园、学校或者其他教育机构学习、生活期间受到人身损害的，幼儿园、学校或者其他教育机构应当承担责任，但能够证明尽到教育、管理职责的，不承担责任。(2) 民用核设施发生核事故造成他人损害的，民用核设施的经营者应当承担侵权责任，但能够证明损害是因战争等情形或者受害人故意造成的，不承担责任。(3) 民用航空器造成他人损害的，民用航空器的经营者应当承担侵权责任，但能够证明损害是因受害人故意造成的，不承担责任。(4) 占有或者使用易燃、易爆、剧毒、放射性等高度危险物造成他人损害的，占有人或者使用人应当承担侵权责任，但能够证明损害是因受害人故意或者不可抗力造成的，不承担责任。(5) 从事高空、高压、地下挖掘活动或者使用高速轨道运输工具造成他人损害的，经营者应当承担侵权责任，但能够证明损害是因受害人故意或者不可抗力造成的，不承担责任。(6) 非法占有高度危险物造成他人损害的，由非法占有人承担侵权责任。所有人、管理人不能证明对防止他人非法占有尽到高度注意义务的，与非法占有人承担连带责任。(7) 从建筑物中抛掷物品或者从建筑物上坠落的物品造成他人损害，难以确定具体侵权人的，除能够证明自己不是侵权人的外，由可能加害的建筑物使用人给予补偿。(8) 因林木折断造成他人损害，林木的所有人或者管理人不能证明自己没有过错的，应当承担侵权责任。(9) 窨井等地下设施造成他人损害，管理人不能证明尽到管理职责的，应当承担侵权责任。在上述《侵权责任法》规定中，所谓“能够证明…”或者“不能证明……”实质上就是对这些侵权责任诉讼的举证责任的倒置规定。

再如，根据《水污染防治法》第 87 条规定，因水污染引起的损害赔偿诉讼，由排污方就法律规定的免责事由（即水污染损害是由于不可抗力造成和（或）由受害人故意造成的）及其行为与损害结果之间不存在因果关系承担举证责任。此外，根据《固体废物污染环境防治法》第 86 条规定，因固体废物污染环境引起的损害赔偿诉讼，由加害人就法律规定的免责事由及其行为与损害结果之间不存在因果关系承担举证责任。

这里应注意：证明责任分配的倒置，并非将被侵权方主张事实的证明责任全部转给被告，而只是将侵权方的过错或者行为和结果之间的因果关系等案件事实的证明责任予以倒置。未被倒置的事实仍然由被侵权方加以证明。但是，因医疗行为引起的侵权诉讼，医疗机构必须同时证明医疗行为与损害结果之间不存在因果关系及不存在医疗过错这两个事实，方可免责。

二、证明标准

证明标准，是指法院在诉讼裁判中认定案件事实所要达到的证明程度。《民事证据规定》第 63 条规定，人民法院应当以证据能够证明的案件事实为依据依法作出裁判。这是证据裁判主义的规定，也体现了民事审判追求公正与追求效益的双重价值。诉讼中，如果待证事实没有达到证明标准时，该待证事实就处于真伪不明的状态。已达到证明标准时，法院就应当以该事实作为裁判的依据。

（一）高度盖然性是民事诉讼的证明标准

盖然性，是指法官从证据资料看待证事实具有存在与否的某种可能性。高度盖然性，是指证明虽然没有达到使法官对待证事实确信只能如此的程度，但是已经相信存在极大可能或非常可能如此的程度。

《民事证据规定》第 73 条确定民事诉讼的证明标准，是“高度盖然性”或“盖然性占优势”证明标准。即：“双方当事人对同一事实分别举出相反的证据，但都没有足够的依据否定对方证据的，人民法院应当结合案件情况，判断一方提供证据的证明力是否明显大于另一方提供证据的证明力，并对证明力较大的证据予以确认。因证据的证明力无法判断导致争议事实难以认定的，人民法院应当依据举证责任分配的规则作出裁判。”

“一方提供的证据的证明力明显大于另一方”，可以认为证明力较大的证据支持的事实具有高度盖然性，法院应当依据这一事实作出裁判。

“因证据的证明力无法判断导致争议事实难以认定”，是指双方证据的证明力大小不明显或无法判断，即双方证据支持的事实均不能达到高度盖然性程度；“法院应当依据举证责任的分配规则作出裁判”，是指由负有举证责任的一方当事人承担举证不能的不利后果。

（二）民事诉讼证明标准与刑事诉讼证明标准的区别

刑事诉讼证明标准一般要求证明需达到一种使法官确信的状态或者能够排除一切合理怀疑，民事诉讼证明标准是“高度盖然性”或者“盖然性占优势”，二者有所不同。民事诉讼证明标准低于刑事诉讼，这是由两种诉讼不同的性质决定的：民事诉讼涉及的一般是民事财产权和人身权争议，而刑事诉讼则涉及人身自由甚至剥夺人的生命。民事诉讼证据一般由当事人自己收集，证明标准不能要求很高，否则会使民事权利难以维护和实现。

第七节　证明程序

一、举证时限

（一）举证时限的概念

举证时限，是指法律规定或法院指定的负有举证责任的当事人能够有效举证的期限。《民事证据规定》第 33 条规定了举证时限，从而以证据适时提出主义取代证据随时提出主义，以充分保护当事人的合法权利，提高诉讼效率，实现司法公正价值和司法效益价值。

（二）举证时限的确定

《民事证据规定》第 33 条规定，举证时限有两种确定方法：

1. 由当事人协商、法院认可

按《民事证据规定》第 33 条第 2 款规定，举证期限可以由当事人协商一致，并经人民法院认可。人民法院认可后，按照当事人协商一致的举证期限举证。

2. 由人民法院指定

按《民事证据规定》第 33 条第 3 款规定，由人民法院指定举证期限的，指定的期限不得少于 30 日，自当事人收到案件受理通知书和应诉通知书的次日起计算。

人民法院应当在送达案件受理通知书和应诉通知书的同时向当事人送达举证通知书。举证通知书应当载明举证责任的分配原则与要求、可以向人民法院申请调查取证的情形、人民法院根据案件情况指定的举证期限（不得少于 30 日）以及逾期提供证据的法律后果。

（三）举证时限的适用

1. 当事人应当在举证期限内向人民法院提交证据材料。

2. 当事人在举证期限内不提交的，视为放弃举证权利。

3. 逾期提交证据的，不组织质证，但对方同意质证除外。

对于当事人逾期提交的证据材料，人民法院审理时不组织质证。但对方当事人同意质证的，法院仍然应当组织对该证据的质证。

注意，根据 2011 年 6 月最高人民法院全国民事审判工作会议《纪要》第 61 条规定，对于当事人在举证期限届满后提交的证据以及鉴定、调查取证、证人出庭作证等申请，法院应当综合逾期原因、证据与案件事实的关联等因素，决定是否准许。对于另一方当事人仅以提交证据或申请超过举证期限为由，拒绝发表质证意见和配合鉴定、调查取证的，法院应将其意见记入笔录，但其意见不影响法院对该证据真实性的审查以及依法委托鉴定、调查取证的效力。

4. 当事人增加、变更诉讼请求或者提起反诉的时限不得超出举证时限

当事人增加、变更诉讼请求或者提起反诉的，应当在举证期限届满前提出。

5. 在诉讼过程中，当事人主张的法律关系的性质或者民事行为的效力与人民法院根据案件事实作出的认定不一致的，不受上述 1. 2. 3 点的限制，人民法院应当告知当事人可以变更诉讼请求。当事人变更诉讼请求的，人民法院应当重新指定举证期限。

（四）遵守举证期限困难的可两次申请延期举证

当事人在举证期限内提交证据材料确有困难的，应当在举证期限内向人民法院申请延期举证，经人民法院准许，可以适当延长举证期限。当事人在延长的举证期限内提交证据材料仍有困难的，可以再次提出延期申请，是否准许由人民法院决定。这表明遵守举证期限有困难的可两次申请延期举证，这就能够为当事人的诉讼权利提供有效的保障。

（五）举证时限适用的分类

为解决各地对有关举证时限的规定理解不统一的状态，防止裁判突袭和证据突袭，切实保障当事人诉讼权利的充分行使，保障人民法院公正高效行使审判权，最高人民法院于 2008 年 12 月 11 日发布《关于适用〈关于民事诉讼证据的若干规定〉中有关举证时限规定的通知》（法发［2008］42 号），对民事诉讼举证时限的适用问题进行了分类规范指导，主要有：

1. 一审普通程序的举证时限适用

《民事证据规定》第 33 条第 3 款规定的举证期限，是适用一审普通程序审理民事案件时，人民法院指定当事人提供证据证明其主张的基础事实的期限，该期限不得少于 30 日。

但是，人民法院在征得双方当事人同意后，指定的举证期限可以少于 30 日。

在上述举证期限届满后，针对某一特定事实或特定证据或者基于特定原因，人民法院可以根据案件的具体情况，酌情指定当事人提供证据或者反证的期限，该期限不受“不得少于 30 日”的限制。

2. 简易程序的举证期限适用

适用简易程序审理的案件，人民法院指定的举证期限不受《民事证据规定》第 33

条第 3 款规定的限制，可以少于 30 日。

简易程序转为普通程序审理，人民法院指定的举证期限少于 30 日的，人民法院应当为当事人补足不少于 30 日的举证期限。但在征得当事人同意后，人民法院指定的举证期限可以少于 30 日。

3. 当事人提出管辖权异议后的举证期限适用

当事人在一审答辩期内提出管辖权异议的，人民法院应当在驳回当事人管辖权异议的裁定生效后，依照《民事证据规定》第 33 条第 3 款的规定，重新指定不少于 30 日的举证期限。但在征得当事人同意后，人民法院可以指定少于 30 日的举证期限。

4. 对人民法院依职权调查收集的证据提出相反证据的举证期限适用

人民法院依照《民事证据规定》第 15 条调查收集的证据在庭审中出示后，当事人要求提供相反证据的，人民法院可以酌情确定相应的举证期限。

5. 增加当事人时的举证期限适用

人民法院在追加当事人或者有独立请求权的第三人参加诉讼的情况下，应当依照《民事证据规定》第 33 条第 3 款的规定，为新参加诉讼的当事人指定举证期限。该举证期限适用于其他当事人。

6. 当事人申请延长举证期限的适用

当事人申请延长举证期限经人民法院准许的，为平等保护双方当事人的诉讼权利，延长的举证期限适用于其他当事人。

7. 增加、变更诉讼请求以及提出反诉时的举证期限适用

当事人在一审举证期限内增加、变更诉讼请求或者提出反诉，或者人民法院依照《民事证据规定》第 35 条的规定告知当事人可以变更诉讼请求后，当事人变更诉讼请求的，人民法院应当根据案件的具体情况重新指定举证期限。当事人对举证期限有约定的，依照《民事证据规定》第 33 条第 2 款的规定处理。

8. 二审新的证据举证期限适用

在第二审人民法院审理中，当事人申请提供新的证据的，人民法院指定的举证期限，不受“不得少于 30 日”的限制。二审法院对“新的证据”，应依照《民事证据规定》第 41、42、43、44 条规定结合以下因素综合认定：证据是否在举证期限或者《民事证据规定》第 41、44 条规定的其他期限内已经客观存在；当事人未在举证期限或者司法解释规定的其他期限内提供证据，是否存在故意或者重大过失的情形。

9. 发回重审案件举证期限适用

发回重审的案件，第一审人民法院在重新审理时，可以结合案件的具体情况和发回重审的原因等情况，酌情确定举证期限：一是，因违反法定程序被发回重审的案件，人民法院在征求当事人的意见后，可以不再指定举证期限或者酌情指定举证期限但不受“不得少于 30 日”的限制。二是，因遗漏当事人被发回重审的案件，应当依照《民事证据规定》第 33 条第 3 款的规定，为新参加诉讼的被遗漏当事人指定举证期限。该举证期限适用于其他当事人。三是，因认定事实不清、证据不足发回重审的案件，人民法院可以要求当事人协商确定举证期限，或者酌情指定举证期限。上述举证期限不受“不得少于 30 日”的限制。

总之，人民法院在审理民事案件时，应当按照有利于当事人行使诉讼权利和人民法

院查明事实的要求，结合法律、司法解释等规定，准确理解和把握举证期限的规定。

二、证据交换

（一）证据交换的概念

证据交换，是指在开庭审理之前，双方当事人及其诉讼代理人按照法院通知指定证据交换的日期、时间到庭，在审判人员的主持下，互相提交阅览将要在诉讼中使用的全部证据。

（二）证据交换的期间和时间

1. 证据交换的期间

经当事人申请，人民法院可以组织当事人在开庭审理前交换证据。人民法院对于证据较多或者复杂疑难的案件，应当组织当事人在答辩期届满后、开庭审理前交换证据。可见，证据交换的期间，是在开庭审理前。

2. 证据交换的时间

交换证据的时间，可以由当事人协商一致并经人民法院认可，也可以由人民法院指定。无论采取哪种方式，证据交换的时间必须确定在庭审之前。

人民法院组织当事人交换证据的，交换证据之日举证期限届满。当事人申请延期举证经人民法院准许的，证据交换日相应顺延。

证据交换日前不提供证据的，应承担逾期举证的后果。

（三）证据交换的操作

证据交换是法院审判活动的组成部分，应当在审判人员的主持下进行。可以是合议庭组成人员，也可以是书记员或合议庭之外的审判人员。

在证据交换的过程中，审判人员对当事人无异议的事实、证据应当记录在卷；在庭审中，审判人员对这类证据说明后，不必再组织质证，即可以作为认定案件事实的依据。对这类证据，当事人在其后的庭审中除非有足以推翻的相反证据外，不得任意反悔。

在证据交换的过程中，审判人员对当事人有异议的证据，按照需要证明的事实分类记录在卷，并记载异议的理由。通过证据交换，确定双方当事人争议的主要问题，以便于法庭审理。

（四）证据交换的次数

当事人收到对方交换的证据后提出反驳并提出新证据的，人民法院应当通知当事人在指定的时间进行交换。

为了防止当事人利用证据交换拖延诉讼，证据交换一般不超过两次。但重大、疑难和案情特别复杂的案件，人民法院认为确有必要再次进行证据交换的除外。即可不受两次的次数限制。

三、人民法院收集调查证据

（一）当事人收集、提供证据与人民法院依职权调查、收集证据的关系

人民法院调查收集证据和当事人收集、提供证据，两者共同构成我国现阶段民事诉讼证据提取系统。两者关系应当是以后者为主，前者为辅，前者着重于解决后者竭尽其

力仍无法解决的证据虽存而举证困难问题，但不能在实际上包揽后者。

（二）法院调查收集证据的两种方式

根据《民事诉讼法》第64条和《民事证据规定》第15条的规定，人民法院调查收集证据包括两种方式：

1. 依职权调查收集证据

人民法院认为审理案件需要的证据，应当依职权主动调查收集。所谓“人民法院认为审理案件需要的证据”是指两种情形：一是涉及可能有损国家利益、社会公共利益或者他人合法权益的事实；二是涉及依职权追加当事人、中止诉讼、终结诉讼、回避等与实体争议无关的程序事项。

除上述可依职权调查收集证据的情形外，法院调查收集证据，应当依当事人的申请进行。

2. 依当事人申请调查收集证据

当事人及其诉讼代理人因客观原因不能自行收集的证据，可以向人民法院申请调查收集。

申请人民法院调查收集证据，应当符合实质条件和形式条件。

实质条件是必须具有以下三种情形之一：（1）申请调查收集的证据属于国家有关部门保存并须人民法院依职权调取的档案材料；（2）涉及国家秘密、商业秘密、个人隐私的材料；（3）当事人及其诉讼代理人确因客观原因不能自行收集的其他材料。

形式条件是：（1）当事人及其诉讼代理人申请人民法院调查收集证据，应当提交书面申请。申请书应当载明被调查人的姓名或者单位名称、住所地等基本情况、所要调查收集的证据的内容、需要由人民法院调查收集证据的原因及其要证明的事实。（2）申请人民法院调查收集证据，不得迟于举证期限届满前7日。

人民法院对当事人及其诉讼代理人的申请不予准许的，应当向当事人或其诉讼代理人送达通知书。当事人及其诉讼代理人可以在收到通知书的次日起3日内向受理申请的人民法院书面申请复议一次。人民法院应当在收到复议申请之日起5日内作出答复。

人民法院对当事人及其诉讼代理人的申请复议后仍不予准许的，意味着当事人无法完成其举证责任，将承担不利后果。

（三）法院调查收集证据的规则

法院调查人员调查收集的书证，可以是原件，也可以是经核对无误的副本或者复制件。是副本或者复制件的，应当在调查笔录中说明来源和取证情况。

法院调查人员调查收集的物证应当是原物。被调查人提供原物确有困难的，可以提供复制品或者照片。提供复制品或者照片的，应当在调查笔录中说明取证情况。

法院调查人员调查收集计算机数据或者录音、录像等视听资料的，应当要求被调查人提供有关资料的原始载体。提供原始载体确有困难的，可以提供复制件。提供复制件的，调查人员应当在调查笔录中说明其来源和制作经过。

摘录有关单位制作的与案件事实相关的文件、材料，应当注明出处，并加盖制作单位或者保管单位的印章，摘录人和其他调查人员应当在摘录件上签名或者盖章。

摘录文件、材料应当保持内容相应的完整性，不得断章取义。

此外，法院调查案件专门性问题须依法鉴定。对物证或者现场，无须依据当事人的申请而依职权进行勘验。

四、质证

（一）质证概念

质证，是指在法庭审理活动中，当事人及其诉讼代理人在审判长的主持下，围绕各方出示的有争议证据的真实性、关联性、合法性，针对证据证明力有无以及证明力大小，进行质疑、说明与辩驳。

《民事诉讼法》第68条规定："证据应当在法庭上出示，并由当事人互相质证。"质证的实质，是当事人在法官面前对证据材料显伪示真。质证的地位，是民事证据运用过程（即取证、举证（含换证〈交换证据〉）、质证、认证）中不可或缺的阶段。"质证是法官正确认证的前提，任何证据未经法庭质证，不得作为定案的根据。"（《人民法院五年改革纲要》法发［1999］28号"10、进一步完善质证和认证制度"）

（二）质证主体

质证主体，即在法庭上有权进行质证活动的行为者。当事人（包括原告、被告和第三人）及其诉讼代理人是质证主体，他们有权在法庭上进行质证活动。法庭是质证的法定场所，法官是质证的主持人，是认证的主体，不是质证的主体。

（三）质证客体

质证客体是证据。不论当事人举证或法院取证所得，凡可以作为认定案情事实依据的证据，除质证免除之外，均应当在法庭上出示、接受质证：

1. 证人、鉴定人、勘验人、（出庭的）具有专门知识的人员应当出庭接受质询。但《民事证据规定》另有规定的（见前述）除外。

证人可以进行对质。

出庭的具有专门知识的人员可以对鉴定人进行询问。

出庭的具有专门知识的人员可以就有关案件问题进行对质。

2. 书证、物证、视听资料、电子数据应当出示接受质证。

对书证、物证、视听资料、电子数据进行质证时，当事人、诉讼代理人有权要求出示证据的原件或者原物。但有下列情况之一的除外：（1）出示原件或者原物确有困难并经人民法院准许出示复制件或者复制品的；（2）原件或者原物已不存在，但有证据证明复制件、复制品与原件或原物一致的。

（四）质证免除

1. 无争议事实无须质证

即对当事人无争议的事实，无须举证、质证。

2. 自认免除质证

当事人在证据交换过程中认可并记录在卷的证据，经审判人员在庭审中说明后，可以作为认定案件事实的依据。对其免除质证。

自认可以免除质证的条件：一是，该证据是经过双方在证据交换过程中认可并记录（该认可）在卷的证据；二是，该证据须由审判人员在庭审中说明已经为双方所认可；三是，该证据在前两个两条件具备后，其免质证效用只是"可以"作为认定案情事实的依据。

3. 无须举证的事实免除质证

无须举证的事实，既免除举证也免除质证。“证明案件事实的证据未在法庭公开举证、质证，不能进行认证，但无须举证的事实除外。”（《最高人民法院关于严格执行公开审判制度的若干规定》“五”之规定）因该事实不用证据证明而直接由法官司法认知，故其无证据可以质证。

对因垄断行为引发的民事纠纷案件中的无须举证的事实，《最高人民法院关于审理因垄断行为引发的民事纠纷案件应用法律若干问题的规定》（法释〔2012〕5号）第9、10条规定为：（1）被诉垄断行为属于公用企业或者其他依法具有独占地位的经营者滥用市场支配地位的，人民法院可以根据市场结构和竞争状况的具体情况，认定被告在相关市场内具有支配地位，但有相反证据足以推翻的除外。（2）原告可以以被告对外发布的信息作为证明其具有市场支配地位的证据。被告对外发布的信息能够证明其在相关市场内具有支配地位的，人民法院可以据此作出认定，但有相反证据足以推翻的除外。

但是，当事人用相反证据足以推翻无须举证事实时，对这些推翻无须举证事实的证据（是否“相反”、是否达到了“足以推翻”无须举证事实的程度）便应当进行质证。

（五）质证内容

质证时，当事人、诉讼代理人应当围绕证据的真实性、关联性、合法性，针对证据证明力有无以及证明力大小，进行质疑、说明与辩驳。

（六）质证方式

涉及国家秘密、商业秘密和个人隐私或者法律规定的其他应当保密的证据，不得在开庭时公开质证。但应当在不公开开庭场合中进行当事人质证。

另据《最高人民法院关于审理因垄断行为引发的民事纠纷案件应用法律若干问题的规定》（法释〔2012〕5号）第11条规定，因垄断行为引发的民事纠纷案件的证据涉及国家秘密、商业秘密、个人隐私或者其他依法应当保密的内容的，法院可以依职权或者当事人的申请采取不公开开庭、限制或者禁止复制、仅对代理律师展示、责令签署保密承诺书等保护措施。

对于不应当保密的证据，应当公开质证。

案件有两个以上独立的诉讼请求的，当事人可以逐个出示证据进行质证。案件有两个以上独立存在的事实的，可以要求当事人逐项陈述事实，逐个出示证据并分别进行质证。

（七）质证顺序

质证程序按下列顺序进行：

1. 原告出示证据，被告、第三人与原告进行质证；

2. 被告出示证据，原告、第三人与被告进行质证；

3. 第三人出示证据，原告、被告与第三人进行质证。

人民法院依照当事人申请调查收集的证据，作为提出申请的一方当事人提供的证据。人民法院依照职权调查收集的证据应当在庭审时出示，听取当事人意见，并可就调查收集该证据的情况予以说明。

法庭应当将当事人的质证情况记入笔录，并由当事人核对后签名或者盖章。

五、认证

（一）认证概念

认证，又称审查核实证据，或证据的审核认定，是指法庭对经过质证或依据规定可以免除质证的民事证据材料是否具备证据的客观性、相关性、合法性予以审查核实，并认定其证明力即是否可以成为证明案件事实的依据的审查判断。

认证，是民事诉讼证据使用的最后阶段，是紧接着质证之后的民事诉讼证明的最终完成环节，在此之后法院转入对民事案件实体判决。

（二）认证要求

1. 法官内心确信。

《民事证据规定》第 64 条在《民事诉讼法》第 64 条第 3 款规定的“人民法院应当按照法定程序，全面客观地审查核实证据”的原则基础上，进一步提出认证的要求：“审判人员应当依照法定程序，全面、客观地审核证据，依据法律的规定，遵循法官职业道德，运用逻辑推理和日常生活经验法则，对证据有无证明力和证明力大小独立进行判断，并公开判断的理由和结果。”这一要求，是立足于我国实事求是的优良传统且汲取自由心证原则的合理因素，而新创提出的对民事诉讼证据认证的法官内心确信原则。

2. 人民法院应当在裁判文书中阐明证据是否采纳的理由。包括：（1）准确分析说明各方当事人提交证据采信与否的理由以及被采信的证据能够证明的事实；（2）对证明责任、证据的证明力以及证明标准等问题应当进行合理解释。

根据《最高人民法院关于全面深化人民法院改革的意见》（法发〔2015〕3 号）“14. 完善民事诉讼证明规则”和“34. 推动裁判文书说理改革”的规定，一切证据必须经过庭审质证后才能作为裁判的依据，当事人双方争议较大的重要证据都必须在裁判文书中阐明采纳与否的理由。人民法院要加强对当事人争议较大、法律关系复杂、社会关注度较高的一审案件，以及所有的二审案件、再审案件、审判委员会讨论决定案件裁判文书的说理性。完善裁判文书说理的刚性约束机制和激励机制，建立裁判文书说理的评价体系。

3. 对当事人无争议的证据，是否采纳的理由可以不在裁判文书中表述。对事实清楚、权利义务关系明确、当事人争议不大的一审民商事案件，使用简化的裁判文书，通过填充要素、简化格式，提高裁判效率。

（三）认证方法

认证，可以在单一证据审核认定基础上，对所有证据进行综合审核判断，并认定证据的证明力。

1. 单一证据的认证方法

审判人员对单一证据可以从下列方面进行审核认定：（1）证据是否原件、原物，复印件、复制品与原件、原物是否相符；（2）证据与本案事实是否相关；（3）证据的形式、来源是否符合法律规定；（4）证据的内容是否真实；（5）证人或者提供证据的人，与当事人有无利害关系。

2. 全部证据的认证方法

审判人员对案件的全部证据，应当从各证据与案件事实的关联程度、各证据之间的联系等方面进行综合审查判断。

在民事审判实践中，人民法院对于证据的认证方法应当结合个案具体情况适用。例如根据2011年6月最高人民法院全国民事审判工作会议《纪要》第31条规定，对于民间借贷纠纷案件的全部证据，应从各证据与案件事实的关联程度、各证据之间的联系等方面进行综合审查判断，对于形式要件有瑕疵的“欠条”或“收条”等，应结合其他证据认定是否存在借贷关系。对现金交付的借贷，可根据借贷金额大小、交付凭证、支付能力、交易习惯、当事人关系以及当事人陈述的交付经过等因素，综合判断是否存在借贷关系。

3. 证人证言的认证方法

人民法院认定证人证言，可以通过对证人的智力状况、品德、知识、经验、法律意识和专业技能等的综合分析作出判断。

（四）认证注意事项

1. 把握有关证据能力的规则

有关证据能力的规则包括：

（1）在其后诉讼中对调解或和解中妥协自认排除规则

在诉讼中，当事人为达成调解协议或者和解的目的作出妥协所涉及的对案件事实的认可，不得在其后的诉讼中作为对其不利的证据。

（2）非法证据排除规则

以侵害他人合法权益或者违反法律禁止性规定的方法取得的证据，不能作为认定案件事实的依据。

2. 把握有关证据证明力的规则

有关证据证明力的规则有：

（1）孤证不能定案的确认规则

下列证据不能单独作为认定案件事实的依据：①未成年人所作的与其年龄和智力状况不相当的证言；②与一方当事人或者其代理人有利害关系的证人出具的证言；③存有疑点的视听资料；④无法与原件、原物核对的复印件、复制品；⑤无正当理由未出庭作证的证人证言。

（2）被对方（缺乏反驳证据的）异议的一方当事人所提证据的证明力确认规则

一方当事人提出的下列证据，对方当事人提出异议但没有足以反驳的相反证据的，人民法院应当确认其证明力：①书证原件或者与书证原件核对无误的复印件、照片、副本、节录本；②物证原物或者与物证原物核对无误的复制件、照片、录像资料等；③有其他证据佐证并以合法手段取得的、无疑点的视听资料或者与视听资料核对无误的复制件；④一方当事人申请人民法院依照法定程序制作的对物证或者现场的勘验笔录。

（3）被对方（缺乏反驳证据的）异议的法院所取的鉴定意见的证明力确认规则

人民法院委托鉴定部门作出的鉴定意见，当事人没有足以反驳的相反证据和理由的，可以认定其证明力。

（4）被对方认可的或反证不足以反驳的证据的证明力确认规则

一方当事人提出的证据，另一方当事人认可或者提出的相反证据不足以反驳的，人民法院可以确认其证明力。

根据《最高人民法院关于审理铁路运输人身损害赔偿纠纷案件适用法律若干问题的解释》（法释〔2010〕5号）规定，人民法院审理铁路行车事故及其他铁路运营事故造成的铁路运输人身损害赔偿纠纷案件，有权作出事故认定的组织依照《铁路交通事故应急救援和调查处理条例》等有关规定制作的事故认定书，经庭审质证，对于事故认定书所认定的事实，当事人没有相反证据和理由足以推翻的，人民法院应当作为认定事实的根据。

（5）被对方认可的反驳证据的证明力的确认规则

一方当事人提出的证据，另一方当事人有异议并提出反驳证据，对方当事人对反驳证据认可的，可以确认反驳证据的证明力。

（6）对当事人承认的对己方不利的事实和认可的证据的证明力确认规则

诉讼过程中，当事人在起诉状、答辩状、陈述及其委托代理人的代理词中承认的对己方不利的事实和认可的证据，人民法院应当予以确认，但当事人反悔并有相反证据足以推翻的除外。

（7）对数个证据对同一事实的证明力的确认规则（最佳证据规则）

人民法院就数个证据对同一事实的证明力，可以依照下列原则认定：（1）国家机关、社会团体依职权制作的公文书证的证明力一般大于其他书证；（2）物证、档案、鉴定意见、勘验笔录或者经过公证、登记的书证，其证明力一般大于其他书证、视听资料和证人证言；（3）原始证据的证明力一般大于传来证据；（4）直接证据的证明力一般大于间接证据；（5）证人提供的对与其有亲属或者其他密切关系的当事人有利的证言，其证明力一般小于其他证人证言。

（8）对被一方当事人无理拒交的证据证明力的推定确认规则

有证据证明一方当事人持有证据无正当理由拒不提供，如果对方当事人主张该证据的内容不利于证据持有人，可以推定该主张成立。

（9）当事人陈述的证明力确认规则（补强证据及对方认可规则）

当事人对自己的主张，只有本人陈述而不能提出其他相关证据的，其主张不予支持。但对方当事人认可的除外。

【学习总结与拓展】

【关键词】民事证据　当事人陈述　书证　物证　视听资料　电子数据　证人证言　鉴定意见　勘验笔录　证据保全　证明对象　证明责任　证明标准　证据交换　质证　认证

【思考题】

1. 民事诉讼证据的种类有哪些？
2. 民事证据的分类有哪些？
3. 证据保全的条件是什么？
4. 民事诉讼证明对象的范围和免证事实是什么？
5. 民事诉讼证明责任如何承担，如何倒置？
6. 民事诉讼证明标准是什么？
7. 质证、认证的规则有哪些？

【阅读资料】

1.《中华人民共和国民事诉讼法》(2017 年修正) 第六章证据。

2.《最高人民法院关于适用〈中华人民共和国民事诉讼法〉的解释》(法释〔2015〕5 号) 四、证据。

3.《最高人民法院关于民事诉讼证据的若干规定》(法释〔2001〕33 号);《最高人民法院关于适用〈关于民事诉讼证据的若干规定〉中有关举证时限规定的通知》(法发〔2008〕42 号)。

4. 肖建华主编:《民事证据法理念与实践》,法律出版社 2005 年版。

5. 王学棉:《证明标准研究一以民事诉讼为中心》,人民法院出版社 2007 年版。

6. 吴杰:《民事诉讼证明标准理论研究》,法律出版社 2007 年版;叶自强:《举证责任的确定性》,《法学研究》2001 年第 3 期。

7. (德) 莱奥·罗森贝克著 :《证明责任论:以德国民法典和民事诉讼法典为基础撰写 (第 4 版)》,庄敬华译,中国法制出版社 2002 年版。

8. 刘春梅:《自由心证制度研究:以民事诉讼为中心》,厦门大学出版社 2005 年版;田平安主编:《现代证明责任问题》,法律出版社 2000 年版。

9. 李浩著:《民事证明责任制度研究》,法律出版社 2003 年版;李浩著:《民事举证责任研究》,中国政法大学出版社 1993 年版。

10. 顾培东:《论民事诉讼中的举证责任》,《法学季刊》1982 年第 3 期。

第十一章 法院调解

【学习提示】通过本章学习，了解法院调解的概念、性质及适用范围；深入理解法院调解的原则、效力；掌握法院调解的种类及其适用条件；领会法院调解的法律监督，特别是法律监督的方式及适用条件。

第一节 法院调解的概述

一、法院调解的概念

法院调解，是指在法官的主持下，双方当事人协商解决民事纠纷的一种诉讼活动。法院调解与法院判决一样，都是我国法院审结民事案件的方式。作为我国民事诉讼的一项基本制度，法院调解在诉讼中广为应用，大多数民事诉讼都是以调解方式解决的。

二、法院调解的性质和适用范围

在法院调解制度中，法官进行调解，行使的仍然是审判权；而当事人之间协商解决纠纷行使的则是处分权。在某些情况下，两权会发生冲突。比如，对某个案件法院认为无论是从案件本身情况，还是从双方当事人长远利益出发，以调解方式解决最好，但当事人不愿意调解；又比如，调解中一方当事人提出的调解方案法院认为是公平的合理的，但对方当事人拒不接受这一调解方案，法院能否强迫当事人接受？这时法院的审判权与当事人的处分权发生了冲突。由于民事诉讼是以当事人存在争讼且诉诸法院而启动的，所以在两权发生冲突时，法院应当尊重当事人的处分权。总之，法院调解是当事人行使处分权和法院行使审判权相结合的产物，当两权发生冲突时，处分权通常处于主导地位。

法院的审判程序，一般都适用法院调解。但是执行程序、特别程序、督促程序、公示催告程序不适用法院调解，同时，《法院适用民诉法解释》还规定婚姻等身份关系确认案件及其他根据案件性质不能进行调解的案件，不得调解。

三、法院调解的种类

法院调解主要分为三种，先行调解，庭前调解和审理中调解。

《民事诉讼法》第 122 条规定“当事人起诉到人民法院的民事纠纷，适宜调解的，先行调解，但当事人拒绝调解的除外”。由此可知先行调解的适用条件，主要是两项，二者缺一不可：其一，人民法院认为适宜调解。适宜的判断标准由人民法院根据案件的具体情况具体掌握，一般来说，家庭矛盾、邻里纠纷等民间纠纷适宜调解，其他案件如果事实基本清楚、当事人之间争议不大的也适宜调解。其二，当事人不拒绝。调解的一项基本原则是当事人自愿，如果当事人明确表示不同意调解，则不可以进行先行调解。

庭前调解是在原告起诉法院受理后、开庭审理以前进行的调解。《民事诉讼法》第133条规定“人民法院对受理的案件，开庭前可以调解的，采取调解方式及时解决纠纷”，《法院适用民诉法解释》第142条规定“人民法院受理案件后，经审查，认为法律关系明确、事实清楚，在征得当事人双方同意后，可以进行调解”。庭前调解有利于及时化解民事纠纷，节约诉讼资源。但由于庭前调解是在法庭审理之前进行的，当事人的诉讼权利尚未充分行使，因此其程序保障较弱。除了《民事诉讼法》、《法院适用民诉法解释》的以上规定外，最高人民法院在《第一审经济纠纷案件适用普通程序开庭审理的若干规定》[①] 和《经济纠纷案件适用简易程序开庭审理的若干规定》[②] 等司法解释中都有明确规定，进行庭前调解的案件必须符合以下两个条件：一是法律关系明确，案件事实清楚；二是双方当事人同意调解。

审理中调解则是法院在开庭审理民事案件的过程中，由审判人员主持双方当事人进行的调解活动。审理中调解一般是在法庭调查和法庭辩论结束后进行，因为经过法庭调查和辩论程序之后，案件事实及证据情况基本清楚，双方当事人对自己诉讼的结果有一定的预测，具备进行调解的基础，此时法官对庭审情况稍加归纳和说明，有利于主持双方当事人达成调解协议。

除以上三种主要的调解方式外还有法院特邀调解等调解方式，依据《最高人民法院关于人民法院特邀调解的规定》（法释［2016］14号）[③] 可知，特邀调解是指人民法院吸收符合条件的人民调解、行政调解、商事调解、行业调解等调解组织或个人成为特邀调解组织或者特邀调解员，接受人民法院立案前委派或者立案后委托依法进行调解，促使当事人在平等协商基础上达成调解协议、解决纠纷的一种调解活动。法院特邀调解既可以是在案件登记立案前，也可以在登记立案后或者在审理过程中。无论是先行调解、庭前调解、庭审中的调解还是法院特邀调解，既可以依双方当事人申请开始，也可以由人民法院根据案件具体情况依职权主动征求当事人意见进行，但都必须建立在双方当事人自愿的基础上。

第二节　法院调解的原则

正是由于法院调解是法院审理民事纠纷的一种方式，所以审判人员和当事人在法院调解过程中应当遵守一定的原则，以保证法院调解的公正，避免调解的随意性。法院在进行调解时应当遵循三个原则：

一、自愿原则

法院进行调解活动或双方当事人达成调解协议，都必须以双方当事人自愿为前提，

---

① 本规定是最高人民法院1993年发布的，现行有效。

② 本规定是最高人民法院1993年发布的，现行有效。

③ 本规定是最高人民法院2016年6月28日发布，自2016年7月1日起施行。

法院不得强迫当事人调解或达成协议。

二、合法原则

法院的调解活动和双方当事人达成的调解协议内容都不得违反法律规定。

三、查明事实、分清是非的原则

法院进行调解应当以查明案件事实、分清双方责任为基础和前提。这样有利于分清是非和调解协议的履行。司法实践中常出现达成协议后当事人反悔或不自觉履行协议，原因之一就是在调解过程中，法官往往回避事实认定和责任划分，而是用“和稀泥”的方式促使双方达成协议。由于法院不能根据事实和法律正确确定当事人的权利义务，难以使当事人心服口服并自觉履行调解协议。

四、调解不公开原则

法院审理民事案件，调解过程不公开，但当事人同意公开的除外；调解协议内容不公开，但为保护国家利益、社会公共利益、他人合法权益，人民法院认为确有必要公开的除外；主持调解以及参与调解的人员，对调解过程以及调解过程中获悉的国家秘密、商业秘密、个人隐私和其他不宜公开的信息，应当保守秘密，但为保护国家利益、社会公共利益、他人合法权益的除外。

以上四条原则虽然都对法院的调解活动具有指导作用，但它们并不是都处于完全同等重要的地位。在四个原则中居核心地位的，应当是自愿原则，这是法院开始调解的前提和双方当事人达成协议的基础。

第三节 法院调解的效力

一、调解书

调解书是法院制作的记载当事人调解协议内容的法律文书。如前所述，法院调解与判决都是法院审结案件的方式，都具有法律效力。但调解协议是当事人双方合意的结果，它本身并不具有法律效力，如果一方或双方反悔，人民法院无从约束。因此，在民事诉讼中如果双方当事人达成了调解协议，要由法院制作成调解书，以法院确认的形式将双方自愿达成的协议内容确定下来，从而使当事人的协议具有法律效力。因此，法院在审查批准当事人的调解协议后，制作成具有法定格式的和强制力的调解书。当调解书送达双方当事人签收生效后，就发生法律效力，并具有执行力。所以，法院以调解方式解决的案件，一般都应制作调解书。如果在调解中双方当事人未能达成协议，法院则终止调解程序，进行审理和判决。

但在有些特殊案件中，双方当事人达成调解协议，法院却没有必要再制作调解书，如果制作反而会对解决纠纷起反作用。如离婚、收养关系等涉及人身关系的纠纷，具有浓厚的感情色彩，如果经法院调解双方当事人重归于好，维持双方的关系，法院就不必再把双方当事人的调解协议制作成具有强制执行力的法律文书。又如有的案情简单、争议金额不大的案件，诉讼中双方达成调解协议后就当庭履行了，法院也没有必要制作调解书。同时，如果当事人各方同意在调解协议上签名或盖章后即发生法律效力的，经人民法院审查确认后，应当记入笔录或者将调解协议附卷，并由当事人、审判人员、书记员签名或者盖章后即具有法律效力。在这种情形下，当事人请求制作调解书的，人民法院审查确认后可以制作调解书送交当事人。当事人拒收调解书的，不影响调解协议的效力。总之，对于调解结案的，法院可以根据实际情况决定是否制作调解书，当事人各方也可以协议不制作调解书。

二、法院调解的效力

法院调解的效力，即指调解达成协议后，法院制作的调解书的效力，以及不需要制作调解书时记载调解协议内容的法院的调解笔录的效力。这两者的效力与法院判决的效力相同。具体而言，当事人达成调解协议后会产生以下法律效力：

（一）实体法上的效力

生效的法院调解书和调解笔录的内容确定了当事人之间的权利义务关系，双方的民事权利义务之争因此而消失。

（二）程序法上的效力

主要体现在四个方面：一是结束诉讼程序，当事人的纠纷得以解决；二是当事人不得再以同一事实、同一理由再起诉，但有关身份关系的诉讼例外；三是当事人不得上诉。因为调解书一经当事人双方签收就发生法律效力，这与判决书的生效不同；四是调解书可以作为执行的根据，权利人可以申请法院强制执行。但有关身份关系的诉讼除外。

三、当事人反悔的处理

如果法院制作好调解书送达当事人双方签收时，当事人拒绝签收的，表明他对调解协议反悔，这时调解书不发生法律效力，法院要应当及时通知对方当事人，并收回或裁定撤销调解书，然后进行判决。如果是调解书送达签收以后当事人反悔的，这时调解书已经发生法律效力。当事人既不能上诉，法院也不得随意撤销调解书，当事人只能通过审判监督程序申请再审。所以对调解书法院只能采取直接送达而不能采取留置送达的方式送达。

第四节　法院调解的法律监督

《民事诉讼法》第 14 条规定“人民检察院有权对民事诉讼实行法律监督”。这就将检察院法律监督的范围从以前的对民事审判活动的法律监督扩大为“对民事诉讼实行法律监督”，人民检察院是国家法律监督机关，在已有的审判监督的基础上，对人民法院的民事诉讼实行法律监督，其中就包括了民事诉讼调解监督。

《民事诉讼法》第 208 条规定“地方各级人民检察院对同级人民法院已经发生法律效力的判决、裁定，发现有本法第二百条规定情形之一的，或者发现调解书损害国家利益、社会公共利益的，可以向同级人民法院提出检察建议，并报上级人民检察院备案；

也可以提请上级人民检察院向同级人民法院提出抗诉。各级人民检察院对审判监督程序以外的其他审判程序中审判人员的违法行为，有权向同级人民法院提出检察建议”，同时最高人民检察院发布的《检察院民诉监督规则》第77条规定“人民检察院发现民事调解书损害国家利益、社会公共利益的，依法向人民法院提出再审检察建议或者抗诉”。由此可知，对民事诉讼调解的监督的方式除了抗诉外还有检察建议的方式，地方各级人民检察院发现民事调解书损害国家利益、社会公共利益的，可以向同级人民法院提出再审检察建议，也可以提请上级人民检察院抗诉，同级检察院提出检察建议，由同级法院进行处理。同时对人民法院已经采纳再审检察建议进行再审的案件，提出再审检察建议的人民检察院一般不得再向上级人民检察院提请抗诉。同时人民检察院因履行法律监督职责提出检察建议或者抗诉的需要，可以向当事人或者案外人调查核实相关情况。

【学习总结与拓展】

【关键词】法院调解　调解书　调解协议　调解监督

【思考题】

1. 法院调解的性质和适用范围是什么?
2. 法院调解的种类有哪些?
3. 如何理解法院调解的原则?
4. 法院调解具有什么效力?
5. 如何理解人民检察院对法院民事诉讼调解监督?

【阅读资料】

1.《中华人民共和国民事诉讼法》(2017年修正)第八章调解。

2.《最高人民法院关于适用〈中华人民共和国民事诉讼法〉的解释》(法释〔2015〕5号)六、调解。

3.《最高人民法院关于人民法院特邀调解的规定》(法释［2016］14号)。

4.《人民检察院民事诉讼监督规则(试行)》(2013年9月23日最高人民检察院第十二届检察委员会第十次会议通过)第六章对生效判决、裁定、调解书的监督。

5. 奚晓明主编:《〈中华人民共和国民事诉讼法〉修改条文理解与适用》，人民法院出版社2012年版。

6. 最高人民法院民事诉讼法司法解释起草小组办公室审定:《民事诉讼法及司法解释适用集成》，法律出版社2015年版。

7. 李浩:《先行调解性质的理解与认识》,《人民法院报》2012年10月17日。

8. 许少波:《先行调解的三重含义》,《海峡法学》2013年第1期。

9. 高民智:《关于检察监督制度的理解与适用》,《人民法院报》2012年12月13日；范愉:《调解的重构——以法院调解的改革为重点》，载国家民商法审判网(http://www.ncclj.com)。

第十二章　保全和先予执行

【学习提示】 通过本章学习，了解保全和先予执行这两大诉讼保障制度的原理，理解保全的种类包括财产保全和行为保全，领会财产保全的担保制度，掌握诉前财产保全和诉讼中财产保全在适用条件、管辖和程序，先予执行的适用范围、条件和程序。

第一节　财产保全

财产保全是《民事诉讼法》设立的为保障生效裁判的顺利执行、避免胜诉债权人权利遭受损失，而对当事人处分相关财产予以限制的一种诉讼保障制度。原告起诉的目的，往往是请求法院判令被告履行一定的义务，比如交付合同约定的货物、支付拖欠的贷款、赔偿经济损失等等。而诉讼需要一定的时间，等到法院判决之后，可能由于各种原因，如义务人故意挥霍、转移、破坏财产等，判决生效后已没有财产可供执行了，造成法院生效后的判决难以执行，权利人的权利难以得到保护，所以法律规定了财产保全措施以切实保障权利人的利益得以实现。实践中，因财产保全设置的要求偏高、执法尺度难以统一、操作不规范等引发的保全难和保全乱问题比较突出，难以保障债权、有效遏制债务人隐匿、转移财产，难以平衡保护债务人合法权益。有鉴于此，在总结审判执行实践经验的基础上，2016 年 10 月 17 日最高人民法院审判委员会第 1696 次会议通过并于同年 11 月 7 日公布、自 2016 年 12 月 1 日起施行《最高人民法院关于人民法院办理财产保全案件若干问题的规定》（法释〔2016〕22 号，以下简称《财产保全规定》），进一步依法保护当事人、利害关系人的合法权益，规范人民法院办理财产保全案件，充分发挥财产保全制度应有的作用，从源头上缓解执行难。

一、财产保全的种类

财产保全，是指人民法院对民事案件作出判决前，为了保证将来判决生效后能够实际得到执行，而对当事人的财产或者争议的标的物所采取的一种强制性的保护措施。目的是为了限制当事人对财产作出处分，以保证将来判决能得到执行。财产保全主要是针对有给付内容的案件。具体分为两种，一是诉前财产保全，一是诉讼中财产保全。

（一）诉前财产保全

诉前财产保全，是利害关系人因情况紧急，可能来不及提起诉讼，或者存在有关财产被转移或者被处分的情况，不立即申请财产保全将会使其合法权益受到难以弥补的损害的，利害关系人在起诉前向人民法院申请财产保全，法院根据其申请对财产所采取的一种保护措施。

诉前保全是在当事人正式向法院起诉前作出的，而法院采取了保全措施后，原告是否一定会起诉或者起诉是否符合条件、是否胜诉，当事人之间争议的民事关系、纠纷发生的原因、责任等都处在悬而未决的状态，采取财产保全措施也就很有可能会造成被申请人的经济损失，因此，对申请诉前财产保全的，我国《民事诉讼法》第 101 条规定了严格的条件：

一是发生了有财产内容的民事权益争执。即当事人之间的争议必须具有给付的内容，这样才有可供执行的对象。二是情况紧急，利害关系人来不及起诉，如果等到法院受理诉讼后再进行保全为时已晚。三是利害关系人提出财产保全的申请。诉前保全发生在起诉之前，案件尚未进入诉讼程序，诉讼法律关系还没有发生，法院没有权利主动采取保全措施。四是申请人应当提供担保。因为如前面所述，诉前保全是在法院受理案件以前进行的，当事人之间的权利义务关系尚未确定，诉讼的结果尚属未知，所以法律应当同时考虑双方的利益，采取相应的措施来维护权利义务的对等性，以保证被申请人因财产保全而受到的损失能够得到赔偿。因此，对于申请诉前保全的申请人必须提供担保，拒绝提供担保的，法院驳回财产保全的申请。关于担保详见后述“三、财产保全担保制度”。

（二）诉讼中的财产保全

诉讼中的财产保全则是在指法院在受理诉讼后作出判决前，为保证将来生效判决的执行，对当事人的财产或争议的标的物采取的强制性保护措施。根据《民事诉讼法》第 100 条，实施诉讼中财产保全也要具备一定的条件：

1. 必须是给付之诉，而且给付之诉中有涉及财产内容的才存在适用财产保全的问题。

2. 有保全的必要，即因当事人一方的行为或者其他原因，可能使判决将来不能执行或者难以执行。比如在法院作出判决前发现当事人有出卖、隐匿、毁坏、转移、挥霍双方争议的财产或争议的标的物的行为或可能；或者是由于自然条件的影响，风雨侵蚀、气温变化、时效期限等等，使不宜长期保存的财产或物品变质、腐烂、失效、造成损耗等，可以对这些物品进行变卖，然后把所得款项保全起来，这也是财产保全的一种方式。

二、诉讼中的财产保全和诉前财产保全的区别

（一）申请财产保全的主体不同

诉讼中的保全由当事人提出申请，必要时也可以由人民法院依职权主动采取保全措施；而诉前保全只能由利害关系人提出申请，人民法院不得主动采取保全措施。

（二）保全的时间不同

诉讼中的保全是当事人起诉后进行的，诉前保全是当事人起诉前进行的。

（三）对申请财产保全的时限规定不同

诉讼中的保全只有在紧急情况下法院必须在接受申请后 48 小时内作出裁定，一般情况下则没有时间限定；而对于诉前保全，法院都必须在接受申请后 48 小时内作出是否进行财产保全的裁定。这是因为起诉前要采取财产保全的往往情况比较紧急，以至于利害关系人来不及立即诉讼，所以要尽快采取措施，以免使利害关系人的合法权益受到

难以弥补的损失。

（四）是否提供担保不同

《民事诉讼法》第100条明文规定诉讼中的保全法院“可以”责令申请人提供担保，这是由法院根据情况而决定是否责令申请人提供担保；而诉前保全，《民事诉讼法》第101条规定的是申请人“应当”提供担保，不提供担保的法院裁定驳回申请。

（五）保全措施的解除原因不同

在诉讼中的财产保全中，如果被申请人向法院提供了担保，法院就应解除保全措施；而诉前财产保全中，申请人必须于法院作出诉前财产保全裁定后30日内起诉（旧版《民事诉讼法》规定的是15日内起诉，2012年修订的《民事诉讼法》增加了申请人可以提起诉讼的期限，更加有利于保护当事人的诉权，也给他们更多的时间考虑合适的救济措施），不起诉的，人民法院则应当解除保全措施。

三、财产保全担保制度

财产保全担保制度，是指当事人或利害关系人向人民法院申请财产保全时，由保全申请人或第三人提供一定的财产或信用担保申请人的民事请求权在判决生效时能够落实以及因其财产保全申请错误而遭受损失的被申请人索赔权得以实现的一项重要保障制度。《民事诉讼法》第100至101条以及《财产保全规定》第5至9条，就财产保全担保制度做了明确、完善的规定。

（一）担保启动

1. 诉前财产保全担保启动

诉前财产保全担保，由申请人启动。根据《民事诉讼法》第101条规定，诉前财产保全的申请人应当提供担保，不提供担保的，人民法院裁定驳回申请。

2. 诉讼中财产保全担保启动

诉讼中财产保全担保，由法院依职权启动。根据《民事诉讼法》第100条规定，人民法院采取保全措施，可以责令申请人提供担保，申请人不提供担保的，裁定驳回其财产保全申请。

（二）担保方式

财产保全的申请人提供担保，可以选择以下方式。

1. 财产担保

（1）财产担保数额

①财产担保数额界定

财产担保数额界定，有二方面：一是诉前财产保全担保数额界定。即利害关系人申请诉前财产保全的，应当提供相当于请求保全数额的担保；情况特殊的，人民法院可以酌情处理。二是诉讼中财产保全担保数额界定。即人民法院依照民事诉讼法第100条规定责令申请保全人提供财产保全担保的，担保数额不超过请求保全数额的30%；申请保全的财产系争议标的的，担保数额不超过争议标的的价值的30%。由此就大大降低了当事人申请保全的成本，避免因担保要求过高导致保全适用比例过低。

（2）出具担保书

申请保全人或第三人为财产保全提供财产担保的，应当向人民法院出具担保书。

担保书应当载明担保人、担保方式、担保范围、担保财产及其价值、担保责任承担等内容，并附相关证据材料。

2. 责任保险担保

责任保险担保，是指当事人可以通过购买财产保全责任保险，由保险公司为其财产保全提供担保、并依照民事诉讼法规定承担保全错误的赔偿责任的一种新的保全担保。责任保险担保方式是对相对弱势或资产较少的财产保全申请人提供较低门槛实现担保维权的创新之举。

保险人（保险公司）以其与申请保全人（被保险人）签订财产保全责任险合同的方式为财产保全提供担保的，应当向人民法院出具担保书。

担保书应当载明，因申请财产保全错误，由保险人赔偿被保全人因保全所遭受的损失等内容，并附相关证据材料。

3. 独立保函担保

独立保函担保，是指银行等金融机构依法依规为财产保全申请提供的信用担保。独立保函即银行保函，只有信用极好的大型公司才能申请开具，并且需要在银行有等量存款或授信。

金融监管部门批准设立的金融机构以独立保函形式为财产保全提供担保的，人民法院应当依法准许。

4. 保证担保

保证担保，是指第三人依法依规为财产保全申请提供的信用担保。

第三人为财产保全提供保证担保的，应当向人民法院提交保证书。

保证书应当载明保证人、保证方式、保证范围、保证责任承担等内容，并附相关证据材料。

（三）担保审查

对财产保全担保，人民法院经审查，认为违反物权法、担保法、公司法等有关法律禁止性规定的，应当责令申请保全人在指定期限内提供其他担保；逾期未提供的，裁定驳回申请。

对申请人以责任保险担保方式提供担保的，据北京市第四中级人民法院多年审判实践经验指引，人民法院经审查具体案件情况、保险机构资信状况、经营许可、担保范围、责任承担等内容再行决定是否接受。具体包括：（1）申请保全提交的材料是否齐备，财产保全申请书内容是否符合规范。即申请书是否载明了申请人和被申请人的基本情况，申请保全的事实和理由，保全金额，保全标的物及财产线索。（2）申请保全的理由是否符合法定事由。即是否存在可能因当事人一方的行为或者其他原因，使判决难以执行或者造成当事人其他损害的情况。（3）对申请诉前保全的，严格审查是否存在因情况紧急，不立即保是否会使其相关权益人合法权益受到难以弥补的损害的情形。（4）申请保全的财产权属是否明确，数额是否适当。即申请保全的财产是否是被申请人所有的财产或者双方争议的财产；申请保全的财产的数额是否超过了诉讼请求的数额。（5）申请保全的担保手续是否有效。即担保形式是否合法。对提供财产担保的，担保财产的数额是否与请求保全财产的数额相当；对提供责任保险担保的，保险机构是否具有相应担保资格以及是否经过了中国保监会的批准。（6）对保险机构出具的担保函，严格审查其担保函所述承担担保责任的内容、期限、方式等。在审查中应当对保险人准入采取开放态度，遵循市场规律，允许依法平等竞争，允许有规定资质条件的保险公司平等参与提供责任保险担保。同时严格审查监督，建立必要的保险人退出机制。除对保险人资质条件进行审查外，在发现保险人存在经营状况严重恶化，有丧失或者可能丧失履行承担保险责任能力情形的；违反法律规定，损害社会公共利益，可能严重危及或者已经严重危及公司偿付能力的；具有拒不承担责任保险担保责任的行为，且不能证明其合法性的；保险人不按照相关程序要求出具担保书（函）及相关材料证明等情形的，有权拒绝其提供责任保险担保，并责令其退出责任保险担保机制。①

（四）担保追加

在财产保全期间，申请保全人提供的担保不足以赔偿可能给被保全人造成的损失的，人民法院可以责令其追加相应的担保；拒不追加的，可以裁定解除或者部分解除财产保全。

（五）担保豁免

担保豁免，是指人民法院对于具有司法解释规定情形的财产保全申请人可以不要求其提供保全担保。包括以下二类担保豁免 ：

1. 当事人在诉讼中申请财产保全，有下列情形之一的，人民法院可以不要求提供担保：(1) 追索赡养费、扶养费、抚育费、抚恤金、医疗费用、劳动报酬、工伤赔偿、交通事故人身损害赔偿的；(2) 婚姻家庭纠纷案件中遭遇家庭暴力且经济困难的；(3) 人民检察院提起的公益诉讼涉及损害赔偿的；(4) 因见义勇为遭受侵害请求损害赔偿的；(5) 案件事实清楚、权利义务关系明确，发生保全错误可能性较小的；(6) 申请保全人为商业银行、保险公司等由金融监管部门批准设立的具有独立偿付债务能力的金融机构及其分支机构的。

2. 法律文书生效后，进入执行程序前，债权人申请财产保全的，人民法院可以不要求提供担保。

三、财产保全的范围和措施

（一）财产保全的范围

根据《民事诉讼法》第 102 条的规定，不论是诉讼中的财产保全还是诉前财产保全，财产保全的范围都仅限于当事人请求的范围或与案件有关的财物，对不属于这个范围的财产不能采取财产保全措施。法律之所以对财产保全的范围作出限制性的规定，是为了避免无端地损害被申请人的合法权益。

《法院适用民诉法解释》第 157、158、159 条规定了几类特殊的可被保全的对象：1、抵押物、留置物可以成为被保全的对象，但是不得影响抵押权人、质权人和留置权人的优先受偿权；2、债务人到期应得的收益可以作为被保全的对象，需要通知有关单位协助执行；3、债务人对他人的到期债权也可以作为被保全的对象，人民法院可以依债权人的申请裁定次债务人不得对本案债务人清偿。

---

① 参见吴在存：《浅析在财产保全中引入责任保险担保的路径及其价值》，2016－07－28 来源：中国法院网 http://www.chinacourt.org/article/detail/2016/07/id/2043737.shtml

对案外人的财产，以及对案外人善意取得的与本案相关的财产，一般也不能采取财产保全措施。

（二）财产保全的措施

1. 查封。即人民法院对需要保全的财物清点登记后，贴上盖有法院印章的封条，就地或异地封存。对于法院查封的财物，非经法院许可，任何人和单位都不得擅自处理和移动。这种措施主要用于不动产。如果被申请人拒绝保管被查封的财产，法院可以指定有关单位或个人代为保管，保管费由被申请人负担。

2. 扣押。即法院将需要保全的财物，就地或者运往异地扣留，并规定在一定时间内，不许被申请人和其他人对该项财物进行占有、使用或者处分。这种措施主要用于小件贵重财物及双方当事人争议的标的物等。

3. 冻结。即法院通知被申请人开设账户的银行、信用社等金融机构，禁止被申请人动用其一定数额的存款。对法院依法冻结的款项，任何人都不得动用，包括有关的金融机构在内。

此外，财产保全的措施还有法律规定的其他方法，《法院适用民诉法解释》153 条至 156 条有更为具体的规定。如对季节性商品，鲜活、易腐烂变质以及其他不宜长期保存的物品，可以采用变卖后由人民法院保存价款的方法予以保全；对不动产和特定动产，人民法院可以采用扣押有关财产权证照并通知有关产权登记部门不予办理该项产权的转移手续的方式予以保全；对债务人到期应得的利益，法院可以限制其支配，通知有关单位协助执行；等等。

四、财产保全的程序

（一）保全的提起

财产保全的提起因保全的种类不同而不同。诉讼中的财产保全，一般由当事人提起保全申请，只有在特殊情况下才由法院依职权采取财产保全措施。这里的特殊情况，主要指存在诉讼争议的财产有损坏、灭失等危险，或者有证据表明被申请人可能采取隐匿、转移、出卖其财产的情况，在这几种情况下，人民法院才能够依职权裁定采取财产保全措施。对于诉前财产保全，则只能由利害关系人提出申请。对于提出的申请，法院要进行审查，决定是否采取保全措施。

根据《财产保全规定》，当事人、利害关系人申请财产保全，应当向人民法院提交申请书，并提供相关证据材料。申请书应当载明下列事项：（1）申请保全人与被保全人的身份、送达地址、联系方式；（2）请求事项和所根据的事实与理由；（3）请求保全数额或者争议标的；（4）明确的被保全财产信息或者具体的被保全财产线索；（5）为财产保全提供担保的财产信息或资信证明，或者不需要提供担保的理由；（6）其他需要载明的事项。比如，债权人于法律文书生效后进入执行程序前申请财产保全的，在申请书里还应当写明生效法律文书的制作机关、文号和主要内容，并附生效法律文书副本。

仲裁过程中，当事人申请财产保全的，应当通过仲裁机构向人民法院提交申请书及仲裁案件受理通知书等相关材料。人民法院裁定采取保全措施或者裁定驳回申请的，应当将裁定书送达当事人，并通知仲裁机构。

当事人、利害关系人申请财产保全，应当向人民法院提供明确的被保全财产信息。

当事人在诉讼中申请财产保全，确因客观原因不能提供明确的被保全财产信息，但提供了具体财产线索的，人民法院可以依法裁定采取财产保全措施。在该裁定执行过程中，申请保全人可以向已经建立网络执行查控系统的执行法院，书面申请通过该系统查询被保全人的财产。申请保全人提出查询申请的，执行法院可以利用网络执行查控系统，对裁定保全的财产或者保全数额范围内的财产进行查询，并采取相应的查封、扣押、冻结措施。人民法院利用网络执行查控系统未查询到可供保全财产的，应当书面告知申请保全人。人民法院对查询到的被保全人财产信息，应当依法保密。除依法保全的财产外，不得泄露被保全人其他财产信息，也不得在财产保全、强制执行以外使用相关信息。

（二）保全措施的实施

1. 人民法院进行财产保全，由立案、审判机构作出裁定，一般应当移送执行机构实施。

再审审查期间，债务人申请保全生效法律文书确定给付的财产的，人民法院不予受理。再审审理期间，原生效法律文书中止执行，当事人申请财产保全的，人民法院应当受理。

人民法院接受财产保全申请后，应当在5日内作出裁定；需要提供担保的，应当在提供担保后5日内作出裁定；裁定采取保全措施的，应当在5日内开始执行。对情况紧急的，必须在48小时内作出裁定；裁定采取保全措施的，应当立即开始执行。

2. 被保全人有多项财产可供保全的，在能够实现保全目的的情况下，人民法院应当选择对其生产经营活动影响较小的财产进行保全。

人民法院对厂房、机器设备等生产经营性财产进行保全时，指定被保全人保管的，应当允许其继续使用。

被保全财产系机动车、航空器等特殊动产的，除被保全人下落不明的以外，人民法院应当责令被保全人书面报告该动产的权属和占有、使用等情况，并予以核实。

3. 人民法院应当依据财产保全裁定采取相应的查封、扣押、冻结措施。可供保全的土地、房屋等不动产的整体价值明显高于保全裁定载明金额的，人民法院应当对该不动产的相应价值部分采取查封、扣押、冻结措施，但该不动产在使用上不可分或者分割会严重减损其价值的除外。对银行账户内资金采取冻结措施的，人民法院应当明确具体的冻结数额。

人民法院在财产保全中采取查封、扣押、冻结措施，需要有关单位协助办理登记手续的，有关单位应当在裁定书和协助执行通知书送达后立即办理。针对同一财产有多个裁定书和协助执行通知书的，应当按照送达的时间先后办理登记手续。

4. 保全裁定未经人民法院依法撤销或者解除，进入执行程序后，自动转为执行中的查封、扣押、冻结措施，期限连续计算，执行法院无须重新制作裁定书，但查封、扣押、冻结期限届满的除外。

5. 利害关系人申请诉前财产保全，在人民法院采取保全措施后30日内依法提起诉讼或者申请仲裁的，诉前财产保全措施自动转为诉讼或仲裁中的保全措施；进入执行程序后，保全措施自动转为执行中的查封、扣押、冻结措施。自动转为诉讼、仲裁中的保全措施或者执行中的查封、扣押、冻结措施的，期限连续计算，人民法院无须重新制作裁定书。

6. 人民法院进行财产保全时，应当书面告知申请保全人明确的保全期限届满日以及有关申请续行保全的事项。申请保全人申请续行财产保全的，应当在保全期限届满 7 日前向人民法院提出；逾期申请或者不申请的，自行承担不能续行保全的法律后果。

7. 财产保全期间，被保全人请求对被保全财产自行处分，人民法院经审查，认为不损害申请保全人和其他执行债权人合法权益的，可以准许，但应当监督被保全人按照合理价格在指定期限内处分，并控制相应价款。

被保全人请求对作为争议标的的被保全财产自行处分的，须经申请保全人同意。人民法院准许被保全人自行处分被保全财产的，应当通知申请保全人；申请保全人不同意的，可以依照民事诉讼法第 225 条规定提出异议。

8. 保全法院在首先采取查封、扣押、冻结措施后超过一年未对被保全财产进行处分的，除被保全财产系争议标的外，在先轮候查封、扣押、冻结的执行法院可以商请保全法院将被保全财产移送执行。但司法解释另有特别规定的，适用其规定。

保全法院与在先轮候查封、扣押、冻结的执行法院就移送被保全财产发生争议的，可以逐级报请共同的上级法院指定该财产的执行法院。共同的上级法院应当根据被保全财产的种类及所在地、各债权数额与被保全财产价值之间的关系等案件具体情况指定执行法院，并督促其在指定期限内处分被保全财产。

（三）保全措施的解除

诉讼中保全措施的解除有两种情况：一是判决得到实现，财产保全裁定效力的自然消灭。因为财产保全的目的在于使人民法院的判决得到实际执行，使申请财产保全一方当事人的合法权益得到保护，既然生效法律文书已经执行，判决已经得到实现，就没有必须再继续采取财产保全措施，保全裁定的效力自然消灭。二是被申请人提供了担保。被申请人提供担保后，意味着消除了将来的判决不能执行或难以执行的可能性，财产保全也无必要。因此法院应当解除保全措施。而诉前财产保全措施的解除，依据《民事诉讼法》第 101 条第 3 款规定，则是申请人在法院采取财产保全措施后 30 日内不起诉的，法院即解除保全措施。

《法院适用民诉法解释》第 166 条又增加了四条补充规定："裁定采取保全措施后，有下列四种情形之一的，人民法院应当作出解除保全裁定：1、保全错误的；2、申请人撤回保全申请的；3、申请人的起诉和诉讼请求被生效裁判驳回的；4、人民法院认为应当解除的其他情形。解除以登记方式实施的保全措施的，应当向登记机关发出协助执行通知书。"

根据《财产保全规定》，财产纠纷案件，被保全人或第三人提供充分有效担保请求解除保全，人民法院应当裁定准许。被保全人请求对作为争议标的的财产解除保全的，须经申请保全人同意。

人民法院采取财产保全措施后，有下列情形之一的，申请保全人应当及时申请解除保全：（1）采取诉前财产保全措施后 30 日内不依法提起诉讼或者申请仲裁的；（2）仲裁机构不予受理仲裁申请、准许撤回仲裁申请或者按撤回仲裁申请处理的；（3）仲裁申请或者请求被仲裁裁决驳回的；（4）其他人民法院对起诉不予受理、准许撤诉或者按撤诉处理的；（5）起诉或者诉讼请求被其他人民法院生效裁判驳回的；（6）申请保全人应当申请解除保全的其他情形。人民法院收到解除保全申请后，应当在5日内裁定解除保全；对情况紧急的，必须在48小时内裁定解除保全。申请保全人未及时申请人民法院解除保全，应当赔偿被保全人因财产保全所遭受的损失。

被保全人申请解除保全，人民法院经审查认为符合法律规定的，应当在5日内裁定解除保全；对情况紧急的，必须在48小时内裁定解除保全。

财产保全裁定执行中，人民法院发现保全裁定的内容与被保全财产的实际情况不符的，应当予以撤销、变更或补正。

（四）申请保全人、被保全人不服保全裁定或者驳回申请裁定的复议及处理

申请保全人、被保全人对保全裁定或者驳回申请裁定不服的，可以自裁定书送达之日起5日内向作出裁定的人民法院申请复议一次。人民法院应当自收到复议申请后10日内审查并处理：（1）对保全裁定不服申请复议的，人民法院经审查，理由成立的，裁定撤销或变更；理由不成立的，裁定驳回。（2）对驳回申请裁定不服申请复议的，人民法院经审查，理由成立的，裁定撤销，并采取保全措施；理由不成立的，裁定驳回。

（五）申请保全人、被保全人、利害关系人、案外人对保全裁定或者保全裁定实施过程中的执行行为的异议及处理

1. 申请保全人、被保全人、利害关系人认为保全裁定实施过程中的执行行为违反法律规定的，可以向负责执行的人民法院提出书面异议。人民法院应当自收到书面异议之日起15日内审查，理由成立的，裁定撤销或者改正；理由不成立的，裁定驳回。申请保全人、被保全人、利害关系人对裁定不服的，可以自裁定送达之日起10日内向上一级人民法院申请复议。

2. 人民法院对诉讼争议标的以外的财产进行保全，案外人对保全裁定或者保全裁定实施过程中的执行行为不服，可以基于实体权利对被保全财产提出书面异议。人民法院应当自收到书面异议之日起15日内审查，理由成立的，裁定中止对该被保全财产的执行；理由不成立的，裁定驳回异议。案外人、申请保全人对该裁定不服的，可以自裁定送达之日起15日内向人民法院提起执行异议之诉。人民法院裁定案外人异议成立后，申请保全人在法律规定的期间内未提起执行异议之诉的，人民法院应当自起诉期限届满之日起7日内对该被保全财产解除保全。

五、对财产保全错误的补救

民诉法第105条规定，申请有错误的，申请人应当赔偿被申请人因财产保全所受的损失。因为申请人和被申请人在诉讼地位上是平等的，法院应当平等保护申请人和被申请人双方的合法权益。财产保全是采用强制性措施限制被申请人对财物的使用和处分，如果保全错误，就会损害被申请人的合法权益。因此申请财产保全措施错误而给被申请人造成损害的，申请人应当赔偿被申请人因财产保全受到的损失。

如果人民法院主动依职权采取财产保全措施错误而造成被申请人财产损害的，则按照《国家赔偿法》的有关规定，受害人有权向法院申请国家赔偿。

第二节 行为保全

2007 年修改后的《民事诉讼法》第 92 条规定了财产保全制度的内容，2012 年修正后的《民事诉讼法》第 100 条在财产保全的基础上，明文确定了行为保全的制度。

一、行为保全的概念

在 2012 年《民事诉讼法》修改之前，“行为保全”的提法一直在学术界流传，所谓民事诉讼中的行为保全，是指在当事人为侵害行为，可能造成生效判决难以执行或给对方当事人造成其他损害的情况下，为了排除生效裁判的执行障碍、阻断继续造成损失的侵害行为，人民法院依法有权责令当事人为或者不为一定行为的制度。

二、行为保全的实施

行为保全和财产保全目的相似，都是为了防止将来判决难以执行或者受害人的损失继续扩大。行为保全的实施需要注意以下四点：1、人民法院裁定行为保全，应当书面说明要求义务人为或者不为某种行为的理由；2、当义务人不执行裁定的时候，将要承担相应的法律责任；3、行为保全跟财产保全有一点不一样，其并不涉及提供财产保全的问题，不能因为义务人提供担保，就解除保全措施；4、不服保全裁定的义务人，可以自收到裁定书之日起 5 日内向作出裁定的人民法院申请复议。

第三节 先予执行

一、先予执行的概念

先予执行，是指法院对某些民事案件作出终审判决前，根据一方当事人的申请，裁定另一方当事人预先向对方当事人履行一定义务的措施。这个义务既包括给付财物，也包括停止实施某种行为。先予执行是根据案件的急需，由申请人申请采取的一种临时性措施，并不是案件的最终判决，更不是每一个案件的必经程序。它是民事诉讼中一种特殊的执行制度，所以法律对先予执行制度从适用范围、适用条件等方面也进行了严格的限制。

二、适用范围和适用条件

（一）适用范围

先予执行作为执行中的一种特殊制度，并不适用于所有的民事案件，它通常只适用于某些特定类型的案件，依据《民事诉讼法》106 条的明确规定，这些特定案件的范围主要是：

1. 追索赡养费、追索抚养费、追索扶养费的、追索抚恤金、医疗费用等案件。因为在这类案件中，申请人急需这些费用来维持基本生活或治疗疾病；

2. 追索劳动报酬的案件。因为劳动报酬往往是申请人及家人的主要生活来源；

3. 因情况紧急需要先予执行的案件。由法院根据案件的具体情况，决定是否采取先予执行措施。

（二）适用条件

民诉法第 107 条规定先予执行应具备三个条件：首先，当事人之间的权利义务关系明确。比如追索赡养费案件的双方当事人之间存在有收养关系，养子有赡养养父母的义务，侵权方的侵权行为很明显等，法院才能裁定先让一方履行一定义务。其次，如果法院不适用先予执行将会严重影响申请人的生活或者生产经营。再次，被申请人有履行能力。

三、先予执行的程序

（一）申请

先予执行的提起只能由当事人提出申请，法院不能主动依职权采取。因为先予执行是判决前的执行，只能由申请人申请。申请一般应当采取书面形式，口头申请的，则由人民法院记录在卷。

（二）审查

当事人提出申请后法院进行审查，查明申请是否符合上述的先予执行的案件范围和条件，是否需要责令申请人提供担保。

（三）裁定

法院审查后作出是否适用先予执行的裁定。法院裁定先予执行的，被申请人必须执行，不履行的法院可以强制执行。当事人对裁定不服的，不得提起上诉，但可以申请复议一次，复议期间不停止裁定的执行。

如果法院根据申请人的申请，对被申请人的财产进行了先予执行，而案件审理结果是判决申请人败诉的，申请人应当赔偿被申请人因先予执行所受到的财产损失。因为人民法院先予执行的裁定是根据申请人的申请作出的，如果申请人败诉，那么他通过先予执行得到的财产要全部返还给对方。如果申请人通过先予执行得到的超过了判决所确定的利益，申请人应当返还超出部分。

【学习总结与拓展】

【关键词】财产保全　行为保全诉前保全　诉讼中保全　财产保全担保制度　先予执行

【思考题】

1. 甲地 A 公司与乙地 B 公司签订商品买卖合同，双方约定合同履行地在丙地，B 公司到期未能交付商品，A 公司多次催货未果，遂向乙地的基层法院提起诉讼，要求判令 B 公司履行合同义务，并且支付违约金。法院受理后，A 公司得知 B 公司将货物存放于丁地的仓库中，并且随时可能转移。根据上述条件思考以下几个问题：

（1）若 A 公司申请财产保全，应该像哪个法院提出？可否向丁地的基层法院申请？

（2）A 公司申请财产保全，是否必须要提供担保？

（3）法院受理了 A 公司的财产保全申请后，应当在 48 小时内作出裁定吗？

2. 张三诉李四借款纠纷一案在法院审理，张三申请财产保全，要求法院扣押李四向黄金来小额贷款公司贷款时质押给该公司的两块名表。法院批准了该申请，并在没有征得该公司同意的情况下采取保全措施。对此，思考下列问题：

(1) 黄金来小额贷款公司保管的名表应该交给法院保管还是继续由担保物权人保管？

(2) 法院采取了保全措施后，黄金来小额贷款公司是否丧失对两块名表的质权？

(3) 法院对李四的两块名表采取保全措施，需要经过质权人黄金来小额贷款公司的同意吗？

3. 甲公司生产“天清牌”加湿器，销量占据市场第一，乙公司见状，将自己生产的加湿器注册成“天睛牌”，并全面仿照甲公司的产品，是消费者混淆、难以区分。甲公司知道后欲起诉乙公司侵权，同时拟申请诉前禁令，禁止乙公司销售其加湿器。关于行为保全的诉前保全，请思考：

(1) 甲公司向有管辖权的法院申请采取保全措施，是否应当提供担保？受理法院应该在多长时间内提供担保？

(2) 有管辖权的法院采取了保全措施后，甲公司应当在多长时限内起诉？如果未在规定期限内起诉，保全措施是否会自动解除？

4. 财产保全担保方式有哪些？

5. 当事人在诉讼中申请财产保全，有哪些情形之一的，人民法院可以不要求提供担保？

6. 试述先予执行的适用范围和适用条件。

【阅读资料】

1.《中华人民共和国民事诉讼法》(2017 年修正) 第九章保全和先予执行。

2.《最高人民法院关于适用〈中华人民共和国民事诉讼法〉的解释》(法释［2015］5 号) 七、保全和先予执行。

3.《最高人民法院关于人民法院办理财产保全案件若干问题的规定》(法释〔2016〕22 号);《最高人民法院关于依法审理和执行民事商事案件保障民间投资健康发展的通知》(法（2016）334 号) 八、依据审慎采取强制措施，保护企业正常生产经营。

4.《最高人民法院关于在经济审判工作中严格执行〈中华人民共和国民事诉讼法〉的若干规定》(法发［1994］29 号) 三、关于财产保全和先予执行。

5. 冀宗儒、徐辉：《论民事诉讼保全制度功能的最大化》,《当代法学》2013 年第 1 期；占善刚、刘丹：《民事诉讼保全的类型化分析》,《江苏大学学报（社会科学版)》2013 年第 3 期。

6. 周翠：《行为保全问题研究——对〈民事诉讼法〉第 100－105 条的解释》,《法律科学（西北政法大学学报)》2015 年第 4 期；江伟、肖建国：《民事诉讼中的行为保全初探》,《政法论坛》1994 年第 3 期；黄剑峰、蒋祥林、余向阳：《论行为保全制度的设立》,《人民司法》1998 年第 9 期；孙长松、金岩：《建立我国行为保全制度初探》,《律师世界》1994 年第 7 期。

7. 吴在存：《浅析在财产保全中引入责任保险担保的路径及其价值》, 2016－07－28 来源中国法院网；谢忠文：《完善我国诉讼保全担保制度之法律思考——由一起民事抗诉案件展开》,《广西大学学报（哲学社会科学版)》2013 年第 6 期 ；陈斯：《制度完善：对民事诉讼担保制度的反思——以一种实务探讨的方式展开》，《广东社会科学》2002 年第 6 期；刘翠萍：《浅议财产保全中的担保问题》，《中共山西省委党校学报》2004 年第 4 期。

8. 俞昊：《论先予执行在预防接种侵权诉讼中的应用》，《法制与社会》2016 年第 13 期；杨春华：《对我国先予执行制度立法定位的思考》，《河北法学》2008 年第 11 期。

第十三章 期间、送达

【学习提示】通过本章学习，了解期间、送达的含义、作用，期间的种类，送达的特征；领会期间的计算、耽误和补救；掌握期间与期日的区别，送达的具体方式及送达的效力。

第一节 期间

一、期间的概念和意义

民事诉讼不仅要追求公平的目标，而且也要兼顾效率，公平与效率共同构成了民事诉讼法的两大价值目标。因此在诉讼中，对法院、当事人和其他诉讼参与人的所有诉讼行为就要确定一个合理的时间期限，使民事诉讼程序能够公平而富有效率地进行。

（一）期间的概念

民事诉讼中的期间，是指法院、当事人和其他诉讼参与人各自实施诉讼行为所应遵守的期限。这个期限规定，既是对法院行使审判权行为的时间规定，也是对当事人和其他诉讼参与实施诉讼行为的时间要求，所有参与诉讼的主体都必须遵守。

（二）期间的意义

民事诉讼中的期限具有重要的意义，主要表现在：

1. 有利于促使诉讼法律关系主体在规定的时间内完成各自的诉讼行为，防止拖延诉讼，从而保证民事纠纷得到及时解决。

2. 有利于保护当事人和其他诉讼参与人的合法权益，使他们能够在合理的、可预期的时间内，充分利用民事诉讼手段维护自己的合法权益。

3. 有利于维护民事诉讼程序的严肃性和法律的权威性。通过对民事诉讼中各法律关系主体诉讼活动的时间规定，使各主体在规定的时间内完成的诉讼行为才有效，从而使各方自觉遵守时间的规定，这就从时间上维护了民事诉讼活动的严肃性和法律的权威性。

二、期间的种类

按照不同的分类标准，可以对期间进行不同的分类。如按照期间是由法律直接规定，还是由法院指定为标准，期间可以分为法定期间和指定期间；如果以期间设定后是否可以变动为标准，期间可以分为不变期间和可变期间。

我国民诉法第82条规定的期间种类为法定期间和指定期间。

（一）法定期间

法定期间，是指以法律明文规定的诉讼期间。法定期间原则上为不变期间，除法律另有规定的情况外，各诉讼法律关系主体都无权任意加以变更。如民诉法规定被告提交答辩状的期间 15 日；对一审判决不服当事人的上诉期间为 15 日；还有法院的审查立案期间、被告提出管辖权异议的期间、当事人申请再审、申请执行的期间，等等，都属于由法律直接明确加以规定的法定期间。当事人及其他诉讼参与人只有在法律规定的期限内完成诉讼行为，该行为才有法律效力。

（二）指定期间

指定期间，是指法院根据案件的具体情况依职权指定的期间。由于民事诉讼活动的具体性和复杂性，法律不可能对所有的诉讼行为的期间都作出明文规定，这就需要法院运用裁量权根据具体案件的具体情况作出灵活规定。比如，法院在诉讼中可以规定一个合理期限，指定当事人补正诉状的期间、指定当事人举证的期间，等等，这些都属于指定期间的范畴。在民事诉讼中法定期间是主要的，指定期间则是对法定期间的必要补充。

三、期间的计算

民事诉讼期间的计算有其自身的要求和特点，具体而言，民事诉讼期间的计算方法是：

一是期间的计算单位分别有时、日、月、年。如对于当事人申请财产保全情况紧急的，法院必须在 48 小“时”内作出裁定；如法院应当在立案之日起 5“日”内将起诉状副本发送被告；如法院适用普通程序审理民事案件，应当在立案之日起 6 个“月”内审结；如当事人申请再审的，应当在裁判生效后 6 个“月”内提出，等等。

二是期间开始的时和日不计算在期间内。如上所述的 48 小时的计算，不应将法院接受财产保全申请的这一小时计算在内，而应从接受申请之后的下一个小时开始计算；对于法院立案之日，不应计算在 5 日之内，而应从法院立案之日起的第 2 日开始计算。

三是期间届满后的最后一日是节假日的，以节假日后的第 1 日为期间届满的日期。如，某当事人于 2017 年 7 月 5 日收到驳回起诉的裁定，他可以在 10 内提出上诉，而上诉期满的最后一天 7 月 15 日恰逢双休日中的星期六，则应以 7 月 17 日星期一为其上诉期届满的日期。

四是期间的计算不包括在途时间，即诉讼文书在期满前交邮的，不算过期。这就意味着法院在计算邮寄的诉讼文书的期间时，应当扣除在途时间，以当事人交邮的时间（即邮局的邮戳）为准，而不以法院收到诉讼文书的时间为准。

四、期间的耽误及补救

期间的耽误，是指当事人、诉讼代理人没有在规定的期限内完成某项诉讼行为。期间耽误的法律后果一般是丧失了再为该项诉讼行为的权利。如，一审判决书送达后，当事人未在规定的上诉期间 15 日内上诉的，则丧失上诉权，一审判决即发生法律效力。

但有时当事人并非故意或过失而耽误期间，而且由于出现了当事人主观意志以外的突发事件或不可抗拒的事由而发生了耽误。如因当事人突患重病住院抢救；因洪水、地震等重大自然灾害交通、通讯中断，使当事人无法在规定的诉讼期内完成诉讼行为，等等。在这种情况下，为充分维护当事人的合法权益，就需要通过一定的措施和程序予以补救。民诉法第83条对此作了规定，即当事人因不可抗拒的事由或者其他正当理由耽误期限的，在障碍消除后的10日内，可以申请顺延期限，是否准许，由人民法院决定。

五、期日

期日，是指当事人及其他诉讼参与人与法院会合为诉讼行为的时间。如开庭审理的期日、调解的期日、宣判的期日等等。

期间与期日是两个不同的概念，两者的主要区别在于：

1. 期间是指从某一期日起到另一期日止所经过的时间阶段，而期日则只规定开始的时间，没有期日终止的时间。

2. 期间是法院或诉讼参与人各自单独为诉讼行为的一段期限，而期日则是诉讼参与人和人民一起为诉讼行为的某个时间点。

3. 期间有法定期间和指定期间之分，期日则只有指定期日一种。

4. 期间有不变期间与可变期间之分，期日则可由法院根据具体情况变更。

第二节　送达

一、送达的概念、特征和作用

民事诉讼中的送达，是指法院按照法定程序和方式，将诉讼文书送交当事人或者其他诉讼参与人的行为。送达作为法院行使的具有强制性的诉讼行为，具有以下特征：

（一）送达是法院实施的诉讼行为

送达的主体只能是法院，受送达人只能是当事人及其他诉讼参与人。当事人及其他诉讼参与人之间递交诉讼文书的行为，以及法院之间递交文书的行为，都不能称之为送达，也不能适用民诉法有关送达的规定。送达是法院在民事诉讼过程中实施的行为。

（二）送达的内容是各种诉讼文件

如起诉状副本、传票、出庭通知、裁判文书等等。

（三）送达必须严格按照法定的程序和方式进行，否则就不具有送达的效力

送达是民事诉讼中的一项重要制度。对法院而言，送达诉讼文书是保证诉讼程序合法性和诉讼行为有效性的重要措施，也是保证诉讼顺利进行所必需的；对于当事人而言，依法送达的诉讼文书，可以使他们了解到诉讼中的有关信息和内容，为行使诉讼权利和履行诉讼义务做好准备。更为重要的是，诉讼文书依法送达后，即产生一定的法律后果，从而使整个诉讼程序得以正常运行。

二、送达的方式

按照我国民事诉讼法的有关规定，送达有七种方式：

（一）直接送达

直接送达，即指由法院的送达人员将诉讼文书直接交给受送达人或他的同住成年家

属、代收人、诉讼代理人的一种送达方式。直接送达是基本的送达方式，凡是能够直接送达的，法院都应当将诉讼文书交给受送达人本人。但有几种特殊情况下的送达方式也属于直接送达：（1）受送达人是公民的，本人不在时交给他同住的成年家属签收；（2）受送达人是法人或者其他组织的，应由法人的法定代表人、其他组织的主要负责人或者办公室、收发室、值班室等负责收件的人签收或者盖章；（3）受送达人有诉讼代理人的，可以送交其代理人签收；（4）受送达人已向法院指定代收人的，送交代收人签收；（5）法院可以通知当事人到法院领取诉讼文书，当事人到达法院，拒绝签署送达回证的，审判人员、书记员应当在送达回证上注明送达情况并签名，即视为直接送达；（6）法院可以在当事人住所地以外向当事人直接送达诉讼文书，当事人拒绝签署送达回证的，采用拍照、录像等方式记录送达过程即视为送达，但是审判人员、书记员应当在送达回证上注明送达情况并签名；（7）法院在定期宣判时，当事人拒不签收判决书、裁定书的，应视为送达，并在宣判笔录中记明。

（二）留置送达

留置送达，即指受送达人或有资格接受送达的人拒绝接收诉讼文书时，送达人依法将诉讼文书留在受送达人的住所的一种送达方式。由于留置送达带有强制性的特点，所以不适用于送达调解书。留置送达有两种方式：一是送达人可以邀请有关基层组织或者所在单位的代表到场，说明情况，在送达回证上记明拒收的事由和日期，由送达人、见证人签名或盖章，把诉讼文书留在受送达人住所；二是送达人可以把诉讼文书留在受送达人的住所，并采用拍照、录像等方式记录送达过程。即在受送达人或有资格接受送达文书的人拒收诉讼文书的前提下，送达人选择以上两种方式中的任何一种都可以留置送达。留置送达与直接送达具有同等的法律效力。

（三）委托送达

委托送达，即指法院直接送达诉讼文书有困难而委托其他法院代为送交诉讼文书的一种送达方式。委托其他法院代为送达的，委托法院应当出具委托函，并附需要送达的诉讼文书和送达回证，以受送达人在送达回证上签收的日期为送达日期。委托送达的，受委托法院应当自收到委托函及相关诉讼文书之日起 10 日内代为送达。

（四）邮寄送达

邮寄送达，即指法院直接送达诉讼文书有困难而通过邮局将诉讼文书以挂号信的方式寄给受送达人的一种送达方式。委托送达与邮寄送达都是适用于受送达人住所距法院较远，直接送达有困难的情况。根据《最高法院关于以法院专递方式邮寄送达民事诉讼文书的若干规定》（法释［2004］13 号）① 第 1 条规定，有下列情形之一的不适用邮寄送达：（1）受送达人或者其诉讼代理人、受送达人指定的代收人同意在指定的期间内到法院接受送达的；（2）受送达人下落不明的；（3）法律规定或者我国缔结或者参加的国际条约中约定有特别送达方式的。

邮寄送达的，以回执上注明的收件日期为送达日期，有下列情形之一的，视为送达：（1）受送达人在邮件回执上签名、盖章或者捺印的；（2）受送达人是无民事行为能力或者限制民事行为能力的自然人，其法定代理人签收的；（3）受送达人是法人或者其

① 本规定是最高法院 2004 年 9 月 17 日发布的，自 2005 年 1 月 1 日起实施。

他组织，其法人的法定代表人、该组织的主要负责人或者办公室、收发室、值班室的工作人员签收的；（4）受送达人的诉讼代理人签收的；（5）受送达人指定的代收人签收的；（6）受送达人的同住成年家属签收的。

（五）转交送达

转交送达，即指法院将诉讼文书送交受送达人所在单位代收后，再由该单位转交给受送达人的一种送达方式。转交送达一般适用于三种情况：一是受送达人是军人的，通过其所在部队团以上单位的政治机关转交；二是受送达人被监禁的，通过其所在监所转交；三是受送达人被采取强制性教育措施的，通过其所在强制性教育机构转交。转交送达以受送达人在送达回证上的签收日期为送达日期。

（六）公告送达

公告送达，即指法院以张贴公告或者登报等方式，将诉讼文书公之于众，经过法定期间，即视为送达的一种送达方式。公告送达主要适用于受送达人下落不明，或者在采用其他送达方式都无法送达的情况，以保证诉讼程序的顺利运行，但是适用简易程序的案件，不适用公告送达。按照我国民事诉讼法的有关规定，对于国内的公告送达，发出公告之日起 60 日，即视为送达；对于涉外的公告送达，发出公告之日起满 3 个月，即视为送达。

（七）电子送达

电子送达，即指法院采用传真、电子邮件等能够确认受送达人收悉的方式向受送达人送达诉讼文书的一种送达方式。电子送达必须征得受送达人的同意，受送达人同意的，应当在送达地址确认书中予以确认。法院不得以这种送达方式向受送达人送达判决书、裁定书、调解书。采用电子送达方式送达的，以传真、电子邮件等到达受送达人特定系统的日期即法院对应系统显示发送成功的日期为送达日期，但受送达人证明到达其特定系统的日期与法院对应系统显示发送成功的日期不一致的，以受送达人证明到达其特定系统的日期为准。

三、送达的效力

送达的效力是指诉讼文书送达后所产生的法律后果。送达主要有两个方面的效力：

（一）程序法上的效力

即送达后在民事诉讼程序上所产生的法律后果。如传唤当事人出庭的传票送达当事人后，当事人就应当出庭参加诉讼，如果原告无正当理由拒不到庭的，一般可按撤诉处理；如果被告拒不到庭的，法院可以缺席判决。又如，一审法院的判决一经送达，即从次日起开始计算上诉期间。

（二）实体法上的效力

即诉讼文书送达后所产生的实体权利义务方面的法律后果。如具有给付内容的判决书送达后，义务人即应在规定的期限内履行义务，逾期不履行的，权利人可以申请强制执行；离婚调解书送达双方当事人后，当事人双方的婚姻关系就消灭。

【学习总结与拓展】

【关键词】期间　期日　送达　直接送达　留置送达　委托送达　邮寄送达　转交

送达　公告送达　电子送达

【思考题】

1. 期间的种类有哪些？
2. 期间耽误可以如何补救？
3. 期间与期日有什么区别？
4. 送达有哪些特征和作用？
5. 送达的方式有哪些？
6. 送达的效力是什么？

【阅读资料】

1.《中华人民共和国民事诉讼法》（2017 年修正）第七章期间、送达。

2.《最高人民法院关于适用〈中华人民共和国民事诉讼法〉的解释》（法释〔2015〕5 号）五、期间和送达。

3.《最高法院关于以法院专递方式邮寄送达民事诉讼文书的若干规定》（法释〔2004〕13 号）。

4. 最高法院民事诉讼法司法解释起草小组办公室审定：《民事诉讼法及司法解释适用集成》，法律出版社 2015 年版。

5. 罗筱琦．洪国富：《论我国民事诉讼期间制度的完善》，《重庆理工大学学报（社会科学）》，2015 年第 12 期。

6. 安晨曦：《民事诉讼电子邮件送达制度的司法适用》，《广州大学学报（社会科学版）》2015 年第 1 期。

7. 赵莹．张继峰：《民事送达难的实质与应对》，《法制博览》2016 年第 20 期。

8. 王福华：《民事送达制度正当化原理》，《法商研究》2003 年第 4 期。

第十四章 对妨害民事诉讼的强制措施

【学习提示】通过本章学习，了解对妨害民事诉讼的强制措施的性质，领会强制措施的种类及适用条件．知悉妨害民事诉讼行为的构成要件及行为种类，掌握对妨害民事诉讼的强制措施的种类、特点及适用条件。

第一节 对妨害民事诉讼的强制措施概述

法院和当事人进行民事诉讼活动，必须有一个正常的诉讼秩序，这是民事诉讼能够顺利进行的基础。而在司法实务中，妨害民事诉讼的行为时有发生，如应当到庭的被告收到法院传票拒不出庭、在法庭审理喧哗吵闹、抗拒法院的执行等等。对这些妨害民事诉讼的行为，我国民事诉讼法规定了强制措施对其进行排除，以保证民事诉讼活动的顺利进行。

一、对妨害民事诉讼的强制措施的概念

对妨害民事诉讼的强制措施，是指人民法院在民事诉讼中，为了保障审判活动的正常进行，对有妨害民事诉讼行为的人采取的强制手段。法院采取强制措施，必须是针对妨害民事诉讼的行为。

二、对妨害民事诉讼的强制措施的性质

对妨害民事诉讼的强制措施是在妨害诉讼的行为发生之后采取的，目的在于制止已经开始的违法行为，或者排除已实施的违法行为对诉讼的影响。因此，它不同于刑事制裁、民事制裁和行政制裁，也不同于刑事诉讼中的拘留、逮捕、取保候审、监视居住等具有制止性、排除性的强制措施，而是属于预防性、教育性措施。即使是具有制裁性质的罚款、拘留等措施，其性质也不属于实体法上的制裁，而是程序法上的制裁。对妨害民事诉讼的强制措施的最终目的在于排除妨害、维护正常的民事诉讼秩序。

三、对妨害民事诉讼的强制措施的意义

首先，是维护正常的诉讼秩序，保障人民法院正常行使审判权，保证诉讼的顺利进行，并体现法院的严肃性和权威性；其次，是保护当事人及诉讼参与人正常行使诉讼权利，履行诉讼义务，同时维护当事人及其他诉讼参与的合法权益，使民事诉讼得以顺利进行；再次，通过对妨害民事诉讼行为的强制措施的实施，让公民感受到法律的威严和不可侵犯性，从而教育公民遵守诉讼秩序，自觉服从法律。

第二节 妨害民事诉讼的行为构成和种类

一、妨害民事诉讼行为的构成

所谓妨害民事诉讼的行为，是指在民事诉讼进行中，诉讼参与人以及其他单位和个人故意破坏诉讼秩序，阻碍诉讼活动正常进行的违法行为。由此可见，不仅诉讼参与人的行为可能构成妨害民事诉讼行为，其他单位和个人的行为也可能构成。

妨害民事诉讼行为有5个构成要件且必须同时具备，否则不能构成妨害民事诉讼行为：

1. 主体要件：实施妨害民事诉讼行为的主体包括案件的当事人、其他诉讼参与人和案外人。

2. 行为要件：行为人必须实施了民诉法规定的妨害民事诉讼的行为，包括作为和不作为。如当事人伪造、毁灭重要证据，就是以作为的方式实施了妨害民事诉讼的行为；又如必须到庭的被告经两次传票传唤无正当理由拒不到庭的行为，以及不履行法院已经发生法律效力的裁判的行为，则是以不作为方式实施妨害民事诉讼的行为。

3. 结果要件：行为在客观上妨害和干扰了民事诉讼的正常进行，引起了妨害民事诉讼秩序的后果。

4. 主观要件：行为人必须故意。即行为人具有妨害民事诉讼正常进行的动机目的。行为人在主观上如果只有过失的或者并非处于妨害民事诉讼之故意的，则不构成妨害民事诉讼的行为。

5. 时间要件：一般是在诉讼过程中，即从立案到执行的各个阶段。但根据《法院适用民诉法解释》第521条，在法院执行终结6个月内，被执行人或者其他人对已经执行的标的有妨害行为的，法院可以依申请排除妨害，并可以依照《民事诉讼法》第111条的规定进行处罚。此外，因妨害行为给执行债权人或者其他人造成损失的，受害人可以另行起诉。

二、妨害民事诉讼行为的种类

根据民诉法和有关司法解释的规定，妨害民事诉讼行为具体主要表现为以下几种：

1. 必须到庭的被告以及给国家、集体或他人造成损害的未成年人被告的法定代理人，经两次传票传唤，无正当理由拒不到庭的。

必须到庭的被告，包括负有给付赡养费、抚育费、扶养费等义务的被告。此外，给国家、集体或他人造成损害的未成年人被告不必出庭，但其法定代理人应当出庭若经法院两次传票传唤，无正当理由拒不到庭的，属于妨害民事诉讼行为。

注意：（1）可以缺席判决的被告不属此列；（2）如果是原告经传票传唤拒不到庭的，则根据具体情况可以缺席判决或裁定按撤诉处理。

2. 诉讼参与人和其他人违反法庭规则，甚至哄闹、冲击法庭，侮辱、诽谤、威胁、殴打审判人员，严重扰乱法庭秩序的。

法庭审判活动及场所应当是非常庄重严肃的，法庭审理中进行调查、核实各种证据、认定案件事实，都需要一个良好的法庭秩序。诉讼参与人和其他人应当遵守法庭规则及法庭秩序。如未经允许在开庭时录音、录像、拍照，大声喧哗等违反法庭规则影响诉讼正常进行，或者哄闹、冲击法庭，侮辱、诽谤、威胁、殴打审判人员等扰乱法庭秩序，均属于妨害民事诉讼行为，是对法庭的威严、法律的权威的漠视，必须受到惩罚。

3. 有义务协助调查、执行的单位不履行协助义务的。如法院到银行进行调查取证，银行拒不协助查询、冻结或者划拨存款；有关单位拒不协助扣留被执行人的收入，或者拒不办理有关财产权证照转移手续等。

4. 妨害诉讼证据的收集、调查，阻拦、干扰诉讼进行。比如故意销毁重要证据、作伪证，毁坏法院查封的财产，或者拒不履行法院已经发生法律效力的判决、裁定等等。

5. 当事人为追索自己合法民事权益而非法拘禁他人或者非法扣押他人财产的行为，也是妨害民事诉讼行为。

6. 当事人之间恶意串通，企图通过诉讼、调解等方式侵害他人合法权益的行为。对于此类行为，法院应当驳回其请求，并根据情节轻重予以罚款、拘留；构成犯罪的，依法追究刑事责任。

7. 被执行人与他人恶意串通，通过诉讼、仲裁、调解等方式逃避履行法律文书确定的义务的行为。对于此类行为，法院应当根据情节轻重予以罚款、拘留；构成犯罪的，依法追究刑事责任。

第三节　对妨害民事诉讼的强制措施的种类

针对上述这些不同的种类的妨害民事诉讼的行为，法律规定法院可以采取相应的强制措施以排除妨碍，维护民事诉讼的正常秩序。强制措施有五种：

一、拘传

（一）适用条件

一是适用对象是必须到庭的被告，被告不到庭就无法查清案件；二是经过法院两次传票传唤；三是必须是无正当理由拒不到庭。

注意：(1) 对于给国家、集体或他人造成损害的未成年人的法定代理人，如其必须到庭，经两次传票传唤无正当理由拒不到庭的，人民法院也可以适用拘传；(2) 根据《法院适用民诉法解释》第 174 条第 2 款，拘传的对象不限于被告，法院对必须到庭才能查清案件基本事实的原告，经两次传票传唤无正当理由拒不到庭的，可以拘传。

（二）适用程序

院长批准；用《拘传票》进行拘传；说明批评教育前置；强制程度要与其行为的妨害程度相当。

二、训诫

训诫是一种较轻的强制措施，主要适用于违反法庭规则的行为人。对违反法庭规则的行为人，审判员可以对其直接采用训诫的强制措施，予以批评、教育，并责令其改正。书记员将训诫直接记录在案。

三、责令退出法庭

只适用于违反法庭规则的行为人，审判员强行命令行为人退出法庭，其强度比训诫更为严厉。书记员将责令退出法庭直接记录在案。

四、罚款

即法院强令妨害民事诉讼的行为人在一定期限内缴纳一定数量货币的一种强制措施。

（一）适用对象

罚款是一种比较严厉的强制措施，适用范围也很广，除了对必须到庭而拒不到庭的被告只能适用拘传外，对其他妨害民事诉讼的行为人都可以适用罚款的强制措施。

（二）适用程序

由合议庭或者独任审判员提出处理意见，报请院长批准后执行。法院决定罚款，应当制作决定书。

（三）罚款数额

（1）个人：10 万元以下；（2）单位：5 万元以上 100 万元以下。根据《法院适用民诉法解释》第 193 条，人民法院对个人或者单位采取罚款措施时，应当根据其实施妨害民事诉讼行为的性质、情节、后果，当地的经济发展水平，以及诉讼标的额等因素，在《民事诉讼法》第 115 条第 1 款规定的限额内确定相应的罚款金额。

五、拘留

拘留是民事诉讼强制措施中最为严厉的一种，涉及公民的人身自由，因此适时应特别慎重，必须经法院院长批准，填写《拘留决定书》。这种强制措施，适用于严重干扰民事诉讼但尚未构成犯罪的行为。

（一）拘留期限

15 日以下。

（二）适用程序

由合议庭或者独任审判员提出处理意见，报请院长批准后执行。法院决定拘留，应当制作《拘留决定书》。

注意：（1）罚款和拘留可以单独适用，也可以合并适用；（2）对同一妨害民事诉讼行为的罚款、拘留不得连续适用，但对于不同的行为可以分别给予罚款、拘留；(3)发生新的妨害民事诉讼行为的，法院可以重新予以罚款、拘留。

六、对以上 5 种强制措施总结以下要点

1. 训诫、责令退出法庭，由合议庭或者独任审判员决定；罚款、拘留、拘传，由院长书面决定，其中拘传用拘传票，罚款和拘留用决定书。

2. 对罚款和拘留决定不服的，可以自收到决定书之日起 3 日内向上一级法院申请复议一次，上级法院收到复议申请后应在 5 日内作出决定，复议期间不停止执行。

3．以上5种强制措施是针对行为人的违法行为而采取的，这些违法行为尚不构成犯罪。如果行为人妨害民事诉讼情节严重构成犯罪的，则依法追究行为人的刑事责任。

通过采取以上5种强制措施对妨害民事诉讼的行为进行排除，可以保障人民法院正常行使审判权、保障当事人顺利行使诉讼权利、实现生效裁判所确定的内容、维护法律的权威。

【学习总结和拓展】

【关键词】 对妨害民事诉讼的强制措施　训诫　责令退出法庭　拘传　罚款　拘留

【思考题】

1．对妨害民事诉讼的强制措施的性质是什么？

2．妨害民事诉讼的行为的种类有哪些？

3．妨害民事诉讼的行为的构成要件是什么？

4．对妨害民事诉讼的强制措施的种类及适用条件是什么？

5．拘传的特点是什么？

6．罚款的特点是什么？

7．拘留的特点是什么？

8．试述罚款和拘留之间的异同。

【阅读资料】

1．《中华人民共和国民事诉讼法》（2017年修正）第十章对妨害民事诉讼的强制措施。

2．《最高人民法院关于适用〈中华人民共和国民事诉讼法〉的解释》（法释〔2015〕5号）八、对妨害民事诉讼的强制措施。

3．庄华伟：《对妨害民事诉讼的强制措施规定的几点思考》，2013—01—31 10：12：11 | 来源：中国法院网 http://www.chinacourt.org/article/detail/2013/01/id/889445.shtml

4．张永泉、徐侃、胡浩亮：《我国民事拘传制度的缺陷及其完善》，《法律适用》2009年第9期。

5．马乐欣：《对妨害民事诉讼的军人实施拘留之我见》，《法学》1989年第2期。

6．吴明章：《谈谈妨害民事诉讼的强制措施的几个问题》，《法律科学—西北政法学院学报》1988年第2期。

第十五章 诉讼费用

【学习提示】通过本章学习，把握诉讼费用、民事法律援助、司法救助、国家司法救助的概念、理解诉讼费用的种类及收取标准；诉讼费用的预交和负担情形；民事法律援助的条件，司法救助的适用情形，熟悉国家司法救助的基本原则、对象及情形、方式和标准、程序、与其他救助的衔接、责任追究。

第一节 诉讼费用的概述

一、诉讼费用的概念

诉讼费用，是指人民法院依据国家法律、行政法规，按规定的项目和标准，向提起诉讼的当事人收取的案件受理费、申请费和其他诉讼费用。

二、收取诉讼费用的性质

人民法院依法收取的诉讼费用，其性质属于国家财政性资金。因此，诉讼费用收取、分配和使用要纳入财政管理。诉讼费用的收取方式、开支范围、收费票据式样等，按国家统一规定执行。

三、收取诉讼费用的意义

诉讼费用制度，是各国民事诉讼制度的组成部分。新中国建立后在相当长时期内实行民事诉讼免费，从 1982 年 3 月开始，我国民事诉讼法对诉讼费用设专章作了原则性规定，明确当事人进行民事诉讼，应当按规定交纳诉讼费用。

征收诉讼费用的意义，在于可以减少国家不必要的财政开支；可以促使当事人严肃认真地行使诉权，防止滥诉、缠诉现象的发生，从而减少一部分不必要的诉讼，为国家和社会减少浪费；有利于节约国家的财政开支，减轻人民的不合理负担；有利于维护国家主权和人民的利益。

四、我国民事诉讼费用征收的法律依据及具体办法

我国民事诉讼费用征收的法律依据是：《民事诉讼法》第 118 条第 1 款规定："当事人进行民事诉讼，应当按照规定交纳案件受理费。财产案件除交纳案件受理费外，并按照规定交纳其他诉讼费用。"在 2007 年 3 月 31 日之前，我国民事诉讼费用征收的具体办法是：最高人民法院 1989 年的《人民法院诉讼收费办法》、《诉讼费用补充规定》及

1999 年 10 月 1 日起施行的《人民法院诉讼费用管理办法》。

从 2007 年 4 月 1 日起，我国民事诉讼费用征收的具体办法是：2006 年 12 月 8 日国务院第 159 次常务会议通过、自 2007 年 4 月 1 日起施行的《诉讼费用交纳办法》。本章内容根据该办法及《法院适用民诉法解释》的规定进行阐述。

第二节 诉讼费用的种类和收费标准

根据国务院《诉讼费用交纳办法》第 2、3 条的规定，当事人进行民事诉讼，应当依照本办法交纳诉讼费用，但本办法规定可以不交纳或者免予交纳诉讼费用的除外。人民法院在诉讼过程中不得违反本办法规定的范围和标准向当事人收取费用。

当事人应当向人民法院交纳的诉讼费用包括三大种类：1. 案件受理费。2. 申请费，以及 3. 证人、鉴定人、翻译人员、理算人员在人民法院指定日期出庭发生的交通费、住宿费、生活费和误工补贴。

一、案件受理费

案件受理费，是人民法院决定受理民事案件后，原告按照有关规定向人民法院预交的费用。这种费用具有税收的性质，又称国家规费。

（一）案件受理费的交纳范围

1. 交纳案件受理费的案件范围

人民法院受理的民事案件根据其性质，可分为财产案件和非财产案件两大类。依照《民事诉讼法》的规定，当事人进行民事诉讼，不论是财产案件还是非财产案件，都必须交纳案件受理费。

案件受理费包括以下三类：

（1）第一审案件受理费。

（2）第二审案件受理费。

（3）再审案件中，依照国务院的《诉讼费用交纳办法》的规定需要交纳的案件受理费（即下述 2. 之（4）中具有①和②两种除外情形的再审案件要交纳受理费）。

2. 不交纳案件受理费的案件

根据国务院的《诉讼费用交纳办法》第 8 条和第 9 条的规定，不交纳案件受理费的案件有以下四类：

（1）依照《民事诉讼法》规定的特别程序审理的案件；

（2）裁定不予受理、驳回起诉、驳回上诉的案件；

（3）对不予受理、驳回起诉和管辖权异议裁定不服，提起上诉的案件；

（4）根据《民事诉讼法》规定的审判监督程序审理的案件（即再审案件），当事人不交纳案件受理费。但是，以下具有两种情形的再审案件除外（即需要交纳案件受理费）：①当事人有新的证据，足以推翻原判决、裁定，向人民法院申请再审，人民法院经审查决定再审的案件；②当事人对人民法院第一审判决或者裁定未提出上诉，第一审判决、裁定或者调解书发生法律效力后又申请再审，人民法院经审查决定再审的案件。

（二）案件受理费的交纳标准

1. 财产案件受理费的交纳

财产案件，是指涉及财产权益内容争议而提起诉讼的案件。如继承遗产、房地产合同、侵权损害赔偿等纠纷。财产案件根据诉讼请求的金额或者价额，按照下列比例分段累计交纳：

（1）不超过1万元的，每件交纳50元；

（2）超过1万元至10万元的部分，按照2.5%交纳；

（3）超过10万元至20万元的部分，按照2%交纳；

（4）超过20万元至50万元的部分，按照1.5%交纳；

（5）超过50万元至100万元的部分，按照1%交纳；

（6）超过100万元至200万元的部分，按照0.9%交纳；

（7）超过200万元至500万元的部分，按照0.8%交纳；

（8）超过500万元至1000万元的部分，按照0.7%交纳；

（9）超过1000万元至2000万元的部分，按照0.6%交纳；

（10）超过2000万元的部分，按照0.5%交纳。

根据《法院适用民诉法解释》第201条第2款规定，有多个财产性诉讼请求的，合并计算交纳诉讼费。

2. 非财产案件受理费的交纳

非财产案件，是指涉及人身关系内容纠纷提起诉讼的案件。这些诉讼本身并没有财产的内容或有关财产内容是附属于人身关系的，如离婚（其中可能会涉及分夫妻财产内容）、解除收养关系等案件。非财产案件按照下列标准交纳（省、自治区、直辖市人民政府可以结合本地实际情况在下列标准规定的幅度内制定具体交纳标准）：

（1）离婚案件每件交纳50元至300元。涉及财产分割，财产总额不超过20万元的，不另行交纳；超过20万元的部分，按照0.5%交纳。

（2）侵害姓名权、名称权、肖像权、名誉权、荣誉权以及其他人格权的案件，每件交纳100元至500元。涉及损害赔偿，赔偿金额不超过5万元的，不另行交纳；超过5万元至10万元的部分，按照1%交纳；超过10万元的部分，按照0.5%交纳。

（3）其他非财产案件每件交纳50元至100元。

3. 知识产权民事案件，没有争议金额或者价额的，每件交纳500元至1000元；有争议金额或者价额的，按照财产案件的标准交纳。（省、自治区、直辖市人民政府可以结合本地实际情况在此标准规定的幅度内制定具体交纳标准）

4. 劳动争议案件每件交纳10元。

5. 既有财产性诉讼请求，又有非财产性诉讼请求的，按照财产性诉讼请求的标准交纳诉讼费。

诉讼请求中有多个非财产性诉讼请求的，按一件交纳诉讼费。

6. 当事人提出案件管辖权异议，异议不成立的，每件交纳50元至100元（省、自治区、直辖市人民政府可以结合本地实际情况在此标准规定的幅度内制定具体交纳标准）。

7. 当事人在诉讼中变更诉讼请求数额，案件受理费依照下列规定处理：

（1）当事人增加诉讼请求数额的，按照增加后的诉讼请求数额计算补交；

（2）当事人在法庭调查终结前提出减少诉讼请求数额的，按照减少后的诉讼请求数额计算退还。

8. 减半交纳案件受理费，情形有二：

（1）以调解方式结案或者当事人申请撤诉的，减半交纳案件受理费。

（2）被告提起反诉、有独立请求权第三人提出与本案有关的诉讼请求，人民法院决定合并审理的，分别减半交纳案件受理费。

注意，人民法院决定减半收取案件受理费的，只能减半一次。

9. 对财产案件提起上诉的，按照不服一审判决部分的上诉请求数额交纳案件受理费。

原告、被告、第三人分别上诉的，按照上诉请求分别预交二审案件受理费。

同一方多人共同上诉的，只预交一份二审案件受理费；分别上诉的，按照上诉请求分别预交二审案件受理费。

10. 需要交纳案件受理费的再审案件，按照不服原判决部分的再审请求数额交纳案件受理费。

二、申请费

申请费，是指当事人申请适用特殊程序、强制执行各类生效法律文书而向人民法院缴纳的费用。

（一）申请费的交纳范围

当事人依法向人民法院申请下列事项，应当交纳申请费：

1. 申请执行人民法院发生法律效力的判决、裁定、调解书，仲裁机构依法作出的裁决和调解书，公证机构依法赋予强制执行效力的债权文书；

2. 申请保全措施；

3. 申请支付令；但支付令失效后转入诉讼程序的，债权人应当按照《诉讼费用交纳办法》补交案件受理费。

4. 申请公示催告；

5. 申请撤销仲裁裁决或者认定仲裁协议效力；

6. 申请破产；

7. 申请海事强制令、共同海损理算、设立海事赔偿责任限制基金、海事债权登记、船舶优先权催告；

8. 申请承认和执行外国法院判决、裁定和国外仲裁机构裁决。

（二）申请费的交纳标准

申请费分别按照下列标准交纳：

1. 依法向人民法院申请执行人民法院发生法律效力的判决、裁定、调解书，仲裁机构依法作出的裁决和调解书，公证机关依法赋予强制执行效力的债权文书，申请承认和执行外国法院判决、裁定以及国外仲裁机构裁决的，按照下列标准交纳：

（1）没有执行金额或者价额的，每件交纳 50 元至 500 元。

（2）执行金额或者价额不超过 1 万元的，每件交纳 50 元；超过 1 万元至 50 万元的部分，按照1．5%交纳；超过50万元至500万元的部分，按照1%交纳；超过500万元至1000万元的部分，按照0．5%交纳；超过1000万元的部分，按照0．1%交纳。

（3）符合《民事诉讼法》第54条第4款规定，未参加登记的权利人向人民法院提起诉讼的，按照本项规定的标准交纳申请费，不再交纳案件受理费。

2．申请保全措施的，根据实际保全的财产数额按照下列标准交纳：

财产数额不超过1000元或者不涉及财产数额的，每件交纳30元；超过1000元至10万元的部分，按照1%交纳；超过10万元的部分，按照0．5%交纳。但是，当事人申请保全措施交纳的费用最多不超过5000元。

3．依法申请支付令的，比照财产案件受理费标准的1/3交纳。

支付令被撤销后，债权人另行起诉的，按照《诉讼费用交纳办法》交纳诉讼费用。

4．依法申请公示催告的，每件交纳100元。

5．申请撤销仲裁裁决或者认定仲裁协议效力的，每件交纳400元。

6．破产案件依据破产财产总额计算，按照财产案件受理费标准减半交纳，但是，最高不超过30万元。

注意，破产程序中有关债务人的民事诉讼案件，按照财产案件标准交纳诉讼费，但劳动争议案件除外。

7．海事案件的申请费按照下列标准交纳：

（1）申请设立海事赔偿责任限制基金的，每件交纳1000元至1万元；

（2）申请海事强制令的，每件交纳1000元至5000元；

（3）申请船舶优先权催告的，每件交纳1000元至5000元；

（4）申请海事债权登记的，每件交纳1000元；

（5）申请共同海损理算的，每件交纳1000元。

三、其他诉讼费用

（一）其他诉讼费用的概念

其它诉讼费用，是除案件受理费、申请费之外的按照规定应当由当事人负担的实际支出的诉讼费用。

（二）其他诉讼费用的范围及交纳标准

1．鉴定人、翻译人员、理算人员在人民法院指定日期出庭发生的交通费、住宿费、生活费和误工补贴，由人民法院按照国家规定的交通费、住宿费、生活费和误工补贴的标准代为收取。

证人费用范围，根据《民事诉讼法》第74条规定，包括证人因履行出庭作证义务而支出的交通、住宿、就餐等必要费用以及误工损失。

2．当事人复制案件卷宗材料和法律文书应当按实际成本向人民法院交纳工本费。

3．诉讼过程中因鉴定、公告、勘验、翻译、评估、拍卖、变卖、仓储、保管、运输、船舶监管等发生的依法应当由当事人负担的费用，人民法院根据谁主张、谁负担的原则，决定由当事人直接支付给有关机构或者单位，人民法院不得代收代付。

注意，人民法院依照《民事诉讼法》第11条第3款规定提供当地民族通用语言、文字翻译的，不收取费用。

第三节 诉讼费用的预交

一、诉讼费用的预交

（一）案件受理费的预交

1. 案件受理费由原告、有独立请求权第三人、上诉人预交。

（1）原告、有独立请求权第三人自接到人民法院交纳诉讼费用通知次日起7日内交纳案件受理费。

（2）上诉人向人民法院提交上诉状时预交上诉案件的案件受理费。双方当事人都提起上诉的，分别预交。上诉人在上诉期内未预交诉讼费用的，人民法院应当通知其在7日内预交。

2. 被告提起反诉，依照本办法规定需要交纳案件受理费的，由被告预交。

反诉案件由提起反诉的当事人自提起反诉次日起7日内交纳案件受理费。

3. 依照规定需要交纳案件受理费的再审案件，由申请再审的当事人预交。双方当事人都申请再审的，分别预交。

（二）申请费的预交

申请费由申请人在提出申请时或者在人民法院指定的期限内预交。

（三）逾期不交纳诉讼费用的后果

当事人逾期不交纳诉讼费用又未提出司法救助申请，或者申请司法救助未获批准，在人民法院指定期限内仍未交纳诉讼费用的，由人民法院依照有关规定处理。

根据《最高人民法院关于审理环境民事公益诉讼案件适用法律若干问题的解释》（法释〔2015〕1号）第33条规定，环境民事公益诉讼案件的原告交纳诉讼费用确有困难，依法申请缓交的，人民法院应予准许。

（四）诉讼费用预交的例外

1. 起诉时人数尚未确定的代表人诉讼案件不预交案件受理费。

根据《法院适用民诉法解释》第194条规定，依照民事诉讼法第五十四条审理的案件——即起诉时人数尚未确定的代表人诉讼案件——不预交案件受理费，结案后按照诉讼标的额由败诉方交纳。

2. 追索劳动报酬的案件，可以不预交案件受理费。

3. 以下二项申请费不预交：

（1）申请执行人民法院发生法律效力的判决、裁定、调解书，仲裁机构依法作出的裁决和调解书，公证机构依法赋予强制执行效力的债权文书的，申请费不由申请人预交：执行申请费执行后交纳。

（2）申请破产的申请费，不由申请人预交，待破产清算后交纳。

4. 其他费用不预交

鉴定人、翻译人员、理算人员在人民法院指定日期出庭发生的交通费、住宿费、生活费和误工补贴，以及当事人复制案件卷宗材料和法律文书的工本费，不预交，均待实际发生后交纳。

证人费用不预交，根据《民事诉讼法》第 74 条规定，当事人申请证人作证的，由该当事人先行垫付；当事人没有申请，人民法院依法通知证人作证的，由人民法院先行垫付。

（五）诉讼费用预交的法官自律

根据最高人民法院《法官行为规范》（法发〔2010〕54 号）要求，在当事人预交诉讼费时，法官应自觉地遵循以下行为规范：（1）严格按规定确定数额，不得额外收取或者随意降低；（2）需要到指定银行交费的，及时告知账号及地点；（3）确需人民法庭自行收取的，应当按规定出具收据。

当事人发现法官违反上述行为规范的，有权向法院纪检组举报。

二、诉讼费用的交纳要求

（一）诉讼费用的计算

1. 诉讼费用以人民币为计算单位。

2. 以外币为计算单位的，依照人民法院决定受理案件之日国家公布的汇率换算成人民币计算交纳。

3. 诉讼标的物是证券的，按照证券交易规则并根据当事人起诉之日前最后一个交易日的收盘价、当日的市场价或者其载明的金额计算诉讼标的金额。

4. 诉讼标的物是房屋、土地、林木、车辆、船舶、文物等特定物或者知识产权，起诉时价值难以确定的，人民法院应当向原告释明主张过高或者过低的诉讼风险，以原告主张的价值确定诉讼标的金额。

5. 上诉案件和申请再审案件的诉讼费用，以外币为计算单位的，按照第一审人民法院决定受理案件之日国家公布的汇率换算。

（二）诉讼费用的交收管理

1. 诉讼费用的交纳和收取制度应当公示。

2. 人民法院收取诉讼费用按照其财务隶属关系使用国务院财政部门或者省级人民政府财政部门印制的财政票据。

3. 案件受理费、申请费全额上缴财政，纳入预算，实行收支两条线管理。

4. 人民法院收取诉讼费用应当向当事人开具缴费凭证，当事人持缴费凭证到指定代理银行交费。

但是，在边远、水上、交通不便地区，基层巡回法庭当场审理案件，当事人提出向指定代理银行交纳诉讼费用确有困难的，基层巡回法庭可以当场收取诉讼费用，并向当事人出具省级人民政府财政部门印制的财政票据；不出具省级人民政府财政部门印制的财政票据的，当事人有权拒绝交纳。

5. 诉讼费用缴库的具体办法由国务院财政部门商最高人民法院另行制定。

6. 依照《民事诉讼法》第 36 条（移送管辖）、第 37 条（指定管辖）、第 127 条（管辖权异议）、第 38 条（管辖权转移）规定移送、移交的案件，原受理人民法院应当将当事人预交的诉讼费用随案移交接收案件的人民法院。

（三）诉讼费用的退还或不退还

1. 涉嫌刑事犯罪移送案件的诉讼费用退还

人民法院审理民事案件过程中发现涉嫌刑事犯罪并将案件移送有关部门处理的，当事人交纳的案件受理费予以退还。

但有例外：移送后民事案件需要继续审理的，当事人已交纳的案件受理费不予退还。

2. 中止诉讼、终结诉讼、中止执行案件的诉讼费用不退还

（1）中止诉讼、中止执行的案件，已交纳的案件受理费、申请费不予退还。中止诉讼、中止执行的原因消除，恢复诉讼、执行的，不再交纳案件受理费、申请费。

（2）依照《民事诉讼法》第151条规定终结诉讼的案件，依照规定已交纳的案件受理费不予退还。

3. 发回重审案件的诉讼费用退还

第二审人民法院决定将案件发回重审的，应当退还上诉人已交纳的第二审案件受理费。

4. 不予受理或者驳回起诉案件的诉讼费用退还

第一审人民法院裁定不予受理或者驳回起诉的，应当退还当事人已交纳的案件受理费；当事人对第一审人民法院不予受理、驳回起诉的裁定提起上诉，第二审人民法院维持第一审人民法院作出的裁定的，第一审人民法院应当退还当事人已交纳的案件受理费。

5. 鉴定人拒不出庭作证的鉴定费用退还

根据《民事诉讼法》第78条规定，经人民法院通知，鉴定人拒不出庭作证的，鉴定意见不得作为认定事实的根据；支付鉴定费用的当事人可以要求返还鉴定费用。

6. 判决生效后，胜诉方预交但不应负担的诉讼费用，人民法院应当退还，由败诉方向人民法院交纳，但胜诉方自愿承担或者同意败诉方直接向其支付的除外。当事人拒不交纳诉讼费用的，人民法院可以强制执行。

7. 退还诉讼费用的期限

需要向当事人退还诉讼费用的，人民法院应当自法律文书生效之日起15日内退还有关当事人。

8. 退费的具体办法

退费的具体办法由国务院财政部门商最高人民法院另行制定。依法应当向当事人退费的，人民法院应当按照国家有关规定办理。

三、诉讼费用的部门监管

价格主管部门、财政部门按照收费管理的职责分工，对诉讼费用进行管理和监督；对人民法院违反国务院《诉讼费用交纳办法》规定的乱收费行为，依照法律、法规和国务院相关规定予以查处。

第四节　诉讼费用的负担

一、诉讼费用的负担原则

诉讼费用的负担，是指案件审理终结后，确定诉讼费用应由那一方当事人负担。

二、诉讼费用的负担情形

（一）败诉人负担

根据国务院的《诉讼费用交纳办法》规定，败诉人负担有以下情形：

1. 诉讼费用由败诉方负担，胜诉方自愿承担的除外。

2. 部分胜诉、部分败诉的，人民法院根据案件的具体情况决定当事人各自负担的诉讼费用数额。

3. 共同诉讼当事人败诉的，人民法院根据其对诉讼标的之利害关系，决定当事人各自负担的诉讼费用数额。

承担连带责任的当事人败诉的，应当共同负担诉讼费用。

4. 撤销仲裁裁决或者认定仲裁协议效力的申请费，由人民法院依照败诉方负担的规定决定申请费的负担。

根据《最高人民法院关于审理环境民事公益诉讼案件适用法律若干问题的解释》（法释〔2015〕1号）第33条规定，败诉或者部分败诉的原告申请减交或者免交诉讼费用的，人民法院应当依照《诉讼费用交纳办法》的规定，视原告的经济状况和案件的审理情况决定是否准许。

此外，根据《民事诉讼法》第74条规定，证人因履行出庭作证义务而支出的交通、住宿、就餐等必要费用以及误工损失，由败诉一方当事人负担。

根据《合同法》第73条关于“因债务人怠于行使其到期债权，对债权人造成损害的，债权人可以向人民法院请求以自己的名义代位行使债务人的债权，但该债权专属于债务人自身的除外。代位权的行使范围以债权人的债权为限。债权人行使代位权的必要费用，由债务人负担”的规定，在代位权诉讼中，债权人胜诉的，诉讼费用由次债务人负担，从实现的债权中优先支付。

根据《法院适用民诉法解释》第199条规定，适用简易程序审理的案件转为普通程序的，原告自接到人民法院交纳诉讼费用通知之日起七日内补交案件受理费，无正当理由未按期足额补交的，按撤诉处理，已经收取的诉讼费用退还一半。

（二）双方当事人协商负担

1. 调解案诉讼费用的协商负担

经人民法院调解达成协议的案件，诉讼费用的负担由双方当事人协商解决；协商不成的，由人民法院决定。

2. 离婚案诉讼费用的协商负担

离婚案件诉讼费用的负担由双方当事人协商解决；协商不成的，由人民法院决定。

3. 执行和解案的协商负担

执行中当事人达成和解协议的，申请费的负担由双方当事人协商解决；协商不成的，由人民法院决定。

（三）变更诉讼请求的当事人负担

当事人在法庭调查终结后提出减少诉讼请求数额的，减少请求数额部分的案件受理费由变更诉讼请求的当事人负担。

（四）申请撤诉的原告或上诉人负担

民事案件的原告或者上诉人申请撤诉，人民法院裁定准许的，案件受理费由原告或者上诉人负担。

（五）申请再审的当事人或败诉人负担

依照规定应当交纳案件受理费的再审案件，诉讼费用由申请再审的当事人负担；双方当事人都申请再审的，诉讼费用依照败诉人负担的规定负担。原审诉讼费用的负担由人民法院根据诉讼费用负担原则重新确定。

（六）申请人负担

1. 公示催告的申请费由申请人负担。

2. 保全措施的申请费由申请人负担，申请人提起诉讼的，可以将该申请费列入诉讼请求。

3. 依照特别程序审理案件的公告费，由起诉人或者申请人负担。

4. 实现担保物权案件，人民法院裁定拍卖、变卖担保财产的，申请费由债务人、担保人负担；人民法院裁定驳回申请的，申请费由申请人负担。申请人另行起诉的，其已经交纳的申请费可以从案件受理费中扣除。

（七）被执行人负担

执行的申请费由被执行人负担。

拍卖、变卖担保财产的裁定作出后，人民法院强制执行的，按照执行金额收取执行申请费。

（八）债务人负担

债务人对督促程序未提出异议的，申请费由债务人负担。债务人对督促程序提出异议致使督促程序终结的，申请费由申请人负担；申请人另行起诉的，可以将申请费列入诉讼请求。

（九）破产申请费的拨付

依法向人民法院申请破产的，诉讼费用依照有关法律规定从破产财产中拨付。这里所谓“有关法律规定”，即指全国人大常委会第 10 届 23 次会议 2006 年 8 月 27 日通过自 2007 年 6 月 1 日起施行的《中华人民共和国企业破产法》的有关规定。

（十）海事案诉讼费用的负担

海事案件中的有关诉讼费用依照下列规定负担：

1. 诉前申请海事请求保全、海事强制令的，申请费由申请人负担；申请人就有关海事请求提起诉讼的，可将上述费用列入诉讼请求；

2. 诉前申请海事证据保全的，申请费由申请人负担；

3. 诉讼中拍卖、变卖被扣押船舶、船载货物、船用燃油、船用物料发生的合理费用，由申请人预付，从拍卖、变卖价款中先行扣除，退还申请人；

4. 申请设立海事赔偿责任限制基金、申请债权登记与受偿、申请船舶优先权催告案件的申请费，由申请人负担；

5. 设立海事赔偿责任限制基金、船舶优先权催告程序中的公告费用由申请人负担。

（十一）不当行为的当事人负担

当事人因自身原因未能在举证期限内举证，在二审或者再审期间提出新的证据致使诉讼费用增加的，增加的诉讼费用由该当事人负担。

三、诉讼费用的负担应在法律文书中载明

《民事诉讼法》第 152 条第 1 款第 3 项规定，判决书应当写明“判决结果和诉讼费用的负担”。当事人不服第一审人民法院的判决，有权提起上诉。但是，当事人不得单独对人民法院关于诉讼费用的决定提起上诉。人民法院改变原判决、裁定、调解结果的，应当在裁判文书中对原审诉讼费用的负担一并作出处理。

第二审人民法院在审理上诉案件时，发现第一审人民法院对案件实体部分的处理正确，但收取诉讼费有误，应当在终审判决中予以纠正。

第二审人民法院改变第一审人民法院作出的判决、裁定的，应当相应变更第一审人民法院对诉讼费用负担的决定。

案件审结后，人民法院应当将诉讼费用的详细清单和当事人应当负担的数额书面通知当事人，同时在判决书、裁定书或者调解书中写明当事人各方应当负担的数额。

四、诉讼费用的负担异议的处理

当事人单独对人民法院关于诉讼费用的决定有异议的，可以向作出决定的人民法院院长申请复核。复核决定应当自收到当事人申请之日起 15 日内作出。

当事人对人民法院决定诉讼费用的计算有异议的，可以向作出决定的人民法院请求复核。计算确有错误的，作出决定的人民法院应当予以更正。

第五节　民事法律援助与司法救助及国家司法救助

一、民事法律援助

民事法律援助，是指符合规定的确有经济困难的公民获得法律援助机构免费提供诉讼代理服务以及法院减免收取诉讼费用的特殊帮助制度。

民事法律援助的目的，是切实贯彻“公民在法律面前一律平等”的宪法原则，保障公民获得平等的法律帮助，保障公民的基本人权和促进社会稳定。为了进一步加强和规范民事诉讼法律援助工作，根据《民事诉讼法》、《律师法》、《法律援助条例》、《最高人民法院关于对经济确有困难的当事人提供司法救助的规定》（以下简称《司法救助规定》），以及其他相关规定，结合法律援助工作实际，2005 年 9 月 22 日最高人民法院、司法部制定了《关于民事诉讼法律援助工作的规定》，自 2005 年 12 月 1 日起施行。截至 2014 年底，全国共有法律援助机构 3700 多个和法律援助工作人员 1. 4 万人，全国

共办理法律援助案件124万件。2015年，全国共办理法律援助案件132万件。[①]

（一）民事法律援助的责任主体、实施主体、受援主体及事项范围

1. 法律援助的责任主体

法律援助是政府的责任，政府是法律援助的责任主体，因此，县级以上人民政府应当采取积极措施推动法律援助工作，为法律援助提供财政支持，保障法律援助事业与经济、社会协调发展。国务院司法行政部门监督管理全国的法律援助工作。县级以上地方各级人民政府司法行政部门监督管理本行政区域的法律援助工作。

2. 法律援助的实施主体

法律援助机构，是法律援助的实施主体。法律援助机构负责受理、审查法律援助申请，指派或者安排人员为符合《法律援助条例》规定的公民提供法律援助。

法律援助机构，包括中央、省（自治区、直辖市）、市（州）、县四级政府的法律援助组织。直辖市、设区的市或者县级人民政府的司法厅、局根据需要确定本行政区域的法律援助机构。

国家支持和鼓励社会团体、事业单位等社会组织利用自身资源为经济困难的公民提供法律援助，因此，法律援助机构，也包括社会团体、民间组织的法律援助组织。

中华全国律师协会和地方律师协会应当按照律师协会章程对依据《法律援助条例》实施的法律援助工作予以协助。律师应当依照律师法和《法律援助条例》的规定履行法律援助义务，为受援人提供符合标准的法律服务，依法维护受援人的合法权益，接受律师协会和司法行政部门的监督。

3. 法律援助的受援主体

接受民事法律援助的主体范围，只限于公民，不包括法人或其他组织。

4. 法律援助的事项范围

民事法律援助的事项范围，限于国务院列举规定和省级人民政府补充规定的需要诉讼代理的民事法律援助事项。

国务院《法律援助条例》第10条第1款列举规定的民事法律援助事项包括：

（1）请求给予社会保险待遇或者最低生活保障待遇的（公民可以就此事项向法律援助机构申请法律咨询）；

（2）请求发给抚恤金、救济金的；

（3）请求给付赡养费、抚养费、扶养费的；

（4）请求支付劳动报酬的；

（5）主张因见义勇为行为产生的民事权益的。

根据《法律援助条例》第10条第2款的授权性规范，省、自治区、直辖市人民政府可以对《法律援助条例》第10条第1款列举规定以外的法律援助事项作出补充规定。

（二）民事法律援助的条件

申请法律援助的公民必须同时具备以下两个条件：

1. 申请人有充分理由证明为保障自己的合法权益需要法律帮助。

---

① 中国法学会2015年7月、2016年10月公布：《中国法治建设年度报告（2014）》、《中国法治建设年度报告（2015）》

2. 确因经济困难无能力或无完全能力支付法律服务费用。

公民经济困难的标准，由省、自治区、直辖市人民政府根据本行政区域经济发展状况和法律援助事业的需要规定。

公民经济困难的标准，按案件受理地所在的省、自治区、直辖市人民政府的规定执行。

（三）民事法律援助的程序

1. 向法律援助机构申请

根据《法律援助条例》第 14 条的规定，公民就申请民事法律援助按照下列规定向相关法律援助机构提出：

（1）请求给予社会保险待遇、最低生活保障待遇或者请求发给抚恤金、救济金的，向提供社会保险待遇、最低生活保障待遇或者发给抚恤金、救济金的义务机关所在地的法律援助机构提出申请；

（2）请求给付赡养费、抚养费、扶养费的，向给付赡养费、抚养费、扶养费的义务人住所地的法律援助机构提出申请；

（3）请求支付劳动报酬的，向支付劳动报酬的义务人住所地的法律援助机构提出申请；

（4）主张因见义勇为行为产生的民事权益的，向被请求人住所地的法律援助机构提出申请。

申请人为无民事行为能力人或者限制民事行为能力人的，由其法定代理人代为提出申请。无民事行为能力人或者限制民事行为能力人与其法定代理人之间发生诉讼或者因其他利益纠纷需要法律援助的，由与该争议事项无利害关系的其他法定代理人代为提出申请。

申请应当采用书面形式，填写申请表；以书面形式提出申请确有困难的，可以口头申请，由法律援助机构工作人员或者代为转交申请的有关机构工作人员作书面记录。

2. 向法律援助机构提供证据

公民申请代理应当提交下列证件、证明材料：（1）身份证或者其他有效的身份证明，代理申请人还应当提交有代理权的证明；（2）经济困难的证明；（3）与所申请法律援助事项有关的案件材料。

3. 法律援助机构审查决定与异议处理

（1）法律援助机构审查决定

法律援助机构收到法律援助申请后，应当依照有关规定及时审查。认为申请人提交的证件、证明材料不齐全的，可以要求申请人作出必要的补充或者说明，申请人未按要求作出补充或者说明的，视为撤销申请；认为申请人提交的证件、证明材料需要查证的，由法律援助机构向有关机关、单位查证。

对符合法律援助条件的，决定提供法律援助，并告知该当事人可以向有管辖权的人民法院申请司法救助。

对不符合法律援助条件的，作出不予援助的决定（还应当书面告知申请人理由）。

（2）申请人对法律援助机构不予援助决定有异议的处理

申请人对法律援助机构不予援助的决定有异议的，可以向确定该法律援助机构的司法行政部门提出。司法行政部门应当在收到异议之日起5个工作日内进行审查，经审查认为申请人符合法律援助条件的，应当以书面形式责令法律援助机构及时对该申请人提供法律援助，同时通知申请人。认为申请人不符合法律援助条件的，应当维持法律援助机构不予援助的决定，并将维持决定的理由书面告知申请人。

4. 受援人向人民法院申请

当事人依据最高人民法院有关司法救助规定先行向人民法院申请司法救助获准的，人民法院可以告知其可以按照《法律援助条例》的规定，向法律援助机构申请法律援助。

当事人以人民法院给予司法救助的决定为依据，向法律援助机构申请法律援助的，法律援助机构对符合《法律援助条例》第10条规定情形的，不再审查其是否符合经济困难标准，应当直接做出给予法律援助的决定。

当事人以法律援助机构给予法律援助的决定为依据，向人民法院申请司法救助的，人民法院不再审查其是否符合经济困难标准，应当直接做出给予司法救助的决定。

5. 法律援助的实施

法律援助机构可以指派律师事务所安排律师或者安排本机构的工作人员办理法律援助案件；也可以根据其他社会组织的要求，安排其所属人员办理法律援助案件。

法律援助的实施形式，从广义讲，是多样化的，除民事诉讼代理外，还包括法律援助咨询、刑事代理、行政代理、仲裁代理、刑事辩护、调解和公证等方式。

民事法律援助案件的受援人依照民事诉讼法的规定申请先予执行，人民法院裁定先予执行的，可以不要求受援人提供相应的担保。

人民法院在办案过程中发现承办法律援助案件的人员违反职业道德和执业纪律，损害受援人利益的，应当及时向作出指派的法律援助机构通报有关情况

受指派办理法律援助案件的律师或者接受安排办理法律援助案件的社会组织人员在案件结案时，应当向法律援助机构提交有关的法律文书副本或者复印件以及结案报告等材料。

法律援助机构收到前款规定的结案材料后，应当向受指派办理法律援助案件的律师或者接受安排办理法律援助案件的社会组织人员支付经省级政府司法行政部门会同同级财政部门核定的法律援助办案补贴。

法律援助经费应当专款专用，接受财政、审计部门的监督。

6. 法律援助的终止

办理法律援助案件的人员遇有下列情形之一的，应当向法律援助机构报告，法律援助机构经审查核实的，应当终止该项法律援助：（1）受援人的经济收入状况发生变化，不再符合法律援助条件的；（2）案件终止审理或者已被撤销的；（3）受援人又自行委托律师或者其他代理人的；（4）受援人要求终止法律援助的。

实施法律援助的民事诉讼案件出现上述终止法律援助的情形时，法律援助机构应当在作出终止法律援助决定的当日函告法院，由法院相应作出撤销司法救助的决定。

（四）民事法律援助的诉讼费用承担

人民法院依据法律援助机构给予法律援助的决定，准许受援的当事人司法救助的请求的，应当先行对当事人作出缓交诉讼费用的决定，待案件审结后再根据案件的具体情

况，按照司法救助规定决定诉讼费用的负担。

（五）对法院和法律援助人员办理法律援助案件的要求

1. 对法院的要求

人民法院应当根据民事诉讼法及其他相关法律法规的规定，对民事法律援助案件及时立案、及时审结、及时执行，对承办案件的法律援助人员应予支持配合，在工作上尽量提供方便，以维护受援人的合法权益。

人民法院应当支持法律援助机构指派或者安排的承办法律援助案件的人员在民事诉讼中实施法律援助，在查阅、摘抄、复制案件材料等方面提供便利条件，对承办法律援助案件的人员复制必要的相关材料的费用应当予以免收或者减收，减收的标准按复制材料所必需的工本费用计算。

2. 对法律援助人员的要求

法律援助人员办理民事法律援助案件应当向人民法院提交由法律援助机构统一印制的公函和文书。在法律援助案件代理中，应当遵守职业道德和执业纪律，提供法律援助不得收取任何财物。

律师事务所拒绝法律援助机构的指派，不安排本所律师办理法律援助案件的，由司法行政部门给予警告、责令改正；情节严重的，给予 1 个月以上 3 个月以下停业整顿的处罚。

在办理法律援助事项时，法律援助人员未经法律援助机构批准，不得终止法律援助或者委托他人代为办理法律援助事项。

律师无正当理由拒绝接受、擅自终止法律援助案件的，或者办理法律援助案件收取财物的，由司法行政部门给予警告、责令改正；情节严重的，给予 1 个月以上 3 个月以下停止执业的处罚。对收取财物的律师，责令退还违法所得的财物，可以并处所收财物价值 1 倍以上 3 倍以下的罚款。

律师办理法律援助案件违反职业道德和执业纪律的，按照律师法的规定予以处罚。

二、司法救助

（一）司法救助的概念与依据

司法救助，是指人民法院对于当事人为维护自己的合法权益，向人民法院提起民事诉讼但经济确有困难的，实行诉讼费用的缓交、减交、免交。

司法救助是人民法院改革中的一项创新制度，以使经济确有困难的当事人能够依法充分行使诉讼权利，维护其合法权益，确保司法公正。司法救助最早的依据是 2000 年 7 月 12 日《最高人民法院关于对经济确有困难的当事人予以司法救助的规定》。2006 年 12 月 8 日国务院第 159 次常务会议通过的《诉讼费用交纳办法》第 4 条明确规定："国家对交纳诉讼费用确有困难的当事人提供司法救助，保障其依法行使诉讼权利，维护其合法权益。"从而对司法救助制度予以延展。2014 年 3 月中央政法委会同中央政法单位、民政部、财政部下发《关于建立国家司法救助制度的意见（试行）》，提出实现国家司法救助工作制度化、规范化，并推动各地制定具体实施办法。最高人民检察院印发《关于贯彻实施〈关于建立完善国家司法救助制度的意见（试行）〉的若干意见》，明确国家司法救助的对象既包括人身受到伤害或财产受到重大损失的刑事案件被害人或其近亲属、举报人、证人、鉴定人，又包括特定民事侵权案件当事人、符合条件的涉法涉诉信访人。人民检察院在办理案件过程中，应当主动了解当事人家庭生活状况，对符合救助条件的当事人，不论其户籍在本地或外地，均应主动开展救助工作。在处理涉法涉诉信访问题过程中，对符合救助条件的涉法涉诉信访人，也应根据规定及时提供救助，促进息诉息访，及早化解社会矛盾。

（二）司法救助的适用情形

当事人交纳诉讼费用确有困难的，可以依照国务院《诉讼费用交纳办法》的规定向人民法院申请缓交、减交或者免交诉讼费用的司法救助。

1. 免交诉讼费用

免交诉讼费用，只适用于自然人，不适用于法人或其他组织。

当事人申请司法救助，符合下列情形之一的，人民法院应当准予免交诉讼费用：

（1）残疾人无固定生活来源的；

（2）追索赡养费、扶养费、抚育费、抚恤金的；

（3）最低生活保障对象、农村特困定期救济对象、农村五保供养对象或者领取失业保险金人员，无其他收入的；

（4）因见义勇为或者为保护社会公共利益致使自身合法权益受到损害，本人或者其近亲属请求赔偿或者补偿的；

（5）确实需要免交的其他情形。

2. 减交诉讼费用

当事人申请司法救助，符合下列情形之一的，人民法院应当准予减交诉讼费用：

（1）因自然灾害等不可抗力造成生活困难，正在接受社会救济，或者家庭生产经营难以为继的；

（2）属于国家规定的优抚、安置对象的；

（3）社会福利机构和救助管理站；

（4）确实需要减交的其他情形。

人民法院准予减交诉讼费用的，减交比例不得低于30%。

3. 缓交诉讼费用

当事人申请司法救助，符合下列情形之一的，人民法院应当准予缓交诉讼费用：

（1）追索社会保险金、经济补偿金的；

（2）海上事故、交通事故、医疗事故、工伤事故、产品质量事故或者其他人身伤害事故的受害人请求赔偿的；

（3）正在接受有关部门法律援助的；

（4）确实需要缓交的其他情形。

（三）司法救助的适用程序

1. 司法救助的告知

根据最高人民法院《法官行为规范》（法发〔2010〕54号）的要求，在立案阶段，法官遇有当事人未及时交纳诉讼费时，负有以下告知义务：（1）符合司法救助条件的，告知可以申请缓交或者减免诉讼费；（2）不符合司法救助条件的，可以书面形式通知其在规定期限内交费，并告知无正当理由逾期不交诉讼费的，将按撤诉处理。

2. 当事人申请

当事人申请司法救助，应当在起诉或者上诉时提交书面申请、足以证明其确有经济困难的证明材料以及其他相关证明材料。

因生活困难或者追索基本生活费用申请免交、减交诉讼费用的，还应当提供本人及其家庭经济状况符合当地民政、劳动保障等部门规定的公民经济困难标准的证明。

. 3. 法院审查处理

（1）人民法院对当事人司法救助的请求，由负责受理该案的审判人员提出意见，经庭长审核同意后，报主管副院长审批。数额较大的，报院长审批。

（2）人民法院对当事人的司法救助申请不予批准的，应当向当事人书面说明理由。

（3）人民法院准予当事人减交、免交诉讼费用的，应当在法律文书中载明。

（4）当事人申请缓交诉讼费用经审查符合缓交情形的，人民法院应当在决定立案之前作出准予缓交的决定。

4. 司法救助案件的诉讼费用承担

人民法院对一方当事人提供司法救助，对方当事人败诉的，诉讼费用由对方当事人负担。对方当事人胜诉的，可以视申请司法救助的当事人的经济状况决定其减交、免交诉讼费用。

（四）对骗取司法救助的处理

司法救助是政府代表国家诚心实意为民服务的体现，当事人应当以诚实对待，确有困难符合规定情形的才去寻获司法救助。

当事人骗取司法救助的，人民法院应当责令其补交诉讼费用；拒不补交的，以妨害诉讼行为论处。

三、国家司法救助

（一）国家司法救助的概念与依据

国家司法救助，是指由国家对遭受犯罪侵害或民事侵权，无法通过诉讼获得有效赔偿的生活面临急迫困难的当事人等，给予一次性适当经济资助帮助他们摆脱生活困境的辅助救济措施。

目前，国家司法救助的依据，是中共中央政法委员会、财政部、最高人民法院、最高人民检察院、公安部、司法部等六部门发布《关于建立完善国家司法救助制度的意见（试行）》（中政委〔2014〕3号，以下简称“中政委〔2014〕3号意见”），《最高人民法院关于加强和规范人民法院国家司法救助工作的意见》（法发〔2016〕16号，以下简称“法发〔2016〕16号意见”）。这些意见构成了国家司法救助的制度体系。

人民法院国家司法救助工作，与上述“二、司法救助”不同，是指人民法院在办理案件过程中，对遭受犯罪侵害或者民事侵权，无法通过诉讼获得有效赔偿，生活面临急迫困难的当事人等采取一次性的辅助性救济措施。人民法院在审判、执行工作中，对权利受到侵害无法获得有效赔偿的当事人等，符合上述意见规定情形的，可以采取一次性辅助救济措施，以解决其生活面临的急迫困难。

（二）国家司法救助的意义

开展国家司法救助是中国特色社会主义司法制度的内在要求，是改善民生、健全社会保障体系的重要组成部分。

当前，我国正处于社会矛盾凸显期。而法院司法救助工作总体上仍处于起步阶段，发展还不平衡，救助资金保障不到位、对象不明确、标准不统一、工作不规范等问题亟待解决。

党的十八届三中全会通过《中共中央关于全面深化改革若干重大问题的决定》，要求完善人权司法保障制度，健全国家司法救助制度，为进一步加强和改进司法救助工作指明了方向。建立完善国家司法救助制度，有利于对受到侵害但无法获得有效赔偿的当事人等，由国家给予适当经济资助，帮助他们摆脱生活困境；有利于贯彻党的十八大、十八届三中全会精神，围绕“努力让人民群众在每一个司法案件中感受到公平正义”的要求落实“让人民群众有更多的获得感”这一目标，彰显党和国家的民生关怀；有利于实现社会公平正义，维护司法的权威和公信，有效维护当事人等合法权益，促进社会和谐稳定。

（三）国家司法救助的原则

根据中政委〔2014〕3号意见、法发〔2016〕16号意见的规定，国家司法救助，应当遵循以下基本原则：

1. 辅助性救助原则

国家司法救助是对遭受犯罪侵害或民事侵权，无法通过诉讼获得有效赔偿的当事人，采取的辅助性救济措施。重点解决符合条件的特定案件当事人生活面临的急迫困难。

对同一案件的同一当事人只进行一次性救助。其他办案机关已经予以国家司法救助的，人民法院不再救助。

对于能够通过诉讼获得赔偿、补偿的，一般应当通过诉讼渠道解决。

2. 公正救助原则

严格把握救助标准和条件，兼顾当事人实际情况和同类案件救助数额，做到公平、公正、合理救助，防止因救助不公引发新的矛盾。

3. 及时救助原则

对符合救助条件的当事人，办案机关应根据当事人申请或者依据职权及时提供救助，确保及早化解社会矛盾。

4. 属地救助原则

对符合救助条件的当事人，不论其户籍在本地或外地，原则上都由案件管辖地负责救助。

人民法院对符合救助条件的救助申请人，无论其户籍所在地是否属于受案人民法院辖区范围，均由案件管辖法院负责救助。

在管辖地有重大影响且救助金额较大的国家司法救助案件，上下级人民法院可以进行联动救助，案件需移送的，应将国家司法救助有关材料随案卷一并移送。

（四）国家司法救助的对象

1. 国家司法救助的对象及情形

根据中政委〔2014〕3号意见、法发〔2016〕16号意见的规定，国家司法救助的对象，除了刑事领域中因生活面临急迫困难提出国家司法救助申请的且符合本意见规定情形的刑事案件被害人及其近亲属、举报人、证人、鉴定人应当予以救助之外，在民事领域中，对下列人员因生活面临急迫困难提出申请且符合下列情形之一的，人民法院应当予以国家司法救助：

（1）民事案件的证人、鉴定人因向人民法院作证或者接受人民法院委托进行司法鉴定受到打击报复，致使其人身受到伤害或财产受到重大损失，无法通过诉讼获得赔偿，陷入生活困难的；

（2）追索赡养费、扶养费、抚育费等，因被执行人没有履行能力，申请执行人陷入生活困难的；

（3）因道路交通事故等民事侵权行为造成人身伤害，无法通过诉讼获得赔偿，受害人陷入生活困难的；

（4）人民法院根据实际情况，认为需要救助的其他人员。

（5）涉民诉信访人，其诉求具有一定合理性，但通过法律途径难以解决，且生活困难，愿意接受国家司法救助后息诉息访的，可以参照法发〔2016〕16号意见予以救助。

2. 国家司法救助的排除情形

申请国家司法救助人员，具有以下情形之一的，一般不予救助：

（1）对案件发生有重大过错的；

（2）无正当理由，拒绝配合查明案件事实的；

（3）故意作虚伪陈述或者伪造证据，妨害诉讼的；

（4）在审判、执行中主动放弃民事赔偿请求或拒绝侵权责任人及其近亲属赔偿的；

（5）生活困难非案件原因所导致的；

（6）已经通过社会救助措施得到合理补偿、救助的。

（7）法人、其他组织提出的救助申请；中政委〔2014〕3号意见第2条第2款明确规定："对社会组织、法人，不予救助。"

（8）不应给予救助的其他情形。

（五）国家司法救助的方式和标准

1. 救助方式

国家司法救助以支付救助金为主要方式。

同时，与思想疏导、宣传教育相结合，与法律援助、诉讼救济相配套，与其他社会救助相衔接，如，建立案件伤员急救"绿色通道"、对遭受严重心理创伤的人实施心理治疗、对行动不便的人提供社工帮助等多种救助方式，进一步增强救助效果。

2. 救助标准

救助金以案件管辖法院所在省、自治区、直辖市上一年度职工月平均工资为基准确定，一般不超过36个月的月平均工资总额。

确定救助金具体数额，人民法院要综合考虑以下因素：（1）救助对象实际遭受的损失；（2）救助对象有无过错以及过错大小；（3）救助对象个人及其家庭的经济状况；（4）救助对象维持当地基本生活水平所必需的最低支出；（5）赔偿义务人实际赔偿情况等。

损失特别重大、生活特别困难，需适当突破救助限额即超过36个月的月平均工资总额的，应当严格审核控制，救助金额不得超过人民法院依法应当判决给付或者虽已判决但未执行到位的标的数额。

（六）国家司法救助的程序

国家司法救助，应当严格遵循以下程序：

1. 告知

人民法院在办理案件、处理涉法涉诉信访问题过程中，对符合国家司法救助条件的当事人，应当告知其有权提出国家司法救助申请。比如，审判、执行部门认为案件当事人符合救助条件的，应当告知其有权提出国家司法救助申请。

2. 申请

申请国家司法救助，应当符合以下条件：

（1）国家司法救助申请由当事人直接向人民法院立案部门提出。当事人向人民法院审判、执行部门提出申请的，审判、执行部门应当将申请材料及时移送立案部门。

（2）国家司法救助申请应当以书面形式提出。救助申请人书面申请确有困难的，可以口头提出，人民法院应当制作笔录。

（3）救助申请人提出国家司法救助申请，一般应当提交以下材料：①救助申请书，救助申请书应当载明申请救助的数额及理由；②救助申请人的身份证明；③实际损失的证明；④救助申请人及其家庭成员生活困难的证明；所谓“生活困难证明”，主要是指救助申请人户籍所在地或者经常居住地村（居）民委员会或者所在单位出具的有关救助申请人的家庭人口、劳动能力、就业状况、家庭收入等情况的证明。⑤是否获得其他赔偿、救助等相关证明；⑥其他能够证明救助申请人需要救助的材料。

受理申请的人民法院工作人员应当作好受理国家司法救助申请登记，出具收取申请材料清单并注明收讫日期。

人民法院工作人员认为救助申请人提交的申请材料不齐全或者不符合要求，需要补充或者补正的，应当当场或者在5个工作日内，告知救助申请人在30日内提交补充、补正材料。

救助申请人确实不能提供完整材料的，应当说明理由。人民法院工作人员经审核，理由成立的，应当接受；理由不成立的，不应当接受。救助申请人期满未补充、补正申请材料，也不说明理由的，视为放弃申请。

3. 立案

当事人直接向人民法院立案部门提出国家司法救助申请，经审查确认符合救助申请条件的，应当予以立案。

人民法院成立国家司法救助委员会，负责人民法院国家司法救助工作。司法救助委员会下设办公室作为司法救助委员会的日常工作部门，由人民法院赔偿委员会办公室行使其职能，负责牵头、协调和处理国家司法救助日常事务，执行司法救助委员会决议及办理国家司法救助案件。基层人民法院由负责国家赔偿工作的职能机构承担司法救助委员会办公室工作职责。

4. 审判

（1）人民法院应当认真核实申请人提供的申请材料，综合相关情况，并自立案之日起10个工作日内，作出是否给予国家司法救助和具体救助金额的决定。案情复杂的救助案件，经院长批准，可以适当延长。

（2）申请人符合救助条件且不具有不予救助情形，决定给予国家司法救助的，应当制作《国家司法救助决定书》，加盖人民法院印章，并应当将《国家司法救助决定书》及时送达救助申请人。

（3）申请人不符合救助条件或者具有不予救助情形的，应当作出不予国家司法救助的书面决定及时告知救助申请人，并做好解释说明工作。

5. 发放

（1）人民法院决定给予国家司法救助的，应当在7个工作日内按照相关财务规定办理手续。财政部门对批准同意的救助资金应及时拨付人民法院。人民法院应当在收到财政部门拨付的救助金后2个工作日内通知救助申请人领取救助金。对具有急需医疗救治等特殊情况的救助申请人，人民法院可以依据救助标准，先行垫付救助金，救助后及时补办审批手续。

（2）救助金一般应当一次性发放。情况特殊的，可以分批发放。

（3）发放救助金时，应当向救助申请人释明救助金的性质、准予救助的理由、骗取救助金的法律后果，同时制作笔录并由救助申请人签字。必要时，可以邀请救助申请人户籍所在地或者经常居住地村（居）民委员会或者所在单位的工作人员到场见证救助金发放过程。

（4）人民法院可以根据救助申请人的具体情况，委托民政部门、乡镇人民政府或者街道办事处、村（居）民委员会、救助申请人所在单位等组织向救助申请人发放救助金。

（5）救助申请人获得救助后，人民法院从被执行人处执行到赔偿款或者其他应当给付的执行款的，应当将已发放的救助金从执行款中扣除。

（七）国家司法救助与其他救助的衔接机制

1. 国家司法救助与司法救助、法律援助的衔接

对于符合国家司法救助条件的当事人就人身伤害或财产损失提起民事诉讼的，人民法院应当依法及时审查并减免相关诉讼费用，司法行政部门应当依法及时提供法律援助，保障困难群众充分行使诉讼权利。

2. 国家司法救助与社会救助的衔接

对于未纳入国家司法救助范围或者获得国家司法救助后仍然面临生活困难的救助申请人，符合社会救助条件的，人民法院协调其户籍所在地有关部门将其纳入社会救助范围。

（八）国家司法救助的监督与责任追究

1. 国家司法救助的监督

人民法院司法救助委员会应当在年度终了1个月内就本院上一年度司法救助情况提交书面报告，接受纪检、监察、审计部门和上级人民法院的监督，确保专款专用。

上级法院应当对下级法院的国家司法救助工作予以指导和监督，防止救助失衡和重复救助。

2. 国家司法救助的责任追究

（1）救助申请人通过提供虚假材料等手段骗取国家司法救助金的，人民法院应当予以追回；构成犯罪的，应当依法追究刑事责任。

（2）涉诉信访救助申请人领取国家司法救助金后，违背息诉息访承诺的，人民法院应当将救助金予以追回。

（3）救助申请人所在单位或者基层组织等相关单位出具虚假证明，使不符合救助条件的救助申请人获得救助的，人民法院应当建议相关单位或者其上级主管机关依法依纪对相关责任人予以处理。

（4）人民法院工作人员在办理国家司法救助过程中有下列行为之一的，人民法院应当予以批评教育；构成违纪的，应当根据相关规定予以纪律处分；构成犯罪的，应当依法追究刑事责任；并追回国家司法救助资金：①滥用职权，对明显不符合条件的救助申请人决定给予国家司法救助的；②虚报、克扣救助申请人国家司法救助金的；③贪污、挪用国家司法救助资金的；④对符合国家司法救助条件的救助申请人不及时办理救助手续，造成严重后果的；⑤违反最高人民法院法发〔2016〕16号意见的其他行为。

【学习总结与拓展】

【关键词】 诉讼费用　案件受理费　申请费　民事法律援助　司法救助　国家司法救助

【思考题】

1. 当事人应当向人民法院交纳的诉讼费用包括哪三大种类？
2. 不交纳案件受理费的案件有哪四类？
3. 诉讼费用如何计算？
4. 诉讼费用的负担情形有哪些？
5. 民事法律援助事项有哪些？
6. 申请法律援助的公民必须同时具备哪两个条件？
7. 当事人申请司法救助，符合哪些情形之一的，人民法院应当准予免交、减交或缓交诉讼费用？
8. 国家司法救助应当遵循哪些基本原则？
9. 国家司法救助的对象及情形以及排除国家司法救助的情形有哪些？
10. 试述国家司法救助的方式和标准。
11. 国家司法救助应当严格遵循的程序是什么？
12. 国家司法救助与司法救助、法律援助及社会救助如何衔接？
13. 试述国家司法救助的责任追究。

【阅读资料】

1.《中华人民共和国民事诉讼法》(2017年修正）第十一章诉讼费用。

2.《诉讼费用交纳办法》（中华人民共和国国务院令第481号）；《法律援助条例》（中华人民共和国国务院令第385号）。

3.《最高人民法院关于适用〈中华人民共和国民事诉讼法〉的解释》（法释〔2015〕5号）九、诉讼费用；最高人民法院、司法部《关于民事诉讼法律援助工作的规定》（司发通［2005］77号）。

4.《最高人民法院关于对经济确有困难的当事人提供司法救助的规定》（2000年7月12日最高人民法院审判委员会第1124次会议通过，2005年4月5日最高人民法院审判委员会第1347次会议通过修订）。

5. 中共中央政法委员会、财政部、最高人民法院、最高人民检察院、公安部、司法部《关于建立完善国家司法救助制度的意见（试行）》（中政委〔2014〕3号）。

6.《最高人民法院关于加强和规范人民法院国家司法救助工作的意见》（法发〔2016〕16号）。

7. 夏群佩、应万荣：《诉讼费用制度改革与反思——〈诉讼费用交纳办法〉实施问题研究》，《公安法治研究—贵州警官职业学院学报》2008年第2期；张榕：《民事诉讼收费制度改革的理念及路径》，《法律科学—西北政法学院学报》2006年第1期；徐吉亭：《我国诉讼费用制度的分析与完善》，《法律适用》2005年第4期；廖永安、赵晓薇：《民事诉讼费用制度与司法公正关系考——兼论我国民事诉讼费用制度的立法缺陷》，《公安法治研究—贵州警官职业学院学报》2004年第3期；杨剑：《试论民事诉讼胜诉当事人之费用求偿权》，《河北法学》2003年第1期；王凌：《诉费负担不应在判决书中确定》，《人民法院报》2002年10月1日；傅郁林：《诉讼费用的性质与诉讼成本的承担》，《北大法律评论》2001年第1期。

8. 汤啸天：《论法律援助与司法救助制度的衔接》，《中国司法》2009年第1期；邓陕峡：《完善我国司法救助制度的构想》，《河北法学》2009年第2期。

9. 何君：《健全国家司法救助制度加强人权保障》，2017－03－30 09：22：05 来源：人民法院报 http://www.chinacourt.org/article/detail/2017/03/id/2647719.shtml；左海聪：《我国国家司法救助工作的几个问题》，2016－09－18 16：27：52，来源：中国法院网 http://www.chinacourt.org/article/detail/2016/09/id/2087768.shtml

10. 方流芳：《民事诉讼收费考》，《中国社会科学》1999年第3期，载中国法学网（http://www.iolaw.org.cn）。

第三编　审判程序 A

——民事权益争议案件的审判程序

第十六章　第一审普通程序

【学习提示】 通过本章学习，了解第一审普通程序的法律规定以及相关理论，熟悉起诉与立案、审前准备的基本内容，领会开庭审理是民事审判程序的中心环节，掌握诉讼中止和诉讼终结适用范围及效力，民事判决、裁定和决定的区别。

第一审普通程序，是指各级人民法院审理第一审民事案件时通常适用的最基本的程序，是内容最充实、体系最完整的标准程序，包括起诉和受理、审理前的准备、开庭审理、诉讼中止和终结、判决和裁定等一系列全面、系统的诉讼进程阶段与有机衔接运作环节。第一审普通程序具有完整性、独立性和广泛的适用性。第一审普通程序不仅是第一审程序的基础，而且是整个民事审判程序的基础。它既是人民法院审理重大、复杂的民事案件所适用的程序，又是审理其他民事案件的一般性程序，运用其他审判程序审理案件，没有规定的程序问题，都可适用普通程序规范。

第一节　起诉和立案

一、起诉

起诉，是指公民、法人或其他组织认为自己的民事权益受到侵犯或与他人发生争议，以自己的名义向人民法院提出诉讼，要求人民法院予以审判的诉讼行为。

起诉时当事人基于诉权而启动民事诉讼程序的单方诉讼行为，是民事诉讼程序开始的必备要素，是法院行使审判权的必要前提。没有当事人起诉，法院不得依职权启动民事诉讼程序，这是“处分权主义”和“司法消极主义”的重要内涵。同时当事人起诉必须基于诉权，诉权产生于民事争议的存在或民事权益侵害事实的发生。但在起诉阶段，这些事实都只是原告乙方的主观认识；这些主观认识认为的事实是否成立，必须经过诉讼程序的对抗和证明，最后由法院行使审判权作出判定。

（一）起诉的条件

根据《民事诉讼法》第 119 条的规定，起诉必须符合以下条件：

1. 原告是与本案有直接利害关系的公民、法人和其他组织。

所谓“直接利害关系”，是指与本案争议的诉讼标的（实体的民事权利义务关系）有直接的法律上的利害关系，即认为自己的或自己所保护的合法民事权益受到侵害或者与他人发生民事权利义务争议。与案件没有直接利害关系，不能作为原告起诉。

2. 有明确的被告。

有明确的被告，就是原告须将侵害自己民事权益的侵权行为人或者民事权利义务争议对方应当明白无误地指明于起诉状之中，使法院明白原告是对谁提起民事诉讼。只要原告在起诉状中写明了被告，就不应妨碍原告行使诉权。至于该被告是否必须是正当的被告，法律并未苛求。只要原告提供了被告的姓名或者名称、住所等信息具体明确，足以使被告与他人相区别的，可以认定为有明确的被告。

3. 有具体的诉讼请求和事实、理由。

具体的诉讼请求，就是原告起诉请求人民法院通过审判程序保护自己民事权益的具体实体权利要求。原告诉讼请求所根据的事实，包括案情事实和证据事实。案情事实，是指民事法律关系发生、变更、消灭的事实，民事权益被侵害或者发生争议的事实。证据事实，是指证明这些案情事实存在的必要证据。理由，是指原告据以提出诉讼请求的法律依据及其论证说理。

4. 属于人民法院受理民事诉讼的范围和受诉人民法院管辖。

如果提起诉讼的案件，依照法律规定不属人民法院主管，则原告没有起诉权，法院也无权受理；案件虽属人民法院主管，但不归受诉人民法院管辖的，原告也不能向这个人民法院提起诉讼。

起诉的四个法定条件，必须同时具备，缺一不可。

（二）起诉的方式和内容

起诉除必须具备法定的条件外，还必须符合法定的方式。《民事诉讼法》第 120 条规定“起诉应当向人民法院递交起诉状，并按照被告人数提出副本。书写起诉状确有困难的，可以口头起诉，由人民法院记入笔录，并告知对方当事人。”根据这一规定，起诉可以采取两种方式，即口头起诉或书面起诉。

根据《民事诉讼法》第 121 条的规定，起诉状应当包括以下法定内容：

（1）原告的姓名、性别、年龄、民族、职业、工作单位、住所、联系方式，法人或者其他组织的名称、住所和法定代表人或者主要负责人的姓名、职务、联系方式。有诉讼代理人的，应写明代理人的基本情况和代理权限。

（2）被告的姓名、性别、工作单位、住所等信息，法人或者其他组织的名称、住所等信息。

起诉状列写被告信息不足以认定明确的被告的，人民法院可以告知原告补正。原告补正后仍不能确定明确的被告的，人民法院裁定不予受理。

（3）具体诉讼请求和所根据的事实与理由。详细写明要求法院判令保护的具体民事实体权益内容，阐明诉讼请求所根据的事实和理由，包括纠纷形成的事实、争执的焦点、请求所根据的理由、适用实体法和程序法依据。所依据的事实应当客观，理由应当充分，以利于人民法院对案件的审理和裁判。

（4）列明证明诉讼请求的证据和证据的来源，证人的姓名和住所。《民事证据规定》第 2 条规定，“当事人对自己提出的诉讼请求所依据的事实或者反驳对方诉讼请求所依据的事实有责任提供证据加以证明。没有证据或者证据不足以证明当事人的事实主张的，由负有举证责任的当事人承担不利后果。”因此，当事人对自己的诉讼主张有责任提供证据。原告在诉状中应当写明支持自己诉讼主张的证据。同时，为便于审查和查证事实，还应当提交或记明证据的来源和相关证人的姓名、住所，以便诉讼审理中对于相关事实的查证。

起诉状还应写明受诉人民法院的名称和起诉的年月日，并由原告签或或者盖章。

二、立案

（一）立案的概念

通常而言，立案，是指当事人起诉之后，法院将诉转变为案件的程序过程，这个过程的完成则是以获得法院的案号作为标志。

（二）登记立案

根据《法院适用民诉法解释》第 208 条规定，人民法院接到当事人提交的民事起诉状时，对符合《民事诉讼法》第 119 的规定，且不属于第 124 条规定情形的，应当登记立案。

根据《最高人民法院关于人民法院登记立案若干问题的规定》（法释〔2015〕8 号）规定，人民法院对依法应该受理的一审民事起诉，实行立案登记制。对起诉，人民法院应当一律接收诉状，出具书面凭证并注明收到日期。对符合法律规定的起诉，人民法院应当当场予以登记立案。对不符合法律规定的起诉，人民法院应当予以释明。

对当场不能判定是否符合起诉条件的，应当接收起诉材料，并出具注明收到日期的书面凭证，并作出以下处理：（1）对民事起诉，应当在收到起诉状之日起 7 日内决定是否立案；（2）对第三人撤销之诉，应当在收到起诉状之日起 30 日内决定是否立案；（3）对执行异议之诉，应当在收到起诉状之日起 15 日内决定是否立案。人民法院在法定期间内不能判定起诉是否符合法律规定的，应当先行立案。

需要补充必要相关材料的，人民法院应当及时告知当事人。在补齐相关材料后，应当在 7 日内决定是否立案。立案后发现不符合起诉条件或者属于《民事诉讼法》第 124 条规定情形的，裁定驳回起诉。

人民法院对下列起诉不予登记立案：（1）违法起诉或者不符合法律规定的；（2）涉及危害国家主权和领土完整的；（3）危害国家安全的；（4）破坏国家统一和民族团结的；（5）破坏国家宗教政策的；（6）所诉事项不属于人民法院主管的。

（三）登记立案后的审查

根据《民事诉讼法》第 123 条的规定，人民法院应当保障当事人依照法律规定享有的起诉权利。对符合本法第 119 条的起诉，必须受理。人民法院应当在登记立案后进行审查，符合起诉条件的，应当在 7 日内立案，作出立案决定书并通知当事人；不符合起诉条件的，应当在 7 日内作出不予受理裁定书；原告对裁定不服的，可以提起上诉。

根据《民事诉讼法》第 124 条规定，以下几种情况，人民法院不予立案受理：

1. 依照《行政诉讼法》的规定，属于行政诉讼受案范围的，告知原告提起行政诉讼。历次政治运动遗留的属于落实政策的纠纷，农村中划分责任田、规划宅基地引起的纠纷，违章建筑纠纷和确定离婚登记效力的纠纷，以及其他依法应由行政机关处理的争议，告知原告向有关行政部门申请解决。对违反行政法规造成的侵权行为，有关行政部门依照规定调解不成或者调解成立后一方反悔，当事人向人民法院起诉的，人民法院应予受理。病员及其亲属对医疗事故技术鉴定委员会作出的医疗事故结论没有意见，仅要求医疗单位就医疗事故赔偿经济损失向人民法院提起诉讼的，应予受理。当事人因土地、林木、林地、山林、草原、荒地、滩涂、水面等自然资源的所有权或者使用权而发生的侵权纠纷，向人民法院起诉的，属民事权益争议，人民法院应予受理。

2. 依照法律规定，双方当事人达成书面仲裁协议申请仲裁、不得向人民法院起诉的，告知原告向仲裁机构申请仲裁。但仲裁条款、仲裁协议无效、失效或者内容不明确，无法执行的除外。当事人在仲裁条款或者协议中选择的仲裁机构不存在，或者选择裁决的事项超越仲裁机构权限的，人民法院有权依法受理当事人一方的起诉。当事人一方向人民法院起诉时未声明有仲裁协议，人民法院受理后，对方当事人又应诉答辩的，视为该人民法院有管辖权。

3. 依照法律规定，应当由其他机关处理的争议，告知原告向有关机关申请解决。

4. 对本院没有管辖权的案件，告知原告向有管辖权的人民法院起诉。原告坚持起诉的，裁定不予受理；立案后才发现本院没有管辖权的案件，应当将案件移送有管辖权的人民法院。

5. 对判决、裁定已经发生法律效力的案件，当事人又起诉的，告知原告按申诉处理，但人民法院准许撤诉的裁定除外。当事人撤诉后，以同一诉讼请求再次起诉的，人民法院应予受理。

6. 依照法律规定，在一定期限内不得起诉的案件，在不得起诉的期限内起诉的，不予受理。如新婚姻法第34条规定：“女方在怀孕期间、分娩后一年内或中止妊娠后六个月内，男方不得提出离婚。女方提出离婚的，或人民法院认为确有必要受理男方离婚请求的，不在此限。”

7. 判决不准离婚和调解和好的离婚案件，判决、调解维持收养关系的案件，没有新情况，新理由，原告在6个月内又起诉的，不予受理。原告自动撤诉或者按撤诉处理的离婚案件，没有新情况、新理由，6个月内又起诉的，不予受理。

注意，判决不准离婚、调解和好的离婚案件以及判决、调解维持收养关系的案件，被告向人民法院起诉的，不受《民事诉讼法》第124条第7项规定的条件的限制，人民法院应予受理。对赡养费、抚育费、扶养费案件裁判发生法律效力后，因新情况、新理由，一方当事人再行起诉，要求增加或减少费用的，人民法院应作为新案受理。

裁定不予受理和驳回起诉的案件，原告再次起诉，如果裁定不予受理、驳回起诉的理由消失的，人民法院应予受理。

（四）立案受理的法律效果

人民法院决定立案受理原告的起诉后，将产生以下几个方面的法律效果：

1. 受诉人民法院依法取得受理原告的审判权，非经法定原因，不得中止对该案件的审判。此外，受诉人民法院依法受理原告的起诉后，即排除了其他人民法院对该案行使审判权的可能。

2. 起诉已经人民法院受理，双方当事人分别取得了原告和被告的诉讼主体地位，依法享有法律赋予的诉讼权利，并承担相应的诉讼义务。

3. 诉讼时效中断。根据《民法总则》第 195 条的规定，诉讼时效因权利人提起诉讼而中断。从中断、有关程序终结时起，诉讼时效期间重新计算。

4. 除法律另有规定外，当事人不得就同一诉讼标的、同意被告、同一事实和理由再次向人民法院起诉，人民法院也不得对此类起诉再次受理。

第二节 审理前的准备

审理前的准备，是指人民法院在案件受理后、开庭审理前，为保证庭审工作的顺利进行和案件的正确、及时的处理，而由审判人员进行的各项诉讼活动。

审理前的准备，是第一审普通程序中开庭审理前的一个必经阶段，是人民法院、当事人有效进行审判活动和诉讼活动的基础，关系到庭审的效果乃至诉讼的公正与效率。它的任务是：弄清原、被告的请求和答辩；查明和收集解决案件所必需的证据；为正式开庭审理做好充分的准备。因此，做好案件审理的准备工作，具有重要的意义。

根据《民事诉讼法》的规定和审判实践经验，开庭审理前，应做好以下准备工作：

一、向被告发送起诉状副本和向原告发送答辩状

人民法院应在立案之日起 5 日内，将起诉状副本发送被告。这是法定的诉讼程序，是诉讼上权利义务关系的体现。原告在诉状中如有谩骂和人身攻击之词，送达起诉状副本可能引起矛盾激化或者引起新的纠纷，不利于案件解决的，人民法院应当说服原告实事求是地加以修改；坚持不改的，可以送达起诉状副本。人民法院向被告送达起诉状副本时，应当将原告提交的证据材料一并送达。

被告应当在收到起诉状副本之日起 15 日内提出答辩状并按照要求完成举证。被告提出答辩状的，人民法院应当在收到答辩状之日起 5 日内将答辩状副本发送原告。被告不提出答辩状不影响人民法院开庭审理。

二、分别向原告和被告发出受理案件通知书和应诉通知书

人民法院对决定受理的案件，应当向当事人发出受理案件通知书和应诉通知书，并在通知书中向当事人告知有关的诉讼权利和义务，或者用口头的方式通知。

三、合议庭成员告知

人民法院确定该案所适用的审判程序和合议庭组成人员后应当在 3 日内告知当事人。诉讼中确因情况变化，需要变更合议庭成员的，人民法院应在变更后 3 日内书面通知当事人。

四、交换证据，明确争议焦点

证据交换，是指在法院的安排和主持下，双方当事人将证明自己主张的证据，于指

定的日期提交双方当事人的诉讼活动。进行庭前证据交换有利于当事人彼此了解对方所提交的证据，使当事人在开庭审理时能有的放矢地进行质证，避免不公平的证据突袭。在实践中，庭前证据交换并非审理前的准备阶段所必经的程序，一般只适用于证据较多或者复杂疑难的案件。

五、便换或者追加当事人

起诉和应诉的人必须符合法律规定的当事人的条件。因此，在阅卷和调查中，发现有的当事人与本案没有直接利害关系，不符合当事人条件的，人民法院应当及时通知符合条件的当事人（又称合格当事人）参加诉讼，以更换不符合条件的当事人（又称不合格当事人）。通知更换后，不符合条件的原告不愿意退出诉讼的，可以裁定驳回起诉；符合条件的原告全部不愿意参加诉讼的，可以终结案件的审理。被告不符合条件，原告不同意更换的，可以裁定驳回起诉。受通知的被告不参加诉讼的，可以依法缺席判决或者依法拘传。

在阅卷和调查中，发现必须共同进行诉讼的当事人没有参加诉讼的，人民法院应当根据《民事诉讼法》第 132 条的规定，及时通知其参加诉讼，追加为当事人；当事人也可以向人民法院申请追加。人民法院对当事人提出的申请应当进行审查。申请无理的，裁定驳回；申请有理的，应当及时书面通知被追加的当事人参加诉讼，以便合并审理。人民法院追加必须共同进行诉讼的原告时，应同时通知其他当事人。通知追加的原告已明确表示放弃实体权利追加的被告不应诉，经传票传唤仍不到庭的，可以缺席判决。通知追加的被告如果是必须到庭，无正当理由拒不到庭的，依法可以拘传。

六、决定诉的合并与分离

《民事诉讼法》第 140 条规定："原告增加诉讼请求，被告提出反诉，第三人提出与本案有关的诉讼请求，可以合并审理。"诉的合并的目的是为了简化诉讼程序，提高办案效率，使纠纷尽快得到解决，并避免法院在同类问题上作出相互矛盾的裁判。因此，法院对几个有联系的诉讼，应当认真进行审查，凡是能够达到上述目的的，就应当合并审理，一并解决。

诉的分离，是指人民法院为及时解决纠纷，将几个复杂而又在民事法律关系上有联系的诉讼，分为独立的案件，逐案审理。因为根据案件的具体情况，如果把这些复杂的诉讼合并到一个诉讼程序中去审理，不但不能简化诉讼程序，反而会起相反的作用，使案件更加复杂化，影响案件的迅速解决。在这种情况下，就不应当将这几个有联系的诉讼合并审理，而应当单独审理；已经合并了的，可以将几个诉讼分离出去，另案解决。

七、进行调解

调解是《民事诉讼法》的基本原则。为了贯彻这一原则，人民法院受理案件后，经审查，认为法律关系明确，事实清楚，不需要法庭调查、辩论的，在征得当事人双方同意后，可以在开庭审理前进行调解，促使当事人达成协议，解决纠纷。一旦当事人之间达成调解协议，尚未完成的准备工作及开庭审理就不必继续进行。但先行调解同样应当尊重当事人的意愿，贯彻自愿合法原则，当事人拒绝调解的，应当及时开庭。

第三节 开庭审理

一、开庭审理的概念

开庭审理，又称法庭审理，是指在审判人员主持和当事人及其他诉讼参与人参加下，在法庭上对案件进行审理的全部诉讼活动。

开庭审理是人民法院行使审判权的重要形式。它的任务是：查明事实，分清是非、责任，正确适用法律、政策，确认民事权利义务关系，制裁民事违法行为，解决民事纠纷，保护公民、法人和其他组织的合法权益，促进社会主义现代化建设事业的发展。

依据法律规定，开庭审理一般是公开审理；但是，法律规定有的案件不公开审理。依照《民事诉讼法》第 134 条的规定，人民法院审理民事案件，除涉及国家机密、个人隐私或者法律另有规定的以外，应当公开进行。离婚案件、涉及商业秘密的案件，当事人申请不公开审理的，可以不公开审理。所谓商业秘密，主要是指技术秘密、商业情报和信息等。如生产工艺、配方、贸易联系、购销渠道、价格等当事人不愿意公开的工商业秘密。《民事诉讼法》所以补充规定商业秘密案件可以不公开审理，是考虑到经济纠纷案件涉及工商秘密的情况比较突出，对促进改革开放搞活经济有利。这也是国际上的通行做法。公开审理，是指审判活动要向社会公开，允许群众旁听，允许新闻记者采访。不公开审理，是指审理活动不向社会公开，但要公宣告判决。

开庭审理和公开审理既有联系又有区别。凡适用第一审普通程序、简易程序审理的案件，都必须开庭审理；但是否公开审理，则应视具体情况而定。不公开审理不等于不开庭审理。开庭审理可以在法院进行；为了便利群众诉讼，人民法院也可以根据需要进行巡回审理，就地办案。

开庭审理是民事审判程序的中心环节，民事诉讼的各项基本原则、制度主要在开庭审理中体现出来，当事人的举证、质证、辩论以及法院认定事实、适用法律、作出判决的活动也是集中在开庭审理中进行。审判实践证明，搞好开庭审理工作，是提高民事审判工作质量的关键环节。通过开庭审理，有利于人民法院查清案件，分清是非，正确解决纠纷；有利于对当事人和旁听群众进行具体、生动的社会主义法制宣布教育，起到预防纠纷、减少诉讼的作用；也有利于社会各界和广大群众对人民法院的审判工作进行监督。

二、开庭审理的程序

人民法院审理民事案件，必须严格依照法定的诉讼程序进行，并切实保障诉讼参与人的诉讼权利。根据《民事诉讼法》的规定，开庭审理的程序基本上可以分为以下四个阶段，而每一个阶段都自己的中心任务，解决不同的问题。

（一）开庭审理的准备

开庭前的准备阶段的任务，是保证庭审活动的顺利进行。主要做好以下准备工作：

1. 人民法院按照普通程序审理民事案件，应当在开庭 3 日前用传票传唤当事人，并用通知书通知诉讼代理人、证人、鉴定人、勘验人和翻译人员到庭。当事人或者其他诉讼参与人在外地的，应留有必要的在途时间。公开审理的，应当公告当事人的姓名、案由和开庭的时间、地点。

2. 公开审理的案件，在人民法院公告栏公告当事人姓名、案由和开庭的时间地点。

3. 由书记员查明当事人和其他诉讼参与人是否到庭。如果必须到庭的当事人和其他诉讼参与人没有到庭，应及时报告审判长。审判长根据具体情况决定进行审理或者延期审理。无独立请求权的第三人在提起诉讼后，经人民法院传票传唤，无正当理由拒不到庭的，或者未经法庭许可中途退庭的，不影响案件的审理。

4. 决定进行审理后，由书记员宣布法庭规则。开庭后如有违反法庭规则的，法庭首先要予以警告、教育；教育无效，人民法院可以根据情节轻重，予以训诫、责令退出法庭规则或者予以罚款、拘留。

5. 开庭审理时，由审判长或者独任审判员宣布开庭依次核对当事人（包括原告、被告、第三人）的姓名、性别、年龄、民族、籍贯、工作单位、职务和住址；核对法定代表人的姓名、工作单位和职务；核对法定代理人、指定代理人、委托代理人的姓名、年龄、工作单位、职务及其与被代理人和指定代理人有无授权委托书以及代理的权限。委托代理人和指定代理人是律师的，由审判人员宣布该律师是某当事人的委托代理人或者指定代理人即可，不必询问性别、年龄、籍贯等。核对当事人的目的，是为了查明到庭的当事人是否确属本案的当事人本人。

6. 宣布案由。案由是案件的内容提要，也是案件性质的集中表现。宣布案由是为了使到庭的人和旁听群众了解法庭将要开庭审理的是什么性质的案件。

7. 宣布审判人员和书记员名单。

8. 告知当事人有关的诉讼权利和义务。这一点十分重要，以便当事人正确行使诉讼权利，履行诉讼义务。

9. 分别询问原告、被告、第三人是否申请审判人员、书记员、鉴定人、翻译人员回避。

（二）法庭调查

法庭调查是一个独立的阶段，其任务是听取当事人的陈述，将全部案件事实揭示在法庭上，并审查证据。法庭调查的实质，是对证据的核对。这一阶段与审理前准备阶段的调查，既有联系又有区别。后者的调查侧重在收集证据；前者的调查侧重在通过法庭的形式进一步查对证据。为此，法庭应保障双方当事人充分地、平等地陈述自己意见的权利；审判人员要实事求是地审查各种证据，切忌先入为主，主观片面。

法庭调查应按下列顺序进行：

1. 当事人陈述。法庭依原告、被告、第三人和他们各自的诉讼代理人的顺序进行询问，并分别听取他们的陈述。询问时，提问要明确；对当事人重复的与本案无关的陈述，可以制止，并引导当事人客观、真实地进行陈述。原告作补充陈述后，法庭要保证被告补充陈述。有独立请求权的第三人陈述后，要由原告、被告陈述。无独立请求权的第三人在自己所支持的一方当事人陈述后陈述。诉讼代理人应在被代理人陈述后作补充陈述。

2. 证人作证和宣读证言。首先，询问证人的姓名、工作单位、和职务，告证人的权利和义务。着重讲明证人有真实地、客观地陈述自己所知道的事实的义务；如作伪证，应负法律责任。接着，问明证人作证的内容，并提出询问，以求清楚、完整。有数个证人时，应分别询问；必要时可令其对质。询问证人是核对证据。证人作证之后，当事人及其诉讼代理人经审判长许可，可以向证人发问。对未出庭证人的证言以及委托其人民法院询问证人的证言笔录，应当当庭宣读，并允许当事人辩解。

3. 由法庭出示书证、物证、视听资料和电子数据。这些证据都必须提交法庭进行查对、核实，以保证其真实性。当事人及其诉讼代理人经法庭允许，可以对这些证据的内容和意义加以解释或者提出质问。

4. 询问鉴定人、宣读鉴定意见。询问鉴定人的姓名、工作单位和职务；告知鉴定人的权利和义务，如果有意作出错误鉴定意见，应负法律责任。鉴定人应当庭宣读鉴定意见及其主要根据。必要时，法庭可以要求鉴定人就鉴定的有关问题作出解释。鉴定意见宣读后，当事人及其诉讼代理人经审判长许可，可以向鉴定人发问。鉴定人的补充意见，应当记入笔录。如果当事人对鉴定意见提出异议，或者数个鉴定人的意见不一致，有必要重新鉴定时，法庭应决定另行鉴定。询问鉴定人是为了审核鉴定提供的证据；宣读鉴定意见是为了提供证据，以证明案件事实。

5. 宣读勘验笔录。法庭审理前，对现场或者物证进行勘验的笔录，应由法庭或者勘验人当庭宣读。

根据《民事诉讼法》第139条的规定，在法庭调查阶段，当事人及其诉讼代理人可以提出新的证据，还可以要求重新进行调查、鉴定或者勘验；是否准许，由人民法院决定。

合议庭认为全部案情事实查清以后，由审判长宣布法庭调查结束，进入法庭辩论阶段。

（三）法庭辩论

法庭辩论是双方当事人为维护自己的请求和反驳对方的主张，在法庭调查的事实和证据的基础上，互相进行辩论的诉讼活动，是在法庭调查的事实和证据的基础上，互相进行辩论的诉讼活动，是在法庭调查阶段结束后的一个独立阶段，是当事人行使辩论权集中体现。法庭辩论的任务，是通过当事人和其他诉讼人参加人的辩论和质证，对有争议的问题逐一进行审查、核实，为进一步查清案情事实，明确是非责任，正确适用法律，正确下判打下基础。在这一阶段，法庭应当保证双方当事人充分地、平等地行使辩论权。

法庭辩论按下列顺序进行：

1. 原告及其诉讼代理人发言。内容主要是针对被告在调查阶段陈述的事实和理由，提出不同的看法和意见，而不是对调查阶段自己陈述的重复。

2. 被告及其诉讼代理人答辩。内容主要是针对原告及其诉讼代理人提出的事实和理由，作出回答和辩解，并提出自己的反驳原告的事实和理由。

3. 第三人及其诉讼代理人发言或者答辩。第三人参加诉讼时，有独立请求权的第三人及其诉讼代理人可以在原告和被告辩论后发言，原告和被告均可答辩。无独立请求权的第三人及其诉讼代理人可以在自己所支持的一方当事人发言后发言。

4. 互相辩论。原告、被告、第三人及其诉讼代理人发言后，双方当事人及其诉讼代理人互相辩论。辩论中，如果发现新的事实需要进一步调查进，审判长可以宣布停止辩论，恢复调查，待事实查清后宣布继续进行辩论。在辩论过程中，如果发现当事人不善于辩论时，可以用提出问题、征求意见、明确争执焦点的方法，引导、启发当事人进行辩论。

法庭辩论终结，由审判长依原告、被告和第三人的先后顺序，征求各方最后意见。

根据自愿、合法进行调解的原则，经过法庭调查、辩论，案件事实已经查清、是非责任已经明确之后，能够调解的，法庭应不失时机地再行调解。既可当庭调解，也可休庭调解。休庭调解可以邀请有关人员参加。如调解达成协议，应记入笔录，由当事人、审判人员、书记员在笔录上签字或者盖章，并制作调解书，按调解方式结案。但法庭调解不是独立的阶段，在整个诉讼过程中，审判人员均可相机进行调解。调解不成的，应当及时判决。

（四）合议庭评议和宣告判决

如调解未达成协议，由审判长宣布休庭，合议庭进行评议，依法作出裁判。

评议时，首先应研究、确定案件事实是否已经全部查清；在此基础上研究如何分清是非、明确责任；最后研究争议如何解决，适用哪项法律和政策；诉讼费用如何负担。

合议庭人员在评议中享有平等的权利。评议时要充分发扬民主，按少数服从多数的原则作出决定，但应将不同意见如实记入评议笔录。合议庭人员应在评议笔录上签字。

评议后，一般应立即确定和制作判决主文，然后再制作判决书全文；有的也可立即制作判决书全文。

人民法院宣告判决，不论是公开审理或者依法不公开审理的，应当一律公开进行。为了防止拖延，民事诉讼法规定，当庭宣判的（一般由审判长宣读判决的全文），应当在 10 日内发送判决书；定期宣判的，宣判后立即发给判决书。

按照《民事诉讼法》和人民法院组织法的规定，人民法院审判案件，实行两审终审制。因此，宣告判决时，必须告知当事人的上诉权利、上诉期限和上诉的法院，以保障当事人充分行使上诉权利。宣告离婚判决，还必须告知当事人在判决发生法律效力以前，不得另行结婚。

书记员应当将法庭审理的全部活动记入笔录，由审判人员和书记员签名。法庭笔录是法庭审理活动的真实记录，是上诉审法院审理案件和审查判决的基础，必须认真制作。法庭笔录应当由书记员当庭宣读，也可以告知当事人和其他诉讼参与人当庭或者在 5 日内阅读。当事人和其他诉讼参与人认为对自己的陈述记录有遗漏或者差错的，有权申请补正。如果不予补正，应当将申请记录在案。当事人和其他诉讼参与人应当在法庭笔录上签名或者盖章；拒绝签名或者盖章的，应记明情况，附卷备查。

最后，由审判长宣布闭庭。

三、延期审理

延期审理，是指人民法院决定开庭审理后，或者开庭审理过程中，由于某种原因影响案件原理的进行，而决定推延审理时间的一种法律制度。

依照《民事诉讼法》第 146 条的规定，具有下列情形之一的，可以延期开庭审理：

1. 必须到庭的当事人和其他诉讼参与人（包括诉讼代理人、证人、鉴定人等）有正当事理由没有到庭的；

2. 当事人临时提出回避申请的；

3. 需要通知新的证人到庭，调取新的证据、重新鉴定、勘验，或者需要补充调查的；

4. 其他应当延期审理的情形。这是一项弹性规定。例如，开庭时，当事人提出要请委托代理人，而此项权利当事人确实是在开庭时才得知的，就应当准许，并宣布案件延期审理。

案件决定延期审理后，人民法院应当针对延期审理的原因主动地做工作，待原因消除后，应即重新开庭审理。

四、审理期限

审理期限，是指人民法院从决定立案的次日起至裁判宣告、调解书送达之日这一期间，公告期间、鉴定期间应予扣除。根据《民事诉讼法》第149条规定，人民法院适用普通程序审理的案件，应当在立案之日起6个月内审结。有特殊情况需要延长的，由本院院长批准，可以延长6个月；还需要延长的，报请上级人民法院批准。

《民事诉讼法》规定的审限制度有两个特点：一是期限短；二是如案件有特殊情况，在审理期限内无法结案的，经本院院长或上级人民法院批准可以适当延长。这体现了《民事诉讼法》原则性与灵活性相结合的精神，充分考虑了民事、经济和海事案件的复杂性，从而使审限制度具有可行性。

审限制度防止拖延诉讼，有利于提高办案效率，使当事人的合法权益得到及时、有效的保护；有利于改进人民法院的审判作风。在公平的同时提高效率实现诉讼效益。因此，人民法院应严格执行《民事诉讼法》以及有关司法解释对审理期限的规定。

第四节　撤诉、缺席判决

一、撤诉

（一）撤诉的概念

撤诉，是指人民法院对已经受理的案件，在作出判决之前，当事人向人民法院要求撤回自己的诉讼请求的行为。从广义上讲，撤诉泛指当事人向人民法院撤回诉讼请求，不再要求人民法院对案件进行审理的行为，除原告撤回起诉外，还包括被告撤回反诉、第三人撤回参加之诉、上诉人撤回上诉等。

《民事诉讼法》在"普通程序"一章中，仅对狭义的撤诉作出了规定。《民事诉讼法》第145条规定："宣判前，原告申请撤诉的，是否准许，由人民法院裁定。"撤诉应具备以下条件：

1. 必须是原告自愿申请撤诉；其他诉讼参加人，除无民事行为能力人的法定代理人和经原告特别授权的委托代理人外，无权申请撤诉。因为撤诉是当事人在法律规定的范围内处分自己的民事诉讼权利的法律行为。因此，原告自愿申请撤回起诉，是人民法院准予撤诉的前提条件。

2. 撤诉的时间，必须在本案宣判以前；宣判以后当事人争议的权利义务关系已经确定，撤诉已经没有意义。

3. 撤诉的申请，必须经人民法院审查；是否准许，由人民法院决定。这是因为，我国《民事诉讼法》中的处分原则，是受国家干预原则制约的，即当事人只能在法律规定的范围内处分自己的权利，不得违背国家的法律、政策。根据立法精神和审判实践经验，有下列情形之一的，不准撤诉：(1) 原告因受被告或者其他利害关系人的胁迫而申请撤诉的；(2) 原告撤诉有损国家、集体和他人的合法权益的；(3) 原告出于有意规避法律制裁的目的而申请撤诉的；(4) 原告撤诉后可能转移、隐匿财产的；(5) 被告反诉的；(6) 有独立请求权的第三人参加诉讼后，原告申请撤诉，人民法院在准许撤诉前，应当征得有独立请求权的第三人的同意。第三人不同意撤诉的，诉讼继续进行。

依照《民事诉讼法》第 144 条的规定，原告经传票传唤，无正当理由拒不到庭的，或者未经法庭许可中途退庭的，可以按撤诉处理。根据审判实践经验，无民事行为能力的当事人的法定代理人，经传票传唤，无正当理由拒不到庭，如属原告，可以比照《民事诉讼法》第 144 条的规定，按撤诉处理；有独立请求权的第三人经人民法院传票传唤无正当理由拒不到庭的，或者未经法庭许可中途退庭的，可以比照《民事诉讼法》第 144 条的规定，按撤诉处理。但无独立请求权的第三人经人民法院传票传唤无正当理由拒不到庭的，或者未经法庭许可中途退庭的，不影响案件的审理。

当事人申请撤诉，应向人民法院递交撤诉书。撤诉书既是原告撤诉的意思表示，也是人民法院审查其撤诉理由的依据。适用简易程序审理的案件，可以口头申请撤诉，人民法院应当记明笔录，由撤诉人签名或盖章。

（二）准予或者不准撤诉的裁定

人民法院经过审查，认为原告申请撤诉符合法律规定的条件的，应当裁定准予撤诉；违反法律规定的条件的，应当裁定不准撤诉。

裁定可以采用口头或者书面的形式。在审判实践中，由于第一审准予撤诉的裁定不涉及实体问题，没有执行的内容，所以，简单的民事案件和受理后尚未开庭审理，原告即申请撤诉的案件，都用口头裁定。准予撤诉的口头裁定，除尚未向被告送起诉状副本的可以不通知被告外，应当通知被告。已经开庭审理的案件，原告申请撤诉后，根据具体案件，可以口头裁定，也可以制作裁定书，送达双方当事人。不准撤诉的裁定，由于诉讼程序仍然继续，所以都用口头的裁定。凡口头裁定的，应将向当事人宣告的情况，记入笔录存卷。

准予或者不准予撤诉的裁定属于程序上的问题，当事人不得上诉，也不得申请复议。

（三）撤诉的法律后果

经人民法院裁定准予撤诉后，即发生下列法律后果：1、人民法院终结诉讼程序，对案件不再审理；2、原告以暂因证据不足为由申请撤诉，在第一审人民法院裁定准许其撤诉后，原告在诉讼时效期间内又提出新的证据再行起诉的，人民法院应予受理。《民事诉讼法》第 124 条也规定，对判决、裁定已经发生法律效力的案件，当事人又起诉的，应按申诉处理，但人民法院准许撤诉的裁定除外。3、诉讼时效重新开始计算。

二、缺席判决

缺席判决，是指人民法院开庭审理，在一方当事人未到庭陈述、辩论的情况下，依法所作出的判决。缺席判决是相对于对席判决而言的，缺席判决作出后，与对席判决具有同等法律效力。

缺席判决的功能，并不在于惩罚缺席的一方当事人，相反，缺席判决制度的建立，旨在促使当事人积极参加庭审并积极完成举证、质证、辩论等诉讼行为，保障当事人充分行使诉讼权利，使法官最大限度地通过庭审发现客观真实，对案件事实作出准确判断。同时，为了保障诉讼程序的正常进行，不致因一方当事人的缺席而陷入困境。

根据《民事诉讼法》规定，符合下列条件的案件，可以缺席判决：

1. 在被告对原告提起反诉的情况下，原告经人民法院传票传唤，无正当理由拒不到庭，或者未经法庭许可中途退庭的；

2. 被告人民法院传票传唤，无正当理由拒不到庭，或者未经法庭许可中途退庭，而又不需要拘传到庭的；

3. 人民法院裁定不准许撤诉，原告经传票传唤，无正当理由拒不到庭的。

在审判实践中，无民事行为能力的当事人的法定代理人，经传票传唤，无正当理由拒不到庭的，如属被告方，可以比照《民事诉讼法》第 145 条的规定，缺席判决。

第五节 诉讼中止和诉讼终结

一、诉讼中止

诉讼中止，是指人民法院在民事诉讼过程中，因某种缘故，暂时停止诉讼程序进行的一种法律制度。

诉讼中止与延期审理不同。诉讼中止，是诉讼程序的暂时停止；中止的期限一般较长，什么时间能够恢复诉讼，人民法院难以确定。而延期审理，只是推延了案件审理的时间，诉讼活动并未停止；且一般推延的时间较短，有的在决定延期审理时，就能确定下次开庭审理的时间。

依照《民事诉讼法》第 150 条的规定，有下列情形之一的，应当中止诉讼：

1. 一方当事人死亡，需要等待继承人表明是否参加诉讼的。当事人是民事权利义务的主体，也是民事诉讼法律关系的主体。当事人一方死亡，诉讼程序便无法进行，必须中止诉讼。人民法院应及时通知继承人作为当事人承担诉讼。当事人表示参加诉讼的，诉讼继续进行；如果继承人能够很快参加诉讼，则无须中止诉讼。

2. 一方当事人丧失诉讼行为能力，尚未确定法定代理人的。这里讲的“丧失诉讼行为能力”，是指在诉讼开始以后，而不是在诉讼开始以前。如在审案过程中，当事人一方突发心脏病住院，不能继续亲自为诉讼行为，需要一定时间确定其法定代理人，法院应裁定本案中止诉讼。

3. 作为一方当事人的法人或者其他组织终止，尚未确定权利义务承受人的。

4. 一方当事人因不可抗拒的事由，不能参加诉讼的。例如，因地震、水灾、车祸等事故，致使当事人不能参加诉讼，必须中止诉讼。

5. 本案必须以另一案的审理结果为依据，而另一案尚未审结的。这是指另一案的审理结果对本案有预决性，必须待另一案确定后，本案才能进行审理。

6. 其他应当中止诉讼的情形。这是一个弹性条款，以解决实践中可能出现的各种复杂情况。但这主要是指发生了与诉讼本身有关的障碍，使诉讼程序暂时无法进行，而不包括与诉讼无关的其他问题。

人民法院要正确理解和适用诉讼中止的规定。实践中，有的以当事人不同意调解而中止诉讼；有的以原告证据不足而中止诉讼；有的以被告不出庭而中止诉讼；还有的以当事人下落不明而中止诉讼，等等，都是不正确的。

中止诉讼的法律效力是：在中止诉讼的原因消除前，当事人应停止本案的一切诉讼行为；人民法院除依法采取财产保全措施外，应停止对本案件审理。

中止诉讼的原因消除后，应当恢复诉讼。一般应根据当事人的申请，人民法院也可以依职权采取措施，消除造成中止的原因，主动恢复诉讼程序，但这不是另行起诉。诉讼程序恢复后，中止前的诉讼行为继续有效。

依照《民事诉讼法》第154条的规定，人民法院中止诉讼应当依法作出裁定。根据案件的不同情况，裁定可以采用书面或者口头的形式。裁定书自送达之日起，即发生法律效力；口头裁定的，应当向当事人宣布，并记入笔录。这种裁定不准上诉。裁定中止诉讼的原因消除后，恢复讼诉程序时，不必撤销原裁定，从人民法院能知或者准许当事人双方继续进行诉讼时止，中止诉讼的裁定即失去效力。

二、诉讼终结

诉讼终结，是指在诉讼中，因发生某种特定原因，使诉讼程序不可以能继续进行，或者继续进行已没有意时，人民法院结束正在进行中的诉讼程序的一种法律制度。所谓诉讼终结，实质上指的是诉讼终止。

诉讼终结与诉讼中止不同。“终结”，是诉讼程序完全结束；“中止”，仅仅是诉讼程序暂时停止。

依照《民事诉讼法》第151条的规定，有下列情形之一的，应当终结诉讼：

1. 原告死亡，没有继承人，或者继承人放弃诉讼权利的；

2. 被告死亡，没有遗产，也没有应当承担义务的人的；

3. 离婚案件一方当事人死亡的。婚姻关系是人身关系，一方当事人死亡后，婚姻关系自然消灭；

4. 追索赡养费、扶养费、抚育费以及解除收养关系案件的一方当事人死亡的。

终结诉讼的法律后果是：同一当事人不能基于同一理由，就同一诉讼标的再行起诉；人民法院也不能得再行受理此案。

人民法院终结诉讼，应当作出裁定，裁定一经作出即发生效力。对终结诉讼的裁定，当事人不能上诉，不能申请复议。

第六节 判决、裁定和决定

一、民事判决

（一）民事判决的概念

民事判决，是指人民法院审理民事案件或者非诉讼案件终结之时，依据事实和法律对双方当事人之间的民事争议或者当事人提出的非讼事实作出的权威性判定。

民事判决是人民法院行使国家审判权的最终结果，实质是确认权利或法律事实。民事判决的表现形式为书面形式，形成书面文件之后称为民事判决书。

（二）民事判决的分类

民事判决从不同的角度，可分以下种类：

1. 确认判决、给付判决和变更判决。这是根据判决所解决的民事案件的性质来划分的。确认判决，是确认当事人间是否存在某种民事法律关系所作的判决。给付判决，是责令义务人履行一定义务所作的判决。变更判决，上对当事人双方现存的某种民事法律关系的变更或者消灭所作的判决。

2. 全部判决和部分判决。这是根据判决所解决问题的程度来划分的。全部判决，是人民法院根据事实和法律对整个案件所作的判决。部分判决（又称一部判决），是人民法院就审理的案件中事实已经清楚的部分所作的判决。《民事诉讼法》第153条规定："人民法院审理案件，其中一部分事实已经清楚，可以就该部分先行判决。"人民法院作出的部分判决，当事人可以上诉；在判决生效后，可以申请执行。

3. 对席判决和缺席判决。这是根据当事人是否全部出席法庭参加诉讼来划分的。对席判决，是在当事人双方都出庭参加诉讼的情况下，人民法院作出的判决。制度判决，是在只有一方当事人出庭参加诉讼，另一方当事人经人民法院传票传唤，无正当理由拒不到庭的情况下，人民法院作出的判决。

4. 肯定判决和否定判决。这是根据判决的结果来划分的。肯定判决，是人民法院准许原告的诉讼请求所作的判决，即胜诉判决。否定判决，是人民法院驳回原告的诉讼请求所作的判决，即败诉判决。

5. 确定判决和未确定判决。这是根据判决是否发生法律效力来划分的。确定判决，是人民法院作出的已经发生法律效力的判决。在我国，最高人民法院所作的判决、第二审人民法院所作的判决、第一审人民法院作出的法律规定不准上诉的判决，都是确定判决；第一审人民法院作出的当事人超过上诉期限而未上诉的判决，也是确定判决。未确定判决，是第一审人民法院作出的，法律规定可以上诉而未超过上诉期限的判决，即未发生法律效力的判决。

（三）民事判决书的内容和格式

第一审民事判决书，是第一审人民法院按照《民事诉讼法》规定的第一审程序（包括普通程序、简易程序），对审理终结的第一审民事案件就实体问题作出的书面决定。

《民事诉讼法》第152条规定："判决书应当写明：（一）案由、诉讼请求、争议的事实和理由；（二）判决认定的事实、理由和适用的法律依据；（三）判决结果和诉讼费用的负担；（四）上诉期限和上诉的法院。判决书由审判人员、书记员署名，加盖人民法院印章。”这是制作第一审民事判决书的法律依据和基本要求。第一审民事判决书由首部、事实、理由、判决结果（即主文）和尾部五部分组成。

1. 首部。各项书写民事调解书基本相同。所不同的有两点：（1）人民法院的名称和裁判文书的种类，应分两行写为“××人民法院民事判决书”或者“××海事法院民事判决书”。涉外民事案件的判决书，则应在“××人民法院民事判决书”或者“××海事法院民事判决书”前，冠以“中华人民共和国”的国名。人民法院制作的经济纠纷案件和海事、海商案件的判决书，仍应写为“民事判决书”，不能写为“经济判决书”或者“海事判决书”。（2）案由应和审判组织、审判方式写在一起，不要单独列出。如“×××（当事人姓名或者名称）××（案由）一案，本院受理后，依法组成合议庭（或依法由审判员×××独任审判），公开（或者不公开）开庭进行了审理。本案现已审理终结，查明：”

2. 事实。根据《民事诉讼法》的规定、民事法律关系的特点，民事判决书的事实判决书的事实部分包括两个方面的内容：一是原告的诉讼请求、双方争议的事实和各自的理由。主要是通过原告、被告，第三人的陈述来表述。只有把原告、被告、第三人争议的事实写清楚了，才能全面反映案情，明确双方争执的焦点，也体现了对当事人诉讼权利的尊重。当事人在诉讼过程中有增加或者变更诉讼请求，或者被告反诉的，应当一并写明。二是判决认定的事实。即法院根据庭审调查所确认的事实，一般包括当事人之间的法律关系、发生法律关系争议的事实，必须实事求是，并把因果关系交代清楚；要根据《最高人民法院关于民事诉讼证据若干问题的规定》要求对认定事实的证据要有分析地具体列举，并对证据的证明力进行分析论证，阐明内心确信的根据和理由。

3. 理由。民事判决书的理由也包括两个方面的内容：一是判决的理由。即根据法院认定的事实和有关法律、法规和政策，阐明法院对纠纷的性质、当事人的责任和各种解决纠纷的看法。对当事人正当的请求和理由予以支持；错误的予以批评、教育。理由的论述一定要针对性和说服力。二是判决所依据的法律、法规，即判决所依据的实体法的具体条文。引用法律条文一定要规范，要准确、全面、具体。

4. 判决的结果。判决的结果也称主文，是人民法院根据已经查明的事实和法律、政策的有关规定，对案件的实体问题作出的处理决定。因此主文必须体现以事实为根据、以法律为准绳的原则。主文的书写须准确、具体、完整。根据确认之诉、变更之诉、给付之诉的不同情况，正确地加以表述。所谓准确，就是主文要肯定、明确地指出解决当事人之间纠纷的具体意见，不能笼统、含糊，模棱两可。所谓具体，就是主文决定的事项必须是具体的，有实在意义的；不能是原则的、空洞的。所谓完整，就是主文决定的事项不要有遗漏；主文决定事项较多的，可以分项书写。

民事判决书的事实、理由和主文，是判决书的基本内容，既紧密相连，又互有区别。因此，在制作第一审民事判决书时，一定要注意三者内在的联系，保证判决书各个部分的统一性和完善性。

5. 尾部。在判决主文之后，应另起一行，写明诉讼费由谁负担和如何负担。同时写明上诉权利、上诉期限和上诉审法院。可表述为：“如不服本判决，可在判决书送达之日起 15 日内，向本案递交上诉状，并按对方当事人的人数提出副本，上诉于××人民法院。”适用特别程序审理的案件，实行一审终审，人民法院作出的判决，申请人不能上诉。因此，应写明“本判决为终审判决”。尾部其他各项的书写与民事调解书相同。

（四）民事判决的效力

1. 民事判决发生法律效力的时间

民事判决书发生法律效力必须具备一定的条件。只有法律规定不准上诉的判决，或者上诉期届满没有提出上诉的判决，才具有法律效力。根据我国《民事诉讼法》的规定，民事判决发生法律效力的时间有以下4种情况：

（1）地方各级人民法院和军事、海事、铁路运输等专门人民法院作出的法律准许上诉的第一审民事判决，上诉期届满，当事人不上诉的，判决即发生法律效力。这类案件，上诉期届满，是判决发生法律效力的绝对条件。

（2）地方各级人民法院作出的依法不准上诉的第一审民事判决，自判决书送达之日起即发生法律效力。如按特别程序审理的案件即是。

（3）最高人民法院是国家的最高审判机关。因此，最高人民法院作出的第一审民事判决书自送达之日起，即发生法律效力。

（4）我国实行两审终审制，中级人民法院、高级人民法院和最高人民法院以及军事、铁路运输专门人民法院作出的第二审民事判决，自判决书送达之日起即发生法律效力。

2. 民事判决的法律效力

判决的效力，是指判决在法律上的拘束力。这种拘束力表现在以下几个方面：

（1）判决发生法律效力后，当事人间的权利义务关系即已确认。除婚姻关系和抚养、赡养、扶养关系外，当事人不得以该法律关系为争议的对象，向人民法院再行起诉或者上诉。

（2）人民法院不能就同一案件，做出新的判决；其他法院不得受理已经判决解决了的民事纠纷；其它国家机关也不能再对这一案件作出裁决。

（3）已生效的判决，不得随意变更和撤销。只有发现原判在认定事实上或者得适用法律上确有错误，才能人民法院依照审判监督程序予以变更和撤销。

（4）人民法院作出有给付内容的判决生效后，当事人必须自觉履行，一方无正当理由拒绝履行的，人民法院可以根据对方当事人的申请或者依职权，按照《民事诉讼法》规定的执行程序强制执行，以强制力确保判决所确定的内容的实现。

（5）对于人民法院作出的已经发生法律效力的判决，不仅应当受到社会上的普通尊重和维护，而且有关单位还有协助执行法院判决的义务。否则将会构成妨害民事诉讼的行为，受到民事强制措施处理。

二、民事裁定

（一）民事裁定的概念

民事裁定，是人民法院审理民事案件或者在案件执行过程中，为保证审判工作的顺利进行，就发生的诉讼程序问题作出的决定。民事裁定的书面形式，就是民事裁定收。

民事裁定和民事判决，虽然都是人民法院在民事诉讼过程中作出的决定，都具有法律上的效力，但民事裁定与判决不同；1. 民事裁定解决的是诉讼中的程序问题，而民事判决的则是诉讼中的实体问题。2. 民事裁定所依据的是程序法，民事判决所依据的是实体法。3. 裁定可以在诉讼过程中作出，判决一般只能在案件审理终结时作出。4. 不服裁定的上诉日期是10日，而不服判决的上诉日期是15日。5. 裁定既可以采用书面形式，也可以采用口头形式，而判决必须采用书面形式。

（二）民事裁定的适用范围

在民事诉讼中，裁定适用的范围比较广泛。根据《民事诉讼法》第154条的规定，第一审民事裁定适用于以下范围：1. 不予受理；2. 对管辖权有异议的；3. 驳回起诉；4. 保全和先予执行；5. 准许或者不准许撤诉；6. 中止或者终结诉讼；7. 补正判决书中的笔误；8. 中止或者是终结执行；9. 不予执行仲裁裁决；10. 不予执行公证机关赋予强制执行效力的债权文书；11. 其他需要裁定解决的事项。

（三）民事裁定的格式

根据《民事诉讼法》第154条第3款规定，民事裁定的格式包括书面和口头二种：裁定书由审判人员、书记员署名，加盖人民法院印章。口头裁定的，记入笔录。

（四）民事裁定的法律效力

根据《民事诉讼法》规定，大多数裁定都不准当事人上诉，一经送达当事人后立即发生法律效力；只有不予受理、对管辖权有异议和驳回起诉的裁定，因涉及当事人的诉讼权利问题，法律规定准许上诉。当事人如果在法定期间不提出上诉，上诉期间届满，裁定即发生法律效力。先予执行和财产保全的裁定，当事人不服可以申请复议一次，复议期间并不停止裁定的执行。

三、民事决定

（一）民事决定的概念

民事决定，是人民法院在审判和执行过程中，就诉讼上发生的某些特殊事项作出的决定。

民事决定和民事判决、民事裁定不同：1. 决定解决的不同实体上的问题，即权利义务关系问题；而判决解决的则是实体上的问题。2. 决定解决的也主要不是程序上的问题，而是涉及程序问题的特殊事项。例如，对实施妨害民事诉讼行为人作出的拘留决定，就是为排除妨害民事诉讼行为活动中急需解决的问题，维护正常的诉讼秩序，具有重要作用。

（二）民事决定的适用范围

根据《民事诉讼法》的规定，民事决定适用于以下范围：

1. 是否准予回避（《民事诉讼法》第47条）；
2. 对妨害民事诉讼的人的罚款（《民事诉讼法》第116条第3款）；
3. 对妨害民事诉讼的人的拘留（《民事诉讼法》第116条第3款）。

民事决定，分为书面决定和口头决定两种形式。依照《民事诉讼法》的规定，人民法院对妨害民事诉讼行为的作用的罚款和拘留决定，必须采用书面的形式，即决定书。人民法院对当事人申请回避作出的决定，可以采用口头或者书面的形式。实践中一般都采用口头的形式。口头决定应记入笔录。

（三）民事决定的法律效力

根据《民事诉讼法》的规定，决定一经法院作出，立即发生法律效力，立即执行。如果当事人对申请回避的决定不服，可以在接到决定时申请复议一次。复议期间，被申请回避的人员，不停止参与本案的工作。人民法院对复议申请，应当在3日内作出复议决定，并通知复议申请人。对不服罚款和拘留的决定，可以向上一级人民法院申请复议一次；复议期间不停止执行。

【学习总结与拓展】

【关键词】 第一审普通程序　起诉　立案　审理前的准备　开庭审理　延期审理　审理期限　撤诉缺席判决　诉讼中止　诉讼终结　民事判决　民事裁定　民事决定

【思考题】

1. 简述起诉的条件。
2. 撤诉的条件及后果是什么？
3. 人民法院接到当事人提交的民事起诉状时当场不能判定是否符合起诉条件的，应当怎么办？
4. 审理前的准备阶段应做好哪些准备工作？
5. 开庭审理的程序基本上可以分为哪几个阶段？
6. 具有哪些情形之一的，可以延期开庭审理？
7. 如何理解缺席审判制度？
8. 具有哪些情形之一的，应当中止诉讼或者应当终结诉讼？
9. 试述民事判决的法律效力。
10. 简答第一审民事裁定、民事决定的适用范围。

【阅读资料】

1.《中华人民共和国民事诉讼法》（2017年修正）第十二章第一审普通程序。

2.《最高人民法院关于适用〈中华人民共和国民事诉讼法〉的解释》（法释〔2015〕5号）十、第一审普通程序。

3.《最高人民法院关于人民法院登记立案若干问题的规定》（法释〔2015〕8号）。

4. 王亚新：《民事诉讼准备程序研究》，《中外法学》2002年第2期；王亚新：《实践中的民事审判（二）——5个中级法院民事一审程序的运作》，《北大法律评论》2004年第00期。

5. 陈桂明、李仕春：《缺席审判制度研究》，《中国法学》1998年第4期；蔡虹、刘加良：《论民事审限制度》，《法商研究》2004年第4期。

6. 王伟东：《浅析既判力在法院民事判决、裁定中的适用问题》，《环球法律评论》2007年第4期。

7. 张卫平：《论民事诉讼中失权的正义性》，《法学研究》1999年第6期；张卫平著：《民事诉讼：回归原点的思考》，北京大学出版社2011年版。

8. 钟俊杰：《民事诉讼中新媒体渠道审判公开的问题与保障——以最高人民法院关于适用〈中华人民共和国民事诉讼法〉的解释第一百七十六条为切入》，《法制博览》2015年第11期。

9. 刘敏著：《裁判请求权研究——民事诉讼的宪法理念》，中国人民大学出版社2003年版。

10. 顾培东：《论对司法的传媒监督》，《法学研究》1999年第6期。

第十七章 第一审简易程序

【学习提示】通过本章学习，了解简易程序、简易程序中的小额诉讼程序的概念与特点，理解适用简易程序的法院及案件范围与排除范围，小额诉讼程序适用的案件范围与排除范围，简易程序与普通程序的转换及当事人程序选择权，把握简易程序中的具体运作环节，小额诉讼程序的特殊规范。

第一节 简易程序的概念和特点

一、简易程序的概念

简易程序，是指基层法院和它的派出法庭审理简单民事案件的简便易行的程序，是相对于第一审普通程序而言的。

诉讼程序简便易行，是我国人民司法制度的重要特点。早在抗日战争和解放战争时期，在一些革命根据地和解放区制定和颁布的有关单行法规、暂行办法和条件中，就强调要简化诉讼程序。例如，1944 年公布的《苏中区处理诉讼案件暂行办法》第 17 条规定："起诉不以诉状为要件，人民得就诉讼内容，口头告诉，由司法机关记录存卷，进行审理。"1946 年的《冀南区诉讼简易程序试行法》第 8 条规定："民事诉讼标的在五千元（指国民党法币——编者）以下者，可用简易判决。"新中国建立后，1950 年中央人民政府政务院在《关于加强人民司法工作的指示》中，着重指出：人民法院处理民事案件"一方面应尽量采取群众调解的办法以减少人民讼争，另一方面司法机关在工作中力求贯彻群众路线，推行便利人民、联系人民和依靠人民的诉讼程序与各项审判制度。"我国《民事诉讼法》总结了多年来基层人民法院和它派出的法庭处理简单的民事案件的经验，把简易程序用法律条文固定了下来，从而继承和发扬了人民司法工作的优良传统。《民事诉讼法》在第一审程序中，不仅规定了普通程序，而且对简易程序作了专章规定，2012 年 8 月《民事诉讼法》修改后在简易程序部分还增加规定了当事人程序选择权和应当保障当事人陈述意见的权利。

二、简易程序的特点

与第一审普通程序相比，简易程序具有以下特点：

（一）起诉方式简便

原告可以口头起诉，基层人民法院（或它派出的法庭）应当将起诉的内容记录在案，并将起诉内容用口头或者书面方式告知被告，被告可以口头答辩。

（二）受理案件的程序简便

双方当事人同时到庭的，可当即审理。当即审理确有困难的，也可以另定日期审理。

（三）传唤及送达方式简便

适用简易程序审理案件，人民法院可以采取捎口信、电话、短信、传真、电子邮件等简便方式传唤双方当事人、通知证人和送达裁判文书以外的诉讼文书。

以简便方式送达的开庭通知，不受普通程序规定的在开庭 3 日前通知的限制，但未经当事人确认或者没有其他证据证明当事人已经收到的，人民法院不得缺席判决。

（四）独任审判

由审判员一人独任审理。但必须有书记员担任记录，独任审判员不得自审自记。

（五）开庭审理程序简便

开庭审理的程序简化，不需要严格划分法庭调查、法庭辩论等诉讼阶段，可以根据实际情况，灵活掌握，不受《民事诉讼法》第 136 条、第 138 条和第 141 条规定的限制，只要能达到全面查清案件事实，正确解决纠纷的目的即可

（六）审理期限短

适用简易程序审理的案件，原则上应当在立案之日起 3 个月内审结。

（七）保障当事人陈述意见

根据《民事诉讼法》第 159 条规定，基层人民法院和它派出的法庭审理简单的民事案件，可以用简便方式传唤当事人和证人、送达文书、审理案件，但应当保障当事人陈述意见的权利。

三、简易程序的意义

（一）便利群众进行诉讼

这是我国民事诉讼法的一项重要原则，贯穿在民事诉讼法的始终，而简易程序就充分体现了便民的原则，反映了我国民事诉讼法的社会主义性质。我国地域辽阔，人口众多，总的来说，人民群众的经济生活水平还不高。有了简易程序，就大大方便群众行诉讼，可以节省当事人的时间和人力、财力。

（二）便利人民法院办案

正确适用简易程序，有利于人民法院及时审结简单的民事案件，提高办案效率，防止矛盾激化，促进社会的安定团结。

四、《民事诉讼法》及最高人民法院关于简易程序的法律规定及司法解释的演变

1982 年出台的《民事诉讼法（试行）》和 1991 年出台的《民事诉讼法》采纳法定主义规范简易程序的适用，2007 年修改《民事诉讼法》时对简易程序未予修改，2012 年修改后的《民事诉讼法》增加当事人主义对简易程序适用的决定性功能，扩大简易程序的适用案件范围及强调适用简易程序“应当保障当事人陈述意见的权利”。1992 年最高人民法院发布的《适用民诉法意见》第 171 条规定，已经按照普通程序审理的案件，在审理过程中无论是否发生了情况变化，都不得改用简易程序审理。对此，自 2003 年 12 月 1 日起施行的《最高人民法院关于适用简易程序审理民事案件的若干规定》（以下

简称《适用简易程序若干规定》）的规定已予以突破，即：经当事人双方合意，已按照普通程序审理的案件，可以转换适用简易程序审理（第 2 条）。并且，重新对民事诉讼法关于“事实清楚、权利义务关系明确、争议不大的简单的民事案件”适用简易程序的规定进行了明确，实际上是采取了基层法院立案“简单推定说”，对五种不适用简易程序的情形进行了除外的规定，扩大简易程序的适用范围（第 1 条）。此外，首次规定对原告口头起诉的，法院只制作《口头起诉登记表》即可（第 4 条）。自 2015 年 2 月 4 日起施行的《法院适用民诉法解释》的“十一、简易程序”在《适用简易程序若干规定》的基础上有进一步完善规定。

第二节　简易程序的适用范围

《民事诉讼法》第 157 条规定：“基层人民法院和它派出的法庭审理事实清楚、权利义务关系明确、争议不大的简单的民事案件，适用简易程序。基层人民法院和它派出的法庭审理前款规定以外的民事案件，当事人双方也可以约定适用简易程序。”从这一规定可以看出，简易程序的适用包括两个方面，即适用该程序的人民法院和适用该程序的民事案件。

一、适用简易程序的案件

根据《民事诉讼法》第 133 条规定，人民法院对受理的案件，根据案件情况，确定适用简易程序或者普通程序。根据《民事诉讼法》第 157 条的规定，目前，适用简易程序的案件，包括二大类：一是，基于职权主义的法定适用简易程序的案件；二是，基于当事人主义的约定适用简易程序的案件。

（一）法定适用简易程序的案件——简单的民事案件

根据《民事诉讼法》第 157 条第 1 款规定，基层人民法院和它派出的法庭审理事实清楚、权利义务关系明确、争议不大的简单的民事案件，适用简易程序规定。由此可见，所谓法定适用简易程序的案件，是指法律规定应当适用简易程序审理的基层法院和它的派出法庭管辖的简单的民事案件。

简单的民事案件，其法定构成条件有三：(1) 事实清楚。这是指当事人对争议的事实陈述基本一致，并能提供相应的证据，无须人民法院调查收集证据即可查明事实。事实清楚是适用简易程序的前提条件。如果案件事实不清，则不能适用简易程序。(2) 权利义务关系明确。这是指能明确区分谁是责任的承担者，谁是权利的享有者。如果当事人的权利义务关系不明确，则不能适用简易程序。(3) 争议不大。这是指当事人对案件的是非、责任承担以及诉讼标的争执无原则分歧。争议不大是适用简易程序的重要基础。如果双方对民事法律关系争议较大，则不宜适用简易程序。以上三个条件，是互相联系，不可分割的，必须同时具备，才能构成简单的民事案件。

法定适用简易程序的案件，基于职权主义而设置，只要符合法律规定的条件，基层法院和它的派出法庭就必须依职权主动地适用简易程序进行审理。

但是，这些条件只是原则性的，究竟什么样的案件属于简单的民事案件，需要在司法实践中不断总结经验进一步明确。根据审判实践经验，以下案件，可以适用简易程序：

1. 结婚时间短、财产争议不大的离婚案件，或者当事人婚前就患有法律规定不准结婚的疾病的离婚案件；

2. 权利义务关系明确，只是给付时间和金额上有争议的赡养费、扶养费和抚育案件；

3. 确认或者变更收养、抚养关系，双方争议不大的案件；

4. 借贷关系明确、证据充分和金额不大的债务案件；

5. 遗产和继承人范围明确，讼争遗址产数额不大的继承案件；

6. 事实清楚，责任明确，赔偿金额不大的损害赔偿案件；

7. 事实清楚、情节简单、是非分明、争议焦点明确、讼争金额不大的经济纠纷案件。

（二）约定适用简易程序的案件——不简单的民事案件

《民事诉讼法》第157条第2款规定："基层人民法院和它派出的法庭审理前款规定以外的民事案件，当事人双方也可以约定适用简易程序。"据此，约定适用简易程序的案件，是指当事人达成协议约定由基层人民法院和它派出的法庭适用简易程序审理的非简单民事案件。

约定适用简易程序的案件，根据《民事诉讼法》第157条第2款和《法院适用民诉法解释》第264条规定，其法定构成条件是：（1）该案件属于基层人民法院和它的派出法庭有管辖权的民事案件。对于基层法院和它的派出法庭无管辖权的民事案件、基层法院管辖权向上转移的民事案件、《法院适用民诉法解释》第257条规定的7类案件（详见下述"二、不适用简易程序的案件"），当事人不得约定适用简易程序审理。（2）该案件不属于简单的民事案件。如属于简单的民事案件，基层法院和它的派出法庭依据《民事诉讼法》第157条第1款的规定即可适用简易程序审理，无须当事人约定适用简易程序审理。（3）当事人双方就该案件适用简易程序审理已经达成了一致协议且告知基层法院和它的派出法庭。若当事人不能达成一致协议，基层法院和它的派出法庭不得依职权主动适用简易程序审理，只能适用普通程序审理该案件。（4）当事人双方约定适用简易程序的案件，应当在开庭前提出。口头提出的，记入笔录，由双方当事人签名或者捺印确认。在案件开庭后，当事人就不能约定适用简易程序审理。

约定适用简易程序的案件，基于当事人主义（即当事人程序选择权）而设置，只要符合上述法定构成条件，基层法院和它的派出法庭就应尊重当事人意思适用简易程序进行审理。

二、不适用简易程序的案件

基层人民法院和它派出的法庭根据《民事诉讼法》第157条规定适用简易程序审理简单的民事案件。但，根据《法院适用民诉法解释》第257条规定，下列7类案件，不适用简易程序：（1）起诉时被告下落不明的；（2）发回重审的；（3）当事人一方人数众多的；（4）适用审判监督程序的；（5）涉及国家利益、社会公共利益的；（6）第三人起诉请求改变或者撤销生效判决、裁定、调解书的；（7）其他不宜适用简易程序的案件。比如，在辖区内有较大影响的案件，共同诉讼中双方当事人人数众多的案件，矛盾易激化的案件，劳动争议案件，法律规定应当适用特别程序、审判监督程序、督促程序、公示催告程序和破产还债程序的案件，新类型案件，疑难案件等人民法院认为不宜适用简易程序进行审理的。

此处可见，最高人民法院实际上是在用“否定式列举”的方式明确简易程序案件与普通程序案件的具体划分标准，即：除上述所列举的7类案件不适用简易程序外，基层人民法院和它派出的法庭管辖的民事案件均可通过法定或约定的路径适用简易程序审理。

三、适用简易程序的法院

只有基层人民法院和它派出的法庭，才可以适用简易程序审理第一审案件。所谓派出的法庭，既指基层法院为审理案件便利设立的临时派出法庭，也指常年设立的固定的“人民法庭”。派出的法庭，是基层人民法院的派出机构和组成部分，它所进行的审判活动，就是基层人民法院的审判活动。

中级人民法院、高级人民法院、最高人民法院（含最高人民法院巡回法庭）审理民事案件不得适用简易程序。

第三节　简易程序与普通程序的双向转换

过去程序（简易与普通程序）之间的转换是单向的，即只允许简易程序向普通程序转换，绝对禁止普通程序向简易程序转换（见《最高人民法院关于适用〈中华人民共和国民事诉讼法〉若干问题的意见》，法发（1992）22号，已于2015年2月4日废止）第171条之规定），2012年修改后的《民事诉讼法》规定程序转换是双向的：简易程序可以向普通程序转换，普通程序也可以向简易程序转换。

一、简易程序转换为普通程序

根据《民事诉讼法》第163条规定、《法院适用民诉法解释》第258、269条及《适用简易程序若干规定》第3、13、26条规定，简易程序转换为普通程序的要义如下。

（一）简易程序转换为普通程序的途径

简易程序转换为普通程序有二个途径可择其一：

1. 依当事人异议而转换。即当事人一方或双方就适用简易程序提出异议，人民法院认为异议成立的，应当裁定将案件转入普通程序审理。

2. 依法院职权主动转换。即：（1）人民法院在审理过程中发现案情复杂不宜继续适用简易程序的，应当裁定将案件转入普通程序审理。（2）人民法院按照原告提供的被告的送达地址或者其他联系方式无法通知被告应诉的，应当裁定转入普通程序审理。

（二）简易程序转入普通程序的裁定期限及方式与署名、案件审限及审判组织

简易程序转入普通程序，不管从哪个途径走，都需要注意以下四点：

（1）裁定期限：人民法院发现案情复杂，需要转为普通程序审理的，应当在审理期限届满前作出裁定。此处之“审限届满前”，是指“简易程序审限届满前”。

（2）裁定方式与署名：简易程序转入普通程序应采取书面裁定的方式作出，以显示

审判程序转换的严肃性。裁定书的署名者，应当是本案新组成的合议庭成员及书记员。这是因为，简易程序转入普通程序的裁定一经作出即表明本案原审判组织——独任审判员对本案的审判权即移转新审判组织——合议庭继续执掌，故由该合议庭成员署名于程序转换裁定书以标示本案已从审判员独任审判转归合议庭集体审判。

（3）案件审限：案件转为普通程序审理的，审理期限改按普通程序审理期限执行且自人民法院立案之日开始计算。此处之“立案之日”，是指该民事案件立案之日，而不是指该案件程序转换之日。

（4）审判组织：案件转入普通程序审理的，审判组织由审判员独任审判转换为合议庭审判（从有利于本案审理考虑，原独任审判员可以担任合议庭审判长），且应将合议庭组成人员及相关事项书面通知双方当事人。

（三）简易程序转入普通程序的裁定书的样式

本书认为，在最高人民法院有关简易程序转入普通程序裁定书样式的司法解释出台之前，人民法院转换程序裁定书可以参考《最高人民法院关于印发〈民事简易程序诉讼文书样式（试行）〉的通知》（法发［2003］21号）公布的“样式之四”和“样式之五”，把“决定书”更改为“裁定书”并以《法院适用民诉法解释》替换旧的司法解释的名称及条文号，且明确署名者为合议庭成员及书记员，即可。为此，本书建议，人民法院转换程序裁定书（参考样式一）[①] 与（参考样式二）[②] 如下：

__________人民法院转换程序裁定书（参考样式一）　　（　　）字第　号

__________诉__________纠纷一案，本院在适用简易程序审理的过程中，发现案情复杂，需要转为普通程序审理，依照最高人民法院《关于适用〈中华人民共和国民事诉讼法〉的解释》第二百五十八条第二款的规定，裁定将本案转入普通程序，并由__________担任审判长，与__________、__________共同组成合议庭替换原独任审判员进行审理。

本案的举证期限延长至____年____月____日，逾期提供证据的，视为放弃举证权利。

审判长____________________

审判员（或人民陪审员）____________

审判员（或人民陪审员）____________

______年____月____日（院印）

书记员__________

__________人民法院转换程序裁定书（参考样式二）　　（　　）字第　号

__________诉__________纠纷一案，本院在适用简易程序审理的过程中，__________以__________为由对适用简易

---

① 注：1. 本样式供人民法院在适用简易程序审理案件过程中，发现案情复杂裁定转为普通程序时使用。2. 本裁定书应当送达双方当事人。

② 注：1. 本样式供人民法院在适用简易程序审理案件过程中，当事人对人民法院适用简易程序提出异议，经审查异议成立裁定转为普通程序时使用。2. 本裁定书应当送达双方当事人。

程序审理本案提出异议，经审查异议成立，依照最高人民法院《关于适用〈中华人民共和国民事诉讼法〉的解释》第二百六十九条的规定，裁定将本案转入普通程序，并由＿＿＿＿＿＿＿＿＿＿担任审判长，与＿＿＿＿＿＿＿＿＿＿、＿＿＿＿＿＿＿＿＿＿共同组成合议庭替换原独任审判员进行审理。

本案的举证期限延长至＿＿＿＿年＿＿月＿＿日，逾期提供证据的，视为放弃举证权利。

审判长＿＿＿＿＿＿＿＿＿＿

审判员（或人民陪审员）＿＿＿＿＿＿＿＿＿＿

审判员（或人民陪审员）＿＿＿＿＿＿＿＿＿＿

＿＿＿＿年＿＿月＿＿日（院印）

书记员＿＿＿＿＿＿

二、普通程序转换为简易程序

《民事诉讼法》第 157 条第 2 款规定及《法院适用民诉法解释》第 264 条和《适用简易程序若干规定》第 2 条在普通程序转换为简易程序中确立了当事人程序选择权，体现当事人主义，尊重当事人的意思自治，体现诉讼民主，提高诉讼效率。

普通程序转换为简易程序的转换与当事人程序选择权，具体表现在以下四方面：

（一）基层人民法院适用第一审普通程序审理的民事案件，当事人各方自愿选择适用简易程序，经人民法院审查同意的，可以适用简易程序进行审理。

从普通程序转换为适用简易程序，应当同时具备二个条件：（1）各方当事人自愿。各方当事人包括原告、被告和第三人一致同意，若一方不同意转换为简易程序，则转换不能成立；（2）当事人行使程序选择权须经人民法院审查同意。也就是说，当事人的程序选择权与法院的认可，必须两者结合，才能有效转换程序。如果双方当事人合意选择了简易程序，但法院认为“不宜适用简易程序进行审理”的，就不能转换。

（二）人民法院不得违反当事人自愿原则，将普通程序转为简易程序。

这表明，人民法院在缺乏当事人程序选择权支持的前提下，不得以任何理由而主动依职权单方面将普通程序转换为简易程序审理。

（三）从普通程序转换为适用简易程序有时间限制，即应当在开庭审理之前进行。

当事人双方根据民事诉讼法第 157 条第 2 款规定约定适用简易程序的，应当在开庭前提出。口头提出的，记入笔录，由双方当事人签名或者捺印确认。已经按照普通程序审理的案件，在开庭后，当事人合意行使简易程序选择权无效，案件不得从普通程序转为简易程序审理。

（四）普通程序转入简易程序应当用裁定书并由本案独任审判员署名。

人民法院经审查同意案件由普通程序转入简易程序审判的，应采取书面裁定的方式，以显示审判程序转换的严肃性，且应在开庭审理前作出裁定。此处之“开庭审理前”，是指“普通程序开庭审理前”。

普通程序转入简易程序裁定书的署名者，应当是本案新组成的独任审判员及书记员。这是因为，普通程序转入简易程序的裁定一经作出即表明本案原审判组织——合议庭对本案的审判权即移转新审判组织——独任审判员继续执掌，故由该独任审判员署名于程序转换裁定书以标示本案已从合议庭集体审判转归审判员独任审判。

在最高人民法院有关普通程序转入简易程序裁定书样式的司法解释出台之前，本书建议，人民法院转换程序裁定书（参考样式）如下：

__________人民法院转换程序裁定书（参考样式）　　（　　）字第　号

__________与__________纠纷一案，本院在适用普通程序审理的过程中当事人各方在开庭审理前自愿选择适用简易程序本案，经审查同意，依照《中华人民共和国民事诉讼法》第一百五十七条第二款的规定，裁定将本案转入简易程序审理，并由独任审判员__________替换原合议庭进行审理。

审判员__________

______年___月___日（院印）

书记员__________

第四节　简易程序的具体运作

根据《民事诉讼法》第122、158、159、160、161、163条和《法院适用民诉法解释》及《适用简易程序若干规定》相关条文的规定，简易程序的具体运作有以下环节。

一、起诉与答辩

（一）原告起诉

简易程序的原告起诉，方式有二：

1. 书面方式。原告采取书面方式起诉的，应向法院递交起诉状。

2. 口头方式。原告本人不能书写起诉状，委托他人代写起诉状确有困难的，可以口头起诉。原告口头起诉的，人民法院必须在接待当事人时制作《口头起诉登记表》，应当将当事人的姓名、性别、工作单位、住所、联系方式等基本信息，诉讼请求，事实及理由等准确记入笔录，将相关证据予以登记。人民法院应当将上述记录和登记的内容向原告当面宣读，原告认为无误后应当签名或者捺印。

人民法院对当事人提交的证据材料，应当出具收据。

（二）传唤与送达

1. 传唤

原告起诉后，人民法院可以采取捎口信、电话、传真、电子邮件、手机短信等简便方式随时传唤双方当事人、证人。

这里注意，五种方式之后的“等”，概括规定一切简便易行的传唤方式都可以采用，比如，用广播、电台、电视，当事人、证人所在单位、基层组织、邻居转告等方式传唤或通知当事人、证人。

2. 送达

（1）送达地址

当事人应当在起诉或者答辩时向人民法院提供自己准确的送达地址、收件人、电话号码等其他联系方式，并签名或者捺印确认。送达地址应当写明受送达人住所地的邮政编码和详细地址；受送达人是有固定职业的自然人的，其从业的场所可以视为送达地址。

被告到庭后，如果拒绝提供自己的送达地址和联系方式的，人民法院应当告知其拒不提供送达地址的后果；经人民法院告知后被告仍然拒不提供的，按下列方式处理：①被告是自然人的，以其户籍登记中的住所地或者经常居住地为送达地址；②被告是法人或者其他组织的，应当以其工商登记或者其他依法登记、备案中的住所地为送达地址。人民法院应当将上述告知的内容记入笔录。

（2）送达不能（无法通知被告应诉）的处理

人民法院按照原告提供的被告的送达地址或者其他联系方式无法通知被告应诉的，应当按以下情况分别处理：①转入普通程序审理。原告提供了被告准确的送达地址，但人民法院无法向被告直接送达或者留置送达应诉通知书的，应当将案件转入普通程序审理。②裁定驳回原告起诉。原告不能提供被告准确的送达地址，人民法院经查证后仍不能确定被告送达地址的，可以被告不明确为由裁定驳回原告起诉。

（3）送达不能（诉讼文书未能被当事人实际接收）的处理

因当事人自己提供的送达地址不准确、送达地址变更未及时告知人民法院，或者当事人拒不提供自己的送达地址而导致诉讼文书未能被当事人实际接收的，按下列方式处理：①邮寄送达的，以邮件回执上注明的退回之日视为送达之日。②直接送达的，送达人当场在送达回证上记明情况之日视为送达之日。

上述内容，人民法院应当在原告起诉和被告答辩时以书面或者口头方式告知当事人。

（4）直接送达不能（受送达人等拒绝签收诉讼文书）的处理

受送达的自然人以及他的同住成年家属拒绝签收诉讼文书的，或者法人、其他组织负责收件的人拒绝签收诉讼文书的，送达人应当依据《民事诉讼法》第 79 条的规定邀请有关基层组织或者所在单位的代表到场见证，被邀请的人不愿到场见证的，送达人应当在送达回证上记明拒收事由、时间和地点以及被邀请人不愿到场见证的情形，将诉讼文书留在受送达人的住所或者从业场所，即视为送达。

但是，受送达人的同住成年家属或者法人、其他组织负责收件的人是同一案件中另一方当事人的，不适用这一留置送达处理。

（三）被告答辩

被告答辩，可以口头或书面方式，且与开庭审理的关系密切。

1. 双方当事人到庭后，被告同意口头答辩的，人民法院可以当即开庭审理。

2. 被告要求书面答辩的，就不能当即开庭审理。被告要求书面答辩的，人民法院可在征得其同意的基础上，合理确定答辩期间，并应当将提交答辩状的期限和开庭的具体日期告知各方当事人。

二、强化立案调解

根据《民事诉讼法》第 122 条规定，当事人起诉到人民法院的民事纠纷，适宜调解的，先行调解，但当事人拒绝调解的除外。根据《最高人民法院关于进一步贯彻“调解优先、调判结合”工作原则的若干意见》（法发〔2010〕16 号）规定，基层法院和它的派出法庭要把调解作为处理民事案件的首选结案方式和基本工作方法。对依法和依案件性质可以调解的所有民事案件都要首先尝试通过运用调解方式解决，进一步强化立案调解工作。

在案件立案之后、移送审判业务庭之前，要充分利用立案窗口“第一时间接触当事人、第一时间了解案情”的优势，积极引导当事人选择调解方式解决纠纷。对事实清楚、权利义务关系明确、争议不大的简单民事案件，在立案后应当及时调解；对当事人协议适用简易程序审理的其他案件，在立案后也要尽可能调解。

适用简易程序的一审民事案件，立案阶段的调解期限原则上不超过立案后 10 日，以确保调解效率、快捷，避免案件在立案阶段积压。对当事人拒绝调解的案件或者调解不成的案件，应当在立案后及时移送审判业务庭审理。

三、审理前的准备

适用简易程序审理案件，可以简便方式进行审理前的准备。

（一）举证期限

适用简易程序案件的举证期限由人民法院确定，也可以由当事人协商一致并经人民法院准许，但不得超过 15 日。

人民法院应当将举证期限告知双方当事人，并向当事人说明逾期举证的法律后果，由双方当事人在笔录上签名或者捺印。

（二）申请人民法院调查收集证据和申请证人出庭作证的期限

适用简易程序审理的民事案件，当事人及其诉讼代理人申请人民法院调查收集证据和申请证人出庭作证，应当在举证期限届满前提出，但其提出申请的期限不受《民事证据规定》第 19 条第 1 款规定（即：当事人及其诉讼代理人申请人民法院调查收集证据，不得迟于举证期限届满前 7 日）、第 54 条第 1 款规定（即：当事人申请证人出庭作证，应当在举证期限届满 10 日前提出，并经人民法院许可）的限制。

（三）对适用简易程序异议的处理

当事人一方或者双方就适用简易程序提出异议，人民法院应当予以审查，并按下列情形分别处理：

1. 异议成立的处理

异议成立的，应当裁定将案件转入普通程序审理，并将合议庭的组成人员及相关事项以书面形式通知双方当事人。转为普通程序前双方当事人已确认的事实，转入普通程序审理后可以不再进行举证、质证。

2. 异议不成立的处理

异议不成立的，口头告知双方当事人，并记入笔录。案件适用简易程序继续审理。

（四）开庭审理时的先行调解

《民事诉讼法》第 122 条规定的先行调解，既适宜立案时段，也适宜庭审时段。根据《适用简易程序若干规定》的规定，人民法院在开庭审理时应当先行调解。

1. 先行调解的意义

人民法院在开庭审理时先行调解，有积极意义：（1）能够及时、彻底地解决民事权益争议，保持双方当事人的团结与合作，不伤和气。（2）有利于提高办案效率，减轻当事人的讼累和法院负担。（3）有利于增强当事人和群众的法制观念，预防纠纷，减少诉讼。

2. 先行调解的案件范围

根据《适用简易程序若干规定》第 14 条规定，以下 6 类民事案件，人民法院在开庭审理时应当先行调解：（1）婚姻家庭纠纷和继承纠纷；（2）劳务合同纠纷；（3）交通事故和工伤事故引起的权利义务关系较为明确的损害赔偿纠纷；（4）宅基地和相邻关系纠纷；（5）合伙协议纠纷；（6）诉讼标的额较小的纠纷。

但是根据案件的性质和当事人的实际情况不能调解或者显然没有调解必要的除外。

3. 调解协议及调解书的生效

《适用简易程序若干规定》第 15、16、17 条（及《法院调解规定》第 13、16 条）规定了调解协议的生效时间，并更改原有司法解释规定的调解书发生法律效力的时间：

（1）调解达成协议并经审判人员审核后，双方当事人同意该调解协议经双方签名或者捺印生效的，该调解协议自双方签名或者捺印之日起发生法律效力。

当事人要求摘录或者复制该调解协议的，应予准许。

（2）调解协议经双方签名或者捺印后，人民法院应当另行制作民事调解书。调解协议生效后一方拒不履行的，另一方可以持民事调解书申请强制执行。

人民法院可以当庭告知当事人到人民法院领取民事调解书的具体日期，也可以在当事人达成调解协议的次日起 10 日内将民事调解书发送给当事人。

这里注意，过去司法解释规定调解书经双方当事人签收才能发生法律效力，一方当事人拒绝签收的，调解协议（及调解书）无效，法院应作出判决，而现在司法解释的规定已经把调解协议发生法律效力时间提前到了“自双方在调解协议上签名或者捺印之日起”，由此，调解书已成为转录生效调解协议的书面载体，本身已具法律效力，一方当事人拒绝签收的，不再产生否决该调解协议（及调解书）的效力。

（3）当事人以民事调解书与调解协议的原意不一致为由提出异议，人民法院审查后认为异议成立的，应当根据调解协议裁定补正民事调解书的相关内容。

四、开庭审理

（一）开庭通知及开庭方式

适用简易程序审理案件，人民法院应当将开庭日期告知双方当事人，并向当事人说明拒不到庭的法律后果，由双方当事人在开庭传票的送达回证上签名或者捺印。

当事人双方均表示不需要举证期限、答辩期间的，人民法院可以立即开庭审理或者确定开庭日期。

当事人双方可就开庭方式向人民法院提出申请，由人民法院决定是否准许。经当事人双方同意，可以采用视听传输技术等方式开庭。

（二）按撤诉处理和缺席判决的根据

1. 按撤诉处理的根据

原告经传票传唤，无正当理由拒不到庭或者未经法庭许可中途退庭的，可以裁定按撤诉处理。

2. 缺席判决的根据

被告经传票传唤，无正当理由拒不到庭或者未经法庭许可中途退庭的，人民法院可以根据原告的诉讼请求及双方已经提交给法庭的证据材料缺席判决。

3. 不得作为按撤诉处理和缺席判决的根据

以捎口信、电话、短信、传真、电子邮件等简便方式发送的开庭通知，未经当事人确认或者没有其他证据足以证明当事人已经收到的，人民法院不得将其作为按撤诉处理和缺席判决的根据。

反之，只要经过当事人承认已经收到开庭通知，或者有证据足以证明当事人已经收到开庭通知，法院就可以作为按撤诉处理和缺席判决的根据。

（三）对当事人诉讼权利义务的告知与释明

1. 告知

开庭前已经书面或者口头告知当事人诉讼权利义务，或者当事人各方均委托律师代理诉讼的，审判员除告知当事人申请回避的权利外，可以不再告知当事人其他的诉讼权利义务。

2. 释明

对没有委托律师、基层法律服务工作者代理诉讼的当事人，审判员在庭审过程中可以对回避、自认、举证、证明责任等相关内容向其作必要的解释或者说明，并在庭审过程中适当提示当事人正确行使诉讼权利、履行诉讼义务，指导当事人进行正常的诉讼活动。

对上述涉及当事人重大利益的事项，审判员应当履行释明义务，否则，即为程序违法。

（四）开庭审理与径行裁判

1. 举证、质证、辩论

当事人双方同时到基层人民法院请求解决简单的民事纠纷，但未协商举证期限，或者被告一方经简便方式传唤到庭的，当事人在开庭审理时要求当庭举证的，应予准许；当事人当庭举证有困难的，举证的期限由当事人协商决定，但最长不得超过 15 日；协商不成的，由人民法院决定。这就是简易程序审案中的举证责任期限的特点。

开庭时，审判员可以根据当事人的诉讼请求和答辩意见归纳出争议焦点，经当事人确认后，由当事人围绕争议焦点举证、质证和辩论。

根据《民事诉讼法》第 159 条规定，基层人民法院和它派出的法庭审理简单的民事案件，可以用简便方式审理案件，但应当保障当事人陈述意见的权利。

2. 径行裁判

当事人对案件事实无争议的，审判员可以在听取当事人就适用法律方面的辩论意见后径行判决、裁定。

3. 开庭次数

适用简易程序审理的民事案件，应当一次开庭审结，但人民法院认为确有必要再次开庭的除外。

（五）庭审中的调解

庭审结束时，审判员可以根据案件的审理情况对争议焦点和当事人各方举证、质证和辩论的情况进行简要总结，并就是否同意调解征询当事人的意见。

当事人各方同意调解的，审判员应当进行调解。不同意调解或者调解不成功的，审判员应当依法及时判决。

（六）庭审笔录

书记员应当将适用简易程序审理民事案件的全部活动记入笔录。

庭审笔录对于下列事项，应当详细记载：（1）审判员关于当事人诉讼权利义务的告知、争议焦点的概括、证据的认定和裁判的宣告等重大事项；（2）当事人申请回避、自认、撤诉、和解等重大事项；（3）当事人当庭陈述的与其诉讼权利直接相关的其他事项。

五、宣判与送达

（一）宣判

1. 当庭宣判

适用简易程序审理的民事案件，除人民法院认为不宜当庭宣判的以外，应当当庭宣判。

2. 定期宣判

适用简易程序审理的民事案件，人民法院认为不宜当庭宣判的，应当另定日期宣判。

（二）判决的送达

1. 当庭宣判案件的送达

（1）领取判决

当庭宣判的案件，除当事人当庭要求邮寄送达的以外，人民法院应当告知当事人或者诉讼代理人领取裁判文书的期间和地点以及逾期不领取的法律后果。上述情况，应当记入笔录。

人民法院已经告知当事人领取裁判文书的期间和地点的，当事人在指定期间内领取裁判文书之日即为送达之日；当事人在指定期间内未领取的，指定领取裁判文书期间届满之日即为送达之日，当事人的上诉期从人民法院指定领取裁判文书期间届满之日的次日起开始计算。

（2）邮寄送达

当事人因交通不便或者其他原因要求邮寄送达裁判文书的，人民法院可以按照当事人自己提供的送达地址邮寄送达。

人民法院根据当事人自己提供的送达地址邮寄送达的，邮件回执上注明收到或者退回之日即为送达之日，当事人的上诉期从邮件回执上注明收到或者退回之日的次日起开始计算。

2. 定期宣判案件的送达

定期宣判的案件，定期宣判之日即为送达之日。

当事人的上诉期，自定期宣判的次日起开始计算。

当事人在定期宣判的日期无正当理由未到庭的，不影响该裁判上诉期间的计算。

当事人确有正当理由不能到庭，并在定期宣判前已经告知人民法院的，人民法院可以按照当事人自己提供的送达地址将裁判文书送达给未到庭的当事人。

3. 按撤诉处理或者缺席判决案件的送达

按撤诉处理或者缺席判决的，人民法院可以按照当事人自己提供的送达地址将裁判文书送达给未到庭的当事人。

六、判决书、裁定书、调解书的印章与简化

（一）判决书、裁定书、调解书的印章

人民法庭制作的判决书、裁定书、调解书，必须（在盖“人民法庭”的印章后）加盖基层人民法院的印章，而不得用“人民法庭”的印章代替基层人民法院的印章。

（二）判决书、裁定书、调解书的简化

适用简易程序审理的民事案件，有下列情形之一的，人民法院在制作判决书、裁定书、调解书时对认定事实或者裁判理由部分可以适当简化：（1）当事人达成调解协议并需要制作民事调解书的；（2）一方当事人在诉讼过程中明确表示承认对方全部诉讼请求或者部分诉讼请求的；（3）当事人对案件事实没有争议的；（4）涉及商业秘密、个人隐私的案件，当事人一方要求简化裁判文书中的相关内容，人民法院认为理由正当的；（5）当事人双方一致同意简化的。

七、审理期限

人民法院适用简易程序审理案件，原则上应当在立案之日起 3 个月内审结。若该审理期限届满后，双方当事人同意继续适用简易程序的，由本院院长批准，可以延长审理期限。延长后的审理期限累计不得超过 6 个月。

案件由人民法院裁定从简易程序转换为适用普通程序审理的，应当从简易程序立案之日起在《民事诉讼法》第 149 条规定的普通程序审理期限内审结。

八、诉讼卷宗材料保全

人民法院适用简易程序审理案件的卷宗中应当具备以下材料：（1）起诉状或者口头起诉笔录；（2）答辩状或者口头答辩笔录；（3）当事人身份证明材料；（4）委托他人代理诉讼的授权委托书或者口头委托笔录；（5）证据；（6）询问当事人笔录；（7）审理（包括调解）笔录；（8）判决书、裁定书、调解书或者调解协议；（9）送达和宣判笔录；（10）执行情况；（11）诉讼费收据；（12）适用民事诉讼法第 162 条规定审理的，有关程序适用的书面告知。

第五节　简易程序中的小额诉讼程序

小额诉讼程序，是指基层法院或者其派出法庭对标的额为各省、自治区、直辖市上年度就业人员年平均工资 30%以下的简单的民事案件实行一审终审的简化程序。民诉法第 162 条规定：“基层人民法院和它派出的法庭审理符合本法第 157 条第 1 款规定的简单的民事案件，标的额为各省、自治区、直辖市上年度就业人员年平均工资百分之三十以下的，实行一审终审。”结合《法院适用民诉法解释》“十二、简易程序中的小额诉

讼”的相关规定，就构建了我国民诉简易程序中的小额诉讼程序的特殊规范。

一、小额诉讼程序的适用案件范围

（一）小额诉讼程序的审理适用于小额诉讼案件

小额诉讼案件，是指诉讼标的额在各省、自治区、直辖市上年度就业人员年平均工资百分之30以下的简单的民事案件。

小额诉讼案件应同时具备《民事诉讼法》第162条规定的二个构成条件，否则不能适用小额诉讼程序审理：（1）必须是“简单的民事案件”，即符合《民事诉讼法》第157条第1款规定的“事实清楚、权利义务关系明确、争议不大的简单的民事案件”。（2）诉讼标的额必须是在各省、自治区、直辖市上年度就业人员年平均工资百分之30以下。所谓“各省、自治区、直辖市上年度就业人员年平均工资”，是指已经公布的各省、自治区、直辖市上一年度就业人员年平均工资。在上一年度就业人员年平均工资公布前，以已经公布的最近年度就业人员年平均工资为准。

（二）适用小额诉讼程序审理的金钱给付案件

根据《法院适用民诉法解释》第274条规定，下列金钱给付的案件，适用小额诉讼程序审理：

1. 买卖合同、借款合同、租赁合同纠纷；
2. 身份关系清楚，仅在给付的数额、时间、方式上存在争议的赡养费、抚育费、扶养费纠纷；
3. 责任明确，仅在给付的数额、时间、方式上存在争议的交通事故损害赔偿和其他人身损害赔偿纠纷；
4. 供用水、电、气、热力合同纠纷；
5. 银行卡纠纷；
6. 劳动关系清楚，仅在劳动报酬、工伤医疗费、经济补偿金或者赔偿金给付数额、时间、方式上存在争议的劳动合同纠纷；
7. 劳务关系清楚，仅在劳务报酬给付数额、时间、方式上存在争议的劳务合同纠纷；
8. 物业、电信等服务合同纠纷；
9. 其他金钱给付纠纷。

（三）排除小额诉讼程序审理的案件

根据《法院适用民诉法解释》第275条规定，下列案件，不适用小额诉讼程序审理：

1. 人身关系、财产确权纠纷；
2. 涉外民事纠纷；
3. 知识产权纠纷；
4. 需要评估、鉴定或者对诉前评估、鉴定结果有异议的纠纷；
5. 其他不宜适用一审终审的纠纷。

二、小额诉讼程序的法院界别

根据民诉法第162条规定，小额诉讼程序的审理法院是基层人民法院和它派出的法庭。中级以上人民法院不能适用小额诉讼程序。

根据《法院适用民诉法解释》第273条规定，海事法院可以审理海事、海商小额诉讼案件。案件标的额应当以实际受理案件的海事法院或者其派出法庭所在的省、自治区、直辖市上年度就业人员年平均工资百分之30为限。

三、小额诉讼程序的特殊规范

（一）审判组织

根据《民事诉讼法》第160条规定，简单的民事案件由审判员一人独任审理，小额诉讼案件亦应当由审判员独任审判，书记员担任记录。

基层人民法院可以在传统的按照行政区域设置派出法庭基础上根据本地实际情况，依法建立起它的新型派出法庭，如交通事故、物业、商贸、消费、金融等类型化或专业化的派出法庭，由审判员分别负责不同类型的小额诉讼案件的独任审判。

（二）一审终审

人民法院审理小额诉讼案件，适用民事诉讼法第162条的规定，实行一审终审。其判决即为发生法律效力的判决，一般应当当庭宣判即送达当事人。当事人对小额诉讼的判决不服的，不得向上一级人民法院提出上诉。

（三）审理期限

《民事诉讼法》第161条规定适用简易程序审理案件期限为3个月，但未特别对小额诉讼案件的审理期限作出规定，《法院适用民诉法解释》亦然。实践中，从诉讼效率要求看，可按照最高人民法院2011年3月17日发布的《关于部分基层人民法院开展小额速裁试点工作指导意见》（法［2011］129号，以下简称《小额速裁指导意见》）规定，适用小额诉讼程序审理的案件，应当在立案之日起1个月内审结；到期不能审结的，可以裁定转而适用简易程序；发现案件不宜适用简易程序的，应当根据《民事诉讼法》第163条规定裁定转为适用普通程序审理。

（四）诉讼费用交纳标准

小额诉讼因其效率高、成本低的优势，故其诉讼费用的交纳标准，应比简易程序诉讼费用降低为宜。按照最高人民法院《小额速裁指导意见》的规定，基层法院和它的派出法庭适用小额诉讼程序（速裁）审理民事案件的诉讼费用，按《诉讼费用交纳办法》确定的标准减半收取，这有利于小额诉讼程序获当事人乐意选择适用以低成本快捷实现民事诉讼定纷止争的功能。

（五）受理

1. 告知义务

人民法院受理小额诉讼案件，应当向当事人书面告知该类案件的审判组织、一审终审、审理期限、诉讼费用交纳标准等相关事项。

根据《法院适用民诉法解释》第263条第（十二）项规定，上述有关小额诉讼程序适用的书面告知，应当载入适用小额诉讼程序审案卷宗里保存。

2. 对当事人异议处理

法院完成上述告知义务后，应当征询当事人对适用小额诉讼程序有无异议。

当事人对按照小额诉讼案件审理有异议的，应当在开庭前提出。人民法院经审查，异议成立的，适用简易程序的其他规定审理；异议不成立的，告知当事人，并记入笔录。

当事人对小额诉讼案件提出管辖异议的，人民法院应当作出裁定。裁定一经作出即生效。

3. 驳回起诉

人民法院受理小额诉讼案件后，发现起诉不符合民事诉讼法第119条规定的起诉条件的，裁定驳回起诉。裁定一经作出即生效。

（六）确定或准许举证期限与确定答辩的期限

小额诉讼案件的举证期限由人民法院确定，也可以由当事人协商一致并经人民法院准许，但一般不超过7日。

被告要求书面答辩的，人民法院可以在征得其同意的基础上合理确定答辩期间，但最长不得超过15日。

（七）开庭审理及裁判文书

1. 当事人到庭后表示不需要举证期限和答辩期间的，人民法院可立即开庭审理。

2. 人民法院审理小额诉讼案件，小额诉讼程序的特殊规范没有规定的，适用简易程序的其他规定。

3. 小额诉讼案件的裁判文书可以简化，主要记载当事人基本信息、诉讼请求、裁判主文等内容。

（八）程序转换

开庭审理中，因当事人申请增加或者变更诉讼请求、提出反诉、追加当事人等，致使案件不符合小额诉讼案件条件的，应当适用简易程序的其他规定审理；若应当适用普通程序审理的，裁定转为普通程序。

适用简易程序的其他规定或者普通程序审理前，双方当事人已确认的事实，可以不再进行举证、质证。

【学习总结与拓展】

【关键词】简易程序　小额诉讼程序　小额诉讼案件

【思考题】

1. 简易程序具有哪些特点？
2. 适用或者不适用简易程序审理的民事案件有哪些？
3. 简易程序怎样转换为普通程序？
4. 普通程序向简易程序转换及当事人程序选择权的关系如何？
5. 简易程序中的被告答辩方式与开庭审理有何关系？
6. 对适用简易程序异议如何处理？
7. 简易程序裁判文书简化的情形有哪些？
8. 小额诉讼程序适用哪些案件或不适用哪些案件的审理？
9. 小额诉讼程序的特殊规范有哪些？

【阅读资料】

1.《中华人民共和国民事诉讼法》（2017年修正）第十三章简易程序。

2.《最高人民法院关于适用〈中华人民共和国民事诉讼法〉的解释》(法释〔2015〕5号)十一、简易程序,十二、简易程序中的小额诉讼。

3.《最高人民法院关于部分基层人民法院开展小额速裁试点工作指导意见》(法〔2011〕129号);《最高人民法院关于适用简易程序审理民事案件的若干规定》(法释〔2003〕15号)。

4. 章武生:《民事简易程序研究》,中国人民大学出版社2002年版;章武生、吴泽勇:《简易程序与民事纠纷的类型化解决》,《法学》2002年第1期;范愉:《小额诉讼程序研究》,《中国社会科学》2001年第3期。

5. 余秀才:《论简易程序转普通程序的裁定书署名》,载于中国法院网 http://www.chinacourt.org/article/detail/2013/03/id/920023.shtml。

6. 杜克武:《浅析民事简易程序与普通程序的转换》,载于中国法院网 http://www.chinacourt.org/article/detail/2013/03/id/920023.shtml。

7. 黄双全:《正确适用民事诉讼的简易程序》,《政治与法律》1984年第4期;周强:《适用简易程序应注意的几个问题》,《人民司法》1983年第12期;彭士翔:《我国民事诉讼中的简易程序》,《现代法学》1983年第3期;刘家兴:《民事诉讼中的简易程序》,《人民司法》1982年第5期。

第十八章 公益诉讼

【学习提示】通过本章学习，了解公益诉讼的含义、特征、适用范围；领会公益诉讼的起诉条件；掌握公益诉讼有关管辖、审理与裁判的特殊规定等。

第一节 公益诉讼的概念和适用范围

一、公益诉讼的概念

（一）公益诉讼的概念

根据诉讼客体与适用法律性质之不同，可将公益诉讼分为民事公益诉讼和行政公益诉讼。在我国，民事公益诉讼，是指对损害国家和社会公共利益的违法行为，由特定的国家机关和社会组织向法院提起诉讼，通过审判方式维护社会公益的制度。

何谓公共利益？人们对此有不同的理解。但在其牵涉不特定多数当事人，诸如侵害消费者权益的人数众多以及受环境污染影响面广等这一点上是毋庸置疑的。需要注意的是社会公共利益一定涉及众多人的利益，但并非只要涉及众多人的利益就一定是社会公共利益。如果能够特定受害主体，就没有必要适用公益诉讼的方式，即便关涉的人数众多，我们也可用现有的代表人诉讼制度等普通民事诉讼制度加以解决。

（二）公益诉讼的法律依据

目前，我国民事公益诉讼所依据的法律，主要是《民事诉讼法》（2017 年修正）第 55 条。该条内容分为二款，直接源于 11 届和 12 届全国人大常委会在 2012 年和 2017 年对《民事诉讼法》的两次修改：

（1）2012 年 8 月 31 日第 11 届全国人大常委会第 28 次会议通过《全国人民代表大会常务委员会关于修改〈中华人民共和国民事诉讼法〉的决定》“九、增加一条，作为第五十五条：“对污染环境、侵害众多消费者合法权益等损害社会公共利益的行为，法律规定的机关和有关组织可以向人民法院提起诉讼。”

（2）2017 年 6 月 27 日第 12 届全国人大常委会第 28 次会议通过《关于修改〈中华人民共和国民事诉讼法〉和〈中华人民共和国行政诉讼法〉的决定》“一、对《中华人民共和国民事诉讼法》作出修改在第五十五条增加一款，作为第二款：人民检察院在履行职责中发现破坏生态环境和资源保护、食品药品安全领域侵害众多消费者合法权益等损害社会公共利益的行为，在没有前款规定的机关和组织或者前款规定的机关和组织不提起诉讼的情况下，可以向人民法院提起诉讼。前款规定的机关或者组织提起诉讼的，人民检察院可以支持起诉。”

此外，我国民事公益诉讼的依据，还有《法院适用民诉法解释》、《最高人民法院关于审理消费民事公益诉讼案件适用法律若干问题的解释》（法释〔2016〕10号，以下简称《审理消费民事公益诉讼适用法律解释》）、《最高人民法院关于审理环境民事公益诉讼案件适用法律若干问题的解释》（法释〔2015〕1号，以下简称《审理环境民事公益诉讼适用法律解释》）有关公益诉讼的规定。

众所周知，在北京等13个省区市开展的检察机关提起公益诉讼改革试点，从2015年7月1日起算，期限为2年，至2017年7月1日结束。有关此项改革试点的主要经验成果，随着国家主席习近平2017年6月27日签署发布《国家主席令第七十一号》而已经上升为《民事诉讼法》（2017年修正）第55条第2款的立法规范。

本书认为，从2017年7月1日起，之前出台的推进检察机关提起公益诉讼改革试点工作的一系列法律规范性或政策规范性文件，包括《检察机关提起公益诉讼改革试点方案》（2015年5月5日中央全面深化改革领导小组第12次会议审议通过，以下简称《检察公益诉讼试点方案》）、《全国人民代表大会常务委员会关于授权最高人民检察院在部分地区开展公益诉讼试点工作的决定》（2015年7月1日第12届全国人民代表大会常务委员会第15次会议通过，以下简称《人大授权检察公益诉讼试点决定》）、《人民检察院提起公益诉讼试点工作实施办法》（2015年12月16日最高人民检察院第12届检察委员会第45次会议通过，以下简称《检察公益诉讼试点办法》）、《人民法院审理人民检察院提起公益诉讼案件试点工作实施办法》（2016年2月22日由最高人民法院审判委员会第1679次会议通过，法发〔2016〕6号，以下简称《法院审理检察公益诉讼试点办法》）等，只要没有与《民事诉讼法》第55条第2款不一致，在新的立法或司法解释（其主要内容也会是对这一系列法律规范性或政策规范性文件的精华汲取）出台之前，可继续、适当地适用于我国民事公益诉讼实务中。

（三）公益诉讼的特征

公益诉讼起源于罗马法，是相对于私益诉讼而言的。私益诉讼是指为了保护个人所有的权利的诉讼，仅特定人才可以提起；公益诉讼是指为了保护社会公共利益的诉讼，除法律有特别规定外，凡市民均可以提起。① 与普通民事诉讼相比，公益诉讼具有以下主要特征：

1. 原告是法律规定的机关和社会组织、人民检察院。

民事诉讼法第55条第1款规定，对污染环境、侵害众多消费者合法权益等损害社会公共利益的行为，法律规定的机关和有关组织可以向人民法院提起诉讼。据此可知，能够作为原告提起公益诉讼的只能是相关机关和社会组织，公民个人不能提起公益诉讼。另外，尽管民事诉讼法第119条规定，原告须是与本案有直接利害关系的公民、法人和其他组织，但在公益诉讼中不要求原告一定与该纠纷有法律上的直接利害关系，如污染环境行为即使没有直接损害某一环保组织的利益，只要破坏了生态环境，该环保组织也可以提起公益诉讼。同理，在侵害不特定多数消费者权益的场合中，尽管消费者权益保护协会本身的权益可能并未遭受损害，其也可提起民事公益诉讼。

民事诉讼法第55条第2款规定，在没有前款规定的机关和组织或者前款规定的机

① 参见周枏：《罗马法原理》（下册），商务印书馆1996年版，第886页。

关和组织不提起诉讼的情况下，人民检察院可以向人民法院提起诉讼。前款规定的机关或者组织提起诉讼的，人民检察院可以支持起诉。

2. 原告起诉之目的在于维护社会公共利益

公益诉讼系针对不特定多数主体所享有的社会公共利益受损所引发的纠纷，正是因为社会公共利益主体的不特定性，才使得社会公共利益的维护无法通过直接关系主体启动诉讼程序，从而借助司法的力量加以实现。因此，与一般民事诉讼相比，原告提起公益诉讼之目的往往不在于维护个人一己之私利，而是维护社会公共利益，法律尊严及社会公平正义。

3. 纠纷所涉及的损害往往具有广泛性和长期性

公益诉讼纠纷主要涉及污染环境、侵害众多消费者权益等侵权行为，这些侵权行为造成的损害具有两个典型的特征。一是受侵害的当事人面广。在民事公益诉讼中，牵涉的当事人不但人数众多，而且很多案件的当事人还跨越不同的区域。二是被侵害的地域面广。大多数公害案件波及面都很广，甚至影响深远。比如严重的环境污染案件，可能导致一定区域的生态灾难，有些损害一旦发生，将难以弥补，人类将长期付出高昂的代价。

二、公益诉讼的适用范围

公共利益是一个弹性较大、变化发展的概念，具体含义具有不确定性，不同国家、不同历史发展阶段的理解各不相同。有人认为，不应对适用范围作限制，只要涉及维护公共利益的案件都可适用公益诉讼。也有人认为，为防止当事人滥诉，同时防止法官滥用自由裁量权，宜严格限制公益诉讼的适用范围。在国外，公益诉讼的含义非常多元，在广义上包涵了所有社会性的诉讼事件，其公益诉讼含义与社会影响事件几乎等同。在英美法系国家中，公益诉讼也不区分行政公益诉讼与民事诉讼。在社会性诉讼方面，如所谓人权诉讼、策略诉讼、示范诉讼、影响诉讼、社会运动诉讼、社会变革诉讼等都属于公益诉讼。①

鉴于我国公益诉讼尚处于初步建立阶段，其明确适用的范围不宜过宽。目前来看，环境污染、损害众多消费者权益的案件多发，损害社会公共利益的情况较为严重，对公益诉讼的要求较为迫切，理论界和实务界的认识也较为一致，因此将其作为建立公益诉讼的突破口。但为了应对经济社会的不断发展，为将来的扩大适用留下空间，不宜限制得过死。基于以上考虑，民事诉讼法第 55 条第 1 款规定，对污染环境、侵害众多消费者合法权益等损害社会公共利益的行为，可以提起公益诉讼。这样规定，既可突出对环境、消费者权益的保护，也有利于审时度势，根据实践情况的发展，逐步扩大公益诉讼的适用范围。根据民事诉讼法第 55 条第 2 款、《检察公益诉讼试点办法》第 1 条第 2 款规定，人民检察院在履行（职务犯罪侦查、批准或者决定逮捕、审查起诉、控告检察、诉讼监督等）职责中发现破坏生态环境和资源保护、食品药品安全领域侵害众多消费者合法权益等损害社会公共利益的行为，亦属民事公益诉讼的适用范围。

① 参见徐卉：《通向社会正义之路：公益诉讼理论研究》，法律出版社 2009 年版，第 4—5 页。

第二节 公益诉讼的起诉

《法院适用民诉法解释》第 284 条规定“环境保护法、消费者权益保护法等法律规定的机关和有关组织对污染环境、侵害众多消费者合法权益等损害社会公共利益的行为，根据民事诉讼法第五十五条规定提起公益诉讼，符合下列条件的，人民法院应当受理：（一）有明确的被告；（二）有具体的诉讼请求；（三）有社会公共利益受到损害的初步证据；（四）属于人民法院受理民事诉讼的范围和受诉人民法院管辖。”

《人大授权检察公益诉讼试点决定》确定“人民法院应当依法审理人民检察院提起的公益诉讼案件。”据此，《法院审理检察公益诉讼试点办法》第 1 条规定“人民检察院认为被告有污染环境、破坏生态、在食品药品安全领域侵害众多消费者合法权益等损害社会公共利益的行为，在没有适格主体提起诉讼或者适格主体不提起诉讼的情况下，向人民法院提起民事公益诉讼，符合民事诉讼法第一百一十九条第二项、第三项、第四项规定的，人民法院应当登记立案。”

据上规定，法律规定的机关、有关组织、人民检察院在提起民事公益诉讼时必须符合以下条件：

一、有明确的被告

民事公益诉讼的被告，是指被法律规定的机关、有关组织、人民检察院所起诉的实施损害社会公共利益行为的公民、法人或者其他组织。[①]

现代诉讼，奉行不告不理的基本原则。法院作为中立的第三方，必须由原告向其提出谁是争讼的相对方，只有明确了被告，两造对抗，法院居中审理的诉讼结构才能完备地运行。根据民事诉讼法第 121 条第 2 款的规定，有明确的被告之具体要求是在诉状中列明被告的姓名、性别、工作单位、住所等信息，法人或者其他组织的名称、住所等信息。

二、有具体的诉讼请求

诉讼请求是当事人通过人民法院向对方当事人所主张的具体权利。比如，《检察公益诉讼试点方案》第 5 条、《检察公益诉讼试点办法》第 16 条和《法院审理检察公益诉讼试点办法》第 3 条规定：人民检察院提起民事公益诉讼，可以向人民法院提出要求被告停止侵害、排除妨碍、消除危险、恢复原状、赔偿损失、赔礼道歉等诉讼请求。在消费民事公益诉讼案件中，原告也可以提出请求被告承担停止侵害、排除妨碍、消除危险、赔礼道歉等民事责任。诉讼请求必须由当事人在其向法院提交的诉状中明确声明，当事人在诉讼过程中没有明确声明的诉讼请求，法院不予裁判确认。

---

① 《检察公益诉讼试点方案》第 2 条规定：“民事公益诉讼的被告是实施损害社会公共利益行为的公民、法人或者其他组织。检察机关提起民事公益诉讼，被告没有反诉权。”《检察公益诉讼试点办法》第 15 条规定：“民事公益诉讼的被告是实施损害社会公共利益行为的公民、法人或者其他组织。”《法院审理检察公益诉讼试点办法》第 4 条规定：“民事公益诉讼的被告是被诉实施损害社会公共利益行为的公民、法人或者其他组织。”

三、有社会公共利益受到损害的初步证据

本项条件包括两个方面：首先是“社会公共利益受到损害”。这也是能够提起公益诉讼的核心条件。需要注意的是公共利益受损不但包括现实已经存在的不利后果，而且还包括构成现实威胁的不利后果。尤其是公共环境诉讼案件，事后的补救往往耗资巨大，甚至不可挽救，基于预防侵权行为的原则，原告对被告具有损害社会公共利益重大风险的行为，也可以向人民法院提起诉讼。其次是“初步证据”。这里要求的是初步证据，而非充分证据，只要提交的证据材料能够认定公共利益受到损害即可。如提供了被告实施污染环境的行为，对公共环境存在危险性的证据即可。对侵害消费者权益的公益诉讼，除了要提供被告实施了侵害消费者权益行为的证据外，还需要证明人数众多的证据。总而言之，在起诉阶段，既要坚持初步证据标准，以便制约滥诉行为，又不能要求过高，否则可能导致起诉难、立案难，不利于公共利益的保护。

人民检察院提起民事公益诉讼，应当提交被告的行为已经损害社会公共利益的初步证明材料即被告污染环境、破坏生态、在食品药品安全领域侵害众多消费者合法权益等损害社会公共利益行为的（包括经过诉前程序，法律规定的机关和有关组织没有提起民事公益诉讼，社会公共利益仍处于受侵害状态的）初步证明材料，人民检察院已经履行督促或者支持法律规定的机关或有关组织提起民事公益诉讼的诉前程序的证明材料。①

四、属于人民法院受理民事诉讼的范围和受诉人民法院管辖

此项条件与普通民事起诉条件并无太多差异。至于有关公益诉讼主管与管辖的具体规定，将在下一节具体分析。

有关公益诉讼的起诉条件，除了上述四点之外，还应注意以下两个方面：

1. 原告资格问题

根据民事诉讼法第 55 条第 1 款和第 2 款的明确规定，民事公益诉讼只能由“法律规定的机关”和“有关组织”以及“人民检察院”向人民法院提起。

其中“法律规定的机关”是指能够提起公益诉讼的机关，此类机关必须要有明确的法律依据。如，《海洋环境保护法》第 90 条规定“对破坏海洋生态、海洋水产资源、海洋保护区，给国家造成重大损失的，由依照本法规定行使海洋环境监督管理权的部门代表国家对责任者提出损害赔偿要求。”据此可知，行使海洋环境监督管理权的部门等也可作为适格原告提起公益诉讼。

至于可以提起公益诉讼的“有关组织”，亦须法律明确规定。如《消费者权益保护

---

① 参见《检察公益诉讼试点方案》：“4. 提起诉讼。经过诉前程序，法律规定的机关和有关组织没有提起民事公益诉讼，社会公共利益仍处于受侵害状态的，检察机关可以提起民事公益诉讼。检察机关提起民事公益诉讼，应当有明确的被告、具体的诉讼请求、社会公共利益受到损害的初步证据，并应当制作公益诉讼起诉书。”《检察公益诉讼试点办法》：“第十七条人民检察院提起民事公益诉讼应当提交下列材料：（一）民事公益诉讼起诉书；（二）被告的行为已经损害社会公共利益的初步证明材料。”以及《法院审理检察公益诉讼试点办法》：“第二条 人民检察院提起民事公益诉讼应当提交下列材料：（一）符合民事诉讼法第一百二十一条规定的起诉状，并按照被告人数提出副本；（二）污染环境、破坏生态、在食品药品安全领域侵害众多消费者合法权益等损害社会公共利益行为的初步证明材料；（三）人民检察院已经履行督促或者支持法律规定的机关或有关组织提起民事公益诉讼的诉前程序的证明材料。”

法》第47条规定："对侵害众多消费者合法权益的行为，中国消费者协会以及在省、自治区、直辖市设立的消费者协会，可以向人民法院提起诉讼。"由此，中国消费者协会以及在省、自治区、直辖市设立的消费者协会便可作为适格原告。

《环境保护法》第58条规定："对污染环境、破坏生态，损害社会公共利益的行为，符合下列条件的社会组织可以向人民法院提起诉讼：（一）依法在设区的市级以上人民政府民政部门登记；（二）专门从事环境保护公益活动连续五年以上且无违法记录。符合前款规定的社会组织向人民法院提起诉讼，人民法院应当依法受理。"这里，依照法律、法规的规定，在设区的市级以上人民政府民政部门登记的社会团体、民办非企业单位以及基金会等，可以认定为环境保护法第58条规定的社会组织，其专门从事环境保护公益活动连续五年以上且无违法记录的，可作为提起环境民事公益诉讼的适格原告。"设区的市级以上人民政府民政部门"是指设区的市，自治州、盟、地区，不设区的地级市，直辖市的区以上人民政府民政部门；"专门从事环境保护公益活动"是指社会组织章程确定的宗旨和主要业务范围是维护社会公共利益，且从事环境保护公益活动的。该类社会组织提起的诉讼所涉及的社会公共利益，应与其宗旨和业务范围具有关联性。在实务中，为了更好地保护公共利益，"即使社会组织起诉事项与其宗旨和业务范围不具有对应关系，但若与其所保护的环境要素或者生态系统具有一定的联系，亦应基于关联性标准确认其主体资格。"①

关于"人民检察院"在民事公益诉讼中的原告资格问题。虽然，《检察公益诉讼试点方案》第2条以及《检察公益诉讼试点办法》第15条和《法院审理检察公益诉讼试点办法》第4条，均确认"人民检察院以公益诉讼人身份提起民事公益诉讼。"② 这是因为"在中央深改组审议通过的检察机关提起公益诉讼试点方案中明确了检察机关公益诉讼人的身份。在试点过程中，'两高'也针对这一不同于普通原告的身份分别制定了两个实施办法。"③ 但是，国家立法机关在2015年7月出台的《人大授权检察公益诉讼试点决定》和2017年6月修改后的《民事诉讼法》第55条第2款均没有确认上述试点方案与"两高"办法所提出的"人民检察院以公益诉讼人身份提起民事公益诉讼"，因此，本书认为，从2017年7月1日起，根据《民事诉讼法》第55条第2款规定，人民检察院提起民事公益诉讼的，具有适格原告的资格，其"诉讼权利义务参照民事诉讼法关于原告诉讼权利义务的规定"④；法律规定的机关、其他组织提起民事公益诉讼的，人民检察院具有支持起诉人的资格。

---

① 参见中华人民共和国最高人民法院：《中国生物多样性保护与绿色发展基金会环境污染责任纠纷申诉民事裁定书》，（2016）最高法民再49号。详见中国裁判文书网，网址：http://wenshu.court.gov.cn/content/content?DocID=6369cf3d-8c5d-429d-990d-1f88a2d3e5c6.

② 《检察公益诉讼试点方案》第2条规定："检察机关以公益诉讼人身份提起民事公益诉讼。检察机关提起民事公益诉讼，被告没有反诉权。"《检察公益诉讼试点办法》第15条规定："人民检察院以公益诉讼人身份提起民事公益诉讼。"《法院审理检察公益诉讼试点办法》第4条规定："人民检察院以公益诉讼人身份提起民事公益诉讼……。"

③ 最高检民行厅厅长胡卫列解读《关于修改民事诉讼法和行政诉讼法的决定》，2017年06月27日18：49 中国人大新闻网 http://npc.people.com.cn/n1/2017/0502/c14576-29247224.html

④ 《法院审理检察公益诉讼试点办法》第4条："人民检察院……诉讼权利义务参照民事诉讼法关于原告诉讼权利义务的规定。"

2. 诉前程序问题

目前，民事公益诉讼的诉前程序有二：一是检察院的诉前程序。二是消费者组织的诉前程序。

《检察公益诉讼试点方案》、《人大授权检察公益诉讼试点决定》确立了检察机关提起民事公益诉讼的诉前程序。[①] 据此，《检察公益诉讼试点办法》第 13 条规定“人民检察院在提起民事公益诉讼之前，应当履行以下诉前程序：（一）依法督促法律规定的机关提起民事公益诉讼；（二）建议辖区内符合法律规定条件的有关组织提起民事公益诉讼。有关组织提出需要人民检察院支持起诉的，可以依照相关法律规定支持其提起民事公益诉讼。法律规定的机关和有关组织应当在收到督促起诉意见书或者检察建议书后一个月内依法办理，并将办理情况及时书面回复人民检察院。”社会公共利益的保护是行政主管部门本身职责所在，为了最大限度地节约司法资源，检察机关应先行督促行政主管部门或建议、支持相关社会组织依法提起民事公益诉讼，在经过督促或建议后，相关机关及社会组织仍未提起民事公益诉讼，或者没有适格主体提起诉讼，社会公共利益还处于受侵害状态的，人民检察院就可以提起民事公益诉讼，并应当按照《法院审理检察公益诉讼试点办法》第 2 条第（三）项要求提交“人民检察院已经履行督促或者支持法律规定的机关或有关组织提起民事公益诉讼的诉前程序的证明材料。”

消费者组织提起民事公益诉讼的诉前程序，是由司法解释依据消费者权益保护法确立的。《审理消费民事公益诉讼适用法律解释》第 4 条第（三）项规定，提起消费民事公益诉讼应当提交：消费者组织就涉诉事项已按照消费者权益保护法第 37 条第（四）项或者第（五）项的规定履行公益性职责的证明材料，即消费者组织已就有关消费者合法权益的问题，向有关部门反映、查询，提出建议，或者受理了消费者的投诉，并对投诉事项进行调查、调解。只有经过上述处理后，人数众多的消费者权益仍然处于受损状态，消费者组织才可以向人民法院提起民事公益诉讼。

第三节　公益诉讼的管辖

相较于普通民事诉讼，公益诉讼案件往往具有原告主体不明、人数众多、损害范围大、影响区域广等显著特征，沿用传统民事诉讼管辖制度势必将遇到阻力和困难，因此，需要根据公益诉讼的特点对管辖制度做出相应的调整。

一、级别管辖

根据《法院适用民诉法解释》第 285 条第 1 款规定，第一审民事公益诉讼案件由中级人民法院管辖，但法律、司法解释另有规定的除外。如，根据《审理环境民事公益诉讼适用法律解释》第 6 条规定，第一审环境民事公益诉讼案件由中级以上人民法院

---

① 《检察公益诉讼试点方案》规定：“3. 诉前程序。检察机关在提起民事公益诉讼之前，应当依法督促或者支持法律规定的机关或有关组织提起民事公益诉讼。法律规定的机关或者有关组织应当在收到督促或者支持起诉意见书后一个月内依法办理，并将办理情况及时书面回复检察机关。”《人大授权检察公益诉讼试点决定》规定：“提起公益诉讼前，人民检察院应当依法……督促、支持法律规定的机关和有关组织提起公益诉讼。”

管辖。

公益诉讼案件由中级人民法院管辖除了是因为案件本身影响范围大、社会关注度高、协调复杂利益冲突的难度大之外，更重要的是此类案件的被告往往与地方政府及其经济发展联系密切，提高管辖级别，一定程度上可以削弱地方保护主义，保障审判的公平与公正以及裁判的顺利执行。

二、地域管辖

民事公益诉讼案件，不论是污染环境，还是侵犯众多消费者权益的案件、检察公益诉讼案件，本质上都属于侵权案件。因此，应适用有关侵权案件的特殊地域管辖规定，由侵权行为地或被告住所地法院管辖。其中，侵权行为地，包括侵权行为实施地和侵权结果发生地，具体到环境民事公益诉讼案件，侵权行为地就是污染环境、破坏生态行为发生地和损害结果地。检察公益诉讼案件，侵权行为地就是侵害行为发生地、损害结果地。

三、专属管辖

《法院适用民诉法解释》第 285 条第 2 款规定，因污染海洋环境提起的公益诉讼，由污染发生地、损害结果地或者采取预防污染措施地海事法院管辖。据此可知，污染海洋环境的公益诉讼只能由海事法院专属管辖，其他法院没有管辖权。另外，本条所指污染发生地是指发生污染事故的地域；损害结果发生地，是指因污染事故遭受损害的地域；采取预防措施实施地是指为了预防污染损害后果发生而采取的预防措施的地域。污染海洋环境的案件由海事法院专属管辖既考虑到此类案件的特殊性，又兼顾了方便诉讼与审理原则。

四、集中管辖

民事公益诉讼案件往往涉及当事人众多，侵权行为的实施地和结果地也可能跨行政区域，容易导致管辖冲突。实行案件集中管辖制度既有助于消解管辖冲突，避免不同区域法院对同一案件做出矛盾判决，也可在一定程度上突破地域管辖限制，通过审判管辖区域与行政管理区域相对分离，对案件进行异地审理，从而有利于防止和排除各种干预，确保司法公正。

公益诉讼案件的集中管辖主要体现在两个方面：

（一）案件的集中管辖

《法院适用民诉法解释》第 285 条第 3 款规定，“对同一侵权行为分别向两个以上人民法院提起公益诉讼的，由最先立案的人民法院管辖，必要时由它们的共同上级人民法院指定管辖。”对同一侵权行为分别向两个以上人民法院提起公益诉讼包括两种情形：一是同一原告向不同地区的法院分别起诉；一是不同原告分别向不同法院起诉。不论何种情形，为了避免矛盾判决，做到纠纷的一次性解决，法律规定由最先立案的人民法院集中管辖。“必要时由它们的共同上级人民法院指定管辖”则是指法院之间对管辖发生争议，或者虽未发生争议，但上级法院认为需要指定管辖的情形，上级法院可以做出裁定，指定某一法院对该案件行使管辖权。

（二）法院的集中管辖

有关跨行政区划的民事公益诉讼案件，可以实行集中管辖。《审理环境民事公益诉讼适用法律解释》第 7 条规定，“经最高人民法院批准，高级人民法院可以根据本辖区环境和生态保护的实际情况，在辖区内确定部分中级人民法院受理第一审环境民事公益诉讼案件。中级人民法院管辖环境民事公益诉讼案件的区域由高级人民法院确定。”《审理消费民事公益诉讼适用法律解释》第 3 条第 2 款也对消费民事公益诉讼案件管辖规定：经最高人民法院批准，高级人民法院可以根据本辖区实际情况，在辖区内确定部分中级人民法院受理第一审消费民事公益诉讼案件。

对法院的集中管辖应注意三点：首先，排除了基层法院对此类案件的管辖权，这些案件一般交由高级法院确定的少数中级人民法院集中管辖。其次，限制了当事人的协议管辖，这些公益诉讼案件只能在集中管辖法院审理。最后，地域管辖相对集中，授权高级人民法院在行政区划内重新划分各中级人民法院的地域管辖范围。当然，该少数中级人民法院管辖的划分应报最高人民法院批准后方可实施。

五、管辖权的转移

管辖权的转移是对级别管辖制度的变通或补充。虽然法律规定公益诉讼案件由中级人民法院管辖，但长期以来一些基层法院在开展公益诉讼方面积累了一定的审判经验，亦取得了较好的效果。因此，中级人民法院认为确有必要的，可以在报请高级人民法院批准后，裁定将本院管辖的第一审环境民事公益诉讼案件交由基层人民法院审理。对这种下放性的管辖权转移，需要慎重适用，不仅要具备一定的条件，而且必须履行一案一授权的报批程序，事先报高级法院批准。

第四节　公益诉讼的审判

一、与行政保护程序的衔接

根据《法院适用民诉法解释》第 286 条规定，人民法院受理公益诉讼案件后，应当在 10 日内，将该案的起诉书以及必要的相关材料以书面通知的方式告知对被告行为依法负有保护监督管理职责的相关行政主管部门。

相关行政部门收到人民法院受理民事公益案件的线索后，可以根据案件线索开展核查；发现被告行为构成环境行政违法的，应当依法予以处理，并将处理结果通报人民法院。由于行政救济的高效、主动特质，一些案件根本不必等到法院判决结束的时候，受损害的公共利益便可得到有效的保护或妥善的处置。借此，可在一定程度上弥补司法滞后性的缺憾。

二、其他适格原告的参加

根据民事诉讼法的相关规定，对同一损害社会公共利益的行为，通常都有两个以上的民事主体可依法提起诉讼。为了避免重复诉讼浪费司法资源，以及避免多头诉讼导致同案不同判的弊端，《法院适用民诉法解释》第 287 条规定，人民法院受理公益诉讼案件后，依法可以提起诉讼的其他机关和有关组织，可以在开庭前向人民法院申请参加诉讼。人民法院准许参加诉讼的，列为共同原告。适用该条规定应注意两点：第一，参加诉讼的原告，只能是符合法律规定的对人民法院已经受理的公益诉讼案件具有起诉资格的机关或社会组织。第二，该原告申请参加诉讼的时间，必须在法院开庭审理之前，逾期申请的，不予准许。

三、案件受理公告

公告受理案件的理论基础是程序参与的理念，接受以适当方式告知的权利也是正当程序的基本要求。《审理环境民事公益诉讼适用法律解释》第 10 条规定，“人民法院受理环境民事公益诉讼后，应当在立案之日起五日内将起诉状副本发送被告，并公告案件受理情况。”《审理消费民事公益诉讼适用法律解释》第 6 条亦规定，“人民法院受理消费民事公益诉讼案件后，应当公告案件受理情况，并在立案之日起十日内书面告知相关行政主管部门。”公益诉讼案件受理后之所以向社会公告，主要基于以下考虑：第一，避免重复诉讼。公益诉讼的性质决定了能够起诉的原告并不单一，当某个或某些适格主体启动诉讼后，通过公告，可以让其他适格主体参加诉讼，避免重复起诉。第二，保障广大受害者的知情权。由于公益诉讼制度否定了公民个人的诉讼主体资格，通过公告制度，一方面保障了公民对案件审理情况的知情权，另一方面，也可在一定程度上督促那些参与诉讼的机关和社会组织严格履行职责，努力保护社会公共利益。最后，通过公告制度的扩散效应，一定程度上也可对侵犯公共利益的生产者、经营者施加压力，促使其自觉、主动、及时纠正违法行为或采取补救措施。

四、与私益诉讼的关系

《法院适用民诉法解释》第 288 条规定，“人民法院受理公益诉讼案件，不影响同一侵权行为的受害人根据民事诉讼法第 119 条规定提起诉讼。”《审理环境民事公益诉讼适用法律解释》第 10 条第 3 款规定，“公民、法人和其他组织以人身、财产受到损害为由申请参加诉讼的，告知其另行起诉。”从上述规定看，我们应明白以下几点：第一，民事公益诉讼的进行不影响受害人依法提起私益诉讼。第二，私益诉讼的受理亦不能影响公益诉讼的进行。第三，尽管对该侵犯社会公共利益的行为既可以提起民事公益诉讼，也可以同时提起民事私益诉讼，但两者不能合并审理。原因很简单，一方面不能因为公共利益的保护，就忽略公民个体的私权，所以不能以公益诉讼的进行来否定私人诉权。另一方面，尽管是同一侵权行为导致受害，但公益诉讼与私益诉讼在诉讼主体、诉讼请求、诉讼程序以及诉讼影响等方面具有显著的区别，为保障诉讼程序的顺利推进，只能分别进行。

五、民事公益诉讼的被告不能反诉

法律规定的机关、其他组织提起的或人民检察院提起的民事公益诉讼案件，被告没有反诉权；在民事公益诉讼案件审理过程中，被告以反诉方式提出诉讼请求的，人民法院不予受理。[1] 之所以如此，是因为：（1）作为民事公益诉讼原告的法律规定的机关、其他组织和人民检察院，其起诉权不是基于诉之法定私益即法律规定的私人利益，而是基于诉之法定公益即法律规定的公共利益；（2）作为民事公益诉讼的诉讼请求是针对被告公民、法人或者其他组织实施的损害社会公共利益行为而向人民法院提出要求被告停止侵害、排除妨碍、消除危险、恢复原状、赔偿损失、赔礼道歉等诉讼请求，其旨在依法维护受损害的社会公共利益，被告不能够像对民事私益诉讼的诉讼请求那样拥有反诉权，人民法院不可以支持被告对民事公益诉讼的原告提起反诉。

六、证明

公益诉讼案件作为一种特殊的侵权案件，在举证及证明方面有其特殊性。原告请求被告提供其排放的主要污染物名称、排放方式、排放浓度和总量、超标排放情况以及防治污染设施的建设和运行情况等环境信息，法律、法规、规章规定被告应当持有或者有证据证明被告持有而拒不提供，如果原告主张相关事实不利于被告的，人民法院可以推定该主张成立。对于审理环境民事公益诉讼案件需要的证据，人民法院认为必要的，应当调查收集。对于应当由原告承担举证责任且为维护社会公共利益所必要的专门性问题，人民法院可以委托具备资格的鉴定人进行鉴定。当事人申请通知有专门知识的人出庭，就鉴定人作出的鉴定意见或者就因果关系、生态环境修复方式、生态环境修复费用以及生态环境受到损害至恢复原状期间服务功能的损失等专门性问题提出意见的，人民法院可以准许。经过质证的专家意见，可以作为认定事实的根据。另外，原告在诉讼过程中承认的对己方不利的事实和认可的证据，人民法院认为损害社会公共利益的，应当不予确认。

七、和解与调解

《法院适用民诉法解释》第 289 条规定 ，“对公益诉讼案件，当事人可以和解，人民法院可以调解。当事人达成和解或者调解协议后，人民法院应当将和解或者调解协议进行公告。公告期间不得少于三十日。公告期满后，人民法院经审查，和解或者调解协议不违反社会公共利益的，应当出具调解书；和解或者调解协议违反社会公共利益的，不予出具调解书，继续对案件进行审理并依法作出裁判。《检察公益诉讼试点办法》第 8 条亦规定，“人民检察院与被告达成和解协议或者调解协议后，人民法院应当将协议内容公告，公告期间不少于三十日。公告期满后，人民法院审查认为和解协议或者调解协议内容不损害社会公共利益的，应当出具调解书。”

尽管公益诉讼存在着诉讼主体与直接受害人相分离的情形，为了更加多元、快速、有效地解决纠纷，法律明确规定公益诉讼可以进行调解以及允许当事人自行和解，但调

---

① 《审理消费民事公益诉讼适用法律解释》第 11 条规定：“消费民事公益诉讼案件审理过程中，被告提出反诉的，人民法院不予受理。”《审理环境民事公益诉讼适用法律解释》第 17 条规定：“环境民事公益诉讼案件审理过程中，被告以反诉方式提出诉讼请求的，人民法院不予受理。”《检察公益诉讼试点方案》第 2 条规定：“检察机关提起民事公益诉讼，被告没有反诉权。”《检察公益诉讼试点办法》第 18 条规定：“人民检察院提民事公益诉讼，被告没有反诉权。”《法院审理检察公益诉讼试点办法》第 6 条规定：“人民法院审理人民检察院提起的民事公益诉讼案件，被告提出反诉请求的，不予受理。”

解协议以及和解协议不得损害国家利益、社会公共利益或者他人合法权益。为了保障调解协议与和解协议的公正性，法院必须将其面向社会公开接受监督，借此发挥人民群众的力量监督公益诉讼当事人正确行使诉讼权利，维护公共利益。除此以外，《最高人民法院、民政部、环境保护部关于贯彻实施环境民事公益诉讼制度的通知》第 5 条还规定，“环境民事公益诉讼当事人达成调解协议或者自行达成和解协议的，人民法院应当将协议内容告知负有监督管理职责的环境保护主管部门。相关部门对协议约定的修复费用、修复方式等内容有意见和建议的，应及时向人民法院提出。”此举意在借助环保部门在保护社会公共利益方面的专业性和权威性对协议内容进行把关，确保协议内容公平合理。最后，在结案方式上，即便当事人达成调解或和解协议，也不能以申请撤诉的方式结案，必须制作调解书，调解书应当写明诉讼请求、案件的基本事实和协议内容等必备信息并向社会公开。

八、判决效力

《法院适用民诉法解释》第 291 条规定 ，“公益诉讼案件的裁判发生法律效力后，其他依法具有原告资格的机关和有关组织就同一侵权行为另行提起公益诉讼的，人民法院裁定不予受理，但法律、司法解释另有规定的除外。”不允许其他主体对发生效力的裁判另行起诉，除了是维护判决的权威性、既判力的需要之外，更重要的是因其旨在保护社会公共利益而非个人私益，因而其判决效力不仅仅局限于直接参与诉讼的当事人，一定意义上其应具有对世效力。

民事诉讼的目的在于解决当事人之间的民事纠纷，但并非所有法院生效裁判都对当事人之间的实体争议做出了权威性的判定，一些程序性的裁判，如驳回起诉等，尽管生效了，但其并未对受损害的公共利益做出实体判定，显然此类裁判不能否决其他适格主体的诉权。因此，《审理环境民事公益诉讼适用法律解释》第 28 条规定，“环境民事公益诉讼案件的裁判生效后，有权提起诉讼的其他机关和社会组织就同一污染环境、破坏生态行为另行起诉，有下列情形之一的，人民法院应予受理：（一）前案原告的起诉被裁定驳回的；（二）前案原告申请撤诉被裁定准许的，但本解释第二十六条规定的情形除外。环境民事公益诉讼案件的裁判生效后，有证据证明存在前案审理时未发现的损害，有权提起诉讼的机关和社会组织另行起诉的，人民法院应予受理。”

【学习总结与拓展】

【关键词】公益诉讼　集中管辖　受理公告　诉前程序

【思考题】

1. 简述公益诉讼的起诉条件。
2. 简述提起公益诉讼的适格主体、条件与程序。
3. 试论公益诉讼审理程序与普通程序的区别。
4. 人民检察院在提起民事公益诉讼之前，应当履行的诉前程序有哪些？

【阅读资料】

1.《中华人民共和国民事诉讼法》（2017 年修正）第五十五条；《全国人民代表大会常务委员会关于修改〈中华人民共和国民事诉讼法〉和〈中华人民共和国行政诉讼

法〉的决定》(2017 年 6 月 27 日第十二届全国人民代表大会常务委员会第二十八次会议通过)一、对《中华人民共和国民事诉讼法》作出修改。

2.《最高人民法院关于适用〈中华人民共和国民事诉讼法〉的解释》(法释〔2015〕5 号)十三、公益诉讼;《最高人民法院关于审理消费民事公益诉讼案件适用法律若干问题的解释》(法释〔2016〕10 号);《最高人民法院关于审理环境民事公益诉讼案件适用法律若干问题的解释》(法释〔2015〕1 号)。

3.《检察机关提起公益诉讼改革试点方案》(2015 年 5 月 5 日中央全面深化改革领导小组第十二次会议审议通过);《全国人民代表大会常务委员会关于授权最高人民检察院在部分地区开展公益诉讼试点工作的决定》(2015 年 7 月 1 日十二届全国人民代表大会常务委员会第十五次会议通过);最高人民检察院《人民检察院提起公益诉讼试点工作实施办法》(2015 年 12 月 16 日最高人民检察院第十二届检察委员会第四十五次会议通过);最高人民法院《人民法院审理人民检察院提起公益诉讼案件试点工作实施办法》(法发〔2016〕6 号)。

4.《从长远考虑应制定公益诉讼法》,2017 年 05 月 02 日 08:17 来源:法制日报 中国人大新闻 http://npc.people.com.cn/n1/2017/0502/c14576-29247224.html 奚晓明主编:《最高人民法院关于环境民事公益诉讼司法解释理解与适用》,人民法院出版社 2015 年版。

5. 张卫平:《民事公益诉讼原则的制度化及实施研究》,《清华法学》2013 年第 4 期;韩波:《公益诉讼制度的力量组合》,《当代法学》2013 年第 1 期;肖建国:《民事公益诉讼的基本模式研究——以中、美、德三国为中心的比较法考察》,《中国法学》2007 年第 5 期。

6. 蔡彦敏:《中国环境民事公益诉讼的检察担当》,《中外法学》2011 年第 1 期;张晋红:《论民事检察监督权的完善及检察机关民事诉权之理论基础》,《国家检察官学院学报》2001 年第 3 期。

7. 颜运秋著:《公益诉讼理念研究》,中国检察出版社 2003 年版。

第十九章　第三人撤销之诉

【学习提示】通过本章学习，了解第三人撤销之诉的立法背景、目的和意义；领会第三人撤销之诉的管辖、起诉与受理和裁判等相关程序，以及其与案外人申请再审、案外人执行异议等制度之间区别；掌握第三人撤销之诉的概念、适用范围和起诉条件等。

第一节　第三人撤销之诉的概念和意义

一、第三人撤销之诉的概念

（一）概念

作为2012年修订《民事诉讼法》的一大亮点，第三人撤销之诉规定在《民事诉讼法》第56条第3款中："前两款规定的第三人，因不能归责于本人的事由未参加诉讼，但有证据证明发生法律效力的判决、裁定、调解书的部分或者全部内容错误，损害其民事权益的，可以自知道或者应当知道其民事权益受到损害之日起六个月内，向作出该判决、裁定、调解书的人民法院提起诉讼。人民法院经审理，诉讼请求成立的，应当改变或者撤销原判决、裁定、调解书；诉讼请求不成立的，驳回诉讼请求。"通过该条款，我国民事诉讼法确立了一项新的诉讼类型——第三人撤销之诉。

所谓第三人撤销之诉，是指第三人在一定的条件下，通过起诉的方式，申请法院撤销业已生效的判决、裁定、调解书，从而维护他的实体和程序权利的一种特殊的救济制度。

（二）性质

从诉的种类来看，第三人撤销之诉属于一种特殊的形成之诉。所谓形成之诉，又称变更之诉，是指原告针对既存的民事法律关系或特定的法律事实，请求法院予以变更或撤销的诉讼形式。第三人撤销之诉的核心功能是将生效裁判所确认或形成的法律关系予以撤销，使其恢复到原始状态，从这个角度来说，第三人撤销之诉符合形成之诉的特征。另一方面，由于第三人撤销之诉的诉讼标的针对的是现有的裁判，而不仅仅是实体的民事关系，因此相较于一般的形成之诉，其具有一定的特殊性。

从程序的分类来看，第三人撤销之诉属于特殊的救济程序。准确认定第三人撤销之诉的程序性质，需要综合考察该制度的功能定位及其程序构建。第三人撤销之诉的功能在于保护受错误生效裁判损害的未参加原诉的第三人的权益，其本质上是一种赋予案外人对错误生效裁判申请审查的自我救济途径，因而其总体属于一种救济程序。然而与一般的审判监督程序不同，作为一种独立的诉讼程序，第三人提起的撤销之诉是依据新事实提起的新诉，因此法律和司法解释未作特别规定的，适用普通程序的规定。[①]

二、第三人撤销之诉的意义

作为新设立的一项制度，第三人撤销之诉兼具程序保障和实体权利救济的双重意义，除此之外，还有针对现实需要的考量。

（一）程序权利的保障

民事诉讼法的目的之一便是对权利主体的程序保障，第三人撤销之诉也不例外，《民事诉讼法》第56条所规定的第三人制度是对第三人权利的一种程序性保护，在非本诉的原被告之外，如果对诉讼标的有法律上的利害关系，即可通过参加诉讼的方式表达自己的意见，从而影响裁判结果。但对于非因自身原因没有参加诉讼的第三人而言，其参加诉讼的权利被侵犯了，因此，允许未参加原诉讼的第三人提起撤销之诉是对其程序权利的一种保障。

（二）实体权利的救济

第三人通过参加诉讼的方式可以表达对案件的看法，以及自己对诉讼标的及其利害关系的主张和见解，这是第三人对自身实体权利的一种保护。如未能参加原诉讼，作出的判决有可能会损害第三人的合法权益。第三人撤销之诉赋予未参加原诉讼的第三人一种保护自己民事权益的救济渠道，是一种特殊的事后救济方式。

（三）现实需要的考量

第三人撤销之诉的制度设计除了为保护第三人的实体和程序权利外，还有着现实需要的考量。司法实践中，有着不少恶意诉讼、虚假诉讼的事件，恶意当事人通过虚构事实提起诉讼，骗取人民法院的司法裁判，损害了第三人的合法权益，以获得非法利益。第三人撤销之诉制度的设立，为被侵害权益的第三人提供了一条法律上的救济途径。

第二节　第三人撤销之诉与类似制度的衔接与区别

一、第三人撤销之诉与申请再审

再审之诉是对已经发生效力的裁判案件，出现了法律所规定的特殊事由时，再次决定重新审理的一种制度。第三人撤销之诉与再审之诉是两项独立的制度，但都包含解决原审错误裁判的内容，因此可能出现程序并行的现象。对于第三人撤销之诉与再审案件的衔接问题，根据《法院适用民诉法解释》第301条的规定，第三人撤销之诉案件审理期间，人民法院对生效判决、裁定、调解书裁定再审的，受理第三人撤销之诉的人民法院应当裁定将第三人的诉讼请求并入再审程序，即再审之诉吸收第三人撤销之诉的原则，其原理在于诉讼的经济性，通过一个诉讼解决所有涉及的争议，也符合彻底解决纠纷的要求。但也有例外，如果有证据证明原审当事人之间恶意串通损害第三人合法权益的，人民法院应当先行审理第三人撤销之诉案件，裁定中止再审诉讼。

---

① 参见最高人民法院研究室编《最高人民法院民事诉讼法司法解释逐条适用解析》，法律出版社2015年第1版，第538页。

二、第三人撤销之诉与案外人执行异议

《民事诉讼法》第227条规定，在执行过程中，案外人认为生效裁判损害了自己的实体权益，可以申请执行异议，由人民法院进行审查。如果异议被驳回，案外人不服，认为执行依据的原裁判错误的，可向人民法院申请再审，这就是案外人执行异议制度。与第三人撤销之诉一样，两者都是为保护案外第三人的合法权益、针对已经生效裁判的一种事后特殊救济制度，其适用主体可能存在着重合的现象。根据《法院适用民诉法解释》第303条的规定，当事人只能选择一种相应的救济程序，不能同时提起两种诉讼，一旦选定后也不允许变更。两种诉讼在实体条件上基本一致，都要求生效裁判损害了案外第三人的合法权益，仅在程序条件上略有不同，案外人执行异议之诉，需要以申请执行异议为前置程序，只有在申请执行异议被驳回后，才可以申请再审，而由于第三人撤销之诉本质上是一个新诉，则没有这样的要求。可以说，第三人撤销之诉为案外第三人保护自己的合法权益提供了一条新的途径，从诉讼便利的角度来看也更有利于第三人。

第三节　第三人撤销之诉的适用范围

一、主体范围

根据《法院适用民诉法解释》第298条的规定，第三人撤销之诉当事人包含原告、被告和第三人。

（一）原告

《民事诉讼法》第56条第三款的表述中，对第三人撤销之诉的原告是指“前两款规定的第三人”，即“有独立请求权的第三人”和“无独立请求权的第三人”。

有独立请求权的第三人，因其对原诉讼的诉讼标的有独立的请求权，但由于非自身原因未参加诉讼而导致其请求权未能实现或其合法权益受到侵犯，其与原诉讼的裁判结果有着必然的法律上的利害关系，因此也是第三人撤销之诉当然的适格主体。

无独立请求权的第三人，因其对原诉讼的诉讼标的没有独立的请求权，但裁判的结果与他有着法律上的利害关系，因此得以参加诉讼。对于无独立请求权第三人所提起的撤销之诉，由于其没有独立的请求权，因此需要判断其有无法律上的利害关系。法律和司法解释未进一步给出明确的判断方法和依据，因此需要根据原生效判决、裁定和调解书的裁判结果来判定是否损害了其民事权益，从而确定撤销之诉的适格原告。

除了在身份上要符合第三人撤销之诉的主体要件外，作为原告提起第三人撤销之诉还需符合一定的程序条件和实体条件，这一点将在后面的起诉条件部分详细论述。

（二）被告

与原告相对应的，第三人撤销之诉的被告是原生效判决、裁定、调解书的当事人，包括原诉讼中的原告、被告和第三人，一般列为共同被告。但对于原诉讼中没有承担责任的无独立请求权第三人，根据《法院适用民诉法解释》第298条的规定，仍应在新的第三人撤销之诉中列为第三人。原因在于如果将其列为被告，对于将来第三人撤销之诉的判决其就拥有上诉权，但由于该无独立请求权第三人在原诉讼中并未被判承担责任，

对该诉讼并无上诉利益，因此宜继续列为第三人。

二、客体范围

客体范围指的是第三人撤销之诉适用于哪些案件，民事诉讼法及其司法解释中未做明确的规定，仅在《法院适用民诉法解释》第297条中对不适用第三人撤销之诉的情形作了列举式的规定。以下情形提出的第三人撤销之诉，人民法院不予受理：

（1）适用特别程序、督促程序、公示催告程序、破产程序等非讼程序处理的案件；

（2）婚姻无效、撤销或者解除婚姻关系等判决、裁定、调解书中涉及身份关系的内容；

（3）民事诉讼法第54条规定的未参加登记的权利人对代表人诉讼案件的生效裁判；

（4）民事诉讼法第55条规定的损害社会公共利益行为的受害人对公益诉讼案件的生效裁判。

可以看出，司法解释对于上述四类涉及非讼、婚姻身份关系、选民资格诉讼和公共利益诉讼不得提起第三人撤销之诉，这几类案件要么有特殊的救济程序，要么没有适格的权利主体来提出相应的诉讼，因此不适用第三人撤销之诉的方式予以救济。

第四节　第三人撤销之诉的提起与管辖

一、第三人撤销之诉的起诉条件

尽管第三人撤销之诉是不同于再审程序的一种独立的新诉，但其特殊的程序性质决定了不能简单依照普通程序的起诉条件来适用，《法院适用民诉法解释》第292条对第三人撤销之诉的起诉条件作了明确的规定，以下从程序条件和实体条件角度分而述之。

（一）程序条件

在提起诉讼的程序上，第三人需要达到以下两个条件：

一是因不能归责于本人的事由未参加诉讼。对第三人权益的保护有事前和事后之分，民事诉讼法所规定的第三人参加之诉便是在事前通过让第三人参加诉讼的方式，让其主动地在诉讼过程中提出自己的主张以影响判决结果，从而保护其权益；第三人撤销之诉制度属于事后保护，其设立的目的之一便是保护权利人由于没有参加诉讼而造成的权益受损情况。因此第三人提起撤销之诉的前提应当是其没有参加过原诉，且没有参加不是由于自身原因造成的。对于此处的“不能归责于本人的事由”，在《法院适用民诉法解释》第295条中有列举式的规定，包括：（1）不知道诉讼而未参加的；（2）申请参加未获准许的；（3）知道诉讼，但因客观原因无法参加的；以及“没有被列为生效裁判当事人，且无过错或无明显过错”等情形。

二是应当“自知道或应当知道其民事权益受到损害之日起六个月”之内提起诉讼，这是时间上的条件。此处的起算时间最早应当是在判决、裁定和调解文书生效后，若第三人主张其“知道或应当知道”的时间晚于裁判文书生效时间，则应当对此举证证明。此外，根据《法院适用民诉法解释》第127条的规定，这里的六个月是不变期间，不适用诉讼时效中止、中断、延长的规定。

（二）实体条件

首先，第三人撤销之诉的撤销对象应是已经发生法律效力的判决、裁定、调解书。对于未生效的裁判书、调解书，因其法律效力尚未确定而不能通过第三人撤销之诉予以救济，值得一提的是，《法院适用民诉法解释》对原有的司法解释做了重大修改，明确了第三人可以在二审程序中参加诉讼，因此对于未生效的裁判，第三人仍可能得到救济。

其次，该发生法律效力的判决、裁定、调解书的全部或者部分内容错误。这是需要撤销的实体原因之一，这里所说的内容错误，是指实体内容错误，而非程序错误，包括事实认定上和法律适用上的错误从而导致的实体处理错误。有关错误类型和内容，起诉时需要原告提交相应的证据以备审查。

再次，发生法律效力的判决、裁定、调解书内容错误损害了第三人的民事权益。这是撤销条件中的另一个实体要件，也是第三人提起诉讼的基础原因和关键所在。只有原生效裁判的内容在实质上损害了第三人合法的民事权益，才需要通过撤销的方式对第三人予以救济。关于这里"民事权益"的范围，从目前的审判实践来看，通常是指所有权、用益物权和担保物权、股权等。在一些地方高级法院研讨的会议纪要中，一些意见认为，以金钱债权受到侵害为由提起撤销之诉的，一般裁定驳回起诉，但原诉当事人利用诉讼转移财产、逃避执行以致享有金钱债权的第三人无法行使撤销权的除外。[①]

二、第三人撤销之诉的管辖

管辖制度是处理各级法院和同级法院间就民事案件分类管理和分配的程序制度。《民事诉讼法》第56条及相应的司法解释对于第三人撤销之诉的管辖法院做了明确的规定，由作出生效判决、裁定、调解书的人民法院专属管辖。这里作出生效判决、裁定、调解书的人民法院，既可能是一审法院，也可以是二审法院。原诉二审程序中，上诉人撤回上诉或者按自动撤回上诉处理审结的案件，由原一审法院管辖。

对于这种比较具体明确的管辖制度规定，一些学者提出了不同的看法，指出这样的制度安排可能会造成当事人的审级利益难以保护以及上下级法院之间案件量难以分配的问题，并表示应当探索在一定条件下通过管辖权转移的方式来实现主要由原审法院来管辖。[②]可以说，这样的担心不无道理，尤其是可能造成二审法院在案件数量的压力下有可能选择性排斥受理第三人撤销之诉的结果。但就第三人撤销之诉的程序性质来说，其较偏向于救济和纠错程序，因此对于二审法院作出的生效判决来说，由其自身管辖较易于改正，不过可以考虑在类型化研究的基础上对这个问题进行深入细致的分类探讨。

---

① 参见北京高院民一庭：《关于审理第三人撤销之诉案件适用法律若干问题的研讨纪要》

② 参见刘君博：《第三人撤销之诉的程序建构》，《法学》2014年第12期。

第五节　第三人撤销之诉的审查与受理

一、第三人撤销之诉审查模式的选择

对于当事人提交的起诉材料，法院收到后如何应对，是受理审查程序需要面对的问题，而基于第三人撤销之诉特殊的程序定位，对于其该采取什么样的审查模式，学界有不同的声音。

一种观点认为，在对提起第三人撤销之诉的立案审查时，应采取“实质审查”的标准，理由在于，第三人撤销之诉不同于普通诉讼案件，其目的在于纠正错误的生效裁判，涉及既判力和司法稳定性，理应具有较高的门槛和标准；同时，第三人撤销之诉在程序设计方面也和再审程序有诸多相似之处，在审查标准的制定上也应向再审程序的靠拢。另一种观点则认为，不应对第三人撤销之诉的立案审查采取过严的标准，应进行形式审查。原因在于，第三人撤销之诉是一个新诉，应该按照普通程序进行立案审查，另一方面，第三人撤销之诉毕竟不同于再审之诉，较高的审查门槛不利于对第三人的保护。最高人民法院在司法解释中明确了采用“适度的实质审查”标准。

二、第三人撤销之诉的受理审查程序

由于采取了适度的实质审查标准，因此对于第三人撤销之诉不再适用普通民事诉讼的“立案登记制”，即人民法院在接收到当事人提交的第三人撤销之诉的起诉状和证据材料时，不能当场登记立案，而应当适用专门程序进行受理审查。

根据《法院适用民诉法解释》第 293 条规定，人民法院应当在收到起诉状和证据材料之日起五日内送交对方当事人，对方当事人可以自收到起诉状之日起十日内提出书面意见。即人民法院在接收到第三人提交的诉讼材料时，不是直接开始审查，而是要将这些材料在五日内送交对方所有当事人，对方当事人可以就起诉材料提出意见，并且人民法院需要结合这些意见对起诉是否属于受案范围进行审查。但对方当事人是否提交意见，不影响人民法院的审查受理。

人民法院应当对第三人提交的起诉状、证据材料以及对方当事人的书面意见进行审查。必要时，可以询问双方当事人。经审查，符合起诉条件的，人民法院应当在收到起诉状之日起 30 日内立案。不符合起诉条件的，应当在收到起诉状之日起 30 日内裁定不予受理。需要注意的是，除了在审查时认为不符合第三人撤销之诉的适用范围而作出不予受理的裁定外，在立案后如果发现不符合第三人撤销之诉起诉条件的情形，也可以裁定驳回起诉。

对于案件受理的法律效力问题，即立案后，是否应当中止原生效裁判的执行。《民事诉讼法》中对这一问题未特别规定，考虑到第三人撤销之诉是特殊的救济制度这一程序性质，同时为防止恶意提起撤销之诉从而规避执行的现象，原则上第三人撤销之诉的受理并不影响原生效判决的继续执行。在《法院适用民诉法解释》第 299 条中有这样的规定：“受理第三人撤销之诉案件后，原告提供相应担保，请求中止执行的，人民法院可以准许”。该条规定赋予了原告申请中止原生效裁判执行的权利，但也要受到法院审查的约束。同时，该条规定并未排除人民法院在特殊情况下依职权对原生效裁判中止执行的例外适用。

第六节　第三人撤销之诉的审理与裁判

一、第三人撤销之诉的审理

人民法院受理第三人提起的撤销之诉后，即进入审理程序，在审判组织形式和审理方式上，《法院适用民诉法解释》第294条规定，人民法院对第三人撤销之诉案件，应当组成合议庭开庭审理。需要注意的是，由于第三人撤销之诉案件相对复杂，涉及关系较多，因此特别规定了采取合议庭的方式开庭审理，即不得适用书面审理方式，也不得使用简易程序。同时由于第三人撤销之诉是一个新诉，所以其他未作特殊规定的均可适用民事诉讼法和司法解释关于第一审普通程序的相关规定。另外，由于第三人撤销之诉由原作出生效裁判的法院管辖，因此会涉及是否能由原审审判人员参与的问题，该解释未排除这类情况，其理由在于，原审并不属于错判，由原审审判人员参与并不会妨碍司法公正，同时由于原审审判人员对案情较为熟悉，也可较快上手对第三人撤销之诉进行审判。因此，既可以另行组成合议庭，也可以允许原审审判人员参与合议庭的审理。

在审理范围上，受处分原则的限制，第三人撤销之诉的审理范围应当仅限于当事人请求的范围，由于并非错案追究式的全面审查，对于第三人撤销之诉的审理应当在当事人的请求范围内，从司法解释对于裁判的要求中也能体现出这一点。

二、第三人撤销之诉的裁判

案件经过审理后，针对第三人提出的请求，需对第三人撤销之诉的案件进行裁判，根据请求成立与否的不同，裁判的类型可分为以下三种：

（一）改变原裁判

请求成立且确认其民事权利的主张全部或部分成立的，改变原判决、裁定、调解书内容的错误部分；人民法院经过审理后，发现第三人提出的请求成立，即原判决损害了第三人的民事权益，并且第三人主张的民事权益全部或部分成立时，人民法院应当撤销原判决、裁定、调解书的错误内容，作出改变后的新判决。

（二）撤销原裁判

请求成立，但确认其全部或部分民事权利的主张不成立，或者未提出确认其民事权利请求的，撤销原判决、裁定、调解书内容的错误部分；该条款是指经过审理，发现原判决确有损害第三人民事权益的错误内容，但第三人提出的确认其全部或部分实体权利的主张不能成立，或者没有提出此类主张的情况下，人民法院应当撤销原判决、裁定、调解书内容的错误部分。此处需要注意的是，无论是改变还是撤销原判决、裁定、调解书，都只是针对其中的错误部分，对于其内容未改变或未撤销的部分，继续有效。

（三）驳回诉讼请求

请求不成立的，驳回诉讼请求，如果对裁判不服的，当事人还可以上诉。此处是指经过审理后发现原判决、裁定、调解书没有错误的事实认定或损害第三人民事权益的，应当判决驳回第三人的诉讼请求。需要注意的是，如果是审理时发现不符合起诉条件的，应当裁定驳回起诉。

针对不同的裁判文书类型，撤销的对象也不完全一样，根据《法院适用民诉法解释》第 296 条的规定，第三人撤销之诉的撤销对象是指判决、裁定的主文，以及调解书中处理当事人民事权利义务的结果。即撤销的范围限于裁判的主文内容，调解书中处理权利义务的部分，排除了裁判文书中事实认定、理由等内容。

三、对恶意诉讼的制裁

恶意诉讼，是一种诉讼欺诈行为，指行为人为获取非法利益，采取恶意串通、虚构事实、隐瞒真相、伪造证据等诉讼行为，骗取法院的司法裁判，从而损害第三人权益的行为。第三人撤销之诉制度就是在大量恶意诉讼已严重损害案外第三人合法权益、破坏法院司法公信力的背景下制定出的。因此，在进行第三人撤销之诉审理和裁判时如发现原审实为恶意诉讼，除了需要对原审裁判改变或撤销外，还需根据情况对原审当事人作出一定的制裁。

民事诉讼法第 112 条对恶意诉讼作出了规制："当事人之间恶意串通，企图通过诉讼、调解等方式侵害他人合法权益的，人民法院应当驳回其请求，并根据情节轻重予以罚款、拘留；构成犯罪的，依法追究刑事责任。"由此可见，对于恶意诉讼的制裁，包括了适用罚款、制裁等妨害民事诉讼的强制措施，乃至追究刑事责任等方式。凸显了法律对于恶意诉讼的打击和对第三人权益的积极保护。

【学习总结与拓展】

【关键词】第三人撤销之诉　案外人申请再审　案外人执行异议　恶意诉讼

【思考题】

1. 第三人撤销之诉的起诉条件有哪些？
2. 论述第三人撤销之诉与案外人执行异议程序的区别与联系。
3. 遗漏了必须共同诉讼的当事人能否提起第三人撤销之诉？
4. 第三人撤销之诉受理后是否影响原生效裁判的执行？

【阅读资料】

1.《中华人民共和国民事诉讼法》（2017 年修正）第五十六条第三款。

2.《最高人民法院关于适用〈中华人民共和国民事诉讼法〉的解释》（法释〔2015〕5 号）十四、第三人撤销之诉。

3. 王亚新：《第三人撤销之诉原告适格的再考察》，《法学研究》2014 年第 6 期；张艳：《我国第三人撤销之诉制度在司法实践中出现的问题与完善对策——以法院已受理的案件为样本的分析》，《政治与法律》2014 年第 6 期；吴泽勇：《第三人撤销之诉的原告适格》，《法学研究》2014 年第 3 期；蒋凤鸣：《论第三人撤销之诉实施的困境》，《公民与法（法学版）》2014 年第 3 期；肖建国、刘东：《第三人撤销之诉的程序适用及制度完善》，《山东警察学院学报》2014 年第 2 期；刘君博：《第三人撤销之诉原告适格问题研究》，《中外法学》2014 年第 1 期。

4. 张卫平：《中国第三人撤销之诉的制度构成与适用》，《中外法学》2013 年第 1

期；王福华：《第三人撤销之诉适用研究》，《清华法学》2013 年第 4 期；宋甜蜜：《论第三人撤销之诉制度的价值与功能》，《法制博览（中旬刊）》2013 年第 7 期；薛松：《论我国第三人撤销之诉的完善——以台湾地区立法为视角》，《法制博览（中旬刊）》2013 年第 10 期；傅贤国：《“第三人撤销诉讼”抑或“诉讼第三人异议之诉”——基于我国〈民诉法〉第 56 条第 3 款的分析》，《法学评论》2013 年第 5 期；夏婷婷：《第三人撤销之诉的现实困惑与程序架构——以我国 2012 年〈民事诉讼法〉第 56 条第 3 款为视角》，《全国法院第 25 届学术讨论会获奖论文集：公正司法与行政法实施问题研究（上册）》2013 年。

5. 吴兆祥、沈莉：《民事诉讼法修改后的第三人撤销之诉与诉讼代理制度》，《人民司法》2012 年第 23 期。

第二十章　第二审程序

【学习提示】通过本章学习，了解第二审程序与第一审程序的关系、第二审程序的基本环节，理解上诉的提起和受理程序，上诉案件审理前的准备工作，上诉案的调解，上诉案件的审结期限，把握上诉的条件、上诉案件的审理范围及审理方式、上诉审裁判方式及其法律效力。

第一节　第二审程序概述

一、第二审程序的概念和意义

第二审程序，又称为上诉审程序，指上一级人民法院根据当事人的上诉，就下级人民法院的一审判决和裁定，在其发生法律效力前，对案件进行重新审理的程序。在我国，由于人民法院审理民事案件实行两审终审制，故第二审程序也称终审程序。

第二审程序具有重要意义。首先，第二审程序有利于人民法院正确地行使国家审判权。第二审程序是人民法院系统内进行自我监督的程序制度。上级人民法院通过对上诉案件的审理，审查一审判决、裁定是否有错误，保证人民法院裁判的正确性和合法性，从而实现上级人民法院对下级人民法院审判工作的监督和指导。其次，第二审程序有利于当事人维护自己的合法权益。当事人通过上诉活动，保护自己的合法权益不因一审裁判错误而受到损害。这样，第二审程序为当事人提供了对一审裁判表示异议的合法渠道。

二、第二审程序与第一审程序的关系

第二审程序与第一审程序都是我国民事审判程序的基础程序，两者既有密切联系又有明显区别。

其联系表现为，第一审程序是第二审程序的前提和基础，第二审程序是第一审程序的继续和发展。即没有第一审程序的启动就不可能引发第二审程序的发生。但这并不意味着第二审程序就是人民法院审理民事案件的必经程序，第二审程序是否发生取决于当事人是否行使上诉权。如果当事人对一审判决和裁定在上诉期限内不上诉，或一审案件经调解达成协议，以及依照法律规定实行一审终审的案件，均不会发生第二审程序。

第一审程序与第二审程序的主要区别如下：

（一）程序发生的原因不同

第一审程序的发生是基于当事人行使起诉权，而第二审程序的发生，是基于当事人

行使上诉权。起诉权与上诉权是两个不完全相同的诉讼权能，而这就决定了行使起诉权和上诉权的主体不一样。行使起诉权的主体，只能是因民事法律关系发生争议，而向法院提起诉讼的原告；而行使上诉权的主体，既可能是一审的原告，也可能是一审被告或诉讼第三人。

（二）审理的对象不同

第一审程序的审理对象，简言之，就是双方当事人的民事纠纷，详言之，是针对原、被告双方争议的民事法律关系及其案件事实和证据。而第二审程序是当事人因不服一审未生效裁判，向上一级法院提起上诉而发生，所以二审程序的审理对象，是第一审人民法院所作出的未生效裁判。它包括一审裁判中事实认定和法律适用两部分。

（三）适用的程序不同

第一审法院和第二审法院是上下不同审级的法院，它们审理案件适用的程序不相同。第一审法院审理民事案件，既可适用第一审普通程序，也可适用第一审简易程序，并且必须开庭审理，不能径行判决；二审法院审理上诉案件则没有简易程序，只能按第二审程序进行审理，对事实清楚、不需要开庭审理的上诉案件，也可以径行判决、裁定。

（四）裁判的效力不同

地方各级人民法院所作的第一审判决和准许上诉的裁定，在上诉期间内暂不生效；按第二审程序所作的判决、裁定，一经宣告和送达，即发生法律效力，是不准上诉的终局裁判。

第二节 上诉的提起和受理

一、上诉的概念

上诉，是指当事人不服第一审人民法院未生效裁判，在法定期间，要求上一级人民法院对上诉请求的有关事实和法律适用，进行审理的诉讼行为。

上诉权是法律赋予当事人的一项诉讼权利。当事人行使上诉权的目的，是要求上级人民法院对原审判决和裁定进行审查，纠正错误的裁判，以维护自己的合法权益。当事人既可以行使也可以放弃上诉权。在一审法院的裁判作出后，当事人是否提起上诉，应由其自行决定，任何组织和个人都无权加以限制和剥夺。

上诉与起诉不同，主要表现在：

（一）提起诉讼的原因不同

上诉是因当事人不服第一审未生效的裁判，认为一审裁判认定事实和适用法律有错误；起诉则是因为当事人的民事权益发生争议而提起诉讼。

（二）提起诉讼的目的不同。

上诉是针对第一审法院未生效的裁判提起的，并要求上一级法院纠正错误的裁判；起诉则是原告针对被告的侵权行为或与被告发生权益争议，要求人民法院进行审理并作出裁判，以解决他们之间的纠纷。

（三）提起诉讼的期限要求不同

上诉要受上诉期限的限制，上述期限较短；而起诉受诉讼时效限制，诉讼时效较长。在诉讼时效内随时可以提起诉讼。

（四）提起诉讼的形式要求不同

起诉有书面和口头两种形式，上诉只能采用书面形式。

二、上诉的条件

上诉的条件，是指当事人提起上诉应当具备的要件。当事人提起上诉必须具备法定要件，才能提起上诉。根据民事诉讼法的规定，当事人上诉应具备两方面的条件，即实质上的条件和形式上的条件：

（一）实质方面的条件

所谓实质方面的条件，是指法律规定哪些裁判可以提起上诉。根据《民事诉讼法》的规定，除了依特别程序、督促程序、公示催告程序所作的裁判不准上诉外，凡地方各级人民法院以普通程序和简易程序所作出的一审判决，以及法律规定可以上诉的裁定，包括不予受理、驳回起诉和对管辖权异议的裁定，在法定期间内，当事人均可提起上诉。

（二）形式方面的条件

所谓形式方面的条件，是指当事人上诉应具备法定的程序条件，具体应包括下列三个方面：

1. 应当有合格的上诉人与被上诉人

合格的上诉人，是指依法享有上诉权的原第一审案件的当事人；合格的被上诉人，是指在一审程序中具有实体权利义务的对方当事人。上诉人和被上诉人具体包括：一审案件中的原告和被告、共同诉讼人、代表人诉讼中的代表人和被代表的成员以及有独立请求权的第三人。无独立请求权第三人的上诉权，依一审判决是否判决其承担民事责任而定。如果一审判决涉及他的民事权利义务的，无独立请求权的第三人依法享有上诉权而成为上诉人，否则其不能成为上诉人和被上诉人。根据《法院适用民诉法解释》第317条的规定，双方当事人和第三人都提起上诉的，均为上诉人。

必要共同诉讼的上诉案件，应分别不同情况确定上诉人与被上诉人。根据《法院适用民诉法解释》第319条的规定，必要共同诉讼人中的一人或者部分人提起上诉的，按下列情况处理：（1）该上诉请求是针对对方当事人之间权利义务分担有意见，不涉及其他共同诉讼人利益的，对方当事人为被上诉人，未上诉的同一方当事人依原审诉讼地位列明；（2）该上诉请求仅对共同诉讼人之间的权利义务分担有异议，不涉及对方当事人利益的，未上诉的同一方当事人为被上诉人，对方当事人依原审诉讼地位列明；（3）该上诉请求对双方当事人之间以及共同诉讼人之间权利义务承担有异议的，未提出上诉的其他当事人均为被上诉人。

普通的共同诉讼，共同诉讼人对诉讼标的不存在共同利害关系，他们各自享有独立的上诉权，其中一人的上诉行为对其他共同诉讼人不发生拘束力。在普通共同诉讼中，以提起上诉的人为上诉人，以被提起上诉的人为被上诉人。未提起上诉或未被提起的普通共同诉讼人，均不能追加为上诉人和被上诉人。

代表人诉讼的上诉权的处理比较复杂，特别是代表人诉讼中部分代表人上诉，部分代表人不上诉，或者全体代表人都不上诉的情况下，被代表的一方当事人的上诉权的处理，在立法上未明确规定，法学界也存在不同意见。有的学者认为，在代表人诉讼中，诉讼实施权转移给了诉讼代表人，因此代表人提起上诉，视为其代表的一方当事人都提起上诉，代表人放弃上诉权，其代表的一方当事人也不可再享有上诉权。

本书认为，由于代表人诉讼的特殊性，代表人诉讼案件的上诉，应根据下述情况予以解决：(1) 人数确定的代表人诉讼，诉讼标的是共同的，其中一人或者部分成员上诉，经未提起上诉的代表人或其他成员认可的，应视为代表人诉讼的全体成员行使上诉权，将全体代表人诉讼的成员列为上诉人。如果未经没有提起上诉的代表人和部分成员认可，二审人民法院可将未提起上诉的代表人和被代表的未提起上诉的成员，按原审的诉讼地位予以确定，二审人民法院的判决，对全体人数确定的代表人诉讼成员发生效力。(2) 人数不确定的代表人诉讼案件，一审人民法院作出判决后，部分代表人或者部分已登记的成员提起上诉，二审人民法院应将未提起上诉的代表人及部分成员，按原审诉讼地位确定，二审人民法院所作的判决，对已登记的全体代表人及其被代表的成员发生效力，判决对尚未登记的其他成员，在法律上也有预决效力。(3) 上诉权是法律赋予当事人的一项重要的诉讼权利。上诉权不是一项单纯的程序上的权利，它同当事人对实体权利的处分紧密连在一起，一审判决后当事人不上诉，表明当事人服从一审人民法院对他们之间民事权利义务的处理。所以，代表人诉讼虽然人数众多，意见难以统一，但不能因此而影响代表人诉讼的个别成员或部分成员行使上诉权。《民事诉讼法》第 53 条规定："代表人变更、放弃诉讼请求或者承认对方当事人的诉讼请求，进行和解，必须经被代表的当事人同意。"根据这一规定，代表人诉讼中的代表人与被代表人之间的关系，也是一种诉讼委托代理关系。据此，代表人在撤诉、上诉等问题上，除经被代表的成员授权外，代表人也不能擅自处分这些重要的诉讼权利。因此，不能认为代表人放弃行使上诉权，其被代表的人也不再享有上诉权。

法人或其他组织作为当事人的，由其法定代表人或主要负责人提起上诉。无民事行为能力和限制民事行为能力人的法定代理人，有权代理被代理人提起上诉。经过当事人特别授权的委托代理人，也可以被代理人的名义提起上诉。

根据《法院适用民诉法解释》第 336 条的规定，在第二审程序中，作为当事人的法人或者其他组织分立的，人民法院可以直接将分立后的法人或者其他组织列为共同诉讼人；合并的，将合并后的法人或者其他组织列为当事人，不必将案件发还原审人民法院重审。

2. 必须在法定期间内提起上诉

上诉期间是当事人行使上诉权的法定期间，当事人必须在法定期间内提起上诉才有效。上诉期间可以保证当事人在法定期间内行使上诉权，也可促使当事人及时行使上诉权，使人民法院及时审结民事案件。《民事诉讼法》第 164 条的规定，当事人不服一审法院判决提起上诉的期间为 15 日，对一审裁定不服提起上诉的期间为 10 日，超过上诉期间，原一审法院的判决、裁定即发生效力，当事人也就丧失了上诉权。

上诉期间的计算，是从一审判决书、裁定书送达当事人后的第二日起计算。当事人分别接受人民法院裁判书的，以各自收到裁判书的时间计算上诉期。当事人在各自的上诉期间内，享有上诉权。

普通共同诉讼人的上诉期间，是以共同诉讼人各自收到法院裁判书的时间独立计算。必要的共同诉讼人因对共同诉讼人之间诉讼标的有共同利害关系，故共同诉讼人的上诉期间，以最后一个共同诉讼人收到裁判书的时间计算。最后一个共同诉讼人的上诉期满，共同诉讼人不上诉的，即丧失上诉权。人数确定的和人数不确定的代表人诉讼，其上诉期间的计算，可按《民事诉讼法》第 85 条的规定计算，人民法院可将判决书直接送交其代表人签收，从代表人签收之日的第 2 日起计算。

另外，关于上诉期的计算应明确，如果当事人一方在我国领域内居住，另一方在我国领域内无住所地的，因法定上诉期限不同，须在双方当事人上诉期限都届满后，一审裁判才发生法律效力。

上诉期间内，当事人因不可抗拒的事由或者有其他正当理由，耽误了上诉期间的，在障碍消除后 10 日内，可以申请顺延期间，是否准许，由人民法院视当事人的申请有无正当理由来决定。

3. 应当提交上诉状

上诉状是当事人表示不服一审人民法院未生效裁判，请求上一级人民法院变更原审裁判的诉讼文书。上诉状是上诉人提起上诉的法定方式，也是第二审人民法院接受上诉请求的依据。上诉不仅是上诉人申明不服一审裁判所确定的内容，而且表明上诉人与对方当事人或与共同诉讼人之间的权利义务有争议，所以《民事诉讼法》要求上诉应当以书面方式进行。根据《法院适用民诉法解释》第 320 条的规定，一审宣判或判决书、裁定书送达时，当事人口头表示上诉的，人民法院应当告知其必须在法定上诉期间内提出上诉状。未在法定上诉期间内递交上诉状的，视为未提出上诉。虽递交上诉状，但未在指定期限内交纳上诉费的，按自动撤回上诉处理。上诉期届满不递交上诉状的，一审裁判即发生法律效力。

根据《民事诉讼法》第 165 条的规定，上诉状内容应记明下列事项：

（1）上诉人、被上诉人的姓名、性别、年龄、民族、籍贯、职业和住所；或者法人、其他组织的名称、住所、法定代表人、主要负责人的姓名、职务。

（2）原审人民法院的名称、案件的编号和案由。

（3）上诉的请求和理由。这是上诉状的核心内容。上诉请求与一审中原告的诉讼请求有所不同：上诉请求是上诉人请求二审人民法院变更原审裁判的内容，重新确定他与对方当事人的民事权利义务；一审原告的诉讼请求，是当事人请求一审法院查明案件事实，解决他与被告之间民事争议。上诉理由则是上诉请求的根据，它包括上诉人认为一审裁判在认定事实和适用法律上有错误，以及要求变更一审裁判的新的证据和理由。

上诉必须同时具备法律规定的上诉的实质要件和形式要件，二者缺一不可。否则第二审程序将无法发生。

三、上诉的提起和受理程序

（一）上诉的提起

上诉的提起，是指上诉人通过法定程序，请求上一级人民法院对案件重新进行审理的诉讼行为。《民事诉讼法》第 166 条规定，上诉人的上诉状应当通过原审人民法院提出，并按对方当事人或法定代表人的人数递交上诉状副本。上诉状应当通过原审人民法院提出，是法律规定的一般原则。其目的在于便于上诉人行使上诉权，也有利于原审法院对上诉状的审查。但法律也允许上诉人直接向第二审人民法院递交上诉状。这是为了消除上诉人的疑虑，保障上诉人行使上诉权，是立法的原则性与灵活性相结合的体现。第二审人民法院收到上诉状后，应当在 5 日内将上诉状移交原审人民法院，便于原审人民法院及时办理上诉手续和对上诉状进行审查。

（二）上诉的受理

上诉的受理，是指人民法院按照法定的上诉条件，通过法定程序对上诉主体资格及上诉状进行审查，接受审理的诉讼行为。原审人民法院收到上诉状后，首先对上诉人是否具有上诉权进行审查。即审查上诉人是否具备上诉主体资格。只有符合法律规定的上诉人条件，才有权提起上诉。其次，对上诉状形式要件进行审查。上诉状必须符合《民事诉讼法》第 165 条规定的内容，发现上诉状的内容有欠缺需要补正的，原审人民法院应告知上诉人及时补正。再次，原审人民法院对上诉人的上诉，是否超过法定上诉期进行审查。对逾期提起上诉，要审查逾期上诉的原因是否符合顺延上诉期限的法定事由。原审人民法院对上诉的形式要件和实质要件进行审查后，认为符合法定条件的上诉，应在 5 日内将上诉状副本送达被上诉人，并告知其在 15 日内提出答辩状。逾期不提出答辩状的，不影响第二审人民法院的审理。原审人民法院收到上诉状、答辩状，应当在 5 日内，连同全部案卷和诉讼证据，报送第二审人民法院。

人民法院依照第二审程序审理的案件，认为依法不应由人民法院受理的，可以由第二审人民法院直接裁定撤销原判，驳回起诉。

四、上诉的撤回

上诉的撤回，是指上诉人提起上诉后，在第二审人民法院判决宣告前撤回上诉请求的诉讼行为。上诉人在第二审人民法院审理过程中，认为自己的上诉理由不充分或接受一审法院的裁判，有权向第二审法院申请撤回自己的上诉，这是法律赋予当事人的重要权利。申请撤回上诉的方式，既可以是书面的，也可以是口头的。口头申请撤回上诉的，应将申请撤回上诉的内容记入笔录。

申请撤回上诉是上诉人行使法律赋予他的处分权，当事人有权处分自己诉讼权利和实体权利。但是我国民事诉讼法规定的处分原则，是基于个人处分与国家干预相结合的原则，个人处分必须受人民法院的干预，因此，上诉人申请撤回上诉是否准许，由第二审人民法院审查后作出裁定。经审查，不准上诉人撤回上诉的，可以用口头裁定驳回，并将裁定内容记入笔录；准予上诉人返回上诉的，应当以书面形式作出裁定，并送达双方当事人。准予撤回上诉的裁定是终审裁定。

第二审人民法院对上诉人撤回上诉的申请，主要审查其申请有没有违反法律、规避法律以及原审裁判是否有错误等情况，并据此作出是否准予撤回上诉的裁定。一般情况下，只要当事人的申请不违背国家的法律、法规和政策，不损害国家、集体和他人合法权益的，二审法院均应依法准许撤回上诉。但如果原裁判确有错误，或者双方当事人串通损害国家和集体利益、社会公共利益及他人合法权益的，第二审人民法院不能准予撤回上诉。二审人民法院应当加以纠正或者依法发回原审人民法院重审并作出合法裁判。

撤回上诉与撤回起诉的法律后果不同。一审中原告撤回起诉后可以再行起诉；上诉人撤回上诉即丧失了上诉权，不能再提起上诉。第二审人民法院准予上诉人撤回上诉，第一审裁判即发生法律效力，上诉人即使对一审裁决再有异议，也不能再行上诉，而只能向人民法院申请再审。

第三节 上诉案件的审理

上诉案件的审理程序，根据民事诉讼法第 174 条的规定，首先应依照第二审程序的规定进行审理，第二审程序无规定的，适用第一审普通程序。这表明上诉案件的审理程序是建立在第一审普通程序基础上，并根据审理上诉案件的特点而设立的。

一、上诉案件审理前的准备工作

第二审人民法院收到第一审人民法院报送的上诉状、答辩状和全部案件材料后，在开庭审理前应做好以下几项准备工作：

（一）组成合议庭

第二审人民法院审理上诉案件，必须由审判员组成合议庭，这是由第二审人民法院的审判职能及上诉案件的特殊性决定的。当事人提起上诉的案件，既是上诉人与对方当事人之间的权利义务还有争议，且案情较为复杂，又是上诉人不服一审判决，认为一审法院的裁判认定事实有错误，或适用法律不当。因此，第二审人民法院审理上诉案件，不仅要对当事人之间的权利义务争议重新进行审理，还负有审查监督第一审人民法院的审判工作是否正确的任务。所以，第二审人民法院审理上诉案件，法律规定必须由审判员组成合议庭进行审判，不能由审判员、陪审员共同组成合议庭，更不能由审判员一人独任审判。

（二）审阅案卷、调查和询问当事人

第二审人民法院的合议庭成员在开庭审理前，应认真审阅案卷材料，这是合议庭熟悉案情的第一步。审查案卷的任务：一是进一步审查上诉人与被上诉人的资格，以及上诉是否超过上诉期间，如发现上诉主体不符合法定条件或超过上诉期的，应裁定驳回其上诉。对于上诉状有欠缺的，应通知其补正。二是审查上诉请求、答辩主张以及案卷的其他材料。审查的重点是与上诉请求有关的事实是否清楚，证据是否充分、确凿，适用法律是否正确。通过审阅案卷，以明确哪些案件事实是清楚的，哪些问题需要进行调查和询问当事人后才能查清楚。合议庭根据案情的需要，进行必要的调查和询问当事人，以进一步查明案情。

（三）决定是否开庭审理及开庭的时间和地点

根据《民事诉讼法》第 196 条第 1 款的规定，二审人民法院对上诉案件的审理方式有两种，一是开庭审理，二是径行判决。二审法院应根据案件的具体情况，在审理前准备阶段确定采取哪一种审理方式。决定开庭审理的，根据《民事诉讼法》第 196 条第 2 款的规定，可以在本院进行，也可以到案件发生地或者原审法院所在地进行。开庭的具体时间，应在开庭前 3 日内，对当事人用传票，对其他诉讼参与人用通知告知。

二、上诉案件的审理范围

《民事诉讼法》第 168 条规定，第二审人民法院审理上诉案件，应当对当事人上诉请求的有关事实和适用法律进行审查。所谓上诉请求的有关事实和适用法律，是指证明和确认上诉请求能否成立的事实和法律依据。上诉请求的有关事实，包括上诉人在一审中提出的事实和证据，以及在上诉审中提出的新的事实和证据。上诉请求的法律适用，包括原审人民法院审理过程中对《民事诉讼法》的适用是否正确，以及对案件裁判所适用的实体法是否正确。

《民事诉讼法》的这一规定，与 1982 年颁布的《民事诉讼法（试行）》关于第二审人民法院必须全面审查一审法院认定的事实和适用法律，不受上诉范围限制的规定不同。第二审人民法院只审理上诉人提出的上诉请求及其有关的事实和适用的法律，对上诉人未提出异议的原审裁判所认定的事实和权利义务，一般不予审查，这是尊重当事人的处分权。

但是，如果二审法院依《民事诉讼法》第 168 条的规定审理上诉案件时，发现在上诉请求以外原判决确有错误，在目前《法院适用民诉法解释》没有规定的情况下，可以参考在其之前的已被其第 552 条已废止的《最高人民法院关于适用〈中华人民共和国民事诉讼法〉若干问题的意见》（法发（1992）22 号）第 180 条的规定来处理，即“第二审人民法院依照民事诉讼法第 151 条（注：现为第 168 条）的规定，对上诉人上诉请求的有关事实和适用法律进行审查时，如果发现上诉请求以外原判确有错误的，也应予以纠正。”该项规定的内容体现了人民法院审理民事案件的实事求是原则，可有效地防止当事人规避法律，恶意串通侵害国家、集体利益或者他人的合法权益。这与我国民事诉讼法确立的处分原则的精神是相致的。

三、上诉案件的审理方式

（一）开庭审理

第二审人民法院审理上诉案件，以开庭审理为原则，不开庭审理为例外。第二审人民法院审理上诉案件，一般都应传唤双方当事人和其他诉讼参与人到庭，开庭调查、辩论，并在此基础上进行合议庭评议和判决。这对上诉案件的正确裁判是必要的，所以《民事诉讼法》把开庭审理作为原则予以规定。

（二）径行判决

第二审法院合议庭经过阅卷、调查和询问当事人后，认为案件事实清楚、适用法律正确，只是定性错误或者适用法律错误的案件，可以在询问当事人后径行裁判。这就说明径行判决不同于书面审理，合议庭仍然要询问当事人，听取当事人的陈述，在查清案件事实后，合议庭才能直接作出判决。

根据《法院适用民诉法解释》第 333 条的规定，第二审人民法院对下列上诉案件，可以依照《民事诉讼法》第 169 条的规定径行判决、裁定：一是不服不予受理、驳回起诉和管辖权异议裁定的案件；二是当事人提出的上诉请求明显不能成立的案件；三是原审裁判认定事实清楚，但适用法律错误的案件；四是原判决严重违反法定程序，可能影响案件正确判决，需要发回重审的案件。另根据《法院适用民诉法解释》第 325 条的规定，严重违反法定程序的情形包括：(1) 审判组织的组成不合法的；(2) 应当回避的审判人员未回避的；(3) 无诉讼行为能力人未经法定代理人代为诉讼的；(4) 违法剥夺当事人辩论权利的。

四、上诉案件的调解

法院调解是《民事诉讼法》的一项基本原则。它贯穿民事审判程序的始终，所以第二审人民法院审理上诉案件，也可以进行调解。

第二审人民法院在审理上诉案件过程中，可以根据双方当事人自愿原则进行调解。经调解达成协议后，第二审人民法院应当制作调解书。调解书由审判员、书记员署名，加盖人民法院印章。调解书送达当事人后即发生法律效力，原审人民法院的判决即视为撤销。所谓“视为撤销”，可以理解为调解书生效后，原一审裁判等于被撤销而失去其效力。在二审调解中，当事人双方可以就上诉请求范围内的实体问题进行调解，也可以对一审判决认定的而上诉人未提出异议的实体问题进行调解。

司法实践中，针对调解存在的问题，《法院适用民诉法解释》第 326 条至第 329 条规定对下列情况作了明确规定：

1. 对当事人在一审中已经提出的诉讼请求，原审人民法院未作审理、判决的，第二审人民法院可以根据当事人自愿的原则进行调解，调解不成的，发回重审；

2. 必须参加诉讼的当事人在一审中未参加诉讼，第二审人民法院可以根据自愿原则予以调解，调解不成的，发回重审，但发回重审的裁定书不列应当参加的当事人；

3. 在第二审程序中，原审原告增加独立的诉讼请求或原审被告提出反诉的，第二审人民法院可以根据当事人自愿的原则，就新增加的诉讼请求或反诉进行调解，调解不成的，告知当事人另行起诉；

4. 一审判决不准离婚的案件，上诉后，第二审人民法院认为应当判决离婚的，可以根据当事人自愿的原则，与子女扶养、财产问题一并调解，调解不成的，发回重审。

关于二审人民法院审理上诉案件时，当事人在二审达成和解协议的，根据《法院适用民诉法解释》第 339 条的规定，人民法院可以根据当事人的请求，对双方达成的和解协议进行审查，并作出调解书送达当事人；因和解而申请撤诉，经审查符合撤诉条件的，人民法院应予准许。

第四节　上诉案件的裁判

一、对上诉案件的处理

（一）对原审判决提起上诉的处理

根据民事诉讼法第 170、171 条的规定，第二审人民法院对不服第一审人民法院判决的上诉案件经过审理后，应分别情形作出如下处理：

1. 判决驳回上诉，维持原判

根据《民事诉讼法》第 170 条第 1 款第（1）项的规定，第二审人民法院经过审理后，确认原审判决认定事实清楚，适用法律正确的，应判决驳回其上诉，维持原判决。

这是第二审人民法院肯定原审判决正确、合法，否定上诉请求的判决。

2. 依法改判

依照《民事诉讼法》第 170 条第 1 款第（2）、（3）项的规定，第二审人民法院对原判决改判的情况有两种：一是原判决适用法律错误的，第二审人民法院应作出变更原判决的判决；二是原判决认定事实有错误，或认定事实不清、证据不足的，第二审人民法院可以在查清事实后，直接予以改判。

3. 裁定撤销原判决，发回重审

依照《民事诉讼法》第 170 条第 1 款第（3）、（4）项的规定，第二审人民法院对上诉案件审理后，作出发回重审的裁定有下述两种：

（1）第二审人民法院认为原审判决认定事实错误，或认定事实不清、证据不足的，一般应裁定撤销原判决，发回原审人民法院重审；

（2）第二审人民法院认为原审判决遗漏当事人或者违法缺席判决等严重违反法定程序，可能影响案件正确判决的，裁定撤销原判决，发回原审人民法院重审，根据《法院适用民诉法解释》第 325 条的规定，严重违反法定程序的情形包括：①审判组织的组成不合法的；②应当回避的审判人员未回避的；③无诉讼行为能力人未经法定代理人代为诉讼的；④违法剥夺当事人辩论权利的。

（二）对原审裁定提起上诉的处理

第二审人民法院对不服第一审人民法院裁定的上诉案件的处理，一律使用裁定。处理结果有两种情况：一是原审裁定所依据的事实清楚，适用法律正确的，第二审人民法院裁定驳回上诉；二是原审裁定所依据的事实不清或错误，适用法律不当，第二审人民法院撤销原裁定，作出变更原裁定的裁定。第二审人民法院查明第一审人民法院作出的不予受理的裁定有错误，应在撤销原裁定的同时，指令第一审人民法院立案受理；第二审人民法院查明第一人民法院作出的驳回起诉的裁定有错误，应在撤销原裁定的同时，指令第一审人民法院进行审理。

二、上诉审裁判的法律效力

民事诉讼法第 175 条规定，第二审人民法院的判决、裁定是终审的判决、裁定。据此规定，上诉案件一经二审法院作出裁判，案件审理即告终结，经宣告或送达立即发生法律效力。当事人不得再提起上诉，也不得以同一事实和理由再行起诉；终审裁判已经确认或变更的民事法律关系，对当事人、人民法院和社会均具有约束力，非经审判监督程序，任何单位和个人都无权撤销、变更该判决、裁定；对具有给付内容的裁判，如果履行义务期已过，权利人有权申请强制执行。

三、上诉案件的审结期限

《民事诉讼法》第 176 条规定，第二审人民法院对判决的上诉案件，应在第二审人民法院立案之日起 3 个月内审结。这是上诉案件法定的审结期限，一般不能变更。但立法考虑到某些案件的复杂性，所以《民事诉讼法》第 176 条第 1 款后半段又规定，如有特殊情况，在 3 个月内不能结案，需要延长审结期限的，经本院院长批准可以延长审限。

第二审人民法院对不服裁定的上诉案件，应当在第二审人民法院立案之日起 30 日内作出终审裁定，有特殊情况需要延长审限的，由本院院长批准。

【学习总结与拓展】

【关键词】 第二审程序 上诉 上诉的提起 上诉的受理 上诉的撤回

【思考题】

1. 当事人上诉应具备的实质上的条件和形式上的条件各有哪些？
2. 上诉案件的审理范围如何理解？
3. 上诉案件的审理方式有哪些？
4. 第二审法院依法审理上诉案件时发现在上诉请求以外原判决确有错误怎么办？
5. 第二审法院对哪些上诉案件可以依法径行判决、裁定？
6. 第二审法院对不服一审判决的上诉案件经过审理后应分别情形作出哪些处理？

【阅读资料】

1.《中华人民共和国民事诉讼法》（2017 年修正）第十四章第二审程序。

2.《最高人民法院关于适用〈中华人民共和国民事诉讼法〉的解释》（法释〔2015〕5 号）十六、第二审程序。

3. 江必新：《民事复审程序类型化研究》，《法学家》2012 年第 2 期。

4. 厚得顺：《论我国民事发回重审制度的理性重构——以德州中院十年发回重审案件的实证分析为依据》，《山东审判》2009 年第 1 期；李进平：《我国民事诉讼二审程序的改造》，《学理论》2009 年第 31 期；赵娜：《我国民事上诉条件的现状与完善》，《法制与社会》2007 年第 10 期；傅郁林：《论民事上诉程序的功能与结构——比较法视野下的二审上诉模式》，《法学评论》2005 年第 4 期；江伟、廖永安：《论我国民事诉讼一审与上诉审关系之协调与整合》，《法律科学－西北政法学院学报》2002 年第 6 期；张家慧：《改革与完善我国现行民事上诉制度探析》，《现代法学》2000 年第 1 期；周祝一：《“上诉人”称谓质疑》，《贵州法学论坛第三届文集》2001 年；曹守晔：《论民事诉讼第二审程序的改革》，《人民司法》1999 年第 3 期；陈桂明：《我国民事诉讼上诉审制度之检讨与重构》，《法学研究》1996 年第 4 期；陶秉权：《试论我国民事诉讼第二审程序中的几个问题》，《法律科学－西北政法学院学报》1987 年第 3 期。

5. 傅郁林：《审级制度的建构原理——从民事程序视角的比较分析》，《中国社会科学》2002 年第 4 期；乔欣：《重构我国民事诉讼审级制度的探讨》，《中国法学》2001 年第 5 期。

6. 吴明童：《既判力的界限研究》，《中国法学》2001 年第 1 期；叶自强：《论既判力的本质》，《法学研究》1995 年第 5 期。

第二十一章 审判监督程序

【学习提示】通过本章学习，了解审判监督程序的概念与特点，领会提起审判监督程序的条件，熟悉和掌握人民法院行使监督权对案件的再审、对检察院抗诉案件的再审、当事人申请再审，以及再审案件审判的基本规范。

第一节 审判监督程序概述

一、审判监督程序的概念

审判监督程序，是指人民法院对已经发生法律效力的判决、裁定，依照法律规定由法定机关提起，对案件进行再审的程序。它又称为再审程序。

根据《民事诉讼法》的规定，审判监督程序的发生包括：基于人民法院行使审判监督权而引起的再审；基于人民检察院行使检察监督权而引起的再审和当事人行使诉权申请再审而引起的再审。前两种称为审判监督程序，后一种称为当事人申请再审程序。从广义上讲，前两种和后一种统称为审判监督程序。

二、审判监督程序的特点

审判监督程序是《民事诉讼法》中一种独立的审判程序，它既不是人民法院审理民事案件必经的审判程序、又不同于《民事诉讼法》中的一审程序、二审程序。就其性质而言，审判监督程序是纠正人民法院已发生法律效力的错误裁判的一种补救程序，即是不增加审级的具有特殊性质的审判程序。它有以下特点：

（一）审理对象的特定性。

审判监督程序审理的对象是已经发生法律效力的判决、裁定、调解书，这些法律文书具有强制性、排他性和稳定性，对法院、当事人和社会都具有约束力，任何人都无权改变。只有当人民法院、人民检察院行使监督权引起再审程序的发生或者当事人依法申请再审引起再审程序的发生，才能对该判决、裁定及发生法律效力的调解书再次进行审理并作出裁判。因此它不同于一审程序审理的对象，即双方当事人发生争议的民事权利义务关系；也不同于二审程序审理的对象，即未发生法律效力的判决或者裁定。

（二）审理理由的确定性。

引起审判监督程序发生的理由是生效裁判或者调解书确有错误。人民法院依照法定程序审理民事案件，依法作出的生效裁判绝大多数都是正确的，但由于主客观原因，不可避免地会出现一些错误的裁判。为了纠正错误的生效裁判，确保案件的质量和当事人的合法权益，只能采用审判监督程序予以纠正。因此，它不同于一审案件审理的理由，即消除当事人民事权益的争议，确认民事权利义务关系；也不同于二审案件审理的理由，即对第一审人民法院未生效裁判不服，请求二审法院继续审理并作出裁判。

（三）提起主体的法定性

引起审判监督程序发生的主体，根据民事诉讼法的规定，是有审判监督职能的国家机关以及行使民主监督职能的公民、法人和其他组织，其中包括各级人民法院院长、上级人民法院、最高人民法院，有检察监督权的人民检察院，当事人以及特定的案外人。因此，审判监督程序的提起主体不同于一审程序提起的主体，后者是发生争议或者合法权益受到侵犯的一方当事人；也不同于二审程序提出的主体，后者是对地方第一审人民法院作出的未生效裁判不服而提起上诉的当事人。

（四）适用程序的附属性

对再审案件的审理，不是适用第一审程序，就是适用第二审程序，《民事诉讼法》没有为此单独设立一个审判程序。依照《民事诉讼法》第 207 条的规定，人民法院用审判监督程序来审理民事案件，如果原审为第一审，则审判监督程序只能采用第一审程序，如果原审为第二审，则审判监督程序只能采用第二审程序。

三、审判监督程序的意义

审判监督程序的设立，对于保证案件的质量，保证当事人的合法权益，以及完善民事诉讼程序制度都有着重要意义。首先，它是人民司法工作坚持实事求是、有错必纠的原则在诉讼程序制度上的具体体现；其次，维护了人民法院判决、裁定的严肃性和稳定性；再次，通过纠正错误裁判，保护当事人的合法权益，切切实实“让人民群众从每一个司法案件中感受到公平正义。”①

第二节　法院行使监督权对案件的再审

一、提起审判监督程序的条件

人民法院对已经审结的案件发现确有错误，依其审判监督职能，有权对案件提起再审，这是法律赋予人民法院自身监督的职权。根据民事诉讼法的规定，人民法院依职权提起再审，必须具备以下两个条件：

第一，提起再审的主体必须是法定的机关，即本法院、上级人民法院和最高人民法院。

第二，提起再审的客体必须是人民法院已发生法律效力的判决、裁定、调解书，确有错误。这里包括两层含义：一、审理对象是生效的判决、裁定和调解书。在 2012 年

---

① 2013 年 2 月 23 日下午中共中央政治局就全面推进依法治国进行第四次集体学习。中共中央总书记习近平在主持学习时发表了讲话指出，要努力让人民群众在每一个司法案件中都感受到公平正义，所有司法机关都要紧紧围绕这个目标来改进工作，重点解决影响司法公正和制约司法能力的深层次问题。——参见：《习近平：努力让人民群众在每一个司法案件中都感受到公平正义》，2013 年 02 月 24 日 20：50 来源：新华网，http://politics.people.com.cn/n/2013/0224/c70731-20581921.html

《民事诉讼法》修改之前，审理的对象还比较局限于生效的判决、裁定，修订之后，增加了对于调解书的再审。调解作为我们国家法院审理民事案件的一种特有的审理方式，虽然法律要求法院在分清是非的基础上进行调解，但既然是调解，就不可避免地要互谅互让、作出让步和妥协，也就有可能发生错误处置，法院可以依职权对确有错误的生效调解书提起再审，能进一步保障当事人的合法权益，实现民事诉讼的价值。生效的判决、裁定既包括一审判决、裁定，也包括二审判决、裁定。未生效判决、裁定即使有错误，也不存在再审问题；二、生效的判决、裁定、调解书确有错误。既包括认定事实上的错误，也包括适用法律上的错误。要注意，这里所指的“确有错误”是一种有根据的假定，要达到一定的证据标准。是否真正有错误，还必须经过再审加以确定。

二、人民法院行使监督权对案件的再审

（一）本法院提起再审

根据《民事诉讼法》第198条第1款规定：“各级人民法院院长对本院已经发生法律效力的判决、裁定、调解书，发现确有错误，认为需要再审的，应当提交审判委员会讨论决定。”据此规定，各级人民法院的院长和审判委员会有权对本院已生效的错误裁判行使审判监督权，对案件提起再审。具体程序如下：

1. 院长认为生效裁判或者发生法律效力的调解书确有错误，应当向审判委员会提出，由审判委员会作出对案件进行再审的决定，并另行组成合议庭。

2. 以本法院的名义作出对案件进行再审，中止原判决、裁定执行的裁定，由院长签名并加盖人民法院的印章。

从以上规定可以看出，人民法院院长和审判委员会共同行使审判监督权，否则再审程序不会发生。这主要是基于审判委员会是人民法院对审判工作实行集体领导的组织和人民法院内部的最高审判监督机构，而法院院长是本法院审判工作的领导者和监督者，是审判委员会的当然成员，并负责主持审判委员会的工作。所以，行使审判监督权，对案件提起再审，必须由人民法院的院长和审判委员会共同完成，二者缺一不可。

（二）最高人民法院和上级人民法院提起再审

《民事诉讼法》第198条第2款规定：“最高人民法院对地方各级人民法院已经发生法律效力的判决、裁定、调解书，上级人民法院对下级人民法院已经发生法律效力的判决、裁定、调解书，发现确有错误的，有权提审或指令下级人民法院再审。”据此规定，再审有以下两种情况：

1. 最高人民法院提起的再审。最高人民法院是国家最高的审判机关，它负责对地方各级人民法院和专门法院的审判工作进行指导和监督，因此有权对地方各级人民法院和专门人民法院已发生法律效的力判决、裁定发现确有错误的，行使其审判监督权，对案件提起再审。最高人民法院提起再审的方式有两种：一是提审，即将下级人民法院审结的案件提到本院由自己审判。二是指令下级人民法院再审。

2. 上级人民法院提起的再审。上级人民法院不仅有权审理其下级人民法院的上诉案件，而且对其下级人民法院的工作负有指导和监督权。因此，发现其下级人民法院生效裁判确有错误的，有权行使审判监督权，对案件提起再审。上级人民法院对下级人民法院提起再审的方式，可以采用提审或者指令下级法院再审两种方式。

不论是最高人民法院或是上级人民法院提审，还是指令下级人民法院再审，都是行使法律赋予的审判监督权，对案件提起的再审。但是，在什么情形下适用提审，在什么情形下适用指令再审，法律没有具体规定。实践中一般的做法是：原判决认定事实正确，只是适用法律有错误的，适用提审；原判决认定事实有错误，或者认定事实和适用法律都有错误的，适用指令下级法院再审。此外，下级人民法院对案件难以形成统一认识，干扰大或者有特殊原因再审有困难的，原则上也应由上级人民法院提审，以保证案件的正确裁判，及时纠正错误。

最高人民法院和上级人民法院决定提审或者指令下级人民法院再审的，应作出对案件进行再审的裁定。该裁定中应同时写明中止原判决、裁定的执行；情况紧急的，可以将中止执行的裁定口头通知负责执行的人民法院，但应在口头通知后 10 日内发出裁定书。裁定应通知案件的双方当事人。

第三节　对检察院抗诉案件的再审

人民检察院是国家的法律监督机关，有权对民事审判活动进行法律监督。《民事诉讼法》用第 208 条、209 条、210 条及 211 条 4 个条款，较为系统全面地完善了检察院民事抗诉的程序，设立了检察建议的法律监督模式，明确了检察院的调查取证权，进一步理清了民事审判监督程序中法院、检察院、当事人之间的关系。目前在司法实践中，检察院抗诉一般采用“事后监督”的机制，即对已审结案件进行监督。监督的主要形式是向人民法院提出民事抗诉，由人民法院对已审结的案件再次进行审判。

一、检察院启动再审的方式

（一）民事抗诉

民事抗诉，是指人民检察院对人民法院已经生效的民事判决、裁定，认为确有错误，或者发现调解书损害国家利益、社会公共利益的，依法提请人民法院对案件重新审理的诉讼行为。抗诉是引起再审程序的一个非常重要的途径，是人民检察院对民事审判活动进行监督的必备程序和具体体现。民事诉讼中的抗诉，仅指对已生效裁判的抗诉，对未生效的裁判人民检察院不能行使抗诉权。因此，民事诉讼中的抗诉完全不同于刑事诉讼中的抗诉，它只能依照《民事诉讼法》规定的审判监督程序提出。

（二）再审检察建议

再审检察建议，是同级人民检察院对同级人民法院的已经发生法律效力的裁判的一种监督，其操作灵活，不受抗诉审级的限制，但最高人民检察院不得向最高人民法院提检察建议。检察建议相比抗诉更加柔性，抗诉可以直接启动再审程序，但是检察建议需要法院审查。《法院适用民诉法解释》第 419 条规定，人民法院收到再审审查建议后，应当组成合议庭，在 3 个月内进行审查。确需再审的，裁定再审，并通知当事人。决定不予再审的，应书面回复同级人民检察院。

二、提起抗诉的条件

根据《民事诉讼法》第 208 条的规定，人民检察院依照审判监督程序提出抗诉，应当符合下列条件：

（一）判决、裁定已经发生法律效力

未生效的判决、裁定即使有错误，检察院也不能通过抗诉的方式进行监督。生效裁判既包括一审生效判决、裁定，也包括二审生效判决、裁定。

（二）具有法定的事实和理由

所谓法定的事实和理由，即指《民事诉讼法》第200条所规定的以下四种情形。有下列情形之一的，应当按照审判监督程序提出抗诉：

1. 原判决、裁定认定事实的主要证据不足的。主要证据是指对于认定案件基本事实能够起决定性作用的证据。人民法院依法作出正确裁判的基础是查清案件事实，而案件事实的认定要建立在证据的基础上。如果主要证据不充足，不确凿，便无法认定案件事实，更谈不上正确适用法律。因此，原判决、裁定认定案件事实的主要证据不足的，人民检察院应当抗诉。

2. 原判决、裁定适用法律确有错误的。适用法律确有错误，是指人民法院对案件作出的实体判决、裁定，所依据的法律不正确或者不准确。例如适用了与本案无关的法律，或者适用法律的条款不正确，以及适用了已经废除或者尚未生效的法律等。尽管人民法院的判决或者裁定，在认定案件事实上是清楚的，证据是充分的，但在适用法律上确有错误。人民检察院应当提出抗诉。

3. 人民法院违反法定程序，可能影响案件公正判决、裁定的。这里要注意三点，一是这里所指的法律，既包括程序法也包括实体法；二是违反法定程序并不必然导致人民检察院提出抗诉。只有当人民法院违反法定程序，达到“可能影响案件正确裁决”的程度，人民检察才依法提起抗诉；三是是否达到“可能影响案件正确裁决”的程度，需要人民检察院根据证据作出判断。只要达到一定的证据标准，人民检察院才能依法提出抗诉。

4. 审判人员在审理该案件时有贪污受贿，徇私舞弊，枉法裁判行为的。审判人员在审理该案件时若有贪污受贿，徇私舞弊和枉法裁判行为，就不可能对案件作出公正裁判。人民检察院作为法律监督机关，为保护当事人的合法权益及审判质量，严肃法纪，应当对此提出抗诉。

必须明确的是，因为检察机关的法律监督主要是“事后监督”，所以以下几种情况不属于检察院可以提起民事抗诉的范围：

第一，纯人身关系的裁决，如解除婚姻关系的案件，客观上已经无法进行纠正婚姻解除的状态了，但是因解除婚姻关系而导致的夫妻财产分割纠纷仍可提起抗诉。

第二，对于生效的民事调解书，损害“国家利益、社会公共利益”的可以抗诉；但“违反自愿原则、协议书内容违法”的，却不可以抗诉。这主要是考虑到调解的性质特殊以及公权力不应过于干涉私权利行使。

三、抗诉的程序

（一）抗诉的提出

根据《民事诉讼法》第208条的规定，人民检察院对人民法院已经发生法律效力的判决、裁定，以及损害国家利益、社会公共利益的调解书，依照审判监督程序提出抗诉，按其主体不同，抗诉的提出有以下两种情况：

1. 最高人民检察院对各级人民法院已经发生法律效力的判决、裁定，以及损害国家利益、社会公共利益的调解书，提出抗诉。最高人民检察院是国家的最高法律监督机关，它有权对任何级别法院的生效裁判进行法律监督，并依法提出抗诉。这就意味着，最高人民检察院可以直接对地方各级人民法院和专门人民法院发生法律效力的判决、裁定，或者可能损害国家利益、社会公共利益的调解书提出抗诉，也可对最高人民法院已经发生法律效力的判决、裁定，或者可能损害国家利益、社会公共利益的调解书按照审判监督程序提出抗诉。

2. 上级人民检察院对下级人民法院已经发生法律效力的判决、裁定提出抗诉。这里要注意两点：

第一、地方各级人民检察院，不得对同级人民法院的生效裁判，或者可能损害国家利益、社会公共利益的调解书提出抗诉。如果地方各级人民检察院对同级人民法院的生效裁判发现有法定抗诉情形之一的，或者调解书可能损害国家利益、社会公共利益，应当提请上级人民检察院按照审判监督程序提出抗诉。

第二、人民检察院的抗诉应当是向自己的同级人民法院提起，不能向其下级人民法院直接提出抗诉。例如，对某市中级人民法院生效裁判进行抗诉，只能由该省的省人民检察院向该省的高级人民法院提出抗诉。这样做主要基于两点理由，一是由人民检察院抗诉目的决定的。其目的不仅是纠正裁判的错误，保护当事人的合法权益，而且最重要的是保护国家和社会的利益，维护社会主义法制的严肃性，实现其法律监督的最终目的。否则无法体现人民检察院抗诉的根本目的和作用。二是由于人民检察院和人民法院的设置及其职权的对等性所决定的。人民检察院和人民法院的设置在我国均为四级，同级人民检察院和同级人民法院的职权是对等的，拥有平等的法律地位，由此决定了同级人民检察院和同级人民法院之间才会发生诉讼上的法律关系，即诉讼法律关系。如果上级人民检察院向下级人民法院提出抗诉，并不符合职权对等性的要求。

（二）抗诉的程序

根据《民事诉讼法》第212条的规定："人民检察院决定对人民法院的判决、裁定、调解书提出抗诉的，应当制作抗诉书。"抗诉书是人民检察院对人民法院生效裁判提出抗诉的法律文书，也是引起人民法院对案件再审的法律依据。抗诉书应写明：抗诉的检察院和接受抗诉的法院；当事人的基本情况；抗诉的案件及原审裁判结果；抗诉的事实和理由；提供新的证据及新证据的来源；抗诉的时间。抗诉书要由人民检察院检察长签字，并加盖人民检察院的印章。人民法院收到抗诉书，应当再审，并裁定中止原生效法律文书的执行。

同时，抗诉的检察院应将其抗诉书抄送上一级人民检察院，上级人民检察院认为抗诉不当的，有权撤销下级人民检察院的抗诉，并通知下级人民检察院。

另外，根据《民事诉讼法》第213条的规定："人民检察院提出抗诉的案件，人民法院再审时，应当通知人民检察院派员出席法庭。"人民法院通知人民检察院派员出庭，是法定的程序，同时也是人民法院的诉讼义务。人民检察院接到人民法院派员出庭通知后，应当按照通知的时间、地点、出席再审法庭支持抗诉，实现对再审活动的法律监督，以便揭示生效判决、裁定、调解书的错误或者违法行为，保证案件的审判质量和维护法律的尊严。

还要注意的是，根据最高人民法院的有关规定，人民法院对抗诉案件依法再审，维持原判决、裁定的，原提出抗诉的人民检察院再次提出抗诉的，人民法院不予受理。但是，如果原提出抗诉的人民检察院的上级人民检察院抗诉的，人民法院应当按审判监督程序受理。

第四节　当事人申请再审

一、当事人申请再审的概念

申请再审，是指当事人及其法定代理人认为已经发生法律效力的判决、裁定有错误，或者提出证据证明已经发生法律效力的调解书违反自愿原则或者调解协议的内容违反法律，向人民法院提出变更或者撤销原判决、裁定和调解书的请求，并提请人民法院对案件进行重新审理的诉讼行为。申请再审，是我国法律赋予当事人及其法定代理人的一项诉讼权利，是当事人依法享有诉权的具体体现。只要当事人依法申请再审，符合法定条件的，人民法院应当对案件进行再审。

当事人申请再审，是我国再审制度的组成部分，是社会主义民主和法制进一步健全和完善的体现。它对于纠正生效裁判的错误，保证案件的审判质量，维护法律的严肃性及当事人的合法权益都具有重要的意义。

申请再审容易与申诉相混。申诉是一个广义的概念，本书所指的申诉仅指民事诉讼中的申诉，即指当事人、法定代理人对生效的民事判决、裁定和调解书，认为有错误，向人民法院提出要求，请求对案件重新进行审理的行为。当事人申请再审与申诉有其共同之处：主要表现在（1）针对的对象都是当事人认为有错误的生效判决、裁定和违反自愿合法调解原则的调解书；（2）申请再审或者申诉，既可以向原审人民法院提出，也可以向原审人民法院的上一级人民法院提出；（3）申请再审或者申诉的主体，既可以是当事人也可以是其法定代理人；（4）申请再审和申诉，都可能引起再审程序的发生。

但是，申请再审与申诉又有着本质区别在于，主要表现在：（1）申请再审是当事人的一项诉讼权利，只要符合法定再审情形就必然引起再审，而申诉则是公民依法享有一项民主权利，申诉不必然引起再审程序的发生，仅仅是将有错误的裁判提供给有审判监督权的国家机关，由他们决定是否再审；（2）申请再审不但有严格的法定条件限制，而且有申请的主体、时间、审级和案件范围的限制，而申诉不受主体、时间、审级和案件范围的限制。人民法院不论是根据当事人申请再审引起再审程序的发生，还是来自当事人的申诉引起再审程序的发生，均应按照《民事诉讼法》第 206 条规定作出裁定中止原判决、裁定或调解书的执行，但在申请再审或申诉时均不得停止原判决、裁定或调解书的执行。

当事人申请再审、起诉、上诉，虽然都是当事人依民事诉讼法规定在不同阶段享有的诉讼权利，但三者相比，有以下区别：（1）客体不同。申请再审的客体是人民法院已生效的裁判、调解书；起诉的客体是双方当事人因民事权益而发生的争议；上诉的客体是未生效的判决、裁定；（2）法定条件不同。当事人申请再审依再审程序中规定的条件；起诉依第一审普通程序规定的条件；上诉依第二审程序中规定的上诉条件；(3) 法律后果不同。当事人申请再审，只要按照法定程序进行，符合法定条件，可以引起再审程序，可以依法撤销、改正生效的有错裁判、调解书；而依法进行的起诉可以引起第一审程序的发生，同时依法作出的裁判是未生效的裁判；上诉依法进行，可以引起第二审程序，经审理作出的裁判是终局裁判，不准当事人再上诉。

二、当事人申请再审的条件

根据《民事诉讼法》第 199 条至 201 条的规定，当事人申请再审应当符合下列五个方面的条件：

(一) 申请再审的主体必须是依法享有申请再审权利的公民、法人和其他组织

公民、法人和其他组织作为民事诉讼的当事人，均享有申请再审的权利，即认为生效裁判、调解书有错误，均可申请再审。法定代表人可以代表法人作为当事人提出再审申请，法定代理人可以代理无民事行为能力、限制民事行为能力的当事人提出再审申请。

(二) 申请再审的对象是已经发生法律效力的判决、裁定、调解书

已经发生法律效力的判决、裁定既包括二审生效判决、裁定，也包括一审生效判决、裁定，但法律另有规定的除外。《民事诉讼法》第 202 条规定，当事人对已经发生法律效力的解除婚姻关系的判决、调解书，不得申请再审，但是根据《法院适用民诉法解释》第 382 条规定，对于解除婚姻关系判决中已分割财产申请再审，可以准许。同时，根据《法院适用民诉法解释》第 380 条，适用特别程序、督促程序、公示催告程序、企业法人破产程序审理的案件，当事人不得申请再审。另外，对不予受理、对管辖权有异议的、驳回起诉的裁定，当事人可以申请再审。

根据《民事诉讼法》第 201 条的规定，当事人对已经发生法律效力的调解书，提出证据证明调解违反自愿原则或者调解协议的内容违反法律的，可以申请再审。经人民法院审查属实的，应当再审。

(三) 申请再审应当具备法定的事由

《民事诉讼法》第 200 条规定，当事人对发生法律效力的判决、裁定提出再审的申请，符合下列情形之一的，人法院应当再审：

1. 有新的证据，足以推翻原判决、裁定的；
2. 原判决、裁定认定事实的主要证据不足的；
3. 原判决、裁定适用法律确有错误的；
4. 人民法院违反法定程序，可能影响案件公正判决、裁定的；
5. 审判人员在审理该案件时有贪污受贿，徇私舞弊，枉法裁判行为的。

(四) 申请再审应当在法定期限内

根据《民事诉讼法》第 205 条的规定，当事人申请再审，应当在判决、裁定发生法律效力后 6 个月内提出。根据《法院适用民诉法解释》第 384 条的规定，对于已经发生法律效力的调解书申请再审的，适用《民事诉讼法》第 205 条的规定，即应在调解书发生法律效力后 6 个月内提出。有《民事诉讼法》第 200 条中所规定的特定的四种情形的，当事人可以在知道或者应当知道之日起 6 个月内提出再审申请。这四种情况是：1、有新证据，足以推翻原判决、裁定的；2、原裁判认定事实的主要证据是伪造的；3、据

以作出原裁判的法律文书被撤销或变更的；4、审判人员审理案件时有贪污贿赂等影响案件公正审判的违法行为的。6个月为不变期间，自判决、裁定发生法律效力次日起计算。超逾法定期限的，即使符合《民事诉讼法》规定的申请再审的情形，当事人也不得申请再审。6个月的规定看似略显短暂，修改前的民事诉讼法对再审期限的规定是两年，缩短并不意味着对当事人的法律保护程度有所降低，而是考虑到督促当事人重视自己的权利，在认为裁判确有错误，或者调解书违反了自愿合法调解原则的情况下，积极行使申请再审的诉权。

（五）申请再审要向有管辖权的人民法院递交申请书

《民事诉讼法》第199条规定："当事人对已经发生法律效力的判决、裁定，认为有错误的，可以向上一级人民法院申请再审；当事人一方人数众多或者当事人双方为公民的案件，也可以向原审人民法院申请再审，但不停止判决、裁定的执行"。由此可以看出，再审案件的管辖法院一般是负有审判监督职能的上一级人民法院，出于便利当事人的考虑，只有两种情况可以向原审人民法院申请再审，根据《法院适用民诉法解释》第75条和第379条的详细规定，当事人一方人数众多（10人以上）或者当事人双方为公民的案件，原审法院和上一级法院都可以管辖，当事人分别向原审法院和上一级法院申请再审且不能协商一致的，由原审人民法院受理。

再审申请书是当事人及其法定代表人、法定代理人请求再审的意思表示，是人民法院发现生效判决、裁定和调解书有错误，裁定再审的依据和重要的法律文书。申请书应写明作出原裁判的人民法院及裁判的编号、申请再审的理由、申请再审的诉讼请求等。

三、当事人申请再审的程序

根据《民事诉讼法》第199条的规定："当事人对已经发生法律效力的判决、裁定，认为有错误的，可以向上一级人民法院申请再审；当事人一方人数众多或者当事人双方为公民的案件，也可以向原审人民法院申请再审。当事人申请再审的，不停止判决、裁定的执行。"当事人向上一级人民法院申请再审，应向人民法院告诉申诉庭提交申请书和生效法律文书，人民法院接到当事人的再审申请后，应当进行审查，认为符合《民事诉讼法》第200条、第201条规定的，可以指令下级人民法院再审，也可以提审。同时再审法院应当在立案后裁定中止原判决、裁定、调解书的执行，并及时通知双方当事人；经审查，不符合当事人申请再审条件的，用裁定驳回申请。

当事人向原审人民法院申请再审，同样应向告诉申诉庭提交申请书和生效法律文书，经人民法院院长和审判委员会讨论决定是否再审，在此期间，不停止原判决、裁定的执行。经审查认为符合《民事诉讼法》第200条规定的条件，人民法院应当裁定再审。对不符合法定要求或当事人主张的再审事由不成立的，人民法院应当裁定驳回再审申请。

四、当事人撤回再审申请

根据《法院适用民诉法解释》第400条规定，在人民法院审查当事人的再审申请期间，再审申请人是可以撤回再审申请的，但是否允许，要由人民法院裁定。再审申请人经传票传唤，无正当理由拒不接受询问的，也可以按撤回再审申请处理。旨在既给予当事人自由行使和处分再审申请权的权利，又做好适当的限制，以期防止当事人滥用申请和撤销的权利，同时最大限度保证裁判的稳定性和正确性。

当事人应该慎重考虑再审申请撤回的后果，一旦人民法院准许撤回再审申请或者按撤回处理，再审申请人之后再次申请再审的，不予受理。除非有《民事诉讼法》第 200 条第（一）、（三）、（十二）、（十三）项规定情形，自知道或者应当知道之日起 6 个月内提出的。

第五节　再审案件的审判

一、裁定中止原判决的执行

根据《民事诉讼法》第 206 条的规定，人民法院按照审判监督程序决定再审的案件，无论是人民法院提起再审的案件，还是人民检察院抗诉引起再审的案件或者当事人申请再审的案件，均应裁定中止原判决、裁定、调解书的执行，裁定书由院长署名，加盖人民法院印章。

在人民法院审理当事人再审申请期间，并不会停止原判决、裁定的执行。并且一些特殊案件，如：追索赡养费、扶养费、抚育费、抚恤金、医疗费用、劳动报酬等，法律规定可以不中止执行的。

二、对原第一审审结案件的审判

根据《民事诉讼法》第 207 条的规定，人民法院按照审判监督程序再审的案件，发生法律效力的判决、裁定是由第一审人民法院作出的，按照第一审程序审理，所作的判决、裁定，当事人可以上诉。法律之所以这样规定，是由于审判监督程序的性质及两审终审制度决定的。依据法律规定，人民法院审理民事案件实行两审终审制度。即第一审人民法院所作的裁判为未生效裁判，当事人不服可依法上诉。由于当事人在法定期间内没有上诉，使一审裁判成为生效裁判。为了维护当事人的合法权益，保障当事人诉讼权利的行使，因此对第一审人民法院作出的错误生效裁判，再审时应当按照第一审程序审理，所作的判决为未生效判决，当事人不服的可以上诉。只有这样才能保证当事人充分行使诉讼权利，确保案件的审判质量，实现法律监督的职能。

三、对原第二审审结案件的审判

根据《民事诉讼法》第 207 条的规定，人民法院按照审判监督程序再审的案件，发生法律效力的判决、裁定是由第二审人民法院作出的，按照第二审程序审理，所作的判决、裁定，是终审的判决、裁定，当事人不得上诉。法律之所以这样规定，是因为根据两审终审制度，第二审人民法院作出的判决、裁定为终审判决、裁定，一经送达立即生效。因此，对于原第二审人民法院作出的生效错误裁判不可能也没有必要适用第一审程序审理，只能适用第二审程序审理，体现了法律监督的职责。

四、最高人民法院或上级人民法院提审案件的审判

根据《民事诉讼法》第 207 条的规定，最高人民法院或者上级人民法院按照审判监

督程序提审的，不论是第一审人民法院作出的生效裁判，还是第二审人民法院作出的生效裁判，都按照第二审程序审理，所作的判决、裁定是发生法律效力的判决、裁定。

六、再审案件的审判中还应注意的问题及应遵循的规定

（一）再审案件的审判中还应注意的问题

关于再审案件的审判，在实践中还应注意下列问题：

一是，不论适用一审程序还是二审程序审理再审案件，应当一律开庭审理，但《法院适用民诉法解释》第 396 条规定有例外：按照二审程序审理，有特殊情况或者双方当事人已经通过其他方式充分表达意见，且书面同意的，可以不开庭审理。

二是，除提审案件外，合议庭应另行组成。

三是，原告经依法传唤不到庭或未经法庭许可中途退庭的，不得按撤诉处理，可缺席判决。

四是，对再审案件的范围，人民法院应当围绕再审请求进行，当事人的再审请求超出原审诉讼请求的，不予审理，若是符合另案诉讼条件，告知当事人可以另行起诉。

（二）再审案件的审判中还应遵循的规定

根据《法院适用民诉法解释》的规定，对于再审案件的审判还应遵循下列规定：

1. 当事人就离婚案件中的财产分割问题申请再审的，如涉及判决中已分割的财产，人民法院应依照《民事诉讼法》第 200 条的规定进行审查，符合再审条件的，应立案审理；如涉及判决中未作处理的夫妻共同财产，应告知当事人另行起诉。

2. 人民法院提审或按照第二审程序再审的案件，在审理中发现原一、二审判决违反法定程序的，可分别情况处理：（1）认为不符合民事诉讼法规定的受理条件的，裁定撤销一、二审判决，驳回起诉；（2）具有下列违反法定程序的情况，可能影响案件公正判决、裁定的，裁定撤销一、二审判决，发回原审人民法院重审：一是审理本案的审判人员、书记员应当回避未回避的；二是未经开庭审理而作出判决的；三是适用普通程序审理的案件的当事人未经传票传唤而缺席判决的；四是其他严重违反法定程序的。

3. 依照审判监督程序再审的案件，人民法院发现原一、二审判决遗漏了应当参加诉讼的当事人的，分情况处理：按照第一审程序再审的，应当追加必要共同诉讼人为当事人，做出新的判决、裁定；按照二审程序审理的，可以根据当事人自愿的原则予以调解，调解不成的，裁定撤销一、二审判决，发回原审人民法院重审，并追加遗漏的必要共同诉讼人为当事人。

4. 再审案件按照第一审程序或者第二审程序审理的，适用《民事诉讼法》第 149 条、第 176 条规定的审理期限。审理期限自决定再审的次日起计算。

5. 适用审判监督程序再审的案件，再审人民法院可以自行宣判，也可以委托原审人民法院宣判或者由当事人所在地人民法院代为宣判。

【学习总结与拓展】

【关键词】审判监督程序　民事抗诉　当事人申请再审

【思考题】

1. 关于再审程序的说法，下列表述是否正确？并思考为什么。

(1) 原告的案件再审时，被告无权提起反诉？

(2) 在再审中，当事人提出新的诉讼请求的，原则上法院应根据自愿原则进行调解，调解不成的告知原告另行起诉吗？

2. 李某起诉四星公司要求其依约交付电脑，并支付迟延违约金 2 万元。经过县市两级人民法院审理，李某均胜诉。后四星公司以原审适用法律错误为由申请再审，省高院裁定再审后，李某变更诉讼请求为解除合同，并支付迟延履行违约金 4 万。再审法院最终维持原判。关于再审程序的表述，下列说法对不对？并说出理由。

(1) 省高院可以亲自提审，提审应当适用二审程序？

(2) 省高院可以指令原审法院再审，原审法院应当适用一审程序？

(3) 再审程序对李某变更后的请求应当不予审查？

(4) 对于维持原判的再审裁判，李某认为有错误的，可以向检察院申请抗诉？

3. 检察院对调解书的监督方式只能提检察建议吗？

4. 人民检察院依照审判监督程序提出抗诉应当符合哪些条件？

5. 当事人申请再审应当符合哪几个方面的条件？

6. 再审案件的审判中还应注意哪些问题？

7. 再审案件的审判中还应遵循哪些规定？

【阅读资料】

1.《中华人民共和国民事诉讼法》(2017 年修正) 第十六章审判监督程序

2.《最高人民法院关于适用〈中华人民共和国民事诉讼法〉的解释》(法释〔2015〕5 号) 十八、审判监督程序

3.《最高人民法院民事案件当事人申请再审须知》(2012 年)

4.《人民检察院民事诉讼监督规则 (试行)》(2013 年 9 月 23 日最高人民检察院第十二届检察委员会第十次会议通过) 第六章对生效判决、裁定、调解书的监督

5. 杜闻:《民事再审程序研究》，中国法制出版社 2017 年版；潘庆林:《"再审判决、裁定"的认定问题》，《法律适用》2016 年第 4 期；吴俊:《处分权主义与审判监督程序的结构——最高人民法院指导案例 7 号研究》《法制与社会发展》2013 年第 6 期

6. 潘庆林:《再审程序诉访分离实证研究》，《法学杂志》2011 年第 6 期

7. 王亚新:《民事审判监督制度整体的程序设计——以〈民事诉讼法修正案〉为出发点》《中国法学》2007 年第 5 期；王亚新:《非诉讼纠纷解决机制与民事审判的交织——以"涉法信访"的处理为中心》，《清华法学》2005—12—26 出版。

8. 张卫平:《民事再审：基础置换与制度重建》，《中国法学》2003 年第 1 期

9. 陈永革、李志平:《民事审判监督程序的改革和完善》，《贵州警官职业学院学报》2002 年第 4 期

第四编 审判程序B

——非民事权益争议案件的审判程序

第二十二章 特别程序

【学习提示】通过本章学习，了解特别程序的概念及特点，熟悉选民资格案件、宣告公民失踪案件、宣告公民死亡案件、认定公民无民事行为能力和限制民事行为能力案件、认定财产无主案件的审理规范，掌握确认调解协议案件和实现担保物权案件的范围、管辖及审查程序。

第一节 特别程序的概念和特点

一、特别程序的概念

特别程序，是指人民法院审理某些非民事权益争议案件所适用的特殊审判程序。特别程序不同于审判一般案件的普通程序和简易程序，它具有自己的特殊性和独立性。

其特定性表现在：第一，适用特别程序的人民法院是特定的，即仅限于基层人民法院，中级以上人民法院不适用特别程序。第二，适用特别程序审理的案件是特定的，即限于审理选民资格案件和非讼案件。在这两类案件中，不存在民事权利义务之争，也不存在利害冲突的双方当事人。根据《民事诉讼法》第160条的规定，适用特别程序审理的案件具体包括：选民资格案件、宣告公民失踪案件、宣告公民死亡案件、认定公民无民事行为能力案件、认定公民限制民事行为能力案件和认定财产无主案件。此外，根据民法的规定，指定或撤销监护案件，从性质上讲也是非讼案件，人民法院审理这类案件应当比照特别程序的有关规定进行。

其独立性表现在：凡是依特别程序审理的民事案件，均不能适用第一审程序中的普通程序和简易程序进行审判。特别程序是我国《民事诉讼法》规定的审判程序的重要组成部分。人民法院适用特别程序审理民事案件时，必须遵守民事诉讼法的基本原则和制度，特别程序中没有作出规定的，要适用民事诉讼法和其他法律的有关规定。

二、特别程序的特点

特别程序与普通程序、简易程序相比，具有下列特点：

（一）特别程序的性质是对某种法律状态进行确认

依特别程序审理的案件，不是解决民事权利义务争议，而是确认某种法律事实或者某项权利是否存在。普通程序、简易程序审理案件，则是要依法解决民事权益冲突，确认民事权利义务关系，制裁民事违法行为。

（二）没有原告和被告

特别程序因申请人的申请或起诉人的起诉而开始。在特别程序中，因不存在民事权益的争议，就没有利害关系相对立的双方当事人，即原告和被告。人民法院审理案件的目的，不是要求一方当事人承担某种民事义务或者民事责任，仅仅是在于解决某种权利或法律事实是否存在，从而使某种法律关系发生、变更或者消灭。在案件审理过程中，人民法院如果发现本案属于民事权益争议，就作出裁定终结特别程序，并告知利害关系人可以另行起诉。而依照普通程序、简易程序审理的案件，则必须是由与案件有利害关系的原告提起，有明确的原告和被告。

（三）实行一审终审

按照特别程序审理案件，实行一审终审，判决书一经送达，立即发生法律效力，申请人或起诉人不得提起上诉。而依普通程序、简易程序审理的案件，除最高人民法院审理第一审民事案件实行一审终审外，都实行两审终审制，当事人对第一审人民法院作出的判决、裁定不服，有权向上一级人民法院提起上诉。

（四）审判组织特别

按照特别程序审理案件，审判组织原则上采用独任制，只有选民资格案件和重大疑难的非讼案件，才由审判员组成合议庭进行审理。而按照普通程序审理的案件，应由审判员、陪审员共同组成合议庭或者由审判员组成合议庭进行审理；按简易程序审理的简单的民事案件，才由审判员一人独任审判。

（五）不适用审判监督程序

按照特别程序审理的案件，在判决发生法律效力以后，如果发现判决在认定事实或适用法律方面有错误，或者是出现了新情况、新事实，人民法院根据有关人员的申请，查证属实之后，可依特别程序的规定撤销原判决，作出新判决。而依照普通程序、简易程序审理的案件，判决生效后，发现确有错误，必须依审判监督程序提起再审，予以纠正。不经审判监督程序，任何机关和个人均无权撤销生效判决。

（六）案件审结期限较短

按照特别程序审理案件，审理期限较短。根据《民事诉讼法》规定，人民法院审理选民资格案件，必须在选举日前审结；非讼案件应当自立案之日起1个月内或者公告期满后1个月内审结，而按普通程序审理的案件，应当在立案之日起6个月内审结。有特殊情况需要延长的，由本院院长批准，可以延长6个月，还需要延长的，报请上级人民法院批准。按简易程序审理案件，应当在立案之日起3个月内审结。

（七）免交案件受理费

按特别程序审理的案件，一律免交案件受理费。而按普通程序和简易程序审理的案件，不论是财产案件，还是非财产案件，都必须依法交纳案件受理费。

第二节　选民资格案件

一、选民资格案件的概念

选民资格案件，是指公民对选举委员会公布的选民资格名单有不同意见，向选举委员会申诉后，对选举委员会就申诉所作决定不服，而向人民法院提起诉讼的案件。

选举权和被选举权是我国《宪法》赋予公民的一项政治权利。根据《选举法》的规定，选举前，应当按选区进行选民登记，并在选举日前 30 日公布选民资格名单，发给选民证。公民对选举委员会公布的选民资格名单有不同意见，可以向选举委员会提出申诉。选举委员会对申诉必须在 3 日内依法作出决定。申请人如果对申诉决定不服，可以向人民法院起诉。

公民对选民资格名单有不同意见，是指公民认为选举委员会公布的选民资格名单有错误，如应当列入选民资格名单的人没有列入，不应列入选民资格名单的人却列入选民资格名单。根据《选举法》规定，我国公民中有两种人没有选民资格：一种是未满 18 周岁的公民，一种是依法被剥夺政治权利的人。此外，无法行使选举权的精神病患者，不能列入选民资格名单。如果公民认为选举委员会公布的选民资格名单有错误，可依法申诉，对申诉所作决定不服，可向人民法院起诉，最后由受诉人民法院来判决某公民有无选民资格。可见，人民法院审理选民资格案件，是通过审判程序解决选举委员会公布的选民资格名单有无错写、漏写的问题，不解决对有破坏选举的违法犯罪行为予以制裁的问题。对于破坏选举的违法犯罪行为，应当根据《选举法》和《刑法》的有关规定，按照刑事诉讼程序处理。

二、选民资格案件的审理程序

（一）起诉

根据《选举法》和《民事诉讼法》的有关规定，公民对选举委员会公布的选民资格名单有不同意见，应当先向选举委员会提出申诉，选举委员会应在 3 日内对申诉作出决定。申诉人对处理决定不服的，可以在选举日的 5 日以前向人民法院起诉。选民资格案件的起诉人既可以是选民本人，也可以是有关组织或其他公民。

（二）管辖

根据《民事诉讼法》第 181 条的规定，选民资格案件，由选区所在地的基层人民法院管辖。这样规定，便于人民法院与选举委员会联系，便于选举委员会代表和有关公民就近参加诉讼活动，有助于及时查明案情。

（三）审理和判决

根据《民事诉讼法》第 178 条规定，人民法院审理选民资格案件，必须由审判员组成合议庭进行审理，不能实行独任制和陪审制。这是因为选民资格案件关系到公民的政治权利问题，必须严肃、慎重对待。根据《民事诉讼法》第 182 条的规定，人民法院受理选民资格案件后，必须在选举日前审结。否则就不能保障公民选举权的行使和选举工作的顺利进行，审判就会失去意义。人民法院审理选民资格案件时，开庭前必须及时通知起诉人、选举委员会的代表和有关公民参加，并在充分听取意见、查清事实的基础上进行评议和判决。人民法院的判决书应当在选举日前送达选举委员会和起诉人，并通知有关公民。判决书一经送达立即发生法律效力。

第三节 宣告公民失踪案件

一、宣告公民失踪案件的概念和意义

宣告公民失踪案件，是指公民离开自己的住所下落不明，经过法律规定的期限仍无音讯，经利害关系人申请，人民法院宣告该公民为失踪人的案件。

在日常生活中，公民长期下落不明，就会使与其有直接利害关系的人，在财产关系和人身关系等方面处于不稳定状态。这对社会生活的稳定与发展是不利的。法律设立宣告公民失踪制度主要有两方面的意义：一是，这一制度有利于保护失踪人的合法权益。公民失踪以后，其财产无人管理，因而难免会造成毁损、流失或者被他人侵犯。宣告公民失踪以后即可为其指定财产代管人，以保护失踪人的合法权益；二是，有利于保护与失踪人有利害关系的第三者的利益。财产代管人有权依法清理与失踪人有关的债权问题，例如，财产代管人可以从失踪人的财产中支付其所欠的债款或其他费用（如扶养费、抚育费等），这就避免了因公民失踪而对有关的利害关系人的合法权益造成损害。

二、宣告公民失踪案件的审理程序

（一）申请条件

根据《民事诉讼法》第 183 条的规定，申请人民法院宣告公民失踪，必须具备以下三个条件：

1. 公民下落不明已满 2 年。这一条件包含两个要件。第一是下落不明。所谓下落不明，是指公民最后离开自己住所或居所地后，既没有任何音讯，又不知去向，无法寻找。如果公民在国外或者在无法进行正常联系的地方，知其去向和下落，仅仅是中断音讯，不能视为公民下落不明。第二是下落不明的时间，必须持续已满 2 年，从公民离开自己的最后住所地或居所地之日起计算。这个时间中间不能间断，如有间断，应从最后一次出走或最后一次来信时计算。如果公民在战争期间下落不明的，从战争结束之日起计算；因意外事故下落不明的，从事故发生之日起计算。

2. 由利害关系人向人民法院提出申请。利害关系人，是指与下落不明的公民之间存在民事权利义务关系的人。主要包括被申请宣告失踪人的配偶、父母、子女、祖父母、外祖父母、兄弟姐妹、孙子女、外孙子女以及其他与之有民事权利义务关系的人，如被申请人的债权人、合伙人，等等。除上述利害关系人外，其他人不得提出宣告公民失踪的申请。另外，人民法院也不能依职权主动判决宣告下落不明的公民为失踪人。

3. 利害关系人须向人民法院提出书面申请。根据《民事诉讼法》第 183 条第 2 款的规定，申请人申请公民失踪的，必须采用书面形式向人民法院提出申请，不允许以口头方式提出。申请书应写明失踪的事实、时间和申请人的请求，并附有公安机关或者其

他有关机关对该公民下落不明的书面证明，以便人民法院立案审查。

（二）管辖

根据《民事诉讼法》第183条的规定，宣告公民失踪的案件，由失踪人住所地的基层人民法院管辖。以便受诉人民法院就近调查被申请人下落不明的事实、发出寻找失踪人的公告和及时审结案件。

（三）公告和财产管理人的指定

根据《民事诉讼法》第185条的规定，人民法院受理宣告失踪案件后，应当发出寻找失踪人的公告。公告期为3个月。公告期间是寻找该公民、等待其出现的期间。公告寻找失踪人，是人民法院审理宣告公民失踪案件的必经程序。因为宣告失踪是一种法律推定，不能排除被宣告失踪人仍然健在的可能性。而这一推定又将给被宣告失踪的公民带来重大影响。所以，为了充分保护该公民的民事权益，使判决建立在慎重、准确的基础上，人民法院必须发出公告。

人民法院在发出公告的同时，可以根据申请人的请求，清理下落不明人的财产，并在诉讼期间指定财产管理人。

（四）判决

公告期满，该公民仍然下落不明的，人民法院应确认申请该公民失踪的事实存在，并依法作出宣告该公民为失踪人的判决。如公告期内该公民出现或者查明下落，人民法院则应作出判决，驳回申请。

三、宣告失踪的法律后果

人民法院判决宣告公民失踪发生两个法律后果：

第一，由其财产代管人了结被宣告失踪公民的债权债务关系。人民法院判决宣告公民失踪后，按照《民法通则》的规定，应为失踪人指定财产代管人。根据我国民法通则第21条的规定，失踪人的财产应当由其配偶、父母、成年子女或者关系密切的亲戚朋友及其他近亲属代管。如果没有上述代管人或者上述代管人之间有争议，或互相推诿，由人民法院根据利于保护失踪人财产的原则，为失踪人指定财产代管人。失踪人的财产代管人经人民法院指定后，代管人申请变更代管的，人民法院比照民事诉讼法特别程序的有关规定进行审理。申请有理的，裁定撤销申请人的代管人身份；申请无理的，裁定驳回申请。失踪人的其他利害关系人申请变更代管的，人民法院应告知其以原指定的代管人为被告起诉，并按普通程序进行审理。

失踪人的财产代管人，应当尽职尽责管理好失踪人的财产。失踪人所欠税款、债务和应当支付的其他费用，由代管人从失踪人的财产中支付。如果代管人拒绝从失踪人财产中支付失踪人所欠税款、债务和应当支付的其他费用。债权人有权以代管人为被告向人民法院起诉；代管人也可以作为原告向人民法院起诉，要求失踪人的债务人履行债务。另外，除法律规定外，代管人不得随意处分失踪人的财产，或者据为己有。否则，失踪人的其他利害关系人可以向人民法院起诉，要求代管人赔偿损失。

第二，公民被宣告为失踪人以后，其民事权利能力并不因此而消灭，与失踪人人身有关的民事法律关系（如婚姻关系、收养关系等）也不发生变化。例如，在宣告失踪以后涉及继承问题，仍然应当为失踪人保留应继承的份额。

四、宣告失踪判决的撤销

人民法院宣告失踪的判决，是根据法定的条件所作的法律上的判定，因而被宣告失踪的人就会有重新出现的可能。被宣告失踪的公民重新出现或者确知了他的下落，宣告失踪的判决就不能继续有效。经该公民本人或者利害关系人申请，请求撤销原判决，以恢复该公民失踪前的事实和法律状态。人民法院查证属实后，应当作出新判决、撤销原判决。原判决撤销后，财产代管人的职责终止，他应当把代管的财产及时返还给该公民。

第四节　宣告公民死亡案件

一、宣告公民死亡案件的概念和意义

宣告公民死亡案件，是指公民离开自己的住所地或者最后居住地，下落不明已满法定期限，人民法院根据利害关系人的申请，依法宣告该公民死亡的案件。

宣告公民死亡是一种法律上的推定。这种法律推定可能符合客观事实，也可能不符合客观事实，但与公民的自然死亡产生相同的法律后果。例如婚姻关系自行消灭，继承开始、权利义务关系解除等。

宣告死亡制度的立法意旨不同于宣告失踪制度。宣告失踪制度主要目的在于解决被宣告失踪人与利害关系人之间的人身关系和债权债务关系。但是，宣告失踪的法律后果并不能结束下落不明公民所参与的各种民事法律关系，财产代管人对财产的代管也只是一项临时性措施，失踪人的权利义务仍处于不确定状态。因此我国法律规定了宣告死亡制度。其意义在于，通过宣告失踪人死亡，可以结束因公民长期下落不明而使某些法律关系处于不稳定状态，从而保护该公民及利害关系人的合法权益，维护正常的社会经济秩序和生活秩序。

二、宣告公民死亡案件的成立条件

根据《民法通则》第 23 条和《民事诉讼法》第 184 条的规定，宣告公民死亡案件必须具备下列条件：

（一）须下落不明

公民最后离开自己的住所后，去向不明、生死未卜，杳无音讯。如果确知该公民健在或者已经死亡，都不能宣告该公民死亡。另外，宣告失踪不是宣告死亡的必经程序，被申请宣告为死亡的公民，可以是已被宣告为失踪的人，也可以是未经宣告失踪的失踪人。

（二）须达到法定的期限

根据《民事诉讼法》第 184 条和《民法通则》第 23 条的规定，宣告死亡的期限有三种：第一，在通常情况下，公民下落不明满 4 年的。其期间的计算，从该公民最后离开自己的住所地之日起，连续 4 年生死未卜，杳无音讯。第二，因意外事故下落不明满 2 年的。意外事故包括：交通事故，如海难、空难等：自然灾害，如地震、雪崩、山洪

爆发等。期间从意外事故发生之日起计算，下落不明的状态持续时间须届满 2 年。因意外事故下落不明的公民，其死亡的可能性比第一种情况要大，因而法定的期限相对较短。因战争下落不明的，期间应从战争结束之日起计算，期间也为 2 年。第三、因意外事故下落不明，经有关机关证明该公民不可能生存的。这种情况死亡的可能性最大，因而可不受“4 年”或“2 年”法定期间的限制，具备上述任何一种情况，利害关系人都可以向人民法院申请宣告死亡。

三、宣告公民死亡案件的审理程序

（一）申请

根据《民事诉讼法》规定，宣告公民死亡案件必须由利害关系人提出书面申请。利害关系人包括：被宣告死亡人的配偶、父母、子女、兄弟姐妹、祖父母、外祖父母、孙子女、外孙子女以及其他与被申请人有利害关系的人。书面申请的内容包括：申请人的姓名、性别、与被申请人的关系，被申请人下落不明的事实、时间，以及申请人的请求，并附有公安机关或者其他有关机关关于该公民下落不明的书面证明。如果被申请人已经被人民法院宣告为失踪人，申请人应附上人民法院宣告失踪的判决。

前已述及，宣告失踪不是宣告死亡的必经程序，只要符合宣告死亡的条件，利害关系人就可以直接向人民法院申请宣告失踪人死亡。另外，同一顺序的利害关系人，有的申请宣告死亡，有的不同意宣告死亡，人民法院应当按照宣告死亡案件审理。

另根据《法院适用民诉法解释》第 348 条的规定，法院受理宣告失踪、宣告死亡案件后，作出判决前，申请人撤回申请的，人民法院应当裁定终结案件，但其他符合法律规定的利害关系人加入程序要求继续审理的除外。

（二）管辖

根据《民事诉讼法》第 167 条的规定，宣告死亡案件，由下落不明人住所地的基层人民法院管辖。这样规定便于人民法院调查案件事实，寻找失踪人，及时作出判决。

（三）公告

根据《民事诉讼法》第 185 条的规定，人民法院受理宣告公民死亡案件后，必须发出寻找下落不明公民的公告。公告期间为 1 年；因意外事故不落不明，经有关机关证明其不可能生存的，公告期为 3 个月。公告期间是等待失踪人出现的期间。公告是宣告公民死亡的必经程序。

根据《法院适用民诉法解释》第 345 条的规定，人民法院判决宣告公民失踪后，利害关系人向人民法院申请宣告失踪人的死亡，自失踪之日起满 4 年的，人民法院应当受理，宣告失踪的判决即是该公民失踪的证明，审理中仍应依照《民事诉讼法》第 185 条的规定进行公告。

根据《法院适用民诉法解释》第 347 条的规定，寻找下落不明人的公告应当记载下列内容：（一）被申请人应当在规定期间内向受理法院申报具体地址及其联系方式。否则，被申请人将被宣告失踪、宣告死亡；（二）凡知悉被申请人生存现状的人，应当在公告期间内将其所知道的内容向受理法院报告。

（四）判决

在公告期间，如果失踪人出现，或者确知其下落的，人民法院应作出驳回申请的判决，终结案件的审理。如果公告期间届满，失踪人仍然下落不明的，人民法院应依法作出宣告失踪人死亡的判决。判决书除应送达申请人外，还应在被宣告死亡公民住所地和人民法院所在地公告。判决一经宣告，即发生法律效力，并以判决宣告的这一天为该公民的死亡日期。

四、宣告公民死亡的法律后果

公民被宣告死亡和自然死亡的法律后果基本相同。表现在：宣告死亡结束了该公民以自己的住所地或经常居住地为活动中心所发生的民事法律关系，该公民的民事权利能力因宣告死亡而终止，与其人身有关的民事权利义务关系也随之终结，如原有的婚姻关系自然消灭，继承因宣告死亡而开始。

但是，宣告死亡与自然死亡毕竟不同，如果该公民在异地生存，由于公民的民事权利能力与人身不可分割性，决定了该公民仍然享有民事权利能力，他所进行的民事活动依然具有法律效力。这一点应当明确。

五、宣告公民死亡判决的撤销

宣告公民死亡，是人民法院依照法定的条件和程序对失踪人作出的死亡推定，并不意味着失踪人确已死亡。如果被宣告死亡的公民又重新出现或者查明下落，经本人或利害关系人申请，人民法院应当作出新判决，撤销原判决。新判决生效后，被宣告死亡公民的民事权利随之恢复。被撤销死亡宣告的公民有权请求返还财物，原物存在的应当返还原物；原物不存在或者原物受损的，应给予适当的补偿。该公民因死亡宣告而消灭的人身关系，有条件恢复的，可以恢复；原配偶在该公民被宣告死亡期间，尚未再婚的，夫妻关系从撤销宣告死亡判决之日起自行恢复；如果原配偶再婚，或者再婚后又离婚及再婚后配偶又死亡的，其夫妻关系不能自行恢复。如果其子女为他人收养，宣告死亡的判决撤销后，该公民不得单方面解除收养关系，但收养人与被收养人以此为由同意解除收养关系的，不在此限。

第五节 认定公民无民事行为能力和限制民事行为能力案件

一、认定公民无民事行为能力、限制民事行为能力案件的概念和意义

认定公民无民事行为能力、限制民事行为能力案件，是指人民法院根据利害关系人的申请，对不能正确辨认自己行为或不能完全辨认自己行为的精神病人，按照法定程序，认定并宣告该公民无民事行为能力或限制民事行为能力的案件。

民事行为能力，是民事主体通过自己的行为行使民事权利、履行民事义务的能力和资格。公民的民事行为能力与公民的民事权利能力是不同的，并不是同时取得，同时终止。公民的民事权利能力始于出生，终于死亡，但具有民事权利能力的公民不一定具有民事行为能力。根据《民法总则》的规定，18 周岁以上的自然人为成年人，以及 16 周岁以上的未成年人以自己的劳动收入为主要生活来源的，为完全民事行为能力人。不能辨认自己行为的成年人以及不满 8 周岁的未成年人为无民事行为能力人，不能完全辨认

自己行为的成年人以及 8 周岁以上的未成年人为限制民事行为能力人；《民法通则》还规定，如果公民为精神病患者，如果不能辨认自己的行为，是无民事行为能力的公民；如果不能完全辨认自己的行为，则只具有限制民事行为能力。无民事行为能力人，不能独立地进行民事活动；而限制民事行为能力的公民，只能进行与其年龄、智力相适应的民事活动；其他活动由他的法定代理人代理，或者征得他的法定代理人同意。因此，如果让无民事行为能力和限制民事行为能力人随意进行民事活动，参加民事流转，不仅不会产生预期的民事法律后果，而且还会使他们的合法权益受到损害。通过法定程序在法律上认定和宣告他们是无民事行为能力或者限制民事行为能力人，并为他们设置监护人，代理他们进行民事活动，既可以保护他们的合法权益，又可以提醒与他们有权利义务关系的利害关系人与他们审慎进行民事交往，以免受到不应有的损失。从而保障民事流转的正常进行。

二、认定公民无民事行为能力、限制民事行为能力案件的审理程序

（一）申请

根据《民事诉讼法》第 187 条申请人民法院认定公民无民事行为能力、限制民事行为能力，必须具备下列条件：第一，必须由近亲属或者其他利害关系人提出申请。近亲属一般是指家庭成员，如配偶、父母、子女、兄弟姐妹、祖父母、外祖父母、孙子女、外孙子女。其他利害关系人，是指与被申请人关系密切的其他亲属、朋友或者被 申请人所在的工作单位或者住所地的居民委员会、村民委员会以及有关的民政部门；第二，申请必须采用书面形式。申请书的内容应包括：申请人的姓名、性别、年龄、住所，与被认定为无民事行为能力、限制民事行为能力人的关系；被申请认定为无民事行为能力、限制民事行为能力人的姓名、性别、年龄、住所，该公民无民事行为能力或限制民事行为能力的事实和根据。如果有医院出具的诊断证明或鉴定结论，也应当一并提交人民法院。

另外，根据《法院适用民诉法解释》第 349 条的规定，在民事诉讼中，当事人的利害关系人提出该当事人患有精神病，要求宣告该当事人无民事行为能力或限制民事行为能力的，应由利害关系人向人民法院提出申请，由受诉人民法院按照特别程序立案审理，原诉中止。

（二）管辖

根据《民事诉讼法》第 187 条的规定，认定公民无民事行为能力或限制民事行为能力案件，由该公民住所地基层人民法院管辖。这样规定便于人民法院就近调查该公民的健康状况和日常表现，收集有关证据，作出正确的判决，以保护该公民的合法权益。

（三）鉴定

根据《民事诉讼法》第 188 条的规定，人民法院受理申请后，应当对被请求认定为无民事行为能力或限制民事行为能力的公民进行医学鉴定，以取得科学依据。申请人已提供鉴定意见的，应当对鉴定意见进行审查，如对鉴定意见有怀疑的，可以重新鉴定。

（四）审理

根据《民事诉讼法》第 189 条第 1 款的规定，人民法院审理认定公民无民事行为能力或限制民事行为能力案件，应由该公民的近亲属担任代理人，但申请人除外。如果近

亲属互相推诿，由人民法院指定其中一人为代理人。该公民健康状况许可的，还应当询问本人意见。

另根据《法院适用民诉法解释》第352条的规定，被申请人没有近亲属的，法院可以指定其他亲属为代理人。被申请人没有亲属的，人民法院可以指定经被申请人所在单位或者住所地的居委会或村委会的同意，且愿意担任代理人的关系密切的朋友为代理人。没有前款规定的代理人的，由被申请人所在单位或者住所地的居委会或村委会或者民政部门担任代理人。代理人可以是一人，也可以是同一顺序中的两人。代理人只是在诉讼期间为维护被申请人的合法权益，行使代理权，而不是被申请人的监护人。

人民法院一般以不公开审理的方式，对认定公民无民事行为能力或者限制民事行为能力案件进行审理，原因在于此类案件涉及被申请人的病情和病因，公开审理可能会产生不良影响。

（五）判决

根据《民事诉讼法》第189条第2款的规定，人民法院经过对案件的审理，认为该公民并未丧失民事行为能力，申请没有根据的，应当作出判决，驳回申请；认为该公民完全或部分丧失民事行为能力，申请有事实根据的，应当作出判决，认定该公民为无民事行为能力或者限制民事行为能力的人，并为其指定监护人。监护人应当由被申请人的配偶、父母、成年子女或者其他近亲属担任。与被申请人关系密切的其他亲戚、朋友愿意承担监护职责的，经被申请人的所在单位或者住所地的居民委员会、村民委员会同意，也可以担任监护人。

根据《法院适用民诉法解释》第351条的规定，被指定的监护人不服指定，应当在接到通知的次日起30日内向人民法院提出异议。经审理，认为指定并无不当的，裁定驳回异议；指定不当的，判决撤销指定，同时另行指定监护人。判决书应当送达异议人、原指定单位及判决指定的监护人。

三、认定公民无民事行为能力、限制民事行为能力判决的撤销

公民被宣告为无民事行为能力或限制民事行为能力人后，如果经过治疗病情痊愈，精神恢复正常，能够判断自己行为的后果，清醒地处理自己的事务，那么，造成其无民事行为能力或限制民事行为能力的原因已经消除。在这种情况下，由本人或者他的监护人向人民法院提出请求。人民法院根据该公民本人或监护人的申请，经查证属实后，作出新判决，撤销原判决，宣告该公民恢复民事行为能力，同时撤销对他的监护。该判决为终审判决，一经宣告，立即生效。

第六节　认定财产无主案件

一、认定财产无主案件的概念和意义

认定财产无主案件，是指人民法院根据公民、法人或者其他组织的申请，依照法定程序将某项归属不明的财产认定为无主财产，并将它判归国家或集体所有的案件。

任何财产都既是权利主体拥有的财富，又是社会财富。财产所有人有依法占有、使

用、收益、处分其财产的权利，同时有义务合理使用财产，发挥财产的经济效益，为社会扩大财富。但是，在社会生活中，有时财产会与主体脱离，形成无主财产，使财产处于无人管理的状态。法律规定认定财产无主的制度，其意义就在于：人民法院通过对这类案件的审理，可将确认的无主财产收归国家或集体所有，使之物尽其用，既有利于对社会财富的保护和利用，也有利于稳定社会的经济秩序。

二、认定财产无主案件的审理程序

（一）申请

根据《民事诉讼法》第191条的规定，认定财产无主案件，由公民、法人或其他组织向人民法院提出申请。我国民事诉讼法对申请人的范围规定得很广，凡是知道财产无主情况的有关机关、团体、企业事业单位及公民个人，都有权提出申请。申请应采用书面形式，申请书应具体写明财产的种类、数量、所在地以及请求认定财产无主的根据。

（二）管辖

根据《民事诉讼法》第191条的规定，认定财产无主的案件，应当由无主财产所在地的基层人民法院管辖。这样规定有利于人民法院调查该项财产的状况，寻找财产所有人，及时审理和判决。

（三）公告

根据《民事诉讼法》第192条的规定，人民法院受理认定财产无主案件后，应发出财产认领公告，寻找该财产的所有人。公告期为1年。在公告期间，人民法院可根据财产的具体情况，指定专人看管，或委托有关单位代管；能够提存的，也可以提存人民法院保管。

（四）判决

在公告期间，如果财产所有人出现，人民法院应作出裁定，驳回申请，并通知财产所有人认领财产。公告期满仍无人认领的，人民法院即应作出判决，认定该项财产为无主财产，并判归国家或集体所有。

在公告期间，如果有人对财产提出请求，人民法院应裁定终结特别程序，告知申请人另行起诉，适用普通程序审理。

三、认定财产无主判决的撤销

根据《民事诉讼法》第193条的规定，认定财产无主的判决生效后，原财产所有人或者继承人出现，在《民法通则》规定的诉讼时效期间内，可以对财产提出请求。人民法院查证属实后，应当作出新判决，撤销原判决。原判决撤销后，已被国家或集体取得的财产，应将其返还原主。原财产尚在的，应返还原财产；原财产不存在的，可以返还同类财产，或者按原财产的实际价值折价返还。

第七节　确认调解协议案件

一、确认调解协议案件的概念和意义

确认调解协议案件，又称司法确认调解协议案件，是指人民法院根据调解协议当事

人的共同申请，依照法定程序将该调解协议依法确认有效或者无效的案件。

确认调解协议的性质是国家审判机关对诉讼外的调解协议按照特别程序迅捷进行司法审查。《民事诉讼法》2012年修改后把确认调解协议案件纳入特别程序设置为专节即“第六节确认调解协议案件”，具有重要意义：一是，体现了国家民事司法体制机制充分尊重及依法维系当事人双方在诉讼外对纠纷处理所体现的“以和为贵”“调处息争”等中华民族传统文化理念及自愿合意所得的调解协议，有利于鼓励当事人自觉履行调解协议。二是，实现了作为国家民事司法体制中的快速处理机制之一的特别程序与作为社会矛盾治理体制中的民事纠纷大调解机制之一的诉讼外调解格局的有机无缝对接，进一步完善了《民事诉讼法》对非诉调解协议确认与《人民调解法》等法律对非诉调解协议规制相衔接的化解民事矛盾纠纷的法律机制，也体现中国特色社会主义法律体系的内部和谐统一，有利于充分维护当事人民事权益及减少对司法资源的浪费。

《民事诉讼法》“第十五章特别程序第六节确认调解协议案件”第194、195条的规定和《人民调解法》“第五章调解协议”第33条等法律的规定，以及《法院适用民诉法解释》第353条至第360条，2009年7月24日最高人民法院经中央批准发布实施的《最高人民法院关于建立健全诉讼与非诉讼相衔接的矛盾纠纷解决机制的若干意见》（法发〔2009〕45号）（以下简称《建立诉讼与非诉讼衔接机制意见》）、2011年3月21日由最高人民法院审判委员会第1515次会议通过自2011年3月30日施行的《最高人民法院关于人民调解协议司法确认程序的若干规定》（法释〔2011〕5号）（以下简称《人民调解协议司法确认程序规定》），是目前人民法院适用特别程序确认调解协议案件的法律规范依据。①

二、确认调解协议案件的受案范围与管辖法院

（一）确认调解协议案件的范围

1．受案范围

根据《民事诉讼法》第194条，确认调解协议案件的受案范围，是由双方当事人依照人民调解法等法律达成的生效调解协议。

细言之，属于确认调解协议案件的受案范围的“调解协议”，只是诉讼外的一部分生效调解协议，即经人民调解组织、行政调解组织、社会调解组织、调解人或者调解工作室调解后当事人双方达成的生效调解协议。根据《人民调解协议司法确认程序规定》和《建立诉讼与非诉讼衔接机制意见》，主要包括：（1）由人民调解委会根据《人民调解法》规定主持当事人双方达成的生效调解协议。（2）行政机关依法对民事纠纷进行调处后，当事人双方达成的有民事权利义务内容的生效调解协议。（3）没有仲裁协议的当事人申请仲裁委员会对民事纠纷进行调解的，由该仲裁委员会专门设立的调解组织按照公平中立的调解规则进行调解后达成的有民事权利义务内容的生效调解协议。（4）人民

① 注意：《法院适用民诉法解释》第552条规定：“本解释公布施行后，最高人民法院于1992年7月14日发布的《关于适用〈中华人民共和国民事诉讼法〉若干问题的意见》同时废止；最高人民法院以前发布的司法解释与本解释不一致的，不再适用。”据此，自本解释2015年2月4日起施行后，《人民调解协议司法确认程序规定》及《建立诉讼与非诉讼衔接机制意见》没有“与本解释不一致的”规定内容，均可继续适用。

法院鼓励和支持行业协会、社会组织、企事业单位等建立健全调解相关纠纷的职能和机制。经商事调解组织、行业调解组织或者其他具有调解职能的组织调解后达成的具有民事权利义务内容的生效调解协议。(5) 经《劳动争议调解仲裁法》规定的调解组织（即企业劳动争议调解委员会，依法设立的基层人民调解组织，在乡镇、街道设立的具有劳动争议调解职能的组织）调解劳动争议后，当事人双方达成的生效调解协议。(6) 对属于人民法院受理民事诉讼的范围和受诉人民法院管辖的案件，人民法院在收到起诉状或者口头起诉之后、正式立案之前，依职权或者经当事人申请后，委派行政机关、人民调解组织、商事调解组织、行业调解组织或者其他具有调解职能的组织进行调解后当事人双方达成的生效调解协议。(7) 经人民法院建立的调解员名册中的调解员调解后，当事人双方达成的生效调解协议。(8) 人民法院立案后委托他人调解后，当事人双方达成的生效调解协议，即：人民法院在立案后，经双方当事人同意，或者人民法院认为确有必要的，将民事案件委托行政机关、人民调解组织、商事调解组织、行业调解组织或者其他具有调解职能的组织协助进行调解（当事人可以协商选定有关机关或者组织，也可商请人民法院确定调解组织进行调处）后当事人双方达成的生效调解协议。

此外，根据《农村土地承包经营纠纷调解仲裁法》的规定，由村民委员会或乡（镇）人民政府调解农村土地承包经营纠纷帮助当事人达成协议的，村民委员会或者乡（镇）人民政府应当制作调解协议书，由双方当事人签名、盖章或者按指印，经调解人员签名并加盖调解组织印章后生效，但因该法未规定该生效调解协议具有法律强制力，故当事人可以依《建立诉讼与非诉讼衔接机制意见》第 20 条规定共同申请司法确认该生效调解协议。

2. 排除范围

不属于确认调解协议案件的受案范围的“调解协议”，包括：诉讼中的生效调解协议和仲裁中的生效调解协议。

诉讼中的生效调解协议，即由人民法院在民事案件的起诉与立案阶段、法庭审理调解阶段由法官或人民陪审员亲自主持当事人双方达成的生效调解协议。其之所以应排除在确认调解协议案件的受案范围之外，是因为，在法院主持下当事人达成的生效调解协议，无须经司法确认即与生效判决裁定一样具有法律强制力。但上述的在受案法院委托或委派给非法院审判组织外的调解组织调处后当事人双方达成的生效调解协议除外。

仲裁中的生效调解协议，是诉讼外的另一部分生效调解协议，包括：(1) 由仲裁委员会根据《仲裁法》规定调解仲裁双方纠纷后当事人双方达成的生效调解协议。(2) 由农村土地承包仲裁委员会根据《农村土地承包经营纠纷调解仲裁法》的规定调解农村土地承包经营纠纷后当事人双方达成的生效调解协议。(3) 由劳动争议仲裁委员会根据《劳动争议仲裁法》规定调解劳动争议后劳动争议仲裁双方当事人达成的生效调解协议。这三类仲裁中的生效调解协议之所以应被排除在确认调解协议案件的受案范围之外，是因为，仲裁中的生效调解协议，无须进入司法确认即具有法律强制力。如《仲裁法》第 51、52、62 条规定，仲裁庭在作出裁决前，可以先行调解。当事人自愿调解的，仲裁庭应当调解。调解不成的，应当及时作出裁决。调解达成协议的，仲裁庭应当制作调解书，经双方当事人签收后，即发生法律效力。调解书与裁决书具有同等法律效力，当事人应当履行。一方当事人不履行的，另一方当事人可以依照民事诉讼法的有关规定向人民法院申请执行，受理申请的人民法院应当执行。又如《农村土地承包经营纠纷调解仲裁法》第 11、49 条规定，仲裁庭对农村土地承包经营纠纷应当进行调解。调解达成协议的，仲裁庭应当制作调解书，经双方当事人签收后，即发生法律效力。当事人对发生法律效力的调解书，应当依照规定的期限履行。一方当事人逾期不履行的，另一方当事人可以向被申请人住所地或者财产所在地的基层人民法院申请执行，受理申请的人民法院应当依法执行。如《劳动争议仲裁法》第 42、51 条规定，劳动争议仲裁庭在作出裁决前，应当先行调解。调解达成协议的，仲裁庭应当制作调解书，经双方当事人签收后发生法律效力。当事人对发生法律效力的调解书应依规定期限履行，一方当事人逾期不履行的，另一方当事人可以依照民事诉讼法的有关规定向人民法院申请执行，受理申请的人民法院应当依法执行。

（二）管辖法院

根据《民事诉讼法》第 194 条规定，调解组织所在地基层人民法院，是确认调解协议案件的管辖法院。

司法实践中，根据《法院适用民诉法解释》规定，（1）申请司法确认调解协议的，双方当事人应当由本人或者由符合民事诉讼法第 58 条规定的代理人向调解组织所在地基层人民法院或者人民法庭提出申请。（2）两个以上调解组织参与调解的，各调解组织所在地基层人民法院均有管辖权。（3）双方当事人可以共同向其中一个调解组织所在地基层人民法院提出申请；双方当事人共同向两个以上调解组织所在地基层人民法院提出申请的，由最先立案的人民法院管辖。

根据《人民调解协议司法确认程序规定》第 2 条及《建立诉讼与非诉讼衔接机制意见》第 21 条规定，（1）人民法院在立案前委派人民调解委员会调解并达成调解协议，当事人申请司法确认的，由委派的人民法院管辖。（2）当事人可以在书面调解协议中选择当事人住所地、调解协议履行地、调解协议签订地、标的物所在地基层人民法院管辖，但不得违反法律对专属管辖的规定。当事人没有约定的，除《民事诉讼法》第 33 条规定的专属管辖情形外，由当事人住所地或者调解协议履行地的基层人民法院管辖。（3）经人民法院委托有关机关或者组织调解达成的调解协议的申请确认案件，由委托人民法院管辖。

三、确认调解协议案件的审查程序

（一）申请与受理

1. 申请

根据《民事诉讼法》第 194 条、《人民调解法》第 33 条以及相关司法解释的规定，申请司法确认调解协议的要求有：

（1）申请主体。必须是由当事人双方作为共同申请人。一方当事人提出申请，另一方表示同意的，视为共同提出申请。如果仅仅是由一方当事人为申请人，不具备申请主体合法条件。委托他人代为申请的，必须向人民法院提交由委托人签名或者盖章的授权委托书。

（2）申请对象。必须是生效的调解协议，包括口头调解协议和书面调解协议。口头调解协议自各方当事人达成协议之日起生效，调解协议书自各方当事人签名、盖章或者按指印，人民调解员签名并加盖人民调解委员会印章之日起生效。未生效的调解协议，不得申请司法确认。目前，生效的调解协议范围详见上述“属于确认调解协议案件的受案范围的‘调解协议’”。

(3) 申请方式。当事人双方应当共同向有管辖权的人民法院以书面形式（即司法确认申请书）或者口头形式提出确认申请。当事人口头提出申请的，人民法院应当记入笔录，并由当事人签名、捺印或者盖章。

(4) 申请时限。自调解协议生效之日起30日内提出确认申请。

(5) 申请材料。当事人申请司法确认调解协议，应当向人民法院提交调解协议、调解组织主持调解的证明，以及与调解协议相关的财产权利证明等材料，并提供双方当事人的身份、住所、联系方式等基本信息。

当事人未提交上述材料的，人民法院应当要求当事人限期补交。

当事人提出申请时，应当向人民法院提交双方当事人签署的承诺书，其内容应明确载明：①双方当事人出于解决纠纷的目的自愿达成协议，没有恶意串通、规避法律的行为；②如果因为该协议内容而给他人造成损害的，愿意承担相应的民事责任和其他法律责任。

2. 受理

人民法院应当在收到当事人司法确认申请之日起3日内决定是否受理。双方当事人同时到法院申请司法确认的，人民法院可以当即受理。

人民法院决定受理的，应当编立“调确字”案号，并及时向当事人送达受理通知书。根据最高人民法院2011年2月18日修改后的《民事案件案由规定》（法〔2011〕41号）第127条规定，可以确定“请求确认人民调解协议效力”为案由。在司法实践中，人民法院对司法确认案件应结合实际情况统一编立“民调确字号”、“商调确字号”、“商外调确字号”、“知调确字号”案号。

当事人申请司法确认调解协议，有下列情形之一的，人民法院裁定不予受理：(1)不属于人民法院受理民事案件范围的；(2)不属于收到申请的人民法院管辖的；(3)申请确认婚姻关系、亲子关系、收养关系等身份关系无效、有效或者解除的；(4)涉及适用其他特别程序、公示催告程序、破产程序审理的；(5)调解协议内容涉及物权、知识产权确权的。

人民法院受理申请后，发现有上述不予受理情形的，应当裁定驳回当事人的申请。

3. 撤回申请

在人民法院决定受理之后、作出是否确认的裁定之前，一方或者双方当事人撤回司法确认申请的，人民法院应当准许。

(二) 审查与裁定

1. 审查

人民法院受理司法确认申请后，应当指定一名审判员对调解协议进行审查。人民法院审查相关情况时，应当通知双方当事人共同到场对案件进行核实，当面询问当事人。一方当事人经通知无正当理由拒不到场的，司法确认程序终结，按撤回司法确认申请处理。

当事人双方应当向人民法院如实陈述申请确认的调解协议的有关情况，保证提交的证明材料真实、合法。人民法院应当面询问双方当事人是否理解所达成协议的内容，是否接受因此而产生的后果，是否愿意由人民法院通过司法确认程序赋予该协议强制执行的效力。

人民法院经审查，认为当事人的陈述或者提供的证明材料不充分、不完备或者有疑义的，可以要求当事人限期补充陈述或者补充证明材料。必要时，人民法院可以向调解组织核实有关情况。

2. 撤回申请

确认调解协议的裁定作出前，当事人撤回申请的，人民法院可以裁定准许。

当事人无正当理由未在限期内补充陈述、补充证明材料或者拒不接受询问的，人民法院可以按撤回申请处理。

3. 裁定

裁定，应当根据《民事诉讼法》第195条的规定及相关司法解释的要求作出。

人民法院受理申请后，应当自受理司法确认申请之日起15日内作出是否确认的裁定。因特殊情况需要延长的，经本院院长批准，可以延长10日。双方当事人同时到法院申请司法确认的，人民法院可以当即受理并作出是否确认的裁定。

人民法院经审查，调解协议符合法律规定的，裁定调解协议有效，应当作出确认裁定书，依法及时送达当事人。司法实践中，具备下列条件的调解协议，人民法院依法确认其效力：①当事人具有相应的民事行为能力；②当事人意思表示真实；③协议内容不违反法律、行政法规的强制性规定；④协议内容不损害国家利益、社会公共利益和第三人合法权益；⑤不具有相关司法解释规定的不予确认的其他情形。此外，调解协议虽有瑕疵但不影响协议效力的，经双方当事人补正后，人民法院应确认其效力。

经审查，调解协议有下列情形之一的，人民法院应当裁定驳回申请：（1）违反法律、、行政法规强制性规定的；（2）损害国家利益、社会公共利益、他人合法权益的；（3）违背社会公序良俗的；（4）违反自愿原则的；（5）内容不明确，无法确认的；（6）其他不能进行司法确认的情形。比如，①侵害案外人合法权益的；②涉及是否追究当事人刑事责任的；③调解组织、调解员强迫调解或者有其他严重违反职业道德准则的行为的；等等。

人民法院作出不予确认裁定书，依法及时送达当事人，且可以将调解协议不予确认的情况定期或者不定期通报同级司法行政机关和相关人民调解委员会。

根据《建立诉讼与非诉讼衔接机制意见》第24条规定，当事人在违背真实意思的情况下签订调解协议，或者调解组织、调解员与案件有利害关系、调解显失公正的，人民法院对调解协议效力不予确认，但当事人明知存在上述情形，仍坚持申请确认的除外。在司法实践中，人民法院应当对于上述情形进行法律释明，经释明后，当事人仍然坚持要求确认的，应当详细记入笔录，由双方当事人签字或者盖章。

（三）裁定的效力

1. 人民法院的裁定，在送达双方当事人后发生法律效力。

2. 裁定调解协议有效的，调解协议具有执行力，一方当事人拒绝履行或者未全部履行的，对方当事人可以向作出确认裁定的人民法院申请强制执行。

3. 裁定驳回申请不予确认的，调解协议的法律效力丧失，当事人可以通过人民调解方式变更原调解协议或者达成新的调解协议，也可以向有管辖权的人民法院提起诉讼。

经《劳动争议调解仲裁法》规定的调解组织调解达成的劳动争议调解协议，双方当事人可以不经仲裁程序直接向人民法院申请确认调解协议效力，人民法院裁定不予确认的，当事人可以向劳动争议仲裁委员会申请仲裁。

（四）办理免费

根据《人民调解协议司法确认程序规定》第 11 条规定，人民法院办理人民调解协议司法确认案件，不收取费用。

四、确认调解协议案件的救济途径

根据《法院适用民诉法解释》第 374 条规定，（1）对人民法院作出的确认调解协议的裁定，当事人、利害关系人认为有错误的，可以向作出该裁定的人民法院提出异议。（2）当事人应当自收到裁定之日起 15 日内提出异议，利害关系人自知道或者应当知道其民事权益受到被该裁定确认的调解协议侵害之日起 6 个月内提出异议。（3）作出该裁定的人民法院经审查，当事人、利害关系人异议成立或者部分成立的，作出新的裁定撤销或者改变原裁定；异议不成立的，裁定驳回。

根据《人民调解协议司法确认程序规定》第 10 条规定，案外人认为经人民法院确认的调解协议侵害其合法权益的，可以自知道或者应当知道权益被侵害之日起 1 年内，向作出确认裁定的人民法院申请撤销确认裁定。经审查，案外人的申请成立的，人民法院应作出新裁定，撤销原确认裁定。

第八节　实现担保物权案件

一、实现担保物权案件的概念和意义

担保，是《担保法》等法律规定的为确保在借贷、买卖、货物运输、加工承揽等经济活动中的债权人实现债权，而以债务人或第三人的信用或特定财产作保证或抵押、质押、留置和定金等方式来督促债务人履行债务的民事交易保障制度，其中的抵押、质押、留置属物权担保。

物权，是指权利人依《物权法》等法律对特定的物享有直接支配和排他的权利，包括所有权、用益物权和担保物权。

担保物权，是指一种以直接支配特定财产的交换价值为内容，以确保债权实现为目的的他物权；详指债权人在借贷、买卖等民事活动中，为保障债权实现，依照《物权法》和其他法律的规定在债务人或者第三人享有所有权的特定财产（动产或不动产）上设立抵押、质押和留置等担保债务履行方式而享有的对该特定财产直接支配和排他受偿的权利，包括抵押权、质押权和留置权。

实现担保物权，即担保物权的行使，主要是指在债务人不履行到期债务或者发生当事人约定的实现担保物权的情形时即担保物权的行使条件亦即实现要件成就时，担保物权人依法定途径、方式对担保物变价并从变价款中优先受偿而实现自己的债权。

实现担保物权案件，是指担保权人依照物权法等法律，请求人民法院审查并裁定拍卖、变卖担保财产实现其特定财产上的担保物权的非诉案件。

《民事诉讼法》“特别程序”的“第七节实现担保物权案件”和《物权法》第 195 条第 2 款的规定，以及《法院适用民诉法解释》第 361 条至第 373 条的规定等，是人民法院审理实现担保物权案件的法律依据。

（二）实现担保物权案件的意义

2012 年修改后的《民事诉讼法》把实现担保物权案件纳入特别程序设置为专节即“第七节实现担保物权案件”用 2 个条文即第 196、197 条加以规定，具有重要意义：首先，实现了民事程序法与民事实体法的对接，完善了实现担保物权的法律运行机制，有效解决了过去相当一段时间因《民事诉讼法》与《物权法》对担保物权公力救济途径的断裂状态所导致的困扰《物权法》第 195 条第 2 款“抵押权人可以请求人民法院拍卖、变卖抵押财产”的程序法配套问题及实务操作中担保物权实现的效率问题。其次，担保物权的实现是担保物权最重要的效力，也是担保物权人最主要的权利。权利人实现担保物权的法定途径，一是诉讼途径，二是非诉途径。在主债务履行期届满债权人未受清偿或出现当事人约定的实现担保物权的情形时，权利人等可以通过《民事诉讼法》设定的特别程序这一非诉途径来实现担保物权，既有利于依法快捷实现担保物权人的利益，促进担保物权制度功能发挥，又有利于节约司法资源，减轻担保交易的成本，维护担保交易的良性运行。

二、实现担保物权案件的范围和管辖法院

（一）实现担保物权案件的范围

目前，根据《物权法》等法律规定，可以通过《民事诉讼法》第 196、197 条规定的特别程序这一非诉途径提出实现物权担保的案件的范围，包括以下三类案件：

1. 实现抵押权案件

根据《物权法》第 179 条规定，为担保债务的履行，债务人或者第三人不转移财产的占有，将该财产抵押给债权人的，该债务人或者第三人为抵押人，债权人为抵押权人，提供担保的财产为抵押财产。

实现抵押权案件，是指抵押权人在其与抵押人未就抵押权实现方式达成协议的前提下请求人民法院拍卖、变卖抵押财产。根据《物权法》第 195 条规定，债务人不履行到期债务或者发生当事人约定的实现抵押权的情形，抵押权人可以与抵押人协议以抵押财产折价或者以拍卖、变卖该抵押财产所得的价款优先受偿。协议损害其他债权人利益的，其他债权人可以在知道或者应当知道撤销事由之日起一年内请求人民法院撤销该协议。抵押权人与抵押人未就抵押权实现方式达成协议的，抵押权人可以请求人民法院拍卖、变卖抵押财产。

2. 实现质押权案件

质押权，又称质权，包括动产质押权和权利质押权。实现质押权案件，主要服务于实现动产质押权。根据《物权法》第 208 条规定，为担保债务的履行，债务人或者第三人将其动产出质给债权人占有的，该债务人或者第三人为出质人，债权人为质权人，交付的动产为质押财产。质权自出质人交付质押财产给质权人占有时设立。

在现行担保物权的立法规定及司法实践中，实现质押权案件，比较复杂，包括二类：

（1）质权人请求人民法院实现质押权案件。根据《物权法》第216条、219条规定质押权实现的状况包括：①因不能归责于质权人的事由可能使质押财产毁损或者价值明显减少，足以危害质权人权利且出质人拒绝向质权人提供相应担保的，质权人可以拍卖、变卖质押财产。②债务人不履行到期债务或者发生当事人约定的实现质权的情形，质权人也可以就拍卖、变卖质押财产所得的价款优先受偿。

质权人在上述二种状况出现时按照担保物权公力救济的非诉途径，依据民诉法的规定可以请求人民法院拍卖、变卖质押财产。

（2）出质人请求人民法院实现质押权案件。根据《物权法》第220条规定，出质人可以请求质权人在债务履行期届满后及时行使质权；质权人不行使的，出质人可以请求人民法院拍卖、变卖质押财产。出质人请求质权人及时行使质权，因质权人怠于行使权利造成损害的，由质权人承担赔偿责任。

在出现上述质权人不作为状况时，出质人也可以按照担保物权公力救济的非诉途径，依据民诉法的规定请求人民法院拍卖、变卖质押财产。

3. 实现留置权案件

根据《物权法》规定，债务人不履行到期债务，债权人可以留置已经合法占有的债务人的动产，并有权就该动产优先受偿，该债权人为留置权人，占有的动产为留置财产。

实现留置权案件，在现行的立法规定及司法实践中比较复杂，包括以下二个种类：

（1）留置权人请求人民法院实现留置权案件。根据《物权法》第236条规定，留置权人与债务人应当约定留置财产后的债务履行期间；没有约定或者约定不明确的，留置权人应当给债务人2个月以上履行债务的期间，但鲜活易腐等不易保管的动产除外。债务人逾期未履行的，留置权人也可以就拍卖、变卖留置财产所得的价款优先受偿。此外，根据《担保法》第84条以及《合同法》第264条、286条、287条、315条、380条、422条规定，因保管合同、运输合同、加工承揽合同、建筑工程合同、货运合同、行纪合同发生的债权，债务人不履行债务的，债权人有留置权，主要包括：①承揽合同的定作人未向承揽人支付报酬或者材料费等价款的，承揽人对完成的工作成果享有留置权，但当事人另有约定的除外。②建筑工程合同的发包人未按照约定支付价款的，承包人可以催告发包人在合理期限内支付价款。发包人逾期不支付的，除按照建设工程的性质不宜折价、拍卖的以外，承包人也可以申请人民法院将该工程依法拍卖，优先受偿建设工程的价款。③货运合同的托运人或者收货人不支付运费、保管费以及其他运输费用的，承运人对相应的运输货物享有留置权，但当事人另有约定的除外。④保管合同的寄存人未按照约定支付保管费以及其他费用的，保管人对保管物享有留置权，但当事人另有约定的除外。⑤行纪合同的行纪人完成或者部分完成委托事务的，委托人应当向其支付相应的报酬。委托人逾期不支付报酬的，行纪人对委托物享有留置权，但当事人另有约定的除外。

按照担保物权公力救济的非诉途径，留置权人在上述几种状况出现时可以依据民事诉讼法的规定请求人民法院拍卖、变卖留置财产。

(2) 债务人请求人民法院实现留置权案件。根据《物权法》第 237 条规定，债务人可以请求留置权人在债务履行期届满后行使留置权；留置权人不行使的，债务人可以请求人民法院拍卖、变卖留置财产。

在出现上述留置权人不作为状况时，债务人也可以按照担保物权公力救济的非诉途径依据民事诉讼法的规定请求人民法院拍卖、变卖留置财产。

（二）实现担保物权案件的管辖法院

根据《民事诉讼法》第 196 条规定，实现担保物权案件的管辖法院，是担保财产所在地或者担保物权登记地基层人民法院，其他法院无管辖权。这符合两便原则，有利于提高司法效率，尽快实现担保物权。

《法院适用民诉法解释》第 362、363、364 条进一步细化规定，(1) 实现票据、仓单、提单等有权利凭证的权利质权案件，可以由权利凭证持有人住所地人民法院管辖；无权利凭证的权利质权，由出质登记地人民法院管辖。(2) 实现担保物权案件属于海事法院等专门人民法院管辖的，由专门人民法院管辖。(3) 同一债权的担保物有多个且所在地不同，申请人分别向有管辖权的人民法院申请实现担保物权的，人民法院应当依法受理。

三、实现担保物权案件的审查程序

（一）申请与受理

1. 申请

实现担保物权的特别程序，以当事人申请而启动。根据《民事诉讼法》第 196 条及《物权法》等法律以及有关司法解释的规定，当事人申请启动实行担保物权特别程序应具备的条件如下：

(1) 申请主体。必须是担保物权人以及其他有权请求实现担保物权的人，包括：①担保权人，包括抵押权人、质押权人、留置权人都可以成为合法申请主体。②其他有权请求实现担保物权的人。包括抵押人、出质人、财产被留置的债务人或者所有权人等。在发生质押权人、留置权人在债务履行期届满后怠于行使其质押权、留置权的状况时，根据《物权法》规定，出资人、债务人也可以成为合法申请主体。

(2) 申请对象。必须是具备实现要件的担保物权。担保物权的一般实现要件，即《物权法》和其他法律规定的债务人不履行到期债务或者发生当事人约定的实现担保物权的情形。此外，担保物权的特殊实现要件是：质押权在债务履行期届满后被怠于实现的，或者留置权在债务履行期届满后不行使的。

注意：同一财产上设立多个担保物权，登记在先的担保物权尚未实现的，不影响后顺位的担保物权人向人民法院申请实现担保物权。

(3) 申请方式。申请人应当向有管辖权的人民法院以书面形式（实现担保物权申请书）或者口头形式提出申请。申请人以口头方式提出申请的，人民法院应当记入笔录，并由申请人签字或者盖章。

(4) 申请时限。申请人应自担保物权实现要件成就之日起提出申请。

(5) 申请材料。申请实现担保物权，应当提交下列材料：①申请书。申请书应当记明申请人、被申请人的姓名或者名称、联系方式等基本信息，具体的请求和事实、理由；②证明担保物权存在的材料，包括主合同、担保合同、抵押登记证明或者他项权利证书，权利质权的权利凭证或者质权出质登记证明等；③证明实现担保物权条件成就的材料；④担保财产现状的说明；⑤人民法院认为需要提交的其他材料。比如，担保物权成立凭证和身份证明、资格证明，以及担保财产存在及其处所、数量等的证明、担保物权有效的证明、当事人之间达成的实现担保物权情形的约定等与实现担保物权相关的证明材料。

申请人提出申请时，应当向人民法院提交申请人签署的承诺书，其内容应载明：①申请人出于实现担保物权的目的，没有恶意规避法律的行为，当事人对担保物权和债权债务没有争议；②如果因为本人申请实现担保物权而给他人合法权益造成损害的，愿意承担相应的民事责任和其他法律责任。之所以要求申请人出具承诺书，是因为仅仅根据物权担保关系，不经过审理程序而直接裁定拍卖、变卖当事人的财产，很容易使当事人的实体权利受到侵害，而且担保物一旦被拍卖、变卖，由于物权合法变更，无法执行回转，后果严重，因此，必须在启动特别程序实现担保物权之前，对申请实现担保物权的行为设置一个必须承诺诚信申请的环节予以适当的预警约束。

2. 受理

人民法院应当在收到申请人实现担保物权申请之日起 3 日内决定是否受理。

（1）不予受理

人民法院对具有下列情形之一的实现担保物权申请，不予受理：①不属于人民法院受理实现担保物权案件范围的；②不属于接受申请的人民法院管辖的；③当事人对担保物权和债权债务有争议的；④担保物权实现要件生效之日未到的。

依照物权法第 176 条的规定，被担保的债权既有物的担保又有人的担保，当事人对实现担保物权的顺序有约定，实现担保物权的申请违反该约定的，人民法院裁定不予受理；没有约定或者约定不明的，人民法院应当受理。

（2）受理

人民法院决定受理的，应当编立实现担保物权案号，并及时向申请人送达受理通知书。人民法院受理申请后，申请人对担保财产提出保全申请的，可以按照民事诉讼法关于诉讼保全的规定办理。人民法院受理申请后，应当在 5 日内向被申请人送达申请书副本、异议权利告知书等文书。被申请人有异议的，应当在收到人民法院通知后的 5 日内向人民法院提出，同时说明理由并提供相应的证据材料。

3. 撤回申请

鉴于申请人选择非诉途径向法院请求实现担保物权，是行使其享有处分权的民事程序权利。因此，申请人在人民法院决定受理之后、作出裁定之前，请求撤回实现担保物权申请的，人民法院应当准许。

（二）审查与裁定

人民法院应自受理实现担保物权申请之日起 15 日内，进行审查并作出裁定。

1. 审查

人民法院受理实现担保物权申请后，可以由审判员一人独任审查。担保财产标的额超过基层人民法院管辖范围的，应当组成合议庭进行审查。

人民法院审查实现担保物权案件，可以询问申请人、被申请人、利害关系人，申请人经通知无正当理由拒不到场接受询问的，审查程序终结，按撤回申请处理。必要时，人民法院可以依职权调查相关事实。

人民法院应当就主合同的效力、期限、履行情况，担保物权是否有效设立、担保财产的范围、被担保的债权范围、被担保的债权是否已届清偿期等担保物权实现的条件，以及是否损害他人合法权益等内容进行审查。

被申请人或者利害关系人提出异议的，人民法院应当一并审查。

2. 裁定

根据《民事诉讼法》第 197 条规定，人民法院对实现担保物权申请进行审查后，应以是否符合法律规定为标准，分别情况作出以下两种裁定：

（1）拍卖、变卖担保财产。即人民法院受理申请后，经审查，符合法律规定的，裁定拍卖、变卖担保财产。

所谓“符合法律规定的”，是指：①担保物权的设定是符合《物权法》等法律的规定的；②担保合同是有效的；③担保物权的实现要件已经具备的；④担保物权尚存的；⑤担保物权行使时效尚在的。担保物权行使时效，是指当事人约定的担保物权存续期间或者主债务诉讼时效期间，以及有关司法解释规定的实现时效。如，根据《最高人民法院关于适用〈中华人民共和国担保法〉若干问题的解释》（法释〔2000〕44 号）第 12 条规定，担保物权所担保的债权的诉讼时效结束后，担保权人在诉讼时效结束后的 2 年内行使担保物权的，人民法院应当予以支持。又如，根据 2011 年最高人民法院全国民事审判工作会议《纪要》第 26 条规定，非因承包人的原因，建设工程未能在约定期间内竣工，承包人依据《合同法》第 286 条规定享有的优先受偿权不受影响；承包人行使优先受偿权的期限为 6 个月。自建设工程合同约定的竣工之日起计算，若建设工程合同未约定竣工日期，或者由于发包人的原因，合同解除或终止履行时已经超出合同约定的竣工日期的，承包人行使优先受偿权的期限自合同解除或终止履行之日起计算。此条规定承包人行使优先受偿权的 6 个月期限，即为该留置权行使时效期限。

（2）驳回申请。即人民法院受理申请后，经审查，不符合法律规定的，裁定驳回申请。

所谓“不符合法律规定的”，是指以下情形之一：①担保物权设定违反《物权法》等法律的规定的。②担保合同因所担保的主债权债务合同无效而被确认无效的。③担保物权消灭的。包括：主债权消灭的，担保物权实现的，债权人放弃担保物权的，以及法律规定担保物权消灭的其他情形如《担保法》规定抵押权因抵押物灭失、质权因质物灭失而消灭，《物权法》及《担保法》规定留置权因留置权人对留置财产丧失占有或者接受债务人另行提供担保而消灭，等。④担保人依法不再承担担保责任的。比如根据《物权法》第 175 条规定，存在第三人提供担保，未经其书面同意，债权人允许债务人转移全部或者部分债务的，担保人不再承担相应的担保责任。⑤担保物权的行使时效已经结束的。⑥担保合同约定的担保物权实现要件尚未成就的。

根据《法院适用民诉法解释》第372条规定，人民法院在对实现担保物权申请审查后，以有无实质性争议为标准，按下列情形分别处理：①当事人对实现担保物权无实质性争议且实现担保物权条件成就的，裁定准许拍卖、变卖担保财产。②当事人对实现担保物权有部分实质性争议的，可以就无争议部分裁定准许拍卖、变卖担保财产；③当事人对实现担保物权有实质性争议的，裁定驳回申请，并告知申请人向人民法院提起诉讼。此处所谓“当事人对实现担保物权的实质性争议”，即指被申请实现的担保物权存或废之争议，如当事人对上述“不符合法律规定的”所指情形之争议是。

（三）裁定的效力

1. 裁定，在送达双方当事人后发生法律效力。

2. 裁定拍卖、变卖担保财产的，该裁定具有执行力，当事人依据该裁定可以向作出裁定的人民法院申请执行。

3. 裁定驳回申请的，当事人可以向有管辖权的人民法院提起诉讼。

此外，若因担保合同约定的担保物权实现条件未成就而被法院裁定驳回申请的，当事人于担保合同约定的担保物权实现条件成就时，可以再次向有管辖权的法院提出申请，通过实现担保物权案件特别程序的非诉途径实现担保物权。

（四）办理免费

根据《诉讼费用交纳办法》（国务院令第481号）第八条：“下列案件不交纳案件受理费：（一）依照民事诉讼法规定的特别程序审理的案件；……”的规定，人民法院办理实现担保物权案件，不收取案件受理费。

实现担保物权案件，人民法院裁定拍卖、变卖担保财产的，申请费由债务人、担保人负担；人民法院裁定驳回申请的，申请费由申请人负担。申请人另行起诉的，其已经交纳的申请费可以从案件受理费中扣除。

拍卖、变卖担保财产的裁定作出后，人民法院强制执行的，按照执行金额收取执行申请费。

四、实现担保物权案件的救济途径

当事人、利害关系人对人民法院作出的准许实现担保物权的裁定，认为有错误的，可以向作出该裁定的人民法院提出异议。

当事人应当自收到裁定之日起15日内提出异议；利害关系人自知道或者应当知道其民事权益受到侵害之日起6个月内提出异议。

作出该裁定的人民法院经审查，异议成立或者部分成立的，作出新的裁定撤销或者改变原裁定；异议不成立的，裁定驳回。

【学习总结与拓展】

【关键词】特别程序　选民资格案件　认定公民无民事行为能力、限制民事行为能力案件　认定财产无主案件　宣告公民失踪案件　宣告公民死亡案件　确认调解协议案件　实现担保物权案件

【思考题】

1. 特别程序的特点是什么？

2. 试述选民资格案件的审理程序。

3. 申请人民法院宣告公民失踪，必须具备哪些条件？

4. 宣告公民死亡的法律后果是什么？

5. 试述认定公民无民事行为能力、限制民事行为能力案件的审理程序。

6. 认定财产无主的判决生效后，原财产所有人或者继承人出现，如何处理？

7. 确认调解协议案件的受案范围包括哪些调解协议？

8. 试述确认调解协议案件的审查与裁定。

9. 实现物权担保案件的范围包括哪些案件？

10. 试述实现物权担保案件的审查与裁定。

【阅读资料】

1.《中华人民共和国民事诉讼法》(2017 年修正) 第十五章特别程序。

2.《最高人民法院关于适用〈中华人民共和国民事诉讼法〉的解释》(法释［2015］5 号) 十七、特别程序。

3. 郝振江:《论我国非讼程序的完善——聚焦于民诉法特别程序的“一般规定”》,《华东政法大学学报》2012 年第 4 期；郝振江:《论非讼程序在我国的重构》,《法学家》2011 年第 4 期；郝振江:《德国非讼事件程序法的新发展》,《河南省政法管理干部学院学报》2011 年第 2 期 ；章武生:《非讼程序的反思与重构》,《中国法学》2011 年第 3 期；陈桂明、赵蕾:《中国特别程序论纲》,《法学家》2010 年第 6 期；刘海渤:《民事非讼审判程序初探》,《中国法学》2004 年第 3 期。

4. 廖中洪:《制定单行〈民事非讼程序法〉的建议与思考》,《现代法学》2007 年第 3 期。

5. 邓辉辉:《选民资格案件性质探讨》,《广西民族大学学报（哲学社会科学版）》2011 年第 6 期；康文学:《论选民资格案件的救济模式》,《济南大学学报（社会科学版)》2008 年第 5 期。

6. 赵盛和:《我国无主财产认定程序的转型》,《国家检察官学院学报》2015 年第 6 期。

7. 郝振江:《论人民调解协议司法确认裁判的效力》,《法律科学（西北政法大学学报)》2013 年第 2 期；郭志远:《调解协议司法确认制度实施问题研究》,《安徽大学法律评论》2012 年第 2 期。

8. 刘永君、武凤、赵倩玉:《法院实现担保物权案件特别程序的实证研究》,《法制与社会》2015 年第 26 期 ；李林启:《形式审查抑或实质审查：实现担保物权案件审查标准探析》,《政治与法律》2014 年第 11 期；朱阁:《实现担保物权案件特别程序的适用研究》,《法律适用》2014 年第 8 期 ；李林启:《我国实现担保物权非讼程序及适用——兼评新〈民事诉讼法〉第 196、197 条之规定》,《湘潭大学学报（哲学社会科学版)》2014 年第 4 期；林建岳、陈胜闾:《实现担保物权案件特别程序与民事执行程序的冲突问题探析》,《法制与经济（中旬)》2014 年第 2 期；肖建国、陈文涛:《论抵押权实现的非讼程序构建》,《北京科技大学学报（社会科学版)》2011 年第 1 期；曹士兵:《我国〈物权法〉关于抵押权实现的规定》,《法律适用》2008 年第 Z1 期。

9. 王强义、宋军著:《民事诉讼特别程序研究》，中国政法大学出版社 1993 年版。

第二十三章　督促程序

【学习提示】通过本章学习，了解督促程序的概念及特点；支付令的概念和效力，熟悉对支付令的申请及审查处理，对支付令的异议及其审查处理，督促程序与诉讼程序的转换；掌握债权人对支付令的申请条件，支付令的异议成立的法律后果，并能够运用督促程序和支付令的规定。

第一节　督促程序的概念和特点

一、督促程序的概念

督促程序，是指有管辖权的基层人民法院根据债权人的申请，依法发布支付令，督促债务人限期履行金钱、有价证券等给付义务的非诉程序。

二、督促程序的特点

（一）督促程序是一种非诉程序

督促程序，是一种迅速简便的保护债权人合法权益的非讼程序，由债权人申请支付令而启动，不需债务人参加，不开庭审理，没有双方当事人讼争。在督促程序中，债权人的活动是提出申请与接受给付，债务人的活动是进行给付或者提出书面异议，人民法院只对债权人的单方面申请予以审查，就其合法申请向债务人发出支付的命令，如遇债务人依法异议，经审查，异议成立的，即行裁定终结程序。

（二）督促程序只有基层人民法院才能适用

督促程序是人民法院催促债务人向债权人履行债务的一种简便的程序，它只适用于债权债务关系明确，当事人又无争议的特定的债务案件。为使此类案件能够迅速得到解决，《民事诉讼法》第214条规定，债权人“可以向有管辖权的基层人民法院申请支付令”。据此，督促程序只有基层人民法院才能适用，中级以上人民法院不得适用。

（三）督促程序是一种简便、快捷的处理案件的程序

督促程序是债权人不用耗时费力与债务人对簿公堂就可以讨回金钱和有价证券等的最简便方法与途径，法院从审查债权人申请到向债务人发出支付令的法定期限只有15日，快捷处理双方之间的债权债务关系。根据《法院适用民诉法解释》的规定，适用督促程序审理的案件，人民法院不得调解，第三人不得提起撤销之诉，当事人不得申请再审，人民检察院不得提出抗诉。

（四）督促程序是一种只适用于金钱和有价证券给付请求的程序

督促程序是人民法院催促债务人向债权人履行债务的一种简便的程序，它只适用于债权债务关系明确，当事人又无争议的特定的债务即金钱、有价证券给付等的案件。债权人请求债务人给付金钱、有价证券，符合条件的，可以选择适用督促程序，申请法院发布支付令来解决，若以金钱、有价证券之外的其他财产为标的物的给付请求或者行为给付请求，则不能适用督促程序处理。

债权人也有权不选择督促程序，而依法直接提起民事诉讼，与债务人对簿公堂，由法院判决债务人履行金钱、有价证券给付义务。一般而言，债权人选择了诉讼程序的，法院就适用第一审普通程序或者简易程序进行审理。

注意，根据《民事诉讼法》第 133 条第（一）项规定，在第一审普通程序的“审理前的准备”阶段，法院对受理的案件确认当事人没有争议，符合督促程序规定条件的，可以转入督促程序。

（五）支付令的效力取决于债务人的行为

人民法院根据债权人的请求发出的支付令，是附条件、附期限的法律文书，是否发生效力取决于债务人是否提出异议。在法定期限内，债务人对支付令提出书面异议的（作为），法院经审查异议成立的，应当裁定终结督促程序，支付令自行失效。逾法定期限，债务人对支付令不履行又不提出异议的（不作为），导致支付令发生强制执行的法律效力。

三、督促程序的意义

债权人在债权债务关系明确的情况下，按照督促程序规定，直接申请法院以支付令的形式催促债务人履行金钱和有价证券的给付义务，有利于节约债权人实现债权的诉讼成本，及时保护其合法权益。

人民法院对债权债务关系明确的金钱和有价证券给付请求，直接适用督促程序进行处理，通过书面审查即可发出支付令催促债务人履行给付义务或提出异议，如债务人逾期不履行债务又不提出书面异议，法院可根据债权人申请强制执行，从而有利于此类债权债务纠纷未发就被方便快捷地解决，提高法院办案效率，减少司法成本，减轻当事人讼累，维护正常的民事经济流转秩序，促进社会主义市场经济发展。

第二节　督促程序的适用条件

督促程序的适用条件，是指债权人向有管辖权的基层人民法院申请支付令必须符合的条件。根据《民事诉讼法》第 214 条规定，债权人申请支付令须具备以下三项条件：

一、债权人请求债务人给付金钱或者有价证券

只有金钱和有价证券为标的物的给付请求，才可以适用督促程序。金钱，即人民币，不包括外币，《中华人民共和国外汇管理条例》第 7 条规定：“在中华人民共和国境内，禁止外币流通，并不得以外币计价结算。”有价证券，包括汇票、本票、支票、股票、债券、国库券、可转让的存款单等。

债权人若以金钱或者有价证券之外的其他财产为标的物的给付请求或者行为给付请求，不能申请支付令，债权人可以提起民事诉讼，通过适用普通程序或简易程序由法院审理判决债务人履行给付义务。

注意，根据《工会法》第 43 条规定，企业、事业单位无正当理由拖延或者拒不拨缴工会经费的，工会也可以申请支付令，通过法院适用督促程序审理解决。[①] 根据《最高人民法院关于在民事审判工作中适用〈中华人民共和国工会法〉若干问题的解释》（法释［2003］11 号）（以下简称《民事审判适用〈工会法〉解释》）第 5 条规定，上级工会根据工会法第 43 条和民事诉讼法的有关规定向人民法院申请支付令，要求企业、事业单位拨缴工会经费的，人民法院应当受理。基层工会要求参加的，人民法院可以准许其作为共同申请人。

二、债权人与债务人之间没有其他债务纠纷

督促程序是人民法院催促债务人向债权人履行特定债务（即给付金钱或者有价证券）的一种简便的非诉程序，要求债权人与债务人之间只存在这一给付的单一法律关系而没有其他债务纠纷，债务关系是单向的，只存在债权人的请求权而不存在债权人对债务人有对待给付的义务。

债权人没有对待给付义务，根据司法实践经验，其含义是：第一、债权人对债务人的给付请求，是不附条件的，而且已经到期。第二、若债权人对于债务人有自己先履行的给付义务或者应与债务人给付义务同时履行且债务人有同时履行抗辩权的，即使债权人已经提出自己的给付，而债务人尚未受领，债权人仍未解除其对待给付的义务，不得申请支付令。

若债权人与债务人之间还存在着金钱或者有价证券债务以外的其他债务纠纷，债权人还有向债务人承担对待给付义务，就不能适用督促程序，应按普通程序或简易程序予以解决。

三、支付令能够送达债务人

能够送达，是指用直接送达方式，能使债务人本人收到支付令。为了使人民法院能够送达，债权人应当指明对债务人送达支付令的处所。根据《法院适用民诉法解释》第 431 条规定，向债务人本人送达支付令，债务人拒绝接收的，人民法院可以留置送达。

根据《民事诉讼法》第 87 条规定精神，经债务人同意，人民法院还可以采用传真、电子邮件等能够确认其收悉的方式送达支付令。采用这一方式送达的，以传真、电子邮件等到达债务人特定系统的日期为送达日期。

根据《法院适用民诉法解释》第 429 条第 1 款第（四）项规定精神，债务人居住在国外的，或虽在我国境内但下落不明的，支付令不可能直接送达债务人，不能适用督促程序。

---

① 《工会法》第 43 条规定："企业、事业单位无正当理由拖延或者拒不拨缴工会经费的，基层工会或者上级工会可以向当地人民法院申请支付令；拒不执行支付令的，工会可以依法申请人民法院强制执行。"

第三节 督促程序的启动——债权人申请支付令

债权人认为自己的情况符合申请支付令的法定条件，可以向人民法院申请支付令，从而正式启动督促程序。

一、提出书面申请

债权人申请支付令，应当用书面方式——支付令申请书。这是债权人请求有管辖权的基层人民法院适用督促程序以支付令方式命令债务人履行金钱、有价证券的给付义务的法律文书。

根据司法实践经验，支付令申请书应当写明：（1）债权人和债务人的姓名、性别、年龄、民族、职业、工作单位和住所或经常居住地，法人或其他组织的名称、住所地和法定代表人或主要负责人的姓名、职务，有诉讼代理人的，也一并写明。特别注意写明保证支付令能够送达债务人的准确地址。（2）请求给付金钱或者有价证券的数量。（3）请求所根据的事实、证据。（4）请求债权已经到期且数额确定，债权人与债务人之间没有其他债务纠纷，债权人没有对待给付义务。（5）请求受理法院向债务人发出支付令。（6）申请发出支付令的管辖法院。并附：债权凭证、相关证据材料目录。

二、向管辖法院申请

根据《民事诉讼法》第 21、214 条和《法院适用民诉法解释》第 23、427 条规定，债权人申请支付令，由有管辖权的基层人民法院管辖，即：由债务人住所地基层人民法院管辖。两个以上基层人民法院都有管辖权的，比如，共同债务人住所地、经常居住地不在同一基层人民法院辖区，各有关基层人民法院都有管辖权的，债权人可以向其中一个基层人民法院申请支付令。债权人向两个以上有管辖权的基层人民法院申请支付令的，由最先立案的基层人民法院管辖。

根据《民事审判适用〈工会法〉解释》第 3 条规定，基层工会或者上级工会依照《工会法》第 43 条规定向人民法院申请支付令的，由被申请人所在地的基层人民法院管辖。

三、缴纳支付令申请费用

根据 2007 年国务院《诉讼费用交纳办法》规定，债权人“依法申请支付令的，比照财产案件受理费标准的 1/3 交纳”支付令申请费用。

第四节 督促程序的运行——法院对支付令申请的审查

根据《民事诉讼法》第 215 条、216 条规定和《法院适用民诉法解释》第 428、429、430、437 条，债权人提出支付令申请后，人民法院适用督促程序审查案件分两步：第一步，立案前的受理审查；第二步，立案后的发令审查。

（一）立案前的受理审查

立案前的受理审查，又称为对申请形式上的审查，是指人民法院应当在收到债权人申请之日起 5 日内，进行对债权人的申请形式上的审查，并通知债权人是否立案受理其申请。其步骤包括：

1. 审查

人民法院对申请立案前的受理审查的内容有：（1）申请人是否具备申请的资格和能力；（2）申请是否符合受理条件；（3）申请手续是否完备；（4）申请是否应由本法院管辖。

人民法院收到债权人的支付令申请书后，认为申请书不符合要求的，可以通知债权人限期补正。补正期间不计入《民事诉讼法》第 215 条规定的 5 日受理期限，人民法院应当自收到补正材料之日起 5 日内通知债权人是否受理。认为不应由本法院管辖的，应告知债权人向有管辖权的法院提出申请。

2. 审查后的处理

（1）通知立案受理

经审查，债权人申请支付令，符合下列受理条件的，基层人民法院应当受理，并在收到支付令申请书后 5 日内通知债权人：

①请求给付金钱或者汇票、本票、支票、股票、债券、国库券、可转让的存款单等有价证券；

②请求给付的金钱或者有价证券已到期且数额确定，并写明了请求所根据的事实、证据；

③债权人没有对待给付义务；

④债务人在我国境内且未下落不明；

⑤支付令能够送达债务人；

⑥收到申请书的人民法院有管辖权；

⑦债权人未向人民法院申请诉前保全。

基层人民法院受理申请支付令案件，不受债权金额的限制。

（2）通知不予立案或裁定驳回申请

经审查，债权人申请支付令，不符合以上 7 项受理条件之一的，基层人民法院应当在收到支付令申请书后 5 日内通知债权人不予受理，并说明理由。如果收到不予受理通知的债权人坚持支付令申请的，应当裁定驳回其申请。

（二）立案后的发令审查

立案后的发令审查，又称为对申请内容上的审查，是指基层人民法院在通知债权人立案受理其支付令申请之日起 15 日内，审查债权人申请支付令提供的事实、证据，债权债务关系是否明确、合法，进而对债务人发布支付令或者裁定驳回债权人申请。其步骤包括：

1. 审查

人民法院通知受理债权人提出的支付令申请后，应当进入立案后的发令审理。审查的方式是：实行独任制由审判员一人进行审查，不询问债务人，不开庭审理。审查的内容是：（1）进一步查实申请人所提供的事实和证据。（2）债权债务关系是否明确。（3）

债权债务关系是否合法。

2. 审查后的处理

人民法院完成上述审查后，分别情况作出以下两种不同的处理结果：

（1）裁定驳回申请

经审查，有下列情形之一的，裁定驳回债权人提出的支付令申请：

①申请人不具备当事人资格的；

②给付金钱或者有价证券的证明文件没有约定逾期给付利息或者违约金、赔偿金，债权人坚持要求给付利息或者违约金、赔偿金的；

③要求给付的金钱或者有价证券属于违法所得的；

④要求给付的金钱或者有价证券尚未到期或者数额不确定的。

裁定书由审判员，书记员署名，加盖人民法院印章，该裁定不得上诉。

（2）发出支付令

经审查，债权债务关系明确、合法的，应当向债务人发出支付令。

所谓债权债务关系明确，包括双方当事人之间法律关系的发生明确，权利义务的内容明确，行使权利和履行义务的方法明确。所谓合法，指当事人的行为合法，设定的权利义务关系合法，没有违背法律的事实。只有债权人提供的事实、证据，能证明债权债务关系明确而又是合法的，申请才能成立。

根据《民事审判适用〈工会法〉解释》第4条规定，人民法院根据工会法第43条的规定受理工会提出的拨缴工会经费的支付令申请后，应当先行征询被申请人的意见。被申请人仅对应拨缴经费数额有异议的，人民法院应当就无异议部分的工会经费数额发出支付令。

根据《劳动合同法》第30条规定，用人单位违反劳动合同约定和国家规定，向劳动者拖欠或者未足额支付劳动报酬的，劳动者可以依法向当地人民法院申请支付令，人民法院应当依法发出支付令。

根据《劳动争议调解仲裁法》第16条规定，劳动者与用人单位在劳动争议调解组织（含：企业劳动争议调解委员会、依法设立的基层人民调解组织和在乡镇、街道设立的具有劳动争议调解职能的组织）调解下因支付拖欠劳动报酬、工伤医疗费、经济补偿或者赔偿金事项达成调解协议，用人单位在协议约定期限内不履行的，劳动者可以持调解协议书依法向人民法院申请支付令，人民法院应当依法发出支付令。

第五节 督促程序的核心——支付令

一、支付令的概念

支付令，是人民法院向债务人发出的对债权人履行给付金钱、有价证券义务的命令。

二、支付令的内容与发令期限

根据司法实践经验，支付令应记明以下事项：1. 债权人、债务人姓名或名称等基本情况；2. 债务人应当给付的金钱、有价证券的种类、数量；3. 清偿债务或者提出异议的期限；4. 债务人在法定期间不提出异议的法律后果。支付令，由审判员、书记员署名，加盖人民法院印章。

支付令，由人民法院自受理债权人支付令申请之日起 15 日内发出，并送达给债务人，同时，亦向债权人送达。债务人拒绝接收的，人民法院可以留置送达。

三、支付令的效力与债务人的反应方式

（一）支付令的效力

支付令一经送达，便产生如下效力：

1. 债务人自收到支付令之日起 15 日内，应清偿债务或者向法院提出书面异议。

2. 债务人自收到支付令的次日起 15 日内，既不提出异议又不清偿债务的，债权人可以向法院申请强制执行。债权人向人民法院申请执行支付令的期间，适用《民事诉讼法》第 239 条的规定，申请执行的期间为二年。

债务人对债务本身没有异议，只是提出缺乏清偿能力的，不影响支付令的效力。

债务人在收到支付令后，未在法定期间提出书面异议，而向其他人民法院起诉的，不影响支付令的效力。

（二）债务人的反应方式

债务人在收到支付令后，可以作出的反应方式有三：

1. 清偿债务。债务人收到支付令之日起 15 日内清偿债务。清偿，包括实际履行义务和同债权人达成和解两种情形。

2. 提出异议。债务人收到支付令之日起 15 日内以书面方式向人民法院提出异议。异议是否成立，由法院审查。

3. 在接到支付令之日起 15 日内既不清偿债务，也不提出书面异议。15 日届满，支付令便告确定，产生与生效判决同样的法律效力。

四、支付令生效后发现确有错误的处理

按照《法院适用民诉法解释》第 380、443 条规定，支付令生效后发现确有错误的，当事人（债权人和债务人）不得申请法院再审，法院也不受理检察院对支付令的再审抗诉。人民法院院长发现本院已经发生法律效力的支付令确有错误，认为需要撤销的，应当提交本院审判委员会讨论决定后，裁定撤销支付令，驳回债权人的申请。

第六节　督促程序的终结——对支付令的异议

一、支付令异议的提出

根据《民事诉讼法》第 216 条规定之精神，债务人提出对支付令的异议，必须符合以下四个条件才能有效成立：

（一）异议主体

对支付令的异议必须由债务人本人提出，其他人提出的异议不影响支付令效力。

（二）异议时间

债务人必须在法定期限内即收到支付令之日起 15 日内提出异议。债务人超过法定期间提出异议的，视为未提出异议。

（三）异议方式

债务人必须以书面方式提出对支付令的异议。债务人的口头异议无效。

（四）异议内容

债务人提出的异议内容，必须是针对并明确表示拒绝履行支付令催促其向债权人履行的给付债务。

二、支付令异议的撤回

人民法院作出终结督促程序或者驳回异议裁定前，债务人请求撤回异议的，应当裁定准许。债务人对撤回异议反悔的，人民法院不予支持。

三、支付令异议的审查处理

（一）支付令异议不成立的，裁定驳回异议

经审查，债务人提出的书面异议具有下列情形之一的，人民法院应当认定支付令异议不成立，作出驳回债务人异议的裁定，并督促其按支付令的规定清偿债务：(1) 异议提出人不是债务人的；(2) 债务人是收到支付令之日起 15 日后才提出异议且无法定顺延情形的；(3) 债务人是口头异议的；(4) 债务人对债务本身没有异议，只是提出缺乏清偿能力、延缓债务清偿期限、变更债务清偿方式等异议不影响支付令效力的；(5) 债权人基于同一债权债务关系就可分之债向多个债务人提出支付请求，多个债务人中的一人或者几人提出异议不影响其他请求的效力的。

（二）支付令异议成立的，裁定终结督促程序

根据《法院适用民诉法解释》第 437 条规定，经形式审查，债务人提出的书面异议有下列四大情形之一的，人民法院应当认定支付令异议成立，裁定终结督促程序：

1. 具有《法院适用民诉法解释》规定的不予受理支付令申请情形之一的，包括：(1) 债权人请求给付的标的物不是金钱或者汇票、本票、支票、股票、债券、国库券、可转让的存款单等有价证券的；(2) 债权人请求给付的金钱或者有价证券未到期或数额不确定的，或未写明请求所根据的事实、证据的；(3) 债权人也有对待给付义务的；(4) 债务人不在我国境内的或下落不明的；(5) 支付令不能够送达债务人的；(6) 收到申请书的人民法院没有管辖权的；(7) 债权人已经向人民法院申请诉前保全的。

2. 具有《法院适用民诉法解释》规定的裁定驳回支付令申请情形之一的，包括：(1) 申请人不具备当事人资格的；(2) 给付金钱或者有价证券的证明文件没有约定逾期给付利息或者违约金、赔偿金，债权人坚持要求给付利息或者违约金、赔偿金的；(3) 要求给付的金钱或者有价证券属于违法所得的；(4) 要求给付的金钱或者有价证券尚未到期或者数额不确定的。

3. 具有《法院适用民诉法解释》规定的应当裁定终结督促程序情形之一的，包括：(1) 人民法院受理支付令申请后，债权人就同一债权债务关系又提起诉讼的；(2) 人民法院发出支付令之日起 30 日内无法送达债务人的；(3) 债务人收到支付令前，债权人

撤回申请的。

4. 人民法院对是否符合发出支付令条件产生合理怀疑的。

四、支付令异议成立的法律后果

根据《民事诉讼法》第 217 条规定，支付令书面异议成立的法律后果如下：

（一）终结督促程序

人民法院审查认定异议成立的，应当裁定终结督促程序。法院不得适用督促程序处理该债务纠纷，债权人也不得对法院作出的终结督促程序的裁定提起上诉。

但是，在人民法院作出裁定终结督促程序前，债务人请求撤回支付令异议的，应当准许。

（二）支付令自行失效

人民法院裁定终结督促程序的，已发出的支付令自行失效，即：丧失对债务人清偿债务的督促力及对债务人拒绝清偿债务的执行力。法院无须裁定撤销该支付令。债务人可以拒绝按照该支付令的督促履行债务。债权人以该支付令为执行名义申请法院对债务人强制执行的，法院不予支持。

对设置有担保的债务的主债务人发出的支付令，对担保人没有拘束力。债权人就担保关系单独提起诉讼的，支付令自人民法院受理起诉案件之日起自行失效。

第七节 督促程序与诉讼程序的相互转换

督促程序与诉讼程序的相互转换，是指根据民事诉讼法的规定，申请支付令案件可以从督促程序终结转入诉讼程序作为诉讼案件审理，诉讼案件可以从诉讼程序之中转入督促程序作为申请支付令案件处理。

一、督促程序转入诉讼程序

根据《民事诉讼法》第 217 条规定，人民法院收到债务人提出的书面异议后，经审查，异议成立的，应当裁定终结督促程序，支付令自行失效，法院可以对该债务纠纷立案——债权人提出支付令申请的时间，即为向人民法院起诉的时间——从已终结的督促程序转入诉讼程序（或普通程序或简易程序）进行审判，但申请支付令的一方当事人不同意提起诉讼的除外。

这是由于债务人异议成立，法院裁定终结督促程序，既导致支付令自行失效，同时也导致债权人与债务人之间的债权债务关系凸显争议状态而需经诉讼程序来审理解决，因此法院可以（在债权人不表示异议的前提下）将此债务纠纷直接转入诉讼程序（普通程序或者简易程序）按民事权益争议案件予以立案、审理、裁判，以利于及时、迅捷解决当事人的债务纠纷。其法理基础是将债权人向法院提出支付令的申请视为非诉支付和给付之诉的司法保护请求，故支付令自行失效后，法院可以将督促程序直接转化为诉讼程序。德国、日本、法国等绝大多数国家和我国台湾地区采取的也是这种立法例，即把督促程序与通常诉讼程序有机地衔接起来，在债权人和债务人之间合理地分配程序利益和诉讼风险，体现了“一个纠纷一次解决”的司法理想和平等地保障当事人的权利之程序公正观念。但若申请支付令的债权人不同意提起诉讼的，按照“不告不理”的诉讼公理，法院在裁定终结督促程序后不得转入诉讼程序审理。

二、诉讼程序转入督促程序

（一）诉讼程序转入督促程序的概念

诉讼程序转入督促程序，即指基层人民法院将其按照普通程序已经立案受理的民事案件依法直接转入督促程序处理。

（二）诉讼程序转入督促程序的法律根据与转入要件

诉讼程序转入督促程序的法律根据，是《民事诉讼法》在“第十二章第一审普通程序”的“第二节审理前的准备”中的第133条第（一）项规定，即：“人民法院对受理的案件，分别情形，予以处理：（一）当事人没有争议，符合督促程序规定条件的，可以转入督促程序；……”

据此规定，转入督促程序的要件有三：一是，该案件是人民法院在第一审普通程序中已经立案受理但尚未开庭审理的民事案件；二是，该案件当事人没有争议，即各方当事人对各自享有的债权、承担的债务、债权人没有对待给付义务以及债权已经到期且数额确定等均有一致性认同；三是，该案件符合督促程序规定的条件，即该案件属于《民事诉讼法》第214条规定的基层人民法院管辖的债权人请求债务人给付金钱、有价证券的案件，且符合债权人与债务人没有其他债务纠纷、支付令能够送达债务人的条件。

只要具备上述三个转入要件，基层人民法院就可以依职权在普通程序的审理前准备阶段将其已经立案受理的民事案件转入督促程序处理。

（三）诉讼程序转入督促程序的具体运行

诉讼程序转入督促程序，是2012年修改的《民事诉讼法》在保留债权人依法申请支付令启动督促程序的当事人主义运行机制的同时，所增加的法院依法主动启动督促程序处理已立案受理案件的职权主义运行机制。但是，法院是否可以在没有债权人提出支付令申请及对该申请审查的前提下直接向债务人发出支付令，《民事诉讼法》和《法院适用民诉法解释》均无明确规定。

本书认为，诉讼程序转入督促程序，是《民事诉讼法》2012年修改新添加的督促程序职权主义运行机制和新设置的赋予法院依职权启动督促程序迅捷解决给付金钱、有价证券的案件，节约司法资源减少当事人讼累的案件分流处理机制，故无须债权人提出支付令申请。

但是，从正当程序着眼，还应征询债务人意见再办理程序变更手续以及遵循相关的督促程序规制：

一是，先征询债务人对程序转换的意见。即受案法院认为案件符合《民事诉讼法》第133条第（一）项规定情形可以转入督促程序的，有必要先征询债务人对转入督促程序处理本案是否有异议。债务人如有异议，则继续按照普通程序开庭审理，以保障债务人享有的正当程序利益不因职权主义运行督促程序而受到损害。债务人如无异议的，则可以转入督促程序，以尊重债务人放弃普通程序庭审辩论等正当程序利益的自愿选择。

二是，办理必要的程序变更手续。即受案法院在审理前的准备阶段确认本案符合《民事诉讼法》第133条第（一）项规定情形的，有必要作出本案从普通程序转入督促程序的裁定。

三是，遵循支付令发布、异议及审查处理等督促程序的主要规制。即在转入督促程序的裁定送达当事人之日起 15 日内向债务人发出支付令；债务人收到支付令之日起 15 日内以书面方式向人民法院提出异议；法院收到债务人提出的书面异议后，经审查，异议不成立的，应当裁定异议无效，债务人应按照该支付令的督促履行债务，法院可以依法强制执行支付令；异议成立的，应当裁定终结督促程序，支付令自行失效，案件反转入普通程序继续开庭审理。

【学习总结与拓展】

【关键词】 督促程序　支付令　债务人异议

【思考题】

1. 督促程序的特点有哪些?
2. 债权人申请支付令须具备哪几项条件?
3. 人民法院对支付令申请的受理条件有哪些?
4. 人民法院裁定驳回支付令申请需具备的情形有哪些?
5. 人民法院应当认定债务人异议成立裁定终结督促程序的情形有哪些?
6. 支付令异议成立的法律后果是什么?
7. 试述诉讼程序转入督促程序的法律根据与转入要件。
8. 试述支付令。

【阅读资料】

1. 《中华人民共和国民事诉讼法》(2017 年修正) 第十七章督促程序。

2. 《最高人民法院关于适用〈中华人民共和国民事诉讼法〉的解释》(法释〔2015〕5 号) 十九、督促程序。

3. 王福华:《督促程序的现状与未来》,《国家检察官学院学报》2014 年第 2 期; 吴泽勇:《论督促程序中债务人异议的审查—新民事诉讼法第 217 条之解释》,《公民与法 (法学版)》2013 年第 5 期; 昌智伟:《督促程序的出路研究》,《法制与社会》2010 年第 5 期。

4. 刘杰:《论我国民事诉讼中督促程序的发展》,《法制与社会》2009 年第 17 期; 刘纳:《论我国督促程序之缺陷及其完善》,《法制与社会》2009 年第 25 期; 陈金玲、连晋:《督促程序中债权人的程序障碍探究》,《湖北社会科学》2005 年第 10 期; 王慧:《论督促程序和通常诉讼程序的衔接》,《山东科技大学学报 (社会科学版)》2004 年第 1 期。

5. 温新军:《建议增设支付令异议审查制度》,《人民司法》1997 年第 12 期; 白绿铉:《督促程序比较研究—我国督促程序立法的法理评析》,《中国法学》1995 年第 4 期; 夏蔚:《关于督促程序的法律思考》,《政法学刊》1995 年第 4 期; 宋耀红:《试论在民诉法中设立督促程序的必要性》,《政治与法律》1989 年第 3 期。

第二十四章　公示催告程序

【学习提示】通过本章学习，了解公示催告程序、除权判决的概念、公示催告程序的特点，理解公示催告程序适用范围，公示催告程序运行环节，掌握申请公示催告的条件，作出除权判决的条件，除权判决的公告与效力，对利害关系人权利的救济。

第一节　公示催告程序的概述

一、公示催告程序的概念

公示催告程序，是指人民法院根据申请人的申请，以公告的方式，催促不明确的利害关系人在规定期间内申报权利，逾期无人申报或者申报被驳回的，则根据申请人的申请，依法作出除权判决的程序。

二、公示催告程序的性质、特点

（一）公示催告程序的性质

从性质来看，公示催告程序属于非讼程序。法院适用公示催告程序，是在确认了利害关系人不明确，申请人申请公示催告确有原因，公告期限内无人申报权利的事实的基础上，直接根据申请人的申请，判决对失票人的票据权益进行补救，排除持票人的票据权利，在公示催告程序中不存在失票人与持票人之间的讼争过程及处理。

（二）公示催告程序的特点

1. 适用范围有限性

根据《民事诉讼法》第218条规定，公示催告程序，适用于因按照规定可以背书转让的票据被盗，遗失或者灭失引起的非讼案件以及依照法律规定可以申请公示催告的其他事项。

票据民事权益争议案件，以及不能背书转让的票据被盗、遗失或者灭失的案件，不适用公示催告程序。

2. 利害关系人不确定性

在票据的合法持有人因被盗，遗失或者灭失而丧失票据以后，（在被盗，遗失状态下，或者申请人撒谎的情况下）可能存在利害关系人（即：存在持有申请人所丧失票据的人），（在灭失状态下）也可能没有利害关系人（即：不存在持有申请人所丧失票据的人）。这样公示催告的利害关系人就具有“两可未明”（即不明存在或不存在）的不确定性。

公示催告程序的运行，就是要使“两可未明”不确定性经过公示催告转化为“唯一明了”（已明存在或不存在）的确定性。如果存在持有申请人所丧失票据的人并依法申报权利，则公示催告申请人与权利申报人之间形成票据纠纷，公示催告程序即告终结。如果不存在持有申请人所丧失票据的人，法院可以依照除权判决申请人的申请作出除权判决。

3. 审理方式特殊性

公示催告程序主要用书面审查和公告的方式进行审理，人民法院适用公示催告程序以发布公告的形式审查是否存在利害关系人，这是由利害关系人不确定性所决定的。

4. 程序阶段衔接性

一个完整的公示催告程序运作，主要由公示催告和除权判决两个阶段的衔接互动所构成，这两个阶段衔接互动，法院不得依据职权而为，须借助同一申请人的前后两次不同内容的申请。作为同一申请人的失票人，在公示催告程序运作前先充当公示催告申请人，在公示催告期间届满时再充当除权判决申请人，须依法、及时地向法院提出发布公示催告的申请，再提出作出除权判决的申请，才能使票据权益失而复得。

5. 审判组织不一致性

公示催告程序是我国民事诉讼程序系统里唯一的一个在同一审判程序中审判组织形式不同一的程序。公示催告程序的两个阶段，须由两个不同的审判组织进行审理。在公示催告阶段中，由审判员一人独任审理，但在除权判决阶段，则由审判员组成合议庭审理。

6. 涉及权利义务广泛

公示催告程序的审理及判决，涉及权利义务广泛，即涉及各方面人（失票人、持票人、付款人）的票据权利义务：不仅可以宣告利害关系人（持票人）的票据无效，而且能够恢复申请人（失票人）的票据权利，还可以直接确定票据支付人（付款人）的义务，包括在公示催告阶段的止付义务和在除权判决生效后对失票人的支付义务，以及擅自解付应承担的票据责任。

三、公示催告程序的意义

公示催告程序简便简行，有利于保护合法持有人的票据权利，保证其在丧失票据的情况下能简便迅捷地恢复票据权益，有利于对利害关系人的合法权益进行救济，有利于票据流通的安全性，阻止非法票据持有人主张票据权利，以保障票据正常转让秩序，满足市场经济发展和民众社会生活的需要。

第二节　公示催告程序的适用范围

一、公示催告程序的适用事项

（一）按照规定可以背书转让的票据持有人，因票据被盗、遗失或灭失，可以向法院申请公示催告

公示催告程序，仅适用于可以背书转让的被盗、遗失或灭失的票据权利的保护。根

据我国《票据法》的规定，票据有三种：汇票、支票、本票。汇票是出票人签发的，委托付款人在见票时或者在指定日期无条件支付确定的金额给收款人或持票人的票据。银行汇票一律记名，可背书转让，商业汇票一律记名，允许背书转让。本票是出票人签发的，承诺自己在见票时即无条件支付确定的金额给收款人或持票人的票据。我国《票据法》所称的本票为银行本票。本票一律为记名式票据，可以背书转让。支票是由出票人签发的，委托办理支票存款义务的银行或其他金融机构在见票时无条件支付确定的金额给收款人或持票人的票据。支票可分为记名支票和不记名支票。记名支票又包括现金支票和转账支票。只有转账支票是可以背书转让的票据。所谓背书转让，是指执票人以转让票据为目的在票据背面签名并将此票据交付他人的行为。按照规定可以背书转让的票据属于记名式证券，券面上记载权利人名称，票据背面可以签名转让票据权利给他人。

注意，不可以背书转让的票据被盗、遗失或灭失，不适用公示催告程序，包括以下票据：(1) 无记名票据，无须背书转让；(2) 被拒绝承兑、被拒绝付款或者超过付款提示期限的票据，不得背书转让（《票据法》第 36 条规定）；(3) 填明“现金”字样的银行汇票、银行本票和用于支取现金的支票，不得背书转让（《支付结算办法》第 27 条规定）。

根据最高人民法院《关于对遗失金融债券可否按“公示催告”程序办理的复函》，中国银行发行的金融债券不属于汇票、支票、本票，也不属于依照法律规定可以申请公示催告的其他事项。而且中国银行在“金融债券发行通知”中明确规定此种金融债券“不计名、不挂失，可以转让和抵押”。因此，遗失中国银行金融债券的，不能适用公示催告程序。

（二）依照法律规定可以申请公示催告的其他事项，可以向法院申请公示催告

《民事诉讼法》第 218 条第 1 款规定的“依照法律规定可以申请公示催告的其他事项”，是立法作出的弹性规定。

根据《公司法》第 144 条规定，记名股票被盗、遗失或者灭失，股东可以依照民事诉讼法规定的公示催告程序，请求人民法院宣告该股票失效。依照公示催告程序，人民法院宣告该股票失效后，股东可以向公司申请补发股票。

根据《海事诉讼特别程序法》第 100 条规定，提单等提货凭证持有人，因提货凭证失控或者灭失，可以向货物所在地海事法院申请公示催告。

注意，如果是法规（含：行政法规、地方性法规、自治条例和单行条例）、规章（含：国务院部门规章和地方政府规章）规定的事项，不可以向人民法院申请公示催告。

二、公示催告程序的适用法院及审判组织

公示催告程序的适用法院，只限于票据支付地的基层人民法院。中级以上的人民法院，以及非票据支付地的基层人民法院，不得适用公示催告程序。

据《法院适用民诉法解释》第 454 条规定，票据支付地的基层人民法院适用公示催告程序审理案件时，可由审判员一人独任审理。但判决宣告票据无效的，应当组成合议庭审理。

第三节　公示催告程序的运行

一、公示催告的申请

公示催告程序的运作，必须由申请人提出申请才能启动。人民法院不得依职权主动启动公示催告程序。

（一）申请原因

申请公示催告的原因，须是票据被盗、遗失或者灭失，并且利害关系人处于不明状态。申请公示催告其他事项的，须有法律的许可性规定。

（二）申请条件

1. 主体

公示催告的申请人必须是《民事诉讼法》第218条所规定的“按照规定可以背书转让的票据持有人”，据《法院适用民诉法解释》第444条该“票据持有人，是指票据被盗、遗失或者灭失前的最后持有人”。据《最高人民法院关于审理票据纠纷案件若干问题的规定》第26条规定，“票据法第十五条第三款规定的可以申请公示催告的失票人，是指按照规定可以背书转让的票据在丧失票据占有以前的最后合法持票人”。简言之，申请人，须是依法享有失票记载权利的最后合法持票人。

2. 对象

申请人申请公示催告的对象，须是我国公示催告程序的适用事项即：可以背书转让的汇票、本票和支票，以及法律规定可以公示催告的其他事项。

3. 方式

申请公示催告的方式，须是书面。申请人应当向人民法院递交公示催告申请书。如果失票人直接向人民法院申请公示催告的，其申请书应写明：申请人的基本情况，票据的种类、票面金额、发票人、持票人、背书人等票据主要内容，申请的事实和理由，受申请的法院。

如果失票人通知票据付款人挂失止付后3日内向人民法院申请公示催告的，根据《最高人民法院关于审理票据纠纷案件若干问题的规定》第29条规定，公示催告申请书应当载明下列内容：（1）票面金额；（2）出票人、持票人、背书人；（3）申请的理由、事实；（4）通知票据付款人或者代理付款人挂失止付的时间；（5）付款人或者代理付款人的名称、通信地址、电话号码等。

4. 管辖

申请公示催告的管辖法院，须是票据支付地的基层人民法院。所谓票据支付地，是指票据上载明的付款地，如兑付银行所在地，收款人开户银行所在地。票据上未载明付款地的，以票据持有人的住所地或主要营业地为票据支付地。

二、对公示催告申请的审查与处理

（一）审查

人民法院收到公示催告的申请后，应当立即审查，并决定是否受理。因票据丧失，申请公示催告的，人民法院应结合票据存根、丧失票据的复印件、出票人关于签发票据的证明、申请人合法取得票据的证明、银行挂失止付通知书、报案证明等证据，决定是否受理。

（二）驳回申请

经审查，认为不符合受理条件的，7日内裁定驳回申请。裁定送达申请人即生效，不得上诉或申请再审。

（三）受理

经审查，认为符合受理条件的，通知予以受理。

出票人已经签章的授权补记的支票丧失后，失票人依法向人民法院申请公示催告的，人民法院应当依法受理。

出票人已经签章但未记载代理付款人的银行汇票丧失后，失票人依法向付款人即出票银行所在地人民法院申请公示催告的，人民法院应当依法受理。

超过付款提示期限的票据丧失以后，失票人申请公示催告的，人民法院应当依法受理。

三、止付与公告

根据《民事诉讼法》第219条规定，人民法院决定受理申请，应当同时通知支付人（含：付款人及代理付款人）停止支付，并在3日内发出公告，催促利害关系人申报权利。

（一）停止支付

根据《民事诉讼法》第219条规定并结合《法院适用民诉法解释》第456条以及《最高人民法院关于审理票据纠纷案件若干问题的规定》第70条规定，停止支付包含以下基点：

1. 停止支付，始于支付人收到人民法院的止付通知，终于公示催告程序终结裁定。非经发出止付通知的人民法院许可擅自解付的，不得免除票据责任。

2. 人民法院决定受理公示催告申请，应当同时通知支付人停止支付。

3. 法院通知支付人停止支付，应符合有关财产保全的规定（即指停止支付仅限于公示催告申请请求支付的范围，或者与本案请求支付有关的财物）。

4. 支付人在公示催告期间对公示催告的票据付款的，以及收到停止支付通知后拒不止付的，应当自行承担责任。在除权判决作出后，支付人仍应承担支付义务。

5. 对于拒不止付的支付人，人民法院可依照《民事诉讼法》第111条采取妨害民事诉讼强制措施即：（1）对个人，可以根据情节轻重予以罚款、拘留；构成犯罪的，依法追究刑事责任，（2）对单位，可以对其主要负责人或者直接责任人员予以罚款、拘留；构成犯罪的，依法追究刑事责任。

6. 对于有义务协助执行停止支付通知的单位，人民法院可以依据《民事诉讼法》第114条规定采取妨害民事诉讼强制措施即：（1）除责令其履行协助义务外，并可以予以罚款：（2）可以对其主要负责人或者直接责任人员予以罚款；对仍不履行协助义务的，可以予以拘留；并可以向监察机关或者有关机关提出予以纪律处分的司法建议。

（二）公示催告

据《民事诉讼法》第 219 条和《法院适用民诉法解释》第 449 条规定，法院应当在受理公示催告申请后 3 日内发出受理申请的公告。公示催告的期间，由人民法院根据情况决定，但不得少于 60 日，且公示催告期间届满日不得早于票据付款日后 15 日。

法院发出的受理申请的公告，亦即公示催告的公告，应当依《法院适用民诉法解释》第 447 条规定写明下列内容：（1）公示催告申请人的姓名或名称；（2）票据的种类、号码、票面金额、出票人、背书人、持票人、付款期限等事项以及其他可以申请公示催告的权利凭证的种类、号码、权利范围、权利人、义务人、行权日期等事项；（3）申报权利的期间；（4）在公示催告期间转让票据等权利凭证、利害关系人不申报的法律后果。

公告应当在有关报纸或者其他媒体上刊登，并于同日公布于人民法院公告栏内。人民法院所在地有证券交易所的，还应当同日在该交易所公布。据《最高人民法院关于审理票据纠纷案件若干问题的规定》第 32 条、23 条规定，人民法院决定受理公示催告申请后发布的公告应当在全国性的报刊上登载。代理付款人在人民法院公示催告公告发布以前按照规定程序善意付款后，承兑人或者付款人以已经公示催告为由拒付代理付款人已经垫付的款项的，人民法院不予支持。

在公示催告期间，以公示催告的票据质押、贴现，因质押、贴现而接受该票据的持票人主张票据权利的，人民法院不予支持，但公示催告期间届满以后人民法院作出除权判决以前取得该票据的除外。

四、撤回申请

公示催告申请人撤回申请，应在公示催告前提出；公示催告期间申请撤回的，人民法院可以径行裁定终结公示催告程序。

五、申报权利

申报权利，是指受公示催告的利害关系人，在公示催告期间内向人民法院主张票据权利。根据《民事诉讼法》第 220 条规定，公示催告期间，转让票据权利的行为无效。因此，持有该票据的人，为了维护自己的票据权利，只能以利害关系人身份向公示催告法院申报票据权利，否则，将因除权判决生效而丧失该票据权利。

（一）申报权利的条件

根据《民事诉讼法》第 221 条和《法院适用民诉法解释》第 451 条规定，申报权利应当符合以下条件：

1. 申报人须是公示催告申请人的利害关系人，即实际占有公示催告票据的人；
2. 须向发出公示催告的法院申报；
3. 应向法院出示公示催告票据；
3. 须在法院规定的公示催告期间内进行申报。

（二）申报权利的法律后果

根据《民事诉讼法》第 221 条和《法院适用民诉法解释》第 450、451、457 条规定，申报权利的法律后果有二：

1. 裁定终结公示催告程序

(1) 利害关系人在公示催告期间内向人民法院申报权利的，人民法院收到其申报后，应当依照《民事诉讼法》第221条规定裁定终结公示催告程序，并通知申请人和支付人。

(2) 利害关系人在申报期届满后、除权判决作出之前申报权利的，人民法院也应当依照《民事诉讼法》第221条规定裁定终结公示催告程序，并通知申请人和支付人。

(3) 上述裁定作出后，申请人或者申报人可以向人民法院提起诉讼。

根据《法院适用民诉法解释》第457条规定，人民法院裁定终结公示催告程序后，公示催告申请人或者申报人向人民法院提起诉讼，若因票据权利纠纷提起的，由票据支付地或者被告住所地人民法院管辖；若因非票据权利纠纷提起的，由被告住所地人民法院管辖。

2. 裁定驳回申报

利害关系人申报权利，人民法院应当通知其向法院出示票据，并通知公示催告申请人在指定的期间查看该票据。公示催告申请人申请公示催告的票据与利害关系人出示的票据不一致的，应当裁定驳回利害关系人的申报。

六、除权判决

(一) 除权判决的概念

除权判决，是指公示催告案件的审理法院，根据申请人在公示催告期间届满后无利害关系人申报权利或者申报被依法驳回的情况下所提交的判决申请，依法作出的宣告票据无效、恢复申请人合法票据权益的判决。

(二) 作出除权判决的法定条件

《民事诉讼法》第222条和《法院适用民诉法解释》第452条规定，人民法院应当根据公示催告申请人的除权判决申请，作出宣告票据无效的除权判决。作出除权判决的法定条件，也是申请除权判决的条件：

1. 公示催告期间届满，无人申报权利，或者申报权利被依法驳回。

公示催告期间（是不变期间），没有届满的，不得申请除权判决。

2. 除权判决的申请人须是公示催告的申请人。

3. 须以书面方式提出除权判决申请。

4. 须向公示催告案件的审理法院提出除权判决申请。

5. 须在公示催告期间届满之日起1个月内提出除权判决申请。逾期不申请除权判决的，人民法院应当终结公示催告程序。裁定终结公示催告程序的，应当通知申请人和支付人。

(三) 除权判决申请审理及除权判决公告

申请人提出除权判决申请后，人民法院应当组成合议庭审理。

合议庭就该项申请是否具备作出除权判决的条件进行审查和评议：(1) 不具备条件且难以补正的，应当裁定终结公示催告程序；(2) 具备条件的，应当作出除权判决，宣告被公示催告的票据无效。

除权判决，应当公告，并通知支付人。公告除权判决是公示催告程序必不可少的运作环节内容。

（四）除权判决的效力

1. 除权判决的生效时间

除权判决，自公告之日起发生效力。没有公告，不得生效。

2. 除权判决的效力内容

（1）原票据无效

除权判决，是宣告原票据无效的判决，其生效后，导致该票据上记载的权利消失，成为一张废纸。

（2）票据债务人对持票人有抗辩权利

票据债务人以人民法院作出的除权判决已经发生法律效力为理由，对持票人提出抗辩的，人民法院应予支持，该票据付款人有权拒绝向持票人支付。

（3）申请人恢复原票据权利

自除权判决公告之日起，公示催告申请人有权依据该判决向付款人请求付款。因为，除权判决在宣告原票据无效的同时，也就恢复了申请人的原票据权利，以及付款请求权和追索权。因此，付款人应当按照除权判决予以支付。否则，申请人有权申请法院强制执行除权判决。若付款人拒绝付款，而申请人向人民法院起诉符合《民事诉讼法》第 119 条规定的起诉条件的，人民法院应予受理。

（4）公示催告程序终结

人民法院公告除权判决后，公示催告程序终结。对除权判决，申请人、付款人、利害关系人、第三人、人民检察院不得提起上诉或申请再审或第三人撤销之诉或提起再审抗诉。

第四节　公示催告程序的终结与对利害关系人权利的救济

一、公示催告程序的终结

公示催告程序在以下情形终结：

第一、在公示催告公告以前申请人撤回申请，人民法院准许的，裁定终结公示催告程序。

第二、在公示催告期间或除权判决作出前，利害关系人向人民法院申报权利的，人民法院裁定终结公示催告程序。

第三、在申报权利期间没人申报或申报被驳回，申请人未在 1 个月内申请作出除权判决的，人民法院裁定终结公示催告程序。

第四、人民法院作出除权判决并公告后，终结公示催告程序。

第五、支付人在收到止付通知书前已对该票据支付的，人民法院可裁定终结公示催告程序。

第六、人民法院裁定驳回公示催告申请的，公示催告程序终结。

终结公示催告程序的裁定书，由审判员、书记员署名，加盖人民法院印章。

根据《法院适用民诉法解释》第 297、380、414 条规定，公示催告程序的终结裁定、除权判决，属于不适用审判监督程序的判决、裁定，当事人不得申请再审；对之提起第三人撤销之诉或人民检察院抗诉的，人民法院均不予受理。

根据《最高人民法院关于审理票据纠纷案件若干问题的规定》第 39 条规定，对于伪报票据丧失的当事人，人民法院在查明事实，裁定终结公示催告后，可以参照《民事诉讼法》第 112 条的规定，追究伪报人的法律责任。

二、除权判决作出后对没有申报权利的利害关系人权利的法律救济

《民事诉讼法》第 223 条规定："利害关系人因正当理由不能在判决前向人民法院申报的，自知道或者应当知道判决公告之日起一年内，可以向作出判决的人民法院提起诉讼。"这是除权判决作出后，对有正当理由不能申报权利的利害关系人的法律救济，包括向人民法院提起撤销除权判决之诉、请求确认其为合法持票人的确认之诉。

（一）利害关系人可以提起撤销除权判决之诉

根据《民事诉讼法》第 223 条和《法院适用民诉法解释》第 460、461 条规定，利害关系人提起撤销除权判决之诉，必须符合以下 5 项条件：

（1）在公示催告期间届满至除权判决前没有向人民法院申报权利。

（2）确有正当理由而没有申报权利。这些正当理由包括：（1）因发生意外事件或者不可抗力致使利害关系人无法知道公告事实的；（2）利害关系人因被限制人身自由而无法知道公告事实，或者虽然知道公告事实，但无法自己或者委托他人代为申报权利的；（3）不属于法定申请公示催告情形的；（4）未予公告或者未按法定方式公告的；（5）其他导致利害关系人在判决作出前未能向人民法院申报权利的客观事由。

（3）在知道或应当知道除权判决公告之日起 1 年内提起诉讼。所谓"应当知道"，是指在同样情况下，一般人均能知道，或有事实证明应当知道人民法院作出除权判决公告时，即推定申报人应当知道。

（4）只能向作出除权判决的人民法院提起诉讼。

（5）利害关系人请求人民法院撤销除权判决的，应当将除权判决申请人列为被告。

（二）利害关系人也可以只提起请求确认其为合法持票人的确认之诉

除权判决作出后，有正当理由不能申报权利的利害关系人，也可以在具备上述第一至第四条件下不提起撤销除权判决之诉，只提起确认之诉即仅诉请法院确认其为合法持票人，且应将除权判决申请人列为被告。

（三）对利害关系人提起撤销除权判决之诉或请求确认其为合法持票人的确认之诉的审判

对于利害关系人提起的上述诉讼，根据《法院适用民诉法解释》第 459 条规定，人民法院可按票据纠纷适用普通程序审理。经审理，（1）认为利害关系人的起诉理由成立的，应当判决撤销除权判决①，并确认票据的权利人；利害关系人未请求撤销除权判决

---

① 我国《民事诉讼法》第 223 条以及司法解释第 461 条第 1 款的规定，借鉴了我国台湾地区"民事诉讼法"第 551 条有关除权判决之撤销规定："对于除权判决，不得上诉。有下列各款情形之一者，得以公示催告声请人为被告，向原法院提起撤销除权判决之诉：一、法律不许行公示催告程序者。二、未为公示催告之公告，或不依法定方式为公告者。三、不遵守公示催告之公告期间者。四、为除权判决之法官，应自行回避者。五、已经申报权利而不依法律于判决中斟酌之者。六、有第 496 条第一项第七款至第十款之再审理由者。"

而仅诉请确认其为合法持票人的，人民法院应当在裁判文书中写明，确认利害关系人为票据权利人的判决作出后，除权判决即被撤销。(2) 认为利害关系人的起诉理由不成立的，应当判决驳回起诉。

【学习总结与拓展】

【关键词】公示催告　除权判决

【思考题】

1. 公示催告程序的适用事项包括哪些?
2. 公示催告程序的特点是什么?
3. 停止支付包含哪些基点?
4. 公示催告程序的适用事项有哪些?
5. 公示催告的公告内容是什么?
6. 申报权利的条件有哪些?
7. 作出除权判决的法定条件有哪些?
8. 试述除权判决的效力。
9. 公示催告程序在哪些情形下终结?
10. 除权判决作出后对没有申报权利的利害关系人权利救济如何进行?

【阅读资料】

1.《中华人民共和国民事诉讼法》(2017 年修正) 第十八章公示催告程序。

2.《最高人民法院关于适用〈中华人民共和国民事诉讼法〉的解释》(法释〔2015〕5 号) 二十、公示催告程序。

3.《最高人民法院关于审理票据纠纷案件若干问题的规定》(法释〔2000〕32 号) 五、失票救济。

4. 曲昇霞、袁江华:《票据公示催告程序适用条件之分析》,《人民司法》2014 年第 21 期; 匡兴皋:《现行公示催告程序缺陷分析》, 江苏法制报 2013 年 02 月 21 日; 余秀丽:《利用公示催告实施诉讼欺诈问题研究》,《浙江工商大学学报》2010 年第 2 期; 葛治华、金炼:《公示催告欺诈的识别与司法应对》,《人民司法》2010 年第 19 期; 杨忠孝:《论票据公示催告程序的制度完善》,《政治与法律》2009 年第 6 期;; 王永亮、张哲、高丽宏:《撤销除权判决实务问题研究》,《人民司法》2009 年第 8 期; 刘学在:《公示催告程序的立法完善》,《辽宁大学学报 (哲学社会科学版)》2003 年第 4 期。

5. 朱国雄:《公示催告程序的四个争议问题》,《法学》1992 年第 6 期; 张艳丽:《浅议民事诉讼中的"公示催告程序"》,《法学》1991 年第 6 期; 江伟:《论公示催告程序》,《中国法学》1991 年第 6 期。

第五编 执行程序

第二十五章 执行程序概述

【学习提示】通过本章学习，理解民事执行的概念、特征，领会民事执行程序与审判程序的关系，掌握强制执行的基本原则及种类。

第一节 强制执行的概念和特征

一、民事执行的概念

在英语里，与民事执行对应的词主要有两个，即“execution”和“enforcement”。在我国大陆地区，强制执行与执行一般是通称的。强制执行者，国家机关经债权人之声请，依据执行名义，使用国家之强制力，强制债务人履行义务，以实现债权人私权之程序也。[①] 我国大陆地区的执行是指人民法院的执行组织依照法定的执行程序，采取强制执行措施强制义务人履行义务，以实现生效法律文书确定的内容的司法活动或制度。[②] 亦有学者认为“民事执行”就是国家有权机关强制拒不履行生效法律文书确定的民事义务的债务人完成义务的活动或者制度。[③]

在民事执行中，申请执行人，也称权利人，是指有权依据生效的法律文书向人民法院申请执行的当事人；被执行人也叫对方当事人，是指人民法院依法采取执行措施而被迫履行生效法律文书确定义务的人，因此又叫义务人；负责执行案件的人民法院称执行法院；申请执行人据以申请执行的法律文书称为执行依据或者执行名义。

二、执行的特征

作为一种实现生效法律文书确定的内容的司法活动或制度，民事执行具有以下法律

---

① 杨与龄：《强制执行法论》，中国政法大学出版社 2002 年版，第 3 页。

② 陈永革主编：《民事诉讼法学》，四川大学出版社 2003 年版，第 257 页。

③ 谭秋桂：《民事执行原理研究》，中国法制出版社 2001 年版，第 2 页。

特征：

（一）民事执行是人民法院的执行组织依法定程序进行的行为

在民事执行中，执行机关所采取的一切行为必须严格依照法定的程序进行，不得违反。

（二）民事执行是执行组织运用国家司法强制力所进行的行为

执行组织依法运用的国家司法强制力，即是公力救济，它与“自力”或“私力”救济有严格的区分。

（三）民事执行是人民法院依法采取强制执行措施的行为

执行机关可采取强制执行措施。当然，须按程序且符合有关法律规定，不能随意或任意的采取强制执行措施。

（四）民事执行是强制负有义务的当事人履行义务的行为

执行的原因是由于负有义务的当事人不履行生效的法律文书确定的义务内容；执行的目的是通过依法采取强制执行措施强迫义务人履行义务，以实现生效法律文书确定的内容。

三、执行与履行

履行有主动履行和被动履行之分：在法律文书发生法律效力之后执行程序启动之前，债务人主动完成法律文书确定的义务，就是主动履行；法律文书生效之后，债务人拒不完成生效法律文书确定的义务，由国家专门执行机关采取强制性的措施迫使其完成义务，称为被动履行。我国大陆地区的执行，是指人民法院的执行组织依照法定的执行程序，采取强制执行措施强制义务人履行义务，以实现生效法律文书确定的内容的程序性司法活动或制度。由此可以看出：执行是一种程序性的司法活动或者制度，实施执行的主体只能是人民法院的执行机构；履行是义务人（在启动执行程序前）或者被执行人（在启动执行程序之后）完成生效法律文书确定的义务的行为过程，履行的主体是义务人或者被执行人。简言之，执行的主体是执行机构，履行的主体是当事人；履行的活动可以存在于执行程序之前、之中，甚至在中止执行或者终结执行的裁定作出之后，而执行活动则起始于申请执行人的申请或者审判庭的移送，随执行程序的终结而结束。

第二节　执行程序与审判程序的关系

一、执行程序的概念

执行程序，是指人民法院的执行组织进行执行活动和申请执行人、被执行人、协助执行人以及案外人或者其他相关人员在执行活动过程中必须遵守的法律规范。目前，我国采用在民事诉讼法中设立执行程序的立法体系。现行执行程序除包括民事诉讼法总则部分的规定外，还有一般规定，如执行的申请和移送、执行措施、中止执行和终结执行等。此外，最高人民法院也作出了相关的司法解释，如：《法院适用民诉法解释》及《最高人民法院关于人民法院执行工作若干规定（试行）》（法释〔1998〕15 号，以下简称《执行规定》）、《最高人民法院关于适用〈中华人民共和国民事诉讼法〉执行程序若干问题的解释》（法释〔2008〕13号，以下简称《执行程序解释》）、《最高人民法院关于执行案件立案、结案若干问题的意见》（法发〔2014〕26号，以下简称《执行立案、结案意见》）、《最高人民法院关于执行权合理配置和科学运行的若干意见》（法发〔2011〕15号，以下简称《执行权配置和运行意见》）、《最高人民法院关于进一步加强和规范执行工作的若干意见》（法发〔2009〕43号，以下简称《加强和规范执行工作意见》）等司法解释作为执行程序的补充。

二、执行程序与审判程序的关系

执行程序与审判程序既有联系，又有区别。二者都是民事诉讼程序的有机组成部分，都是为实现民事诉讼法的任务服务，但是执行程序与审判程序又是两个性质不同、各自独立的程序。

审判程序一般被视为人民法院在诉讼案件中解决特定争议各方（parties）之间利益争端（dispute，controversies），对有关各方之间的权利义务分配问题作出有拘束力的裁判的过程。简言之，审判程序是依法确认民事权利义务关系，作出判决、裁定和调解的程序；执行程序是保证判决、裁定、调解书确定的权利义务关系得以实现的程序；审判程序的核心是依据现行法律对当事人之间讼争的实体权利义务关系作出权威的裁判，是审判机关行使国家审判权的行为；执行程序是对拒不履行生效裁判确定的义务的义务人依法采取执行措施，逼迫其履行义务的程序，是执行机关行使国家执行权的行为；相应地审判行为是取得执行依据的主要手段，执行行为是对审判结果得以实现的保障。

应当指出的是，执行程序并非诉讼的必经程序，具有执行内容的判决、裁定、调解书、支付令，当事人在确定期限内自动履行或者人民法院作出的不具有给付内容的判决、裁定、调解书等就不需经过执行程序。

此外，在某些情况下，审判程序并非执行程序的必要前提，依照法律规定，仲裁机构的裁决、公证机关依法赋予强制执行效力的债权文书，一方当事人不履行的，对方当事人可依法向人民法院申请执行，人民法院受理后同样可引发执行程序。简言之，审判程序和执行程序并非一一对应关系。

第三节 执行的原则

执行原则是执行活动的准则，为执行机关工作指明了方向明确了要求。深刻理解和遵守执行原则，有着理论和实践的双重意义。民事执行原则可概括为以下几项：

一、执行合法原则

执行合法原则是指执行法院及执行程序的参与者在执行程序中，必须严格依照执行法律规范的要求实施执行行为，保证执行依据确定的内容得以实现。执行法律规范体现了执行法律制度的程序及强制性之特点，执行法院必须严格依法执行即严格依照有关执行规范实施执行行为。[①] 因此，整个执行程序强调的是如何排除干扰及妨害去实现生效

① 邹川宁：《民事强制执行基本问题研究》，中国法制出版社2004年版，第22—26页。

法律文书确定的权利义务，亦即实现执行依据的内容而进行展开的，而执行法院所采取的一切执行措施及执行行为（包括作为与不作为）必须于法有据。故而，强调依法执行便是执行的首要重点问题所在。反过来说，如果不依法执行，出现的法律后果很可能是要么是申请执行人的合法权益难以得到有效保护；要么是为了实现申请执行人的债权而不择手段，甚至不惜违法执行，而把被执行人合法权益沦为执行的客体；甚或是申请执行人和被执行人以及案外人的合法权益都因为违法执行而受到损害。这样一来，自由、秩序及正义将很可能会随时受到违法执行的破坏，可以说，违法执行猛于虎。因此，执行合法原则是执行工作应当遵守的首要基本原则。从内容上，该原则包括以下方面内容：其一，强制执行应当有合法的执行依据，执行依据必须是生效的法律文书，否则不能作为执行依据。简言之，一切非生效的法律文书都不能作为执行依据，但是，即便是生效的法律文书，如果法律规定不属于人民法院执行的，也不能作为执行依据。其二，执行行为和执行措施应当符合法律关于强制执行的规定。其三，执行合法原则要求在整个执行程序中既要保护债权人的合法权益亦要保护被执行人的合法权益（如生存权等）。其四，执行合法原则还要求执行法院执行案件应当严格依照执行依据所确定的内容执行，而不是打折扣。其五，执行合法原则要求执行及时，“迟来的正义非正义”。其六，还要求讲究执行效率。

二、执行措施穷尽原则

执行措施穷尽原则要求在执行程序开启后，基于被执行人尚未自觉履行执行依据所确定的义务内容，执行法院应当针对被执行人的具体情况而依法采取各种可能的合理合法的措施、方法以确保申请执行人债权得以实现，执行法院不能随意中止或者终结执行程序。该原则体现对债权人合法权益的全面保护。①

三、执行对象有限原则

执行对象有限原则又称执行标的有限原则，该原则体现在：其一强制执行的标的应当是财产或行为，执行机关采取强制执行措施的前提条件是基于被执行人的履行能力，并且有明确的范围和限度；其二禁止把被执行人的人身当作执行标的。需要指出的是，在司法实践中，对妨害执行的被执行人或者其他相关人员的违法行为所采取的强制措施属于制裁的性质，并不意味着把人身作为执行标的。

四、依法保护权利人的合法权益与适当照顾被执行人利益相结合的原则

依法保护权利人的合法权益与适当照顾被执行人利益相结合的原则又称保护当事人合法权益原则。保护当事人合法权益主要是指，在执行过程中既要保护申请执行人的合法权益，实现生效法律文书确定的内容，同时也要保护被执行人以及案外人的合法权益。申请执行人的合法权益可以通过执行机关对被执行人依法采取强制执行措施得以实现。然而，在执行过程中，被执行人的合法权益也必须依法保护以及适当照顾，亦不能伤及第三人或者案外人的合法权益。对被执行人的保护体现在：保护被执行人的基本生

① 邹川宁：《民事强制执行基本问题研究》，第22—32页。

存权及其所抚育抚养的对象的基本生存权或者正常生产经营权。因此，要求明确被执行人的财产可供执行的范围以及对被执行人的财产的执行顺序。该原则在司法实践中的具体表现为：对被执行人的财产进行执行，应当先执行动产，动产不足清偿的再执行不动产；又比如在扣划被执行人的工资或者其他收入的，应当保留被执行人及其所扶养的人的最低生活保障而不能全部扣划。因此，执行机关在执行过程中，须严格依照执行程序进行，否则就会在保护申请人合法权益时候却损害了被执行人的合法权益或案外人的合法权益。因此，保护当事人合法权益原则是执行应遵循的一个重要原则之一。

五、强制执行与说服教育相结合的原则

强制执行与说服教育相结合的原则是执行程序的一个重要原则之一，具体体现在两个方面：一方面，强制执行是执行工作的根本点，我国民事诉讼法明确规定对拒不履行义务的被执行人采取的强制措施既然体现了法律的威严，又是完成执行任务的根本保证；另一方面，在司法实践中，执行机关在采取强制执行措施前，又必须对被执行人进行“动之以情，晓之以理”的说服教育，不能动辄使用、滥用强制执行手段。

六、申请执行与移送执行相结合原则

申请执行与移送执行相结合原则是对启动强制执行程序的要求而言，《民事诉讼法》第三编第二十一章章名为“执行的申请和移送”。该原则的基本要义为：发生法律效力的民事判决、裁定、调解书，当事人必须履行，一方拒绝履行的，对方当事人可以向人民法院申请执行，也可以由审判员或者审判庭移送执行机构执行。对于调解书、其他应当由人民法院执行的法律文书、对依法设立的仲裁机构的裁决以及对公证机关依法赋予强制执行效力的债权文书，一方当事人拒绝履行的，对方当事人可以向有管辖权的人民法院申请执行。

应当指出的是，虽然《民事诉讼法》第 236 条第 1 款规定“发生法律效力的民事判决、裁定，当事人必须履行。一方拒绝履行的，对方当事人可以向人民法院申请执行，也可以由审判员移送执行员执行。”但是，法律却没有明确何种情形应当依职权移送。为此，最高人民法院及时作出司法解释对依职权移送执行的情形予以明确规定，即《执行规定》第 19 条：“生效法律文书的执行，一般应当由当事人依法提出申请。发生法律效力的具有给付赡养费、抚养费、抚育费内容的法律文书、民事制裁决定书，以及刑事附带民事判决书、裁定书、调解书，由审判庭移送执行机构执行。”

简言之，该原则要义为：强制执行程序的开始，以申请主义为原则，职权主义为例外。

七、法院执行与有关单位、个人协助执行相结合原则

法院执行与有关单位、个人协助执行相结合原则，是指生效的法律文书主要由人民法院的执行组织进行执行外，在必要时，应由有关单位和个人协助法院执行的规则。其基本含义：

1. 协助执行的单位和个人的范围主要有被执行人所在的单位、有储蓄业务的金融机构、知识产权登记部门、财产或者证照登记管理部门（如车管所、房产局、国土资源

局等）以及持有被执行人财物的公民。由于这些单位或者个人掌握着被执行人的财产，因此需要他们的协助执行，否则法院便不能完成执行的任务，无法实现执行的目的；

2. 有关单位根据法律规定和人民法院的协助执行通知书负有协助执行的义务；

3. 负有协助执行义务的主体应当依法协助执行，如果拒不协助执行或者妨害执行，应当承担相应的法律后果，《民事诉讼法》第114条、第251条，《法院适用民诉法解释》第502条及《执行规定》对此有明确的规定。

第四节 执行程序的意义

民事执行程序的意义即是民事执行的社会效应，也就是民事执行程序功能发挥出来的，在现实社会生活中产生的影响或造成的结果。它一方面受社会现实条件的制约，另一方面是民事执行功能的外在化或现实化。其意义作用主要有以下几个方面：

一、使应然法律效力变成实然法律效力

经过判决而确认的权利，仍是理论状态的权利，其效力仍处于应然状态。对当事人来说，这种理论状态的权利只有变成了实然的权利，即由应然力变成实然力，才具有实际意义。法律效力应然状态变实然状态的途径有两种：一是债务人自觉履行；二是由执行机关强制债务人履行义务，而后者对前者有不可忽视的促进作用。显然，民事执行对债权人债权的实现以及法律的落实具有不可替代性的作用。换言之，如果应然法律效力无法转化成为实然法律效力，则生效的法律裁判就是一纸空文。这不仅是对审判资源的浪费，更是对当事人权利的切实实现以及救济保护的忽视。从这一意义上说，民事程序中，实现和落实权利的执行程序比确认权利的审判程序更为重要。[①]

二、确保司法权威与尊严

法律的权威与尊严无疑来自法律公正的品格。但不能忽视的是，法律的权威与尊严在某种意义上是来自于宏观世界得到实施而体现的。债务人履行了生效法律文书有利于法律的尊严和司法的权威，反之则会冲击法律的威严和法治的实现。因此，执行机关依照法律规定采取强制措施，迫使义务人履行义务，正体现了有法必依、违法必究的法治原则。如果已确定的民事权利义务关系得不到实现，那么就既损害了债权人的合法权益，也损害了法律的权威性。同时，这样一来，权利人不但会失去对民事执行制度的信心，甚至会对权利确认制度（包括审判制度）产生疑虑，进而影响整个法律制度的威信。[②]

三、维护社会安定、促进社会发展

民事执行是联结审判和社会的纽带，执行工作最直接的影响着审判工作的社会效果。如果通过民事执行程序，权利人的合法权利得以重新恢复，这样，就能将更多精力

---

① 陈永革主编：《民事诉讼法学》，第257页。谭秋桂：《民事执行原理研究》，第2－6页。

② 陈永革主编：《民事诉讼法学》，第255－259页。谭秋桂：《民事执行原理研究》，第2－6页。

投入到社会生产中，从而促进社会的发展；相反，如果没有民事执行程序或执行程序不得力，权利人的权利得不到有效救济，就会丧失对国家权力救济的信心与信任，不得不采取自力救济方式。有时权利人甚至会不择手段以恢复自己的权利，其结果必然是引发社会危机，此时，不仅当事人权利得不到救济和保障。自由和权利被所谓的秩序和安全淹没，正义最终也将不复存在。

【学习总结与拓展】

【关键词】民事执行 执行程序 执行原则

【思考题】

1. 民事执行具有哪些法律特征？民事执行的原则有哪些？

2. 如何理解民事审判程序与民事执行程序的关系？

【阅读资料】

1.《中华人民共和国民事诉讼法》（2017 年修正）第三编执行程序。

2.《最高人民法院关于适用〈中华人民共和国民事诉讼法〉的解释》（法释〔2015〕5 号）二十一、执行程序；《最高人民法院关于适用〈中华人民共和国民事诉讼法〉执行程序若干问题的解释》（法释〔2008〕13 号）；《最高人民法院关于人民法院执行工作若干规定（试行）》（法释〔1998〕15 号）；《最高人民法院关于执行案件立案、结案若干问题的意见》（法发〔2014〕26 号）、《最高人民法院关于执行权合理配置和科学运行的若干意见》（法发〔2011〕15 号）；《最高人民法院关于进一步加强和规范执行工作的若干意见》（法发〔2009〕43 号）。

3. 王亚新：《强制执行与说服教育辨析》，《中国社会科学》2000 年第 2 期。

4. 肖建国：《审执关系的基本原理研究》，《现代法学》2004 年第 5 期；张坚：《审判权和执行权相分离改革的路径选择》，《法制日报》2015 年 7 月 1 日第 9 版。

5. 谭秋桂著：《民事执行法学》（第二版），北京大学出版社 2010 年版。

6. 童兆洪著：《民事执行的法理思辨》，人民法院出版社 2006 年版。

7. 金永熙著：《法院执行实务新论》，人民法院出版社 2000 年版。

第二十六章　执行程序的一般规定

【学习提示】通过本章学习，了解执行机构的种类及职责，领会委托执行的程序规范，掌握执行依据种类、执行管辖的原则及争议的处理方法。

第一节　执行机构及其职责

一、现行执行机构概述

执行机构是指代表国家负责执行工作的法定组织。从20世纪80年代后期开始，地方各级人民法院陆续将执行工作从审判庭分离出来，交由专门设立的执行庭来负责。有些人民法院在保留执行庭不变的情况下增设执行局，实际上执行庭和执行局是“一套人马两块牌子”。人民法院的执行庭和执行局都是负责执行工作的法定机构。

《民事诉讼法》第228条第3款规定：“人民法院根据需要可以设立执行机构。”现在，全国四级法院均全部成立了执行局。根据《加强和规范执行工作意见》第1条第（一）项规定，符合条件的执行局长可任命为党组成员。

执行局长的任命和法院系统内部的其他岗位有着很大不同。通常来说，法院院长、副院长、庭长和审判员都需要通过同级人大常委会任命，但执行局长不在此列。在全国人大网站上，就有某省人大常委会选举任免联络工作委员会的来信：“人民法院执行局局长、副局长是否由人大常委会任命？目前各地的做法各不相同。”对此，全国人大法工委给出的回答是：执行机构不属于法院组织法规定的审判庭．法律没有规定执行局的局长、副局长由同级人大常委会任免。[①]

根据《执行规定》第7条，执行机构应配备必要的交通工具、通信设备、音像设备和警械用具，以保障及时有效地履行职责。

《民事诉讼法》第228条第1款规定，执行工作由执行员进行，但对执行员资格和任免程序未作规定。这不利于执行员的队伍建设，也不利于执行工作的开展。如在执行中，采取查封、冻结、划拨、拍卖、变卖等强制执行措施是由执行员依法作出裁定而进行的，但是，依据《民事诉讼法》第154条第3款的规定，裁定应由审判人员、书记员署名，因而执行员必须同时是审判员才能在裁定书上署名。从这个意义上说，执行员无

---

① 参见本刊记者舒炜：《谁来监督执行局?》，《廉政瞭望》2014年第8期。比较《中华人民共和国法官法》第二条规定：“法官是依法行使审判权的审判人员，包括最高人民法院、地方各级人民法院和军事法院等专门人民法院的院长、副院长、审判委员会委员、庭长、副庭长、审判员和助理审判员。”

独立的诉讼地位，进而不利于执行工作，这一问题亟待完善。

目前，在司法实践中，执行员都要求具有审判职称的人员担任，重大事项的执行采取合议制形式。执行合议庭一般由一名执行长和两名执行员组成，执行人员和审判人员一样要依法遵守回避制度。

我国执行工作经历了审执分立、审执合一、审执分立、立审执协调配合、执执分离四个阶段。

审执合一，指未设置执行机构的情况下，审判员既担任审判工作，又担任执行工作。审执分立，是指设置专门的执行机构，案件的审判与裁判执行分别由审判庭和执行局担任。立审执协调配合，是指立案、审判和执行三个环节的协作配合，形成法院内部解决执行难的合力。执执分离，是指执行实施权和执行审查权分离的执行权内部分权运行机制。

当前，我国立法及司法解释实行审执分立制度、立审执协调配合机制和执执分离机制。《执行规定》第1条要求："人民法院根据需要，依据有关法律规定，设立执行机构专门负责执行工作。"但在法律另有规定时除外，如《执行规定》第3条"人民法院在审理民事、行政案件中作出的财产保全和先予执行裁定，由审理案件的审判庭负责执行"。另外，第4条"人民法庭审结的案件，由人民法庭执行。其中复杂、疑难或被执行人不在本法院辖区的案件，由执行机构执行。"

在审执分立基础上，《加强和规范执行工作意见》要求加强立案、审判和执行三个环节的协作配合，形成法院内部解决执行难的合力，进一步完善立审执协调配合机制：（1）立案阶段要加强诉讼指导、法律释明、风险告知和审前和解，尤其是对符合法定条件的案件依法及时采取诉前财产保全措施。（2）审判阶段对符合条件的案件要依法及时采取诉讼保全和先予执行措施；要大力推进诉讼调解，提高调解案件的当庭履行率和自觉履行率；要增强裁判文书的说理性，强化判后答疑制度，促使当事人服判息诉，案结事了；要努力提高裁判文书质量，增强说理性，对双方的权利义务要表述准确、清晰，并充分考虑判项的可执行性。（3）建立执行快速反应机制。高、中级人民法院应当成立执行指挥中心，组建快速反应力量。有条件的基层人民法院根据工作需要也可以成立执行指挥中心。指挥中心负责人由院长或其授权的副院长担任，执行局长具体负责组织实施。指挥中心办事机构设在执行局，并开通24小时值班电话。快速反应力量由辖区法院的执行人员、司法警察等人员组成，下设快速反应执行小组，根据指挥中心的指令迅速采取执行行动。提高执行工作的快速反应能力。（4）建立有效的执行信访处理机制。各级人民法院要设立专门的执行申诉处理机构，负责执行申诉信访的审查和督办，在理顺与立案庭等部门职能分工的基础上，探索建立四级法院上下一体的执行信访审查处理机制。开展执行信访情况排名通报。完善执行信访工作的考评机制，信访责任追究和责任倒查机制。

《执行权配置和运行意见》在第1条界定"执行权是人民法院依法采取各类执行措施以及对执行异议、复议、申诉等事项进行审查的权力，包括执行实施权和执行审查权"的基础上，进一步规定了执执分离机制：（1）高级、中级、基层法院执行局应当按照分权运行机制设立与本法院其他业务庭平行的执行实施部门和执行审查部门，分别行使执行实施权和执行审查权。（2）执行实施权由执行员或者法官行使，其范围主要是财产调查、控制、处分、交付和分配以及罚款、拘留措施等实施事项。执行审查权由法官行使，其范围主要是审查和处理执行异议、复议、申诉以及决定执行管辖权的移转等审查事项。(3) 执行实施部门对于执行实施事项的处理应当采取审批制，执行中因情况紧急必须及时采取执行措施的，执行人员经执行指挥中心指令，可依法采取查封、扣押、冻结等财产保全和其他控制性措施，事后2个工作日内应当及时补办审批手续。人民法院可以将执行实施程序分为财产查控、财产处置、款物发放等不同阶段并明确时限要求，由不同的执行人员集中办理，互相监督，分权制衡，提高执行工作质量和效率。执行局的综合管理部门应当对分段执行实行节点控制和流程管理。(4) 执行审查部门对于执行审查事项的处理应当采取合议制。(5) 人民法院在执行局内设立执行申诉审查部门，建立执行信访审查处理机制，以有效解决消极执行和不规范执行问题。执行申诉审查部门可以参与涉执行信访案件的接访工作，并应当采取排名通报、挂牌督办等措施促进涉执行信访案件的及时处理。

按照《加强和规范执行工作意见》规定，实行案件执行重心下移，最高人民法院和高级人民法院作为执行工作统一管理、统一协调的机构，原则上不执行具体案件，案件主要由中级人民法院和基层人民法院执行，也可以指定专门法院执行某些特定案件，以排除不当干预。

二、执行机构的职责

(一) 基层人民法院执行组织负责执行的案件

1. 由本院制作的发生法律效力的民事判决书、裁定书、决定书、行政判决书、行政裁定书以及刑事判决书、裁定书、刑事附带民事判决书、调解书中有明确给付内容的，义务人逾期不履行，权利人在法定期限内申请执行的案件，或本院审判庭移送执行的案件。

2. 第二审人民法院制作的终审判决、裁定和调解书中有明确的给付或履行内容，义务人逾期不履行，由权利人依法申请或审判庭移送执行的案件。

3. 仲裁机关制作的发生法律效力的裁决书，义务人逾期不履行的，权利人依法向人民法院申请执行的案件。

4. 公证机关作出的依法赋予强制执行效力的债权文书，义务人逾期不履行的，权利人依法向人民法院申请执行的案件。

5. 行政机关依法作出发生法律效力的处罚决定书、处理决定书，义务人逾其不履行的，行政机关依法申请人民法院强制执行的案件。

6. 外地人民法院委托执行的案件。

7. 上级人民法院指令执行的案件。

8. 法律规定由基层人民法院负责执行的其他案件。

(二) 中级人民法院执行组织的职权范围

1. 负责本院对本辖区内各基层人民法院执行工作的监督、指导、协调，并负责审查答复当事人、案外人对基层法院执行组织在执行过程中提出的复议申请。

2. 本院一审作出的生效的民事判决书、裁定书、调解书、决定书，行政裁定判决书，刑事判决书、裁定书，刑事附带民事判决书和调解书中有明确给付内容，义务人逾期不履行的，权利人依法申请或审判庭移送的执行案件。

3. 高级人民法院制作的终审判决、裁定书、调解中有明确履行内容，义务人逾期不履行的，权利人申请或移送执行的案件。

4. 当事人依法申请执行的外国法院作出的发生法律效力的判决书、裁定书的案件以及当事人依法申请我国涉外仲裁机构裁决的案件。

5. 上级法院指令执行的案件，即高级人民法院指定执行的案件。

6. 省、自治区、直辖市的行政部门及海关依法作出的生效的处理决定，处罚决定，义务人逾期不履行的，行政部门及海关依法申请人民法院强制执行的案件。

7. 专利纠纷案件的执行，由省会所在地中级人民法院执行组织受理执行。

8. 在本辖区内，认为由本院执行的案件。

（三）高级人民法院执行组织的职权范围

根据 2000 年 1 月 14 日法发［2000］3 号《最高人民法院关于高级人民法院统一管理执行工作若干问题的规定》，高级人民法院执行局的职责如下：

1. 在最高人民法院的监督指导下，对本辖区执行工作的总体部署、执行案件监督和协调、执行力量的调度及执行装备的使用等实行统一管理。

2. 负责审查处理本辖区内，因当事人、案外人对各中级法院和专门法院在执行过程中提出申请复议的案件。

3. 由本院一审制作生效的判决书裁定书、调解书、决定书中有明确履行内容，义务人逾期不履行的，权利人依法申请或审判庭移送执行案件。

4. 最高人民法院指令或函示执行的案件。

5. 认为本辖区内应由本院执行的案件。

（四）最高人民法院执行组织的职能范围

最高人民法院于 1995 年决定设立专门的执行机构。受当时民事诉讼法中“基层人民法院、中级人民法院根据工作需要，可以设立执行机构”规定的制约，最高人民法院执行机构名称暂定为“执行工作办公室”，其职责如下：1、执行认为应由本院执行的案件。2、指导、协调、监督地方各级人民法院的执行工作。

2007 年 10 月十届全国人大常委会第三十次会议修改《民事诉讼法》，决定“人民法院根据需要可以设立执行机构”，为最高人民法院执行机构的设立提供了法律依据。2008 年 11 月 1 日最高人民法院执行工作办公室更名为执行局，为提高执行效率，确保执行公正提供重要的体制和机制保障，其具体职责是：1、执行最高人民法院第一审生效的判决、裁定及调解协议中关于财产的决定。2、执行法律规定由最高人民法院执行的其他法律文书。3、承办依法监督和指导地方各级人民法院执行工作的有关事项。4、协调解决跨省、自治区、直辖市的民事、行政、海事以及刑事附带民事案件判决、裁定中的执行争议。5、参与起草有关司法解释。

第二节 执行依据

一、执行依据的概念

执行依据又称执行名义，是指人民法院的执行组织据以执行的法律文书。

二、执行依据的基本特征

（一）它是一种法律文书。这种法律文书是国家机关、组织依法作出的处理决定，如：审判机关作出的裁判，行政机关作出的处理、处罚决定等等。

（二）它是申请执行人依法向人民法院申请执行或由人民法院审判庭移送执行的法律文书。

（三）它是已经生效的法律文书。只有依据生效的法律文书，权利人才能行使权利，义务人才有责任履行义务，如果法律文书不生效，权利人就不能申请执行。

（四）它是具有确定给付内容、属于法院强制执行的法律文书。不具给付内容或虽具给付内容但不属于人民法院执行的法律文书，不能作为执行依据。

三、执行依据的种类

根据《民事诉讼法》第236条和司法解释的有关规定，执行依据大致可分为两类：第一类是人民法院制作的法律文书；第二类是法律规定由人民法院执行的其他法律文书。

第一类，人民法院制作的法律文书：

1. 发生法律效力且具有给付内容的民事判决书、裁定书、决定书、调解书和支付令这类法律文书来自3个方面：(1) 本院审判庭制作的判决书、裁定书、调解书、决定书与支付令；(2) 外地法院委托执行的判决书、裁定书、决定书、调解书、支付令；(3) 上级人民法院制作或指定执行的判决书、裁定书、决定书、调解书；(3)《民事诉讼法》第195条规定，法院裁定调解协议有效及《民事诉讼法》第196条规定的对担保物权的执行。[①] 根据《民事诉讼法》第194条和第195条的规定，经过人民法院确认有效的调解协议，权利人可以申请人民法院强制执行。具体规定如下：双方当事人依照人民调解法等法律，共同向调解组织所在地基层人民法院提出申请进行司法确认的调解协议（《民事诉讼法》第194条），人民法院受理申请后，经审查，符合法律规定的，裁定调解协议有效，一方当事人拒绝履行或者未全部履行的，对方当事人可以向人民法院申请执行（《民事诉讼法》第195条）。

关于对担保物权的执行，根据《民事诉讼法》第196条、第197条的规定，当事人

---

① 为了便于归类说明，本书把法院裁定确认的调解协议归类为人民法院作出的法律文书这一类型。需要注意的是，该调解协议虽然不是由法院作出，法院仅仅是依法确认，但调解协议经过法院以裁定的方式作出确认之后，调解协议（经过当事人提出执行申请）即可成为法院的执行依据。从调解协议经过法院司法确认这一确认程序之后便可以成为执行依据，从这种意义上看，可以把经过法院确认的调解协议归纳为“广义”的人民法院制作的法律文书这一类型。

向担保财产所在地基层人民法院提出实现担保物权的申请，法院经对当事人的申请进行审查，认为符合法律规定的，裁定拍卖、变卖担保财产，当事人依据该裁定向人民法院申请执行。

2. 发生法律效力并具有给付内容的刑事判决书和裁定书，义务人逾期不履行时，人民法院强制执行，如要求缴纳罚金的。

3. 刑事附带民事判决书、调解书。

4. 发生法律效力并有给付内容的行政判决书和裁定书。

第二类，法律规定应当由人民法院执行的其他法律文书：

1. 依法应由人民法院执行的行政处罚决定书、行政处理决定书。

根据《执行规定》的第 13、第 14 条，由人民法院执行的行政处理、处罚决定包括：专利管理机关依法作出的处理、处罚决定。国务院各部门、地方各级人民政府和海关依照法律、法规作出的处理决定和处罚决定等。

2. 国内仲裁机构制作的具有给付内容的仲裁裁决书和调解书。

根据法律规定，目前我国仲裁机构有两大类：一类为一般仲裁机构统称仲裁委员会；另一类为特殊仲裁机构，它包括劳动仲裁委员会和农村承包合同仲裁机构。根据《中华人民共和国仲裁法》第 6 章的规定：当事人应当履行裁决，一方当事人不履行的，另一方当事人可以依照民诉法的有关规定向人民法院申请执行。《国营企业劳动争议处理规定》第 25 条规定，当事人一方或双方对仲裁不服的可以在收到仲裁决定书之日起 15 日内向人民法院起诉，一方当事人期满不起诉又不履行的，另一方当事人可以申请人民法院强制执行。

3. 人民法院依据《仲裁法》有关规定作出的财产保全和证据保全裁定。

根据《仲裁法》第 20 条规定，申请仲裁的当事人因另一方当事人的作为或者其他原因，可能使裁决不能执行或难以执行的，可以申请财产保全，仲裁委员会应当将当事人的申请提交人民法院裁定，该法第 46 条规定：在证据可能灭失或者难以取得的情况下，当事人可以申请证据保全，仲裁委员会应当事人的申请提交证据所在地基层人民法院审查、裁定。上述人民法院作出的财产保全、证据保全裁定应由人民法院负责执行。

4. 中国国际经济贸易仲裁委员会仲裁裁决和中国海事仲裁委员会仲裁裁决。

5. 公证机关制作的依法赋予强制执行效力的债权文书。

根据《民事诉讼法》第 238 条和《公证法》（2015 年修正）第 37 条规定，对公证机关依法赋予强制执行效力的债权文书，即对经公证的以给付为内容并载明债务人愿意接受强制执行承诺的债权文书，债务人不履行或者履行不适当的，债权人可以依法向被执行人住所地或被执行财产所在地的人民法院申请执行，受申请的人民法院应当执行。

但是，具有有下列情形之一的，法院应当认定该公证债权文书确有错误，并裁定不予执行：（1）公证债权文书属于不得赋予强制执行效力的债权文书的；（2）被执行人一方未亲自或者未委托代理人到场公证等严重违反法律规定的公证程序的；（3）公证债权文书的内容与事实不符或者违反法律强制性规定的；（4）公证债权文书未载明被执行人不履行义务或者不完全履行义务时同意接受强制执行的。此外，人民法院认定执行该公证债权文书违背社会公共利益的，裁定不予执行。

公证债权文书确有错误的，人民法院裁定不予执行，并将裁定书送达双方当事人和公证机关。公证债权文书被裁定不予执行后，当事人、公证事项的利害关系人可以就债权争议提起诉讼。

6. 人民法院制作的承认和执行外国法院判决或仲裁机构的裁决。

根据国家主权原则，任何国家法院的判决和仲裁机构的裁决，原则上只能在该国领域内产生法律效力，而没有域外效力。为此，全国人民代表大会常委会于 1986 年 12 月 2 日通过了《关于我国加入〈承认及执行外国仲裁裁决公约〉的决定》，参加公约后，我国就承担了承认及执行各缔约国仲裁裁决的义务，我国的仲裁裁决也同样在各缔约国得承认及执行；但应注意，我国参加该公约已作了“互惠保留”和“契约性和非契约性商事保留”的声明。

7. 特别行政区法院委托执行的判决书、裁定书和仲裁裁决书。

全国人民代表大会制定的《中华人民共和国香港特别行政区基本法》于 1990 年 4 月 4 日通过，该法第 95 条规定“香港特别行政区与全国其他地区的司法机关通过协商依法进行司法方面的联系和互相提供协助”；1993 年 3 月 31 日通过的《澳门特别行政区基本法》第 93 条也作了同样规定。因此，香港和澳门特别行政区法院的判决书、裁定书和仲裁裁决在全国其他地区不直接发生法律效力及执行，而要通过承认特别行政区法院的裁判及仲裁裁决的法律效力和执行。同样，全国其他地区法院的裁判及仲裁裁决在特别行政区也不直接发生法律效力及执行，也需要特别行政区法院承认及执行。

8. 人民法院认为应当执行的其他法律文书。

这一立法目的，旨在使法院能够灵活主动地执行一些法律尚未规定的法律文书，如对中国台湾地区“法院”的裁判及仲裁裁决的承认和执行问题。中国台湾地区 2003 年 10 月 29 日颁布《台湾地区和大陆地区人民关系条例》第 74 条表示，承认中国大陆地区裁判机关制作的判决或仲裁裁决等法律文书，且经当事人申请可强制执行。2015 年 6 月 2 日最高人民法院审判委员会第 1653 次会议通过的《最高人民法院关于认可和执行台湾地区法院民事判决的规定》（法释〔2015〕13 号）和《最高人民法院关于认可和执行台湾地区仲裁裁决的规定》（法释〔2015〕14 号）明确规定：中国台湾地区“法院”民事判决的或者仲裁裁决的当事人可以根据本规定，作为申请人向人民法院申请认可和执行中国台湾地区有关“法院”民事判决或者中国台湾地区有关仲裁裁决，以保障海峡两岸当事人的合法权益，更好地适应海峡两岸关系和平发展的新形势。

第三节 执行管辖

一、执行管辖的概念

执行管辖又称执行案件管辖，是指根据法律规定，在人民法院内部以及各级人民法院和同级人民法院之间划分强制执行案件而形成的分工权限。

确定执行案件的管辖有如下重要意义：其一有利于人民法院内部工作明确分工，各司其职；其二有利于上级法院对下级法院执行工作进行指导和监督。

二、执行管辖的种类

执行案件管辖可分为级别管辖、普通管辖、特别管辖、共同管辖、指定管辖。

（一）级别管辖

级别管辖，是指划分各级人民之间执行案件的分工和权限。就执行由人民法院审判而作出的生效的法律文书而言，执行管辖中的级别管辖与审判管辖相对应二者密切联系。审级高、执行管辖的级别也相对应的高。就法律规定由人民法院执行的其他机构作出的生效法律文书而言，作出生效法律文书的机构的级别高低与有执行管辖权的法院的级别高低也相对应。

《执行规定》第12、13、14条作了明确的规定。国务院各部门、省、自治区、直辖市人民政府和海关依法作出的处理、处罚决定，由被执行人住所在地或财产所在地的中级法院执行。在涉外仲裁过程中，当事人申请财产保全，依仲裁机构提交人民法院的，由被申请人住所地或财产所在地中级法院裁定执行；关于专利机关依法作出的处理决定和处罚决定，由被执行人住所在地或财产所在地的省、自治区、直辖市有专利纠纷案件管辖权的中级法院执行。

（二）普通管辖

普通管辖，是指以法院的审级、被执行人住所地或标的物、行为所在地为标准来确定执行法院。根据《民事诉讼法》第224条规定：（1）发生法律效力的民事判决、裁定以及刑事判决、裁定中的财产部分，由第一审人民法院执行或者与第一审人民法院同级的被执行的财产所在地人民法院执行。（2）法律规定由人民法院执行的其他法律文书，由被执行人住所地或被执行财产所在地人民法院执行。需要注意的是，“其他法律文书”通常包括：仲裁裁决书，公证债权文书，发生法律效力的实现担保物权的裁定、确认调解协议裁定、支付令等，其中的执行管辖却有所不同：关于对仲裁的执行管辖问题，《执行规定》第10条、11条、12条具体规定：①仲裁机构作出的国内仲裁裁决，公证机关依法赋予强制执行生效的债权文书，由被执行人住所地或被执行人财产所在地人民法院执行；②在国内和国外仲裁过程中，当事人申请财产保全，经仲裁机构提交人民法院的，分别由被执行人住所地或被申请保全财产所在地基层人民法院和中级人民法院裁定并执行；③对于国内仲裁和国外仲裁过程中，申请证据保全的分别由证据所在地基层法院和中级法院裁定并执行。关于发生法律效力的实现担保物权的裁定、确认调解协议裁定、支付令等的申请执行，《法院适用民诉法解释》第462条规定，由作出裁定、支付令的人民法院或者与其同级的被执行财产所在地的人民法院管辖；对于认定财产无主的判决，由作出判决的人民法院将无主财产收归国家或者集体所有。

（三）特别管辖

特别管辖，是指对船舶执行时，以船舶所在港或所在地来确定执行案件的法院。

（四）共同管辖

共同管辖，指同一执行案件有两个以上的法院享有管辖权，当事人可以向其中一个人民法院申请执行。如果申请人同时向两个以上有管辖权的人民法院申请执行的，由最先立案的人民法院管辖。司法实践中，申请人同时向两个以上享有管辖权的人民法院申请执行，且有两个以上享有管辖权的人民法院同时受理，则由受理案件的人民法院协商解决，协商不成的报请其共同上级法院解决。

（五）指定管辖

指定管辖，是指上级人民法院以裁定方式，指定下级人民法院对某一案件行使管辖权。其实质是法律赋予上级人民法院在特殊情况下的变更和确定案件管辖，以适应执行工作的需要。指定管辖能及时解决执行管辖权的争议，避免搞地方保护主义，保证案件得以及时、正确执行。司法实践中，交叉执行就是一个典型的例子：上级法院对下级法院中具有地方保护主义色彩的案子，指定由别的法院执行。

《民事诉讼法》第37条第1款规定，有管辖权的人民法院由于特殊原因，不能行使管辖权的，由上级人民法院指定管辖。该条第二款对管辖权争议的处理程序：人民法院之间因管辖权发生争议，由争议双方协商解决，协商解决不成的，报请它们的共同上级人民法院指定管辖。

有管辖权的人民法院由于特殊原因，不能行使管辖权。这里所指的特殊原因指事实上和法律上的原因。一种指有管辖权的人民法院遇到不可抗力的事由，如地震、水灾等自然灾害无法行使管辖权。另一种是受理执行案件的人民法院与当地党委、政府、人大等部门之间的特殊关系的原因，一般是指：被执行对象、被执行的财产与当地政府、党委或人大等部门有直接的利害关系或密切关系。如果有管辖权的人民法院行使执行案件的管辖权强制执行，则很可能会造成人民法院与当地的党委、政府、人大之的关系紧张，甚至可能会出现人民法院的“人、财、物”严重受制的局面。遇到类似情况，一般由上级法院指定管辖，或由上级法院提级执行。

三、因管辖权发生争议的处理

所谓争议，包括相互推诿或相互争夺。经常因为法院之间辖区界限不明，或对法律的规定理解不一致，也可能因地方保护主义为其局部经济利益争先立案等。不管属于哪种原因引起争议，应先协商解决，协商不成应报请其共同上级法院指定管辖。报请时，应逐级上报。

另外，根据《最高人民法院关于高级人民法院统一管理执行工作若干问题的规定》（2000年1月14日法发［2000］3号）第七条：对跨高级人民法院辖区的法院与公安、检察机关执行争议案件，由执行法院所在地的高级人民法院与有关公安、检察等机关所在地的高级人民法院协商有关机关协调解决，必要时可报请最高人民法院协调处理。

四、管辖权转移

管辖权转移，是指经上级人民法院决定或同意，将某个案件的管辖权由上级法院转交给下级法院，或由下级人民法院转交给上级人民法院。实质是对级别管辖的一种变通和补充。人民法院在执行工作中，根据《执行规定》和《民事诉讼法》的规定，结合司法实践，疑难复杂案件通常采取提级执行和报请执行两种方式解决。这是管辖权转移的两种情况。

所谓提级执行，是指上级人民法院对下级人民法院管辖执行的案件有权决定由本院执行。提级执行能尽量地减少或避免搞地方主义。

报请执行是，指基层法院和中级法院管辖的执行案件，由于特殊原因，需要报请由上级人民法院执行。所谓特殊原因是指：不便于本院执行，如被执行人是本院工作人员，或被执行的财产与当地党委、政府有直接的利害关系等；案情复杂、涉及面广、执行法院执行有困难的案件，为保证案件公正、高效和执行质量，法律赋予上级人民法院决定提级执行。凡上级人民法院决定提级执行的案件，下级人民法院不得拒绝，而下级人民法院报请上级人民法院执行的案件，必须经上级人民法院的同意，否则，不能转移该案的执行管辖权。

五、超过六个月未执行的管辖处理

根据《民事诉讼法》第226条规定，人民法院自收到申请执行书之日起超过6个月未执行的，申请执行人可以向上一级人民法院申请执行。上一级人民法院经审查，可以责令原人民法院在一定期限内执行，也可以决定由本院执行或者指令其他人民法院执行。

第四节　委托执行

一、委托执行的概念

委托执行，是指有执行管辖权的人民法院在受理了被执行人或执行标的在本院辖区外的执行案件后，委托被执行人或执行标的所在地的人民法院代为执行的一种制度。该制度主要是为便利执行工作，降低执行的司法成本、提高执行效率而设置。[①] 委托执行的法院称委托法院，被委托代为执行的当地法院即被执行人住所地或被执行财产所在地或执行行为地法院是受托法院。

需要指出的是，委托执行与异地执行相对应，而异地又与当地相对应，执行法院在其辖区内的执行为当地执行，执行法院在其辖区外执行称异地执行。因此，异地执行是指有执行管辖权的法院受理执行案件后直接到辖区外执行，故而又称亲自到辖区外执行。因此，执行法院凡是在其辖区外的执行都可视为异地执行，当然包括指定管辖执行、交叉执行。

二、委托执行的条件及受托法院的义务

（一）委托执行的条件

1. 委托法院须对委托执行的案件有执行管辖权，这是委托执行的前提条件，如果无管辖权则谈不上委托。

2. 委托法院须已对委托执行的案件立案，法律规定委托法院应立案后方可办理委托事项。

---

① 委托执行这一制度主要是为便利执行工作，降低执行的司法成本、提高执行效率而设置。但是，基于我国大陆地区普遍存在的地方保护主义及部门利益保护甚至地域范围的保护，导致委托执行这一制度的所设立的目的与执行实践相去甚远，该制度只是流于形式。实际上，对于疑难重大案件，执行法院基本上不采委托执行而是亲自执行即异地执行。

3. 委托执行案件的被执行人或执行标的在委托法院的辖区外。《民事诉讼法》第229条第一款规定："被执行人或者被执行的财产在外地的，可以委托当地人民法院代为执行"。因此，如果被执行人或执行标的在本辖区内，若委托其他法院执行，就失去委托执行的实际意义。

（二）受托法院的义务

受委托人民法院收到委托函件后，必须在15日内开始执行，不得拒绝。执行完毕后，应当将执行结果及时函复委托人民法院；在30日内如果还未执行完毕，也应当将执行情况函告委托人民法院。

三、委托执行应办理的事项

（一）委托执行一般应在同级人民法院之间进行，经对方同意，也可以委托上一级人民法院执行，被执行人是军队企业或执行标的是船舶的，可分别委托所在地军事法院或海事法院执行；

（二）向受托法院出具委托执行函，并附执行依据的副本原件、立案审判表及有关说明。如，财产保全情况、被执行人财产状况、委托法院地址、电话和联系方式等事项。

（三）凡需要委托执行的案件，委托法院应在立案后一个月内办理完委托手续，超期委托的，应经对方同意。

另外，为了加强委托和改进高级人民法院对委托和受托案件的统一管理，严格依法执行受托案件，切实保障跨辖区案件当事人的合法权益，依据民事诉讼法的规定，最高人民法院于2000年2月24日作出《最高人民法院关于加强和改进委托执行工作的若干规定》，对委托执行作了新的补充：跨省执行的案件原则上实行委托执行，特殊案件不宜委托执行的，须经高级人民法院批准后方可跨省执行。

四、委托执行的效力

委托执行一经成立，即产生以下的效力：

1. 案件委托后，未经受托法院同意，委托法院不得自行执行；

2. 受托法院对委托执行的案件应当严格按《民事诉讼法》、《执行规定》和《法院适用民诉法解释》的有关规定办理，并有权采取强制执行措施和对妨害执行行为的强制措施；

3. 受托法院在执行中，涉及实体权利或程序上的处理须及时通知委托法院，由委托法院作出决定处理。如，中止、终结执行须由委托法院裁定。

4. 受委托法院不得拒绝接受委托，但可以根据实际情况把已经接受委托的案件退回委托法院。根据《最高人民法院关于委托执行若干问题的规定》（法释〔2011〕11号）第9条的规定，受托法院退回委托的，应当层报所在辖区高级人民法院审判。高级人民法院同意退回后，受托法院应当在15日内将有关委托手续和案卷材料退回委托法院，并作出书面说明。

五、委托执行的沿革与司法实践

自1982年10月1日起，《民事诉讼法（试行）》第四编规定的执行程序正式确立了委托执行制度。1991年4月9日全国人大常委会通过《民事诉讼法》，在第三编执行程序中对委托执行进一步完善，在第215条规定："被执行人或者被执行财产在外地的，可以委托当地人民法院代为执行……"委托执行制度的法律依据，虽然在《民事诉讼法》中仅此一条，但从其全部内容来看，较之以往《民事诉讼法（试行）》中的相关规定而言，委托执行已经进行较大的修改，这集中体现在它对受托执行法院的适用刚性已经大大加强。①

不仅如此，《民事诉讼法》1991年颁布后，委托执行多次受到最高人民法院甚至政治高层的关照和厚爱，以作为以后执行改革的方向：

（1）1992年7月14日最高人民法院通过《适用民诉法意见》，对于委托执行酌予补充；

（2）1993年最高人民法院《关于人民法院相互办理委托事项的规定》明确了接受委托的人民法院在委托执行中处于辅助执行的地位，发生程序和实体上的问题，一般均由委托法院出面处理；

（3）1998年6月11日最高人民法院通过《执行规定》，对委托执行有较详密的规定；

（4）1999年7月，中共中央以11号文件的形式转发了《中共最高人民法院党组关于解决人民法院"执行难"问题的报告》，专门就"执行难"问题作出指示的同时，对执行改革也作出重要指示，其中包括两个方面，其一是高级法院统一管理和协调执行，其二就是跨高级法院辖区的案件要逐步形成以委托执行为主的新格局；

（5）2000年1月14日最高人民法院下发了《关于高级人民法院统一管理执行工作的若干规定》；

（6）2000年2月24日最高人民法院发布《关于加强和改进委托执行工作的若干规定》，与以往不同的是，其一，跨省执行要以委托为主；其二，明确了交由受托法院作出裁定的四种情况；

（7）接着又发布最高人民法院《关于跨省、自治区、直辖市委托执行工作有关问题的通知》；

（8）而在最高人民法院《五年改革纲要》的第26条中也对执行和委托执行进行了规定。

最高人民法院李国光副院长在1999年8月召开的全国高级人民法院院长座谈会上更是直接强调："委托执行是法律规定的一项重要执行制度。实行这一制度有利于抵制地方和部门保护主义的干扰，提高执行工作效率。"最高人民法院赞成这一改革方向所持的理由主要有：（1）委托执行有利于法院统一、抵御地方保护。由于在实践中委托执行贯彻得非常不好：有的受托法院因为执行力量不足、任务重而对委托执行抵制；有的即便接受委托也尽量避免"胳膊肘往外拐"，接受委托后拖着不办；而有的受托法院对

① 最高人民法院：《民事诉讼法讲座》，法律出版社1991年版，第172页。

本地有利的就执行、不利的就不执行。因此，要借助《民事诉讼法》和最高法院司法解释强化委托执行制度。这样有利于促进"全国法院一盘棋"，进而抵制地方和部门保护干预。[①]（2）委托执行有利于法院和法官廉政。由于执行工作的特殊性，一般需要申请执行人到达执行现场、难免和执行人员一起搞"三同"，这会影响司法中立和公正形象。他们认为采异地执行，"三同"将会更加加剧；但采委托执行的话，"三同"则会弱化。（3）委托执行有利于执行工作顺利完成。他们认为，受托法院对当地情况熟悉、可供其利用的有利条件更多；受托法院可以更加机动、灵活地把握执行时间和时机；也可以随时抽调执行力量；采取强制措施也方便。因此，委托执行比异地执行诸多有更多的优越性、更利于执行工作的顺利完成。（4）从效益角度，有利于节省人力和财力。他们认为，在各人民法院执行力量不够、办公经费捉襟见肘的情况下，执行法院外出执行所占用人力、时间及经费要比委托执行多，这会加剧人力和物力的紧张。而通过委托执行可以节约执行成本和资源。另外，他们还认为，委托执行有利于减少恶性抗法，等等。

（9）最高人民法院为了进一步加强和规范委托执行工作，于 2011 年 4 月 25 日，由最高人民法院审判委员会第 1521 次会议通过《最高人民法院关于委托执行若干问题的规定》（法释〔2011〕11 号），并于同年 5 月 16 日起施行。

在学界，也对委托执行予以了充分肯定。例如，武汉大学赵钢教授就提出委托执行应当成为异地执行的一般原则。[②] 南京师范大学李浩教授认为：（1）异地执行成本高，低效率造成了大量的积案，（2）由一审法院管辖执行造成大量委托执行案件的产生，人为造成执行制度复杂化；（3）异地执行还造成一审法院为了便于执行而违反行使审判权，如强制调解、违法采取保全措施或者考虑到执行实现的可能性而影响其对案件的最终判决，朝着执行可能的方向定案。[③]周林安先生认为：（1）委托执行有利于直接暴露并有效约束来自法院系统内的干扰和影响；（2）委托执行有利于排除来自地方和部门某些领导的干扰和影响；（3）委托执行是当今世界民事执行的发展趋势，比如日本执行法院只能依法在受其管辖的土地及事物内行使职务之权利。[④] 类似观点的还有：上官丕亮、周培敏载于《法制日报》1999 年 1 月 30 日第 8 版的《法院委托执行应当成为异地执行的一般原则》[⑤]；陈恭健、王胜芳载于《福建政法干部管理学院学报》2000 年第 1 期的《委托执行难的原因及对策》；沈德咏、张根大《中国强制执行制度改革：理论研究与实践总结》（法律出版社 2003 版）等等。

---

① 其实，恰恰相反，委托执行中，受托法院根本没有一丝一毫的力气去抵制本地的地方保护和司法受制于地方意志。委托执行恰恰是委托法院放弃努力，放任外地的"地方保护"，才将案件甩给在外地法院的选择。

② 赵钢、陈少华："委托执行应当成为异地执行的一般原则"，《现代法学》，1997 年第 3 期。

③ 李浩主编：《强制执行法》，厦门大学出版社 2004 年版，第 142—144 页。

④ 周林安：《委托执行应成为异地执行的一般原则》，《人民司法》，2002 年 4 期。

⑤ 执行方式包括委托执行和亲自执行；亲自执行是指受理执行案件的一审法院的执行。亲自执行又可分为在本辖区内执行和辖区外执行即异地执行。辖区内亲自执行不在本文研究范围。关于委托执行和异地执行的关系，可作以下断定：（1）在理论上，二者并行不悖、相辅相成、互相补充。（2）但理论界和最高法院等等决策层认为，应当以委托为主，甚至用委托执行全面代替异地执行。（3）但我们认为，现阶段存还存在很多"约束条件"，这样的时机和条件还不成熟。对司法实践理性尊重决定了还需要异地执行为主，尤其在委托执行不力后，将异地执行作为主要的后继执行方法。这也是本文的主要论题。因此，这几篇论文的题目犯了同样的错误："委托执行应当成为异地执行的一般原则"这样的表述，暗含了委托执行是异地执行的一种。其实，如上所述，委托执行和异地执行是并列的两种不同执行方式，不存在谁包含谁。

总之，可以说委托执行受到了立法者、改革决策者、政治高层和学界的诸多厚爱。但问题是，在委托执行的司法实践中，从制度到个案落实中，其效果并不好，甚至可以说，委托执行基本被虚置，呈现出典型的理论和实践“两张皮”。就现有资料看，对于委托执行低效、适用面窄、委托不力的原因以及对异地执行有效的原因、异地执行的再评价等实证研究几乎空白。可以说，现有理论研究脱离司法实践和司法环境，不尊重司法的实践理性，提出的是不符合现阶段司法现实的观点，没有将执行方式的选择建立在司法的客观条件下和客观环境基础上，而在司法实践中起主要作用的异地执行却遭受冷落。

所幸的是，2016 年 3 月 13 日，在十二届全国人大四次会议上周强院长报告最高人民法院工作时庄严承诺：“用两到三年时间基本解决执行难问题”，满足人民群众日益增长的多元司法需求、提升司法公信力，切实“让人民群众在每一个司法案件中感受到公平正义”。

2016 年 4 月 29 日最高人民法院印发《关于落实“用两到三年时间基本解决执行难问题”的工作纲要》的通知（法发［2016］10 号）立足中国国情，科学谋划解决执行难的顶层设计：1、基本解决执行难，要坚持以信息化建设为抓手，着力强化执行规范化建设和专业化建设，切实完善执行体制机制，努力实现执行工作各个领域的深刻变革。2、完善异地执行协作机制。树立全国执行一盘棋的理念，总结推广各地法院之间开展异地执行协作的经验，修改完善委托执行规定，以执行事项委托为主，建立全国统一的协作协助执行工作机制。

【学习总结与拓展】

【关键词】 执行机构 执行依据 执行管辖　管辖权转移　委托执行

【思考题】

1. 法院制作的哪些生效法律文书可以由审判庭直接移送执行机构执行？

2. 哪些文书可以作为民事执行根据？

3. 北京 A 区的甲公司与上海 B 区的乙公司因合同纠纷诉至法院，A 区人民法院判决乙公司向甲公司赔偿损失 10 万元。判决生效后，乙公司未自动履行，甲公司遂向 A 区法院申请执行。A 区法院立案后委托乙公司所在地的 B 区人民法院代为执行。B 区法院接到委托执行书后，发现乙公司早已资不抵债，无财产可供执行。

问：B 区法院应该如何处理？

【阅读资料】

1. 《中华人民共和国民事诉讼法》（2017 年修正）第三编执行程序第十九章一般规定。

2. 《最高人民法院关于适用〈中华人民共和国民事诉讼法〉的解释》（法释〔2015〕5 号）二十一、执行程序；《最高人民法院关于适用〈中华人民共和国民事诉讼法〉执行程序若干问题的解释》（法释〔2008〕13 号）；《最高人民法院关于人民法院执行工作若干规定（试行）》（法释〔1998〕15 号）；《最高人民法院关于执行案件立案、结案若干问题的意见》（法发〔2014〕26 号）、《最高人民法院关于执行权合理配置和科学运行的若干意见》（法发〔2011〕15 号）；《最高人民法院关于进一步加强和规范执行工作的若干意见》（法发〔2009〕43号）。

3. 杨与龄著：《强制执行法论》，中国政法大学出版社2002年版。

4. 常怡主编：《比较民事诉讼法》，中国政法大学出版社2002年版。

5. 孙加瑞著：《中国强制执行制度概论》，中国民主法制出版社1999年版。

6. 李浩主编：《强制执行法》，厦门大学出版社2004年版。

第二十七章　执行启动

【学习提示】通过本章学习，了解执行程序启动的意义及启动的主体、执行机构在强制执行前的准备程序；领会对被执行人财产状况进行查明的措施、方法；掌握执行担保的效力，执行和解的概念及成立要件，对被执行人到期债权执行的要件，变更追加执行当事人的概念、程序，变更追加申请执行人的情形、变更追加被执行人的情形，参与分配的主体及程序规范。

第一节　执行启动概述

一、执行启动的概念

执行启动，是指执行申请人或审判机关为实现生效法律文书确定的内容，请求或要求执行机关开启执行程序采取强制性措施的一种诉讼活动。与执行启动相关的是执行程序的提起，它指人民法院对执行案件的受理，是执行工作开始的方式。

二、执行启动的原因

债务人拒不履行生效法律文书确定的义务，债权人的权利无法得到实现，为了迫使债务人履行义务、实现债权人的权利，于是，债权人申请执行法院启动强制执行程序或者由法院审判庭移送执行机构而启动执行程序。法律文书生效后，债务人拒不履行义务的，债权人可以在法定期间向执行机关申请执行，从而启动执行程序。在司法实践中，绝大多数执行案件都是因债权人申请执行而开始的。

三、执行启动的效力

执行程序一经启动，便对当事人和执行机关产生一定的约束，体现为以下两方面：首先，执行机关应实施执行且无法定理由不得停止；其次，不妨碍债务人的自觉履行。即使已经启动执行程序，债务人仍可自觉履行，其履行行为同样具有法律效力。

第二节　申请执行

在第一次民事诉讼法修正实施之前，即 1991 年 4 月 9 日七届全国人大四次会议通过的《民事诉讼法》规定的申请执行的期限是：当事人（申请执行人和被执行人）一方或双方是个人的，向人民法院申请执行的期限为 1 年；双方是法人或组织的，申请执行的期限为 6 个月。行政判决书、行政裁定书、行政赔偿判决书和行政赔偿调解书申请执行的期限，申请人是公民的为 1 年，申请人是行政机关、法人或其他组织的为 180 日。申请执行的期限从法律文书规定的履行期间最后一日起计算；法律文书没有规定履行期限的，从该法律文书送达当事人之日起计算。行政机关申请人民法院强制执行其具体行政行为的，应当自被执行人的法定起诉期限届满之日起 180 日内提出。

针对原有民事诉讼法规定的申请执行期限过短，不利于保护申请执行人的合法权益，全国人大常委会于 2007 年 10 月第一次对民事诉讼法修正，其中对申请执行的期间进行了修改。根据第一次修改后的《民事诉讼法》第 238 条规定，申请执行的期间为 2 年。申请执行时效的中止、中断，适用法律有关诉讼时效中止、中断的规定。2012 年 8 月 31 日对民事诉讼法进行第二次修正时，对于申请执行期间的规定，只是把条文由第 238 条变更为第 239 条，在内容上仍然保留了第一次修法的规定。2017 年 6 月 27 日全国人大常委会对《民事诉讼法》的第三次修改时，对该第 239 条规定内容未予变动。

申请执行的期间，从法律文书规定履行期间的最后一日起计算；法律文书规定分期履行的，从规定的每次履行期间的最后一日起计算；法律文书未规定履行期间的，从法律文书生效之日起计算。

可见，并非所有的申请执行案都被受理，只有在申请时效内申请执行的，人民法院才会受理。司法实践中，在判决书或调解书的结尾部分都要求写明权利人申请人民法院执行的有效期限。目的是告知权利人申请执行的期限，使其及时、有效地行使权利。

第三节 移送执行

移送执行是指法律文书生效后，债务人拒不履行义务，审判组织直接将案件移交执行机构，从而开始执行程序。移送执行是执行启动的一种特殊形式，它只适用于特殊类型的案件。司法实践中，以下 4 种类型的案件属于移送执行：

（1）人民法院制作的具有给付赡养费、抚养费、抚育费、抚恤金、医疗费、劳动报酬等内容的民事及刑事附带民事判决书以及调解书；

（2）人民法院制作的有财产内容的刑事判决书和裁定书；

（3）人民法院制作的有财产内容的民事制裁决定书；

（4）民事判决、裁定、调解书中关于诉讼费用的部分。

应当指出的是，虽然《民事诉讼法》第 236 条规定：“发生法律效力的民事判决、裁定，当事人必须履行。一方拒绝履行的，对方当事人可以向人民法院申请执行，也可以由审判员移送执行员执行。”但是，法律却没有明确何种情形应当依职权移送。为此，最高人民法院及时作出司法解释对依职权移送执行的情形予以明确规定，《执行规定》第 19 条规定：“生效法律文书的执行，一般应当由当事人依法提出申请。发生法律效力的具有给付赡养费、抚养费、抚育费内容的法律文书、民事制裁决定书，以及刑事附带民事判决书、裁定书、调解书，由审判庭移送执行机构执行”。

简言之，强制执行程序的启动，以申请主义为原则，职权主义为例外。

第四节 执行立案

根据《执行程序解释》第 2、3、4 条和《执行立案、结案意见》第 1、2、3、4、6、7、29、30 条的规定，强制执行程序的启动，在申请执行、移送执行之后还有一个必不可少的执行立案环节，才能进入执行实施。

一、执行立案的刚性

任何案件不得以任何理由未经执行立案即进入执行程序。

二、执行立案的机构

执行案件统一由执行法院立案机构进行审查立案。人民法庭经授权执行自审案件的，可以自行审查立案。

根据《执行权配置和运行意见》关于执行局与立案机构之间的分工协作事项之第 11、15 条规定，(1) 办理执行实施、执行异议、执行复议、执行监督、执行协调、执行请示等执行案件和案外人执行异议之诉、申请执行人执行异议之诉、执行分配方案异议之诉、代位析产之诉等涉执行的诉讼案件，由立案机构进行立案审查，并纳入审判和执行案件统一管理体系。(2) 人民法庭经授权执行自审案件，可由其自行办理立案登记手续，并纳入执行案件的统一管理。(3) 诉前、申请执行前的财产保全申请由立案机构进行审查并作出裁定；裁定保全的，移交执行局执行。

法律、司法解释规定可以移送执行的，相关审判机构可以移送立案机构办理立案登记手续。

执行法院立案机构审查立案后，或者立案登记后，应当将执行案件交付本院执行机构依法实施执行。

三、执行立案的标准

执行法院立案机构对符合法律、司法解释（如《法院实施民诉法解释》第 463 条）规定的立案标准的执行案件，应当予以立案，并纳入审判和执行案件统一管理体系。

执行案件包括执行实施类案件和执行审查类案件：(1) 执行实施类案件是指人民法院因申请执行人申请、审判机构移送、受托、提级、指定和依职权，对已发生法律效力且具有可强制执行内容的法律文书所确定的事项予以执行的案件。(2) 执行审查类案件是指在执行过程中，人民法院审查和处理执行异议、复议、申诉、请示、协调以及决定执行管辖权的移转等事项的案件。

执行法院不得有审判和执行案件统一管理体系之外的执行案件。

除下列情形可以分别立案外，执行法院不得人为拆分执行实施案件的立案：

(1) 生效法律文书确定的给付内容为分期履行的，各期债务履行期间届满，被执行人未自动履行，申请执行人可分期申请执行，也可以对几期或全部到期债权一并申请执行；

(2) 生效法律文书确定有多个债务人各自单独承担明确的债务的，申请执行人可以对每个债务人分别申请执行，也可以对几个或全部债务人一并申请执行；

(3) 生效法律文书确定有多个债权人各自享有明确的债权的（包括按份共有），每个债权人可以分别申请执行；

(4) 申请执行赡养费、扶养费、抚养费的案件，涉及金钱给付内容的，执行法院应当根据申请执行时已发生的债权数额进行审查立案，执行过程中新发生的债权应当另行申请执行；涉及人身权内容的，执行法院应当根据申请执行时义务人未履行义务的事实进行审查立案，执行过程中义务人延续消极行为的，应当依据申请执行人的申请一并执行。

下列案件，执行法院应当按照恢复执行案件予以立案：

(1) 申请执行人因受欺诈、胁迫与被执行人达成和解协议，申请恢复执行原生效法律文书的；

(2) 一方当事人不履行或不完全履行执行和解协议，对方当事人申请恢复执行原生效法律文书的；

(3) 执行实施案件以裁定终结本次执行程序方式报结后，如发现被执行人有财产可供执行，申请执行人申请或者人民法院依职权恢复执行的；

(4) 执行实施案件因委托执行结案后，确因委托不当被已立案的受托法院退回委托的；

(5) 依照民事诉讼法第 257 条的规定情形之一而终结执行的案件，申请执行的条件具备时，申请执行人申请恢复执行的。

执行法院立案机构在审查立案时，应当按照《执行立案、结案意见》确定执行案件的类型代字和案件编号，不得违反《执行立案、结案意见》创设案件类型代字。

执行案件的立案（以及执行和结案）情况应当及时、完整、真实、准确地录入全国法院执行案件信息管理系统。

四、执行立案的通知送达

执行法院立案机构立案后，应当依照法律、司法解释的规定向申请人发出执行案件受理通知书。

五、执行立案的异议及处理

执行法院受理执行申请后，当事人对管辖权有异议的，应当自收到执行通知书之日起 10 日内提出。

执行法院对当事人提出的异议，应当审查。异议成立的，应当撤销执行案件，并告知当事人向有管辖权的人民法院申请执行；异议不成立的，裁定驳回。当事人对裁定不服的，可以向上一级人民法院申请复议。

在执行法院和上一级人民法院对管辖权异议审查和复议期间，执行法院不停止执行。

六、执行立案的重复禁止

对两个以上人民法院都有管辖权的执行案件，人民法院在立案前发现其他有管辖权的人民法院已经立案的，不得重复立案。

立案后发现其他有管辖权的人民法院已经立案的，应当撤销案件；已经采取执行措施的，应当将控制的财产交先立案的执行法院处理。

七、执行立案的违规问责

执行法院不能制定与法律、司法解释和《执行立案、结案意见》规定相抵触的执行案件立案标准。

违反法律、司法解释和《执行立案、结案意见》规定的执行立案，或者在全国法院执行案件信息管理系统录入执行立案情况时弄虚作假的，通报批评；造成严重后果或恶劣影响的，根据《人民法院工作人员纪律处分条例》追究执行法院相关领导和立案机构工作人员的责任。

第五节　执行前的准备和对被执行人财产状况的查明

一、执行前的准备

（一）执行准备概述

执行案件决定受理后，为顺利实施执行行为，提高执行程序的效率和效益，执行准备是执行进行必不可少的阶段，也是执行机关的一重要职责。

根据《民事诉讼法》第 240 条和《法院适用民诉法解释》第 482 条的规定，执行员接到申请执行书或者移交执行书后 10 日内应当向被执行人发出执行通知，并可以立即采取强制执行措施。通知的目的在于责令被执行人在指定的期间履行义务。当然，根据民诉法第 240 条的规定，执行员向被执行人发出执行通知的同时，也可以一并采取强制执行措施。目的是防止被执行人转移财产。

执行通知书包括如下内容：

（1）责令被执行人在执行机关指定的时间内实现执行依据确定的义务内容。

（2）责令被执行人支付迟延履行期间的债务利息或迟延履行金。

需要特别说明的是：其一，责令被执行人支付迟延履行期间的债务利息，是适用于执行金钱给付的案件。《民事诉讼法》第 253 条规定："被执行人未按判决、裁定和其他法律文书指定的期间履行给付金钱义务的，应当加倍支付迟延履行期间的债务利息"。这里的迟延履行期间是指履行期届满至实际履行日的这段时间。根据《最高人民法院关于执行程序中计算迟延履行期间的债务利息适用法律若干问题的解释》（法释〔2014〕8 号）第 1 条、第 3 条的规定，加倍计算之后的迟延履行期间的债务利息，包括迟延履行期间的一般债务利息和加倍部分债务利息；加倍部分债务利息计算至被执行人履行完毕之日；被执行人分次履行的，相应部分的加倍部分债务利息计算至每次履行完毕之日。其二、责令被执行人支付迟延履行金，适用于给付金钱以外的其他执行案件。《法院适用民诉法解释》第 506 条规定，被执行人迟延履行的，迟延履行期间的利息或迟延履行金自判决、裁定和其他法律文书指定的履行期间届满之日起计算。

（3）告知被执行人违背上述义务的法律后果，并应承担强制执行的实际执行费用。

根据《民事诉讼法》第240条规定，被执行人不履行法律文书确定的义务，并有可能隐匿、转移财产的，执行员可以立即采取强制执行措施，因此，采取强制执行措施与执行通知的发出是可以一并进行的。

（二）采取执行措施

对金钱或其他财产执行，在查明债务人的财产状况后，债务人有财产可供执行而拒不履行的，执行机关应开始实施执行措施，迫使债务人履行义务。

对行为的执行，限期债务人履行无效的，应采取间接措施，迫使债务人作为、不作为。

执行措施包括直接执行措施和间接执行措施：例如，责令被执行人报告当前以及收到执行通知之日前一年的财产情况；向有关单位查询被执行人的存款、债券、股票、基金份额等财产情况，人民法院有权根据不同情形扣押、冻结、划拨、变价被执行人的财产；人民法院有权查封、扣押、冻结、拍卖、变卖被执行人应当履行义务部分的财产。但应当保留被执行人及其所扶养家属的生活必需品。

对查封、扣押的财产如何处理，《民事诉讼法》第247条有明确的规定："财产被查封、扣押后，执行员应当责令被执行人在指定期间履行法律文书确定的义务。被执行人逾期不履行的，人民法院应当拍卖被查封、扣押的财产；不适于拍卖或者当事人双方同意不进行拍卖的，人民法院可以委托有关单位变卖或者自行变卖。国家禁止自由买卖的物品，交有关单位按照国家规定的价格收购。"

（三）将依法执行所得的财产及时、快速、有效地转交债权人

司法实践中，为尽可能地减少由于人为因素的影响而产生的对执行所得的款项或财物在执行机关长时间的滞留的现象，通常是将执行所得的款项直接转入法院财务，权利人可直接到法院财务领取。

（四）处理程序性事项

执行机关要正确及时处理执行进行中的程序性事项，确保程序的合法、公正、高效的运作。司法实践中，执行机关处理的程序性事项包括：

1. 执行机关是否应该采取执行行为。当事人认为执行机关应该采取执行行为而没有采取，或者不该采取而又已采取执行行为，可以提出异议，由执行机关裁决。如执行案件受理后，在法定期间内执行机关没有采取执行措施，债权人就此提出异议；在物的交付执行中债务人提供担保后，执行机关仍坚持查封标的物，债务人对此不服而提出的异议等等。

2. 执行行为在程序上是否合法。对于执行机关已经采取的执行行为，当事人认为存在程序上的瑕疵，可以请示执行机关予以解决。如债务人认为执行机关在拍卖查封物时没有委托合法的评估机构进行价值评估，可要求主张拍卖无效。

3. 执行行为是否违法或执行行为损害当事人、利害关系人的合法权益。

根据《民事诉讼法》第225条规定，当事人、利害关系人认为执行行为违反法律规定的，可以向负责执行的人民法院提出书面异议。

当事人、利害关系人提出书面异议的，人民法院应当自收到书面异议之日起15日内审查，理由成立的，裁定撤销或者改正；理由不成立的，裁定驳回。

当事人、利害关系人对裁定不服的，可以自裁定送达之日起10日内向上一级人民

法院申请复议。

二、对被执行人财产状况的查明

执行机关决定受理案件后，应调查了解债务人的财产状况范围，弄清可供执行的财产，以确定被执行人的履行能力。为强制执行做好准备工作。调查的方式主要有四种：债权人提供、债务人申报、执行机关依职权调查以及执行线索举报奖励办法。调查手段可采取传唤或拘传有关人员到人民法院接受询问或搜查措施等。具体为：

（一）申请执行人提供

在整个执行过程中，债权人也应当承担一定的义务，这是不容置疑的，具体是：

1. 申请人申请执行必须向执行机关提供生效法律文书副本或其他必要证明文件。
2. 申请人有义务向执行机关提供被执行人的财产状况线索。
3. 申请人必须及时受领执行所得的财物。

（二）债务人的提供及申报

在执行过程中，债务人不但承担着履行生效法律文书确定的义务内容，同时也承担着协助执行机关执行的程序义务，债务人在执行程序中的义务主要体现为以下方面：一是如实将财产状况，如企业的资产负债情况、利润分配情况、现金流量情况、个人的财产分布和数量等情况，向执行机关说明（即申报财产），并提供必要的证据，如企业财务报表、银行账号。二是不得隐匿财产或财产证据。《民事诉讼法》第 241 条明确规定，被执行人未按执行通知履行法律文书确定的义务，应当报告当前以及收到执行通知之日前一年的财产情况。被执行人拒绝报告或者虚假报告的，则构成妨害民事执行，人民法院可以根据情节轻重对被执行人或者其法定代理人、有关单位的主要负责人或者直接责任人员予以罚款、拘留。

（三）执行法院依职权调查

人民法院在执行中有权向被执行人、有关机关、社会团体、企业事业单位或者公民个人，调查了解被执行人的情况，对调查所需要的材料可以进行复制、抄录或拍照，但应当依法保密。为了查明被执行人的财产状况和履行义务的能力，可以传唤被执行人或被执行人的法定代表人或者负责人到人民法院接受询问。被执行人拒绝按人民法院的要求提供财产状况的证据材料的，可由执行法院院长签发搜查令，对被执行人及其住所或者财产隐匿地进行搜查。人民法院依法搜查时，对被执行人可能存放隐匿的财物及有关证据材料的处所、箱柜等，经责令被执行人开启而拒不开启的，可以强制开启。

（四）执行线索举报奖励办法的尝试

针对我国普遍存在的"执行难"问题，在现阶段的执行实践中，为扩大执行线索，保障生效法律文书确定的权利义务得以实现，充分保护当事人的合法权益，维护法律的权威，严厉打击拒不履行人民法院生效法律文书的违法犯罪行为，人民法院分别发布鼓励一切知道真实情况的单位和个人对被执行人拒不履行生效法律文书确定之义务、故意逃避债务的行为进行举报，并给予举报人奖励的执行线索举报奖励办法或制度，经实践证明对化解“执行难”有着相当的积极意义和作用。[①] 举报可以采取电报、电话、信函、传真、电子邮件或直接到法院举报等形式。目前，该做法正在执行实践中尝试，执行法院接受以下范围的举办，对举报经查证属实的，给予不同程度的奖励：（1）被执行人或者其他人转移、隐藏、变卖、毁损可供执行的财产或已被人民法院查封、扣押、冻结的财产的；（2）被执行人恶意无偿转让财产或以明显不合理低价转让财产以逃避履行债务的；（3）被执行人或者其他人伪造、毁灭证据或以暴力、胁迫、贿买等方法作伪证，妨碍执行的；（4）被执行人或法人及其他组织的法定代表人故意躲藏、规避执行的；（5）其他拒不执行、妨碍执行及逃避履行债务的。[②]

需要指出的是，对举报人的奖励费用，是执行中实际支出的费用，依法由被执行人承担，可以说，这也是对拒不履行义务的被执行人的一种惩罚。具体奖励金额由执行法院根据案件具体情况决定，但该办法不适用本院工作人员及其他负有执行职务的主体。

第六节 多个债权人对同一个债务人申请执行和参与分配

一、多个债权人对一个债务人申请执行的处理

多个债权人对一个债务人申请执行如何处理？根据《执行规定》第 88 至第 96 条及《法院适用民诉法解释》的相关规定，主要有四种情形：

1. 多份生效法律文书确定多个债权人分别对同一被执行人申请执行，各债权人对执行标的物均无担保物权的，按照执行法院采取执行措施的先后顺序受偿。

2. 多个债权人的债权种类不同的，基于所有权和担保物权而享有的债权优先于其他债权受偿。有多个担保物权的，按照各担保物权成立的先后顺序清偿。

3. 一份生效法律文书确定多个债权人对同一被执行人申请执行，执行的财产不足清偿全部债务的，各债权人对执行标的物均无担保物权的，可按照各债权比例受偿。

4. 被执行人为企业法人，其财产不足清偿全部债务的，可告知当事人依法申请被执行人破产，按破产程序受偿。

二、参与分配

（一）参与分配的概念

参与分配，是指被执行人的全部或主要财产已被人民法院执行而查封、扣押、冻结，且已无其他财产可供执行，被执行人的财产被分割前，其他债权人请求参与到对该被执行人的财产分配过程中去的一种执行制度。

（二）参与分配的条件

根据《法院适用民诉法解释》第 508、509 条，《执行规定》第 90 条，债权人请求

---

① 这是执行法院的普遍做法，参见成都高新技术产业开发区人民法院《执行线索举报奖励办法（试行）》、重庆市高级人民法院《关于对被执行人财产举报奖励制度（试行）》、广州市中级人民法院《举报被执行人财产奖励办法（试行）》、昆明市五华区人民法院《关于举报悬赏被执行人财产线索奖励制度（试行）》。

② 这是执行法院的普遍做法，参见成都高新技术产业开发区人民法院《执行线索举报奖励办法（试行）》。

参与分配应符合下列条件：

1. 被执行人是公民或其他组织，且必须有两个以上债权人请求清偿。如果被执行人为企业法人，其财产不足清偿全部债务的，可告知债权人依法申请被执行人破产还债。

2. 实行参与分配的债权必须是金钱债权，这是关于参与分配债权质的要求，根据法律规定，已经开始执行程序的债权人的债权和参与分配的债权都必须是金钱债权。

3. 被执行人没有其他其财产可供执行，或者其他财产不足清偿全部债务。如果被执行人还有别的财产可供执行，则其他债权人可另外申请执行。

4. 已实施民事执行措施，这是关于开始参与分配程序的条件，所谓参与分配，必须有先行的执行程序存在，若无先行的执行程序存在，谈不上称谓“参与”和“分配”。同时，其他债权人的申请应在被执行人的财产执行完毕前提出。这是参与分配期限的规定。如果执行机关已将执行所得交于债权人，执行程序已终结，此时所提的参与分配，则失去意义。

5. 参与分配的请求须以书面形式提出，这是参与分配的形式要件，请求分配要说明参与分配的理由并提出依据。

6. 参与分配的请求须向主持参与分配的法院提出。根据《执行规定》第 91 条规定：对参与被执行人财产的具体分配，应当由首先查封、扣押或冻结的法院主持进行。首先查封、扣押或冻结的法院所采取的执行措施如系为执行财产保全裁定，具体分配应当在该法院案件审理终结后进行。如果财产保全措施的裁定是在二审期间作出的，则终审后，一审法院为执行法院，负责主持分配由该一审法院进行，而不是由采取保全措施的二审法院进行。

（三）参与分配的程序与效力

参与分配的程序主要有以下步骤：

1. 其他债权人以书面的形式提出参与分配的申请，并预交执行费用。这是参与分配的前提条件。其他债权人向主持分配的法院提出申请，同时应附上有关证据并预交执行费。

2. 提出证明。在提交申请的同时，附上有关依据。

3. 通知各债权人及债务人。主持分配的法院对参与分配的申请，经审查符合参与分配条件的，应及时通知债权人和债务人。对不符合参与分配的，也要及时通知说明并说明理由。

4. 制作分配方案、分配表，实施分配方案。主持分配的法院确定参与分配的人数、款项数额后，即制作分配方案，按分配方案实施分配。

对于被执行人清偿后剩余的债务，被执行人应继续清偿。债权人发现被执行人有其他财产的，可随时请求人民法院执行。

第七节　对被执行人到期债权的执行

一、对被执行人到期债权的执行概念

对被执行人到期债权的执行，指被执行人不能清偿债务，但对本案以外的第三人享有到期债权的，人民法院可以依申请执行人或被执行人的申请，向第三人发出履行到期债务通知书，责令第三人在指定的期限内向申请执行人履行其债务。如果该第三人对债务没有异议但又不履行义务的，人民法院可以对其强制执行。《执行规定》第 61 至 75 条，《法院适用民诉法解释》第 501 条对这一执行制度有明确的规定。

二、对被执行人到期债权的执行程序

对被执行人到期债权的执行程序与一般的执行有所不同，必须向第三人发出履行到期债务通知书，然后根据该第三人对履行通知的不同态度采取不同的执行措施。其程序如下：

1. 申请执行人或被执行人向执行机关申请；在一般情况下，执行法院只能依申请而不能依职权提起这一程序。

2. 执行机关向第三人发出履行到期债务通知书；通知书必须直接送达第三人。

发出履行通知须同时具备以下条件：一是，被执行人不能清偿债务，二是，被执行人对本案以外的第三人享有到期债权，三是，由申请执行人或被执行人向执行机关申请。

3. 第三人履行通知书的内容

依《执行规定》第 61 条第 2 款的规定，第三人履行通知包含如下内容：

（1）第三人对履行到期债务通知书无异议的，应在收到通知后的 15 日内直接向申请执行人清偿其对被执行人所负的债务，不得向被执行人清偿；

（2）第三人对履行通知书有异议的，应当在收到履行通知后的 15 日内向执行法院提出；异议可以以书面形式提出，也可以口头形式向执行员提出，由执行员记录在案。第三人在履行通知指定的期间提出异议的，人民法院不得对第三人强制执行。但第三人提出自己无履行能力或其与申请人无直接法律关系的异议除外。

4. 对该第三人的财产强制执行

第三人收到履行通知后，在法定期限（15 日）内，没有异议，但又不履行义务的，则执行法院可对该第三人的财产强制执行。

三、对第三人异议的审查

《执行规定》第 70 至 75 条明确规定了对案外人异议的处理。

对第三人提出的异议，执行机关只是进行形式审查，不得进行实质性审查，否则就会很可能导致剥夺第三人的诉权、侵害实体权。形式审查包括：异议是否在法定期限内提出，逾期提出的异议无效；异议是否针对债务本身提出，如提出无能力履行或其本人与申请执行人无直接法律关系，则不属本文所指的异议。如果第三人对债务部分承认，

部分有异议，可以对承认部分强制执行。

四、对异议的处理

（1）异议成立的，裁定中止对第三人的执行；

（2）异议不成立的，执行法院裁定驳回异议并对第三人强制执行。将裁定同时送达第三人和被执行人。如果第三人收到履行债务通知书后，擅自向被执行人履行，造成已向被执行人履行的财产无法追加的，除在已履行的财产范围内与被执行人承担连带责任外，可以追究其妨害执行的责任；对第三人作出强制执行的裁定后，查明第三人确无财产可供执行的，不得就第三人对他人享有的预期债权强制执行。

第八节 执行和解

一、执行和解的概念

执行和解，是指在执行过程中，双方当事人自愿达成履行执行依据所确定的义务的协议，从而结束执行程序的一种执行制度。

二、执行和解的构成要件

执行和解的前提是双方当事人的自愿。执行和解是当事人行使处分权的体现，只要达成的和解协议是当事人的真实意思表示，且其内容不违反法律规定，不损害国家集体和他人利益，执行机关就应当准许。

执行和解的构成要件具体为：

（1）双方当事人完全自愿的真实意思表示。自愿是指当事人不是在受他方威胁、欺诈或者在自己重大误解的情况下所作的意思表示。

（2）执行和解的内容，不得违反法律规定，不损害国家、集体和他人的利益。和解内容如有违反以上情形，法院不能批准成立。

（3）执行和解应当在执行过程中进行。执行和解是在执行程序中双方自愿结束执行程序的一种合意表示，在执行程序前后所达成的和解都不属于执行和解。

（4）根据《民事诉讼法》第230条第1款的规定："在执行中，双方当事人自行和解达成协议的，执行员应当将协议内容记入笔录，由双方当事人签名或者盖章。"执行和解是可以引发中止或结束执行程序的行为，因而执行和解要求具备一定的形式。结合司法实践的通常做法，普遍认为，执行和解协议应当采用书面形式而不宜采取口头协议，这样既有利于督促执行和解协议的履行，同时在一定程度上也可以防止对执行和解协议的反悔。

三、执行和解的效力

（一）执行和解具有中止执行时效的效力

和解协议一旦达成，确定了履行期限后，执行时效中止。如果有必要，执行时效自和解协议所确定履行协议的最后一日起再开始连续计算。

（二）执行和解协议没有执行力

执行和解协议不是执行依据，没有执行力，当事人达成执行和解协议后，并不能直接申请执行该和解协议。但是，只要债务人自愿履行和解协议，执行机关就不应继续采取执行措施执行原来的执行依据，以尊重当事人的处分权。如一方当事人不履行和解协议或翻悔的，对方当事人申请人民法院执行的，人民法院可按原生效法律文书执行。如果和解协议已履行完毕，当事人又申请按原生效法律文书执行的，人民法院应不予准许。

（三）恢复对原生效法律文书的执行

根据《民事诉讼法》第230条第2款规定，申请执行人因受欺诈、胁迫与被执行人达成和解协议，或者当事人不履行和解协议的。人民法院可以根据当事人的申请，恢复对原生效法律文书的执行。

第九节　执行担保

一、执行担保的概念

根据《民事诉讼法》第231条、《法院适用民诉法解释》第470条、第471条及《执行规定》第84条、第85条的规定，执行担保，是指被执行人存在客观困难，无能力履行执行依据确定的义务，由义务人或者第三人向人民法院提供担保请求暂缓执行并经申请执行人同意后，人民法院裁定在一定期间内暂缓执行的一种制度。

二、执行担保成立的条件

执行担保应具备如下条件：(1) 被执行人向执行法院提出申请。一般应递交书面申请，以便查证。(2) 被执行人的申请经申请执行人同意。执行担保需双方协商，取得申请执行人的同意为条件。(3) 有明确的担保或者保证人，被执行人或其担保人以财产向人民法院提供的，担保应当符合《中华人民共和国担保法》的有关规定，办理有关担保手续。(4) 暂缓执行的期限一般情况下与担保时间一致，但最长不超过1年。

三、执行担保的效力

执行机构作出的执行担保裁定送达当事人后，发生如下效力：①中止执行；②被执行人应按担保裁定确定的期限履行义务；③担保人在暂缓执行期间对担保物有转移、隐藏、变卖、毁损等行为的，人民法院可恢复强制执行；④执行担保期满后，被执行人仍不履行执行依据确定的义务内容时，人民法院可直接执行担保财产，或裁定由担保人在担保范围内承担责任，执行担保人的财产。

第十节 变更追加执行当事人

一、变更追加执行当事人的概念

变更追加执行当事人，是指在执行程序中，变更或者追加第三人为申请执行人或被执行人的一项制度。这项制度在反制规避执行、迅速实现债权、减轻当事人讼累等方面发挥着重要作用。

为正确处理民事执行中变更、追加当事人问题，维护当事人、利害关系人的合法权益，根据民事诉讼法规定并结合司法实践，2016 年 8 月 29 日最高人民法院审判委员会第 1691 次会议通过《最高人民法院关于民事执行中变更、追加当事人若干问题的规定》(法释〔2016〕21 号，以下简称《变更追加执行当事人规定》)，该规定共 35 个条文，对法院在民事执行中变更追加当事人问题做了全面、系统、明确的规范，填补了法律、司法解释的空白，便于社会各界和人民法院理解适用。《变更追加执行当事人规定》自 2016 年 12 月 1 日起施行后，最高人民法院以前公布的司法解释与该规定不一致的，以该规定为准。

二、变更追加法定原则

变更追加执行当事人的事由应当严格限定于法律、司法解释明确规定的情形。

执行过程中，申请执行人或其继承人、权利承受人可以向人民法院申请变更、追加当事人。申请符合法定条件的，人民法院应予支持。

三、变更追加执行当事人的情形

变更追加执行当事人，包括变更追加申请执行人和变更追加被执行人。《变更追加执行当事人规定》分别明确规定了人民法院应予支持的变更追加申请执行人的情形和变更追加被执行人的情形。

（一）变更追加申请执行人的情形

变更追加申请执行人，是指在执行过程中，由于某种法律事实的出现，生效法律文书确定的权利发生概括继受或特定继受时，执行法院依申请执行人的权利承受人申请裁定变更追加其为该案的申请执行人。

《变更追加执行当事人规定》首次在司法解释层面明确规定，生效法律文书确定的权利，因公民死亡、法人或其他组织合并分立等发生概括继受，或者因债权转让、离婚分割等发生特定继受时，权利承受人可以申请变更追加自己为申请执行人，以充分保护申请执行人及相关权利人的合法权益。

根据《变更追加执行当事人规定》第 2 条至第 9 条规定，申请执行人的权利承受人申请的变更追加申请执行人有以下 10 种情形，人民法院应予支持：

1. 申请执行人公民死亡或被宣告死亡的，该公民的遗嘱执行人、受遗赠人、继承人或其他因该公民死亡或被宣告死亡依法承受生效法律文书确定权利的主体，申请变更、追加其为申请执行人的，人民法院应予支持。

2. 申请执行人公民被宣告失踪，该公民的财产代管人申请变更、追加其为申请执行人的，人民法院应予支持。

3. 申请执行人公民离婚时，生效法律文书确定的权利全部或部分分割给该公民配偶，该配偶申请变更、追加自己为申请执行人的，人民法院应予支持。

4. 申请执行人法人或其他组织终止，因该法人或其他组织终止依法承受生效法律文书确定权利的主体，申请变更、追加其为申请执行人的，人民法院应予支持。

5. 申请执行人法人或其他组织因合并而终止，合并后存续或新设的法人、其他组织申请变更其为申请执行人的，人民法院应予支持。

6. 申请执行人法人或其他组织分立，依分立协议约定承受生效法律文书确定权利的新设法人或其他组织，申请变更、追加其为申请执行人的，人民法院应予支持。

7. 申请执行人法人或其他组织清算或破产时，生效法律文书确定的权利依法分配给第三人，该第三人申请变更、追加其为申请执行人的，人民法院应予支持。

8. 申请执行人机关法人被撤销，继续履行其职能的主体申请变更、追加其为申请执行人的，人民法院应予支持，但生效法律文书确定的权利依法应由其他主体承受的除外；没有继续履行其职能的主体，且生效法律文书确定权利的承受主体不明确，作出撤销决定的主体申请变更、追加其为申请执行人的，人民法院应予支持。

10. 申请执行人将生效法律文书确定的债权依法转让给第三人，且书面认可第三人取得该债权，该第三人申请变更、追加其为申请执行人的，人民法院应予支持。

（二）变更追加被执行人的情形

变更追加被执行人，也叫执行承担，是指在执行过程中，由于某种法律事实的出现，被执行人不能履行生效法律文书确定的债务，执行法院依申请执行人申请裁定变更或追加与被执行人有一定法律关系的公民、法人或其他组织为该案的被执行人。

《执行规定》第 79 条至 82 条和《法院适用民诉法解释》第 472 第至第 475 条（比如“第四百七十二条作为被执行人的法人或者其他组织分立、合并的，人民法院可以裁定变更后的法人或者其他组织为被执行人；被注销的，如果依照有关实体法的规定有权利义务承受人的，可以裁定该权利义务承受人为被执行人。”等等）对追加和变更被执行人有比较明确规定。在此基础上，《变更追加执行当事人规定》用 15 个条文进一步明确规定了人民法院应予支持的申请执行人申请变更追加被执行人的情形，主要包括变更追加瑕疵出资有限合伙人、对瑕疵出资承担连带责任的公司发起人、出让瑕疵股权的股东、违规注销企业的清算责任人、承诺对被执行人债务承担责任的主体、无偿接受行政命令调拨财产主体、财产混同的一人公司股东等，以对逃避、规避民事执行行为形成精准打击及防范。

根据《变更追加执行当事人规定》第 10 条至第 25 条规定，申请执行人申请的变更追加被执行人有以下 19 种情形，人民法院应予支持：

1. 被执行人公民死亡或被宣告死亡，申请执行人申请变更、追加该公民的遗嘱执行人、继承人、受遗赠人或其他因该公民死亡或被宣告死亡取得遗产的主体为被执行人，在遗产范围内承担责任的，人民法院应予支持。

继承人放弃继承或受遗赠人放弃受遗赠，又无遗嘱执行人的，人民法院可以直接执行遗产。

2. 被执行人公民被宣告失踪，申请执行人申请变更该公民的财产代管人为被执行人，在代管的财产范围内承担责任的，人民法院应予支持。

3. 被执行人法人或其他组织因合并而终止，申请执行人申请变更合并后存续或新设的法人、其他组织为被执行人的，人民法院应予支持。

4. 被执行人法人或其他组织分立，申请执行人申请变更、追加分立后新设的法人或其他组织为被执行人，对生效法律文书确定的债务承担连带责任的，人民法院应予支持。但被执行人在分立前与申请执行人就债务清偿达成的书面协议另有约定的除外。

5. 被执行人个人独资企业，不能清偿生效法律文书确定的债务，申请执行人申请变更、追加其投资人为被执行人的，人民法院应予支持。

个人独资企业投资人作为被执行人的，人民法院可以直接执行该个人独资企业的财产。

个体工商户的字号为被执行人的，人民法院可以直接执行该字号经营者的财产。

6. 被执行人合伙企业，不能清偿生效法律文书确定的债务，申请执行人申请变更、追加普通合伙人为被执行人的，人民法院应予支持。

7. 被执行人有限合伙企业，财产不足以清偿生效法律文书确定的债务，申请执行人申请变更、追加未按期足额缴纳出资的有限合伙人为被执行人，在未足额缴纳出资的范围内承担责任的，人民法院应予支持。

8. 被执行人法人分支机构，不能清偿生效法律文书确定的债务，申请执行人申请变更、追加该法人为被执行人的，人民法院应予支持。该法人直接管理的责任财产仍不能清偿债务的，人民法院可以直接执行该法人其他分支机构的财产。

9. 被执行人法人，直接管理的责任财产不能清偿生效法律文书确定债务的，人民法院可以直接执行该法人分支机构的财产。

10. 被执行人其他组织（即在个人独资企业、合伙企业、法人分支机构以外的其他组织），不能清偿生效法律文书确定的债务，申请执行人申请变更、追加依法对该其他组织的债务承担责任的主体为被执行人的，人民法院应予支持。

11. 被执行人企业法人，财产不足以清偿生效法律文书确定的债务，申请执行人申请变更、追加未缴纳或未足额缴纳出资的股东、出资人或依公司法规定对该出资承担连带责任的发起人为被执行人，在尚未缴纳出资的范围内依法承担责任的，人民法院应予支持。

12. 被执行人企业法人，财产不足以清偿生效法律文书确定的债务，申请执行人申请变更、追加抽逃出资的股东、出资人为被执行人，在抽逃出资的范围内承担责任的，人民法院应予支持。

13. 被执行人公司，财产不足以清偿生效法律文书确定的债务，其股东未依法履行出资义务即转让股权，申请执行人申请变更、追加该原股东或依公司法规定对该出资承担连带责任的发起人为被执行人，在未依法出资的范围内承担责任的，人民法院应予支持。

14. 被执行人一人有限责任公司，财产不足以清偿生效法律文书确定的债务，股东不能证明公司财产独立于自己的财产，申请执行人申请变更、追加该股东为被执行人，对公司债务承担连带责任的，人民法院应予支持。

15. 被执行人公司，未经清算即办理注销登记，导致公司无法进行清算，申请执行人申请变更、追加有限责任公司的股东、股份有限公司的董事和控股股东为被执行人，对公司债务承担连带清偿责任的，人民法院应予支持。

16. 被执行人法人或其他组织，被注销或出现被吊销营业执照、被撤销、被责令关闭、歇业等解散事由后，其股东、出资人或主管部门无偿接受其财产，致使该被执行人无遗留财产或遗留财产不足以清偿债务，申请执行人申请变更、追加该股东、出资人或主管部门为被执行人，在接受的财产范围内承担责任的，人民法院应予支持。

17. 被执行人法人或其他组织，未经依法清算即办理注销登记，在登记机关办理注销登记时，第三人书面承诺对被执行人的债务承担清偿责任，申请执行人申请变更、追加该第三人为被执行人，在承诺范围内承担清偿责任的，人民法院应予支持。

18. 被执行人法人或其他组织，财产依行政命令被无偿调拨、划转给第三人，致使该被执行人财产不足以清偿生效法律文书确定的债务，申请执行人申请变更、追加该第三人为被执行人，在接受的财产范围内承担责任的，人民法院应予支持。

19. 执行过程中，第三人向执行法院书面承诺自愿代被执行人履行生效法律文书确定的债务，申请执行人申请变更、追加该第三人为被执行人，在承诺范围内承担责任的，人民法院应予支持。

三、变更追加执行当事人的程序

《变更追加执行当事人规定》明确设定了变更追加执行当事人的程序：

（一）申请

申请人申请变更、追加执行当事人，应当向执行法院提交书面申请及相关证据材料。

执行当事人的姓名或名称发生变更的，人民法院可以直接将姓名或名称变更后的主体作为执行当事人，并在法律文书中注明变更前的姓名或名称。

（二）审查与裁定

1. 除事实清楚、权利义务关系明确、争议不大的案件外，执行法院应当组成合议庭审查并公开听证。

追加或变更的裁定容易造成对当事人的诉权剥夺。因此，司法实践中，除事实清楚、权利义务关系明确、争议不大的案件可由执行员独任审查决定之外，执行法院裁定追加或变更被执行人，应当组成执行合议庭审查并公开听证之后作出裁定。对于疑难、复杂的案件须按规定报经审委讨论决定，目的是既能有效地保护债权人的合法权益，又不损害其他人的权益。

2. 经审查，理由成立的，裁定变更、追加执行当事人；理由不成立的，裁定驳回申请人申请。

3. 执行法院应当自收到书面申请之日起60日内进行审查并作出裁定。有特殊情况需要延长的，由本院院长批准。

4. 被申请人在应承担责任范围内已承担相应责任的，人民法院不得责令其重复承担责任。

（三）审查期间的财产保全

《变更追加执行当事人规定》增加规定了审查期间的保全制度，以防止被变更追加为被执行人的一方在此期间转移财产、导致生效裁判无法执行。

1. 执行法院审查变更、追加被执行人申请期间，申请人申请对被申请人的财产采取查封、扣押、冻结措施的，执行法院应当参照民事诉讼法第 100 条的规定办理。

2. 申请执行人在申请变更、追加第三人前，向执行法院申请查封、扣押、冻结该第三人财产的，执行法院应当参照民事诉讼法第 101 条的规定办理。

四、变更追加执行当事人的救济

《变更追加执行当事人规定》坚持繁简分流，分别规定执行当事人对执行法院的追加或变更执行当事人裁定不服的复议、诉讼两种救济途径。

（一）申请复议

1. 被申请人、申请人或其他执行当事人对执行法院作出的变更、追加裁定或驳回申请裁定不服的，可以自裁定书送达之日起 10 日内向上一级人民法院申请复议，但应当提起执行异议之诉的除外。

2. 在被裁定变更、追加的被申请人申请复议的复议期间，人民法院不得对其争议范围内的财产进行处分。申请人请求人民法院继续执行并提供相应担保的，人民法院可以准许。

3. 上一级人民法院对复议申请应当组成合议庭审查，并自收到申请之日起 60 日内作出复议裁定。有特殊情况需要延长的，由本院院长批准。

（二）提起执行异议之诉

1. 提起执行异议之诉的对象及期限

根据《变更追加执行当事人规定》第 32 条规定，被申请人或申请人对执行法院针对上述“三、变更追加被执行人”中变更追加被执行人的第 8、12、13、14、15、16 种情形作出的变更、追加被执行人裁定或驳回申请裁定不服的，可以自裁定书送达之日起 15 日内，向执行法院提起执行异议之诉。

2. 申请人提起的执行异议之诉

申请人提起执行异议之诉的，以被申请人为被告。

申请人提起的执行异议之诉，人民法院经审理，按照下列情形分别处理：(1) 理由成立的，判决变更、追加被申请人为被执行人并承担相应责任或者判决变更责任范围；(2) 理由不成立的，判决驳回诉讼请求。

3. 被申请人提起的执行异议之诉

被申请人提起执行异议之诉的，以申请人为被告。

在被申请人提起执行异议之诉的诉讼期间，人民法院不得对被申请人争议范围内的财产进行处分。申请人请求人民法院继续执行并提供相应担保的，人民法院可以准许。

被申请人提起的执行异议之诉，人民法院经审理，按照下列情形分别处理：(1) 理由成立的，判决不得变更、追加被申请人为被执行人或者判决变更责任范围；(2) 理由不成立的，判决驳回诉讼请求。

【学习总结与拓展】

【关键词】执行启动　执行措施　对被执行人到期债权的执行　多个债权人对同一个债务人申请执行　参与分配　执行和解　执行担保 变更追加执行当事人变更追加申请执行人变更追加被执行人

【思考题】

1. 甲诉乙返还10万元借款。胜诉后进入执行程序，乙表示自己没有现金，只有一枚祖传玉石可抵债。法院说服甲接受玉石抵债，双方经过调解达成和解协议，乙并当即交付了玉石。后甲发现此玉石为赝品，价值不足千元，遂申请法院恢复执行，法院以和解协议履行完毕为由予以拒绝。问：法院行为是否合法？

2. 兴源公司与郭某签订钢材买卖合同，并书面约定本合同一切争议由中国国际经济贸易仲裁委员会仲裁。兴源公司支付100万元预付款后，因郭某未履约依法解除了合同。郭某一直未将预付款返还，兴源公司遂提出返还货款的仲裁请求，仲裁庭适用简易程序审理，并作出裁决，支持该请求。由于郭某拒不履行裁决，兴源公司申请执行。郭某无力归还100万元现金，但可以收藏的多幅字画提供执行担保。担保期满后郭某仍无力还款，法院在准备执行该批字画时，朱某向法院提出异议，主张自己才是这些字画的所有权人，郭某只是代为保管。问：(1) 假设在执行过程中，郭某向法院提出异议，认为本案并非合同纠纷，不属于仲裁协议约定的纠纷范围。法院对该异议正确的处理方式是什么？(2) 针对本案中郭某拒不履行债务的行为，法院采取的正确的执行措施有哪些？(3) 如果法院批准了郭某的执行担保申请，驳回了朱某的异议，关于执行担保的效力和救济的正确的理解是什么？

3. 法院受理甲出版社、乙报社著作权纠纷案，判决乙赔偿甲10万元，并登报赔礼道歉。判决生效后，乙交付10万元，但未按期赔礼道歉，甲申请强制执行。法院执行中，甲、乙自行达成口头协议，约定乙免于赔礼道歉，但另付甲一万元。问：法院的正确做法是什么？

4. 债权人请求参与分配应符合哪些条件？

5. 执行和解的构成要件有哪些？

6. 多个债权人对一个债务人申请执行的，法院该如何处理？

7. 执行担保应具备哪些条件？

8. 权利承受人可以申请变更追加自己为申请执行人的情形有哪些？

9. 变更追加被执行人的情形有哪些？

【阅读资料】

1.《中华人民共和国民事诉讼法》(2017年修正) 第三编执行程序第二十章执行的申请和移送。

2.《最高人民法院关于适用〈中华人民共和国民事诉讼法〉的解释》(法释〔2015〕5号) 二十一、执行程序；《最高人民法院关于民事执行中变更、追加当事人若干问题的规定》(法释〔2016〕21号)；《最高人民法院关于执行案件立案、结案若干问题的意见》(法发〔2014〕26号；《最高人民法院关于执行程序中计算迟延履行期间的债务利息适用法律若干问题的解释》(法释〔2014〕8号)；《最高人民法院关于适用〈中华人民共和国民事诉讼法〉执行程序若干问题的解释》(法释〔2008〕13号);《最高人民法院关于人民法院执行工作若干规定(试行)》(法释〔1998〕15号);《最高人民法院关于执行权合理配置和科学运行的若干意见》(法发〔2011〕15号);《最高人民法院关于进一步加强和规范执行工作的若干意见》(法发〔2009〕43号)。

3. 沈德咏等著:《中国强制执行制度改革理论研究与实践总结》,法律出版社2003年版。

4. 最高人民法院执行局编:《最高人民法院执行案例精选》,中国法制出版社2014年版。

5. 张奎:《我国民事执行权定位的思考—再读〈出卖法院判决书〉案例》,《法学》2008年第6期;章永伟:《论申请执行人的自力救济》,《民主与法制》2005年第10期。

6. 牟逍媛:《民事执行难及其相关制度研究》,上海交通大学出版社2006年版;郭德峰:《试论民事执行辅助措施之悬赏执行—破解执行难的另一种选择和进路》,中国法院网 http://old.chinacourt.org/html/article/201011/03/434348.shtml。

7. 许海丽:《民事诉讼中悬赏执行的制度评析及立法思考》,《宜春学院学报》2007年第12期;梅贤明:《"悬赏执行"利与弊》,《人民法院报》2007年7月13日;袁婷:《法院执行"悬赏制"缓步前行 用暗号和线人接头》,《民主与法制时报》2007年12月19日;杨荣新:《悬赏执行应当完善相关制度》,《检察日报》2006年7月12日;傅强:《谁为悬赏执行买单》,《时代法学》2004年第6期;姜裕富:《悬赏执行的隐患》,《中国青年报》2004年6月1日。

8. 杨荣馨、谭秋桂:《标本兼治,解决执行难——民事强制执行法专家建议稿起草问题研究》,《政法论坛》2004年第4期;常怡:《民事强制执行立法若干问题研究》,《中国法学》2000年第1期。

第二十八章　执行措施与对妨害执行行为的强制措施

【学习提示】通过本章学习，了解民事执行措施的种类，领会执行机构运用执行措施的范围、意义及效果，掌握对妨害执行行为的强制措施的种类及适用程序。

第一节　执行措施

一、强制被执行人如实申报财产

现实中，执行难的很大原因是被执行人不如实申报财产，法院对被执行人的财产状况不清楚，在2007年10月民事诉讼法第一次修正之前，法律也没有明确规定被执行人如实申报财产的义务，因此，对于被执行人隐瞒财产或者不如实申报财产的情形，法院没有制裁措施。

第一次对民事诉讼法修正之后，明确规定了被执行人向执行法院报告财产和收入的义务及违反的法律后果。根据《民事诉讼法》第241条的规定，被执行人未按执行通知履行法律文书确定的义务，应当报告当前以及收到执行通知之日前一年的财产情况。被执行人拒绝报告或者虚假报告的，人民法院可以根据情节轻重对被执行人或者其法定代理人、有关单位的主要负责人或者直接责任人员予以罚款、拘留。

二、金钱给付的执行措施

一般来说，对金钱债权的执行，义务人有现金的应当首先执行现金；没有现金或者现金不足以清偿的，执行其存款；没有存款或者存款不足以清偿的，执行其动产；最后执行义务人的收入、不动产和债权。对现金的执行，采取由义务人直接交付或者由法院转交给权利人的措施。对于存款的执行，采取冻结、划拨的措施。对于收入的执行，采取冻结、提取的措施。对于非金钱财产的执行采取查封、扣押、冻结、拍卖等措施。具体包括如下执行措施：(1) 查询、冻结、划拨被执行人的存款；(2) 扣留、提取被执行人的收入及存款；(3) 查封、扣押、冻结被执行人的财产；(4) 拍卖、变卖被执行人的财产；(5) 禁止被执行人转让其专利权、注册商标专用权、著作权（财产权部分）等知识产权；(6) 冻结股息或红利；扣押股份凭证（股票）；冻结、转让投资权益或股权等。

三、交付财产和完成行为的执行措施

（一）交付特定标的物

交付特定标的物，应当执行原物，原物确实已经变质、损坏或者灭失的，应当折价赔偿或者按照标的物的价值强制执行被执行人的其他财产。

（二）强制被执行人交付法律文书指定的财物或票证

强制被执行人交付法律文书指定的财物或票证，若由被执行人持有，法院可以传唤双方当事人当面交付，或者由法院转交。拒不交出的，法院强制执行。因被执行人过失使被执行的财物或者票证损毁灭失的，法院可以责令持有人赔偿，拒不赔偿的可以强制执行。

（三）强制被执行人迁出房屋或退出土地

强制迁出房屋或者强制退出土地的，由院长签发公告，责令执行义务人在指定期间履行。被执行人逾期不履行的，由法院强制执行。强制执行时，被执行人是公民的，应当通知被执行人或者其他成年家属到场，被执行人是法人或者其他组织的，应当通知其法定代表人或者主要负责人到场，拒不到场的，不影响执行。

（四）办理财产权证照转移手续

在执行过程中，需要办理有关产权证照转移手续（如不动产产权的转移）的，人民法院可以向有关单位发出协助执行通知书，有关单位必须办理。

（五）强制被执行人履行法律文书指定的行为

对法律文书指定行为的强制执行，可以将指定行为分成两种，一种是可以替代履行的行为，其执行方法是法院委托第三人代为完成此行为，其相关费用由被执行人承担。一种是对不可替代履行的行为即只能由被执行人完成的行为，经教育，被执行人仍拒不履行的，人民法院应当按照妨害执行行为的有关规定处理，即可以适用《民事诉讼法》第 111 条第 1 款第（六）项的规定，对被执行人采取罚款，拘留等强制执行措施。根据《民事诉讼法》第 253 条规定，被执行人未按判决、裁定和其他法律文书指定的期间履行其他义务（非金钱给付义务）的，应当支付迟延履行金。支付迟延履行金不以给债权人造成实际损失为前提条件，对已经造成的损失，应当双倍赔偿。

侵犯名誉权案件的侵权人拒不执行生效判决，不为对方恢复名誉，消除影响的，人民法院可以采取公告、登报等方式，将判决的主要内容及有关情况公布于众，费用由被执行人负担，并可依照民事诉讼法第 111 条第（六）项的规定处理即决定罚款、拘留，以及根据《民事诉讼法》第 253 条规定由侵权人支付迟延履行金。

四、搜查被执行人的财产

搜查，是指人民法院在特定的情况下，依法对被执行人及其住所或者财产隐匿地进行搜寻查找的措施，目的在于找到可供执行的财产。在实践中，常常有义务人隐匿财产，以此来拖延、抗拒执行，使执行工作受阻，而搜查是对付此种情况的有效手段。

搜查的条件是：(1) 生效的法律文书所确定的履行期限已经届满；(2) 被执行人不履行法律文书所确定的义务；(3) 人民法院认为被执行人有隐匿财产的行为。搜查的程序是：(1) 执行法院院长签发搜查令；(2) 搜查人员进行搜查，在搜查时需出示搜查令和身份证件；（3）被执行人是公民的，搜查时应当邀请被执行人或者其他成年家属以及基层组织派员到场；被执行人是法人或者其他组织的，应当通知其法定代表人或者主要负责人到场。以上人员拒不到场的，不影响搜查的进行。关于搜查的场所，根据《民事诉讼法》第 248 条的规定，对被执行人及其住所或者财产隐匿地进行搜查。

五、强制被执行人支付迟延履行期间债务利息及迟延履行金

强制交付迟延履行利息、迟延履行金，是指人民法院对逾期拒不履行义务的被执行人，强制其交付迟延期间的利息或者迟延履行金，从而采取的一种迫使其履行义务的经济手段。迟延履行利息是针对被执行人未按照判决、裁定和其他法律文书指定的期间履行金钱义务。其利息额度未银行同期贷款最高利率加倍支付。迟延履行金是指被执行人未按照判决、裁定和其他法律文书指定的期间履行非金钱的给付义务，而向权利人支付的额外的金钱。支付迟延履行金不以造成实际损害未要件。已经造成损失的，应双倍赔偿权利人损失，没有造成损失的，由人民法院根据具体案件的实际情况，决定给付迟延履行的数额。

强制被执行人交付迟延履行利息和迟延履行金具有双重性质，一是惩罚性，一是补偿性。这一措施对于保护申请执行人的合法权益，迫使被执行人自动或者尽快履行义务有很强的激励作用。

六、限制出境或在征信系统记录、通过媒体公布不履行义务信息

现实中，部分被执行人拒不履行义务，东躲西藏甚至跑到国（境）外以逃避承担法律文书确定义务的“玩失踪”，是“执行难”问题中出现的“老赖出走”现象。同时，被执行人逃避承担法律文书确定义务的行为，也是一种严重的失信行为。但因我国信用制度不完善，失信行为缺乏与其他制度的挂钩，被执行人因失信所受到的惩罚较轻因而对生效法律文书确定的义务不屑一顾、我行我素、乐此不疲的“乐失信”心态，也是导致“执行难”的一个重要原因。

根据《民事诉讼法》第 255 条规定，被执行人不履行法律文书确定的义务的，人民法院可以对其采取或者通知有关单位协助采取限制出境，在征信系统记录、通过媒体公布不履行义务信息以及法律规定的其他措施。

需要指出的是，《民事诉讼法》第一次和第二次的修正都明确规定了对不履行义务的被执行人采取“限制出境”、“征信系统记录”① 以及“在媒体公布不履行义务信息”或“法律规定的其他措施”等首次作为解决执行难的措施之一出现在国家法律之中，强化了执行措施，加大了执行力度，有利于促使被执行人依法及时履行法定义务。

---

① 据相关资料显示，作为全国唯一的征信管理体系，央行的征信数据库覆盖了全国所有金融机构，已为 1116 万多户企业和 5.33 亿自然人建立了信用档案，采集了企业和个人在商业银行等金融机构开立结算账户、贷款、担保、信用卡等方面的几十项信用信息。通过将被执行人不履行法律文书确定的义务的信息录入征信系统的措施，将会极大地提升公民、法人或者其他组织的信用意识，以及对法律的尊重。因为一旦污点信息被录入上述系统，当事人将在工商、税务、信贷、出境等各个方面遭遇到限制。

七、限制消费

限制消费，是指人民法院对未按执行通知书指定的期间履行生效法律文书确定的给付义务的被执行人，或者对纳入失信被执行人名单的被执行人，发出限制消费令，限制该被执行人高消费及非生活或者经营必需的有关消费的一种执行措施。

为进一步解决"执行难"问题，督促被执行人依法履行债务，2015 年 7 月 22 日施行的《最高人民法院关于限制被执行人高消费及有关消费的若干规定》（法释〔2015〕17 号，以下简称《限制被执行人消费规定》）明确规定了人民法院可以根据案件实际情况，依申请执行人的申请或者依职权向被执行人发出限制消费令（限制消费令应当载明限制消费的期间、项目、法律后果等内容），对被执行人的消费行为依法予以限制，对纳入失信被执行人名单的被执行人，人民法院应当对其采取限制消费措施，限制其高消费及非生活或者经营必需的有关消费。《限制被执行人消费规定》第 3 条规定，被执行人为自然人的，被采取限制消费措施后，不得有以下高消费及非生活和工作必需的消费行为：

（1）乘坐交通工具时，选择飞机、列车软卧、轮船二等以上舱位；

（2）在星级以上宾馆、酒店、夜总会、高尔夫球场等场所进行高消费；

（3）购买不动产或者新建、扩建、高档装修房屋；

（4）租赁高档写字楼、宾馆、公寓等场所办公；

（5）购买非经营必需车辆；

（6）旅游、度假；

（7）子女就读高收费私立学校；

（8）支付高额保费购买保险理财产品；

（9）乘坐 G 字头动车组列车全部座位、其他动车组列车一等以上座位等其他非生活和工作必需的消费行为。

被执行人为单位的，被采取限制消费措施后，被执行人及其法定代表人、主要负责人、影响债务履行的直接责任人员、实际控制人不得实施前款规定的行为。因私消费以个人财产实施前款规定行为的，可以向执行法院提出申请。执行法院审查属实的，应予准许。

人民法院决定采取限制消费措施时，应当考虑被执行人是否有消极履行、规避执行或者抗拒执行的行为以及被执行人的履行能力等因素。

人民法院决定采取限制消费措施的，可以根据案件需要和被执行人的情况向有义务协助调查、执行的单位送达协助执行通知书，也可以在相关媒体上发布限制消费令的公告（该费用由被执行人负担；申请执行人申请在媒体公告的，应当垫付公告费用）。

有关单位在收到人民法院协助执行通知书后，仍允许被执行人进行高消费及非生活或者经营必需的有关消费的，人民法院可以依照《民事诉讼法》第 114 条的规定，追究其法律责任。

被限制消费的被执行人因生活或者经营必需而进行上述被禁止的消费活动的，应当向人民法院提出申请，获批准后方可进行。

人民法院应当设置举报电话或者邮箱，接受申请执行人和社会公众对被限制消费的被执行人违反《限制被执行人消费规定》第3条的举报，并进行审查认定。

被执行人违反限制消费令进行消费的行为属于拒不履行人民法院已经发生法律效力的判决、裁定的行为，经查证属实的，人民法院依照《民事诉讼法》第111条的规定，予以拘留、罚款；情节严重，构成犯罪的，追究其刑事责任。

在限制消费期间，被执行人提供确实有效的担保或者经申请执行人同意的，人民法院可以解除限制消费令；被执行人履行完毕生效法律文书确定的义务的，人民法院应当及时以通知或者公告解除限制消费令。

第二节　对妨害执行行为的强制措施

一、拘传

拘传是强制被执行人到场接受询问的一种手段。拘传必须用拘传票，由院长签发。《执行规定》第97条至101条规定：

（1）对于必须到人民法院接受询问的被执行人或被执行人的法定代表人或负责人，经两次传票传唤，无正当理由拒不到场的，人民法院可以对其进行拘传；

（2）对被拘传的调查询问不得超过24小时，调查询问后不得限制被拘传人的人身自由；

（3）在本辖区外采取拘传措施时，应将被拘传人拘传到当地法院，当地法院应予以协助。

二、搜查

搜查，是指被执行人拒不履行生效法律文书确定的义务，并有可能隐匿财产或拒绝按人民法院要求提供有关财产状况证明材料的，由人民法院院长签发搜查令，对被执行人及其住所或财产隐匿地进行搜查。搜查妇女身体由女执行员进行。对被执行人可能存放隐匿的财物及相关证据材料的处所、箱柜等，经责令被执行人开启拒不配合的，可以强制开启。《民事诉讼法》第248条和《执行规定》第31条对搜查的适用进行了明确的规定。

三、拘留、罚款、司法建议

（一）罚款

罚款，是指人民法院对妨害执行的行为人（公民、法人或其他组织）所采取的责令其在指定期间内缴纳一定数额金钱的强制措施。罚款须经人民法院院长批准，并由人民法院出具《罚款决定书》。被罚款人对该罚款决定不服的可以向上一级人民法院申请复议，复议期间不停止对罚款的执行。根据《民事诉讼法》第115条第1款的规定，对个人的罚款金额，为人民币10万元以下。对单位（即法人或其他组织）的罚款金额，为人民币5万元以上100万元以下。对被罚款人交纳的罚款一律上缴国库。

（二）拘留

拘留，又称司法拘留，是指执行法院对于严重妨害民事执行的行为人予以关押，在一定时间内剥夺、限制其人身自由的一种强制措施。它实质上是对已实施严重妨害执行行为的被执行人采取的制裁性措施。

司法拘留须制作《拘留决定书》，须由人民法院院长批准。被拘留人对该决定不服的，可以向上一级人民法院申请复议，复议期间不停止拘留的执行。拘留的期限为15日以下。

被拘留人由人民法院交当地公安机关看管，被拘留人在拘留期间认错悔过的，可责令其具结悔过，提前解除拘留。提前解除拘留，须人民法院院长批准，并制作提前解除拘留决定书。如被拘留人在执行法院的辖区外，则执行法院应派员到被拘留人所在地法院请求协助执行，受托法院应及时当派员协助执行，并将被拘留人交当地公安机关看管。

拘留，罚款可以单独适用，也可合并适用。但是，禁止先拘留后罚款，换言之，一旦对被执行人拘留后，就不能再另行作出罚款决定，以防止借拘留之名行罚款之实。[①]此外，对同一妨害行为的拘留、罚款不得连续适用。当然发生了新的妨害行为除外。

《执行规定》第100条规定，被执行人或其他人有下列拒不履行生效法律文书或者妨害执行行为之一的，人民法院可以依照《民事诉讼法》第111条的规定处理：(1) 隐藏、转移、变卖、毁损向人民法院提供执行担保的财产的；(2) 案外人与执行人恶意串通转移被执行人财产的；(3) 故意撕毁人民法院执行公告、封条的；(4) 伪造、隐藏、毁灭有关被执行人履行能力的重要证据，妨碍人民法院查明被执行人财产状况的；(5) 指使、贿买、胁迫他人对被执行人的财产状况和履行义务的能力问题作伪证的；(6) 妨碍人民法院依法搜查的；(7) 以暴力、威胁或其他方法妨碍或抗拒执行的；(8) 哄闹、冲击执行现场的；(9) 对人民法院执行人员或协助执行人员进行侮辱、诽谤、诬陷、围攻、威胁、殴打或者打击报复的；(10) 毁损、抢夺执行案件材料、执行公务车辆、其他执行器械、执行人员服装和执行公务证件的。

（三）司法建议

修改后的《民事诉讼法》第114条明确规定，对负有义务协助、调查、执行的单位拒绝协助执行的，人民法院除责令该单位履行协助义务外，可以对其主要负责人或者直接责任人员予以罚款；对仍不履行协助义务的，可以予以拘留；并可以向监察机关或者有关机关提出予以纪律处分的司法建议。

另外，在执行过程中，如有被执行人或其他人拒不履行生效的法律文书确定的义务或者妨害执行且情节严重需追究刑事责任的，应将有关材料移交有关机关处理。

【学习总结与拓展】

【关键词】申报财产　限制消费　支付迟延履行期间的债务利息　支付迟延履行金　搜查　拘留　罚款　司法建议

① 司法实践中曾经出现：先单独作出拘留决定，然后又再另行单独作出罚款决定。这实际就是以拘留（限制人身自由）为要挟而行罚款之实的典型。这种做法不规范，应当杜绝。规范的做法是要么单处拘留或者罚款，要么并处。

【思考题】

1. 民事执行措施的种类有哪些?

2. 被执行人为自然人的，被采取限制消费措施后，不得有哪些高消费及非生活和工作必需的消费行为?

3. 对妨害执行行为的强制措施有哪些?

4. 乙向甲借款30万元，约定的借款期限届满后，甲向法院起诉，请求法院判决乙还款。法院判决乙在判决发生法律效力后10日内向甲归还借款30万元。判决生效后，乙拒不履行判决确定的义务，甲向法院申请执行。问：进入执行程序后，针对本案中乙拒不履行债务的行为，法院采取的正确的执行措施是什么?

5. 甲在网上发表文章指责某大学教授乙编造虚假的学术经历，乙为此起诉。经审理，甲被判决赔礼道歉，但甲拒绝履行该义务。问：对此，法院可采取哪些执行措施?

【阅读资料】

1.《中华人民共和国民事诉讼法》(2017年修正）第三编执行程序第二十一章执行措施。

2.《最高人民法院关于适用〈中华人民共和国民事诉讼法〉的解释》(法释〔2015〕5号）二十一、执行程序；《最高人民法院关于适用〈中华人民共和国民事诉讼法〉执行程序若干问题的解释》(法释〔2008〕13号);《最高人民法院关于人民法院执行工作若干规定（试行)》(法释〔1998〕15号)。

3.《最高人民法院关于限制被执行人高消费及有关消费的若干规定》(法释〔2015〕17号2010年5月17日最高人民法院审判委员会第1487次会议通过，根据2015年7月6日最高人民法院审判委员会第1657次会议通过的《最高人民法院关于修改〈最高人民法院关于限制被执行人高消费的若干规定〉的决定》修正，自2015年7月22日起施行)。

4.《最高人民法院关于落实“用两到三年时间基本解决执行难问题”的工作纲要》(法发［2016］10号)。

5. 刘永军、王广震:《执行措施之外看执行》,《法制与社会》2009年第10期。

6. 童兆洪 唐学兵:《论民事执行能力构成及其提升》,《法律适用》2006年第1—2期。

7. 田平安:《民事执行措施论》,《时代法学》2007年第1期。

8.《最高人民法院曹建明副院长在2005年6月24日全国法院“规范执行行为，促进执行公正”专项整改活动电视电话会议上的讲话》,《最高人民法院办公厅情况通报》2005年第10期。

第二十九章 暂缓执行、执行中止、执行终结、终结本次执行程序与执行结案

【学习提示】 通过本章学习，理解暂缓执行的要件，掌握执行中止、执行终结、终结本次执行程序、执行结案等基本原理、规范要求及法律效果。

第一节 暂缓执行

一、暂缓执行的概念

暂缓执行，是指在执行过程中，被执行人因履行义务有困难，以向执行法院提供担保的方式，在征得申请执行人同意后，被法院获准暂缓执行的一项法律制度。

二、暂缓执行的成立要件

暂缓执行的成立，须同时具备以下四项要件：

（1）被执行人须向执行法院提出执行担保的申请；

（2）被执行人须提供充分可靠的担保，该担保可以是被执行人自己所有的财产也可以由第三人以财产或者信用进行担保；

（3）须经过申请执行人同意，执行法院不能强制要求申请执行人接受暂缓执行；

（4）须经执行过法院准许。

《法院适用民诉法解释》第469条规定，执行法院在决定暂缓执行时应同时决定暂缓执行的期限，该期限应当与执行担保的期限一致，但最长不得超过1年。

三、暂缓执行的效力

暂缓执行期间内，原执行根据中止执行，除被执行人主动履行债务外，申请执行人不得要求被执行人履行义务，亦更不能采取强制执行措施。

被执行人在暂缓执行期间内有转移、隐匿、变卖、损毁等行为的，法院可以恢复执行。《法院适用民诉法解释》第471条规定，被执行人在人民法院决定暂缓执行的期限届满后仍不履行义务的，人民法院可以直接执行担保财产，或者裁定执行担保人的财产，但执行担保人的财产以担保人应当履行义务部分的财产为限。

四、暂缓执行届满后的处理

在暂缓执行期限届满后，被执行人仍然不履行义务的，法院有权执行被执行人的担

保财产或者担保人的财产。

第二节　中止执行

一、中止执行的概念

中止执行，也称执行中止，是指在执行过程中，由于出现了某种法定原因暂时停止执行程序，待法定原因消除后再继续原有执行程序的一种制度或者活动。

中止执行是执行程序的一项特殊制度。司法实践中，为防止对中止执行的滥用，执行机关要求通过合议庭决定并制作裁定书。作出中止执行的裁定一经依法送达当事人就立即生效，当事人对中止裁定可申请复议但不能上诉。

二、中止执行的情形

在执行过程中出现中止执行的法定情形，执行机关就应依法作出中止执行的裁定，该裁定送达当事人后立即生效。根据《民事诉讼法》第256条和《执行规定》第102条的规定，中止执行的情形有以下几种：(1) 申请人表示可以延期执行的；(2) 案外人对执行标的提出确有理由的异议；(3) 作为一方当事人的公民死亡，需要等待继承人继承权利或承担义务；(4) 作为一方当事人的法律人或其他组织终止，尚未确定权利义务承受人；(5) 人民法院按审判监督程序决定再审；(6) 人民法院已受理以被执行人为债务人的破产申请；(7) 被执行人确无财产可供执行；(8) 执行的标的物是其他法院或仲裁机构正在审理的案件争议的标的物，需要等待该案审理完毕确定权属；(9) 一方当事人申请执行仲裁裁决，另一方当事人申请撤销仲裁裁决；(10) 仲裁裁决的被执行人请求不予执行并提供适当担保。

三、中止执行的效力

中止执行的效力表现在两个方面：一是对执行程序产生的效力，即暂时停止执行；二是对参与执行程序的人的效力：执行机关在未决定恢复执行程序前，不得进行执行活动；任何一方当事人及其他参与执行程序的人，不得改变执行中止前的财产状况和事实状况。中止执行的裁定在执行程序恢复时自动失效。

四、执行程序的恢复

（一）执行中止后的恢复执行

执行中止的法定事由消失后，执行程序应当恢复。恢复后的执行活动是中止前执行活动的继续。根据《执行规定》第104条规定，执行程序可以由人民法院依职权主动恢复，也可由当事人申请经人民法院同意恢复。恢复执行应书面通知当事人。

（二）执行和解的恢复执行

一方当事人不履行和解协议的，对方法事人可申请执行机关恢复对原生效法律文书的执行。

第三节　终结执行

一、终结执行

终结执行，是指在执行过程中，由于出现了某种特殊情况，致使执行程序无法或无必要继续进行，执行机关依法结束执行程序的一种执行制度。

二、终结执行的情形

终结执行的情形，是指在执行过程中，出现了无法或无必要继续进行执行程序，从而结束执行程序的事实和理由。具体来说，就是《民事诉讼法》第257条以及《执行立案、结案意见》第17条规定的有以下情形之一的，人民法院裁定终结执行：

（一）申请人撤销申请的，或者是当事人双方达成执行和解协议，申请执行人撤回执行申请的；

（二）据以执行的法律文书被撤销的；

（三）作为被执行人的公民死亡，无遗产可供执行，又无义务承担人的；

（四）追索赡养费、抚养费、抚育费案件的权利人死亡的；

（五）作为被执行人的公民因生活困难无力偿还借款，无收入来源，又丧失劳动能力的；

（六）作为被执行人的企业法人或其他组织被撤销、注销、吊销营业执照或者歇业、终止后既无财产可供执行，又无义务承受人，也没有能够依法追加变更执行主体的；

（七）被执行人被人民法院裁定宣告破产的；

（八）案件被上级人民法院裁定提级执行的；

（九）案件被上级人民法院裁定指定由其他法院执行的；

（十）按照《最高人民法院关于委托执行若干问题的规定》，办理了委托执行手续，且收到受托法院立案通知书的；

（十一）人民法院认为应当终结执行的其他情形。

上述除第（八）、（九）、（十）项规定的情形外，终结执行的，应当制作裁定书送达当事人。

三、终结执行的效力

根据《民事诉讼法》第154条第1款第（八）项及第257、258条的规定，终结执行的，人民法院应当制作裁定书，裁定书送达当事人后立即生效。由于当事人不能上诉或申请复议，为更好保护当事人的合法权益、防止对终结执行的滥用，在司法实践中，终结执行须执行机构通过合议庭合议决定。执行终结的效力表现在对程序和实体两方面：

其一，终结执行不同于中止执行，终结执行的裁定一旦生效，执行程序就告结束，并不再恢复；其二、终结执行的裁定生效后，人民法院就不能再以司法强制力迫使被执行人履行义务，也就不以执行程序保证权利人实现生效法律文书所确定的权利了。当然这并不否认或推翻法律文书对权利人所应享有的权利的确认，只是法律不再对其实施保障而已。

第四节 终结本次执行程序

一、终结本次执行程序的概念

终结本次执行程序与上述的终结执行制度有关联，但不同一。终结本次执行程序，是指对确无财产可供执行的案件，法院将暂时终结执行程序并做结案处理，待发现财产后继续恢复执行的一项制度。

针对近年来在执行实践中，各地法院存在适用标准过宽、程序过于简化等不规范问题，一些本不该进入终结本次执行程序的执行案件被当作无财产可供执行案件处理，严重损害了债权人的合法权益，破坏了司法公信力，最高人民法院 2016 年 10 月 29 日出台《关于严格规范终结本次执行程序的规定（试行）》（法〔2016〕373 号），严格规范终结本次执行程序，维护当事人的合法权益，有效防止为片面追求结案率而滥用终结本次执行程序。

二、终结本次执行程序的条件

《关于严格规范终结本次执行程序的规定（试行）》第 1 条比之 2014 年出台的《执行立案、结案意见》第 16 条第 1 款①，更加严格规定了人民法院终结本次执行程序应当同时符合下列五项条件：

（一）已向被执行人发出执行通知、责令被执行人报告财产；

此处所谓“责令被执行人报告财产”，是指应当完成下列事项：(1) 向被执行人发出报告财产令；(2) 对被执行人报告的财产情况予以核查；(3) 对逾期报告、拒绝报告或者虚假报告的被执行人或者相关人员，依法采取罚款、拘留等强制措施，构成犯罪的，依法启动刑事责任追究程序。人民法院应当将财产报告、核实及处罚的情况记录入卷。

（二）已向被执行人发出限制消费令，并将符合条件的被执行人纳入失信被执行人名单；

（三）已穷尽财产调查措施，未发现被执行人有可供执行的财产或者发现的财产不能处置；

---

① 比较《最高人民法院关于执行案件立案、结案若干问题的意见》（法发〔2014〕26 号）第 16 条第 1 款的规定：“有下列情形之一的，可以以‘终结本次执行程序’方式结案：(一) 被执行人确无财产可供执行，申请执行人书面同意人民法院终结本次执行程序的；(二) 因被执行人无财产而中止执行满两年，经查证被执行人确无财产可供执行的；(三) 申请执行人明确表示提供不出被执行人的财产或财产线索，并在人民法院穷尽财产调查措施之后，对人民法院认定被执行人无财产可供执行书面表示认可的；(四) 被执行人的财产无法拍卖变卖，或者动产经两次拍卖、不动产或其他财产权经三次拍卖仍然流拍，申请执行人拒绝接受或者依法不能交付其抵债，经人民法院穷尽财产调查措施，被执行人确无其他财产可供执行的；(五) 经人民法院穷尽财产调查措施，被执行人确无财产可供执行或虽有财产但不宜强制执行，当事人达成分期履行和解协议，且未履行完毕的；(六) 被执行人确无财产可供执行，申请执行人属于特困群体，执行法院已经给予其适当救助的。”

此处，所谓“已穷尽财产调查措施”，是指应当完成下列调查事项：（1）对申请执行人或者其他人提供的财产线索进行核查；（2）通过网络执行查控系统对被执行人的存款、车辆及其他交通运输工具、不动产、有价证券等财产情况进行查询；（3）对于（2）的财产情况无法通过网络执行查控系统查询的，在被执行人住所地或者可能隐匿、转移财产所在地进行必要调查；（4）被执行人隐匿财产、会计账簿等资料且拒不交出的，依法采取搜查措施；（5）经申请执行人申请，根据案件实际情况，依法采取审计调查、公告悬赏等调查措施；（6）法律、司法解释规定的其他财产调查措施。比如，《执行立案、结案意见》第 16 条第 5 款规定的“‘人民法院穷尽财产调查措施’，是指至少完成下列调查事项：（一）被执行人是法人或其他组织的，应当向银行业金融机构查询银行存款，向有关房地产管理部门查询房地产登记，向法人登记机关查询股权，向有关车管部门查询车辆等情况；（二）被执行人是自然人的，应当向被执行人所在单位及居住地周边群众调查了解被执行人的财产状况或财产线索，包括被执行人的经济收入来源、被执行人到期债权等。如果根据财产线索判断被执行人有较高收入，应当按照对法人或其他组织的调查途径进行调查；（三）通过最高人民法院的全国法院网络执行查控系统和执行法院所属高级人民法院的‘点对点’网络执行查控系统能够完成的调查事项；（四）法律、司法解释规定必须完成的调查事项。”

人民法院应当将财产调查情况记录入卷。

所谓“发现的财产不能处置”，包括下列情形：（1）被执行人的财产经法定程序拍卖、变卖未成交，申请执行人不接受抵债或者依法不能交付其抵债，又不能对该财产采取强制管理等其他执行措施的；（2）人民法院在登记机关查封的被执行人车辆、船舶等财产，未能实际扣押的。

（四）自执行案件立案之日起已超过 3 个月；

（五）被执行人下落不明的，已依法予以查找；被执行人或者其他人妨害执行的，已依法采取罚款、拘留等强制措施，构成犯罪的，已依法启动刑事责任追究程序。

上列五项条件没有同时符合、欠缺其一的案件，人民法院不得终结本次执行程序。

三、终结本次执行程序前的告知

终结本次执行程序前，人民法院应当将案件执行情况、采取的财产调查措施、被执行人的财产情况、终结本次执行程序的依据及法律后果等信息告知申请执行人，并听取其对终结本次执行程序的意见。人民法院应当将申请执行人的意见记录入卷。

裁定终结本次执行程序前，申请执行人在指定的期限内提出异议的，人民法院应当另行组成合议庭组织当事人就被执行人是否有财产可供执行进行听证；申请执行人提供被执行人财产线索的，人民法院应当就其提供的线索重新调查核实，发现被执行人有财产可供执行的，应当继续执行；经听证认定被执行人确无财产可供执行，申请执行人亦不能提供被执行人有可供执行财产的，可以裁定终结本次执行程序。

四、终结本次执行程序的裁定书

人民法院终结本次执行程序应当制作裁定书，载明下列内容：（1）申请执行的债权情况；（2）执行经过及采取的执行措施、强制措施；（3）查明的被执行人财产情况；

(4) 实现的债权情况；(5) 申请执行人享有要求被执行人继续履行债务及依法向人民法院申请恢复执行的权利，被执行人负有继续向申请执行人履行债务的义务。

终结本次执行程序裁定书送达申请执行人后，执行案件可以作结案处理。

终结本次执行程序裁定书应当依法在互联网上公开。

五、终结本次执行程序的异议

当事人、利害关系人认为终结本次执行程序违反法律规定的，可以提出书面执行异议。人民法院应当依照民事诉讼法第225条规定进行审查处理：(1) 人民法院应当自收到书面异议之日起15日内审查，理由成立的，裁定撤销或者改正；理由不成立的，裁定驳回。(2) 当事人、利害关系人对裁定不服的，可以自裁定送达之日起10日内向上一级人民法院申请复议。

六、终结本次执行程序案件信息库

（一）终结本次执行程序案件信息库的建立

自2016年12月1日起，最高人民法院建立终结本次执行程序案件信息库。

该信息库记载的信息包括下列内容：(1) 作为被执行人的法人或者其他组织的名称、住所地、组织机构代码及其法定代表人或者负责人的姓名，作为被执行人的自然人的姓名、性别、年龄、身份证件号码和住址；(2) 生效法律文书的制作单位和文号，执行案号、立案时间、执行法院；(3) 生效法律文书确定的义务和被执行人的履行情况；(4) 人民法院认为应当记载的其他事项。

（二）终结本次执行程序案件信息的录入与公布

终结本次执行程序裁定书送达申请执行人以后，执行法院应当在7日内将相关案件的上述信息录入终结本次执行程序案件信息库，并通过该信息库统一向社会公布。

（三）终结本次执行程序案件信息的更正与屏蔽

当事人、利害关系人认为公布的终结本次执行程序案件信息错误的，可以向执行法院申请更正。执行法院审查属实的，应当在3日内予以更正。

有下列情形之一的，人民法院应当在3日内将案件信息从终结本次执行程序案件信息库中屏蔽：(1) 生效法律文书确定的义务执行完毕的；(2) 依法裁定终结执行的；(3) 依法应予屏蔽的其他情形。

七、终结本次执行程序后的相关处置

（一）继续履行

终结本次执行程序后，被执行人应当继续履行生效法律文书确定的义务。被执行人自动履行完毕的，当事人应当及时告知执行法院。

（二）恢复执行

1. 终结本次执行程序后，申请执行人发现被执行人有可供执行财产的，可以向执行法院申请恢复执行。申请恢复执行不受申请执行时效期间的限制。执行法院核查属实的，应当恢复执行。

2. 终结本次执行程序后的5年内，执行法院应当每6个月通过网络执行查控系统查询一次被执行人的财产，并将查询结果告知申请执行人。符合恢复执行条件的，执行法院应当及时恢复执行。

3. 终结本次执行程序后，发现被执行人有可供执行财产，不立即采取执行措施可能导致财产被转移、隐匿、出卖或者毁损的，执行法院可以依申请执行人申请或依职权立即采取查封、扣押、冻结等控制性措施。

4. 终结本次执行程序后，当事人、利害关系人申请变更、追加执行当事人，符合法定情形的；变更、追加被执行人后，申请执行人申请恢复执行的；

（三）移送被执行人住所地法院审查破产

案件符合终结本次执行程序条件，又符合移送破产审查相关规定的，执行法院应当在作出终结本次执行程序裁定的同时，将执行案件相关材料移送被执行人住所地人民法院进行破产审查。

（四）执行及强制措施继续有效

终结本次执行程序后，人民法院已对被执行人依法采取的执行措施和强制措施继续有效。

（五）办理续行保全措施手续

终结本次执行程序后，申请执行人申请延长查封、扣押、冻结期限的，人民法院应当依法办理续行查封、扣押、冻结手续。

（六）依法问责妨害执行人

终结本次执行程序后，被执行人或者其他人妨害执行的，人民法院可以依法予以罚款、拘留；构成犯罪的，依法追究刑事责任。

（七）区分结案统计

人民法院进行相关统计时，应当对以终结本次执行程序方式结案的案件与其他方式结案的案件予以区分。

第五节　执行结案

一、执行结案的概念

执行结案，是指执行机构对执行案件已执行完毕，或虽未执行完毕但认为依法不必要再执行而依法结束执行程序的一种制度。

二、执行结案期限

《执行规定》第 107 条规定：人民法院执行生效法律文书，一般应当在立案之日起 6 个月内执行结案，但中止执行期间应当扣除，确有特殊情况需要延长的，由本院院长批准。

三、执行结案的方式

为统一执行案件结案标准，规范执行行为，《执行立案、结案意见》第 14 条规定，除执行财产保全裁定、恢复执行的案件外[①]，其他执行实施类案件的结案方式包括以下六种：

（一）执行完毕

执行完毕，指执行依据的内容经过执行程序后全部或基本得以实现。这是最理想的方式，达到了执行目的，当然执行结案。

生效法律文书确定的执行内容，经被执行人自动履行、人民法院强制执行，已全部执行完毕，或者是当事人达成执行和解协议，且执行和解协议履行完毕，以“执行完毕”方式结案。

执行完毕应当制作结案通知书并发送当事人。双方当事人书面认可执行完毕或口头认可执行完毕并记入笔录的，无须制作结案通知书。

执行和解协议应当附卷，没有签订书面执行和解协议的，应当将口头和解协议的内容做成笔录，经当事人签字后附卷。

（二）终结本次执行程序

具有本章“第四节终结本次执行程序”之“二、终结本次执行程序的条件”的，以“终结本次执行程序”方式结案。

（三）终结执行

在执行过程中，一旦出现《民事诉讼法》第257条规定的情形，执行机构应裁定终结结案，以免浪费执行资源；

具有本章“第三节终结执行”之“二、终结执行的情形”之一的，以“终结执行”方式结案。

（四）销案

执行实施案件立案后，有下列情形之一的，以“销案”方式结案：（1）被执行人提出管辖异议，经审查异议成立，将案件移送有管辖权的法院或申请执行人撤回申请的；（2）发现其他有管辖权的人民法院已经立案在先的；（3）受托法院报经高级人民法院同意退回委托的。

（五）不予执行

人民法院组成合议庭审查申请执行的时效已超过法定期限的，裁定不予执行；

执行实施案件立案后，被执行人对仲裁裁决或公证债权文书提出不予执行申请，经人民法院审查，裁定不予执行的，以“不予执行”方式结案。

（六）驳回申请

执行实施案件立案后，经审查发现不符合《执行规定》第18条规定的受理条件，裁定驳回申请的，以“驳回申请”方式结案。

四、执行结案的效力

执行结案具有以下法律效力：1. 终结执行程序；2. 不得恢复执行；3. 不再采取

---

① 《执行立案、结案意见》第21、22条规定：1、执行财产保全裁定案件的结案方式包括：（1）保全完毕，即保全事项全部实施完毕；（2）部分保全，即因未查询到足额财产，致使保全事项未能全部实施完毕；（3）无标的物可实施保全，即未查到财产可供保全。2、恢复执行案件的结案方式包括：（1）执行完毕；（2）终结本次执行程序；（3）终结执行。

执行措施。但法律、司法解释另有规定的除外。

五、执行结案的问责

执行法院应当及时、完整、真实、准确地将执行结案情况录入全国法院执行案件信息管理系统。

地方法院不能制定与法律、司法解释和《执行立案、结案意见》规定相抵触的执行案件结案标准和结案方式。

违反法律、司法解释和《执行立案、结案意见》的规定结案，或者在全国法院执行案件信息管理系统录入结案情况时弄虚作假的，通报批评；造成严重后果或恶劣影响的，根据《人民法院工作人员纪律处分条例》追究执行法院执行法院相关领导和工作人员的责任。

【学习总结与拓展】

【关键词】暂缓执行　中止执行　终结执行　终结本次执行程序　执行结案

【思考题】

1. 暂缓执行的成立要件是什么？

2. 在哪些情况下，法院应当裁定终结执行？

3. 甲向法院申请执行乙的财产，乙除对案外人丙享有到期债权外，并无其他财产可供执行。法院根据甲的申请，通知丙向甲履行债务。但丙提出其与乙之间的债权债务关系存在争议，拒不履行。问：法院对此如何处理？

4. 人民法院终结本次执行程序，应当同时符合哪些条件？

【阅读资料】

1.《中华人民共和国民事诉讼法》(2017 年修正) 第三编执行程序第二十二章执行中止和终结

2.《最高人民法院关于适用〈中华人民共和国民事诉讼法〉的解释》(法释〔2015〕5 号) 二十一、执行程序

3.《最高人民法院关于严格规范终结本次执行程序的规定（试行)》(法〔2016〕373 号);《最高人民法院关于执行案件立案、结案若干问题的意见》(法发〔2014〕26 号;《最高人民法院关于适用〈中华人民共和国民事诉讼法〉执行程序若干问题的解释》(法释〔2008〕13 号);《最高人民法院关于人民法院执行工作若干规定（试行)》(法释〔1998〕15 号)

4. 范加庆:《适用终结本次执行程序的基本点》,《人民司法》2015 年第 7 期

5. 吴国建:《对执行完毕结案方式的思考》,《人民法院报》2013 年 2 月 27 日

6. 郝利利等:《解开中止执行的“死结”》,《人民法院报》2005 年 11 月 11 日

7. 韩明智:《执行终结手段的滥用及其规制》,《法律适用》2008 年第 9 期

8. 黄德威、胡伟荣;《应规范管理中止执行案件》,《法律适用》2003 年第 9 期

9. 邹川宁著:《民事强制执行基本问题研究》，中国法制出版社 2004 年版

第三十章　执行救济与执行监督

【学习提示】通过本章学习，领会执行救济的意义、类型；掌握执行异议的主体、对象、要件、程序、效果，执行异议之诉的类型、要件、程序及效果，执行回转的概念、条件、措施，以及与执行救济制度密切相关的人民检察院的执行监督、人民法院的执行监督。

第一节　执行救济概述

一、执行救济的基本含义

执行救济，是指为防止执行当事人或案外人的合法权益因执行机关的强制执行违法或不当而受到侵害时，设立的一种补救、保护制度。[①] 执行救济制度的设立与执行程序的强制性密切相关。法律虽然明确规定执行机关实施强制执行必须严格依法进行，但实践中却很难完全难免执行机构在执行程序中发生的执行行为、方法、措施或对执行标的的实体等方面的执行不当或错误而侵害执行当事人或案外人合法权益的情形。[②] 有损害就应当有救济，以体现权益或权利的保护，贯彻私权保护原则。执行救济制度的设立，为强制执行的受害人提供了救济保护的手段和方法，同时也为执行程序依法运行提供保障。

二、执行救济的方法

我国《民事诉讼法》第225条、第227、第233条的规定，包含了执行异议、执行异议之诉、执行回转等内容，在学理上通常被称为执行救济制度或方法。[③]

（一）执行程序终结前的救济方法

1. 对执行程序的救济。所谓对执行程序的救济，通常也称为程序合法保障或程序上之救济方法，即执行当事人对执行机构（执行法院）违背执行程序规范的执行行为的救济手段、方法。可以分为以下三种：（1）声明异议，（2）申请复议。

---

① 杨与龄：《强制执行法论》（最新修正），中国政法大学出版社2002年版，第169页。

② 在大陆法系国家和地区，执行行为违法仅指违反执行程序规范。相对地，虽然该执行没有违反执行程序规范，但在实体法上却使权利人蒙受损失的情形，就是执行行为的不当。引自张卫平：《案外人异议之诉》，《法学研究》2009年第1期。

③ 在《民事诉讼法》修改之前，由于没有设置异议之诉，执行救济方法只有执行异议和执行回转两类。参见张卫平：《民事诉讼法》法律出版社，2005年版，第474页。

2. 实体法上的救济方法。这是指执行当事人或案外人（第三人）基于实体法律关系，对执行标的主张权利，请求执行法院停止执行或许可执行的方法，也称为执行异议之诉。分为案外人执行异议之诉和申请执行人异议之诉。

（二）执行程序终结之后的救济方法

执行程序终结之后的救济方法通常称为执行回转或给付的返还与赔偿。执行回转，是指在执行中或执行完毕后，据以执行的依据被依法撤销或变更，执行机关依当事人请求或依职权责令一方当事人，将执行所得的利益返还给原被执行人的一种执行制度。

第二节 执行异议

一、执行异议的概念

执行异议，通常被称为声明异议或者声请，是指对于执行程序中存在的违法或不当行为及对执行标的声明不服，并请求执行法院予以改正、撤销或停止执行的救济制度或方法。[①] 根据《民事诉讼法》第225条、第227条的规定，我国的执行异议对象分为对执行行为异议和对执行标的异议两种，下面分别论述。

二、对执行行为的异议

对执行行为的异议，是指当事人、利害关系人认为执行行为违反法律规定，损害其合法权益，向执行法院提出书面异议，请求执行法院为一定行为或不为一定行为，并对错误、不当的执行行为予以改正或撤销的救济制度。下面对异议的主体，要件，程序及效果分别说明。

（一）提出异议的主体

从《民事诉讼法》第225条的规定看，当事人、利害关系人认为执行行为违反法律规定的，可以向执行法院提出书面异议。因此，对执行行为提出异议的主体可以是执行当事人和利害关系人。执行当事人有申请执行人和被执行人；利害关系人，通常是指执行当事人之外的公民、法人或其他组织的合法权益与执行行为之间存在直接的因果关系的主体。例如，执行程序中执行法院对案外人所有的某一小轿车进行查封、扣押，该案外人可作为利害关系人提出执行异议，请求执行法院解除查封、扣押。

（二）执行异议的对象

执行案件的当事人、案外人对执行程序中的违法、错误或不当的执行行为，均可提出异议。例如，执行当事人以外的公民、法人和其他组织，认为执行法院的执行行为违法，妨碍其轮候查封、扣押、冻结的债权受偿；或者认为人民法院的拍卖措施违法，妨碍其参与公平竞价等执行行为，可以作为利害关系人提出执行行为异议。

---

① 大陆法系国家和我国台湾地区的执行异议通常是对执行程序存在违法或不当的情形，请求执行法院予以救济的行为、方法。以此区别于对实体上的主张权利，以排除强制执行的救济方法的异议之诉。从我国大陆地区《民事诉讼法》第227条设置异议之诉的前置条件是提出执行异议，结合《民事诉讼法》第225条的规定，我国的执行异议的对象包括对执行程序存在的行为和执行标的的实体。

需要说明的是，根据《最高人民法院关于人民法院办理执行异议和复议案件若干问题的规定》（法释〔2015〕10号），以下简称《法院办理执行异议和复议若干规定》）第7条的规定，当事人、案外人认为执行保全、先予执行过程中的下列行为违法的，可以提出执行异议，人民法院应当依照《民事诉讼法》第225条规定进行审查：（1）查封、扣押、冻结、拍卖、变卖、以物抵债、暂缓执行、中止执行、终结执行等执行措施；（2）执行的期间、顺序等应当遵守的法定程序；（3）人民法院作出的侵害当事人、利害关系人合法权益的其他行为。

此外，被执行人以强制执行的债权消灭、执行依据丧失强制执行效力等执行依据生效之后的实体事由提出排除执行异议的，也按照《民事诉讼法》第225条的规定审查处理。但被执行人以执行依据生效之前的实体事由提出排除执行异议的，则不属对执行行为的异议范围，执行法院应告知异议人通过申请再审或其他程序解决。

（三）提出执行异议的期间

当事人、利害关系人依照《民事诉讼法》第225条规定提出异议的，应当在执行程序终结之前提出，但对终结执行措施提出异议的除外。

根据《最高人民法院关于对人民法院终结执行行为提出执行异议期限问题的批复》（法释〔2016〕3号）规定，当事人、利害关系人依照民事诉讼法第225条规定对终结执行行为提出异议的期限有二：（1）应当自收到终结执行法律文书之日起60日内提出；（2）未收到法律文书的，应当自知道或者应当知道人民法院终结执行之日起60日内提出。当事人、利害关系人超出该二项期限提出执行异议的，人民法院不予受理。

（四）执行异议的程序

1. 管辖。对于执行异议的管辖，原则上由执行法院受理。此处的执行法院，在司法实践中通常理解为实施执行行为的法院。因此，执行案件被指定（同级人民法院）执行、提级执行、委托（同级人民法院）执行后，当事人、利害关系人对原执行法院的执行行为提出异议的，由提出异议时负责该案件执行的人民法院审查处理；对于执行案件由上级人民法院指定或委托下级人民法院执行的，当事人、案外人对执行行为提出执行异议的，基于上下级法院的关系考虑，则由委托或指定法院管辖为宜。

2. 异议的提出。依照《民事诉讼法》第225条及《法院办理执行异议和复议若干规定》第1条的规定，异议人提出执行异议，应向执行法院提交申请书。申请书应载明具体的异议请求、事实、理由等内容，并附异议人的身份证明，送达地址和联系方式等相关文件。执行异议申请材料不符合上述要求的，人民法院应要求异议人在一定的合理期限（现行法规定为3日）内补足、补正，逾期未补的，不予受理。

对异议的事由，执行当事人或利害关系人应一次提出。对同一执行行为有多个异议事由，但未一并提出的，撤回异议或者被裁定驳回异议后，再次就该执行行为提出异议的，不予受理。

3. 受理。对于提出的执行异议，符合上述规定条件的，人民法院应当在3日内立案，并在立案后3日内通知异议人和相关当事人。不符合受理条件的，裁定不予受理；立案后发现不符合受理条件的，裁定驳回申请。

异议人对不予受理或者驳回申请裁定不服的，可以自裁定送达之日起10日内向上一级人民法院申请复议。上一级人民法院审查后认为符合受理条件的，应当裁定撤销原裁定，指令执行法院立案或者对执行异议进行审查。

4. 审查。人民法院应当自收到书面异议之日起15日内审查。执行法院审查执行异议或复议案件，应当依法组成合议庭。指令重新审查的执行异议案件，应当另行组成合议庭。办理执行实施案件的人员不得参与相关执行异议和复议案件的审查。对于对执行异议和复议案件以实行书面审查为原则，对疑难、复杂或争议较大的案件，应进行听证。

5. 裁定。对执行行为异议，经执行法院审查后，按照不同情形，予以处理：异议理由不成立的，裁定驳回异议；异议理由成立的，裁定撤销、改正执行行为；异议成立或者部分成立，但执行行为无撤销、变更内容的，裁定异议成立或者相应部分异议成立。

执行异议、复议案件审查期间，异议人、复议申请人申请撤回异议、复议申请的，是否准许由人民法院裁定。

执行法院依照《民事诉讼法》第225条规定作出裁定时，应告知相关权利人在裁定书送达之日起10日内依法享有申请复议的权利。

依照《法院办理执行异议和复议若干规定》第23条规定，上一级人民法院对不服异议裁定的复议申请经审查后，按照下列不同情形以裁定的方式，分别作出维持、驳回、撤销、发回重审等处理结果。具体处理如下：(1) 异议裁定认定事实清楚，适用法律正确，结果应予维持的，裁定驳回复议申请，维持异议裁定；(2) 异议裁定认定事实错误，或适用法律错误，结果应予纠正的，裁定撤销或者变更异议裁定；(3) 异议裁定认定基本事实不清、证据不足的，裁定撤销异议裁定，发回作出裁定的人民法院重新审查，或者查清事实后作出相应裁定；(4) 异议裁定遗漏异议请求或者存在其他严重违反法定程序的情形，裁定撤销异议裁定，发回作出裁定的人民法院重新审查；(5) 异议裁定对应当适用民事诉讼法第227条规定审查处理的异议，错误适用民事诉讼法第225条规定审查处理的，裁定撤销异议裁定，发回作出裁定的人民法院重新作出裁定。

(五) 对执行行为异议的效果。

1. 为防止执行程序的滞延，原则上，强制执行程序不因当事人、案外人对执行行为提出异议而停止，即使是对执行异议裁定不服而申请复议，复议期间也不停止执行。因此，对执行行为提出异议，不产生停止执行的法律效力。但下面的第3项情形作为例外。

2. 撤销、改正原执行行为。执行法院经审查认为对执行行为的异议理由成立，应作出裁定，将原执行行为予以改正或撤销。该裁定发生法律效力，执行法院应停止执行，并按照裁定主文的意旨改正或撤销原程序行为。但对于执行程序已终结的无可撤销的情形除外。例如被执行人以查封某财产违法为由提出异议，经执行法院审查认为理由成立，裁定撤销查封措施时，由于标的物已被拍卖并已转移所有权，此时，执行程序已终结，撤销查封法裁定已无可执行的内容而无法执行。这种情形只能通过其他法律程序解决。

3. 中止执行。对于执行程序中的某些情形，在异议裁定作出前，如果继续原执行行为，难以保护异议人的权益，经异议人提供担保，执行法院中止执行，对原执行行为暂停。经审查，执行法院认为异议理由成立，则停止原执行行为；如认为异议理由不能成立，则裁定继续执行。

三、对执行标的的异议

对执行标的提出异议，是指在执行过程中，案外人对执行标的提出不同的意见，并主张实体权利，用以排除对执行标的的强制执行，保护其民事权益的一种救济制度。下面对执行标的提出异议的主体、理由、期限、管辖、效果进行论述。

（一）提出异议的主体

《民事诉讼法》第227条规定，享有对执行标的提出异议的主体唯有案外人，申请执行人和被执行人不享有。这与对执行行为提出异议的主体资格有所区别。

（二）提出异议的期限

《民事诉讼法》第227条虽然规定案外人对执行标的提出异议的期限为“执行过程中”，但实践中对何为“执行过程中”的理解却难以统一。例如，有观点主张将“执行过程中”理解为全部执行程序终结前；也有观点主张应当理解为对该特定标的的执行程序终结之前。为统一规范，《法院适用民诉法解释》第464条对此问题明确规定为：案外人对执行标的提出异议，应当在该执行标的的执行程序终结前提出。为此，实践中需要注意以下情形：一是对争议的执行标的已经执行完毕的，案外人不能对该执行标的提出异议；二是对该执行标的进行司法拍卖的情况下，执行法院作出拍卖成交的之后，在该执行标的的权属登记变更完成之前，对该执行标的的执行程序尚未终结。为此，案外人有权对该执行标的提出异议。①

（三）异议的理由

案外人对执行标的提出异议的理由，《民事诉讼法》第227条没有予以明确，结合《执行程序解释》第15条的规定，案外人提出异议的理由主要是对该执行标的主张实体权益，例如，案外人主张对该执行标的享有所有权，或租赁权或留置权等特定债权，主张实体权益的目的是阻却执行。立法考虑到案外人对执行标的可能享有的权益存在的多样性，因此司法解释对此未作一一列举，留待执行法院在具体案件中审查后裁量认定。

（四）异议的程序

1. 提出异议的方式

对执行标的提出异议应以书面形式向执行法院提出，并附相应的依据。以书面形式提出有困难的，可以允许以口头形式提出，由执行员或者书记员记录在案，并由异议人签字、捺印。如果异议不是直接向执行法院提出，则可能为由于其他原因导致异议迟延到达执行法院，执行法院结束执行程序后才收到执行异议，会使异议失去意义。

2. 受理与审查

案外人对执行标的提出书面异议后，执行法院应当自收到异议书之日起15日内审查。经审查，异议理由成立的，裁定中止对该标的的执行；理由不成立的，裁定驳回异议。根据《法院办理执行异议和复议若干规定》第16条第2款的规定，人民法院依照民事诉讼法第227条规定作出裁定时，应当告知相关权利人提起执行异议之诉的权利和

---

① 参见杜万华主编：《最高人民法院民事诉讼法司法解释适用解答》，人民法院出版社2015年版，第503－504页。

期限。

（五）异议的效果

执行法院对案外人提出的异议作出裁定之后，通常产生以下法律效果：其一，对驳回案外人执行异议的裁定不服的，案外人可在法定期限内提起案外人执行异议之诉。其二、申请执行人对中止执行的裁定不服的，可以在法定期限内提起申请执行人执行异议之诉；如果申请执行人在法定期限内不提起执行异议之诉的，执行法院应当自起诉期限届满之日起 7 日内解除对该执行标的采取的执行措施。

第三节 执行异议之诉概述

所谓执行异议之诉，是指当事人或者案外人对执行标的实体权利存有争议，请求执行法院解决争议而提起的诉讼。执行异议之诉是执行救济的重要途径之一。基于执行法律关系的复杂性，当事人、案外人合法权益遭受不当、不法执行侵害的情形难以避免，由此而设立执行异议之诉制度，作为执行救济的一种重要手段、方法。

一、我国执行异议之诉的立法沿革

2007 年第一次修订《民事诉讼法》时，首次确立执行异议之诉之诉制度，2012 年第二次修订《民事诉讼法》时，第 227 条继续沿用了该条款内容。最高人民法院 2008 年 12 月出台《执行程序解释》第 15 条至第 24 条对执行异议之诉的适用作出初步规定，2015 年 2 月出台《法院适用民诉法解释》第 304 条至第 316 条对执行异议之诉进行专门系统的规范解释。

二、执行异议之诉的类型

《民事诉讼法》第 227 条规定，在执行过程中，案外人对执行标的提出书面异议的，人民法院应当自收到书面异议之日起 15 日内审查，理由成立的，裁定中止对该标的的执行；理由不成立的，裁定驳回。案外人、当事人对裁定不服，认为原判决、裁定错误的，依照审判监督程序办理；与原判决、裁定无关的，可以自裁定送达之日起 15 日内向人民法院提起诉讼。

立法虽然规定了提起执行异议之诉的主体为当事人和案外人，但根据《法院适用民诉法解释》第 309 条的规定，申请执行人对中止执行裁定未提起执行异议之诉，被执行人提起执行异议之诉的，人民法院告知其另行起诉。因此，我国大陆地区的执行异议之诉分为案外人执行异议之诉和申请执行人异议之诉两种。① 在我国台湾地区，执行异议之诉可以分为案外人异议之诉、债务人异议之诉。②

根据《民事诉讼法》第 227 条规定，案外人对执行标的提出书面异议之后，人民法院应当自收到书面异议书之日起 15 日内审查，法院经审查，如认为案外人提出的异议

① 参见沈德咏主编：《最高人民法院没事诉讼法司法解释理解与适用》【下】，人民法院出版社 2015 年版，第 823 页。

② 杨与龄：《强制执行法论》（最新修正），中国政法大学出版社 2002 年版，第 169 页。

理由成立的，法院作出裁定，对执行标的中止执行，申请执行人对中止执行的裁定不服的，自收到裁定书之日起 15 日内，可以向执行法院提起许可执行的诉讼，这就是所谓的申请执行人执行异议之诉。如法院经审查后认为案外人提出的异议理由不能成立的，作出裁定，驳回案外人的异议，案外人自收到裁定之日起 15 日内，可以向执行法院提起停止执行的诉讼。这就是所谓的案外人执行异议之诉。

第四节　案外人执行异议之诉

一、案外人异议之诉的概念

案外人执行异议之诉，也称第三人异议之诉，指第三人对执行标的享有足以排除强制执行的权利，向法院提起不许对该执行标的实施执行的诉讼。其目的是保护第三人的合法权益不受不当或不法执行的侵害。

二、案外人异议之诉的适用范围

在执行程序中，不管是执行法院对金钱债权的执行还是其他标的的执行，只要第三人的财产权益受到执行侵害，且该执行标的与原裁判无关的，则均可在法定期间提起本诉。

作为例外情形，根据《民事诉讼法》第 108 条的规定，当事人对保全或者先予执行的裁定不服的，可以申请复议一次，复议期间，不停止裁定的执行。因此，案外人唯有对执行程序中的执行标的主张实体权利，才能提起异议之诉，对于保全和先予执行等程序不能提起异议之诉。

三、案外人异议之诉的要件

（一）当事人

1. 原告。原告须是对执行标的享有足以排除强制执行的权利主体，即案外人。所谓的案外人，即执行当事人以外的主体，或者作为执行依据的生效裁判文书的效力所不及的主体。

2. 被告。案外人执行异议之诉的目的是请求法院以判决的方式排除对特定标的物的强制执行。而申请执行人的目的是请求法院对特定标的物的强制执行，以实现其债权。根据《法院适用民诉法解释》第 307 条规定，案外人执行异议之诉的被告须是申请执行人，或者申请执行人的继受人。申请执行人通常也被称为债权人。因此，债权人或者其继受人可以作为案外人异议之诉的被告。当申请执行人为数人时，应当把所有的申请执行人列为共同被告。

3. 被执行人的诉讼地位。《法院适用民诉法解释》第 307 条规定，被执行人反对案外人异议的，被执行为共同被告；被执行不反对案外人异议的，列为第三人。

在实务中，执行法院应当把案外人提起异议之诉的事实通知被执行人，便于被执行人作出同意或反对案外人异议的意思表示，已达到有效保护被执行人的程序和实体权利。当执行标的涉及两个以上被执行人的情形，执行法院应当及时把案外人异议之诉的事实通知到所有的被执行人，并征求其意见。根据被执行人作出同意或反对案外人的意见而确定被执行人的诉讼地位。

在被执行人下落不明或故意隐匿住所的情况下，执行法院无法把案外人提起执行异议之诉的事实通知被执行人，此时，究竟是把被执行人列为共同被告还是第三人，需要根据不同情况来确定。如案外人在提起排除对执行标的强制执行的同时，还提起对执行标的确权的诉请，基于受理案件的法院必然对执行标的的权属作出裁判，被执行人与案外人均受到生效裁判的既判力约束，被执行人不能再另行提起确权诉讼。因此，应当把被执行人列为共同被告，以保护其合法权益。例如，被执行人对确权裁判不服的，可作为当事人申请再审。

（二）异议的理由

案外人，亦即第三人提起异议之诉，从实体法上，应当依法享有足以排除强制执行的权利。具体指案外人对标的物享有所有权或者其他足以阻止物的交付或让渡的权利。例如，（1）所有权，（2）用益物权，（3）担保物权，通常只要案外人享有上述列举的实体权利中一种，都能够满足"足以排除强制执行"的要求。

（三）案外人提起异议之诉的期间

按照大陆法系国家和地区的惯例，案外人提起执行异议之诉应当在执行程序启动之后至终结前这一期间提出。[①] 我国《民事诉讼法》及相关司法解释规定，案外人提起执行异议之诉的前提条件是对执行标的向执行法院提出书面异议，且异议被执行法院以裁定的方式予以驳回，案外人对裁定不服的，可以自裁定送达之日起 15 日内向人民法院提起执行异议之诉。这里的"可以"是指案外人享有选择起诉的权利，也享有选择不起诉的权利。关于起诉的期间，司法实务界的代表观点认为，15 日是不变期间。[②] 即自案外人收到执行异议裁定之日起 15 日内起诉。立法和司法解释规定的 15 日起诉期间，是出于对执行效率的考虑，案外人对执行标的异议被裁定驳回之后不服的，应尽快起诉，以免对执行效率、申请执行人的权利落实产生不利影响。不过，学术界也有不同的观点和主张，认为应当将 15 日的起诉期限扩大解释为"提起执行异议之诉的期限该为执行程序终结之前"。[③] 学术界的观点较为符合大陆法系国家和地区通行做法，因而具有相当的说服力。当然，在立法和司法解释对此尚未作出新的规定之前，实务中的具体运作应严格按现行法的规定。

需要说明的是，如果在执行程序启动之前起诉，通常是起诉主体认为某项财产存在被强制执行的可能而预先提起诉讼。这种预先起诉的目的本质上属于确认而非异议。至于执行程序终结后的起诉，基于案外人异议之诉的目的是排除对执行标的的强制执行，但这种诉的管辖不一定由执行法院管辖，例如，对不动产物权确认，则按照不动产专属管辖规定。如果第三人在执行程序终结后起诉，则显得缺乏实际意义。当然，案外人可在执行程序终结之后提起确权诉讼，如胜诉则可请求损害赔偿。

---

① 杨与龄：《强制执行法论》（最新修正），中国政法大学出版社 2002 年版，第 209 页。

② 杜万华等主编：《最高人民法院民事诉讼法司法解释适用解答》，人民法院出版社 2015 年版，第 367 页。

③ 葛奕超：《案外人执行异议之诉的研究——存在的问题与完善构想》，《法制与社会》2012 年第 23 期，第 127 页。

四、程序规定

（一）管辖

2007年10月28日全国人大常委会第10届30次会议通过《关于修改〈中华人民共和国民事诉讼法〉的决定》，其中将1991年《民事诉讼法》第208条的执行异议改为第204条，第一次确立了执行异议之诉，但对执行异议之诉的管辖问题没有作出规定。为此，最高人民法院于2008年12月出台《执行程序解释》第18条、第22条分别规定案外人、申请执行人提起的执行异议之诉均由执行法院专属管辖。2012年8月31日全国人大常委会通过《关于修改〈中华人民共和国民事诉讼法〉的决定》，第二次对《民事诉讼法》修改，仅对执行异议之诉的条文序号调整为第227条，对执行异议之诉的内容不做修改。我国对执行异议之诉的管辖规定，沿用大陆法系国家和地区的通行做法，即由执行法院专属管辖。

执行异议之诉争议的标的可能涉及动产、不动产及其他权利。由此，执行异议之诉的管辖既有可能涉及不动产物权产纠纷的专属管辖，又涉及地域管辖和级别关系等问题，因此在确定管辖上是一个复杂问题。《执行程序解释》最终明确规定了执行异议之诉专属执行法院管辖，使得复杂的问题变得简单化，且便于实务操作。确定为专属执行法院管辖，其主要原因在以下几个方面：其一，由执行法院管辖、审理，更为有利于沟通信息，提高效率，避免出现审判与执行的混乱，同时还可以防止案外人和被执行人恶意串通逃避执行的问题。其二，执行异议之诉由执行法院专属管辖，但案件并非由执行部门负责审查、审理，而是由审判部门负责审理，避免了执行人员自己审查自己的执行行为的“既是执行员又是裁判员”的问题。[①] 其三，对执行异议之诉的裁判不服，有权提起上诉，由执行法院的上一级法院审理上诉案件，可以尽可能的保障司法公正，符合我国目前的审级制度规定。

司法实践中，执行异议之诉的管辖需要注意以下方面：在委托执行、提级执行等情形中引发执行异议之诉，由执行法院管辖。上述情形中，对何为“执行法院”的理解和确定，影响到执行异议之诉管辖法院的确定。实务界的观点认为，执行法院通常理解为采取执行措施的法院，因此，应由采取强制执行措施的法院管辖。具体是，委托执行的执行异议之诉管辖，应由负责执行的法院即接受委托执行的法院管辖；提级执行的引发的执行异议之诉案件应由提级执行的法院受理和审理。[②]

（二）起诉与受理程序

根据《法院适用民诉法解释》第305条规定，案外人提起执行异议之诉除符合《民事诉讼法》第119条规定外，还应当具备以下三个条件：一是案外人的执行异议申请已被执行法院裁定驳回；二是有明确排除对执行标的执行的诉讼请求，且该诉讼请求与原审裁判无关；三是自案外人收到被驳回执行异议的裁定之日起15日内提起。

---

① 沈德咏主编：《最高人民法院民事诉讼法司法解释理解与适用》【下】，人民法院出版社2015年版，第815－816页。

② 参见沈德咏主编：《最高人民法院民事诉讼法司法解释理解与适用》【下】，人民法院出版社2015年版，第816页。

对于案外人提起的执行异议之诉符合上述条件规定的，人民法院应当自收到起诉状之日起15日内决定是否立案。法院经审查认为不符合立案条件的，可以裁定不予受理，起诉人不服的，可以提起上诉。二审法院认为应当立案受理的，则裁定撤销一审裁定，并指令一审法院立案受理。

（三）审理

《法院适用民诉法解释》第310条规定，人民法院审理执行异议之诉案件适用普通程序。根据"立审分立"原则，案件不应当由立案部门审理，但究竟是由审判部门审理还是由执行部门审理，《民事诉讼法》及司法解释没有明确规定。实践中，有的法院交由民事审判的业务庭，例如民一庭审理；有的法院则由执行部门负责审理。实务界的主流观点认为，执行异议之诉的审理应当由执行法院的审判部门负责，而不应当由执行部门负责审理。目的是促进司法公正，有利于保护各方当事人的合法权益。[①]

关于案外人执行异议之诉的举证责任分配，《法院适用民诉法解释》第311条规定，案外人应当就其对执行标的享有足以排除强制执行的民事权益承担举证证明责任。

根据《法院适用民诉法解释》第315条规定，案外人执行异议之诉审理期间，执行法院不得对执行标的进行处分。申请执行人请求执行法院继续对该标的物执行并提供担保的，执行法院可以准许。从上述规定看，法院审理案外人执行异议之诉期间不一定对执行标的中止执行。实践中难免发生被执行人与案外人恶意串通，通过提起案外人执行异议之诉来达到逃避执行的目的。上述情形，执行法院经查证属实的，可依照《民事诉讼法》第113条的规定处理。申请执行人因此受到损害的，可对被执行人、案外人提起损害赔偿之诉。

（四）裁判

对案外人提起的执行异议之诉，执行法院经审理后，通常按照以下情形处理：(1)案外人就执行标的享有足以排除强制执行的民事权益的，判决不得执行该执行标的；(2)案外人就执行标的不享有足以排除强制执行的民事权益的，判决驳回诉讼请求；(3)对于案外人在执行异议之诉中同时提出确认权利的诉讼请求的，执行法院可在裁判时，一并裁决。(4)不属于执行异议之诉受案范围的，裁定驳回起诉，告知按照其他法律途径处理解决。

五、案外人执行异议之诉的效果

（一）案外人异议之诉审理期间应否停止强制执行的问题

大陆法系民事诉讼法理论通说认为，案外人提起执行异议之诉，以不停止强制执行为原则，以停止强制执行为例外。[②] 对此，《法院适用民诉法解释》第315条规定，案外人执行异议之诉审理期间，执行法院不得对执行标的进行处分。申请执行人请求执行法院继续对该标的物执行并提供担保的，执行法院可以准许。从上述规定的"不得对执

① 参见沈德咏主编：《最高人民法院民事诉讼法司法解释理解与适用》【下】，人民法院出版社2015年版，第834页。

② 参见沈德咏主编：《最高人民法院民事诉讼法司法解释理解与适用》【下】，人民法院出版社2015年版，第844页。

行标的的处分”看，我国的做法与大陆法系国家、地区的通例相一致。

实践中难免发生被执行人与案外人恶意串通，通过提起案外人执行异议之诉来达到逃避执行的目的。上述情形，执行法院经查证属实的，可依照《民事诉讼法》第 113 条的规定处理。申请执行人因此受到损害的，可对被执行人、案外人提起损害赔偿之诉。

（二）解除强制执行措施

根据《民事诉讼法》第 314 条第一款规定，对案外人执行异议之诉，人民法院判决不得对执行标的强制执行的，该判决发生法律效力之后，执行异议裁定失效，执行法院应当解除对执行标的的执行措施。

（三）恢复强制执行

如前所述，案外人提起的执行异议之诉，经人民法院审理认为案外人就执行标的不享有足以排除强制执行的民事权益的，判决驳回诉讼请求；以及人民法院认为不属于执行异议之诉受案范围，裁定驳回起诉。对于上述情形的裁判生效之后，《法院适用民诉法解释》第 315 条规定的“案外人执行异议之诉审理期间，人民法院不得对执行标的处分”情形消失，执行法院应“恢复”对执行标的的强制执行。

第五节　申请执行人异议之诉

一、申请执行人异议之诉的意义

根据《民事诉讼法》第 227 条的规定，所谓申请执行人异议之诉，也叫当事人执行异议之诉，是指申请执行人对执行法院作出的对某特定标的中止执行的裁定不服，认为案外人提出的“足以排除强制执行的”请求及理由不能成立，向执行法院提起，请求执行法院对该执行标的继续执行的诉讼。[①] 从上述的基本含义可以看出，申请执行人提起执行异议之诉的意义在于请求执行法院许可对争议的标的继续执行，[②] 以实现其债权或合法权益。

二、申请执行人异议之诉之要件

（一）当事人

1. 原告。提起申请执行人异议之诉的原告通常是执行程序中的申请执行人，如果存在多个申请执行人的，则列为共同原告。申请执行人的继承人或者权利继受人也具备原告主体资格。

2. 被告及第三人。《法院适用民诉法解释》第 308 条规定，申请执行人提起执行异议之诉的，以案外人为被告。被执行人反对申请执行人主张的，以案外人和被执行人为共同被告。被执行人不反对申请执行人主张的，则列被执行人为第三人。

---

① 参见沈德咏主编：《最高人民法院没事诉讼法司法解释理解与适用》【下】，人民法院出版社 2015 年版，813 页。

② 之所以说是“争议的标的”，是指案外人认为其对执行标的享有足以排除强制执行的实体权益，请求停止对该标的的执行，法院经审查认定案外人异议的理由成立，裁定中止对该标的执行；与此相对，申请执行人认为案外人对该标的不享有足以排除强制执行的权益，请求执行法院许可继续对该标的执行，由此引发申请执行人异议之诉。因此，该标的属于有“争议标的”。

（二）异议的理由

基于案外人与申请执行人在执行异议之诉中的利益相对性的特点，申请执行人提起执行异议之诉的前提是执行法院根据案外人的异议，裁定对执行标的中止执行。因此，申请执行人提起执行异议之诉的理由主要在于主张案外人对执行标的不享有实体权益，或虽享有实体权益，但不足以排除强制执行。

（三）提出异议之诉的期间

《民事诉讼法》第227条规定，执行程序中，案外人对执行标的提出书面异议，执行法院经审查认为异议的理由成立的，裁定中止对该标的执行。申请执行人对裁定不服，且与原判决、裁定无关的，可以自裁定送达之日起15日内向人民法院提起诉讼。申请执行人在上述规定的期间内未提起执行异议之诉的，人民法院应当自届满之日起，7日内解除对该执行标的采取的执行措施。从上述规定及《法院适用民诉法解释》第306条关于申请执行人起诉应当具备的条件等规定看，“15日”应理解为不变期间。这一点与案外人提起异议之诉的期间相同。

三、程序

（一）管辖

申请执行人异议之诉与案外人异议之诉均由执行法院专属管辖。

（二）起诉与受理

申请执行人提起异议之诉，除要求符合《民事诉讼法》第119条“原告是与本案有直接利害关系的主体；有明确的被告；有具体的诉讼请求和事实、理由；属于人民法院民事诉讼的范围和受诉人民法院管辖”等规定外，还应当具备以下条件：执行法院依案外人异议申请，人民法院裁定中止执行；有明确的对执行标的继续执行的诉讼请求，且诉讼请求与原裁判无关；自执行异议裁定送达之日起15日内提起。

人民法院应当在收到起诉状及相关材料之日起15日内审查并作出是否立案受理的决定。决定受理的，向申请执行人，案外人，第三人等诉讼主体发送受理通知书、应诉通知书等诉讼文书；对于不符合受理条件的，作出裁定不予受理。当事人对不予受理裁定可以上诉。

（三）审理

申请执行人异议之诉与案外人异议之诉的审理均适用普通程序。审理范围是在申请执行人的诉讼请求范围内进行。具体是围绕申请执行人主张的案外人对争议的标的是否享有实体权益，该实体权益是否足能够阻止或排除强制执行。不过，在举证责任的分配方面，根据《法院适用民诉法解释》第311条规定，不管是案外人异议之诉还是申请执行人异议之诉，均由案外人就其对执行标的享有足以排除强制执行的民事权益承担举证证明责任。

（四）裁判

执行法院对申请执行人提起的执行异议之诉，经审理后通常按以下情形处理：(1)案外人就执行标的不享有足以排除强制执行的民事权益，申请执行人的诉讼请求成立得以支持，判决准许执行该执行标的；(2)案外人享有足以排除强制执行的民事权益的，申请执行人的诉讼请求不成立不能支持，判决驳回诉讼请求；(3)案件不属于执行异议之诉的受案范围，裁定驳回起诉。当事人对一审裁判不服的，均可在法定期限内提起上诉。

四、效果

人民法院审理申请执行人提起的执行异议之后作出的判决、裁定发生法律效力后，产生以下法律效果：(1) 判决准许对该执行标的执行的，执行异议裁定自行失效；执行法院可依据申请执行人的申请或依职权恢复执行。(2) 判决驳回诉讼请求或者裁定驳回起诉的，裁判生效之后，执行法院解除对该执行标的采取的执行措施。

第六节　执行回转

一、执行回转的概念

执行回转，是指在执行完毕后，据以执行的依据被依法撤销或变更，执行法院按新的生效法律文书作出裁定，责令取得财产的人将执行所得的利益返还给原被执行人，拒不返还的，强制执行。

二、执行回转的条件

《民事诉讼法》第 233 条及《执行规定》第 109 条明确规定了执行回转的必须具备的三个条件：

(一) 执行程序已结束

也就是说执行依据的内容已部分或全部执行，一方当事人因而获得了部分或全部财产。

(二) 执行依据被依法撤销或变更

撤销指执行依据已完全失去效力；变更指执行依据的内容被改变。执行依据被撤销、变更，执行所得必须回转。

(三) 根据新的生效法律文书执行

撤销或变更原执行依据后所作出新的法律文书的，执行机构应按新的生效法律文书执行。

上述三个条件必须同时具备。

三、执行回转的措施

执行回转的目的在于保护原被执行人的权益，本质上仍然是特殊情况下的执行，执行回转应另外立案，其遵循的原则同一般执行程序。

执行回转必须有执行依据，撤销原法律文书后形成的新的法律文书应写明原执行权利人应该履行的义务，如原执行权利人拒不履行义务，人民法院应按《执行规定》根据案件情况，分别采取如下办法：1、款项的退还款项；2、特定物的退还特定物；不能退还原物的，可折价款抵偿：例如申请执行人在执行人完毕后，将所得的物品转让给了第三人，且第三人属于善意取得的，只能由原执行权利人折价抵偿，否则通知第三人交出原物，拒不交出的，强制执行；3、执行回转的标的物有孳息的，应连同孳息一并执行回转。

第七节 人民检察院的执行监督

检察机关是专门的法律监督机关。为了贯彻“人民检察院有权对民事诉讼实行法律监督”这一基本原则，检察机关既按照《民事诉讼法》第 208 条规定对民事审判活动实行法律监督，又根据《民事诉讼法》第 235 条规定对民事执行活动实行法律监督。与此同步，《检察院民诉监督规则》和《最高人民法院、最高人民检察院关于民事执行活动法律监督若干问题的规定》（法发〔2016〕30 号，以下简称《两高关于民事执行法律监督规定》）对民事执行法律监督作出专门细化规范。

一、检察机关执行监督的原则与方式

（一）原则

人民检察院依法对民事执行活动实施法律监督。人民法院依法接受人民检察院的法律监督。此处所谓“依法”即依据《民事诉讼法》、《两高关于民事执行法律监督规定》及《检察院民诉监督规则》有关检察院和法院在民事执行法律监督的基本原则、权力运作、责任担当等法律规范。

人民检察院依法独立行使检察权，通过办理民事诉讼执行监督案件，维护司法公正和司法权威，维护国家利益和社会公共利益，维护公民、法人和其他组织的合法权益，保障国家法律的统一正确实施。

人民检察院办理民事诉讼执行监督案件，应当以事实为根据，以法律为准绳，坚持公开、公平、公正和诚实信用原则，尊重和保障当事人的诉讼权利，监督和支持人民法院依法行使执行权。

（二）方式

检察机关通过检察建议方式，对民事诉讼执行活动实行法律监督。

二、检察机关执行监督的对象范围

检察机关对人民法院在民事执行活动中违反法律规定的情形实行法律监督，其对象范围包括：对人民法院执行生效民事判决、裁定、调解书、支付令、仲裁裁决以及公证债权文书等法律文书的活动实施法律监督。

三、检察机关执行监督的启动

（一）依职权启动

根据《两高关于民事执行法律监督规定》第 7 条和《检察院民诉监督规则》第 41 条规定，具有下列情形之一的民事执行案件，人民检察院应当依职权进行监督：（1）损害国家利益或者社会公共利益的；（2）执行人员有贪污受贿、徇私舞弊、枉法执行等行为的、司法机关已经立案的；（3）造成重大社会影响的；（4）需要跟进监督的，即依照有关规定需要人民检察院跟进民事执行案件监督的。

人民检察院相关职能部门在办案工作中，发现人民法院民事执行人员有贪污受贿、徇私舞弊、枉法裁定等违法行为的，应当及时向民事检察部门通报。

（二）依申请启动

根据《两高关于民事执行法律监督规定》第 5 条规定，当事人、利害关系人、案外人认为人民法院的民事执行活动存在违法情形的，可以向人民检察院申请监督。《检察院民诉监督规则》第 24、39 条规定，当事人认为人民法院民事执行活动存在违法情形的，可以向人民检察院申请监督，当事人以外的公民、法人和其他组织认为人民法院民事执行活动存在违法情形的，可以向人民检察院控告、举报。

四、检察机关执行监督的管辖

根据《两高关于民事执行法律监督规定》第 4 条规定，对民事执行活动的监督案件，由执行法院所在地同级人民检察院管辖。

上级人民检察院认为确有必要的，可以办理下级人民检察院管辖的民事执行监督案件。下级人民检察院对有管辖权的民事执行监督案件，认为需要上级人民检察院办理的，可以报请上级人民检察院办理。

五、检察机关执行监督的程序

（一）监督申请

按照《检察院民诉监督规则》第 34 条第 2 款、29、39 条有关申请监督的规定，（1）当事人认为人民法院民事执行活动存在违法情形，向人民检察院申请监督的，由执行案件的人民法院所在地同级人民检察院控告检察部门受理。（2）当事人申请监督，可以依照《民事诉讼法》的规定委托代理人。（3）当事人以外的公民、法人和其他组织认为人民法院民事执行活动存在违法情形的，可以向同级人民检察院控告、举报。控告、举报由人民检察院控告检察部门受理。控告检察部门对收到的控告、举报，应当依据《人民检察院信访工作规定》、《人民检察院举报工作规定》等办理。

根据《两高关于民事执行法律监督规定》第 5 条和《检察院民诉监督规则》第 25、26、27、28、29 条规定，当事人、利害关系人、案外人认为人民法院的民事执行活动存在违法情形向人民检察院申请监督，应当提交监督申请书、身份证明、相关法律文书及证据材料。提交证据材料的，应当附证据清单。

申请人提交的“监督申请书”应当记明下列事项：（1）申请人的姓名、性别、年龄、民族、职业、工作单位、住所、有效联系方式，法人或者其他组织的名称、住所和法定代表人或者主要负责人的姓名、职务、有效联系方式；（2）其他当事人的姓名、性别、工作单位、住所、有效联系方式等信息，法人或者其他组织的名称、住所、负责人、有效联系方式等信息；（3）申请监督请求和所依据的事实与理由。申请人应当按照其他当事人的人数提交监督申请书副本。

申请人提交的“身份证明”包括：（1）自然人的居民身份证、军官证、士兵证、护照等能够证明本人身份的有效证件；（2）法人或者其他组织的营业执照副本、组织机构代码证书和法定代表人或者主要负责人的身份证明等有效证照。对当事人提交的身份证明，人民检察院经核对无误留存复印件。

申请人提交的“相关法律文书”是指人民法院在该案件诉讼过程中作出的全部判决书、裁定书、决定书、调解书等法律文书。

申请人提交的申请监督材料不齐备的，人民检察院应当要求申请人限期补齐，并明确告知应补齐的全部材料。申请人逾期未补齐的，视为撤回监督申请。

（二）受理或不受理监督申请

根据《两高关于民事执行法律监督规定》第5条规定和《检察院民诉监督规则》第24、30、36条规定，当事人、利害关系人、案外人的申请监督，同时符合下列四项条件的，人民检察院应当作出受理决定：（1）当事人、利害关系人、案外人认为人民法院在民事执行活动存在违法情形的，（2）向执行法院所在地同级人民检察院申请监督的，（3）申请监督材料齐备的，（4）不具有《两高关于民事执行法律监督规定》和《检察院民诉监督规则》规定的不予受理情形的。

根据《两高关于民事执行法律监督规定》第6条和《检察院民诉监督规则》第33、36条规定，当事人、利害关系人、案外人的申请监督，有下列情形之一的，人民检察院可以决定不予受理：（1）法律规定可以提出异议、申请复议或者提起诉讼，当事人、利害关系人、案外人没有提出异议、申请复议或者提起诉讼的，但有正当理由的除外；（2）当事人、利害关系人、案外人已经向人民法院提出异议或者申请复议，人民法院审查异议、复议期间，当事人、利害关系人、案外人又向人民检察院申请监督的，但超过法定期间未作出处理的除外以及申请对人民法院的异议、复议程序进行监督的除外；（3）其他不应受理的情形。

（三）调查核实

1. 调阅法院执行卷宗

人民检察院因办理监督案件的需要，依照有关规定可以调阅人民法院的执行卷宗，人民法院应当予以配合。但是，有以下情况之一的，人民检察院可以不调阅卷宗：①通过拷贝电子卷、查阅、复制、摘录等方式能够满足办案需要的；②人民法院正在办理或者已结案尚未归档的案件，人民检察院办理民事执行监督案件时可以直接到办理部门查阅、复制、拷贝、摘录案件材料的。

人民检察院调阅人民法院卷宗，由人民法院办公室（厅）负责办理，并在5日内提供，因特殊情况不能按时提供的，应当向人民检察院说明理由，并在情况消除后及时提供。

2. 向当事人或者案外人调查核实

根据《民事诉讼法》第210条以及《两高关于民事执行法律监督规定》第9条和《检察院民诉监督规则》第65条规定，人民检察院因履行法律监督职责提出检察建议的需要，认为人民法院民事执行活动可能存在违法情形的，可以向当事人或者案外人调查核实有关情况。

3. 向法院书面了解相关情况

根据《两高关于民事执行法律监督规定》第10条规定，人民检察院认为人民法院在民事执行活动中可能存在怠于履行职责情形的，可以向人民法院书面了解相关情况，人民法院应当说明案件的执行情况及理由，并在15日内书面回复人民检察院。

4. 调查核实措施

根据《检察院民诉监督规则》第 66 条规定，人民检察院认为人民法院民事执行活动可能存在违法情形的，可以采取以下调查核实措施：（1）查询、调取、复制相关证据材料；（2）询问当事人或者案外人；（3）咨询专业人员、相关部门或者行业协会等对专门问题的意见；（4）委托鉴定、评估、审计；（5）勘验物证、现场；（6）查明案件事实所需要采取的其他措施。

人民检察院调查核实，不得采取限制人身自由和查封、扣押、冻结财产等强制性措施。

（四）审查与决定

1. 审查与决定的期限

按照《检察院民诉监督规则》第 56 条规定，人民检察院对民事执行活动监督案件，应当在 3 个月内审查终结并作出决定。

在人民检察院审查案件过程中，当事人达成和解协议且不违反法律规定的，根据《两高关于民事执行法律监督规定》第 15 条规定，人民检察院应当告知其将和解协议送交人民法院，由人民法院依照民事诉讼法第 230 条的规定进行处理：①执行员应当将和解协议内容记入笔录，由双方当事人签名或者盖章。②申请执行人因受欺诈、胁迫与被执行人达成和解协议，或者当事人不履行和解协议的，人民法院可以根据当事人的申请，恢复对原生效法律文书的执行。

2. 决定终结审查

根据《两高关于民事执行法律监督规定》第 16 条第 2 款规定，人民检察院办理依职权监督的案件，认为人民法院民事执行活动不存在违法情形的，应当作出终结审查决定。

3. 决定不支持监督申请

根据《两高关于民事执行法律监督规定》第 16 条第 1 款和《检察院民诉监督规则》第 104 条规定，当事人、利害关系人、案外人申请监督的案件，人民检察院认为人民法院民事执行活动不存在违法情形的，应当作出不支持监督申请的决定，并在决定之日起 15 日内制作《不支持监督申请决定书》，发送申请人，并做好释法说理工作。

4. 决定提出检察建议

根据《两高关于民事执行法律监督规定》第 11 条和《检察院民诉监督规则》第 103 条规定，人民检察院对民事执行活动提出民事执行监督检察建议的，应当经检察长批准或者检察委员会决定，制作《检察建议书》，检察建议书应当载明检察机关查明的事实、监督理由、依据以及建议内容等。人民检察院在决定之日起 15 日内将《检察建议书》连同案件卷宗移送同级人民法院，并制作决定提出检察建议的《通知书》，发送当事人。

六、人民法院对检察机关执行监督的回应程序

《两高关于民事执行法律监督规定》第 12、13、14、17、20 条规定了人民法院对检察机关执行监督的回应程序。

（一）立案受理执行监督

人民检察院提出的民事执行监督检察建议，统一由同级人民法院立案受理。

（二）审查回复执行监督

人民法院收到人民检察院的检察建议书后，应当在 3 个月内将审查处理情况以回复意见函的形式回复人民检察院，回复意见函应当载明人民法院查明的事实、回复意见和理由并加盖院章。

人民法院不采纳检察建议的，应当说明理由。并附裁定、决定等相关法律文书。

有特殊情况需要延长的，经本院院长批准，可以延长 1 个月。

（三）上一级检察院跟进监督

人民法院收到检察建议后逾期未回复或者处理结果不当的，提出检察建议的人民检察院可以依职权提请上一级人民检察院向其同级人民法院提出检察建议。

上一级人民检察院认为应当跟进监督的，应当向其同级人民法院提出检察建议。

上一级人民法院应当在 3 个月内提出审查处理意见并以回复意见函的形式回复其同级人民检察院，认为人民检察院的意见正确的，应当监督下级人民法院及时纠正。

（四）同级、上一级法院反向监督

人民法院认为检察监督行为违反法律规定的，可以向同级人民检察院提出书面建议。

人民检察院应当在收到书面建议后 3 个月内作出处理并将处理情况书面回复同级人民法院.

人民法院对于人民检察院的回复有异议的，可以通过上一级人民法院向上一级人民检察院提出。

上一级人民检察院认为人民法院建议正确的，应当要求下级人民检察院及时纠正。

（五）沟通联系机制

人民法院、人民检察院应当建立完善沟通联系机制，密切配合，互相支持，促进民事执行法律监督工作依法有序稳妥开展。

第八节　人民法院的执行监督

一、法院执行监督的概念

根据现行法律规定，法院执行监督，是人民法院系统内部监督，指本院或上级法院对执行组织的具体执行行为和执行依据，进行合法性审查，并对执行错误予以纠正的制度。

法院执行监督，包括：(1) 本院执行监督。(2) 上一级、最高人民法院执行监督。

二、本院执行监督

本院执行监督，即执行法院发现自身执行错误时依照一定程序进行纠正。包括执行法院对于执行过程中当事人、利害关系人认为法院的执行行为违反法律规定的，依照民事诉讼法第 225 条的规定提出书面异议的处理。本院执行完毕后依法对于执行错误采取的执行回转处理。对于申请执行人或案外人针对本院执行提出的各种执行异议之诉的审理，等等。

三、上一级、最高人民法院执行监督

上一级、最高人民法院执行监督，即在执行程序中上级、最高人民法院发现下级人民法院具体执行实施行为或者执行裁决行为有错误依照一定程序进行纠正。

根据《执行立案、结案意见》规定，上级人民法院对下级人民法院，最高人民法院对地方各级人民法院依法进行监督的案件，应当按照执行监督案件予以立案。执行监督案件类型代字为“执监字”，按照立案时间的先后顺序确定案件编号，单独进行排序。

依照我国法律，上级人民法院对下级人民法院的工作有进行监督的权力，但我国《民事诉讼法》没有具体规定上级法院对下级法院执行工作的监督。针对司法实践中存在的“执行难”问题，最高人民法院在《执行规定》中用八个条文专门规定了执行监督力度。这就使在民事诉讼执行中的上级法院对下级法院的指导监督及上下级法院相互配合得以有章可循，进一步加强了执行工作的力度。执行监督的具体内容如下：

1. 上级法院发现下级法院在执行中作出的裁定、决定、通知或具体执行行为不当或有错误的，应当及时指令下级法院纠正，并可以通知有关法院暂缓执行。下级法院收到上级法院的指令后必须立即纠正。如果认为上级法院的指令有错误，可以在收到该指令后五日内请求上级法院复议。上级法院认为请求复议的理由不成立，而下级法院仍不纠正的，上级法院可直接作出裁定或决定予以纠正，送达有关法院及当事人，并可直接向有关单位发出协助执行通知书。

2. 上级法院在监督、指导、协调下级法院执行案件中，发现据以执行的生效法律文书确有错误的，应当书面通知下级法院暂缓执行，并按照审判监督程序处理引。

3. 上级法院发现下级法院执行的非诉讼生效法律文书有不予执行事由，应当依法作出不予执行裁定而不制作的，可以责令下级法院在指定时限内作出裁定，必要时可直接裁定不予执行。

4. 上级法院在申诉案件复查期间，决定对生效法律文书暂缓执行的，有关审判庭应当将暂缓执行的通知抄送执行机构。

上级法院通知暂缓执行的，应同时指定暂缓执行的期限。暂缓执行的期限一般不得超过 3 个月。有特殊情况需要延长的，报经院长批准，并及时通知下级法院。暂缓执行的原因消除后，应当及时通知执行法院恢复执行。期满后上级法院未通知继续暂缓执行的，执行法院可以恢复执行。

5. 下级法院不按照上级法院的裁定、决定或通知执行，造成严重后果的，上级法院可按照有关规定追究有关主管人员和直接责任人员的责任。

根据《执行权配置和运行意见》“关于执行工作的统一管理”之第 28、30、33 条规定，(1) 中级以上人民法院对辖区人民法院的执行工作实行统一管理。下级人民法院拒不服从上级人民法院统一管理的，依照有关规定追究下级人民法院有关责任人的责任。(2) 对下级人民法院违法、错误的执行裁定、执行行为，上级人民法院有权指令下级人民法院自行纠正或者通过裁定、决定予以纠正。(3) 上级人民法院有权对下级人民法院的执行工作进行考核，考核结果向下级人民法院通报。

另外，最高人民法院于2002年9月25日颁布了《人民法院执行工作纪律处分办法（试行）》，以保障执行工作的公正与效率。从某种意义上说，这也是一种系统内部监督。

四、法院执行监督的结案方式

执行监督案件的结案方式包括：（1）准许撤回申请，即当事人撤回监督申请的；（2）驳回申请，即监督申请不成立的；（3）限期改正，即监督申请成立，指定执行法院在一定期限内改正的；（4）撤销并改正，即监督申请成立，撤销执行法院的裁定直接改正的；（5）提级执行，即监督申请成立，上级人民法院决定提级自行执行的；（6）指定执行，即监督申请成立，上级人民法院决定指定其他法院执行的；（7）其他可以报结的情形。

【学习总结与拓展】

【关键词】执行救济　执行异议　对执行行为的异议　对执行标的的异议　案外人执行异议之诉　申请执行人异议之诉　举证责任　执行回转　执行监督

【思考题】

1. 张山承租林海的商铺经营饭店，因拖欠房租被诉至饭店所在地甲法院，法院判决张山偿付林海房租及利息，张山未履行判决。经律师调查发现，张山除所居住房以外，其名下另有一套房屋，林海遂向该房屋所在地乙法院申请执行。乙法院对该套房屋进行查封拍卖。执行过程中，张山前妻宁虹向乙法院提出书面异议，称两人离婚后该房屋已由丙法院判决归其所有，目前尚未办理房屋变更登记手续。

请回答以下问题：（1）对于宁虹的异议，乙法院的正确处理是什么？（2）如乙法院裁定支持宁虹的请求，林海不服提出执行异议之诉，有关当事人的诉讼地位是如何确定？（3）乙法院裁定支持宁虹的请求，林海提出执行异议之诉，如乙法院审理该案，应适用什么程序？如林海未对执行异议裁定提出诉讼，张山可以提出执行异议之诉吗？

2. 对于甲和乙的借款纠纷，法院判决乙应归还甲借款。进入执行程序后，由于乙无现金，法院扣押了乙住所处的一架钢琴准备拍卖。乙提出钢琴是其父亲的遗物，申请用一台价值与钢琴相当的相机替换钢琴。法院认为相机不足以抵偿乙的债务，未予同意。乙认为扣押行为错误，提出异议。法院经过审查，驳回该异议。问：乙不服，该怎么办？

3. 执行行为异议与案外人对诉讼标的异议的有何异同？

4. 甲公司申请强制执行乙公司的财产，法院将乙公司的一处房产列为执行标的。执行中，丙银行向法院主张，乙公司已将该房产抵押贷款，并以自己享有抵押权为由提出异议。乙公司否认将房产抵押给丙银行。经审查，法院驳回丙银行的异议。

问：丙银行拟向法院起诉，该如何确定本案被告？

5. 甲诉乙返还10万元借款。胜诉后进入执行程序，乙表示自己没有现金，只有一枚祖传玉石可抵债。法院经过调解，说服甲接受玉石抵债，双方达成和解协议并当即交付了玉石。后甲发现此玉石为赝品，价值不足千元，遂申请法院恢复执行。

问：法院可否在执行中劝说甲接受玉石抵债，可否恢复执行？

6. 兴源公司与郭某签订钢材买卖合同，并书面约定本合同一切争议由中国国际经济贸易仲裁委员会仲裁。兴源公司支付100万元预付款后，因郭某未履约依法解除了合同。郭某一直未将预付款返还，兴源公司遂提出返还货款的仲裁请求，仲裁庭适用简易程序审理，并作出裁决，支持该请求。

由于郭某拒不履行裁决，兴源公司申请执行。郭某无力归还100万元现金，但可以收藏的多幅字画提供执行担保。担保期满后郭某仍无力还款，法院在准备执行该批字画时，朱某向法院提出异议，主张自己才是这些字画的所有权人，郭某只是代为保管。

问：朱某应以何种方式提出异议？如法院驳回异议而朱某不服可提出何种诉讼？

7. 根据《民事诉讼法》和相关司法解释规定，执行程序中的当事人，对哪些事项可享有异议权？

8. 具有哪些情形之一的民事执行案件，人民检察院应当依职权进行监督？

9. 当事人、利害关系人、案外人的申请监督，同时符合哪几项条件的，人民检察院应当作出受理决定？

【阅读资料】

1.《中华人民共和国民事诉讼法》（2017年修正）第三编执行程序第二十二章执行中止和终结。

2.《最高人民法院关于适用〈中华人民共和国民事诉讼法〉的解释》（法释〔2015〕5号）二十一、执行程序；《最高人民法院关于人民法院办理执行异议和复议案件若干问题的规定》（法释〔2015〕10号）；《最高人民法院关于执行程序中计算迟延履行期间的债务利息适用法律若干问题的解释》（法释〔2014〕8号）；《最高人民法院关于适用〈中华人民共和国民事诉讼法〉执行程序若干问题的解释》（法释〔2008〕13号）；《最高人民法院关于人民法院执行工作若干规定（试行）》（法释〔1998〕15号）；《最高人民法院关于执行权合理配置和科学运行的若干意见》（法发〔2011〕15号）；《最高人民法院关于进一步加强和规范执行工作的若干意见》（法发〔2009〕43号）。

3.《最高人民法院、最高人民检察院关于民事执行活动法律监督若干问题的规定》（法发〔2016〕30号）；《人民检察院民事诉讼监督规则（试行）》（高检发释字〔2013〕3号）第四、十三、二十四、三十三、三十四、三十九、四十一、五十六、六十五、一百零七、一百一十三条；第八章对执行活动的监督。

4. 沈德咏主编：《最高人民法院民事诉讼法司法解释理解与适用》【上下册】，人民法院出版社2015年版。

5. 杨与龄著：《强制执行法论》，中国政法大学出版社2002年版；翁晓斌著：《民事执行救济制度》，浙江大学出版社2005年版。

6. 王亚新：《执行检察监督问题与执行救济制度构建》，《中外法学》2009年第1期。

7. 张卫平：《案外人异议之诉》，《法学研究》2009年第1期。

8. 刘荣军：《从民事诉讼法律关系看检察监督》，《检察日报》2012－10－18；夏蔚、范智欣：《论民事执行检察监督的理论基础》，《政法学刊》2011年第3期。

9. 金川著：《法院执行研究》，吉林人民出版社2003年版。

10. 潘庆林：《人民法院审理国家赔偿确认问题与执行救济制度研究》，张卫平、齐树洁主编：《司法改革论评（第十一辑）》厦门大学出版社2011年1月版。

第六编　涉外民事诉讼程序

第三十一章　涉外民事诉讼程序的特别规定

【学习提示】通过本章学习，领会“涉外民事诉讼程序的特别规定”是《民事诉讼法》对审理涉外民事案件程序特别设置的专用法律规范，了解涉外民事案件、涉外民事诉讼、涉外民事诉讼程序的基本概念，把握涉外民事诉讼一般原则，涉外民事诉讼程序的基本原理与规范内容。

第一节　涉外民事诉讼程序概述

一、涉外民事诉讼程序的概念

涉外民事诉讼程序，是指我国法院受理、审理、裁决涉外民事案件的程序，以及执行涉外民事案件裁判与承认、执行外国法院裁判的程序的总称。

涉外民事诉讼，是指涉外民事案件当事人向我国法院起诉、应诉，以及我国法院依法审理裁判涉外民事案件的活动和关系的总称。

涉外民事案件，是指当事人一方或双方是外国人、无国籍人、外国企业或组织，或者当事人之间民事法律关系的设立、变更、终止的法律事实发生在外国，或者诉讼标的物在外国的民事案件。根据《法院适用民诉法解释》第522条规定，有下列5种情形之一，人民法院可以认定为涉外民事案件：

1. 当事人一方或双方是外国人、无国籍人、外国企业和组织的民事案件。但我国国内企业之间发生的民事案件中，一方当事人的法定代表人或负责人为外国人的商事案件不能作为涉外案件处理。因为我国企业包括国有企业中由外国人担任董事长、总经理的不少，他们以企业的名义在职务范围内对外产生的权利义务关系应归于企业本身，并不因他们本人的外国人身份而使此权利义务关系具有涉外因素。

外籍当事人参加诉讼，根据《法院适用民诉法解释》第522条规定，应当向审案法院出具其外籍身份证明文件：（1）外国人参加诉讼，应当向人民法院提交护照等用以证明自己身份的证件。（2）外国企业或者组织参加诉讼，向人民法院提交的身份证明文件，应当经所在国公证机关公证，并经中华人民共和国驻该国使领馆认证，或者履行中华人民共和国与该所在国订立的有关条约中规定的证明手续。(3) 代表外国企业或者组织参加诉讼的人，应当向人民法院提交其有权作为代表人参加诉讼的证明，该证明应当经所在国公证机关公证，并经中华人民共和国驻该国使领馆认证，或者履行中华人民共和国与该所在国订立的有关条约中规定的证明手续。

以上所称的“所在国”，是指外国企业或者组织的设立登记地国，也可以是办理了营业登记手续的第三国。对于需要办理公证、认证手续，而外国当事人所在国与中华人民共和国没有建立外交关系的，可以经该国公证机关公证，经与中华人民共和国有外交关系的第三国驻该国使领馆认证，再转由中华人民共和国驻该第三国使领馆认证。

2. 当事人一方或者双方的经常居所地在中华人民共和国领域外的民事案件。

3. 诉讼标的物在中华人民共和国领域外的民事案件，亦即民事关系的标的物在外国领域内的纠纷案件。

4. 产生、变更或者消灭民事关系的法律事实发生在中华人民共和国领域外的民事案件。设立、变更或消灭民事权利义务关系的法律事实发生在外国，是指直接效果发生在外国。如中国公司之间在境外签订或履行的合同，或者发生的侵权纠纷如中国船舶之间在外国海域发生碰撞等。但我国甲公司法定代表人在国外考察期间通过传真向国内的我国乙公司发出一份合同确认书，由于我国对合同订立采到达主义，该合同的成立应不具有涉外因素，虽然合同确认书是从外国发出。

5. 可以认定为涉外民事案件的其他情形。

我国法院内部已经建立并全面实行“立案、审判、执行、监督”分立制度，对受理的民事案件是否具有涉外性质，一律由立案庭审查判断和立案受理。各级人民法院应当注意，严格执行涉外民商事案件审查程序，切实保护各方当事人的诉讼权利。要严格遵守《中华人民共和国民事诉讼法》和最高人民法院及其批准的高级人民法院有关案件管辖的规定，对诉至法院的涉外民商事案件认真进行审查。对属于人民法院受理范围、符合级别管辖、地域管辖和专属管辖规定并符合法律规定的起诉条件的，应当在法定期限内及时立案，不得拖延、推诿；对不属于人民法院受理范围的要及时告知当事人采取其他救济方式，不得违法滥用管辖权或无故放弃管辖权。对涉外合同中订有仲裁条款或者当事人事后达成书面仲裁协议的，人民法院不予受理。

二、涉外民事诉讼程序与国内民事诉讼程序的关系

涉外民事诉讼程序与国内民事诉讼诉讼程序，是特殊和一般的关系。涉外民事诉讼程序的特别规定的“特别”之处主要体现在原则、管辖、送达、期间、财产保全、涉外仲裁和司法协助等方面，这些是在国内民事诉讼程序规范中未作明文规定的。这决定了在涉外民事诉讼实务中，(1) 前者优先适用，后者对前者补充。遇有涉外因素的特殊诉讼问题，如涉外管辖、送达、期间、财产保全、取证、执行等司法协助诸环节触及我国司法主权与外国司法主权的关系，须按涉外民事诉讼程序特别规定处理，不是涉外因素的一般诉讼问题，如审级制度、审理裁判方式等，则按国内民事诉讼程序进行。(2) 后者又是对前者的落实，前者离开后者不能实现其诉讼功用。如，人民法院只有运用国内民事诉讼程序才能有效执行经过涉外民事诉讼程序被我国承认执行的外国法院判决。可

见，我国法院在审理同一涉外民事诉讼案件过程中，对于涉外民事诉讼程序特别规定与国内民事诉讼程序规定都是统一适用的。

涉外民事诉讼程序与国内民事诉讼程序也有区别：(1) 两者的法律渊源不同。前者既包括国内立法又包括我国缔结或参加的国际条约，后者只有国内立法。(2) 两者运用中涉及的司法权主体不同。前者运用涉及我国法院和外国法院的两国司法权力协同配合。(如，人民法院进行涉外民事诉讼，调查取证有时要委托外国法院协助完成；判决生效后，有时请求外国法院执行。) 后者纯粹由我国法院在我国境内独立自主运作。(3) 两者适用对象不同。前者专门适用于涉外民事案件诉讼，后者既适用国内民事案件诉讼也适用于涉外民事案件诉讼。(4) 两者处理案件时的法律准绳不同。在案件处理程序上，前者既遵照我国法律（依国际私法之"诉讼依法院地法"的冲突规范而确定），更优先遵照我国缔结或参加的国际条约中无保留的程序规定（依我国民事诉讼法特别规定而确定），后者只遵照我国民事诉讼法的规定；在案件处理实体上，前者遵照我国的，或外国的，或国际条约的民事实体规范（如，在涉外遗产纠纷诉讼中，我国法院对遗产的法定继承这一实体问题处理：动产适用被继承人死亡时住所地法律，不动产适用不动产所在地法律。这两个地点如在外国，则适用该外国实体法律规定处理），或国际惯例，后者只遵照我国民事法律的实体规定。

人民法院处理在我国境内发生的涉及外国、外国人（自然人及法人）的民事经济案件，还应当根据《外交部、最高人民法院、最高人民检察院、公安部、安全部、司法部关于处理涉外案件若干问题的规定》(1995 年 6 月 20 日) 规定以妥善处理涉外案件的有关问题。

涉及中国港、澳、台民事案件，不是涉外民事案件。在"一国两制"下，我国港、澳、台地区与祖国内地大陆处于不同法域，涉港、澳、台民事案件与内地民事案件不完全相同。因此，按照《法院适用民诉法解释》第 551 条规定，人民法院审理涉港、澳、台民事诉讼案件时，在程序上可参照涉外民事诉讼程序特别规定进行。

第二节　涉外民事诉讼一般原则

涉外民事诉讼，既要遵循我国民事诉讼法的基本原则，如权利义务同等、权利限制对等原则等等，又要遵循我国民事诉讼法对涉外民事诉讼的一般原则。涉外民事诉讼的一般原则，是人民法院审理涉外民事案件的特别准则，也是涉外民事案件当事人和有关诉讼参与人必须遵循的基本依据。

一、适用我国民事诉讼法的原则

适用我国民事诉讼法的原则，是指在中华人民共和国领域内进行涉外民事诉讼，以及我国法院审理涉外民事案件，必须适用我国民事诉讼法。这一原则是我国国家主权独立原则在涉外民事诉讼中的具体要求与体现。

根据民事诉讼法第 237 条规定，这一原则有两个方面的内容：一是，涉外民事诉讼，应当首先考虑适用民事诉讼法"涉外民事诉讼程序的特别规定"一编中的规定。二是，该编没有规定的，适用民事诉讼法其他有关规定。在涉外民事诉讼中适用我国民事诉讼法，主要体现在：

1. 任何外国人、无国籍人、外国企业和组织在中华人民共和国领域内进行涉外民事诉讼，都必须遵循我国民事诉讼法对涉外民事诉讼程序的特别规定和（补充特别规定的）一般规定所确立的诉讼原则、程序、制度办事，我国法律另有规定除外（如，在“一国两制”下，外国人、无国籍人、外国企业和组织在我国特别行政区管辖的区域内进行的涉外民事诉讼，可依据我国特别行政区基本法规定执行本行政区的民事诉讼法）。

2. 凡根据我国民事诉讼法有关管辖规定属于我国法院管辖的涉外民事案件，我国法院行使管辖权。属于我国法院专属管辖的涉外案件，外国法院无权管辖，并排除当事人协议选择外国法院管辖，如外国法院已经审理的，我国法院不予承认并仍有权审判，我国司法主权在此不受“一事不再理”之限制。

3. 任何外国法院的生效民事判决、裁定和外国仲裁机构的裁决，必须经我国人民法院依我国民事诉讼法规定进行全面审查并裁定承认才能确定其在我国领域内有法律效力，才能依据我国民事诉讼执行程序规定予以执行。否则，在我国无效。

二、信守国际条约的原则

信守国际条约的原则，即指进行涉外民事诉讼，遇到我国缔结或者参加的国际条约同我国民事诉讼法有不同规定的，应当适用该国际条约的规定，但我国声明保留的条款除外。

国际条约是国家或者其他国际法主体之间在政治、经济、军事、文化、司法等方面确定、变更或终止其相互权利、义务关系的书面协议。条约是国际的约定，一般不靠国际强制力保证实施，而主要靠各缔约国的诚实信用予以遵守各自承诺（即信守）才得以实施。各缔约国必须信守条约以及条约优先于缔约国国内法，这是国际社会所公认的处理国际关系的基本原则。缔约国在参加国际条约时，对条约的某项或某几项条款，有权保留自己的意见。对保

留意见的条款，只要在参加时有明确声明，即不受其约束，当然也就没有信守的义务。缔约国在信守国际条约时，通常做法有二：一是，将国际条约的内容转换成国内法的内容。即专门制定一个国内法，将国际条约的内容在国内法中完整地再现，通过对国内法的适用来遵守国际条约的规定。这种做法比较浪费缔约国的立法资源，多数国家已不采用。二是，以国内法直接确认国际条约在本国的适用效力。即在国内法中设立特别条款来确认适用国际条约的原则，符合原则的就承认其效力，并付诸实施。我国采用第二种做法信守国际条约：民事诉讼法第238条“中华人民共和国缔结或者参加的国际条约同本法有不同规定的，适用该国际条约的规定，但中华人民共和国声明保留的条款除外。”

信守国际条约的原则，在贯彻中应当坚持两个要件同时具备：一是，该国际条约必须是我国缔结或者参加的国际条约，否则不予适用；二是，对该国际条约中我国声明保留的条款必须排除。信守国际条约的具体表现，有四种情形：（1）我国民事诉讼法未规定但我国缔结或者参加的国际条约有规定的，依据该国际条约规定办理；（2）我国缔结或者参加的国际条约和我国民事诉讼法均有规定，但前者比后者具体，依据前者规定办理；（3）我国缔结或者参加的国际条约和我国民事诉讼法的相关规定发生冲突时，依据

该国际条约规定办理。(4) 在上述三种情形中，若该国际条约规定之条款，已被我国声明保留的，则不予信守之，只能依据我国民事诉讼法的规定办理；在第一种情形下，无法按照国际条约办理又没有民事诉讼法规定可依据的，应当通过全国人大常委会的立法解释来解决，而不应当由司法解释来解决因其不属于司法解释之权力范围。

目前，我国缔结或参加的有关涉外民事诉讼程序的国际条约，主要有：

1. 多边条约。1991年3月2日全国人大常委会批准我国加入1965年11月15日订于海牙的《关于向国外送达民事或商事司法文书和司法外文书公约》(以下简称海牙送达公约)，同时："一、指定中国司法部为中央机关和有权接受外国通过领事途径传递的文书的机关；二、声明：只在文书须送达给文书发出国国民时，文书发出国才有权直接通过其外交或领事代表机构向身在国外的人完成司法文书的送达方式在中国境内进行送达；三、反对采用公约第十条规定的方式在中国境内进行送达；四、声明执行公约第十五条第二款。五、依公约第十六条第三款声明：被告要求免除丧失上诉权效果的申请期间只限于自判决之日起一年内提出，否则不予受理。"

1997年7月3日全国人大常委会决定我国加入1970年3月18日订于海牙的《关于从国外调取民事或商事证据的公约》(以下简称海牙取证公约)，同时："一、指定中国司法部为负责接收来自另一缔约国司法机关请求书，并将其转交给执行请求的主管机关的中央机关；二、声明：对普通法国家旨在进行审判前文件调查的请求书，仅执行已在请求书中列明并与案件有直接密切联系的文件的调查请求；三、声明：除第十五条以外，不适用公约第二章'外交官员、领事代表和特派员取证'的规定。"

2. 双边条约。从1987年9月起截至2001年12月止，全国人大常委会已先后批准中国与法国、波兰、比利时、蒙古、罗马尼亚、意大利、西班牙、俄罗斯、白俄罗斯、哈萨克斯坦、乌克兰、古巴、保加利亚、泰国、埃及、土耳其、希腊、塞浦路斯、匈牙利、摩洛哥、吉尔吉斯、塔吉克斯坦、乌兹别克斯坦、新加坡、越南、老挝、突尼斯、立陶宛、阿根廷等几十个国家的双边民事或商事司法协助条约。此外，中国与美国等近40个国家签订的双边领事条约中，亦有如领事官员有权代理本国国民在签约国家法院进行民事诉讼等涉及国际民事诉讼程序的若干规定。

随着我国加入WTO，对外开放和"一带一路"建设①及世界经济一体化进程的加快，国际民事商事活动交往扩大，其所产生的涉外民事纠纷会不断增加，我国将不仅加强国内立法把审判解释中的成功经验及时上升成为法律，而且将更积极地参加或缔结有关涉外民事诉讼程序的多边、双边国际条约，主动参与解决国际民商事经济纠纷的涉外民事诉讼的"游戏规则"的制作。

---

① "一带一路"，是指"丝绸之路经济带"和"21世纪海上丝绸之路"的简称。"一带一路"是中国国家主席习近平2013年首倡的与各国合作发展的理念和倡议，旨在借用古代"丝绸之路"的历史符号，高举和平发展的旗帜，主动地发展与沿线国家的经济合作伙伴关系，充分依靠中国与丝路沿途国家既有的上海合作组织、欧亚经济联盟、中国—东盟(10+1)等双多边机制，为这些机制注入新的内涵和活力，借助既有的、行之有效的区域合作平台，共同打造政治互信、经济融合、文化包容的利益共同体、命运共同体和责任共同体。"一带一路"建设，是中国与丝路沿途国家分享优质产能，共商项目投资、共建基础设施、共享合作成果，内容包括道路联通、贸易畅通、货币流通、政策沟通、人心相通等"五通"，肩负着探寻经济增长之道、实现全球化再平衡及开创地区新型合作等三大使命。

三、司法豁免及限制的原则

自从1234年罗马教皇格里高利九世颁布“平等者之间无管辖权”的教谕后，主权国家及其财产享有司法豁免权成为国际上普遍公认的基本原则。依据国际惯例和1961年维也纳外交关系公约、1963年维也纳领事关系公约等有关国际条约规定，只有国家、它的外交代表、国家财产享有司法豁免权。外国领事及其他与外交工作有关的人员、国际组织及其工作人员，只能在条约、公约或驻在国国内立法规定范围内享有司法豁免权。除此之外，任何外国自然人、法人或其他组织都不享有司法豁免权。

我国一贯坚持国家及其财产豁免的“绝对豁免主义”的基本原则，主张各国不分大小一律平等，享有国家司法豁免（其豁免权涉及司法管辖豁免、诉讼程序豁免和强制执行豁免），坚决反对现代西方社会自1972年以来所采取对国家及其财产“限制豁免主义”的做法（欧洲理事会《关于国家豁免主义欧洲条约》率先奉行）。1983年中国外交部就美国法院受理以中国国家为被告的“湖广铁路债务案”向美国国务院发出备忘录严正指出：“中国作为一个主权国家无可非议地享有司法豁免权。美国地方法院对一个主权国家作为被告的诉讼行使管辖权，作出缺席判决，甚至以强制执行相威胁，完全违反国家主权平等的国际法原则，违反联合国宪章。”在坚持“绝对豁免主义”的同时，我国通过经济体制改革政企分开和建立现代企业制度等措施，把国有企业法人的国际经济贸易活动与国家活动明确分开，确认国有企业法人的独立的市场经济主体，不作为国家豁免的主体。在外交豁免和国际组织豁免问题上，我国与世界通行做法一致，在承认外交代表、领事官员等享有司法豁免的同时，也对豁免的例外情况作出符合国际潮流的限制性规定；但对国际组织的完全司法豁免权予以始终坚持。

司法豁免及限制的原则，是指我国法院遇到对享有外交特权与豁免的外国人、外国组织或者国际组织提起的民事诉讼，应当依照我国有关法律和我国缔结或者参加的国际条约的规定办理，对享有外交特权与豁免者予以司法豁免，但对具有不予司法豁免情形的，则予以限制。

司法豁免在民事诉讼中，指凡依照我国法律和我国缔结或参加的国际条约规定享有司法豁免权的外交代表，免受我国司法管辖，我国人民法院不受理以他们为被告而提起的涉外民事诉讼。

民事司法豁免与刑事司法豁免不同：刑事司法豁免是绝对而无条件的，民事司法豁免，则是相对而有条件的，在法定不予司法豁免的情形下是可以予以限制的。

民事诉讼法第261条规定，“对享有外交特权与豁免的外国人、外国组织或者国际组织提起的民事诉讼，应当依照中华人民共和国有关法律和中华人民共和国缔结或者参加的国际条约的规定办理。”我国有关法律主要指《中华人民共和国外交特权与豁免条例》和《中华人民共和国领事特权与豁免条例》。我国缔结或者参加的国际条约主要有《维也纳外交关系公约》、《维也纳领事关系公约》等。

（一）司法豁免的范围

司法豁免权是外交特权的一种，司法豁免权是建立在国与国对等原则基础上的权利，司法豁免权有利于外交代表和组织完成国际关系方面的外交职能与任务。

《维也纳外交关系公约》《维也纳领事关系公约》规定，外交人员接受国不得因债务问题对外交代表提起诉讼或进行判决。领事人员只有在与其公务行为有关案件中，才享有接受国法院的司法豁免权。

我国有关法律规定司法豁免的内容：(1) 外交代表在我国境内享有民事管辖豁免。(2) 外交代表没有以证人身份作证的义务。(3) 与外交代表共同生活的配偶和未成年子女，如不是中国公民，享有与外交代表同等的司法豁免权。(4) 外交代表如果是中国公民或者获得在中国永久居留资格的外国人，则仅就其执行外交公务的行为享有司法豁免权。(5) 使馆行政技术人员和与其共同生活的配偶及未成年子女，如不是中国公民并且不是在中国永久居留的，仅就执行公务的行为享有民事管辖豁免。(6) 外国领事官员和领馆行政技术人员仅就其执行职务的行为享有司法管辖豁免。(7) 来访的外国国家元首、政府首脑、外交部部长及其他具有同等身份的官员享有司法豁免权。(8) 来我国参加联合国及其专门机构召开的国际会议的外国代表，临时来华的联合国及其专门机构的官员和专家，联合国及其专门机构驻我国的代表机构和人员的待遇，按我国已加入的有关国际公约和签订的协议办理。

（二）司法豁免的限制

《维也纳外交关系公约》规定以下五种情形中，外交豁免受到限制，外交人员不享受司法豁免权：(1) 在接受国境内涉及私有不动产之物权诉讼。但外交代表派遣国为使馆用途置有之不动产不在此例。(2) 外交代表以私人身份并不代表派遣国而为遗嘱执行人、遗产管理人、继承人或受遗赠人之继承事件之诉讼。(3) 外交代表在接受国境内从事公务范围以外之专业或商业活动之诉讼。(4) 派遣国明确表示放弃司法豁免的诉讼。(5) 因主动在接受国法院以原告身份起诉而引起的与本诉、直接相关的反诉。

《维也纳领事关系公约》规定领事人员享有的在接受国法院的司法豁免权在下列民事诉讼受到限制：(1) 因领事官员或领事馆雇员并未明示或默示其派遣国代表身份而订立的契约所发生的诉讼。(2) 第三者因车辆、船舶或航空器而在接受国内所造成的意外事故而要求赔偿的诉讼。

我国有关法律规定司法豁免限制的法定情形是：(1) 派遣国政府明示放弃豁免的。外交代表及其他享有豁免的人员的管辖豁免可以由派遣国政府明确表示放弃。放弃民事管辖豁免，不包括对判决的执行也放弃豁免。放弃对判决执行的豁免须另作明确表示。(2) 外交代表以私人身份进行的遗产继承诉讼。(3) 外交代表在中国境内从事公务范围以外或者商业活动引起的诉讼。(4) 对强制执行豁免的限制。外交代表免受强制执行，但对前三种所列豁免情况，强制执行对其人身和寓所不构成侵犯的，不在此限。(5) 外交代表及其他享有豁免的人员如果主动提起诉讼，对与本诉直接有关的反诉，不得援用管辖豁免。(6) 外国领事官员和领馆行政技术人员涉及未明示以派遣国代表身份所订的契约的诉讼。(7) 外国领事官员和领馆行政技术人员涉及在中国境内的私有不动产的诉讼，但以派遣国代表身份所拥有的为领馆使用的不动产不在此限。(8) 外国领事官员和领馆行政技术人员以私人身份进行的遗产继承的诉讼。(9) 外国领事官员和领馆行政技术人员因车辆、船舶或者航空器在中国境内造成的事故涉及损害赔偿的诉讼。(10) 外国领事官员和领馆行政技术人员如果主动提起民事诉讼，则与本诉直接有关的反诉，不得援用民事管辖豁免。

四、使用我国通用语言文字进行诉讼的原则

使用我国通用语言文字进行诉讼的原则，是指人民法院审理涉外民事案件，应当使用中华人民共和国通用的语言、文字。当事人要求提供翻译的，可以提供，费用由当事人承担。

语言、文字是诉讼的工具和手段，一定的语言文字又与国家主权密切相关。使用本国通用语言文字进行诉讼的原则，体现法院地国家主权原则，也是世界各国普遍遵循的准则。根据民事诉讼法第262条规定，人民法院审理涉外民事案件，应当使用中华人民共和国通用的语言、文字。当事人要求提供翻译的，可以提供，费用由当事人承担。

五、委托中国律师代理诉讼的原则

委托中国律师代理诉讼的原则，是指外国人、无国籍人、外国企业和组织在人民法院起诉、应诉，需要委托律师代理诉讼的，必须委托中华人民共和国的律师。

我国涉外民事诉讼实行国民待遇原则，和中国公民、组织一样，外国人、无国籍人、外国企业和组织在人民法院可以亲自起诉、应诉，也可以委托律师代为诉讼。但是，委托律师代理诉讼的，根据民事诉讼法第263条规定，外国人、无国籍人、外国企业和组织在人民法院起诉、应诉，需要委托律师代理诉讼的，必须委托中华人民共和国的律师。

律师制度是一国司法制度的重要组成部分。一国的司法制度只能在本国领域内适用，不能延伸于他国。任何一个主权国家，都不允许外国律师在本国法院执行职务。允许外国律师干预本国司法事务，势必造成在本国法庭上外国人以外国法律规范、法律理念、法律价值来评价、否定、抨击、侮辱本国法律制度以及法律文化，有损本国尊严和国家主权，故各国都禁止外国律师在本国法院出庭诉讼。我国也不例外。早在1981年10月20日我国司法部、外交部、外国专家局《关于外国律师不得在我国开业的联合通知》就明确规定："外国人是不能在我国取得律师资格的。同时，有必要明确以下几点：外国律师不得在我国开业；不得在我国设立律师事务所、办事处或与我法律顾问处合伙开业；不得以律师名义在我国代理诉讼和出庭；不得为同一诉讼的双方当事人提供法律帮助；不得被我国政府机关、社会团体、企事业单位聘请为法律顾问并以此身份从事活动；不得同时为经济、技术合作和贸易谈判的中外双方提供咨询服务和其他法律帮助；不得从事任何有损于我国主权和利益的活动。"

在我国加入WTO后，2001年12月29日九届全国人大常务委员会第25次会议修改《中华人民共和国律师法》允许"外国律师事务所在中华人民共和国境内设立机构从事规定的法律服务活动"。国务院于2001年12月19日第51次常务会议制定并自2002年1月1日起施行的《外国律师事务所驻华代表机构管理条例》明确规定，外国律师事务所驻华代表机构及其代表，只能从事不包括中国法律事务的下列活动：（1）向当事人提供该外国律师事务所律师已获准从事律师执业业务的国家法律的咨询，以及有关国际条约、国际惯例的咨询；（2）接受当事人或者中国律师事务所的委托，办理在该外国律师事务所律师已获准从事律师执业业务的国家的法律事务；外国律师事务所驻华代表机构及其代表不得从事上述第（1）（2）两项以外的其他法律服务活动或者其他营利活动。

(3) 代表外国当事人，委托中国律师事务所办理中国法律事务；(4) 通过订立合同与中国律师事务所保持长期的委托关系办理法律事务；代表机构按照与中国律师事务所达成的协议约定，可以直接向受委托的中国律师事务所的律师提出要求。(5) 提供有关中国法律环境影响的信息。在提供有关中国法律环境影响的信息时，不得就中国法律的适用提供具体意见或判断。外国律师事务所驻华代表机构不得聘用中国执业律师；聘用的辅助人员不得为当事人提供法律服务。

自2002年9月1日起施行的《司法部关于执行〈外国律师事务所驻华代表机构管理条例〉的规定》，列举了外国律师事务所驻华代表机构及其代表不能从事的“中国法律事务”的范围，具体包括：(1) 以律师身份在中国境内参与诉讼活动；(2) 就合同、协议、章程或其他书面文件中适用中国法律的具体问题提供意见或证明；(3) 就适用中国法律的行为或事件提供意见和证明；(4) 在仲裁活动中，以代理人身份对中国法律的适用以及涉及中国法律的事实发表代理意见或评论；(5) 代表委托人向中国政府机关或其他法律法规授权的具有行政管理职能的组织办理登记、变更、申请、备案手续以及其他手续。

根据《法院适用民诉法解释》第528、529条规定，在涉外民事诉讼中，(1) 外籍当事人，可以委托本国人为诉讼代理人，也可以委托本国律师以非律师身份担任诉讼代理人。外国人、外国企业或者组织的代表人在人民法院法官的见证下签署授权委托书，或者在我国境内签署授权委托书且经我国公证机构公证，委托代理人进行民事诉讼的，人民法院应予认可。(2) 外国驻华使、领馆官员，受本国公民的委托，可以以个人名义担任诉讼代理人，但在诉讼中不享有外交或者领事特权和豁免权。(3) 外国驻华使、领馆授权其本馆官员，在作为当事人的本国国民不在我国领域内的情况下，可以以外交代表身份为其本国国民在我国聘请中国律师或中国公民代理民事诉讼，这属于其使（领）馆公务，无须当事人委托即可进行。

在我国领域内没有住所的外国人、无国籍人、外国企业和组织委托我国律师或者其他人代理诉讼，从我国领域外寄交或者托交授权委托书，应当经所在国公证机关证明，并经我国驻该国使领馆认证，或者履行我国与该所在国订立的有关条约中规定的证明手续后，才具有效力。受诉法院应抱着对当事人负责、谨慎的态度，对授权委托书的真实性进行审查。

第三节　涉外民事诉讼管辖

一、涉外民事诉讼管辖的概念

涉外民事诉讼管辖，是与国内民事诉讼（非涉外民事案件诉讼）管辖的对称，指我国法院对涉外民事案件拥有审判权的主管范围和法院系统内部受理第一审涉外民事案件的权限分工。我国法院对涉外民事案件拥有审判权的主管范围，涉及与外国法院之间界定国际民事诉讼管辖权，即某一涉外民事案件到底是由我国法院管辖还是由外国法院审判。法院系统内部受理第一审涉外民事案件的权限分工，涉及专门法院如海事法院等与普通法院之间的、普通法院系统内部、专门法院系统内部对第一审涉外民事案件的管辖权界定，即由我国管辖的涉外民事案件应由哪一级的某个人民法院审判。

二、涉外民事诉讼管辖的确立根据

国际上通常根据涉外民事案件同管辖法院国家之间的连结因素为标志确定涉外民事诉讼管辖权。根据连结因素的不同，国际上主要运用属人管辖原则、属地管辖原则、协议管辖原则和专属管辖原则等四项原则确定法院管辖权。

我国涉外民事诉讼管辖原则，大体等同于国际上通行做法。根据我国现行立法、司法解释、参加或缔约的国际条约规范，我国关于涉外民事诉讼管辖包括五大类：属人管辖、属地管辖、专属管辖、协议管辖、集中管辖。

人民法院在涉外民事诉讼实务中应当慎重处理好管辖权问题。一方面，在受理涉外案件时要坚持国家主权原则，对符合法律规定，应当由我国法院受理的案件要坚决依法予以受理。根据《法院适用民诉法解释》第533条的规定，我国法院和外国法院都有管辖权的案件，一方当事人向外国法院起诉，而另一方当事人向我国法院起诉的，人民法院可予受理。判决后，外国法院申请或者当事人请求人民法院承认和执行外国法院对本案作出的判决、裁定的，不予准许；但双方共同缔结或者参加的国际条约另有规定的除外。对于外国法院判决、裁定已经被人民法院承认，当事人就同一争议向人民法院起诉的，人民法院不予受理。

另一方面，人民法院在受理涉外民事案件时，要特别注意根据民事诉讼法的规定，严格审查案件事实的各个连结点，准确把握管辖权。对双方均非我国企业，涉诉纠纷与我国境内无实际联系，在我国境内调查取证及执行确有困难的，可告知当事人向他国法院起诉。根据《法院适用民诉法解释》第532条的规定，涉外民事案件同时符合下列情形的，人民法院可以裁定驳回原告的起诉，告知其向更方便的外国法院提起诉讼：（1）被告提出案件应由更方便外国法院管辖的请求，或者提出管辖异议；（2）当事人之间不存在选择中华人民共和国法院管辖的协议；（3）案件不属于中华人民共和国法院专属管辖；（4）案件不涉及中华人民共和国国家、公民、法人或者其他组织的利益；（5）案件争议的主要事实不是发生在中华人民共和国境内，且案件不适用中华人民共和国法律，人民法院审理案件在认定事实和适用法律方面存在重大困难；（6）外国法院对案件享有管辖权，且审理该案件更加方便。

三、涉外民事诉讼的属人管辖

我国的属人管辖侧重点在于保护中国公民（主要是海外华侨）的应受法律保护的权益；而不像某些西方国家的属人管辖凸现强国司法沙文主义。

根据司法解释规定，我国属人管辖范围：（1）在国内结婚并定居国外的华侨，如定居国法院以离婚诉讼须由婚姻缔结地法院管辖为由不予受理，当事人向人民法院提出离婚诉讼的，由婚姻缔结地或一方在国内的最后居住地人民法院管辖。（2）在国外结婚并定居国外的华侨，如定居国法院以离婚诉讼须由国籍所属国法院管辖为由不予受理，当事人向人民法院提出离婚诉讼的，由一方原住所地或在国内的最后居住地人民法院管辖。（3）中国公民一方居住在国外，一方居住在国内，不论哪一方向人民法院提起离婚诉讼，国内一方住所地的人民法院都有权管辖。如国外一方在居住法院起诉，国内一方向人民法院起诉的，受诉人民法院有权管辖。(4) 中国公民双方在国外但未定居，一方向人民法院起诉离婚的，应由原告或者被告原住所地的人民法院管辖。

四、涉外民事诉讼的属地管辖

涉外民事诉讼的属地管辖，分为一般管辖和特殊管辖。

(一) 一般管辖

一般管辖，以当事人住所地为基本连接因素确定我国法院涉外民事诉讼管辖权。在一般情形下，采取“原告就被告”原则即被告住所地或经常居住地在中国领域内的涉外民事诉讼，我国法院有管辖权。例外是“被告就原告”即对不在中华人民共和国领域内居住的被告提出的有关身份关系的国际民事诉讼，原告住所地在中国境内的，我国法院(原告住所地法院或原告经常居住地法院) 有管辖权。至于具体受诉法院的确定，依《民事诉讼法》第 2 章的有关规定。

(二) 特殊管辖

特殊管辖，以国际民事法律关系及其法律事实与中国的连接为标准确定我国法院的涉外民事诉讼管辖。《民事诉讼法》第 265 条特别规定，因合同纠纷或者其他财产权益纠纷，对在中国领域内没有住所的被告提起的诉讼，如果 (1) 合同在中国领域内签订或履行；(2) 或者标的物在中国领域内；(3) 或者被告在中国领域内有可供扣押的财产；(4) 或者被告在中国领域内设有代表机构，则可以由合同签订地、合同履行地、诉讼标的物所在地、可供扣押财产所在地、侵权行为地、代表机构住所地人民法院管辖。

特殊地域管辖中，凡是与海事有关的涉外民事诉讼管辖均归海事法院，普通法院不予管辖，包括《民事诉讼法》、《海事诉讼特别程序法》所规定的海事船舶碰撞、海难救助、共同海损、因海船租赁合同纠纷诉讼等等涉外海事案件诉讼的管辖。

五、涉外民事诉讼的专属管辖

《民事诉讼法》特别规定的涉外民事诉讼专属管辖，是指因在中华人民共和国履行中外合资经营企业合同、中外合作经营企业合同、中外合作勘探开发自然资源合同发生纠纷提起的诉讼，由中华人民共和国人民法院管辖。《海事诉讼特别程序法》也规定有涉及重大国家利益的因沿海港口作业纠纷诉讼、海域污染损害提起的诉讼、在中国领域和有管辖权的海域履行的海洋勘探开发合同纠纷诉讼等三类海事诉讼归中国海事法院专属管辖。

涉外民事诉讼的专属管辖具有排他性，体现中国主权尊严，是维护中国国家主权和国家利益的需要。因此，最高人民法院确认，凡是我国民事诉讼法和其他法律 (如《海事诉讼特别程序法》等) 规定由中国法院 (人民法院或海事法院) 专属管辖的案件，外国法院无权管辖，当事人也不得约定由我国境外的法院管辖。

六、涉外民事诉讼的协议管辖

协议管辖，是指依当事人双方意志确定管辖法院。我国原民事诉讼法第 242、243 条尊重当事人意思自治原则，根据方便诉讼和实际联系原则确立涉外民事诉讼的协议管辖，包括明示和默示两类协议管辖。2012 年 8 月全国人大常委会修改《民事诉讼法》

决定删除了原民诉法第 242、243 条，从 2013 年 1 月 1 口日起无论涉外或非涉外民事诉讼均按修改后的《民事诉讼法》第 34 条和第 127 条第 2 款的规定适用统一的明示和默示两类协议管辖。

涉外民事诉讼的明示协议管辖，即指根据《民事诉讼法》第 34 条规定，涉外合同或者其他涉外财产权益纠纷的当事人，可以用书面协议选择与争议有实际联系的地点的中国法院管辖，但不得违反本法关于级别管辖和专属管辖的规定。（详见本书第 80 页（二）合同纠纷、其他财产纠纷的协议管辖权部分的论述）

根据《法院适用民诉法解释》第 531 条规定，涉外合同或者其他财产权益纠纷的当事人，可以书面协议选择被告住所地、合同履行地、合同签订地、原告住所地、标的物所在地、侵权行为地等与争议有实际联系地点的外国法院管辖。但是，根据《民事诉讼法》第 33 条和第 266 条规定的因不动产纠纷提起的诉讼、因港口作业中发生纠纷提起的诉讼、因继承遗产纠纷提起的诉讼，以及因在我国履行中外合资经营企业合同、中外合作经营企业合同、中外合作勘探开发自然资源合同发生纠纷提起的诉讼，属于我国法院专属管辖的案件，当事人不得协议选择外国法院管辖，但协议选择仲裁的除外。

《海事诉讼特别程序法》第 8 条也规定了涉外海事诉讼的明示协议管辖，其连接因素是与争议没有实际联系地点的单边冲突规范。即海事纠纷的当事人都是外国人、无国籍人、外国企业或者组织，当事人书面协议选择中国海事法院管辖的，即使与纠纷有实际联系的地点不在中国领域内，中国海事法院对该纠纷也具有管辖权。这一单边冲突规范，其实质是敞开海事法院的大门热烈欢迎全世界海事纠纷当事人来中国享受海事审判服务，既贯彻当事人意思自治原则，又有利于确立中国海事审判在国际海事司法领域中的应有地位。

涉外民事诉讼的默示协议管辖，是以我国法院受诉而被告实体应诉答辩为连接因素，即依《民事诉讼法》第 127 条第 2 款规定，涉外民事诉讼的被告对人民法院管辖不提出异议，并应诉答辩的，视为承认该人民法院为有管辖权的法院。默示协议管辖的条件有三：（1）我国法院仅根据原告单方意志之起诉而已受理该涉外民事案件。（2）该涉外民事诉讼的被告一方不仅没有提出管辖异议而且进行了应诉答辩。这表明了被告对原告起诉予以事后追认符合自己利益，实际上达成双方事后的管辖合意。（3）不违反级别管辖和专属管辖的规定。与明示协议管辖不同，默示协议管辖更充分体现当事人的“意志自由”，它不受案件范围和实际联系地点的限制。只要存在被告既无异议又已应诉答辩之作为，无论该涉外案件是何种类型以及我国法院是否属于与该涉外案件有实际联系地点的法院，我国法院都已获得对该涉外案件的不可否定的管辖权，且被告亦不得对这一默示协议管辖予以反悔。当然，我国法院在接受默示协议管辖的涉外民事案件时，还应当注意有无充足的审理能力与审理是否方便可行的问题，以免陷入审判僵局的尴尬境地。

七、涉外民事诉讼的集中管辖

涉外民事诉讼的集中管辖，是指根据司法解释规定，将特定范围内的涉外、涉港澳台民商事案件管辖权集中于特定的法院，其他法院无权审判。

为排除地方干扰，维护司法统一，正确审理涉外民商事案件，依法保护中外当事人的合法权益，自 2002 年 3 月 1 日起施行的《最高人民法院关于涉外民商事案件诉讼管辖若干问题的规定》对涉外、涉港澳台合同纠纷、侵权纠纷和信用证纠纷民商事案件实行了集中管辖，使这类案件的管辖具有跨区域性，提高了此类案件审理法院的层级。

（一）涉外民商事案件的集中管辖的范围界定

《最高人民法院关于涉外民商事案件诉讼管辖若干问题的规定》所确定的集中管辖的第一审涉外民商事案件范围包括下列案件：

1. 涉外合同和侵权纠纷案件。

发生在与外国接壤的边境省份的边境贸易纠纷案件，涉外房地产案件和涉外知识产权案件，不适用本规定。

最高人民法院《关于审理涉及计算机网络域名民事纠纷案件适用法律若干问题的解释》（法释〔2001〕24 号）规定，涉外计算机网络域名纠纷案件，包括当事人一方或者双方是外国人、无国籍人、外国企业或组织、国际组织，或者域名注册地在外国的域名纠纷案件。在中华人民共和国领域内发生的涉外域名纠纷案件，依照民事诉讼法第四编的规定确定管辖。

2. 信用证纠纷案件。信用证是国际结算的主要支付手段，随着对外开放的不断扩大，进出口贸易日益增加，信用证纠纷相应增多。鉴于近几年来，我国法院冻结信用证项下款项问题已经引起国际法律界和金融界的严重关注，一些法院不当冻结已使我国银行的国际信誉和财产遭受一定损失。如，一些法院违反坚持信用证的独立性原则，以国际货物买卖合同或其他基础合同纠纷为由裁定止付信用证项下款项，或者在信用证已经承兑并转让或信用证已经议付的情况下仍然裁定止付，或者在没有较为充分的证据证明卖方（或信用证受益人）在利用信用证进行欺诈或提交假单据的情况下，就应申请人的请求且在申请人没有提供担保的情况下裁定予以止付等等，滥用止付信用证措施，不仅不能制止欺诈发生，不能挽回损失，而且还会损害善意第三人的权益，使我国的开证行在境外遭受被起诉和可能败诉的损失，反而使我国的损失进一步扩大。因此，为了对法院审理信用证纠纷案件的质量严格把关，最高人民法院现明确规定对信用证纠纷案件实行集中管辖。

3. 申请撤销、承认与强制执行国际仲裁裁决的案件。

4. 审查有关涉外民商事仲裁条款效力的案件。

5. 申请承认和强制执行外国法院民商事判决、裁定的案件。

涉及香港、澳门特别行政区和台湾地区当事人的民商事纠纷案件的管辖，参照本规定处理。亦即当事人一方或双方是香港、澳门特别行政区和台湾地区当事人的合同和侵权纠纷、信用证纠纷、申请撤销、承认与强制执行国际仲裁裁决、审查有关涉外民商事仲裁条款效力、申请承认和强制执行外国法院民商事判决、裁定等民事案件也属于集中管辖案件的范围。

集中管辖并不排除协议管辖。涉外、涉港澳台民商事案件当事人仍可以采用书面协议形式在集中管辖的法院范围内协议选择与争议有实际联系的地点或者当事人双方信赖、方便的其他地点的法院管辖。

（二）涉外民商事案件的集中管辖的法院界定

《最高人民法院关于涉外民商事案件诉讼管辖若干问题的规定》所确定的上述第一

审涉外民商事案件以及涉及香港、澳门特别行政区和台湾地区当事人的民商事纠纷案件，由下列五类人民法院集中管辖：

1. 国务院批准设立的经济技术开发区人民法院。

2. 省会、自治区首府、直辖市所在地的中级人民法院。

3. 经济特区、计划单列市中级人民法院。

上述中级人民法院的区域管辖范围由所在地的高级人民法院确定。可以超越该中级人民法院所在的行政区域范围，设立中级人民法院的跨行政区划的涉外民商事案件的司法管辖领域。这是对现行（也是古代中华法系流传下来）的我国地方普通法院的司法管辖区域与地方同级政府的行政区划合二为一的传统体制的一个创新举措。

4. 最高人民法院指定的其他中级人民法院。

如，最高人民法院发布《关于中国公民申请承认外国法院离婚判决程序问题的规定》（法（民）[1991] 21 号）指定中国公民申请承认外国法院离婚判决由申请人住所地，或经常居住地，或原国内住所地中级人民法院受理。

5. 高级人民法院。

除了上述五类列名法院以外，其他法院不得对属于集中管辖的涉外民事商事案件进行管辖。高级人民法院应当对涉外民商事案件的管辖实施监督，凡越权受理涉外民商事案件的，应当通知或者裁定将案件移送有管辖权的人民法院审理。

按照两审终审制规定，集中管辖的涉外民商事案件诉讼的第二审法院，是第一审法院的上一级法院：（1）对国务院批准设立的经济技术开发区人民法院所作的第一审判决、裁定不服的，其第二审由所在地中级人民法院管辖。（2）对中级人民法院所作的第一审判决、裁定不服的，其第二审由所在地高级人民法院管辖。（3）对高级人民法院所作的第一审判决、裁定不服的，其第二审由最高人民法院管辖。

第四节 涉外民事诉讼送达、期间和财产保全

一、涉外民事诉讼的送达

涉外民事诉讼的送达，指我国法院依法送交涉外民事诉讼文书给涉外民事案件当事人的行为，包括域内送达和域外送达。凡当事人在中华人民共和国领域内有住所者，采取域内送达即按国内民事诉讼送达方式送达。凡当事人在中华人民共和国领域内无住所者，则采取域外送达。

根据民事诉讼法第 267 条规定，人民法院对在中华人民共和国领域内没有住所的当事人送达涉外民商事案件法律文书，可以采用下列方式进行域外送达且送达手续必须合法：

（一）依据国际条约规定方式送达

依据国际条约规定方式送达，即指依照受送达人所在国与中华人民共和国缔结或者共同参加的国际条约中规定的方式送达。

这一方式主要是采取中央机关传递途径送达。全国人大常委会第 7 届 18 次会议于 1991 年 3 月 2 日通过决定批准加入海牙送达公约，同时指定我国司法部为中央机关和

有权接收外国通过领事途径转递的文书的机关。

根据海牙送达公约的规定（但我国声明、反对的规定除外），以及司法部、最高人民法院、外交部《关于执行海牙送达公约的实施办法》的规定，我国法院需要向在公约成员国居住的该国公民、第三国公民、无国籍人送达文书时，其程序和要求是：(1) 有关中级人民法院或专门人民法院应将请求书和所送司法文书及相应文字的译本（译文应由译者签名或翻译单位盖章证明无误）各一式三份（无需致外国法院的送达委托书及空白送达回证），送所属高级人民法院审核后报最高人民法院外事局转司法部。(2) 司法部收到最高人民法院转来向国外送达的文书后，应按海牙送达公约附录中的格式制作请求书、被送达文书概要和空白证明书，与文书一并送交被请求国的中央机关。司法部将国内文书转往公约成员国中央机关两个半月后，如未收到证明书，将发函催办；请求法院如直接收到国外寄回的证明书，应尽快通报最高人民法院告知司法部。(3) 必要时，也可由最高人民法院将文书通过我国驻该国的使馆转交该国指定的中央机关。

我国法院向处于与我国签订有中外民事司法协助条约或中外领事条约的国家的当事人送达涉外民事诉讼文书的，依照该中外双边条约的有关规定执行。

（二）通过外交途径送达

通过外交途径送达，即指我国法院向处于已与我国建交但未与我国签订双边民事司法协助条约且未参加海牙送达公约的国家境内的国外当事人送达法律文书，应通过外交途径委托外国法院代为送达。根据最高人民法院、外交部、司法部《关于我国法院和外国法院通过外交途径相互委托送达法律文书若干问题的通知》规定，我国法院通过外交途径送达的，应按下列程序和要求办理：

1. 要求送达的法律文书经有关高级人民法院审查，由外交部领事司负责转递。须准确注明受送达人姓名、性别、年龄、国籍及其在国外的详细外文地址，并将该案的基本情况函告外交部领事司，以便转递。

2. 须附有送达委托书。如对方法院名称不明，可委托当事人所在地区的主管法院。委托书和所送法律文书还须附有该国文字或该国同意使用的第三国文字译本。如该国对委托书及法律文书有公证、认证等特殊要求，由外交部领事司逐案通知。

3. 我国法院向中国籍当事人送达法律文书，如该国允许我使、领馆直接送达，可委托我驻该国使、领馆送达。此类法律文书可不必附有外文译本。

4. 我国法院通过外交途径委托外国法院代为送达法律文书所需费用，按 1990 年 1 月 9 日最高人民法院、外交部、司法部《关于我国法院和外国法院通过外交途径相互委托送达法律文书和调查取证费用收支办法的通知》规定办理。

（三）委托我国驻外使领馆送达

委托我国驻外使领馆送达，即指对具有中华人民共和国国籍的受送达人，可以委托中华人民共和国驻受送达人所在国的使领馆代为送达。

我国法院需要向处于海牙送达公约成员国境内的中国籍当事人送达涉外民商事司法文书时，可委托我国驻该国使、领馆代为送达，不可直接向该中国籍当事人送交。其程序和要求是：1、有关中级人民法院或专门法院应将被送达的司法文书、致我国使、领馆的送达委托书及空白送达回证，送有关高级人民法院转最高人民法院。2、由最高人民法院径送或经司法部转送我国驻该使领馆送达中国籍当事人。3、送达证明按原途径退还有关法院。

（四）向诉讼代理人送达

向诉讼代理人送达，即指向受送达人委托的有权代其接受送达的诉讼代理人送达。

鉴于诉讼代理人代委托人接受诉讼文书是代理诉讼的一般权限，因此，境外当事人委托诉讼代理人代理诉讼，如是全权委托的，即为有权代其接受送达；如是部分委托的，在代理诉讼事项中只要没有明确约定不得代理其接受送达，即为有权代理其接受送达。对于境外当事人授权的中国律师或依法委托的其他诉讼代理人，如果在授权委托书中对代为接受诉讼文书没有作出限制性约定的，就有义务代理其境外当事人接受法院送达的诉讼文书。

人民法院查明存在上述情况后即能直接向境外当事人的诉讼代理人送达涉外诉讼文书。

（五）向受送达人的代表机构、分支机构、业务代办人送达

向受送达人的代表机构、分支机构、业务代办人送达，是指向受送达人在中华人民共和国领域内设立的代表机构或者有权接受送达的分支机构、业务代办人送达。关于这一送达方式的适用，要注意与适用海牙送达公约进行向国外送达涉外民事诉讼文书的区别。2002 年 6 月 22 日起施行的《最高人民法院关于向外国公司送达司法文书能否向其驻华代表机构送达并适用留置送达问题的批复》（法释〔2002〕15 号）指出：海牙送达公约第 1 条规定："在所有民事或商事案件中，如有须递送司法文书或司法外文书以便向国外送达的情形，均应适用本公约。"根据民事诉讼法第 267 条的规定，人民法院对在中华人民共和国领域内没有住所的当事人送达诉讼文书，可以依照受送达人所在国与中华人民共和国缔结或者共同参加的国际条约中规定的方式送达；当受送达人在中华人民共和国领域内设有代表机构时，便不再属于海牙送达公约规定的"有须递送司法文书或司法外文书以便向国外送达的情形"。因此，人民法院可以根据民事诉讼法第 267 条第（五）项的规定向受送达人在中华人民共和国领域内设立的代表机构或者有权接受送达的分支机构、业务代办人送达诉讼文书，且可以适用留置送达的方式，而不必根据海牙送达公约向国外送达。

（六）邮寄送达

民事诉讼法规定，受送达人所在国的法律允许邮寄送达的，人民法院可以可以邮寄送达，自邮寄之日起满 3 个月，送达回证没有退回，但根据各种情况足以认定已经送达的，期间届满之日视为送达。

我国法院以邮寄送达方式送达涉外民事诉讼文书的，应当（1）查明受送达人所在国法律确实允许外国法院采用邮寄送达，以免盲目而为造成被动。查明的方法，可以是由受送达人就其所在国允许邮寄送达的法律规范向我国法院予以释明。（2）邮寄送达时应当附有送达回证。受送达人未在送达回证上签收但在邮件回执上签收的，视为送达，签收日期为送达日期。（3）自邮寄之日起满 3 个月，如果未收到送达的证明文件，且根据各种情况不足以认定已经送达的，视为不能用邮寄方式送达。

（七）采用传真、电子邮件等能够确认受送达人收悉的方式送达

（八）公告送达

公告送达，即指将不能用上述七种方式送达的涉外诉讼文书及其内容公开于世以便

受送达人知晓。

我国法院采取公告送达方式，必须以不能用上述七种方式送达为前提，必须严格按照民事诉讼法第92条规定办理，并应当在《人民法院报》或省级以上对外公开发行的报纸上和在受案法院公告栏内同时刊登所送达的涉外民事诉讼文书内容，自公告之日起满3个月，即视为送达。公告送达，应当在案卷中记明原因和经过。

对在我国领域内没有住所的当事人，经用公告方式送达诉讼文书，公告期满不应诉，人民法院缺席判决后，仍应将裁判文书依照民事诉讼法第267条第（八）项规定公告送达。自公告送达裁判文书满3个月之日起，经过30日的上诉期当事人没有上诉的，一审判决即发生法律效力。

对在我国领域内没有住所的外国人或者外国企业、组织的代表人、主要负责人在我国领域内的，人民法院可以向该自然人或者外国企业、组织的代表人、主要负责人（包括该企业、组织的董事、监事、高级管理人员等）送达，而不必采取公告送达。

当事人双方分别居住在我国领域内和领域外，对第一审人民法院判决、裁定的上诉期，居住在我国领域内的为民事诉讼法第164条所规定的15日、10日的期限；居住在我国领域外的为30日的期限。双方的上诉期均已届满没有上诉的，第一审人民法院的判决、裁定即发生法律效力。

人民法院一审时采取公告方式向当事人送达诉讼文书的，二审时可径行采取公告方式向其送达诉讼文书，但人民法院能够采取公告方式之外的其他方式送达的除外。如外国驻华使、领馆要一审和终审判决书副本，可请其向省、自治区、直辖市高级人民法院提出，我可以提供。

二、涉外民事诉讼的期间

民事诉讼法规定的涉外民事诉讼期间，即只适用于在我国领域内无住所的涉外民事诉讼当事人进行诉讼行为的法定期限。包括：

（一）被告提出答辩的期间

涉外民事诉讼被告在中华人民共和国领域内没有住所的，人民法院应当将起诉状副本送达被告，并通知被告在收到起诉状副本后30日内提出答辩状。被告申请延期答辩的，是否准许，由人民法院决定。

涉外民事诉讼被告在中华人民共和国领域内有住所的，答辩的期间按照普通答辩期间执行即为15日。

（二）当事人上诉和二审答辩的期间

涉外民事诉讼中，经调解双方达成协议，应当制发调解书。当事人要求发给判决书的，可以依协议的内容制作判决书送达当事人。

在我国领域内没有住所的当事人，不服第一审人民法院判决、裁定的，有权在判决书、裁定书送达之日起30日内提起上诉。被上诉人在收到上诉状副本后，应当在30日内提出答辩状。当事人不能在法定期间提起上诉或者提出答辩状，申请延期的，是否准许，由人民法院决定。

（三）申请再审进行审查的期间

人民法院对涉外民事案件的当事人申请再审进行审查的期间，不受民事诉讼法第二百零四条规定的限制。

（四）涉外民事诉讼的审限

鉴于人民法院审理涉外民事案件的难度和复杂性大于审理国内民事案件且花费时间更多，民事诉讼法第 270 条以及最高人民法院《关于严格执行案件审理期限制度的若干规定》（法释［2000］29 号）专门规定，人民法院审理涉外民事案件的期间，不受民事诉讼法法和司法解释规定的审理期限（适用普通程序审理的第一审民事案件，期限为 6 个月；有特殊情况需要延长的，经本院院长批准，可以延长 6 个月，还需延长的，报请上一级人民法院批准，可以再延长 3 个月。适用简易程序审理的民事案件，期限为 3 个月。审理对民事判决的上诉案件，审理期限为 3 个月；有特殊情况需要延长的，经本院院长批准，可以延长 3 个月。审理对民事裁定的上诉案件，审理期限为 30 日）的限制。

审理涉港、澳、台的民事案件的期限，参照涉外审理民事案件的规定办理。

三、涉外财产保全

（一）涉外财产保全的概念

涉外财产保全，是指在可能因当事人一方的行为或其他原因导致未来涉外民事判决不能或难以执行时，人民法院根据一方当事人或利害关系人的申请，对被申请人涉案财产采取安全预防措施保障未来生效判决得以执行的一种制度。涉外财产保全包括涉外诉讼中的财产保全和诉前保全两种情形。

（二）涉外财产保全与国内财产保全的联系和区别

涉外财产保全与国内财产保全的联系在于两者的适用条件一致：涉外诉讼中的财产保全，即当事人依照民事诉讼法第 100 条的规定可以向人民法院申请财产保全。涉外诉前保全，即利害关系人依照民事诉讼法第 101 条的规定可以在起诉前向人民法院申请财产保全。

两者的区别在于：（1）启动保全的主体不同。涉外财产保全，采取申请人进行主义，法院不能依据职权主动进行而只能根据申请人（当事人或利害关系人）的申请进行财产保全。国内财产保全，采取申请人进行主义与职权进行主义相结合，法院既可以根据申请人（当事人或利害关系人）的申请进行，亦可依照职权主动采取保全措施。（2）对诉前保全后的起诉期限要求不同。人民法院裁定准许涉外诉前财产保全后，申请人应当在 30 日内提起诉讼。国内诉前保全措施采取后，申请保全的利害关系人应在 15 日内向人民法院起诉。（3）对保全财产监督机制不同。涉外财产保全措施采取后，法院决定保全的财产需要监督的，应交由有关单位负责监督。国内财产保全措施采取后，没有要求有关单位予以监督。

（三）涉外财产保全中对被保全财产的监督

为了防止涉外保全财产被转移、灭失、毁损，人民法院决定保全的财产需要监督的，应当通知有关单位即对该财产有监管权力的机构负责监督，费用由被申请人承担。

在依法交由有关单位负责保管后，有关单位对查封、扣押的财物不履行监管职责，严重不负责任，造成毁损、灭失的，应当依法追究其法律责任。遭受损失的当事人可以依法向该有关单位追究赔偿责任。

（四）涉外财产保全的解除

财产保全解除的情形：（1）诉前保全措施采取后，提出保全申请的利害关系人逾期未向人民法院起诉的；（2）法院裁定准许财产保全后，被申请人提供担保的；（3）申请人主动撤回保全申请并经法院同意的；（4）案件诉讼进程顺利没有必要继续维持财产保全的。只要有任一情形存在，人民法院就应当解除财产保全。

财产保全解除的程序：（1）由人民法院发布解除保全的命令。（2）该命令由人民法院执行员执行。

（五）涉外财产保全错误的赔偿

1. 申请人保全申请错误的赔偿

涉外财产保全依据当事人申请主义进行，目的是切实保护当事人合法权益。如果其申请有错误的，实际损害的对方当事人的合法权益，因此，申请有错误的，申请人应当赔偿被申请人因财产保全所遭受的损失，以平等地保护双方当事人的合法利益。被申请人可以依法向有管辖权的法院提出涉外财产保全申请错误索赔诉讼。

2. 法院保全错误的赔偿

法院在涉外财产保全中若违法采取保全措施，如有明显超过申请人申请保全数额或者保全范围的，或依法不应当采取保全措施而采取保全措施或者依法不应当解除保全措施而解除保全措施的，对查封、扣押的财物不履行监管职责，严重不负责任，造成毁损、灭失的（但依法交由有关单位、个人负责保管的情形除外），变卖财产未由合法评估机构估价，或者应当拍卖而未依法拍卖，强行将财物变卖给他人的等等违法情形，并造成当事人财产损失的，应当根据2000年9月14日最高人民法院《关于民事、行政诉讼中司法赔偿若干问题的解释》的规定，依法承担民事司法赔偿责任。

第五节　涉外民事案件审理的特别注意事项

为了依法及时、公正审理好涉外民商事案件，促进我国对外经济贸易和招商引资等重大经济活动，适应加入世贸组织的新形势，人民法院在审理涉外民商事案件中应当特别注意：

一、各级人民法院审理涉外民商事案件时，要坚持国家主权原则和依法独立审判原则，严格依照冲突规范适用处理案件的民商事法律，切实保证案件处理的程序公正和实体公正，及时、平等地保护国内外当事人的合法权益

（一）程序公正方面

1. 坚持公开审理

涉外民商事案件除法律另有规定的以外一律公开审理，允许新闻媒体自负其责地进行报道。人民法院就重大涉外案件发布新闻或者新闻单位对于上述案件进行报道，要从严掌握，应当事先报请省级主管机关审核，征求外事部门的意见。

外国驻华使、领馆官员要求旁听涉外案件的公开审理，应向各省、自治区、直辖市高级人民法院提出申请，有关法院应予安排。旁听者应遵守人民法院的法庭规则。

对于依法不公开审理的涉外案件，外国驻华使、领馆官员要求旁听的，如有关国家

与我国已签订的领事条约中明确承担有关义务的，应履行义务；未明确承担有关义务的，应根据我国法律规定，由主管部门商同级外事部门解决。

2. 坚持公正审理

审判人员要严格遵守审判纪律，不得私自接待国外当事人或其他有关人员；严格执行回避制度，不得单独接触一方当事人及其关系人；对于涉外案件外国当事人所在国家外交机构代表的正式询问，应由受案法院负责接待，有关情况应及时报告上级法院。

制作涉外裁判文书应文字通畅，逻辑严密，格式规范，认证断理透彻，展示判决结果的形成过程，具有合法合情合理的说服力。要做到涉外裁判文书无懈可击，使涉外裁判文书成为向涉外当事人和国际社会公众展示我国法院文明、公正司法形象的载体，真正具有司法权威。

（二）实体公正方面

审理涉外案件必须做到认定事实客观、全面，适用法律准确、适当，实体处理公正、合法。除《中华人民共和国合同法》第126条第2款规定的三类合同必须适用中国法律外，均应依照有关规定或者当事人约定，准确选用准据法。

我国政府参加或承认的国际性法律规范，除声明保留的内容之外，无论是多边的还是双边的条约或协议，都是人民法院审理相关涉外案件的法律依据。人民法院对我国参加的国际公约，除我国声明保留的条款外，应予优先适用。

同时，涉外案件的双方当事人在合同中选择适用的国际惯例，只要不违背我国的社会公共利益，就应当作为解决当事人间纠纷的依据。最高人民法院早在1989年6月12日发出的《全国沿海地区涉外、涉港澳经济审判工作座谈会纪要》中就指出，凡是当事人在合同中引用的国际惯例，例如离岸价格（F. O. B）、成本加运费价格（C&F）、到岸价格（C. I. F）等国际贸易价格条件，以及托收、信用证付款等国际贸易支付方式，对当事人有约束力，法院应当尊重当事人的这种选择，予以适用。

世界贸易组织是当今世界制定国际贸易规则、解决多边贸易争端的最重要场所，其多年来制定的包括互惠互利、互相约束机制的一系列决议、规章、程序、办法，已成为国际社会通行的贸易规则。对于这些国际贸易法律规范，人民法院应当尽快熟悉并能够熟练地运用于涉外审判实践。

各级人民法院要加强对国际条约、国际惯例等国际经贸规范的学习，不断提高审查涉外民商事案件的水平，准确适用国际贸易法律规范。

二、严格把握限制出境，严禁限制人身自由

为保证我国司法权力的正常运作，《中华人民共和国出境入境管理法》（2012年6月30日全国人大常委会第11届27次会议通过）第12条、28条规定，中国公民、外国人有下列情形之一的，不准出境：“有未了结的民事案件，人民法院决定不准出境的”，据此规定，有未了结民事案件（包括经济纠纷案件）的外国人或中国公民出境的，由人民法院决定限制出境并执行，同时通报公安机关。

在审理涉外（以及涉及中国港、澳、台地区）案件的实践中，人民法院对当事人采取限制出境措施，应当只能是适用于当事人在我国境内有未了结民事经济纠纷案件，如其出境可能造成案件无法审理、无法执行的情况。包括：（1）对境外企业法人在我国有

尚未了结的经济纠纷案件，可对该企业法定代表人和业务的主管人员依法限制出境。(2) 对在我国的外商投资企业，如果该企业资不抵债，应当按照公司法、中外合资经营企业法等有关法律处理，不应限制外方的代表人和投资者出境；只有在外方股东利用投资蓄意欺诈的情况下，方可限制外方股东的法定代表人出境。

人民法院在限制出境时可以分别采取以下办法：1、向当事人口头通知或书面通知，在其案件（或问题）了结之前，不得离境；2、根据案件性质及当事人的具体情况，令其提供财产担保或交付一定数量保证金后准予出境；3、扣留当事人护照或其他有效出入境证件。但应在执照或其他出入境证件有效期内处理了结，同时发给本人扣留证件的证明。人民法院扣留当事人护照或其他有效出入境证件，如在出入境证件有效期内不能了结的，应当提前通知公安机关。

人民法院对某些不准出境的当事人，需在边防检查站阻止出境的，应填写《口岸阻止人员出境通知书》。在本省、自治区、直辖市口岸阻止出境的，应向本省、自治区、直辖市公安厅、局交控。在紧急情况下，如确有必要，也可先向边防检查站交控，然后按本通知的规定，补办交控手续。控制口岸超出本省、自治区、直辖市的，应通过有关省、自治区、直辖市公安厅、局办理交控手续。

人民法院确需限制外方当事人出境的，要严格按照《中华人民共和国出境入境管理法》的规定执行。具体执行中，要特别注意有理、有利、有节，同时，必须注意限制外方当事人出境，绝不能限制人身自由；对于任何限制其人身自由的做法，必须坚决依法予以制止。

三、慎重采取惩罚性措施

根据涉外审判主要集中于民商事领域。民商事纠纷主要是当事人的利益冲突。人民法院审理这些案件，要从解决当事人之间利益失衡入手，妥善解决争端，采取民事惩罚性措施应十分慎重。

【学习总结与拓展】

【关键词】 涉外民事诉讼　司法豁免　涉外民事诉讼管辖　涉外民事诉讼的送达　涉外财产保全

【思考题】

1. 涉外民事诉讼程序与国内民事诉讼程序的关系？
2. 我国司法豁免限制的法定情形有哪些？
3. 如何理解涉外民事诉讼的专属管辖？
4. 试述涉外财产保全与国内财产保全的联系和区别。
5. 涉外财产保全的解除情形有哪些？

【阅读资料】

1.《中华人民共和国民事诉讼法》（2017 年修正）第四编涉外民事诉讼程序的特别规定第二十三章一般原则、第二十四章管辖、第二十五章送达、期间。

2.《最高人民法院关于适用〈中华人民共和国民事诉讼法〉的解释》（法释〔2015〕5 号）二十二、涉外民事诉讼程序的特别规定。

3.《外交部、最高人民法院、最高人民检察院、公安部、安全部、司法部关于处理涉外案件若干问题的规定》(1995 年 6 月 20 日);《中华人民共和国外交特权与豁免条例》;《中华人民共和国领事特权与豁免条例》。

4.《关于向国外送达民事或商事司法文书和司法外文书公约》(1965 年海牙送达公约);《关于从国外调取民事或商事证据的公约》(1970 年海牙取证公约)。

5.《维也纳外交关系公约》、《维也纳领事关系公约》。

6.《最高人民法院关于涉外民商事案件诉讼管辖若干问题的规定》(法释〔2002〕5 号)。

7. 邵明:《我国涉外民事诉讼程序之完善》,《中国人民大学学报》2012 年第 4 期。

8. 杜焕芳:《涉外民事诉讼协议管辖条款之检视——兼评最高人民法院(2009)民三终字第 4 号裁定书》。

9. 湖北省高院民四庭:《涉外民事诉讼管辖权问题研究》,武汉大学出版社 2008 年 3 月版。

10. 焦燕:《涉外民事诉讼的被告财产管辖权:比较法之考察》,《环球法律评论》2011 年第 2 期。

第三十二章 涉外仲裁

【学习提示】通过本章学习，了解涉外仲裁的概念与特点、涉外仲裁协议的概念、掌握涉外仲裁程序，涉外仲裁裁决的履行与执行、撤销等内容。

第一节 涉外仲裁概述

一、涉外仲裁概念与特点

涉外仲裁，是指在涉外经济贸易、运输和海事活动过程中发生纠纷前后，根据双方当事人的约定，涉外仲裁机构在当事人双方参加下依仲裁规则和法律或国际惯例对当事人之间的纠纷进行庭审、调解、裁决的制度。简言之，涉外仲裁，就是对涉外经济贸易、运输和海事中发生的纠纷的仲裁。涉外仲裁包括涉外经济贸易仲裁和涉外海事仲裁。涉及我国香港、澳门特别行政区、中国台湾地区经济贸易、运输和海事中发生的纠纷的仲裁参照涉外仲裁办理。

涉外仲裁与国内仲裁，有相同之处：两者机构都是民间机构而非官方机构，都没有法律赋予的强制权力，都不按照国家行政区划设置，都没有管辖地域的限制，都实行一裁终裁。都按照各自制定的仲裁规则进行程序性活动。

涉外仲裁与涉外诉讼有联系：根据民事诉讼法规定，涉外经济贸易、运输和海事中发生的纠纷，当事人在合同中订有仲裁条款或者事后达成书面仲裁协议，提交中华人民共和国涉外仲裁机构或者其他仲裁机构仲裁的，当事人不得向人民法院起诉。当事人在合同中没有订有仲裁条款或者事后没有达成书面仲裁协议的，可以向人民法院起诉。在涉外仲裁协议无效、失效或者内容不明无法确定的情况下，法院也可以受理当事人提起的涉外民事诉讼。在涉外仲裁中的财产保全，由涉外仲裁机构提交被申请人住所地或财产所在地的中级人民法院裁定是否实施。在一方当事人不觉履行涉外仲裁裁决时，对方当事人可以向被申请人住所地或者财产所在地的中级人民法院申请执行。

涉外仲裁所具有的与国内仲裁和涉外民事诉讼的不同特点在于：

1. 涉外仲裁具有国际性。一是仲裁事项多属于国际经济贸易和海事海商活动领域发生的具有国际性的纠纷。二是当事人大多来自不同国家的公民、法人或无国籍人，或同一国家不同司法领域的公民、法人。三是仲裁机构裁决可以根据国际经济贸易和海事海商领域所公认的国际惯例。这些惯例是各国长期商业交往形成，既涉及实体法又涉及程序法。涉外仲裁机构参照这些国际惯例可以弥补我国法律法规的某些缺陷，也利于双方当事人接受裁决结果，从而合理、迅速地解决当事人间的争执。

2. 涉外仲裁具有当事人意思自治的充分性。当事人双方可以自由意志达成合意选择仲裁地点、仲裁机构和仲裁员、仲裁适用程序、仲裁适用法律或国际商业惯例。

3. 涉外仲裁具有高度的效益性。一是由于仲裁机构的分布面较广泛，与涉外诉讼的普通审判机关相比不是按照行政区划而设，且没有固定的管辖地域限制，十分方便世界各国的纠纷当事人选择利用我国涉外仲裁机构提供的仲裁服务。国内仲裁委员会的主要职责是受理国内仲裁案件，涉外仲裁案件的当事人自愿选择新组建的仲裁委员会仲裁的，国内仲裁委员会可以受理，国内仲裁委员会受理的涉外仲裁案件的仲裁收费与国内仲裁案件的仲裁收费应当采用同一标准。二是涉外仲裁机构所聘任的仲裁员是对法律、经济贸易、科学技术等方面或者对航海、海上运输、对外贸易、保险及风险管理和法律等方面具有专门知识和实际经验的行家里手，具有较强的处理国际经贸、海事纠纷的断案能力。三是仲裁程序简便易行，仲裁审理比司法裁判时间短结案快，且仲裁费用较涉外诉讼费用低廉。

4. 涉外仲裁具有保守商业秘密隐私性。与涉外诉讼相比较，涉外仲裁不公开庭审，以利于当事人保守国际商业贸易的业务秘密和避免公开渲染国际商业伙伴之间的不愿意让人知晓的矛盾隐私而影响当事人在国际商务领域的信誉脸面。因此，它深受国际商界的欢迎。

5. 涉外仲裁机构的组织独特性。涉外仲裁机构都属于中国国际商会，且只有两个即中国国际经济贸易仲裁委员会和中国海事仲裁委员会（这两个机构在其机构所在地之外设有若干分会或办事处，但不与仲裁委员会分离独立）。而国内仲裁机构则是分立的即依据仲裁法等法律规范由各地自组或各自领域自立，其标志是在仲裁委员会前加冠其所在地名称如“成都仲裁委员会”、“威海仲裁委员会”等或加冠领域名称如“劳动争议仲裁委员会”。并且不在本仲裁委员会所在地之外异地设置分会或办事处。根据仲裁法第67条规定涉外仲裁委员会可以从具有法律、经济贸易、科学技术等专门知识的外籍人士中聘任仲裁员，而国内仲裁机构尚未被法律允许从外籍人士中聘任仲裁员。如1996年8月20日司法部《关于威海仲裁委员会是否可以聘任外籍人士担任仲裁员的批复》认为，威海仲裁委员会不宜聘任外籍人士担任仲裁员。涉外民事诉讼的审判机关决不允许外籍人士充当审判人员。

二、涉外仲裁机构

目前，我国涉外仲裁机构有两个：中国国际经济贸易仲裁委员会和中国海事仲裁委员会。

（一）中国国际经济贸易仲裁委员会

中国国际经济贸易仲裁委员会隶属于中国国际商会（原中国国际经济贸易促进委员会）。根据原中央人民政府政务院1954年5月的决定成立，原名中国国际贸易促进委员会对外贸易仲裁委员会，后名中国国际贸易促进委员会对外经济贸易仲裁委员会，现名中国国际经济贸易仲裁委员会。其组织结构是：仲裁委员会设名誉主任一人、顾问若干人。仲裁委员会由主任一人、副主任若干人和委员若干人组成。主任履行本规则赋予的职责，副主任受主任的委托可以履行主任的职责。仲裁委员会设秘书局，在仲裁委员会秘书长的领导下负责处理仲裁委员会的日常事务。仲裁委员会设立仲裁员名册，仲裁员由仲裁委员会从对法律、经济贸易、科学技术等方面具有专门知识和实际经验的中外人士中聘任。

中国国际经济贸易仲裁委员会设在北京。在深圳设有仲裁委员会深圳分会，在上海设有仲裁委员会上海分会。仲裁委员会分会是仲裁委员会的组成部分。仲裁委员会分会设秘书处，在仲裁委员会分会秘书长的领导下负责处理仲裁委员会分会的日常事务。中国国际经济贸易仲裁委员会《仲裁规则》统一适用于仲裁委员会及其分会。

（二）中国海事仲裁委员会

中国海事仲裁委员会隶属于中国国际商会（原中国国际贸易促进委员会），根据国务院1958年11月的决定成立，原名中国国际贸易促进委员会海事仲裁委员会，1988年6月21日经国务院批准中国国际贸易促进委员会海事仲裁委员会改名为中国海事仲裁委员会，现行隶属关系不变。海事仲裁委员会的组织结构：仲裁委员会设名誉主任一人、顾问若干人。仲裁委员会由主任一人、副主任若干人和委员若干人组成。主任履行本规则赋予的职责，副主任受主任的委托可以履行主任的职责。仲裁委员会设秘书处，在仲裁委员会秘书长的领导下负责处理仲裁委员会的日常事务。仲裁委员会设立仲裁员名册，仲裁员由仲裁委员会从对航海、海上运输、对外贸易、保险及风险管理和法律等方面具有专门知识和实际经验的中外人士中聘任。

中国海事仲裁委员会设在北京。根据仲裁业务发展的需要，仲裁委员会可以在中国境内其他地方设立仲裁委员会分会或办事处。办事处是仲裁委员会的宣传、咨询和联络机构，在仲裁委员会的统一领导下，从事海事仲裁的宣传、调研和咨询工作，协助仲裁委员会在当地安排开庭，但不从事仲裁案件的受理、收费和审理。

三、涉外仲裁的案件范围

中国国际经济贸易仲裁委员会以仲裁的方式，独立、公正地解决契约性或非契约性的经济贸易等争议。其受理的仲裁案件范围包括：（1）国际的或涉外的争议；（2）涉及中国香港特别行政区、澳门特别行政区或中国台湾地区的争议；（3）外商投资企业相互之间以及外商投资企业与中国其他法人、自然人及/或经济组织之间的争议；（4）涉及中国法人、自然人及/或其他经济组织利用外国的、国际组织的或中国香港特别行政区、澳门特别行政区、中国台湾地区的资金、技术或服务进行项目融资、招标投标、工程建筑等活动的争议；（5）中华人民共和国法律、行政法规特别规定或特别授权由仲裁委员会受理的争议；（6）当事人协议由仲裁委员会仲裁的其他国内争议等方面的案件。（7）《国务院证券委员会关于指定中国国际经济贸易仲裁委员会为证券争议仲裁机构的通知》（证委发〔1994〕20号）（依据《股票发行与交易管理暂行条例》第80条的规定）指定中国国际经济贸易仲裁委员会仲裁的证券经营机构之间以及证券经营机构与证券交易场所之间因股票的发行或者交易引起的争议。

中国国际经济贸易仲裁委员会不受理下列争议：（1）婚姻、收养、监护、扶养、继承争议；（2）依法应当由行政机关处理的行政争议；（3）劳动争议和农业集体经济组织内部的农业承包合同争议。

中国海事仲裁委员会以仲裁的方式，独立、公正地解决产生于远洋、近洋、沿海和与海相通的可航水域的运输、生产和航行等有关过程中所发生的契约性或非契约性的海事争议，以保护当事人的合法权益，促进国内外海商事业和经济贸易的发展。海事仲裁委员会受理下列海事争议仲裁案件：（1）船舶救助、共同海损所发生的争议；（2）船舶或其他海上移动式装置碰撞，或者船舶或其他海上移动式装置与海上、通海水域、港口建筑物和设施以及海底、水下设施触碰所发生的争议；（3）提单、运单、航次租船合同和其中一种为海上运输方式的多式联运合同或者其他运输单证涉及的国际远洋、国际近洋、沿海和与海相通的可航水域的货物运输业务所发生的争议，以及上述水域的旅客运输所发生的争议；（4）船舶或其他海上移动式装置或集装箱及其他装运器具的租用、租赁，或者船舶或其他海上移动式装置的经营、作业、代理、拖带、打捞和拆解业务所发生的争议；（5）船舶或其他海上移动式装置的所有权、优先权所发生的争议；（6）国际远洋、国际近洋、沿海和与海相通可航水域的船舶或其他海上移动式装置的保险、货物运输保险、旅客运输保险、海上开发资源保险及其再保险，以及船舶保赔业务等所发生的争议；（7）船舶或其他海上移动式装置以及集装箱或其他装运器具的买卖、建造和修理业务所发生的争议；（8）船舶或其他海上移动式装置的抵押贷款所发生的争议；（9）货运代理合同、船舶物料供应合同、船员劳务合同、渔业生产及捕捞合同等所发生的争议；（10）海洋资源开发利用及海洋环境污染损害所发生的争议；（11）海事担保所发生的争议；（12）双方当事人协议仲裁的其他海事争议或与海事有关的争议。

四、涉外仲裁的收费

涉外仲裁机构除按照其制定的仲裁费用表向当事人收取仲裁费外，可以向当事人收取其他额外的、合理的实际开支，包括仲裁员办理案件的特殊报酬、差旅费、食宿费以及仲裁庭聘请专家、鉴定人和翻译等的费用。

涉外仲裁机构对双方当事人自行达成和解后申请撤销的案件，以及当事人在仲裁委员会之外通过调解达成和解协议后凭当事人达成的由仲裁委员会仲裁的仲裁协议和他们的和解协议，请求仲裁委员会指定一名独任仲裁员，按照和解协议的内容作出裁决的案件，可以视工作量的大小和实际开支的多少，收取仲裁费。

第二节　涉外仲裁协议

一、涉外仲裁协议的概念

涉外仲裁协议，是指涉外民商事海事纠纷当事人在合同中订明的仲裁条款，或者以其他方式达成的提交仲裁的书面协议。

涉外仲裁协议，其实质是当事人双方达成合意自愿将涉外经济纠纷海事争议提交给涉外仲裁机构解决的意思表示。仲裁协议包括的内容有：请求仲裁的意思表示、仲裁地点、仲裁机构、仲裁事项和仲裁规则。

涉外仲裁协议应当采用书面方式，可以在冲突发生后单独制作提交涉外仲裁机构仲裁的书面协议，也可事先在合同中确立仲裁条款。司法解释规定，涉外经济合同的解除或者终止，不影响合同中仲裁条款的效力。当事人一方因订有仲裁条款的涉外经济合同被解除或者终止向人民法院起诉的，不予受理。

二、涉外仲裁协议的效力

涉外仲裁协议是涉外仲裁机构受理案件的唯一依据，并具有排除法院管辖权包括专属管辖权的效力。

涉外仲裁机构仲裁权的行使只能是建立在当事人共同自愿仲裁的基础之上，没有当事人的书面仲裁协议，仲裁机构不能行使仲裁权。涉外仲裁机构根据当事人在争议发生之前或者在争议发生之后达成的将争议提交仲裁委员会仲裁的仲裁协议和一方当事人的书面申请，受理案件。

涉外仲裁委员会有权对仲裁协议的存在、效力以及仲裁案件的管辖权作出决定。当事人对仲裁协议的效力有异议的，如果一方申请仲裁委员会作出决定，另一方申请人民法院作出裁定，则由人民法院裁定。这里应当注意，《最高人民法院关于审理和执行涉外民商事案件应当注意的几个问题的通知（法〔2000〕51号）》明确规定，人民法院根据当事人的申请，依照法律规定，拟裁定涉外合同仲裁协议无效的，应先逐级呈报最高人民法院，待最高人民法院答复同意后才可以确认仲裁协议无效。

但是，对仲裁协议效力的异议，如果仲裁委员会先于人民法院接受申请并已作出决定，以仲裁委员会的决定为准。合同中的仲裁条款应视为与合同其他条款分离地、独立地存在的条款，附属于合同的仲裁协议也应视为与合同其他条款分离地、独立地存在的一个部分；合同的变更、解除、终止、失效或无效以及存在是否，均不影响仲裁条款或仲裁协议的效力。对仲裁协议或仲裁案件管辖权的抗辩，应当在仲裁庭首次开庭前提出；对书面审理的案件的管辖权的抗辩，应当在第一次实体答辩前提出。逾期提出，视为放弃提出异议的权利。对仲裁协议或仲裁案件管辖权提出抗辩不影响仲裁程序的进行。

涉外经济贸易纠纷的双方当事人可以约定将其争议提交中国国际经济贸易仲裁委员会在北京进行仲裁，或者约定将其争议提交仲裁委员会深圳分会在深圳进行仲裁，或者约定将其争议提交仲裁委员会上海分会在上海进行仲裁；如无此约定，则由申请人选择，由仲裁委员会在北京进行仲裁，或者由其深圳分会在深圳进行仲裁，或者由其上海分会在上海进行仲裁；作此选择时，以首先提出选择的为准；如有争议，应由仲裁委员会作出决定。仲裁协议或合同中的仲裁条款订明由中国国际经济贸易仲裁委员会或其分会仲裁或由其旧名称的中国国际贸易促进委员会对外贸易仲裁委员会或对外经济贸易仲裁委员会仲裁的，均应视为双方当事人一致同意由中国国际经济贸易仲裁委员会或其分会仲裁。当事人在仲裁协议或合同中的仲裁条款订明由中国国际贸易促进委员会/中国国际商会仲裁或由中国国际贸易促进委员会/中国国际商会的仲裁委员会或仲裁院仲裁的，均应视为双方当事人一致同意由中国国际经济贸易仲裁委员会仲裁。

海事争议的当事人在仲裁协议或合同中的仲裁条款订明由中国海事仲裁委员会仲裁或由其旧名称的中国国际贸易促进委员会海事仲裁委员会仲裁或由中国贸促会/中国国际商会仲裁的，均应视为双方当事人一致同意由中国海事仲裁委员会仲裁。凡当事人同意将争议提交仲裁委员会仲裁的，均视为同意按照中国海事仲裁委员会《仲裁规则》进行仲裁。但当事人对仲裁程序另有约定并经仲裁委员会同意的，从其约定。

第三节　涉外仲裁程序

涉外仲裁程序自仲裁委员会或其分会发出仲裁通知之日起开始。涉外仲裁程序的主要阶段与内容有：仲裁申请、答辩、反请求；委托仲裁代理人；涉外仲裁保全；设立海事赔偿责任限制基金；涉外仲裁审理的普通程序；涉外仲裁审理的简易程序等。

一、仲裁申请、答辩、反请求

（一）仲裁申请

申请人提出仲裁申请时应当：

1. 提交仲裁申请书

申请人应当提交仲裁申请书。仲裁申请书应写明：(1) 申请人和被申请人的名称和住所（如有邮政编码、电话、电传、传真、电报号码或其他电子通讯方式，也应写明）；(2) 申请人所依据的仲裁协议；(3) 案情和争议要点；(4) 申请人的请求及所依据的事实和理由、证据。

仲裁申请书应由申请人及/或申请人授权的代理人签名及/或盖章。

2. 提交证据

在提交仲裁申请书时，附具申请人请求所依据的事实的证明文件。

3. 预交仲裁费

按照仲裁委员会制定的仲裁费用表的规定预缴仲裁费。

（二）对仲裁申请的审查受理

仲裁委员会收到申请人的仲裁申请书及其附件后，经过审查：(1) 认为申请仲裁的手续不完备的，可以要求申请人予以完备。(2) 认为申请仲裁的手续已完备的，应立即向被申请人发出仲裁通知，并将申请人的仲裁申请书及其附件，连同仲裁委员会的仲裁规则、仲裁员名册和仲裁费用表各一份，一并发送给被申请人，同时也将仲裁通知、仲裁规则、仲裁员名册和仲裁费用表发送给申请人。

（三）选择仲裁员组成仲裁庭

申请人和被申请人应各自在收到仲裁通知之日起 20 日内在仲裁委员会仲裁员名册中各自选定一名仲裁员，或者委托仲裁委员会主任指定。申请人或者被申请人未选定或者委托仲裁委员会主任指定仲裁员的，则由仲裁委员会主任指定。

仲裁庭包括合议仲裁庭与独任仲裁庭两种类型：

1. 合议仲裁庭的组成：(1) 双方当事人应当各自在仲裁委员会仲裁员名册中选定一名仲裁员或者委托仲裁委员会主任指定。第三名仲裁员由双方当事人共同选定或者共同委托仲裁委员会主任指定。(2) 如果双方当事人在被申请人收到仲裁通知之日起 20 日内未能共同选定或者共同委托仲裁委员会主任指定第三名仲裁员，则由仲裁委员会主任指定。第三名仲裁员担任首席仲裁员。(3) 首席仲裁员与被选定或者被指定的两名仲裁员组成仲裁庭，共同审理案件。

2. 独任仲裁庭的组成：(1) 双方当事人可以在仲裁委员会仲裁员名册中共同选定或者共同委托仲裁委员会主任指定一名仲裁员作为独任仲裁员，成立仲裁庭，单独审理案件。(2) 如果双方当事人约定由一名独任仲裁员审理案件，但在被申请人收到仲裁通知之日起 20 日内未能就独任仲裁员的人选达成一致意见，则由仲裁委员会主任指定。

3. 仲裁案件有两个或者两个以上申请人及/或被申请人时，申请人之间及/或被申请人之间应当经过协商，在仲裁委员会仲裁员名册中各自共同选定或者各自共同委托仲裁委员会主任指定一名仲裁员。

如果申请人之间及/或被申请人之间未能在收到仲裁通知之日起 20 日内各自共同选定或者各自共同委托仲裁委员会主任指定一名仲裁员，则由仲裁委员会主任指定。

4. 被选定或者被指定的仲裁员，与案件有个人利害关系的，应当自行向仲裁委员会披露并请求回避。

5. 仲裁员回避

当事人对被选定或者被指定的仲裁员的公正性和独立性产生具有正当理由的怀疑时，可以书面向仲裁委员会提出要求该仲裁员回避的请求，但应说明提出回避请求所依据的具体事实和理由，并举证。

对仲裁员的回避请求应在第一次开庭之前以书面形式提出；如果要求回避事由的发生和得知是在第一次开庭审理之后，则可以在最后一次开庭终结之前提出。

仲裁员是否回避，由仲裁委员会主任作出决定。在仲裁委员会主任就仲裁员是否回避作出决定前，被请求回避的仲裁员应当继续履行职责。

仲裁员因回避或者由于死亡、除名等其他原因不能履行职责时，应按照原选定或者指定该仲裁员的程序，选定或者指定替代的仲裁员。

替代的仲裁员选定或者指定后，由仲裁庭决定以前进行过的全部或部分审理是否需要重新进行。

(四) 仲裁答辩

被申请人应在收到仲裁通知之日起 45 日内向仲裁委员会秘书局提交答辩书和有关证明文件。如海事仲裁的被申请人逾期提交的，海事仲裁庭有权决定是否接受。

被申请人如有反请求，最迟应在收到仲裁通知之日起 60 日内以书面形式提交仲裁委员会。仲裁庭认为有正当理由的，可以适当延长此期限。

被申请人提出反请求时，应在其书面反请求中写明具体的反请求及其所依据的事实和理由，并附具有关的证明文件。

(五) 被申请人的反请求

被申请人提出反请求，应当按照仲裁委员会的仲裁费用表的规定预缴仲裁费。

(六) 与请求、反请求相关的其他事宜

1. 对仲裁请求或反请求的修改

申请人可以对其仲裁请求提出修改，被申请人也可以对其反请求提出修改；但是，仲裁庭认为其修改的提出过迟而影响仲裁程序正常进行的，可以拒绝其修改。

2. 对仲裁申请书、答辩书、反请求书和有关证明材料以及其他文件提交数量的要求

当事人提交仲裁申请书、答辩书、反请求书和有关证明材料以及其他文件时，应一式五份，如果当事人人数超过两人，则应增加相应份数，如果仲裁庭组成人数为一人，则可以减少两份。

3．对未提交书面答辩的处理

被申请人未提交书面答辩及/或申请人对被申请人的反请求未提出书面答辩的，不影响仲裁程序的进行。

二、委托仲裁代理人

当事人可以委托仲裁代理人办理有关的仲裁事项；接受委托的仲裁代理人，应向仲裁委员会提交授权委托书。中国公民和外国公民均可以接受委托，担任仲裁代理人。

三、涉外仲裁保全

涉外仲裁保全，包括涉外仲裁程序开始后和开始前的财产保全、证据保全、行为保全。

（一）财产保全

当事人申请财产保全，仲裁委员会应当将当事人的申请提交被申请人住所地或其财产所在地的人民法院作出裁定。根据民事诉讼法第 272 条规定，当事人申请采取财产保全的，中华人民共和国的涉外仲裁机构应当将当事人的申请，提交被申请人住所地或者财产所在地的中级人民法院裁定。基层法院依法不进行涉外仲裁财产保全工作。

中级人民法院在接到我国涉外仲裁机构将当事人的财产保全申请提交后，根据最高人民法院贯彻民事诉讼法意见第 317 条规定，可以进行审查，决定是否进行保全。裁定采取保全的，应当责令申请人提供担保，申请人不提供担保的，裁定驳回申请。根据《最高人民法院关于实施〈中华人民共和国仲裁法〉几个问题的通知》（法发［1997］4号）规定，在仲裁过程中，当事人申请财产保全的，一般案件由被申请人住所地或者财产所在地的基层人民法院作出裁定；属涉外仲裁案件的，依据《民事诉讼法》第 273 条的规定，由被申请人住所地或者财产所在地的中级人民法院作出裁定。有关人民法院对仲裁机构提交的财产保全申请应当认真进行审查，符合法律规定的，即应依法作出财产保全的裁定；如认为不符合法律规定的，应依法裁定驳回申请。

海事仲裁当事人在海事仲裁程序开始后申请财产保全的，海事仲裁委员会应当将当事人的申请提交被申请人住所地或其财产所在地的海事法院；当事人在仲裁程序开始前申请海事请求保全的，应当依照《中华人民共和国海事诉讼特别程序法》第三章对海事请求保全的规定，直接向被保全的财产所在地海事法院提出。

（二）证据保全

按照涉外仲裁规则，当事人申请证据保全，涉外仲裁机构应当将当事人的申请提交证据所在地的人民法院作出裁定。根据仲裁法第 68 条和《最高人民法院关于人民法院执行工作若干问题的规定（试行）（法释〔1998〕15 号）》第 12 条规定，在涉外仲裁过程中，当事人申请证据保全经涉外仲裁委员会提交人民法院的，由证据所在地的中级人民法院的执行机构专门负责裁定并执行。

涉外海事仲裁证据保全，则由海事法院负责进行。海事仲裁的当事人在仲裁程序开始后申请证据保全，仲裁委员会应当将当事人的申请提交证据所在地的海事法院；当事人在仲裁程序开始前申请证据保全的，应当依照《中华人民共和国海事诉讼特别程序法》第五章对海事证据保全的规定，直接向被保全的证据所在地海事法院提出。由海事法院根据海事请求人的申请，对有关海事请求的证据予以提取、保存或者封存。根据海事诉讼法规定，海事法院证据保全不受当事人之间关于该海事请求的仲裁协议的约束。

（三）行为保全

涉外仲裁的行为保全，目前只发生在海事仲裁领域，即指海事仲裁请求人申请海事强制令规制被请求人行为。海事强制令是指海事法院根据海事请求人的申请，为使其合法权益免受侵害，责令被请求人作为或者不作为的强制措施。海事仲裁程序开始后当事人申请海事强制令的，仲裁委员会应当将当事人的申请提交海事纠纷发生地的海事法院；当事人在仲裁程序开始前申请海事强制令的，应当依照海事诉讼特别程序法第四章对海事强制令的规定，直接向海事纠纷发生地的海事法院提出。海事强制令不受当事人之间关于该海事请求的仲裁协议的约束。

四、设立海事赔偿责任限制基金

海事仲裁程序开始后当事人申请设立海事赔偿责任限制基金的，海事仲裁委员会应当将当事人的申请提交事故发生地、合同履行地或者船舶扣押地海事法院；当事人在仲裁程序开始前申请设立海事赔偿责任限制基金的，应当依照海事诉讼特别程序法第九章对设立海事赔偿责任限制基金程序的规定，直接向事故发生地、合同履行地或者船舶扣押地海事法院提出。海事法院设立海事赔偿责任限制基金，不受当事人之间关于该海事请求的仲裁协议的约束。

五、涉外仲裁审理的普通程序

（一）仲裁审理方式与地点、语言文字

1. 仲裁审理方式

涉外仲裁审理方式有二种开庭审理和书面审理：（1）仲裁庭应当开庭审理案件。（2）但经双方当事人申请或者征得双方当事人同意，仲裁庭也认为不必开庭审理的，仲裁庭可以只依据书面文件进行审理并作出裁决。

2. 仲裁审理地点

当事人约定了仲裁地点的，仲裁案件的审理应当在约定的地点进行。除非当事人另有约定，由仲裁委员会受理的案件应当在北京进行审理，经仲裁委员会秘书长同意，也可以在其他地点进行审理。由仲裁委员会分会受理的案件应当在该分会所在地进行审理，经该分会秘书长同意，也可以在其他地点进行审理。

3. 仲裁审理语言文字

仲裁委员会以中文为正式语文。当事人另有约定的，则从其约定。

仲裁庭开庭时，如果当事人或其代理人、证人需要语文翻译，可以由仲裁委员会秘书局提供译员，也可以由当事人自行提供译员。

对当事人提交的各种文书和证明材料，仲裁庭及/或仲裁委员会秘书局认为必要时，可以要求当事人提供相应的中文译本或其他语文的译本。

（二）开庭审理

1. 开庭审理通知

涉外仲裁案件第一次开庭审理的日期，经仲裁庭商仲裁委员会秘书局决定后，由秘书局于开庭前 30 日通知双方当事人。当事人有正当理由的，可以请求延期，但是必须在开庭前 12 日以书面形式向秘书局提出；是否延期，由仲裁庭决定。

第一次开庭审理以后的开庭审理的日期的通知，不受 30 日期限的限制。

2. 开庭审理方式

仲裁庭开庭审理案件不公开进行，如果双方当事人要求公开审理，由仲裁庭作出是否公开审理的决定。

不公开审理的案件，双方当事人及其仲裁代理人、证人、仲裁员、仲裁庭咨询的专家和指定的鉴定人、仲裁委员会秘书局的有关人员，均不得对外界透露案件实体和程序进行的情况。

3. 当事人举证与仲裁庭调查取证

（1）开庭审理中，当事人应当对其申请、答辩和反请求所依据的事实提出证据。

（2）仲裁庭认为必要时，可以自行调查事实，收集证据。

仲裁庭自行调查事实，收集证据时，认为有必要通知双方当事人到场的，应及时通知双方当事人到场，经通知而一方或双方当事人不到场的，仲裁庭自行调查事实和收集证据的行动不受其影响。

（3）仲裁庭可以就案件中的专门问题向专家咨询或者指定鉴定人进行鉴定。专家和鉴定人可以是中国或外国的机构或公民。

仲裁庭有权要求当事人，而且当事人也有义务向专家/鉴定人提供或出示任何有关资料、文件或财产、货物，以供专家/鉴定人审阅、检验及/或鉴定。

专家报告和鉴定报告的副本，应送给双方当事人，给予双方当事人对专家报告和鉴定报告提出意见的机会。任何一方当事人要求专家/鉴定人参加开庭的，经仲裁庭同意后，专家/鉴定人可以参加开庭，并在仲裁庭认为必要和适宜的情况下就他们的报告作出解释。

（4）当事人提出的证据由仲裁庭审定；专家报告和鉴定报告，由仲裁庭决定是否采纳。

（5）仲裁庭开庭审理时，一方当事人不出席，仲裁庭可以进行缺席审理和作出缺席裁决。

4. 庭审笔录和录音

开庭审理时，仲裁庭可以作庭审笔录及/或录音。仲裁庭认为必要时，可以作出庭审要点，并要求当事人及/或其代理人、证人及/或其他有关人员在庭审要点上签字或者盖章。

庭审笔录和录音只供仲裁庭查用。

（三）和解

1. 在仲裁庭之外自行达成和解

当事人在仲裁庭之外（亦即当事人向仲裁委员会已经提交书面仲裁申请并进入涉外仲裁程序之中但在没有仲裁庭参与的情况下当事人双方自己就）自行达成和解的，可以请求仲裁庭根据其和解协议的内容作出裁决书结案，也可以申请撤销案件。

在仲裁庭组成前撤销案件的，由仲裁委员会秘书长作出决定；在仲裁庭组成后撤销案件的，由仲裁庭作出决定。

当事人就已经撤销的案件再提出仲裁申请时，由仲裁委员会主任作出受理或者不受理的决定。

2. 在仲裁委员会之外通过调解达成和解

当事人在仲裁委员会之外（亦即当事人还没有向仲裁委员会提出书面仲裁申请尚未进入涉外仲裁程序之中就）通过调解达成和解协议的，可以凭当事人达成的由仲裁委员会仲裁的仲裁协议和他们的和解协议，请求仲裁委员会指定一名独任仲裁员，按照和解协议的内容作出仲裁裁决。

3. 经仲裁庭调解达成和解

如果双方当事人有调解愿望，或一方当事人有调解愿望并经仲裁庭征得另一方当事人同意的，仲裁庭可以在仲裁程序进行过程中对其审理的案件进行调解。

仲裁庭可以按照其认为适当的方式进行调解。

仲裁庭在进行调解的过程中，任何一方当事人提出终止调解或仲裁庭认为已无调解成功的可能时，应停止调解。

在仲裁庭进行调解的过程中，双方当事人在仲裁庭之外达成和解的，应视为是在仲裁庭调解下达成的和解。

经仲裁庭调解达成和解的，双方当事人应签订书面和解协议；除非当事人另有约定，仲裁庭应当根据当事人书面和解协议的内容作出裁决书结案。

如果调解不成功，任何一方当事人均不得在其后的仲裁程序、司法程序和其他任何程序中援引对方当事人或仲裁庭在调解过程中发表过的、提出过的、建议过的、承认过的以及愿意接受过的或否定过的任何陈述、意见、观点或建议作为其请求、答辩及/或反请求的依据。

一方当事人知道或者理应知道仲裁规则或仲裁协议中规定的任何条款或情事未被遵守，但仍参加仲裁程序或继续进行仲裁程序而且不对此不遵守情况及时地明示地提出书面异议的，视为放弃其提出异议的权利。

（四）裁决

1. 裁决期限

仲裁庭应当在组庭之日起 9 个月内作出仲裁裁决书。在仲裁庭的要求下，仲裁委员会秘书长认为确有必要和确有正当理由的，可以延长该期限。

2. 裁决原则

（1）仲裁庭应当根据事实，依照法律和合同规定，参考国际惯例，并遵循公平合理原则，独立公正地作出裁决。

（2）由三名仲裁员组成的仲裁庭审理的案件，仲裁裁决依全体仲裁员或多数仲裁员的意见决定，少数仲裁员的意见可以作成记录附卷。

（3）仲裁庭不能形成多数意见时，仲裁裁决依首席仲裁员的意见作出。

3. 裁决方式

涉外裁决方式，是书面裁决即必须制作裁决书。

仲裁庭在其作出的仲裁裁决中，应当写明仲裁请求、争议事实、裁决理由、裁决结果、仲裁费用的负担、裁决的日期和地点。当事人协议不愿写明争议事实和裁决理由的，以及按照双方当事人和解协议的内容作出裁决的，可以不写明争议事实和裁决理由。

除非仲裁裁决依首席仲裁员意见或独任仲裁员意见作出，仲裁裁决应由多数仲裁员署名。持有不同意见的仲裁员可以在裁决书上署名，也可以不署名。

仲裁员应在签署裁决前将裁决书草案提交仲裁委员会。在不影响仲裁员独立裁决的情况下，仲裁委员会可以就裁决书的形式问题提请仲裁员注意。

仲裁庭认为必要或者当事人提出经仲裁庭同意时，可以在仲裁过程中在最终仲裁裁决作出之前的任何时候，就案件的任何问题作出中间裁决或部分裁决。任何一方当事人不履行中间裁决，不影响仲裁程序的继续进行，也不影响仲裁庭作出最终裁决。

仲裁庭有权在裁决书中裁定败诉方应当补偿胜诉方因为办理案件所支出的部分合理的费用，但补偿金额最多不得超过胜诉方胜诉金额的10%。

裁决书应加盖仲裁委员会印章。

4. 裁决效力

(1) 裁决生效日期

作出仲裁裁决书的日期，即为仲裁裁决发生法律效力的日期。

(2) 裁决的约束力

仲裁裁决是终局的，对双方当事人均有约束力。任何一方当事人均不得向法院起诉，也不得向其他任何机构提出变更仲裁裁决的请求。

(3) 更正裁决

任何一方当事人均可以在收到仲裁裁决书之日起30日内就仲裁裁决书中的书写、打印、计算上的错误或其他类似性质的错误，书面申请仲裁庭作出更正；如果确有错误，仲裁庭应在收到书面申请之日起30日内作出书面更正，仲裁庭也可以在发出仲裁裁决书之日起30日内自行以书面形式作出更正。该书面更正构成裁决书的一部分。

(4) 补充裁决

涉外仲裁裁决如有漏裁事项，任何一方当事人均可以在收到仲裁裁决书之日起30日内以书面形式请求仲裁庭就仲裁裁决中漏裁的仲裁事项作出补充裁决。

原裁决书确有漏裁事项的，仲裁庭应在收到上述书面申请之日起30日内作出补充裁决，仲裁庭也可以在发出仲裁裁决书之日起30日内自行作出补充裁决。补充裁决构成原裁决书的一部分。

(五) 送达

涉外仲裁机构对于有关仲裁的一切文书、通知、材料等均可以派人或以挂号信或航空特快专递、传真、电传、电报或仲裁委员会秘书处认为适当的其他方式发送给当事人或其仲裁代理人。

向当事人或其代理人发送的任何书面通讯，如经当面递交收讯人或投递至收讯人的营业地点、惯常住所或通讯地址，或者经合理查询不能找到上述任一地点而以挂号信或能提供作过投递企图的记录的其他任何手段投递给收讯人最后一个为人所知的营业地点、惯常住所或通讯地址，即应视为已经送达。

六、涉外仲裁审理的简易程序

（一）简易程序适用的案件范围

除非当事人另有约定，凡是争议金额不超过人民币50万元的（含50万元，但不包括利息），或争议金额超过人民币50万元，经一方当事人书面申请并征得另一方当事人书面同意的，适用本简易程序。

（二）简易程序的申请

申请人向仲裁委员会提出仲裁申请，经审查可以受理并适用简易程序的，仲裁委员会秘书局应立即向双方当事人发出仲裁通知。

（三）简易程序仲裁庭的组织

除非双方当事人已从仲裁委员会仲裁员名册中共同选定了一名独任仲裁员，双方当事人应在被申请人收到仲裁通知之日起15日内在仲裁委员会仲裁员名册中共同选定或者共同委托仲裁委员会主任指定一名独任仲裁员。双方当事人逾期未能共同选定或者共同委托仲裁委员会主任指定的，仲裁委员会主任应立即指定一名独任仲裁员成立仲裁庭审理案件。

（四）简易程序的运作

1. 被申请人应在收到仲裁通知之日起30日内向仲裁委员会提交答辩书及有关证明文件；如有反请求，也应在此期限内提出反请求书及有关证明文件。

2. 仲裁庭可以按照其认为适当的方式，审理案件；可以决定只依据当事人提交的书面材料和证据进行书面审理，也可以决定开庭审理。

当事人应按照仲裁庭的要求和限定的日期提交仲裁所需的书面材料及证据。

3. 对于开庭审理的案件，仲裁庭确定开庭的日期后，仲裁委员会秘书局应当在开庭前15日将开庭日期通知双方当事人。

4. 如果仲裁庭决定开庭审理，仲裁庭只开庭一次。确有必要的，仲裁庭可以决定再次开庭。

5. 在进行简易程序过程中，任何一方当事人没有按照本简易程序行事时，不影响程序的进行和仲裁庭作出裁决的权力。

6. 仲裁请求的变更或反请求的提出，不影响简易程序的继续进行。经变更的仲裁请求或反请求所涉争议金额与简易程序适用案件范围的规定抵触的，除外。

（五）简易程序的裁决

开庭审理的案件，仲裁庭应在开庭审理或再次开庭审理之日起30日内作出仲裁裁决书；书面审理的案件，仲裁庭应当在仲裁庭成立之日起90日内作出仲裁裁决书。在仲裁庭的要求下，仲裁委员会秘书长认为确有必要和确有正当理由的，可以对上述期限予以延长。

简易程序未尽事项，适用涉外仲裁审理普通程序规则的其他的有关规定。

第四节 涉外仲裁裁决的履行与执行、撤销

一、涉外仲裁裁决的履行与执行

（一）涉外仲裁裁决的履行

当事人应当依照仲裁裁决书写明的期限自动履行裁决；仲裁裁决书未写明期限的，应当立即履行。

（二）涉外仲裁裁决在国内的执行、中止执行、不予执行

1. 执行

根据民事诉讼法第271条规定，经中华人民共和国涉外仲裁机构裁决的，当事人不得向人民法院起诉。一方当事人不履行仲裁裁决的，对方当事人可以向被申请人住所地或者财产所在地的中级人民法院申请执行。《最高人民法院关于实施〈中华人民共和国仲裁法〉几个问题的通知（法发［1997］4号）》规定，对依照《仲裁法》组建的仲裁机构（即国内仲裁委员会）所作出的涉外仲裁裁决，当事人申请执行的，人民法院应当依法受理。

申请人向人民法院申请执行我国涉外仲裁机构裁决，须提出书面申请书，并附裁决书正本。如申请人为外国一方当事人，其申请书须用中文本提出。

2. 中止执行

人民法院强制执行涉外仲裁机构的仲裁裁决时，如被执行人申辩有民事诉讼法第274条第1款规定的情形之一的（见下述），在其提供了财产担保后，可以中止执行。人民法院应当对被执行人的申辩进行审查，并根据审查结果裁定不予执行或驳回申辩。

3. 不予执行

根据民事诉讼法第274条第1款的规定，对中华人民共和国涉外仲裁机构作出的裁决，被申请人提出证据证明仲裁裁决有下列情形之一的，经人民法院组成合议庭审查核实，裁定不予执行：(1) 当事人在合同中没有订有仲裁条款或者事后没有达成书面仲裁协议的；(2) 被申请人没有得到指定仲裁员或者进行仲裁程序的通知，或者由于其他不属于被申请人负责的原因未能陈述意见的；(3) 仲裁庭的组成或者仲裁的程序与仲裁规则不符的；(4) 裁决的事项不属于仲裁协议的范围或者仲裁机构无权仲裁的。

人民法院认为存在上述情形之一的，须报请本辖区高级人民法院进行审查，如果高级人民法院同意不予执行或者拒绝承认和执行，应将其审查意见报最高人民法院。待最高人民法院答复后，方可裁定不予执行或者拒绝承认和执行。人民法院认定执行该裁决违背社会公共利益的，裁定不予执行。

仲裁裁决被人民法院裁定不予执行的，当事人可以根据双方达成的书面仲裁协议重新申请仲裁，也可以向人民法院起诉。

（三）涉外仲裁裁决在国外的承认与执行

参看本书第三十三章司法协助第三节特殊司法协助的“三、我国对外国涉外仲裁机构裁决的承认和执行”部分的论述。

二、涉外仲裁裁决的撤销

人民法院依法支持和监督涉外仲裁，要注意依法行使对涉外仲裁裁决撤销等法律赋予的监督权。仲裁法第 70 条规定，当事人提出证据证明涉外仲裁裁决有民事诉讼法第 271 条第 1 款规定的情形之一的，经人民法院组成合议庭审查核实，裁定撤销。

我国仲裁法规定，当事人申请撤销裁决的，应当自收到裁决书之日起 6 个月内提出（第 59 条）。人民法院应当在受理撤销裁决申请之日起 2 个月内作出撤销裁决或者驳回申请的裁定（第 60 条）。在具体处理对涉外仲裁裁决的撤销问题时，人民法院要严格按照仲裁法第 70 条和民事诉讼法第 271 条第 1 款规定进行审查，不能随意扩大审查的范围。曾有“一些地区人民法院以仲裁裁决送达超过六个月规定期限，不符合仲裁程序，违反国办发［1995］38 号文规定为由，裁定撤销仲裁裁决，既于法律无据，也不利于保护当事人合法权益。”因此，最高人民法院发出《关于不得以裁决书送达超过期限而裁定撤销仲裁裁决的通知（法发［1997］120 号）》责令“各地人民法院凡发现在审判工作中存在上述问题的，应当及时依法予以纠正。”法院对于仲裁程序中有关问题的认定，必要时可查阅仲裁庭庭审的有关资料和档案。

为严格执行仲裁法和民事诉讼法，法院在裁定撤销涉外仲裁裁决前，还须遵守报告制度的规定事先经最高人民法院批准同意。1998 年 4 月 23 日最高人民法院发出《关于人民法院撤销涉外仲裁裁决有关事项的通知》决定对人民法院撤销我国涉外仲裁裁决建立报告制度，明确规定：（1）凡一方当事人按照仲裁法的规定向人民法院申请撤销我国涉外仲裁裁决，如果人民法院经审查认为涉外仲裁裁决具有民事诉讼法第 271 条第 1 款规定的情形之一的，在裁定撤销裁决或通知仲裁重新仲裁之前，须报请本辖区所属高级人民法院进行审查。如果高级人民法院同意撤销裁决或通知仲裁庭重新仲裁，应将其审查意见报最高人民法院。待最高人民法院答复后，方可裁定撤销裁决或通知仲裁庭重新仲裁。（2）受理申请撤销裁决的人民法院如认为应予撤销裁决或通知仲裁庭重新仲裁的，应在受理申请后 30 日内报其所属的高级人民法院，该高级人民法院如同意撤销裁决或通知仲裁庭重新仲裁的，应在 15 日内报最高人民法院，以严格执行仲裁法第 60 条的规定，保障我国涉外仲裁活动依法进行。其实，这也是国际惯例。如《瑞士国际私法法案》（1989 年 1 月 1 日起生效）第 191 条规定，对涉外仲裁裁决的撤销程序仅可向瑞士联邦最高法院提起。程序依照关于公法上诉的联邦司法组织法进行。但是，当事人可以协议仲裁庭所在地的法院决定代替联邦最高法院，其决定是终局的，为此目的各州应指定一个单独的州法院。可见，国际上对撤销涉外仲裁裁决是非常慎重并有严格规范的。

【学习总结与拓展】

【关键词】 涉外仲裁　涉外仲裁协议　涉外仲裁保全　涉外仲裁和解

【思考题】

1. 涉外仲裁与国内仲裁、涉外仲裁与涉外诉讼有什么联系？
2. 涉外仲裁的案件范围是什么？
3. 涉外仲裁协议的效力如何理解？

4. 仲裁员回避的理由有哪些?

5. 涉外仲裁裁决的撤销理由是什么?

【阅读资料】

1.《中华人民共和国民事诉讼法》(2017 年修正) 第四编涉外民事诉讼程序的特别规定第二十六章仲裁。

2.《最高人民法院关于适用〈中华人民共和国民事诉讼法〉的解释》(法释〔2015〕5 号) 二十二、涉外民事诉讼程序的特别规定。

3.《最高人民法院关于审理和执行涉外民商事案件应当注意的几个问题的通知 (法〔2000〕51 号)》。

4.《最高人民法院关于实施〈中华人民共和国仲裁法〉几个问题的通知》(法发[1997] 4 号)。

5. 张圣翠:《我国涉外仲裁法律制度之完善》,《法学》2013 年第 5 期。

6. 杨弘磊:《人民法院涉外仲裁司法审查情况的调研报告》,《武大国际法评论》2009 年第 1 期。

7. 刘想树:《错误涉外仲裁裁决的识别与补救——兼论中国的立法和实践》,《西南民族大学学报 (哲学社会科学版)》2002 年第 8 期。

8. 陈安:《中国涉外仲裁监督机制评析》,《中国社会科学》1995 年 04 期。

第三十三章　司法协助

【学习提示】通过本章学习，了解司法协助、狭义的司法协助、一般司法协助、特殊司法协助、对外国法院判决的承认和执行等概念，理解一般司法协助的条件；把握对中外司法文书送达、调查取证、法院裁判及外国仲裁裁决的承认与执行的基本内容。

第一节　司法协助概述

一、司法协助的概念

民事司法协助，泛指国家间根据国际条约和国内法规定等，在涉外民事案件程序上，允许相互代为一些诉讼法上的行为。传统上，它包括法院委托和司法协助行为两个相互衔接的有机连结互动过程。

法院委托，即指一国法院通过一定程序，请求他国法院代为一定诉讼行为。司法协助行为，即指被请求国的法院或者其他机关根据要求，协助进行指定诉讼行为。它们都是从不同侧面来有机构成民事诉讼司法协助这个统一体。

二、司法协助的范围

国际社会对民事司法协助的范围有广义和狭义之分。狭义的司法协助，是指两国法院之间互为送达诉讼文件和非诉讼文件（又称司法文书和司法外文书）、代为调查取证等诉讼行为。广义的司法协助，则既包括送达、调查取证等，还包括对法院判决和仲裁裁决的承认和执行。

我国民事诉讼法采取广义司法协助：其范围包括“人民法院与外国法院可以相互请求，代为送达文书，调查取证以及进行其他诉讼行为”（第 276 条）和经当事人请求或者法院请求相互承认和执行判决和仲裁裁决（第 280、281、283 条）二大类。法学界将第一类称为一般司法协助，第二类称为特殊司法协助。

三、司法协助的根据

国际民事司法协助，必须以协助国之间的双边民事司法协助协定条约，或者共同参加的有关民事司法协助国际公约，以及国内立法有关规定为根据进行。截至 2015 年 11 月 30 日，中国已与 37 个国家签订了双边民事或商事司法协助条约，其中与 33 个国家的条约中约定了相互承认和执行法院判决的内容。在无条约规定为根据时，各国在从事司法协助中则要求根据互惠原则。如违反这四类根据，则受托国家有权拒绝委托国的司法协助请求。

四、司法协助的主体

国际民事司法协助的主体，一般包括：

（一）当事人

通常，国际民事诉讼案件的当事人，有权依条约或国内法或互惠原则提出司法协助申请。例如我国《民事诉讼法》第281条规定，外国法院作出的发生法律效力的判决、裁定，需要我国人民法院承认和执行的，可以由当事人直接向我国有管辖权的中级人民法院申请承认和执行。

（二）中央机关

民事司法协助中的中央机关，即依国际公约或双边条约规定由国内法确认的一国统一负责接收、传递司法协助文书的中央国家机关，通常各国多指定本国司法部为中央机关。我国确定司法部为中央机关。有的国家如意大利、荷兰等指定本国最高法院为中央机关。

（三）主管机关

民事司法协助中的主管机关，即一国依国内法或条约规定而设定的具体执行国际民事诉讼司法协助请求的机关。各国设定法院为主管机关。因发出司法协助委托请求和提供司法协助具体行为均属诉讼法上的司法行为。同时，除法院是主管机关之外，其他解决国际民事纠纷的机关也是其所辖司法协助请求事项领域内的主管机关，如波兰，法院是主管机关，公证处也是主管机关有权处理数额不大的财产纠纷和遗嘱效力、遗产保护方面的涉外纠纷。

我国确定人民法院是进行司法协助的主管机关。《最高人民法院关于依据国际公约和双边司法协助条约办理民商事案件司法文书送达和调查取证司法协助请求的规定》（法释〔2013〕11号，以下简称《法院办理民商事司法文书送达和调查取证请求的规定》）第6、7、8、9条确立了我国法院一般司法协助管理体制、运行机制的基本框架：（1）最高人民法院统一管理全国各级人民法院的国际司法协助工作。高级人民法院应当确定一个部门统一管理本辖区各级人民法院的国际司法协助工作并指定专人负责。中级人民法院、基层人民法院和有权受理涉外案件的专门法院，应当指定专人管理国际司法协助工作；有条件的，可以同时确定一个部门管理国际司法协助工作。（2）人民法院应当建立独立的国际司法协助登记制度。（3）人民法院应当建立国际司法协助档案制度。办理民商事案件司法文书送达的送达回证、送达证明在各个转递环节应当以适当方式保存。办理民商事案件调查取证的材料应当作为档案保存。（4）经最高人民法院授权的高级人民法院，可以依据海牙送达公约、海牙取证公约直接对外发出本辖区各级人民法院提出的民商事案件司法文书送达和调查取证请求。

（四）外交机关和领事机关

自1965年海牙送达公约签订后，外交机关和领事机关不再充当国际民事司法协助的重要主体，而让位于“中央机关”。但国际社会均承认：在请求国与被请求国之间没有司法协助条约，或虽有司法协助条约但在执行、解释中产生困难、争议或域外取证等情况下，因有关国家均认同可采取外交途径解决，而成为司法协助的主管机关。

五、国际民事司法协助的途径

根据各国立法和国际条约规定，法院委托司法协助主要有以下五种途径：

（一）外交途径

外交途径，即一国法院将其需要委托的司法协助事项制成委托书，交给本国外交部门，由本国外交部门通过外交途径转送到受托国家的外交部门，再由该国外交部门将委托书将给该国管辖法院。我国法学界一般认为，这一途径适用于两国之间有外交关系但未订有双边的或共同参加多边的国际民事司法协助条约、公约的情况。但事实上，依1954年海牙《民事诉讼程序公约》规定，外交途径也可在有司法协助缔约关系的国家之间进行："第九条……各缔约国可通知其他缔约国，声明在其境外履行的司法协助委托，应通过外交途径传递。……"如法国和原苏联都是该公约参加国，但双方《关于民商事件送达司法和公证文件及执行司法委托的协定》第1条规定，由法国（苏联）机关发出的须在此方境内执行的关于民商事案件的司法委托书，应由法国驻莫斯科大使馆送达苏联外交人民委员会（应由苏联驻巴黎大使馆送达法国外交部），由该委员会（该部）负责送达主管机关。

（二）领事途径

领事途径，即一国法院将司法协助委托书交给本国驻在受托国的领事，由领事把委托书交给受托国法院。如1954年海牙《民事诉讼程序公约》第9条规定："司法协助委托，由委托国领事转交给受托国指定的机关；该受托机关将证明受托事项实施，或者妨碍实施理由的文件，寄给委托国领事。"

（三）直接委托法院途径

直接委托法院途径，即委托国法院将司法协助委托书，直接交给受托国法院，不须经其他机构中转。直接途径，须有两国之间的司法协助协定、条约为根据。1954年海牙《民事诉讼程序公约》第9条第4款规定："本条规定不妨碍两个缔约国之间商定，由它们各有关机关之间直接传递司法协助委托。"

（四）中央机关途径

中央机关途径，即委托国法院依国内法定程序将司法协助委托书，交给本国中央机关，由本国中央机关把委托书交给受托国中央机关，再由该中央机关交给受托国管辖法院。1965年海牙送达公约首创"中央机关"途径："每一缔约国应指定一个中央机关，负责根据第三条至第六条的规定，接收来自其他缔约国的送达请求书，并予以传递。每一缔约国应依其本国法律组建中央机关。"1970年海牙取证公证亦有如是规定。各国均照此办理。通过中央机关途径手续简化、委托书有统一范本格式，无须认证或者其他类似手续。

（五）委托本国外交官或领事直接协助途径

委托本国外交官或领事直接协助途径，即委托国法院将司法协助要解决的事项，直接委托本国驻在事项涉及国的外交代表或领事官员，由他们在驻在国直接落实协助事项，而不转由驻在国主管机关协助履行。1954年海牙《民事诉讼程序公约》"第二章司法协助委托"第15条规定："不妨碍各国通过本国外交官或领事直接执行委托事项，但此种执行以有关国家之间条约所允许或者委托事项被执行地国不反对为限。"1965年海牙送达公约和 1970 年海牙取证公约均有类似规定。

七、国际民事司法协助的实施条件

根据各国立法和国际条约，受托国法院都要对司法协助委托进行审查，一般认为，只有委托协助的事项（行为）不损害受托国的主权和安全以及社会公共秩序，且属于受托国法院管辖范围，则受托国法院就应当实施司法协助。如果发现有下列情况之一时，拒绝履行外国法院的司法协助委托：（一）对委托书的真实性有怀疑；（二）根据受托国法律，委托履行的行为，不属于该国司法机关的职权范围；（三）委托履行的行为，是受托国法律禁止的诉讼行为；（四）委托履行的行为，是受托国的法律禁止的诉讼行为；（五）委托国与受托国之间不存在互惠。

1954 年海牙《民事诉讼程序公约》第二章司法协助委托第 11 条第 3 款规定："除下列情况外，不得拒绝执行委托事项：（一）文件的真实性未被证实；（二）委托事项不属于委托国的司法管辖；（三）受托国认为在其领域内执行该项委托危害其主权和安全。"在此情况下，应立即通知委托国，并应说明拒绝所执行司法协助委托事项的理由。

第二节　一般司法协助

一般司法协助，是指人民法院与外国法院可以相互请求，代为送达文书，调查取证以及进行其他诉讼行为（如提供有关法律资料）。

一、我国对司法协助的一般规定

（一）中外司法协助的原则、根据和范围

《民事诉讼法》第 276 条规定，根据我国缔结或者参加的国际条约，或者按照互惠原则，人民法院和外国法院可以相互请求，代为送达文书、调查取证以及进行其他诉讼行为。但是，外国法院请求协助的事项有损于我国的主权、安全或者社会公共利益的，人民法院不予执行。

根据《法院办理民商事司法文书送达和调查取证请求的规定》，人民法院应当根据便捷、高效的原则确定依据海牙送达公约、海牙取证公约，或者双边民事司法协助条约，对外提出民商事案件司法文书送达和调查取证请求。人民法院协助外国办理民商事案件司法文书送达和调查取证请求，适用对等原则。

（二）中外司法协助途径

根据《民事诉讼法》第 277 条规定，请求和提供司法协助，应当依照我国缔结或者参加的国际条约规定的途径进行；没有条约关系的，通过外交途径进行。大体上，中外双方有司法协助协定的按协定规定办理，没有双边协定的，按双方共同参加的多边条约的规定办理，但我国声明保留的条款除外。已与我建交国家没有与我有多边或双边条约关系的，按互惠原则，走外交途径办理司法协助。

外国驻华的使领馆可以向该国公民送达文书和调查取证，但不得违反我国的法律，并不得采取强制措施。除此情况外，未经我国主管机关准许，任何外国机关或者个人不得在我国领域内送达文书、调查取证。

2015 年 6 月最高人民法院出台《关于人民法院为“一带一路”建设提供司法服务和保障的若干意见》(法发〔2015〕9 号)，强调加强与“一带一路”沿线各国的国际司法协助，切实保障中外当事人合法权益，提出了三方面的举措，一是推动缔结双边或者多边司法协助协定，二是无司法协助协定的情况下由我国法院先行给予对方国家当事人司法协助，三是严格按照国际条约处理司法协助请求。

（三）中外司法协助程序

《民事诉讼法》第 279 条规定，人民法院为外国法院提供司法协助时，依照我国法律规定的程序进行。外国法院请求采取特殊方式的，也可以按照其请求的特殊方式进行，但请求采用的特殊方式不得违反我国法律。

《法院办理民商事司法文书送达和调查取证请求的规定》进一步细化规定，人民法院协助外国办理民商事案件司法文书送达和调查取证请求，应当按照民事诉讼法和相关司法解释规定的方式办理。请求方要求按照请求书中列明的特殊方式办理的，如果该方式与我国法律不相抵触，且在实践中不存在无法办理或者办理困难的情形，应当按照该特殊方式办理。

人民法院委托外国送达民商事案件司法文书和进行民商事案件调查取证，需要提供译文的，应当委托中华人民共和国领域内的翻译机构进行翻译。译文应当附有确认译文与原文一致的翻译证明。翻译证明应当有翻译机构的印章和翻译人的签名。译文不得加盖人民法院印章。

二、我国域外送达的做法

（一）我国域外送达依据

我国域外送达依据是《民事诉讼法》第 27 章有关送达的规定，1965 年海牙送达公约的规定（但我国声明、反对的规定除外），中外司法协助、领事条约中有关送达规定，以及《法院办理民商事司法文书送达和调查取证请求的规定》和最高人民法院、外交部、司法部关于执行海牙送达公约有关程序的通知、实施办法等的规定。

（二）我国接受外国法院向中国境内送达文书的具体做法

1. 由司法部作为中央机关接受、传递给法院送达机制

1987 年 11 月 28 日中国和比利时在布鲁尔签订的《关于民事司法协助的协定》第 3 条规定“缔约双方中央机关为各自的司法部”。这是我国在国际条约中最早确认司法部为中央机关的规定。1991 年全国人大常委会批准加入海牙送达公约的决定中，明确指定司法部为中央机关和有权接收外国通过领事途径传递的文书的机关。

凡海牙送达公约成员国驻华领使馆转送该国法院或其他机关请求我国送达的民事或商事司法文书，以及公约成员国有权送交文书的主管当局或司法助理人员直接送交我国司法部请求我国送达的民事或商事司法文书，司法部收到国外的请求书后，对于有中文译本的文书，应于 5 日内转给最高人民法院；对于用英文或法文写成，或者附有英文或法文译本的文书，应于 7 日内转给最高人民法院；对于不符合海牙送达公约规定的文书，司法部将予以退回或要求请求方补充、修正材料。司法部在转递国外文书时，应向最高人民法院说明收到请求书的日期、被送达的文书是否附有中文译本，出庭日期是否已过等情况。

最高人民法院收到司法部转来文书后，应于5日内将文书转给送达执行地高级人民法院；高级人民法院收文后，应于3日内转给有关的中级人民法院或者专门人民法院；中级人民法院或者专门人民法院收文后，应于4日内完成送达，并将送达回证尽快经高级人民法院交最高人民法院外事局退司法部。执行送达的法院不管文书中确定的出庭日期或限期是否已过期，均应送达。如受送达人拒收，应当在送达回证上注明。对于国外按海牙送达公约提交的未附中文译本而附英、法文译本的文书，法院仍应送达。除双边条约规定英、法文译本为可接受文字外，受送达人有权以未附中文译本为由拒收。凡当事人拒收的，送达法院应在送达回证上注明。

司法部收到最高人民法院退交的送达回证后，按海牙送达公约要求填写证明书，并将其转回国外请求方（该请求国驻华使、领馆，或该请求国主管当局或司法助理人员）。

2. 对海牙送达公约成员国驻华使、领馆直接向其在华的本国公民送达民事或商事司法文书，如不违反我国法律，可不表示异议。

3. 外交途径托送达法律文书。凡已同我国建交国家的法院，包括海牙送达公约成员国和非成员国，通过外交途径委托我国法院向我国公民或法人以及在华的第三国或无国籍当事人送达法律文书，除该国同我国已有协议的按协议办理外，一般根据互惠原则按下列程序和要求办理：

（1）由该国驻华使、领馆将法律文书交外交部领事司转递给有关高级人民法院，再由该高级人民法院指定有关中级人民法院送达给当事人。当事人在所附送达回证上签字后，中级人民法院将送达回证退高级人民法院，再由外交部领事司退给对方；如未附送达回证，则由有关中级人民法院出具送达证明交有关高级人民法院，再通过外交部领事司转给对方。

（2）委托送达法律文书须用委托书。委托书和所送法律文书须附有中文译本。

（3）法律文书的内容有损我国主权和安全的，予以驳回；如受送达人享有外交特权和豁免，一般不予送达；不属于我国法院职权范围或地址不明或其他原因不能送达的，由有关高级人民法院提出处理意见或注明妨碍送达的原因，由外交部领事司向对方说明理由，予以退回。

（4）外国法院通过外交途径委托我国法院送达法律文书和调查取证应支付的费用计算标准是，送达后每次收取人民币100元送达费，但无法送达或当事人拒收的不收取费用；应外国法院要求采用特殊方式送达法律文书后，每次按实际开支收取送达费。送达费，由我国委托法院将送达情况连同建议收费额一并随案函告外交部领事司，再由领事司按对等原则向委托法院所在国驻华使馆统一收取后交外交部财务司以人民币向我国受委托法院转汇或转账支付。我国法院不得直接向请求国驻华使领馆收取。请求国与我国签订双边条约或均是有关国际公约当事国的，根据条约或公约的规定办理。

根据《法院适用民诉法解释》第549条规定，与我国没有司法协助条约又无互惠关系的国家的法院，未通过外交途径，直接请求我国法院司法协助的，我国法院应予退回，并说明理由。在实务中，最高人民法院曾于1985年12月26日针对在中美两国目前尚无民事司法协定的情况下，美国加利福尼亚高等法院未通过外交途径，直接给苏州市中级人民法院邮寄来蔡××与周××离婚判决书副本一事，作出《关于美国法院未通过外交途径径直将离婚判决书寄给我人民法院如何处理的批复》指出：“这种做法，不仅违反我国民事诉讼法的有关规定，也不符合一般国际关系中的互惠原则。因此，以上材料可由苏州市中级人民法院径直退回美国加利福尼亚高等法院。”

（三）我国法院向中国域外送达法律文书的做法

1. 中央机关途径送达；2、我国驻外使领馆途径送达；3、外交途径委托外国法院代为送达。（详见本书第三十一章第四节“涉外民事诉讼送达”部分所述）。

三、我国在域外调查取证方面的做法

人民法院与外国法院可以相互请求代为调查取证，其范围是：询问当事人、证人、鉴定人调取与民事诉讼有关的证据，进行鉴定和司法勘验（实地勘验、现场调查笔录）以及完成其他与调查取证有关的司法行为（诉讼行为）如通知调查取证的时间和地点，对证人和鉴定人的保护与豁免、证人和鉴定人费用的补偿费。我国在域外调查取证方面的具体做法是：

（一）执行《海牙取证公约》，但有所声明保留

1970 年《海牙取证公约》为增进各国民商事司法合作，希望便利请求书的转递和执行，并促进各国为此目的而采取的不同方法的协调，规定以下取证的方式，我国在加入该公约的同时对其中一些取证方式作出声明保留：

1. 中央机关接受请求书并转交主管机关执行取证方式

（1）指定中央机关

公约规定，每一缔约国应指定一个中央机关负责接受来自另一缔约国司法机关的取证请求书，并将其转交给执行请求的主管机关。

1991 年 3 月 2 日全国人大常委会在批准我国加入 1970 年海牙取证公约的同时“指定中国司法部为负责接收来自另一缔约国司法机关请求书，并将其转交给执行请求的主管机关的中央机关”。

（2）取证请求书的制作要求

取证请求书应按公约统一规范须载明的内容：①请求执行的机关，以及如果请求机关知道，被请求执行的机关；②诉讼当事人的姓名和地址，以及如有的话，他们的代理人的姓名和地址；⑤需要证据的诉讼的性质，及有关的一切必要资料；④需要调取的证据或需履行的其他司法行为；必要时，请求书还应特别载明；⑤需询问的人的姓名和地址；⑥需向被询问人提出的问题或对需询问的事项的说明；⑦需检查的文书或其他财产，包括不动产或动产；⑧证据需经宣誓或确认的任何需求，以及应使用的任何特殊格式；⑨依公约第 9 条需采用的任何特殊方式或程序。此外，请求书还可以载明为适用第 11 条（即拒绝作证特权规定）所需的任何资料。

我国在批准加入 1970 年海牙取证公约的同时，“声明：对普通法国家旨在进行审判前文件调查的请求书，仅执行已在请求书中列明并与案件有直接密切联系的文件的调查请求。”除此之外的调查请求内容，不予执行。

（3）取证请求书的提交、执行

取证请求书，应直接提交执行国中央机关，无须通过该国任何其他机关转交。如果中央机关认为请求书不符合本公约的规定，应立即通知向其送交请求书的请求国机关，指明对请求书的异议。

中央机关应将请求书送交本国有关机关予以执行。请求书应迅速执行。执行请求书的司法机关应适用其本国法规定的方式和程序。但是，该机关应采纳请求机关提出的采用特殊方式或程序的请求，除非其与执行国国内法相抵触或因其国内惯例和程序或存在实际困难而不可能执行。

在执行请求时，被请求机关应在其国内法为执行本国机关的决定或本国诉讼中当事人的请求而规定的相同的情况和范围内，采取适当的强制措施。请求书执行过程中，有拒绝作证的特权或义务的有关人员，可以拒绝提供证据。执行国只有在下列情况下，才能拒绝执行请求书：在执行国，该请求书的执行不属于司法机关的职权范围，或被请求国认为，请求书的执行将损害其主权和安全。执行国不能仅因其国内法已对该项诉讼标的规定专属管辖权或不承认对该事项提起诉讼的权利为理由，拒绝执行请求。

请求书的执行不产生任何性质的税费补偿。但是，执行国有权要求请求国偿付支付给鉴定人和译员的费用和因采取请求国提出的要求采取的特殊程序而产生的费用。

请求书执行完毕，证明执行请求书的文书应由被请求机关采用与请求机关所采用的相同途径送交请求机关。在请求书全部或部分未能执行的情况下，应通过相同途径及时通知请求机关，并说明原因。

2. 其他域外取证方式

（1）外交官员或领事代表向在驻在国的本国国民取证

海牙取证公证第 15 条规定，在民事或商事案件中，每一缔约国的外交官员或领事代表在另一缔约国境内其执行职务的区域内，可以向他所代表的国家的国民在不采取强制措施的情况下调取证据，以协助在其代表的国家的法院中进行的诉讼。缔约国可以声明，外交官员或领事代表只有在自己或其代表向声明国指定的适当机关递交了申请并获得允许后才能调取证据。

我国在批准加入 1970 年海牙取证公约的同时，声明表示我国适用该公约第 15 条即允许外交官员或领事代表向在驻在国的本国国民取证方式在我国领域内外适用。根据《民事诉讼法》第 277 条规定，外国驻华使领馆可以向在华的该国公民调查取证，但不得违反我国的法律，并不得采取强制措施。

（2）外交官员或领事代表向在驻在国的驻在国国民及第三国国民取证

海牙取证公证第 16 条规定，在符合：他执行职务地所在地国指定的主管机关已经给予一般性或对特定案件的许可，并且他遵守主管机关在许可中设定的条件的情况下，每一缔约国的外交官员或领事代表在另一缔约国境内其执行职务的区域内，可以向他执行职务地所在国或第三国的国民在不采取强制措施的情况下调取证据，以协助在其代表的国家的法院中进行的诉讼。缔约国可以声明，无须取得事先许可即可依本条进行取证。

我国在批准加入 1970 年海牙取证公约的同时，“声明：除第十五条以外，不适用公约第二章‘外交官员、领事代表和特派员取证’的规定。”对采用外交官员或领事代表向在驻在国的驻在国国民及第三国国民取证方式在我国境内取证，明确地表示禁止。

（3）特派员取证

特派员（commissioner）取证，指法院在审理涉外民商事案件时委派专门的官员在外国境内调取证据。这一方式主要是英美法系国家所采用。海牙取证公证第 17 条规定，在符合下列条件的情况下，在民事或商事案件中，被正式指派的特派员可以在不采取强制措施的情况下在一缔约国境内调取证据，以协助在另一缔约国法院中正在进行的诉讼：取证地国指定的主管机关已给予一般性或对特定案件的许可；并且他遵守主管机关在许可中设定的条件。

我国在批准加入 1970 年海牙取证公约的同时，“声明：除第十五条以外，不适用公约第二章‘外交官员、领事代表和特派员取证’的规定。”对采用特派员取证方式在我国境内取证，明确地表示禁止。

（4）直接委托取证地国司法机关取证

海牙取证公约第 27 条规定，本公约不妨碍缔约国声明可以通过中央机关以外途径的途径将取证请求书送其司法机关。即采取审案地国法院与取证地国法院之间的直通司法协助而取证，但以双方条约或互惠为基础。

我国在批准加入 1970 年海牙取证公约的同时，没有对该条表示保留，中外双边民事司法协助协定、条约里也没有特别规定中外法院相互之间可以直接进行委托调查取证。在实务中，1995 年我国有个别地方法院直接与国外地方司法机关签订司法协助协议。对此，最高人民法院发出《关于终止地方法院与国外地方法院司法部门司法协助协议的通知》（法〔1995〕4 号）指出：司法协助（包括相互代为送达司法文书、调查取证、承认与执行法院判决等）关系到国家的司法主权。依据《中华人民共和国缔结条约程序法》的有关规定，与外国谈判缔结司法协助协定只能以国家或政府的名义，或者经国家或政府授权的机关对外签署，并须报请国务院审核后，提交全国人大常委会决定批准。据此，地方法院无权与国外签订司法协助协议，已签订的应立即终止执行，并向对方说明情况。今后各地方法院遇有相邻国家有关地区提出谈判缔结司法协助协定事，应及时报告最高人民法院，由该院会同有关部门研究处理。

为正确适用有关国际公约和双边司法协助条约，依法办理民商事案件司法文书送达和调查取证请求，2013 年 1 月 21 日出台的《法院办理民商事司法文书送达和调查取证请求的规定》第 9 条创新规定：经最高人民法院授权的高级人民法院，可以依据海牙送达公约、海牙取证公约直接对外发出本辖区各级人民法院提出的民商事案件司法文书送达和调查取证请求。

（二）外交途径代为调查取证

非海牙取证公约成员国、海牙取证公约成员国在特殊情况下均可通过外交途径与我国法院互为委托调查取证，前提是已与我建立外交关系，且无中外双边民事司法协助协定、条约（如有此类协定、条约，按协定、条约的规定办理），途径是参照我国《民事诉讼法》的原则规定，即该法第 276 条：我国法院和外国法院可以依据互惠原则，相互请求代为调查取证，外国法院请求协助的事项有损于我国主权、安全或者社会公共利益的，我国法院不予代其调查取证。

我国法院接受外国法院通过外交途径代为调查取证后，每次按实际开支收费。有关法院应出具收费清单并注明各项具体费用（如证人的交通费、住宿费、误工补贴费、鉴定人的鉴定费，译员的交通费、误工补贴费等）。必要时，由外交部领事司商最高人民法院外事局决定费用数额后，由外交部领事司向所委托法院所在国驻华使领馆统一收取后转交我国受委托法院（以转汇或转账支付人民币方式），受委托的人民法院不得直接向国外法院索取代为调查取证费用。

（三）依中外双边民事司法协助条约代为调查取证

中外双边民事司法协助协定、条约中对域外调查取证的适用范围、格式和文字、执行方式、寻找地址、通知执地结果、费用、请求拒绝、外交或领事代表机关调查取证等事项有具体专门规定的，中外法院应按此规定执行。

第三节　特殊司法协助

特殊司法协助相对于一般司法协助而言，它是指两国法院在一定的前提下相互承认并执行对方国家法院制作的生效判决和涉外仲裁机构制作的生效裁决的制度。

一、国际上对外国法院判决的承认和执行概况

（一）对外国法院判决的承认和执行的概念

对外国法院判决的承认和执行，是国际民事司法协助中的核心内容，它指的是一国法院按一定的法律程序，承认外国有管辖权的法院所作的终局判决，使其具有同内国法院判决一样的效力，并按内国法规定的执行程序强制执行。

承认和执行外国法院判决，是既有联系又有区别的两个概念。对外国法院判决的承认（Recognition），是表示允许该外国法院判决在确认当事人的民事权利义务方面具有与本国法院判决同等的效力，从而使该外国判决效力在内国境内得以扩张。承认外国法院判决的后果就是在承认地国法院不得否定该判决的既判力，如有任何一方当事人就同一案件向承认地国法院起诉，则应按一事不再理原则处理。当事人应按被承认的外国法院判决在承认地国享受民事权利履行民事义务，或从已被该外国法院判决变更的原民事法律关系中解脱出来而在承认地国重建新的民事法律关系，比如外国法院的离婚判决被承认后，当事人就可在该被承认地国重新缔结婚姻关系。对外国法院判决的执行（Enforcement），是在承认该判决在本国的效力基础上，承认地国法院根据本国法定执行程序落实该判决所确定的当事人权益。

承认外国法院判决，是执行外国法院判决的前提条件，但承认判决并不等于要执行判决，执行判决比承认判决的程序要严一些。在国际民事司法协助中，法院必须承认每一个它所执行的外国判决，但它并不需要执行每一个它所承认的判决。因而，对外国法院判决的承认可分为两种：一种是不需要执行的承认，例如：宣告某人身份或对某物权利的宣告性判决、离婚判决、解除收养关系判决等，只承认不能执行，另一种是需要执行的承认。例如当事人不自觉履行的具体金钱给付之诉的判决。执行外国法院判决比承认外国法院判决还须经特殊的程序，如登记执行程序，诉讼执行程序，审查执行程序等。而承认判决的程序以较为简单登记制度即可。

（二）国际上有关承认与执行外国法院判决的条件

各国国内立法、国际条约，在规定承认与执行外国法院判决的条件的立法体例上呈不统一性。在双边国际民事司法协助协定、条约中，几乎多是从反面设置承认与执行外国法院判决的排除情形。我国的中外双边民事司法协助协定、条约亦同。

国际上承认与执行外国法院判决的一般条件有：

1. 判决法院具有管辖权。如没有管辖权的，内国不予承认与执行。对外国法院有无管辖权的标准，一般以承认地国家关于管辖权的法律规定来衡量。如外国法院判决违反承认地国家法院的专属管辖权，一般都不予以承认与执行。此外，也以国际公约条款为标准处理有无管辖权。

订有双边国际民事司法协助条约的国家，则以双边条约中所规定的管辖权界定规范为标准，衡量请求承认与执行法院判决有无管辖权。如我国与意大利《关于民事司法协助的条约》第 22 条“管辖”，就规定符合该条规定 10 种情形之一的，作出裁决的缔约一方即中国或意大利法院即被视为对案件有管辖权。

2. 有关的诉讼程序具有必要的公正性。亦即任何一方当事人尤其是被告方没有由于外国法院违反诉讼法规而丧失参加诉讼的机会。否则，尤其是没有及时地通知被告方出庭参加诉讼而作出的外国判决，则内国法院不予以承认与执行。如我国 1980 年加入的《国际油污损害民事责任公约》第 10 条规定，依据公约具有管辖权的法院“未给被告人以合理的通知和陈述其立场的公正机会”的，各缔约国不予承认其判决。德国民事诉讼法第 328 条规定，作为被告的德国公民曾受到合法传唤，是外国判决得以承认的一个条件。

3. 判决是确定的终局判决。如系未发生法律效力的判决，内国法院不予以承认与执行。衡量是否确定、终局之判决，应以判决法院地国家的法律为准。

4. 判决须以善意获取。如系以欺骗所取得的外国判决，内国法院不予承认与执行。我国参加的《国际油污损害民事责任公约》第 10 条确认如果“判决是以欺骗取得的”，各缔约国不予承认。

5. 判决须遵循一事不二判原则，亦即判决须是对判决法院以外的其他任何法院所未判决的案件而作出。否则，内国法院不予承认与执行。如 1971 年海牙《关于承认和执行民商事案件外国判决公约》规定缔约国承认与执行另一缔约国判决的条件之一是：该判决的事项以前未在该国（承认国）或在该国承认的第三国作出判决或提起诉讼或正在审理中的。我国亦坚持此项条件，如中国与白俄罗斯《关于民事和刑事司法协助的条约》第 21 条规定：“有下列情形之一的法院裁决，不予承认与执行：……（四）被请求承认与执行裁决的缔约一方的法院对于相同当事人之间就同一标的案件已经作出了生效裁决，或正在进行审理，或已承认在第三国对该案件所作的生效裁决。”

6. 判决适用了内国冲突规范所指定的准据法。这是一些国家的做法。如原捷克斯洛伐克与波兰缔结的民事司法协助协定。我国在某些中外双边民事司法协助协定、条约中，亦有此条件规定，如中国与西班牙《关于民事、商事司法协助的条约》第 22 条“拒绝承认与执行”中规定，“对有下列情形之一的裁决，不予承认与执行：……（二）关于自然人的身份或能力方面，提出请求的缔约一方法院适用的法律不同于按照被请求的缔约一方的国际私法规则应适用的法律，除非所适用的法律导致裁决结果相同”。

7. 判决作出国与承认国之间存在互惠关系。如日本民事诉讼法第 200 条规定“对外国判决的承认”的条件之四为互惠，即：作为相互保证，对方国也须同样承认日本法院的判决。我国《民事诉讼法》第 282 条亦采互惠关系：“人民法院……按照互惠原则……”

8. 判决不违反内国法律的基本原则或者国家主权、安全、社会公共秩序（公共政策或公共利益)。这是各国均坚持的承认与执行外国法院判决的底线条件。如德国民事诉讼法第328条规定:"如果外国判决与德国的善良风俗或德国法的目的相抵触的"应予排斥对其的承认与执行。在英国《1933年外国判决(相互执行)法》确认,如果执行或承认外国判决违反公共政策,就应予拒绝。如凡属于应该交付的税款或类似性质的款项,或者罚款或其他处罚的外国判决,在英国不予承认与执行,因为英国的公共政策是,英国法院无权通过诉讼直接或间接地执行外国的处罚性法律或税收法律。我国《民事诉讼法》第282条明确规定外国法院的生效判决、裁定"不违反中华人民共和国法律的基本原则或者国家主权、安全、社会公共利益的,裁定承认其效力,需要执行的,发出执行令,依照本法的有关规定执行。违反中华人民共和国法律的基本原则或者国家主权、安全、社会公共利益的,不予承认和执行。"

(三)国际上有关承认与执行外国法院判决的程序

1. 提出承认与执行外国法院判决的请求

提出承认与执行外国法院判决的请求,其主体,大多数国家和国际条约都采当事人提出主义,具体方式有三:一是,当事人直接向承认与执行判决地国法院提出请求,该法院直接受理申请承认与执行。二是,当事人向作出判决的外国法院提出,再由该判决法院向承认与执行判决地国法院提出承认与执行判决的请求。三是,综合途径:既可由当事人直接向承认与执行判决地国法院申请承认与执行,也可由当事人向判决地国法院申请,由判决地国法院向承认与执行判决地国法院请求承认与执行。

请求承认与执行外国法院判决的提出期限,各国规定不一。如,外国判决要在英国强制执行,必须在该外国判决作出后6年内向伦敦高等法院登记。而在俄罗斯,外国判决须在生效后3年内在俄罗斯提出强制执行请求。

请求承认与执行外国法院判决须采书面形式,为各国通例。

2. 对承认与执行外国法院判决的请求进行审查

分为实质性审查和程序性审查二种。实质性审查,是指承认与执行判决地国法院,对外国法院判决的事实和法律两方面进行实质性审查,如发现该外国法院判决有对契约解释得不正确、诉讼证据不足等情况时,即可以此为理由拒绝承认和执行。现在,世界各国通行程序性审查。

程序性审查,是指对外国判决不作事实和法律的审查,而只审查其是否符合本国国内立法或参加的国际条约(多边、双边)所确认的承认与执行外国判决的条件。英国法历来坚持对外国判决的程序性审查。欧共体国家的布鲁塞尔公约还特别约定,执行国"在任何情况下,不能对外国判决的实质性问题,加以审查。"

但在一些国家的实践中,有程序性审查中附加实质性审查的事项,主要是对外国判决适用冲突规范准据法方面的审查。如我国与法国《关于民事、商事司法协助的协定》第22条:"对有下列情形之一的裁决,不予承认和执行:……(二)在自然人的身份或能力方面,请求一方法院没有适用被请求一方国际私法规则应适用的法律,但其所适用的法律可以得到相同结果的除外。"

3. 承认和执行外国法院判决的具体操作程序

各国不一致,大体上有以下三种类型:

(1)登记承认与执行程序

登记程序为英国所创立，“外国判决可以依据英国成文法适用一种较为直接的登记程序而得到执行。”[①] 登记程序以成文法为依据，故又称“成文法执行”。如，英国《1933 年外国判决（相互执行）法》规定在英联邦国家以外的任何外国法院所获得的应支付一笔金钱的、终局性的判决的胜诉债权人，可以在该判决之日起 6 年内的任何时间向英国高等法院申请登记该判决，根据这种申请，英国高等法院应该命令登记该判决，除非该判决已充分执行或在原判决法院国不能用执行令执行。登记后该判决所具有的效力，就像它是登记日在高等法院作出的判决一样，具有相同的执行效力。但法律对撤销登记的规定除外。

现在，英国创立的登记承认执行判决程序已普及到欧洲国家，依据欧共体国家 1968 年布鲁塞尔《关于民商事案件管辖权和判决执行公约》规定，在一个缔约国作出的判决，包括非金钱方面的判决，应该在其他缔约国采取简单登记程序得到承认。

（2）重新判决承认执行程序

重新判决程序亦为英国所创立。试图在英国普通法上执行外国判决的胜诉债权人，并不能直接执行判决。他必须根据该外国判决提起诉讼或请求即决判决，由英国法院经过审理确认外国法院判决与英国法律规定的承认与执行外国判决的条件一致而不相抵触时，作出一个判决（内容与该外国判决相同或相似），然后由英国法院按照英国的执行程序予以执行。此类程序又称诉讼执行程序或普通法执行。从英国实践看，这种程序的适用范围较广，不仅适用与英国无互惠基础而不能采登记承认执行程序的外国法院判决，而且也适用那些可以通过登记承认执行程序的外国法院判决。即：能够和不能够适用登记程序的外国法院判决，都可以通过普通法上的诉讼来执行。在美国大多数州的立法和司法实践都适用重新判决程序来承认与执行外国法院的金钱判决。而对外国法院非金钱判决的承认与执行，各州做法不一致。

在日本，承认与执行外国判决相对分离（条件一样，程序不同），执行须经诉讼执行程序。日本法院对外国法院判决符合日本民事诉讼法第 200 条规定的条件的即为承认，但要执行该判决，还必须按照民事执行法第 20 条之规定形成“债务名义”即“有确定执行判决的外国法院判决”，为此又必须按照该法第 24 条（对于外国法院判决的执行作出执行判决）的规定，通过对该判决执行有管辖权的日本法院进行一场“对于外国法院判决作出执行判决的请求诉讼”（在该诉讼中，不应调查外国判决当否。如不能证明外国法院判决已被确定，或者不具备日本民事诉讼法第 200 条的承认条件，请求应予驳回。），获得日本法院作出的确定的“执行判决”。执行判决应宣布，准许根据外国法院的判决进行强制执行。我国台湾地区民事诉讼法在处理外国法院判决的承认与执行问题时，也是采取提起执行判决的诉讼。

（3）审查承认与执行程序

审查程序，又称执行令程序，或许可执行制，在承认外国法院判决方面，经过审查不具有拒绝承认要件的，即发生外国法院判决在本国承认的效力，但要依本国法强制执行该外国判决时，还必须经过本国有管辖权法院审查，如未发现有拒绝执行的要件，即

---

① ［英］J. H. C. 莫里斯主编：《戴西和莫里斯论冲突法》（上中下），李双元等译，中国大百科全书出版社 1998 年第 1530 页

作出裁定并发给执行令或许可执行证，按照执行本国判决程序予以执行。此类程序在法国等大多数欧洲国家及阿根廷等多数拉丁美洲国家实行。但，如属于欧共体布鲁塞尔公约和卢加诺公约的缔约国之间相互承认与执行对方法院判决时，则按这两个公约规定的登记承认与执行程序办理。

二、我国对外国法院判决的承认与执行

（一）我国承认与执行外国法院判决的根据

我国民事诉讼法对承认与执行外国法院判决的规定（第 281、282 条）和申请外国法院承认与执行我国法院判决的规定（第 280 条），以及《法院适用民诉法解释》对中外法院相互承认与执行对方判决的规定（第 543、544、546、547、548 条）、《关于中国公民申请承认外国法院离婚判决程序问题的规定》，外交部、司法部、民政部《关于驻外使领馆就中国公民申请人民法院承认外国法院离婚判决事进行公证、认证的有关规定》，最高人民法院《关于人民法院受理申请承认外国法院离婚判决案件有关问题的规定（2000 年 3 月 1 日公布施行）》等规范性文件，构成我国承认与执行外国法院判决的国内立法规则。

我国 1980 年参加的 1969 年《国际油污损害民事责任公约》有关对缔约国判决予以承认与实施的规定（第 10 条），以及我国与法国等 29 个国家（至 2001 年 4 月我国批准为止）签订的双边民商事司法协助协定、条约有关对中外双方判决互相承认与执行的规定，构成我国承认与执行外国法院判决的国际条约渊源。

（二）我国承认与执行外国法院判决的条件

最早规定我国有关承认与执行外国法院判决条件的，是最高人民法院 1980 年 5 月 22 日《关于审理国家油污损害民事责任案件若干问题的意见（征求意见稿）》："（九）关于外国法院判决的执行：外国法院委托中华人民共和国人民法院代为执行的判决，在符合以下条件时，应承认其效力，予以执行：1、案件不属于中华人民共和国人民法院管辖的；2、与中国有司法协定的或互惠互助关系的；3、已给被告人合法的传唤和合理陈述机会的；4、不违反我国法律、法令和公共秩序的。"

民事诉讼法第 282 条对于承认与执行外国法院判决的条件，排斥了管辖权条件、程序公平条件（即上列条件之 1、3），只强调一个条件："不违反中华人民共和国法律的基本原则或者国家主权、安全、社会公共利益"的即准予承认与执行。显然，我国民事诉讼法典对承认与执行外国法院判决的条件，是放得很宽，限制很小的。

但在中外双边民事司法协助协定条约中，我国对外国法院判决承认与执行的条件，较之我国民事诉讼法典的规定详细广泛，以利于与国际主流社会的承认与执行条件相接轨。1995 年 4 月中国和塞浦路斯《关于民事、商事和刑事司法协助的条约》第 25 条以"承认与执行的条件"在中外双边条约中首开正面规定中外法院相互承认与执行民商事裁决的条件："（一）根据作出裁决的缔约一方法律，该裁决是最终的和可执行的；（二）据以作出裁决的案件不属于被请求的缔约一方法院的专属管辖；（三）在缺席裁决的情况下，根据在其境内作出裁决的缔约一方的法律，未参加诉讼并被缺席裁决的一方当事人已被适当地通知应诉；（四）被请求的缔约一方法院事先未就相同当事人之间的同一诉讼标的作出最终裁决；（五）在作出该裁决的诉讼程序开始前，相同当事人未就同一

诉讼标的在被请求的缔约一方法院提起诉讼；（六）被请求的缔约一方认为裁决的承认或执行不损害其主权或安全；（七）裁决的承认或执行不违反被请求的缔约一方的公共秩序或基本利益；（八）根据被请求的缔约一方的法律，裁决不论基于何种理由，都不是不可执行的；（九）裁决或其结果均不与被请求的缔约一方任何法律的基本原则相抵触；（十）根据第二十六条的规定（有关管辖权确认范围之规定），裁决不是由无管辖权的法院作出的。二、被请求的缔约一方的主管法院就裁决的承认或执行作出决定时，不应有任何不适当的迟延。”从中可见，我国在国际民事诉讼实践中所坚持的承认与执行外国法院判决的条件，是符合当代国际社会发展要求条件的。

（三）我国承认与执行外国法院判决的程序

1. 我国承认与执行外国法院判决的程序模式

在 1982 年 3 月前，我国所采程序是自动承认及颁发执行证执行程序。1982 年 3 月后，原民事诉讼法（试行）改为裁定承认依法执行程序。1991 年 4 月后至今，现行民事诉讼法改为裁定承认颁发执行令依法执行程序。

根据民事诉讼法第 281 条的规定，既可由外国法院按该国与我国缔结或参加的国际条约的规定，或者按互惠原则，请求我国人民法院承认和执行其判决。亦可由外国法院判决的当事人直接向我国有管辖权的中级人民法院申请承认与执行该外国判决（这是原《民事诉讼法（试行）》所未曾规定的）。人民法院根据该法第 282 条之规定审查后认为不违反我国法律的基本原则或者国家主权、安全、社会公共利益的，“裁定承认其效力，需要执行的，发出执行令，依照本法的有关规定执行。”我国与法国等 29 个国家签订的中外民事司法协助双边条约，也是与我国民事诉讼法典规定的承认与执行程序大体一致。

除裁定承认颁发执行令依法执行程序外，我国司法实践中，还有一种对外国法院判决案件重新起诉判决执行程序。据《法院适用民诉法解释》第 544 条规定，当事人向我国有管辖权的中级人民法院申请承认和执行外国法院作出的发生法律效力的判决、裁定，如因该外国法院所在国与我国没有缔结或共同参加国际条约也没有互惠关系，而被裁定驳回申请（但当事人向人民法院申请承认外国法院作出的发生法律效力的离婚判决的除外）之后，当事人可以向人民法院起诉，由有管辖权的人民法院作出判决，予以执行。

2. 我国承认与执行外国法院判决的程序内容

（1）提出承认与执行外国法院判决的请求

承认与执行法院判决的请求一般可采双轨制：可由缔约一方法院依协定规定的中央机关途径向缔约另一方法院提出，也可由当事人直接向将承认或执行法院判决的缔约另一方有管辖权的法院提出。如中国与蒙古、波兰、俄罗斯、白俄罗斯、罗马尼亚、哈萨克斯坦、乌克兰、古巴、保加利亚、埃及、塞浦路斯、匈牙利、摩洛哥、吉尔吉斯、塔吉克斯坦、乌兹别克斯坦、越南、立陶宛、阿根廷等国的中外双边条约采此双轨制。有一些中外双边条约采单轨制提出请求：一是采当事人直接申请的单轨制。如中国与法国《关于民事、商事司法协助协定》第 20 条规定：“承认和执行缔约一方法院裁决的请求，应由当事人直接向另一方法院提出。缔约双方的中央机关应根据对方的请求，提供必要的情况，例如，确定有管辖权的法院名称以及提出请求的方式和其他一切有用的情况。”

中国与意大利、西班牙等中外双边条约亦同。二是采中央机关途径申请的单轨制。如中国与土耳其《关于民事、商事和刑事司法协助的协定》“第二章民事和商事司法协助第三节裁决的承认与执行第二十二条承认与执行的请求书”规定：“一、承认与执行裁决的请求书应由缔约一方法院通过第二条（即“第二条司法协助的途径缔约双方指定各自的司法部作为按照本协定相互提供司法协助的中央机关。”）所规定的途径送交缔约另一方法院。”中国与希腊等中外双边条约亦同。

（2）对承认与执行外国法院判决的请求进行审查

我国依据中外双边条约规定或国内立法（民事诉讼法典）规定，对外国法院判决在承认与执行前的审查，只限于程序性审查。有中外双边民商事司法协助协定、条约规定的，依照条约规定条件进行审查。如中国和阿根廷《关于民事和商事司法协助的条约》第 19 条规定：“被请求方法院应当仅限于审查裁决是否符合本条约规定的条件，不得对裁决作任何实质性审查。”对于没有中外双边民事司法协助条约的，依我国民事诉讼法第 282 条规定的条件审查。

承认和执行外国法院作出的发生法律效力的判决、裁定或者外国仲裁裁决的案件，人民法院应当组成合议庭进行审查。人民法院应当将申请书送达被申请人。被申请人可以陈述意见。人民法院经审查作出的裁定，一经送达即发生法律效力。

（3）承认与执行外国法院判决的具体适用程序

中外双边民事司法协助条约均规定，缔约一方法院应根据其本国法律规定的程序办理对缔约另一方法院裁决的承认与执行。如中国与法国《关于民事、商事司法协助的协定》第 23 条规定：“裁决的承认和执行，由被请求一方法院依照本国法律规定的程序决定。”我国依据民事诉讼法第 268 条规定，采用裁定承认颁发执行令依法执行程序。

（4）承认与执行外国法院判决的效力

中外双边民事司法协助条约一般都规定，缔约一方法院的判决一经缔约另一方法院承认或决定执行，即与缔约另一方法院作出的裁决具有同等效力。如中国与意大利《关于民事司法协助的条约》第 26 条规定：“裁决一经承认并被宣告可予执行，即在被请求承认的缔约一方境内与该缔约一方法院作出的裁决具有同等效力。”

但是，对于与我国无国际条约又无互惠关系的外国法院裁决，则因其不被我国法院承认和执行而无此同等效力。如：1995 年 6 月，针对日本国民五味晃向我国大连市中级人民法院申请承认和执行日本横滨地方法院小田原分院具有债权债务内容的判决和熊本地方法院玉名分院所作债权扣押命令及债权转让命令一案，鉴于我国与日本之间没有缔结或者共同参加相互承认和执行法院判决、裁定的双边及多边国际条约，亦未建立相应的互惠关系，根据我国《民事诉讼法》第 268 条（注：现行《民事诉讼法》之第 282 条）规定，大连市中级人民法院裁定对该日本法院裁判不予承认和执行，驳回日本国民五味晃的申请。诸如此类情况，外国法院判决的当事人若要在我国实现其判决的权益，可按《法院适用民诉法解释》第 544 之规定，在其承认和执行申请被裁定驳回后，向中国有管辖权的人民法院提起诉讼，由中国法院作出判决予以执行。

（四）我国法院受理中国公民申请承认外国法院离婚判决的程序

为加强对我国公民权益的保护，最高人民法院发布《关于中国公民申请承认外国法院离婚判决程序问题的规定》（法（民）[1991] 21 号）以及《关于人民法院受理申请承认外国法院离婚判决案件有关问题的规定》（法释〔2000〕6号）设置了我国人民法院受理中国公民申请承认外国法院离婚判决程序，主要内容有：

1. 适用范围

对与我国没有订立司法协助协议的外国法院作出的离婚判决，中国籍当事人可以根据本规定向人民法院申请承认该外国法院的离婚判决。对与我国有司法协助协议的外国法院作出的离婚判决，按照协议的规定申请承认。

外国公民向人民法院申请承认外国法院离婚判决，如果其离婚的原配偶是中国公民的，人民法院应予受理；如果其离婚的原配偶是外国公民的，人民法院不予受理，但可告知其直接向婚姻登记机关申请再婚登记。

排除范围：申请对外国法院离婚判决中的夫妻财产分割、生活费负担、子女抚养方面判决的承认执行，不适用本规定。

2. 提交申请

向人民法院申请承认外国法院的离婚判决，申请人应提出书面申请书，并须附有外国法院离婚判决书正本及经证明无误的中文译本。否则，不予受理。

申请书应记明以下事项：(1) 申请人姓名、性别、年龄、工作单位和住址；(2) 判决由何国法院作出，判结结果、时间；(3) 受传唤及应诉的情况；(4) 申请理由及请求；(5) 其他需要说明的情况。

申请承认外国法院的离婚判决，申请人应向人民法院交纳案件受理费人民币100元。

申请承认外国法院的离婚判决，委托他人代理的，必须向人民法院提交由委托人签名或盖章的授权委托书。委托人在国外出具的委托书，必须经我国驻该国的使、领馆证明。

3. 申请受理

申请由申请人住所地中级人民法院受理。申请人住所地与经常居住地不一致的，由经常居住地中级人民法院受理。

申请人不在国内的，由申请人原国内住所地中级人民法院受理。

人民法院接到申请书，经审查，符合本规定的受理条件的，应当在7日内立案；不符合的，应当在7日内通知申请人不予受理，并说明理由。

人民法院受理离婚诉讼后，原告一方变更请求申请承认外国法院离婚判决，或者被告一方另提出承认外国法院离婚判决申请的，其申请均不受理。

人民法院受理承认外国法院离婚判决的申请后，对方当事人向人民法院起诉离婚的，人民法院不予受理。

当事人之间的婚姻虽经外国法院判决，但未向人民法院申请承认的，不妨碍当事人一方另行向人民法院提出离婚诉讼。

申请人的申请为人民法院受理后，申请人可以撤回申请，人民法院以裁定准予撤回。申请人撤回申请后，不得再提出申请，但可以另向人民法院起诉离婚。

申请人的申请被驳回后，不得再提出申请，但可以另行向人民法院起诉离婚。

4. 申请审查

人民法院审查承认外国法院离婚判决的申请，由三名审判员组成合议庭进行，作出的裁定不得上诉。

人民法院受理申请后，对于外国法院离婚判决书没有指明已生效或生效时间的，应责令申请人提交作出判决的法院出具的判决已生效的证明文件。

外国法院作出离婚判决的原告为申请人的，人民法院应责令其提交作出判决的外国法院已合法传唤被告出庭的有关证明文件。

中国公民申请承认外国法院在其缺席情况下作出的离婚判决，应同时向人民法院提交作出该判决的外国法院已合法传唤其出庭的有关证明文件。

按照要求提供的上述证明文件，应经该外国公证部门公证和我国驻该国使、领馆认证。同时应由申请人提供经证明无误的中文译本。

居住在我国境内的外国法院离婚判决的被告为申请人，提交判决已生效的、外国法院已合法传唤被告出庭的有关证明文件和公证、认证有困难的，如能提交外国法院的应诉通知或出庭传票的，可推定外国法院离婚判决书为真实和已经生效。

5. 承认条件与方式

经审查，外国法院的离婚判决具有下列情形之一的，人民法院不予承认：(1) 判决尚未发生法律效力；(2) 作出判决的外国法院对案件没有管辖权；(3) 判决是在被告缺席且未得到合法传唤情况下作出的；(4) 该当事人之间的离婚案件，我国法院正在审理或已作出判决，或者第三国法院对该当事人之间作出的离婚案件判决已为我国法院所承认；(5) 判决违反我国法律的基本原则或者危害我国国家主权、安全和社会公共利益。

中国公民向人民法院申请承认外国法院离婚判决，人民法院不应以其未在国内缔结婚姻关系而拒绝受理。

对外国法院的离婚判决的承认，以裁定方式作出。没有上述不予承认的情形的，裁定承认其法律效力；具有不予承认的情形之一的，裁定驳回申请人的申请。注意，根据《法院适用民诉法解释》第544条规定，当事人向有管辖权的中级人民法院申请承认外国法院作出的发生法律效力的离婚判决的，如果该法院所在国与中华人民共和国没有缔结或者共同参加国际条约，也没有互惠关系的，人民法院不得裁定驳回申请。

裁定书以“中华人民共和国××中级人民法院”名义作出，由合议庭成员署名，加盖人民法院印章。

裁定书一经送达，即发生法律效力。

6. 申请承认外国法院离婚调解书程序

当事人向人民法院申请承认外国法院离婚调解书效力的，人民法院应予受理，并根据《关于中国公民申请承认外国法院离婚判决程序问题的规定》进行审查，作出承认或不予承认的裁定。

（五）我国法院涉外判决在外国的承认与执行

民事诉讼法第280条规定，人民法院作出的发生法律效力的判决、裁定、如果被执行人或者其财产不在中华人民共和国领域内，当事人请求执行的，可以由当事人直接向有管辖权的外国法院申请承认和执行，也可以由人民法院依照中华人民共和国缔结或者参加的国际条约的规定，或者按照互惠原则，请求外国法院承认和执行。

三、我国对外国涉外仲裁机构裁决的承认和执行

1958年6月10日联合国主持在纽约订立了《承认及执行外国仲裁裁决公约》，现在世界上加入该公约的有100多个国家和地区。目前，该公约是缔约国和非缔约国对外国涉外仲裁机构裁决的承认和执行的主要根据。我国人大常委会第6届18次会议于1986年12月2日决定我国加入该公约，同时对某些规定作出声明保留。

（一）承认和执行外国仲裁机构裁决的条件

1.《承认及执行外国仲裁裁决公约》规定的条件

《承认及执行外国仲裁裁决公约》要求各缔约国应承认外国仲裁裁决具有拘束力，并依援引裁决地之程序规则及本公约第4、5条所载下述条件执行之。

根据《承认及执行外国仲裁裁决公约》第4条规定，申请承认和执行裁决的当事人应该在申请的时候提供：(1) 经正式认证的仲裁裁决正本或经正式证明的副本。(2) 双方签订的仲裁协议正本或经正式证明的副本。仲裁协议，包括当事人所签署的或者来往书信、电报中所包含的合同中的仲裁条款和仲裁协议。(3) 如果上述裁决或协议不是用裁决需其承认或执行的国家的正式语言做成，申请承认和执行裁决的当事人应该提出这些文件的此种译文。译文须采用对方通行或认可的文字。译文应该由一官方的或宣过誓的译员或一外交或领事代理人证明。

同时，《承认及执行外国仲裁裁决公约》第5条第1款以排除的方式规定了承认和执行外国仲裁裁决的条件，即被请求承认或执行裁决的法院在作为裁决义务一方当事人提出有关下列情况之一的证明时，可以根据该当事人的要求，拒绝承认和执行该裁决：

(1) 仲裁协议无效。即仲裁协议的双方当事人，根据对他们适用的法律，当时是处于某种无行为能力的情况之下；或者根据双方当事人选定适用的法律，或在没有这种选定的时候，根据作出裁决的国家的法律，仲裁协议是无效的。

(2) 未给予适当通知或未能提出申辩。即作为裁决执行对象的当事人，没有被给予指定仲裁员或者进行仲裁程序的适当通知，或者由于其他情况而不能对案件提出意见进行申辩。但如被申请人拒绝参加仲裁或者在仲裁中持不积极的态度，则认为被申请人是有意放弃其陈述案情的机会。在适当通知后，照常进行的缺席仲裁并不妨碍裁决的效力。至于当事人未能在仲裁过程中提出申辩，应该是指由于该当事人自身的过失以外的原因而使他未能提出申辩。

(3) 裁决超越权限。即裁决涉及仲裁协议所没有提到的，或者不包括仲裁协议规定之内的争执；或者裁决内含有对仲裁协议范围以外事项的决定；但是，对于仲裁协议范围以内的事项的决定，如果可以和对于仲裁协议范围以外的事项的决定分开，那么，这一部分的决定仍然可予以承认和执行。

(4) 仲裁庭的组成和仲裁程序不当。即仲裁庭的组成或仲裁程序同当事人间的协议不符，或者当事人间没有这种协议时，同进行仲裁的国家的法律不符。

(5) 裁决不具有约束力或已被撤销、停止执行。即裁决对当事人还没有约束力，或者裁决已经由作出裁决的国家或据其法律作出裁决的国家的管辖当局撤销或停止执行。

另外，被请求承认和执行仲裁裁决的国家的法院如果查明有下列情况，也可以拒绝承认和执行：①争执的事项，依照这个国家的法律，不可以用仲裁方式解决；或者②承

认或执行该项裁决将和这个国家的公共秩序相抵触。

《承认及执行外国仲裁裁决公约》要求各缔约国在承认或执行适用本公约之仲裁裁决时，应当对外国仲裁裁决和本国仲裁裁决实行国民待遇原则，即不得较承认或执行本国仲裁裁决附加之过苛条件或征收过多之费用。

2. 当事人请求我国法院承认和执行外国仲裁机构裁决的条件

当事人申请我国承认和执行外国仲裁裁决，主要是依据《承认及执行外国仲裁裁决公约》的规定办理。根据该公约的规定，对缔约国和非缔约国的仲裁裁决都可依公约规定的条件和程序予以承认和执行。

人民法院对于当事人申请承认和执行外国仲裁裁决的，要严格按照《联合国关于承认及执行外国仲裁裁决公约》的规定办理。同时注意，我国在参加该公约时作了二项保留声明：(1) 互惠保留声明。即我国只在互惠的基础上对在另一缔约国领土内做成的仲裁裁决的承认和执行适用该公约。对非缔约国的仲裁裁决，需要我国承认与执行的，应当按照互惠原则进行审查，认为不违反我国法律的基本准则或者我国国家、社会利益的，裁定承认其效力，并且依照民事诉讼法规定的程序执行。否则，应当退回外国法院。(2) 商事保留声明。即我国只对根据我国法律认定为属于契约性和非契约性商事法律关系所引起的争议适用该公约。具体是指由于合同、侵权或者根据有关法律规定而产生的经济上的权利义务关系。例如，货物买卖、财产租赁、工程承包、加工承揽、技术转让、合资经营、合作经营、勘探开发自然资源、保险、信贷、劳务、代理、咨询服务和海上、民用航空、铁路、公路的客货运输以及产品责任、环境污染、海上事故和所有权争议等。但，不包括外国投资者与东道国政府之间的争端，此类争端一般应由 WTO 争端解决机制处理。也就是说，我国适用该公约的规定，只限于承认与执行该公约的缔约国仲裁机构对属于契约性和非契约性商事法律关系争议做成的仲裁裁决。而对于非缔约国的仲裁裁决以及缔约国的非商事仲裁裁决，我国适用该公约不予承认与执行。

根据我国与外国缔结或参加的国际条约和民事诉讼法的规定，当事人请求我国法院承认和执行外国仲裁机构裁决应符合以下条件：

(1) 仲裁裁决作出地国与我国订有或共同参加承认和执行仲裁裁决内容的公约（如《承认及执行外国仲裁裁决公约》）、条约（如中外双边司法协助协定）或有互惠关系。

(2) 须有当事人向我国有管辖权的中级人民法院提出承认与执行仲裁裁决的请求，并提交正式的仲裁裁决文本和仲裁协议文本及它们的中文译本。

根据民事诉讼法第 269 条规定，国外仲裁机构的裁决，需要中国人民法院承认和执行的，应当由当事人直接向被执行人住所地或者其财产所在地的中级人民法院申请。

需注意，根据最高人民法院《关于涉外民商事案件诉讼管辖若干问题的规定》，目前对于当事人申请撤销、承认与强制执行国际仲裁裁决的案件有管辖权的中级人民法院包括：省会、自治区首府、直辖市所在地的中级人民法院；经济特区、计划单列市中级人民法院；最高人民法院指定的其他中级人民法院（如海事法院等）。除了这三类中级法院之外，其他中级人民法院无权管辖。在实务中，当事人直接向被执行人住所地或者其财产所在地的中级人民法院提出的承认和执行国外仲裁机构裁决的申请，应由我国下列地点的属于上述三类中级人民法院受理：被执行人为自然人的，为其户籍所在地或者居所地；被执行人为法人的，为其主要办事机构所在地；被执行人在我国无住所、居所或者主要办事机构，但其财产在中国境内的，为其财产所在地。

（3）请求承认与执行的仲裁裁决确已生效。

（4）制作该裁决的外国仲裁机构对裁决事项拥有管辖权，并不在我国声明保留条款之列。

（5）外国仲裁机构制作裁决时的程序合法。

（6）该仲裁裁决不违反我国法律的基本原则，不损害我国国家主权、安全和社会公共利益。

（二）我国法院对承认和执行外国仲裁裁决的申请审查处理

当事人依照上述条件申请我国法院承认和执行外国仲裁裁决的，受理申请的人民法院应按上述条件予以认真审查，并作出相应的处理：

1. 审查认定符合条件，决定予以承认和执行的，应在受理申请之日起 2 个月内作出裁定。需要执行的由人民法院发出执行令，按我国民事诉讼法有关执行程序执行。如无特殊情况，应在裁定后 6 个月内执行完毕。

2. 审查认定请求不符合或不完全符合上述条件，决定不予承认和执行外国仲裁裁决的，要按照有关规定事先经最高人民法院批准同意。即：必须在受理申请之日起 2 个月内报请所属高级人民法院审查后上报最高人民法院。在得到最高人民法院答复之前，受理申请的人民法院不得作出不予执行或者拒绝承认和执行的裁定。

3. 我国法院对承认和执行外国仲裁裁决的收费。为正确执行我国加入的《承认及执行外国仲裁裁决公约》，《诉讼费用交纳办法》（中华人民共和国国务院令第 481 号）第 14 条规定，申请承认和执行（外国法院判决、裁定以及）国外仲裁机构裁决的，按照下列标准交纳：（1）没有执行金额或者价额的，每件交纳 50 元至 500 元。（2）执行金额或者价额不超过 1 万元的，每件交纳 50 元；超过 1 万元至 50 万元的部分，按照 1.5%交纳；超过 50 万元至 500 万元的部分，按照 1%交纳；超过 500 万元至 1000 万元的部分，按照 0. 5%交纳；超过 1000 万元的部分，按照 0. 1%交纳。在具体执行过程中，人民法院可以参考《最高人民法院关于承认和执行外国仲裁裁决收费及审查期限问题的规定》（法释〔1998〕28 号）对我国法院承认和执行外国仲裁裁决收费的具体规定：（1）人民法院受理当事人申请承认外国仲裁裁决的，预收人民币 500 元。（2）人民法院受理当事人申请承认和执行外国仲裁裁决的，应按照《诉讼费用交纳办法》有关规定，依申请执行的金额或标的价额预收执行费。如人民法院最终决定仅承认而不予执行外国仲裁裁决时，在扣除所应当收取的申请承认费用后，其余退还申请人。（3）人民法院受理当事人申请承认和执行外国仲裁裁决，不得对承认和执行分别两次收费。对所预收费用的负担，按照《诉讼费用交纳办法》有关规定执行。

四、我国涉外仲裁机构的裁决在国外的承认和执行

根据民事诉讼法第 280 条和仲裁法第 72 条规定，我国涉外仲裁委员会作出的发生法律效力的仲裁裁决，当事人请求执行的，如果被执行人或者其财产不在中华人民共和国领域内，应当由当事人直接向有管辖权的外国法院申请承认和执行。

当事人在直接向有管辖权的外国法院申请承认和执行我国涉外仲裁裁决时应当注意，如果这个“有管辖权的外国法院”：（1）是《承认及执行外国仲裁裁决公约》缔约

国的法院，当事人应当按照《承认及执行外国仲裁裁决公约》规定的程序和条件进行申请。(2) 是与我国订有双边司法协助条约的国家的法院，当事人应当按中外双边协定或条约规定的程序和条件进行申请。(3) 是与我国无条约关系的国家的法院，当事人应当按互惠原则进行申请。

外国法院收到当事人申请后，按照前述《承认及执行外国仲裁裁决公约》或者按照与中国订立的双边司法协助条约规定要件审查，或者按照互惠原则进行审查。审查合格者，按该国法律规定的程序予以承认和执行。

【学习总结与拓展】

【关键词】司法协助　狭义的司法协助　一般司法协助　特殊司法协助　对外国法院判决的承认和执行

【思考题】

1. 我国法院一般司法协助管理体制、运行机制的基本框架的内容是什么？

2. 国际民事司法协助主体一般包括哪些？

3. 我国民事诉讼法采取广义司法协助，其范围包括哪二类？

4. 国际民事司法协助有哪几类根据？

5. 国际民事司法协助的途径根据各国立法和国际条约规定，法院委托司法协助主要有哪几种途径？

6. 国际上承认与执行外国法院判决的一般条件有哪些？

7. 我国承认与执行外国法院判决的条件是什么？

8. 根据我国与外国缔结或参加的国际条约和民事诉讼法的规定，当事人请求我国法院承认和执行外国仲裁机构裁决应符合哪些条件？

【阅读资料】

1.《中华人民共和国民事诉讼法》(2017 年修正) 第四编涉外民事诉讼程序的特别规定第二十七章司法协助。

2.《最高人民法院关于适用〈中华人民共和国民事诉讼法〉的解释》(法释〔2015〕5 号) 二十二、涉外民事诉讼程序的特别规定。

3.《外交部、最高人民法院、最高人民检察院、公安部、安全部、司法部关于处理涉外案件若干问题的规定》(1995 年 6 月 20 日)。

4.《关于向国外送达民事或商事司法文书和司法外文书公约》(1965 年海牙送达公约)；《关于从国外调取民事或商事证据的公约》(1970 年海牙取证公约)；1958 年《联合国关于承认执行外国仲裁裁决公约》。

5. 高兰英、隆雨蕊：《论构建中国一东盟民商事司法协助制度的必要性和可行性》，《人民论坛》2012 年第 11 期。

6. 贺晓翊：《英国的外国法院判决承认与执行制度研究》，法律出版社 2008 年版。

7. 张圣翠：《论我国仲裁裁决承认与执行制度的矫正》，《上海财经大学学报》2013 年第 1 期。

8. 杜新丽：《论外国仲裁裁决在我国的承认与执行——兼论〈纽约公约〉在中国的适用》，《比较法研究》2005 年第 4 期。

第七编　海事诉讼特别程序法

第三十四章　海事诉讼特别程序法概述

【学习提示】 通过本章学习，了解海事诉讼、海事诉讼特别程序法的概念，海事诉讼特别程序法的体系结构，理解海事诉讼的特点，海事诉讼特别程序法与海商法、民事诉讼法、国际条约的关系。

第一节　海事诉讼的概念与特征

海事，顾名思义是与海洋有关联之事，即海上船舶运输、贸易、港口作业、海洋开发利用及环境保护等人们在海洋领域所进行的各种民（商）事活动的总称。海事是民事活动的一部分。

海事诉讼，是指行使国家审判权的专门人民法院在当事人和其他诉讼参与人参加下，依法审理和解决海事纠纷的诉讼活动。海事诉讼，属民事诉讼的范畴。但又有与非海事的一般民事诉讼不同的特征：

1. 海事审判机关专门化。海事诉讼，由海事法院这一行使国家审判权的专门人民法院负责主管。目前，海事司法系统是“三级二审终审制”，即海事法院、海事法院所在地高级人民法院、最高人民法院。除此之外，其他法院均不享有海事审判权，不审判海事案件。

2. 海事诉讼所审理和解决的是海事纠纷，具有专业技术性、涉外性强的特点。海事案件主要涉及海上运输关系和船舶关系的船舶、运输、海洋开发利用或相关领域中的民商事纠纷，具有很强的专业技术性。英国人认为：“海事诉讼是对物诉讼，这是海事诉讼的典型特征。在对船或其他财产进行的诉讼中，如果需要，可对这些财产实行变卖、扣押，以其收入偿付原告的索赔。”（《牛津法律大辞典》第21页“海事诉讼”）而且，海事纠纷往往与国际海运业、进出口贸易活动相关，船舶等财物的涉及因素，以及当事人的涉外因素明显强于非海事纠纷，海事诉讼处理海事案件，比之一般民事诉讼处理一般民事经济案件更复杂、难度更大。

3. 海事诉讼具有程序规范特殊的特点。在我国领域内进行海事诉讼，既要遵循民事诉讼法的一般规定，更要遵守海事诉讼特别程序法的特殊规定，而非海事的民事诉讼，只需遵守民事诉讼法的程序规定或涉外民事诉讼程序特别规定即可。之所以海事诉讼具有特别程序规范的特点，是由于其所处理的海事案件不同于非海事案件的审理特点所决定的。如，在海事审判中面对强制放货、申请签发提单、船舶所有人要求租船人还船等请求，无法按照民事诉讼法的财产保全程序来解决（因为只有财产给付之诉，才能采取财产保全措施），而海事法院处理这些请求，只有采取类似行为保全性质的海事强制令制度，这一制度由海事诉讼特别程序法加以规定。又如，一般民商事纠纷诉讼，需遵循民事诉讼法所规定的举证和证据交换规则，而海事诉讼中船舶碰撞案件的事故现场不易保留，有些证据容易消灭，驾驶人员的记忆未必准确，事故记录可事后补作或更改，因此各国法院强调原告起诉、被告答辩时，应当如实填写《海事事故调查表》，该表不向另一方当事人附送或在双方当事人之间交换，以避免给任何一方提供修改证据或作伪证的机会。我国《海事诉讼特别程序法》为此规定了海事法院在送达起诉状或答辩状副本时不向当事人附送有关证据材料，并规定任何一方当事人不得推翻其在该调查表中的陈述和已完成的举证。

第二节　海事诉讼特别程序法的概念与体系结构

一、海事诉讼特别程序法的概念

海事诉讼特别程序法，是指国家制定的用以调整海事审判法院、海事诉讼当事人及其他诉讼参与人的海事诉讼活动和由此发生的海事诉讼权利义务关系的法律规范的总称。简言之，国家制定的特别用于调整海事诉讼的法律规范的总和，就是海事诉讼特别程序法。

海事诉讼特别程序法，有广义和狭义之分。狭义的海事诉讼特别程序法，仅指1999年12月25日第9届全国人大常委会第13次会议通过，自2000年7月1日起施行的《中华人民共和国海事诉讼特别程序法》（以下简称《海事诉讼法》或海诉法）。

广义的海事诉讼特别程序法，则指一切有关海事诉讼程序的特别规定，包括：

（1）国家最高权力机关制定的关于海事诉讼的特别法律，即《海事诉讼法》。

（2）其他法律、法规有关海事诉讼问题的特别规定。如《海商法》关于“提出共同海损分摊请求的一方应负举证责任，证明其损失应当列入共同海损”的规定（第196条）。

（3）最高人民法院有关海事诉讼的司法解释。如，《最高人民法院关于海事法院受理案件范围的规定》（法释〔2016〕4号，自2016年3月1日起施行）（以下简称《海事受案范围规定》）、《最高人民法院关于海事诉讼管辖问题的规定》（法释〔2016〕2号，自2016年3月1日起施行）（以下简称《海事诉讼管辖规定》）、《关于适用〈中华人民共和国海事诉讼特别程序法〉若干问题的解释》（法释［2003］3号）（以下简称《适用海诉法解释》）、《最高人民法院关于审理海事赔偿责任限制相关纠纷案件的相关纠纷案件的若干规定》（法释［2010］11号，自2010年9月15日起施行）以及《最高人民法院关于审理船舶油污损害赔偿纠纷案件若干问题的规定》（法释2011）14号，自

2011年7月1日起施行）的相关规定等。该类司法解释为《海事诉讼法》的具体实施有重大贡献。

（4）我国缔结或参加的并且未声明保留的国际条约中关于海事诉讼问题的程序性规定。如，《国际油污损害民事责任公约》第7条第8项、第8条规定，对于油污损害的任何索赔，可向承担船舶所有人油污损害责任的保险人或提供财务保证的其他人直接提出。在任何情况下，被告人有权要求船舶所有人参加诉讼。如果不能在损害发生之日起3年内提出诉讼，按本公约要求赔偿的权利即告失效。无论如何不得在引起损害的事件发生之日起6年后提出诉讼。如该事件包括一系列事故，6年的期限应自第一个事故发生之日起算。我国海事法院在审理国际油污损害索赔诉讼案件时，需依照该公约之规定来确定被告人、第三人，以及原告人的诉权。

根据《海事诉讼法》第2条规定，在我国领域内进行海事诉讼，无论是沿海、内河还是远洋运输发生的海事案件，无论是海事法院还是其所在地高级人民法院、最高人民法院审理海事案件，均适用海事诉讼特别程序法，该法没有规定的，适用民事诉讼法和其他有关法律规定。这表明，海事诉讼特别程序法是以民事诉讼法为基本法，是对民事诉讼法及其他法律的必要补充，也体现了特别法优先适用的原则。

二、海事诉讼特别程序法的体系结构

《海事诉讼法》的体系结构分12章127个条文。《第一章总则》有5个条文规定立法宗旨及适用范围（领域范围、法院范围），海事法院主管范围。《第二章管辖》6个条文，分别规定海事诉讼的地域管辖、专属管辖、协议管辖、申请认定海上财产无主和因海上事故宣告死亡案的管辖、指定管辖、执行管辖。《第三章海事请求保全》有40个条文，分别对海事请求保全的一般规定船舶的扣押与拍卖、船载货物的扣押与拍卖等有关财产保全问题作出规定。《第四章海事强制令》，有11个条文规定了海事强制令的管辖、申请与担保、审查与处理、发出强制令条件、对强制令的异议与执行等有关海事诉讼中的行为保全问题。《第五章海事证据保全》有11个条文对海事证据保全的管辖、申请与担保、保全条件、审查与处理、保全措施执行与异议等问题作出规定。第三、四、五章，共同构成了海事诉讼保全中的完整模式，比之民事诉讼法的保全只有财产保全、证据保全，创新设立了行为保全制度（即海事强制令）。《第六章海事担保》有7个条文，规定海事担保的范围与方式、担保决定与协商等问题。《第七章送达》有2个条文，对海事诉讼法律文书的特殊送达方式作出规定。《第八章审判程序》有19个条文分别对审理船舶碰撞案件共同海提案件、海上保险人行使代位请求赔偿权利、油污损害索赔诉讼当事人，以及海事简易程序海事督促程序、提单公示催告程序等问题作出规定。《第九章设立海事赔偿责任限制基金程序》有10个条文，分别规定了海事赔偿责任限制基金的设立申请、受理、通知与公告。对异议的审查处理、准予设立以及设立后的诉讼管辖、设立错误的赔偿等问题。《第十章债权登记与受偿程序》有9个条文，对强制拍卖船舶及海事赔偿责任限制有关的债权登记的申请、审查确认、受偿协议、分配方案及其实施等程序问题作出规定。《第十一章船舶优先权催告程序》有7个条文，规定了船舶优先催告的申请、审查、公告、判决等程序问题。《第十二章附则》1个条文规定了海诉法的生效时间效力即该法自2000年7月1日起施行。

第三节 海事诉讼特别程序法的相邻关系

一、海事诉讼特别程序法与海商法的关系

这两者是程序法与实体法的关系，且共同构成海事审判法律准绳的主体结构。海商法是海事审判中主要依据的海事实体法。海商法借鉴了国际惯例和国际海事立法的有益经验，规定了诸如船舶优先权、船舶抵押权、海事赔偿责任限制、共同海损、船舶优先权公告、船舶碰撞过失比例责任、海上货物运输和海上拖航中管船过失免责等海事实体权利义务。海事诉讼特别程序法则作为海事审判主要依据的海事程序法，为海商法的实施提供了相应的程序性规范，及时、有效解决海事海商纠纷，以充分保障海商法规定的海事实体权利义务规范的落实。

二、海事诉讼特别程序法与民事诉讼法的关系

这两者是特别诉讼程序法与一般诉讼程序法的关系。民事诉讼法统率一切民事纠纷案件的诉讼，海事诉讼特别程序法是民事诉讼程序法的一个分支，是特别适用于海事领域中的平等主体权利义务纠纷诉讼。海事诉讼特别程序法是民事诉讼的特别法律。《海事诉讼法》第 2 条规定："在中华人民共和国领域内进行海事诉讼，适用《中华人民共和国民事诉讼法》和本法。本法有规定的，依照其规定。"这表明，民诉法和海诉法两者都是海事诉讼的程序法依据。民诉法规定的审理程序比如一审程序和二审程序、审判监督程序等通用于包括海事案件在内的民事案件的审判活动程序，海诉法则是对海事案件诉讼方面的不同于非海事的一般民商事案件诉讼的特殊程序性问题作出专门规定，因此，在海事诉讼中，实行特别法优于普通法原则，即海诉法有专门规定而不同于民诉法的程序规定的优先适用于海事诉讼之中，而海诉法没有特别规定的程序问题，则适用民诉法的一般规定。

三、海事诉讼特别程序法与国际条约的关系

海事诉讼解决的是海运、海商市场经济中的权利义务纠纷问题，而海运、海商市场经济已经形成国际市场和各种形式的国际经济联系，其涉外性、国际性的特点十分明显，也决定了海事诉讼过程中须处理好海事诉讼特别程序法与国际条约的关系。《海事诉讼法》第 3 条规定"中华人民共和国缔结和参加的国际条约与《中华人民共和国民事诉讼法》和本法对涉外海事诉讼有不同规定的，适用该国际条约的规定，但中华人民共和国声明保留的条款除外。"这表明，我国缔结和参加的国际条约和我国民诉法、海诉法一样构成我国海事诉讼中涉外部分的依据，且具有优先适用于我国涉外海事诉讼的效力。当然，我国制定海事诉讼特别程序法，本身也是履行国际条约规定义务的要求。因为，我国已加入的一些有关海事方面的国际条约大多是实体法内容的规定，有关程序性方面的问题由缔约国国内法规定。比如《1976 年海事索赔责任限制公约》第 14 条规定，除该公约另有规定外，海事索赔责任限制基金的一切程序规则，应受基金设立国法律的制约，为此，《海事诉讼法》第九章规定我国设立海事赔偿责任限制基金程序以落

实该国际条约规定。我国缔约或参加的一些有关程序方面的国际公约和双边条约要求缔约国有明确的海事诉讼的程序性规定。比如《1999 年国际扣船公约》第 2 条第 4 款规定：“在不违反本公约规定的情况下，有关船舶的扣押或释放的程序，应受扣船实施地国或扣船请求地国法律的制约。”为此，我国《海事诉讼法》第 3 章设立了船舶扣押和拍卖程序。

【学习总结与拓展】

【关键词】 海事诉讼　海事诉讼特别程序法

【思考题】

1. 海事诉讼有哪些特点?
2. 试述海事诉讼特别程序法的体系结构
3. 海事诉讼特别程序法与海商法、民事诉讼法、国际条约的关系如何?

【阅读资料】

1.《中华人民共和国海事诉讼特别程序法》(1999 年 12 月 25 日第九届全国人民代表大会常务委员会第十三次会议通过 1999 年 12 月 25 日中华人民共和国主席令第二十八号公布 自 2000 年 7 月 1 日起施行)。

2.《最高人民法院关于适用〈中华人民共和国海事诉讼特别程序法〉若干问题的解释》(法释［2003］3 号)。

3. 贺万忠:《国际海事诉讼法》，世界知识出版社 2009 年 4 月版；贺万忠著:《当代国际海事诉讼的理论与实践》，知识产权出版社 2006 年版。

4. 关正义:《海事诉讼中几个法律概念的辨析》，《当代法学》2006 年第 1 期。

5. 金正佳、翁子明:《海事诉讼法对民诉法的发展》，人民法院报 2001 年 2 月 7 日。

6. 金正佳主编:《海事诉讼法论》，大连海事出版社 2001 年 9 月版。

7. 蒋五四:《〈海事诉讼特别程序法〉特点述评》，《中国律师 2000 年大会论文精选(下卷)》2000 年。

第三十五章 海事诉讼的受案范围

【学习提示】通过本章学习，了解海事法院受案范围分类，把握海事侵权纠纷案件、海商合同纠纷案件、海洋及通海可航水域开发利用与环境保护相关纠纷案件以及法律规定的其他海事海商纠纷案件、海事行政案件、海事特别程序案件。

为维护海事诉讼当事人的诉讼权利，明确海事法院审判权限，海诉法第4条以概括分类方式界定了海事诉讼受案范围，即："海事法院受理当事人因海事侵权纠纷、海商合同纠纷以及法律规定的其他海事纠纷提起的诉讼。"除海事法院及其所在地的高级人民法院亦即海事法院的上诉审法院外，地方各级人民法院不得受理海事诉讼受案范围内的案件，而海事法院则不得受理刑事案件和海事案件之外的其他民事案件。

为贯彻海诉法第4条对海事诉讼受案范围的规定，最高人民法院先于2001年7月11日颁布施行《关于海事法院受理案件范围的若干规定》（法释［2001］27号）[①]，后于2016年2月24日公布《最高人民法院关于海事法院受理案件范围的规定》（法释〔2016〕4号）对我国海事法院受案范围进行调整充实。自2016年3月1日起海事法院受案范围重新划分为六大类：海事侵权纠纷案件、海商合同纠纷案件、海洋及通海可航水域开发利用与环境保护相关纠纷案件、其他海事海商纠纷案件、海事行政案件、海事特别程序案件。

第一节 海事侵权纠纷案件

海事侵权纠纷案件，是指发生在海上和通海水域里的侵权损害索赔纠纷案件。司法解释以列举方式规定其范围包括：

1. 船舶碰撞损害责任纠纷案件，包括浪损等间接碰撞的损害赔偿纠纷案件。根据《最高人民法院关于审理船舶碰撞纠纷案件若干问题的规定》（法释〔2008〕7号）第1条规定，船舶碰撞，是指海商法第165条所指的船舶碰撞[②]，不包括内河船舶之间的碰撞。船舶碰撞，又称触损，即两船舶的船体相触撞击造成损害，属船舶直接碰撞。浪

---

① 最高人民法院2001年7月11日颁布的《关于海事法院受理案件范围的若干规定》（法释［2001］27号）自2016年3月1日起废止。

② 《中华人民共和国海商法》第165条规定："船舶碰撞，是指船舶在海上或者与海相通的可航水域发生接触造成损害的事故。前款所称船舶，包括与本法第三条所指船舶碰撞的任何其他非用于军事的或者政府公务的船艇。"第3条规定："本法所称船舶，是指海船和其他海上移动式装置，但是用于军事的、政府公务的船舶和20总吨以下的小型船艇除外。前款所称船舶，包括船舶属具。"

损，即两船舶的船体没有相触撞击，而是通过一船体产生的海浪强力撞击另一船体造成损害。浪损属于船舶间撞碰撞，通常是发生在两船舶没有按照规定时间隔距离宽度以及未使用安全航速航行的场合而造成的损害。一船是小船被大船近距离掀起的强浪击翻或损坏船体。碰撞船舶互有过失造成船载货物损失，船载货物的权利人对承运货物的本船提起违约赔偿之诉，或者对碰撞船舶一方或者双方提起侵权赔偿之诉的，人民法院应当依法予以受理。

2. 船舶触碰海上、通海可航水域（如长江水域、鸭绿江水域等等）、港口及其岸上的设施或者其他财产的损害责任纠纷案件，包括船舶触碰码头、防波堤、栈桥、船闸、桥梁、航标、钻井平台等设施的损害责任纠纷案件。如 1993 年 7 月 4 日，武汉长江公路桥工程设施中的 10 号墩上游定位船被两单位船舶碰撞而触损 80 余万元。

3. 船舶损坏在空中架设或者在海底、通海可航水域敷设的设施或者其他财产的损害责任纠纷案件。如拖轮拉网扯断海底通信电缆、船体触损海带筏架等。“设施”是指水上水下各种固定或浮动建筑、装置和固定平台。

4. 船舶排放、泄漏、倾倒油类、污水或者其他有害物质，造成水域污染或者他船、货物及其他财产损失的损害责任纠纷案件。

5. 船舶的航行或者作业损害捕捞、养殖设施及水产养殖物的责任纠纷案件。“作业”是指在沿海水域调查、勘探、开采、测量、建筑、疏浚、爆破、救助、打捞、拖带、捕捞、养殖、装卸、科学试验和其他水上水下施工。

6. 航道中的沉船沉物及其残骸、废弃物，海上或者通海可航水域的临时或者永久性设施、装置，影响船舶航行，造成船舶、货物及其他财产损失和人身损害的责任纠纷案件。

7. 船舶航行、营运、作业等活动侵害他人人身权益的责任纠纷案件。

8. 非法留置或者扣留船舶、船载货物和船舶物料、燃油、备品的责任纠纷案件。

9. 为船舶工程提供的船舶关键部件和专用物品存在缺陷而引起的产品质量责任纠纷案件。此处及以下的“船舶关键部件和专用物品”，系指舱盖板、船壳、龙骨、甲板、救生艇、船用主机、船用辅机、船用钢板、船用油漆等船舶主体结构、重要标志性部件以及专供船舶或者船舶工程使用的设备和材料。此处及以下的“船舶工程”，系指船舶的建造、修理、改建、拆解等工程及相关的工程监理。

10. 其他海事侵权纠纷案件。如，在海上或者通海水域、港口的运输、作业（含捕捞作业）中发生的重大责任事故引起的赔偿纠纷案件。又如，从事海上或者通海水域运输、渔业生产的船舶共有人之间经营、收益、分配和财产分割纠纷案件。

第二节　海商合同纠纷案件

海商合同纠纷案件，是指发生在海上和通海可航水域的运输、贸易等各类海洋商务活动中的合同纠纷案件。其范围是：

1. 船舶买卖合同纠纷案件。

2. 船舶工程合同纠纷案件。

3. 船舶关键部件和专用物品的分包施工、委托建造、订制、买卖等合同纠纷案件。

4. 船舶工程经营合同（含挂靠、合伙、承包等形式）纠纷案件。

5. 船舶检验合同纠纷案件。

6. 船舶工程场地租用合同纠纷案件。

7. 船舶经营管理合同（含挂靠、合伙、承包等形式）、航线合作经营合同纠纷案件。

8. 与特定船舶营运相关的物料、燃油、备品供应合同纠纷案件。

9. 船舶代理合同纠纷案件。

10. 船舶引航合同纠纷案件。

11. 船舶抵押合同纠纷案件。

12. 船舶租用合同（含定期租船合同、光船租赁合同等）纠纷案件。

13. 船舶融资租赁合同纠纷案件。

14. 船员劳动合同、劳务合同（含船员劳务派遣协议）项下与船员登船、在船服务、离船遣返相关的报酬给付及人身伤亡赔偿纠纷案件。

15. 海上、通海可航水域货物运输合同纠纷案件，包括含有海运区段的国际多式联运、水陆联运等货物运输合同纠纷案件。

16. 海上、通海可航水域旅客和行李运输合同纠纷案件。

17. 海上、通海可航水域货运代理合同纠纷案件。

18. 海上、通海可航水域运输集装箱租用合同纠纷案件。

19. 海上、通海可航水域运输理货合同纠纷案件。

20. 海上、通海可航水域拖航合同纠纷案件。

21. 轮渡运输合同纠纷案件。

22. 港口货物堆存、保管、仓储合同纠纷案件。

23. 港口货物抵押、质押等担保合同纠纷案件；

24. 港口货物质押监管合同纠纷案件。

25. 海运集装箱仓储、堆存、保管合同纠纷案件。

26. 海运集装箱抵押、质押等担保合同纠纷案件。

27. 海运集装箱融资租赁合同纠纷案件。

28. 港口或者码头租赁合同纠纷案件。

29. 港口或者码头经营管理合同纠纷案件。

30. 海上保险、保赔合同纠纷案件。

31. 以通海可航水域运输船舶及其营运收入、货物及其预期利润、船员工资和其他报酬、对第三人责任等为保险标的的保险合同、保赔合同纠纷案件。

32. 以船舶工程的设备设施以及预期收益、对第三人责任为保险标的的保险合同纠纷案件。

33. 以港口生产经营的设备设施以及预期收益、对第三人责任为保险标的的保险合同纠纷案件。

34. 以海洋渔业、海洋开发利用、海洋工程建设等活动所用的设备设施以及预期收益、对第三人的责任为保险标的的保险合同纠纷案件。

35. 以通海可航水域工程建设所用的设备设施以及预期收益、对第三人的责任为保险标的的保险合同纠纷案件。

36. 港航设备设施融资租赁合同纠纷案件。

37. 港航设备设施抵押、质押等担保合同纠纷案件。

38. 以船舶、海运集装箱、港航设备设施设定担保的借款合同纠纷案件，但当事人仅就借款合同纠纷起诉的案件除外。

39. 为购买、建造、经营特定船舶而发生的借款合同纠纷案件。

40. 为担保海上运输、船舶买卖、船舶工程、港口生产经营相关债权实现而发生的担保、独立保函、信用证等纠纷案件。

41. 与上述第1项至第40项的合同或者行为相关的居间、委托合同纠纷案件；

42. 其他海商合同纠纷案件。

第三节 海洋及通海可航水域开发利用与环境保护相关纠纷案件

2016年2月24日，最高人民法院发布的《关于海事法院受理案件范围的规定》将“海洋及通海可航水域开发利用与环境保护相关纠纷案件”从《关于海事法院受理案件范围的规定》（法释［2001］27号）中的“其他海事海商纠纷案件”单列出来作为一大类案件，以突出海事法院规范海洋及通海可航水域开发利用秩序和环境保护的职能。具体包括：

1. 海洋、通海可航水域能源和矿产资源勘探、开发、输送纠纷案件。其中包括：对大陆架的海洋石油、天然气的开采等纠纷案件。

2. 海水淡化和综合利用纠纷案件。

3. 海洋、通海可航水域工程建设（含水下疏浚、围海造地、电缆或者管道敷设以及码头、船坞、钻井平台、人工岛、隧道、大桥等建设）纠纷案件。

4. 海岸带开发利用相关纠纷案件。

5. 海洋科学考察相关纠纷案件。

6. 海洋、通海可航水域渔业经营（含捕捞、养殖等）合同纠纷案件。

7. 海洋开发利用设备设施融资租赁合同纠纷案件。

8. 海洋开发利用设备设施抵押、质押等担保合同纠纷案件。

9. 以海洋开发利用设备设施设定担保的借款合同纠纷案件，但当事人仅就借款合同纠纷起诉的案件除外。

10. 为担保海洋及通海可航水域工程建设、海洋开发利用等海上生产经营相关债权实现而发生的担保、独立保函、信用证等纠纷案件。

11. 海域使用权纠纷（含承包、转让、抵押等合同纠纷及相关侵权纠纷）案件，但因申请海域使用权引起的确权纠纷案件除外。

12. 与上述第1项至11项的合同或者行为相关的居间、委托合同纠纷案件。

13. 污染海洋环境、破坏海洋生态责任纠纷案件。

14. 污染通海可航水域环境、破坏通海可航水域生态责任纠纷案件。

15. 海洋或者通海可航水域开发利用、工程建设引起的其他侵权责任纠纷及相邻关系纠纷案件。

第四节 其他海事海商纠纷案件

2016年2月24日最高人民法院发布的《关于海事法院受理案件范围的规定》将海事侵权纠纷案件、海商合同纠纷案件、海洋及通海可航水域开发利用与环境保护相关纠纷案件、海事行政案件、海事特别程序案件以外的与海洋有关的案件都放进“其他海事海商纠纷案件”作出列举规定，没有一个统一的划分标准来进行分类，以致“其他海事海商纠纷案件”涵盖面非常广泛：

1. 船舶所有权、船舶优先权、船舶留置权、船舶抵押权等船舶物权纠纷案件。

2. 港口货物、海运集装箱及港航设备设施的所有权、留置权、抵押权等物权纠纷案件。

3. 海洋、通海可航水域开发利用设备设施等财产的所有权、留置权、抵押权等物权纠纷案件。

4. 提单转让、质押所引起的纠纷案件。

5. 海难救助（指在海上或者与海相通的可航水域，对遇险的船舶和其他财产进行的救助）纠纷案件。

6. 海上、通海可航水域打捞清除纠纷案件。

7. 共同海损（指在同一海上航程中，船舶、货物和其他财产遭遇共同危险，为了共同安全，有意地合理地采取措施所直接造成的特殊牺牲、支付的特殊费用）纠纷案件。

8. 港口作业纠纷案件。

9. 海上、通海可航水域财产无因管理纠纷案件。

10. 海运欺诈纠纷案件。海运欺诈是指海上运输或与海上运输相关的活动中，一方或几方当事人故意制造假象或者隐瞒事实真相，使对方当事人产生错误认识并基于错误认识作出错误意思表示的行为。海运欺诈纠纷案件，包括运费欺诈、租金欺诈、沉船欺诈、鬼船欺诈、应签发不清洁提单而不签发所引起的提单欺诈，船员或船东监守自盗引起的盗卖货物欺诈等海上运输活动欺诈，以及海上保险欺诈、涉及运输环节的贸易欺诈、代理费欺诈、燃油欺诈等与海上运输相关的活动中的欺诈纠纷案件。

11. 与航运经纪及航运衍生品交易相关的纠纷案件。

12. 当事人提起的民商事诉讼、行政诉讼包含《最高人民法院关于海事法院受理案件范围的规定》（法释〔2016〕4号）所涉海事纠纷的，由海事法院受理。

13. 当事人就《最高人民法院关于海事法院受理案件范围的规定》（法释〔2016〕4号）中有关合同所涉事由引起的纠纷，以侵权等非合同诉由提起诉讼的，由海事法院受理。

第五节 海事特别程序案件

海事特别程序案件，是指适用民事诉讼法的特别程序和涉外民事诉讼程序特别规定及执行程序或海事诉讼特别程序法规定的督促程序和公示催告程序、设立海事赔偿责任限制基金程序、债权登记与受偿程序、船舶优先权催告程序等海事特别程序审理处理的除上述五大类海事案件之外的其他海事案件。其范围包括：

1. 申请认定海事仲裁协议效力的案件

2. 申请承认、执行外国海事仲裁裁决，申请认可、执行中国香港特别行政区、澳门特别行政区、中国台湾地区海事仲裁裁决，申请执行或者撤销国内海事仲裁裁决的案件。

3. 申请承认、执行外国法院海事裁判文书，申请认可、执行香港特别行政区、澳门特别行政区、中国台湾地区“法院”海事裁判文书的案件。

4. 申请认定海上、通海可航水域财产无主的案件。

5. 申请无因管理海上、通海可航水域财产的案件。

6. 因海上、通海可航水域活动或者事故申请宣告失踪、宣告死亡的案件。

7. 起诉前就海事纠纷申请扣押船舶、船载货物、船用物料、船用燃油或者申请保全其他财产的案件。

8. 海事请求人申请财产保全错误或者请求担保数额过高引起的责任纠纷案件。

9. 申请海事强制令案件。

10. 申请海事证据保全案件。

11. 因错误申请海事强制令、海事证据保全引起的责任纠纷案件。

12. 就海事纠纷申请支付令案件。

13. 就海事纠纷申请公示催告案件。

14. 申请设立海事赔偿责任限制基金（含油污损害赔偿责任限制基金）案件。

15. 与拍卖船舶或者设立海事赔偿责任限制基金（含油污损害赔偿责任限制基金）相关的债权登记与受偿案件。

16. 与拍卖船舶或者设立海事赔偿责任限制基金（含油污损害赔偿责任限制基金）相关的确权诉讼案件。

17. 申请从油污损害赔偿责任限制基金中代位受偿案件。

18. 船舶优先权催告案件。

19. 就海事纠纷申请司法确认调解协议案件。

20. 申请实现以船舶、船载货物、船用物料、海运集装箱、港航设备设施、海洋开发利用设备设施等财产为担保物的担保物权案件。

21. 地方人民法院为执行生效法律文书委托扣押、拍卖船舶案件。

22、海事执行案件。即指由海事法院对当事人申请执行的各种海事生效法律文书予以依法立案强制执行案件。包括：（1）申请执行海事法院及其上诉审高级人民法院和最高人民法院就海事纠纷作出的判决、裁定、调解、支付令等生效法律文书案件。（2）申请执行与海事纠纷有关的具有强制执行内容的公证债权文书案件。（3）依据1958年《承认与执行外国仲裁裁决公约》的规定申请承认、执行外国仲裁机构海事仲裁裁决的案件。（4）依照我国与外国签订的司法协助协定，或者按照互惠原则申请承认和协助执行外国法院裁决的海事海商案件等。

第六节　海事行政案件

应指出，最高人民法院《关于执行〈中华人民共和国行政诉讼法〉若干问题的解释》（法释〔2000〕8号，自2000年3月10日起施行）第6条规定："专门人民法院、人民法庭不审理行政案件，也不审查和执行行政机关申请执行其具体行政行为的案件。"以及《最高人民法院办公厅关于海事行政案件管辖问题的通知》（法办［2003］253号）："一、行政案件、行政赔偿案件和审查行政机关申请执行其具体行政行为的案件仍由各级人民法院行政审判庭审理。海事等专门人民法院不审理行政案件、行政赔偿案件，亦不审查和执行行政机关申请执行其具体行政行为的案件。"这两个文件的这两条规定的禁令没有与《最高人民法院关于适用〈中华人民共和国行政诉讼法〉若干问题的解释》（法释〔2015〕9号，自2015年5月1日起施行）的27条规定内容"不一致的"地方，因而没有被最高人民法院所废止。

但是，按照后法优于前法的原则，《最高人民法院关于海事法院受理案件范围的规定》（法释〔2016〕4号）已经根据《中华人民共和国行政诉讼法》，结合我国海事审判实际，将"五、海事行政案件"纳入海事法院受理案件的范围，且明确规定："114. 最高人民法院以前作出的有关规定与本规定不一致的，以本规定为准。"据此，作为专门人民法院的海事法院要主管海事行政案件的审判，而不再受上述法释〔2000〕8号和法办［2003］253号两个文件的那两条规定的禁令所约束。当事人对海事管理机构所作行政行为不服认为侵犯其合法权益的，可以依法向海事法院提起海事行政诉讼。

由此可见，海事诉讼包括二大类受案范围：一大类是海事海商纠纷案件，另一大类是海事行政纠纷案。前一类属海事海商平等主体之间的海事民商纠纷，后一类属海事行政机关与行政相对人之间的海事行政管理纠纷。为此，海事诉讼就需按二套不同诉讼程序分别处理这二大类诉讼案件，前一大类适用民诉法和海诉法，后一大类即海事行政案件则适用行政诉讼法。本书认为，海事行政案件中的海事特点决定了，在海事行政诉讼中，必要时，也可适用海诉法的特别程序规定，比如海事证据保全规定、送达规定等等。

海事法院受理海事行政案件的范围如下：

1. 因不服海事行政机关作出的涉及海上、通海可航水域或者港口内的船舶、货物、设备设施、海运集装箱等财产的行政行为而提起的行政诉讼案件。比如，海事管理机构对未持有合格的检验证书、登记证书的或者未持有必要的航行资料擅自航行或者作业的船舶、浮动设施，责令停止航行或者作业，拒不停止的，暂扣船舶、浮动设施，其所有人或者经营人不服而提起的海事行政诉讼案件。

2. 因不服海事行政机关作出的涉及海上、通海可航水域运输经营及相关辅助性经营、货运代理、船员适任与上船服务等方面资质资格与合法性事项的行政行为而提起的行政诉讼案件。比如，海事管理机构依照《船员条例》第60条对具有未按照规定招用外国籍船员在中国籍船舶上任职情形的船员用人单位、船舶所有人责令改正并处以3万元以上15万元以下罚款的，船员用人单位、船舶所有人不服处罚而提起的海事行政诉讼案件。

3. 因不服海事行政机关作出的涉及海洋、通海可航水域开发利用、渔业、环境与生态资源保护等活动的行政行为而提起的行政诉讼案件。比如，海事管理机构依照《海洋环境保护法》第73条规定对向沿海水域排放《海洋环境保护法》禁止排放的污染物或其他物质的船舶责令限期改正，并对船舶所有人或者经营人处以3万元以上20万元以下的罚款，船舶所有人或者经营人不服处罚而提起的海事行政诉讼案件。

4. 海事行政不作为案件。即：以有关海事行政机关拒绝履行上述第1项至第3项所涉行政管理职责或者不予答复而提起的行政诉讼案件。

5. 海事行政赔偿案件。即：以有关海事行政机关及其工作人员作出上述第1项至第3项行政行为或者行使相关行政管理职权损害合法权益为由，请求有关行政机关承担国家赔偿责任的案件。

6. 海事行政补偿案件。即：以有关海事行政机关及其工作人员作出上述第1项至第3项行政行为或者行使相关行政管理职权影响合法权益为由，请求有关行政机关承担国家补偿责任的案件。

7. 申请海事行政强制执行案件。即：有关海事行政机关作出上述第1项至第3项行政行为而依法申请海事法院强制执行的案件。比如，港监、海关、港航监督、渔政管理等行政主管机关申请执行已发生法律效力的行政决定等案件。

【学习总结与拓展】

【关键词】海事侵权纠纷案件　海商合同纠纷案件

【思考题】

1. 海事侵权纠纷案件有哪些？
2. 海商合同纠纷案件有哪些？
3. 海洋及通海可航水域开发利用与环境保护相关纠纷案件有哪些？
4. 其他海事海商纠纷案件有哪些？
5. 海事特别程序案件有哪些？
6. 海事法院受理海事行政案件的范围包括哪些案件？

【阅读资料】

1. 《中华人民共和国海事诉讼特别程序法》第四条。
2. 《最高人民法院关于海事法院受理案件范围的规定》(法释〔2016〕4号)。
3. 徐曾沧：《海事法院的受案范围》，《中国船检》2004年第1期。
4. 吴南伟、熊绍辉、彭林：《海事法院受理海事行政案件必要性问题研究》，《法律适用》2007年第12期。

第三十六章　海事诉讼管辖

【学习提示】 通过本章学习，了解海事司法体系及海事法院设置体制，理解海事诉讼的级别管辖、海事诉讼的地域管辖、海事诉讼的专属管辖和协议管辖、海事诉讼的特别管辖、海事诉讼的指定管辖、海事诉讼的管辖权异议、海事诉讼的执行管辖，以及海事行政诉讼管辖。

海事诉讼管辖，是指海事审判机关系统内部对第一审海事案件的审判权限和分工。根据《海事诉讼法》并结合《适用海诉法解释》及《最高人民法院关于海事诉讼管辖问题的规定》（法释〔2016〕2 号，以下简称《海诉管辖规定》）的相关规定，我国海事诉讼管辖主要表现为：级别管辖、地域管辖、专属管辖、协议管辖、特别管辖、指定管辖、管辖异议、执行管辖，以及海事行政诉讼管辖等。

第一节　海事诉讼的级别管辖

根据海诉法第 5 条关于“海事法院及其所在地的高级人民法院和最高人民法院审理海事案件”的规定，我国的海事审判机关是三级设置，即海事法院、海事法院所在地的高级人民法院、最高人民法院，这三级法院一同构成了我国现阶段“三级两审终审”的海事司法体系。

一、最高人民法院的管辖

最高人民法院管辖具有全国有重大影响的和它认为应当由自己审理的第一审海事案件。

根据海诉法第 5 条，最高人民法院是我国最高海事审判机关，设民事审判第四庭（原来是设交通运输审判庭）专门负责海事审判工作。其主要职责是：

1. 管辖具有全国有重大影响的和它认为应当由自己审理的第一审海事案件；

2. 负责对不服高级人民法院第一审海事判决裁定上诉案件的二审。

3. 受理审查不服本院或各高级人民法院、各海事法院生效裁判的各类海事、海商再审案件及海事行政再审案件和有关海事扣船执行案件，对其中确有错误的，提起再审或指令海事法院再审。

4. 依法审判或指令有关法院再审由最高人民检察院按照程序提出的对本院或各高级人民法院、各海事法院的生效海事裁判抗诉案件。

5. 依法监督和指导全国的海事审判工作。

二、海事法院所在地的高级人民法院的管辖

海事法院所在地的省、自治区、直辖市高级人民法院管辖法律规定由高级人民法院管辖的和其认为应当由自己审判的第一审海事、海商案件和海事行政案件。

根据海诉法第5条规定，上海、广州、武汉、青岛、天津、大连、厦门、海口、宁波、北海等10个海事法院所在地的省、自治区、直辖市高级人民法院（各高级人民法院均由民事审判第四庭主管海事审判业务），也是海事诉讼一审管辖法院。

这10个海事法院所在地的上海、广东、湖北、山东、天津、辽宁、福建、海南、浙江、广西高级人民法院，依海事诉讼法和民事诉讼法行使海事审判权并监督辖区内海事法院的审判工作。其主要职责是：

1. 依法审判法律规定由高级人民法院管辖的和其认为应当由自己审判的第一审海事、海商案件和海事行政案件。

2. 依法审判法律规定由高级人民法院管辖的第二审海事、海商案件和海事行政案件。

3. 受理审查不服本院或辖区内海事法院生效裁判的各类海事、海商再审案件及海事行政再审案件和有关海事扣船执行案件，对其中确有错误的，提起再审或指令海事法院再审。

4. 依法审判由本省、自治区、直辖市人民检察院按照程序提出的对本省、自治区、直辖市辖区内的海事法院生效裁判抗诉案件。

5. 依法审判最高人民法院交办的海事案件。

6. 依法对辖区内普通人民法院与海事法院的管辖争议行使指定管辖权。

7. 对辖区内海事法院的审判工作业务进行监督、指导；审判海事法院相关延长审限的申请。

8. 执行本院已经发生法律效力的第一审海事判决、裁定以及法律规定应当由高级人民法院执行的其他生效海事法律文书和外省区市法院委托执行的海事案件。

9. 组织辖区内的海事法院同外国海事司法界、国际组织之间的海事司法交流活动；审查有关涉外海事仲裁条款效力的案件；办理审查申请撤销、承认和强制执行国际海事仲裁裁决、外国海事法院判决的案件及其他有关国际海事司法协助事项。

10. 指导辖区内海事法院的思想政治工作和教育培训工作；按照权限管理海事法官和其他工作人员。指导辖区内海事法院的司法行政工作和司法技术工作，管理海事法院的有关经费和物资装备。

11. 领导辖区内海事法院的监察工作。

三、海事法院的管辖

海事法院依据海诉法第4条规定受理当事人因海事侵权纠纷、海商合同纠纷以及法律规定的其他海事纠纷提起的诉讼，统一管辖国内和涉外的第一审海事、海商案件和海事行政案件。但由所在地高级人民法院和最高人民法院管辖的除外。

1. 海事法院的设置体制

海事法院，是指根据全国人大常委会《关于在沿海港口城市设立海事法院的决定》

和最高人民法院的决定设置的审理海事海商案件的专门法院。

针对海事案件具有涉外性、专业性的特点，海事法院培养了一支熟悉法律、外语、航运等专业知识的法官队伍。现有法官全部具有大专以上法律专业学历，获法律硕士博士学位及具有法律、航海或外语等双学历的法官占相当比例，部分法官曾在国外留学和研修。

上海、广州等第一批六个海事法院原由国家授权交通部组建。为完善司法体系，国家决定理顺海事法院的管理体制，自 1999 年 7 月 1 日与交通部系统彻底脱钩，成建制地移交给所在地省委、省政府和省高级人民法院。

海事法院与所在市中级人民法院同级，国家正厅级建制，但其与普通中级人民法院不同之处在于：一是，海事法院并非如普通中级人民法院在全国按照各个地市级行政区划设置，而是国家在沿海或通海水域的一些港口城市设置且也不按照所在市行政辖区划定海事法院司法管辖区域；二是，海事法院只受所在地的市人民代表大会常务委员会监督并向其报告工作，而不是如市中级人民法院要向所在市人民代表大会负责并报告工作。海事法院的院长由所在市人大常委会主任提请本级人大常委会任命罢免，而不是如普通中级人民法院院长由所在市人民代表大会选举产生罢免。海事法院的副院长、庭长、副庭长、审判员、和审判委员会委员，由海事法院院长提请所在地的市人民代表大会常务委员会任免。

2. 各海事法院的设置机构及其司法管辖区域

目前，我国已在上海、广州、武汉、青岛、天津、大连、厦门、海口、宁波、北海等 10 个港口城市设置以该城市名称命名的 10 个海事法院。截止至 2014 年 9 月 2 日止全国 10 个海事法院已在沿海沿江重要港口城市设立 39 个派出法庭，有效覆盖了包括东沙、西沙、中沙、南沙、黄岩岛等岛屿在内的中华人民共和国管辖的全部港口和水域，使我国成为世界上设立海事审判机构最多最完善、海事审判力量最强的国家。

上海海事法院于 1984 年 6 月成立，设置立案庭、海事庭、海商庭、执行庭等机构及上海自贸区、洋山深水港、连云港、洋口港等 4 个派出法庭，管辖上海和长江浏河口以下通海水域、江苏沿海海域（包括上海港、洋山深水港、连云港、洋口港等重要港口）的海事、海商一审案件，上诉审法院是上海市高级人民法院。

广州海事法院于 1984 年 6 月 1 日成立，设有海事审判庭、海商审判庭、海事行政审判庭、立案庭、审判监督庭、执行局等机构以及深圳、汕头、湛江、珠海、东莞等 5 个派出法庭。管辖广东省全省海域及通海的内河可航水域、包括其岸带和各港口以及南海部分海域，辖区海岸线 3368 公里，海域 37 万多平方公里，内河设标里程总计约 4 千公里。与北海海事法院的管辖区以英罗河道中心线为界，河道中心线以东及其延伸海域由广州海事法院管辖，上诉审法院是广东省高级人民法院。

武汉海事法院于 1984 年 5 月 24 日设立，现设海事审判庭、海商审判庭、执行局（执行庭）、立案监督庭等机构，并有重庆、宜昌、南京、南通、常熟 5 个派出法庭，武汉海事法院管辖自四川省宜宾市合江门至江苏省浏河口之间长江干线及支线水域，包括宜宾、泸州、重庆、涪陵、万州、宜昌、荆州、城陵矶、武汉、九江、安庆、芜湖、马鞍山、南京、扬州、镇江、江阴、张家港、南通等 19 个主要港口，上诉审法院为湖北省高级人民法院。

青岛海事法院设立于1984年6月，内设立案庭、海事审判庭、海商审判庭、审判监督庭、执行局等机构及烟台、威海、日照、石岛、东营等5个派出法庭，管辖山东沿海七个地市、3345公里的海岸线及其延伸海域、海上岛屿及所有港口，上诉审法院为山东省高级人民法院；

天津海事法院于1984年6月1日成立，内设立案庭、海事审判庭、海商审判庭、巡回审判庭（在天津的港区和临港工业区、辖区内渔港以及北京、河北、内蒙古、山西、宁夏等天津港腹地的内陆无水港设立了16个巡回审判点）、审判监督庭、执行局等机构，以及秦皇岛审判庭、曹妃甸审判庭等2个派出法庭。天津海事法院管辖南至河北省与山东省交界处，北至河北省与辽宁省交界处的延伸海域（包括沿海港口、海上岛屿、通海水域）的海事侵权、海商合同、海事行政、海事执行案件和以北京为连接点的共同海损纠纷、海上保险合同纠纷、海事仲裁裁决的承认和执行案件，上诉审法院是天津市高级人民法院。

大连海事法院于1984年6月1日正式成立，内设立案庭、海事审判庭、海商审判庭、审判管理办公室（依法审判经本院审判委员会决定或上级法院指令再审的已经发生法律效力的判决、裁定的海事、海商申诉案件）、审判监督庭（负责申诉案件、再审案件和国家赔偿案件的审理）、执行局等机构及锦州、鲅鱼圈、东港、长海、哈尔滨五个派出法庭。自2016年3月1日起大连海事法院辖区增加了吉林省内松花江水域以及通往朝鲜和俄罗斯的图们江水域。目前的司法管辖区域：南自辽宁省与河北省的交界处、东至鸭绿江口的延伸海域和鸭绿江水域，其中包括黄海一部分、渤海一部分、海上岛屿；吉林省的松花江、图们江等通海可航水域及港口；黑龙江省的黑龙江、松花江、乌苏里江等通海可航水域及港口。大连海事法院的上诉审法院为辽宁省高级人民法院。

厦门海事法院于1990年3月21日成立，现设立案庭、海事审判庭、海商审判庭、海事行政审判庭（自由贸易区案件审判庭）、审判监督庭、执行庭、涉台案件审判庭（负责审理一审涉台海事、海商案件，并负责处理涉台相关事务）等机构及福州、宁德、东山3个派出法庭。司法管辖区域：北至福建省与浙江省交界处，南至福建省与广东省交界处的延伸海域，其中包括东海南部、台湾省、海上岛屿和福建省所属港口发生。福建省高级人民法院是其上诉审法院。

海口海事法院成立于1990年3月，内设立案庭、海事审判庭、海商审判庭、执行局等机构及三亚、洋浦、博鳌、八所、三沙5个派出法庭，管辖海南省所属港口和水域以及西沙、中沙、南沙、黄岩岛等岛屿和水域发生的第一审海事侵权纠纷案件、海商合同纠纷案件、海洋及通海可航水域开发利用与环境保护相关纠纷案件、其他海事海商纠纷案件、海事行政案件、海事特别程序案件等，其上诉审法院是海南省高级人民法院。

宁波海事法院于1992年12月成立，与宁波市中级人民法院同级，设有立案庭、海事审判庭、海商审判庭、审判监督庭、执行局，以及温州、舟山、台州3个派出法庭。司法管辖区域为浙江省港口、岛屿、沿海水域和通海内河。其上诉审法院是浙江省高级人民法院。

北海海事法院于1999年8月19日正式挂牌成立，管辖广西壮族自治区所属港口、水域、北部湾海域及其岛屿和水域，以及云南省的澜沧江至湄公河等与海相通的可航水域发生的海事、海商案件以及海事行政案件。与广州海事法院的管辖区划分以英罗河道中心线为界，河道中心线以东及其延伸海域由广州海事法院管辖，河道中心线及其延伸海域以西，包括乌泥岛、涠洲岛、斜阳岛、属于北海海事法院管辖。北海海事法院内设立案庭、海事审判庭、海商审判庭、执行局等机构，并在广西贵港市、防城港市、云南省西双版纳州景洪市设立贵港法庭（受理广西区西江流域的贵港市、梧州市、柳州市、南宁市等地内河港口及其水域发生的海事、海商案件）、防城港法庭（受理钦州港、防城港两港区域及其周边的南流江、大风江、钦江、防城区、三娘湾、珍珠港、东兴港等港口发生的海事、海商案件）和景洪法庭（受理云南省澜沧江至湄公河等与海相通的可航水域发生的海事海商案件）等 3 个派出法庭。不服北海海事法院一审判决裁定的上诉案件由广西壮族自治区高级人民法院审理。

第二节　海事诉讼的地域管辖

海事诉讼的地域管辖，是指以引起海事诉讼的法律事实的所在地、诉讼标的所在地、被告所在地与海事法院之间的联系为标准而确定的对第一审海事案件管辖。

根据《民事诉讼法》有关地域管辖的规定和海事诉讼法及《适用海诉法解释》的特别规定和《最高人民法院关于审理船舶油污损害赔偿纠纷案件若干问题的规定》（法释 2011〕14 号）的相关规定，海事诉讼地域管辖的内容是：

1. 因海事侵权行为提起的诉讼，由侵权行为地、被告住所地、船籍港所在地海事法院管辖。此处船籍港，指被告船舶的船籍港。若被告船舶的船籍港不在中华人民共和国领域内，原告船舶的船籍港在中华人民共和国领域内的，由原告船舶的船籍港所在地的海事法院管辖。

2. 因水（海）上事故请求损害赔偿提起的诉讼，由事故发生地、船舶最先到达地、船籍港所在地、被告住所地海事法院管辖。

伤残者本人和死亡者的遗产继承人（因水上交通事故致人死亡引起的赔偿纠纷，可以依照遗产继承的规定确定索赔的主体）可以向上述四地之一的海事法院提起海上人身伤亡赔偿的诉讼。根据民诉法第 15 条的规定，伤亡者所在单位可以支持伤残者及死亡者遗产继承人起诉。赔偿费应赔付给伤残者本人、死者遗产继承人。因侵权引起的海上人身伤亡赔偿不受船员劳务合同的约束，劳务派出单位不能以双方签订劳务合同为由截留对外获得的人身伤亡赔偿费。但是，伤亡者所在单位或者其他单位或个人为处理伤亡事故所垫付的费用，可从赔偿费中返还。

审理海上人身伤亡赔偿案件，在程序上适用海诉法和民讼法的相关规定以及相关司法解释。在实体上适用海商法、民法通则的相关规定以及最高人民法院《关于审理涉外海上人身伤亡案件损害赔偿的具体规定》和其他相关司法解释。在审理涉外海上人身伤亡赔偿案件时，当事人双方国籍相同或者在同一国家有住所的，可以适用当事人本国法律或者住所地法律。

3. 因船舶碰撞或者其他海事损害事故请求损害赔偿提起的诉讼，由碰撞发生地、碰撞船舶最先到达地、加害船舶被扣留地或者被告住所地海事法院管辖。

当事人以申请扣押船舶错误为由对海事请求人提起赔偿诉讼的，应当由实施扣押船舶的海事法院行使管辖权。

4. 因海上运输合同纠纷提起的诉讼，由起运港、转运港和到达港所在地或者被告住所地海事法院管辖。

此处的起运港、转运港和到达港，指合同约定的或者实际履行的起运港、转运港和到达港。合同约定的起运港、转运港和到达港与实际履行的起运港、转运港和到达港不一致的，以实际履行的地点确定案件管辖。

5. 因海船租用合同纠纷提起的诉讼，由交船港、还船港、船籍港所在地、被告住所地海事法院管辖。海船，指适合航行于海上或者通海水域的船舶。

6. 因海上保赔合同纠纷提起的诉讼，由保赔标的物所在地、事故发生地、被告住所地海事法院管辖。需要注意，保赔标的物所在地，是指保赔船舶的所在地。

7. 因海船的船员劳务合同纠纷提起的诉讼，由原告住所地、合同签订地、船员登船港或者离船港所在地、被告住所地海事法院管辖；

8. 因海事担保纠纷提起的诉讼，由担保物所在地、被告住所地海事法院管辖；因船舶抵押纠纷提起的诉讼，还可以由船籍港所在地海事法院管辖；

9. 因海船的船舶所有权、占有权、使用权、优先权纠纷提起的诉讼，由船舶所在地、船籍港所在地、被告住所地海事法院管辖。这里的船舶所在地，是指起诉时船舶的停泊地或者船舶被扣押地。

10. 因海难救助费用提起的诉讼，由救助地或者被救助船舶最先到达地海事法院管辖，还可以由被救助的船舶以外的其他获救财产所在地的海事法院管辖。

11. 因共同海损提起的诉讼，由船舶最先到达地、共同海损理算地或者航程终止地的海事法院管辖。

12. 因船舶担保或者与船舶优先权有关的借款合同纠纷，由被告住所地、合同履行地、船舶的船籍港、船舶所在地的海事法院管辖。此处的合同履行地，是指合同的实际履行地；合同未实际履行的，为合同约定的履行地。

13. 当事人就游轮装载持久性油类造成的油污损害提起诉讼、申请设立油污损害赔偿责任限制基金，由船舶油污事故发生地海事法院管辖。

14. 油轮装载持久性油类引起的船舶油污事故，发生在中华人民共和国领域和管辖的其他海域外，对中华人民共和国领域和管辖的其他海域造成油污损害或者形成油污损害威胁，当事人就船舶油污事故造成的损害提起诉讼、申请设立油污损害赔偿责任限制基金，由油污损害结果地或者采取预防油污措施地海事法院管辖。

15. 认定海事仲裁协议效力案件，由被申请人住所地、合同履行地或者约定的仲裁机构所在地的海事法院管辖。另据《最高人民法院关于适用〈中华人民共和国仲裁法〉若干问题的解释》(法释〔2006〕7号) 第12条第3款的规定，涉及海事海商纠纷仲裁协议效力的案件，由仲裁协议约定的仲裁机构所在地、仲裁协议签订地、申请人或者被申请人住所地的海事法院管辖；上述地点没有海事法院的，由就近的海事法院管辖。

第三节　海事诉讼的专属管辖

海事诉讼的专属管辖，是指海事诉讼法规定某些特定海事纠纷案件只能由特定的海事法院专门管辖，以维护国家主权和国家利益的诉讼管辖制度。它具有排他性，当事人不得以协议管辖选择其他法院管辖，外国法院也不得进行审判。

《海事诉讼法》规定的专属管辖有三类：

1. 因沿海港口作业纠纷提起的诉讼，由港口所在地海事法院专属管辖；

2. 因船舶排放、泄漏、倾倒油类或者其他有害物质，海上生产、作业或者拆船、修船作业造成海域污染损害提起的诉讼，由污染发生地、损害结果地或者采取预防、清除污染措施地海事法院专属管辖；

前述损害的责任人设立赔偿责任限制基金的，索赔人就相关油污损害提出赔偿请求的，应当向设立基金的海事法院提起诉讼。

3. 因在中华人民共和国领域和有管辖权的海域履行的海洋勘探开发合同纠纷提起的诉讼，由合同履行地海事法院专属管辖。此处所谓“有管辖权的海域”，是指中华人民共和国的毗连区、专属经济区、大陆架以及有管辖权的其他海域。

在《海事诉讼法》规定的基础上，为维护我国领土主权、海洋权益，平等保护中外当事人合法权利，《最高人民法院关于审理发生在我国管辖海域相关案件若干问题的规定（一）》（法释〔2016〕16号）最近又明确我国管辖海域的司法管辖主权：

1. 因在我国管辖海域内发生海损事故，请求损害赔偿提起的诉讼，由管辖该海域的海事法院、事故船舶最先到达地的海事法院、船舶被扣押地或者被告住所地海事法院管辖。

2. 因在公海等我国管辖海域外发生海损事故，请求损害赔偿在我国法院提起的诉讼，由事故船舶最先到达地、船舶被扣押地或者被告住所地海事法院管辖。

3. 事故船舶为中华人民共和国船舶的，还可以由船籍港所在地海事法院管辖。

4. 在我国管辖海域内，因海上航运、渔业生产及其他海上作业造成污染，破坏海洋生态环境，请求损害赔偿提起的诉讼，由管辖该海域的海事法院管辖。

5. 污染事故发生在我国管辖海域外，对我国管辖海域造成污染或污染威胁，请求损害赔偿或者预防措施费用提起的诉讼，由管辖该海域的海事法院或采取预防措施地的海事法院管辖。

以上所称“我国管辖海域”，是指中华人民共和国内水、领海、毗连区、专属经济区、大陆架，以及中华人民共和国管辖的其他海域。

中国公民或组织在我国与有关国家缔结的协定确定的共同管理的渔区或公海从事捕捞等作业的，也适用以上各项司法管辖。

第四节 海事诉讼的协议管辖

协议管辖是国际上普遍采用的管辖原则之一，它的理论基础是当事人意思自治原则。根据有关国际公约规定，与海事纠纷有实际联系地点不在一国领域内的，只要当事人书面选择该国法院管辖的，该国法院也就有管辖权。

因此，为确立我国海事审判在国际司法领域的地位，海事诉讼法第8条规定，当事人都是外国人、无国籍人、外国企业或者组织，当事人书面协议选择我国海事法院管辖的，即使与纠纷有实际联系的地点不在我国领域内，被选择的我国海事法院对该纠纷也具有管辖权。

可见，海事诉讼的协议管辖，既包括我国民事诉讼法在涉外民事诉讼程序特别规定中已经确立的须与我国有实际联系地点才能协议我国海事法院管辖的情形，又包括海事诉讼法规定的无须与我国有实际联系地点也能协议我国海事法院管辖的情形，可见，我国的海事诉讼的协议管辖不受“实际联系地”的限制。

第五节　海事诉讼的特别管辖

海事诉讼的特别管辖，是针对按照民事诉讼特别程序审理的海事案件设立的管辖。包括两种情况：

1. 当事人申请认定海上财产无主的，向财产所在地海事法院提出；

2. 当事人申请因海上事故宣告死亡的，向处理海事事故主管机关所在地或者受理相关海事案件的海事法院提出。

如果当事人在公海上因意外事故失踪，海事法院亦未受理相关案件的，可以由船舶第一到达港所在地的海事法院管辖；相关船舶第一到达港不在我国境内的，由被申请宣告死亡人住所地的海事法院管辖；被申请宣告死亡人住所地不在海事法院地域管辖范围内的，由地方人民法院依照民诉法的规定行使管辖权。

第六节　海事诉讼的指定管辖

为了解决海事法院与非海事法院之间、海事法院相互之间的管辖争议问题，海诉法第 9 条和《适用海诉法解释》第 17 条规定了海事诉讼的指定管辖。

一、海事法院与非海事法院之间管辖争议问题的指定管辖

海事法院与地方人民法院之间因管辖权发生争议，由争议双方协商解决；协商解决不了的，报请他们的共同上级人民法院指定管辖。

根据海事诉讼法和最高人民法院《关于海事法院受理案件范围的规定》，各地方人民法院均不得受理海事案件，海事法院也不得受理属地方人民法院管辖的一般民事经济纠纷案件。地方人民法院和海事法院的立案部门要通过学习理解和把握各自受理案件的范围，严格按照管辖规定受理案件。海事法院对海事案件行使专门管辖权。海事法院的地域管辖范围依照最高人民法院的规定确定。与海相通的内河水域及其港口发生的各类海事纠纷案件如果是在海事法院地域管辖范围以外的水域发生的，可以由地方人民法院管辖。要特别注意原来各地方人民法院都在审理的包括船舶经营管理合同纠纷案件，船舶属具和海运集装箱租赁、保管合同纠纷案件，港口货物保管合同纠纷案件，与船舶营运有关的借款合同纠纷案件，海事行政案件等等，现已明确划归海事法院管辖。另外也要注意海事证据保全，海事公示催告，海事支付令，申请因海事事故宣告死亡，申请认定海上、通海水域财产无主案件与一般民事上的证据保全、公示催告、支付令、申请宣告死亡、申请认定财产无主案件的区别，以免违规受理海事海商案件。关于船舶扣押，根据海事诉讼法第 21、22 条的规定，地方人民法院无权在采取诉前财产保全和诉讼中的财产保全时扣押船舶。地方人民法院在执行生效的判决、仲裁裁决以及其他法律文书

时，凡涉及扣押或拍卖船舶的，一律委托所在地的海事法院办理。

严禁地方人民法院以改变案由的方式受理海事案件。因为海事案件审判处理与一般案件相比，有许多的特殊性，审判人员必须懂得专门的海商法知识，具备涉外案件的处理经验，而这些条件一般法院的审判人员不具备。国家专门从各法院抽调精英组成海事法院，就是为了提高处理海事案件的审判水平。

地方人民法院对于当事人起诉的案件是否应由海事法院管辖难以确定的，应与海事法院协商，仍有不同意见的，应向本地高级人民法院（民事审判第四庭）请示，待管辖权明确后再决定是否受理。

上级人民法院对地方下级人民法院违规受理海事案件并作出判决的，一律以违反法定程序为由，撤销原审判决，指令其将案件移送给海事法院审理，以彻底消除近年来有些法院无视海事诉讼法和最高人民法院关于海事案件归属海事法院管辖的规定对海事案件私自管辖，妨害司法统一的现象。

二、海事法院与海事法院之间共同管辖的处理及管辖争议问题的指定管辖

（一）海事法院与海事法院之间共同管辖的处理

根据《适用海诉法解释》第 16 条规定，海事法院与海事法院之间共同管辖，是指两个以上海事法院都有管辖权的诉讼。其处理方式是：（1）原告可以向其中一个海事法院起诉，由受诉的海事法院管辖；（2）原告向两个以上有管辖权的海事法院起诉的，由最先立案的海事法院管辖。

（二）海事法院与海事法院之间管辖争议问题的指定管辖

根据《适用海诉法解释》第 17 条规定，海事法院之间因管辖权发生争议，由争议双方协商解决；协商解决不了的，报请最高人民法院指定管辖。此处的程序运行环节，《适用海诉法解释》无明确规定，本书认为，从遵循司法规则传统要求看，应该是逐级层报即由争议海事法院通过其所在省、直辖市、自治区的高级人民法院报请最高人民法院指定管辖。

第七节　海事诉讼的管辖权异议

海事诉讼的管辖权异议，是指海事诉讼当事人以海事仲裁协议为由认为受诉海事法院对案件无管辖权，而向其提出的不服管辖的意见或主张。

一、海事诉讼的管辖权异议的提出

海事法院受理案件后，一方当事人以其与对方当事人之间订有有效仲裁协议对法院受理案件提出异议的，应当在法院首次开庭前提出。未在该期限内提出异议的，视为放弃仲裁协议，法院应当继续审理。

二、海事诉讼的管辖权异议的裁定

当事人以存在仲裁协议为由对海事法院受理案件提出异议的，海事法院应当依法作出裁定。裁定异议成立的，应当不予受理起诉。裁定驳回异议的，当事人不服还可以依

民事诉讼法规定向其所在地的高级人民法院提出上诉。

三、海事诉讼的管辖权异议裁定的上诉审

当事人不服管辖权异议裁定的上诉案件，由海事法院所在地的高级人民法院负责海事海商案件的审判庭审理。

四、海事诉讼的管辖权异议裁定的再审

发生法律效力的管辖权异议裁定，违反海事案件专门管辖确需纠正的，人民法院可依照《民事诉讼法》第 198 条规定依职权对已发生法律效力的管辖权异议裁定案件进行再审。

这是因为在海事司法实践中，如果对于错误的管辖权异议裁定一律不予纠正，则不利于海事案件专门管辖制度的落实。随着立案登记制的全面实施，人民法院受理的案件数量明显上升，因地方法院立案庭对海事法院受案范围及海事诉讼特别程序缺乏充分的了解，裁定地方法院受理海事案件的情形时有发生。此外，也不乏个别当事人故意采取变更案由，人为制造管辖连接点等手段规避海事法院专门管辖的情形。由于海事案件审理所涉及的实体法和程序法均不同于一般民事案件，如由普通法院适用普通民事诉讼程序及一般实体法规定审理海事案件，审判质量难以保证，可能损害人民法院司法权威。依照民事诉讼法的规定，除因当事人的再审申请符合法律规定的情形可以启动再审程序外，对确有错误的判决、裁定，人民法院可以依照职权主动审查，依法启动再审程序，这是法律赋予人民法院自身监督的职权。为保障海事案件得到公正及时的审理，最高人民法院《海诉管辖规定》明确人民法院可按照民诉法第 198 条规定，对违反海事案件专门管辖的生效裁定，依职权启动再审程序予以纠正。

五、确保海事法院管辖落实

海事案件由海事法院专门管辖制度是我国海事审判制度的基础。

海事法院应当依法受理海事案件，当事人不得通过协议方式、地方人民法院不得通过改变案由排除海事法院专门管辖。

地方人民法院违反法律规定以及最高人民法院司法解释的有关规定受理海事案件的，只要一方当事人提出管辖异议，上级人民法院应当予以支持，将案件移送有管辖权的海事法院审理；上级人民法院发现地方人民法院受理海事案件的，也可以依职权予以撤销。

最高人民法院和各高级人民法院要加大监督力度，实施专项检查，确保海事案件专门管辖这一法律制度落到实处，发现地方人民法院违反规定受理海事案件的，坚决予以纠正并通报。

第八节 海事诉讼的执行管辖

海事诉讼的执行管辖，是指执行海事仲裁裁决，申请承认和执行外国法院判决、裁定以及国外海事仲裁裁决的管辖。

1．当事人根据海事诉讼法第 11 条规定申请执行海事仲裁裁决，申请承认和执行外国法院判决、裁定以及国外海事仲裁裁决的，由被执行的财产所在地或者被执行人住所地的海事法院管辖。此处所称财产所在地和被执行人住所地，是指海事法院行使管辖权的地域。

2．被执行的财产为船舶的，无论该船舶是否在海事法院管辖区域范围内，均由海事法院管辖。船舶所在地没有海事法院的，由就近的海事法院管辖。

3．被执行的财产所在地或者被执行人住所地没有海事法院的，向被执行的财产所在地或者被执行人住所地的中级人民法院提出。此处所谓“没有海事法院”，是指该财产所在地或者被执行人住所地不在海事法院行使管辖权的地域内。

4．有关当事人申请承认和执行中国香港特别行政区、澳门特别行政区、中国台湾地区法院判决、裁定以及海事仲裁裁决的，可以参照海事诉讼法的上述规定执行。

此外，根据《适用海诉法解释》第 15 条规定，除海事法院及其上级人民法院外，地方人民法院对当事人提出的船舶保全申请应不予受理；地方人民法院为执行生效法律文书需要扣押和拍卖船舶的，应当委托船籍港所在地或者船舶所在地的海事法院执行。

第九节　海事行政诉讼的管辖

海事行政诉讼，是指从事海洋运输、生产等活动的行政管理相对人不服海洋及通海水域海事行政管理机关的行政行为，或不服海事行政复议决定，在法定期限内向海事法院起诉，由海事法院根据法定程序对该海事行政争议进行审理和判决的司法活动。海事行政诉讼的管辖，是指海事法院根据《海诉管辖规定》对第一审海事行政案件审理的分工与权限。

随着“一带一路”建设、海洋强国等重大国家战略的实施，对海上法治环境提出更高的要求。当前国家海洋局、海事局、海警局等相关涉海行政部门对海洋及通海水域活动的管控进一步加强，由此引发的各类海事行政诉讼案件需要专门化的审理。海事行政诉讼案件的审理具有技术性、专业性强的特点，如船舶碰撞纠纷涉及海事事故调查、责任认定以及船舶检验等诸多专业技术问题，海事法院作为专门法院审理此类案件可以比普通法院进一步提升案件审判质量，为海洋执法活动提供有力的司法支持和监督。2016 年 3 月 1 日起正式施行的《海诉管辖规定》推进海事司法改革，明确了海事法院对海事行政案件行使管辖权。

一、海事行政诉讼的级别管辖

海事法院审理第一审海事行政案件。这表明，海事行政诉讼的级别管辖，仅指第一审海事行政案件专属于海事法院审理，而其所在地的高级人民法院、最高人民法院不管辖第一审海事行政案件。这与海事海商第一审案件的级别管辖涵盖海事法院、海事法院所在地的高级人民法院、最高人民法院一审管辖是不同的。

海事法院所在地的高级人民法院只审理海事行政上诉案件，且由其行政审判庭负责审理。

二、海事行政诉讼的地域管辖

1. 海事行政案件由最初作出行政行为的行政机关所在地海事法院管辖。

2. 经复议的海事行政案件，由复议机关所在地海事法院管辖。

3. 对限制人身自由的海事行政强制措施不服提起的诉讼，由被告所在地或者原告所在地海事法院管辖。

4. 上列1、2、3、的行政机关所在地或者原告所在地不在海事法院管辖区域内的，由行政执法行为实施地海事法院管辖。

这是因为，随着航运经济的发展，越来越多的内地省份务工人员从事海上运输、渔业生产等海上服务工作。由于这些务工人员的家乡多位于内陆区域，不属于海事法院的管辖范围，如他们不服行政机关作出限制人身自由行政处罚措施而提起行政诉讼，按照原告所在地标准将无法确定由哪一家海事法院具体审理相关海事行政案件。同时行政复议机关所在地亦可能处于内陆城市，亦不能按照复议机关所在地确定相应的海事法院。鉴于海事行政执法行为通常发生于内河、沿海水域，处于相关海事法院的管辖区域，在依据行政机关所在地或原告所在地无法确定海事法院的情形下，应由行政执法行为实施地的海事法院管辖相关海事行政案件。

【学习总结与拓展】

【关键词】 海事诉讼管辖　海事诉讼的级别管辖　海事诉讼的地域管辖

【思考题】

1. 海事诉讼的级别管辖有哪些内容？
2. 海事诉讼的地域管辖有哪些内容？
3. 海事诉讼的专属管辖有哪些内容？
4. 海事诉讼的协议管辖有哪些内容？
5. 海事诉讼的指定管辖有哪些内容？
6. 海事诉讼的管辖权异议有哪些内容？
7. 海事诉讼的执行管辖有哪些内容？

【阅读资料】

1.《中华人民共和国海事诉讼特别程序法》第二章管辖。

2.《最高人民法院关于适用〈中华人民共和国海事诉讼特别程序法〉若干问题的解释》（法释［2003］3号）一、关于管辖。

3.《最高人民法院关于海事诉讼管辖问题的规定》（法释〔2016〕2号）；《最高人民法院关于审理发生在我国管辖海域相关案件若干问题的规定（一）》（法释〔2016〕16号）。

4. 马吉海：《“一带一路”背景下我国海事诉讼管辖制度的改革路径》，天津海事法院网站 http://tjhsfy.chinacourt.org/article/detail/2016/12/id/2392698.shtml，2016－06－25 15：03：56发布；司玉琢：《保障海洋发展战略改革完善中国特色的海事司法管辖制度》，《中国海商法研究》2015年第26卷第2期。

5. 周冬冬：《浅论我国海事诉讼管辖制度》，《中国远洋航务》2009年第6期；郭峰：《谈谈涉外海事诉讼管辖的有关问题》（上）（下），《水运管理》2000 年第 4 期、第 5 期；张晓梅：《我国涉外海事诉讼管辖权之研究》，《法律适用》2000 年第 7 期。

6. 李福秀：《美国法院海事管辖权的范围》，《海洋信息》1994 年第 3 期；李守芹：《海事诉讼管辖浅说》，《山东法学》1993 年第 4 期；韦经建：《中美两国海事管辖权的性质及其适用范围的比较研究》，《当代法学》1993 年第 2 期；金正佳、赖尚斌：《论涉外海事诉讼管辖的若干问题》，《中国海商法年刊》1991 年 00 期；林均新：《论涉外海事案件的合并管辖和共同管辖——兼论一起涉外海事案的管辖》，《中国海商法年刊》1991 年 00 期。

7. 杨海涛、黄靖辉：《论我国海事行政诉讼管辖权问题》，《学术探索》2013 年第 3 期；吴南伟：《海事行政诉讼案件应由海事法院管辖》，《人民司法》1997 年第 9 期。

第三十七章 海事请求保全

【学习提示】通过本章学习，了解海事请求保全、船舶的扣押与拍卖、船舶的扣押（诉前扣押船舶）、船舶拍卖等概念，理解海事请求保全的条件、申请扣押船舶的海事请求范围、扣押船舶的法定范围、把握船舶的扣押与拍卖、船载货物的扣押与拍卖的申请条件、程序要求。

第一节 海事请求保全的一般规定

一、海事请求保全的概念

海事请求，是指船舶在海上运输、生产、作业过程中，涉及船舶所有、占有、管理、营运、建造、修理、买卖、抵押等等以及与船舶优先权有关的海事争议引发的索赔请求。

海事请求保全，是指海事法院根据海事请求人的申请，为保障其海事请求的实现，对被请求人的财产所采取的强制措施。海事请求保全的法律依据主要是海诉法、最高人民法院司法解释（含《适用海诉法解释》、《最高人民法院关于扣押与拍卖船舶适用法律若干问题的规定》（法释〔2015〕6号，以下简称《扣押拍卖船舶若干规定》）等）。海事请求保全主要包括：对与海事请求有关的船舶的扣押与拍卖、船载货物的扣押与拍卖、船用燃油、船用物料的保全等。对其他财产的海事请求保全，适用民事诉讼法有关财产保全的规定。

二、海事请求保全的一般规定

根据《海事诉讼法》及最高人民法院《适用海诉法解释》的规定，海事请求保全的一般规定内容包括：

（一）海事请求保全的法院

当事人在起诉前申请海事请求保全，应当向被保全的财产所在地海事法院提出。所谓被保全的财产所在地，系指船舶的所在地或者货物的所在地。

当事人在诉讼前对已经卸载但在承运人掌管之下的货物申请海事请求保全，如果货物所在地不在海事法院管辖区域的，可以向卸货港所在地的海事法院提出，也可以向货物所在地的地方人民法院提出。

外国法院已受理相关海事案件或者有关纠纷已经提交仲裁，但涉案财产在中华人民共和国领域内，当事人向财产所在地的海事法院提出海事请求保全申请的，海事法院应当受理。

（二）海事请求保全的申请及担保

1. 申请

当事人在诉讼或者仲裁前申请海事请求保全，均可不受当事人之间关于该海事请求的诉讼管辖协议或者仲裁协议的约束。

海事请求人申请海事请求保全，应当向海事法院提交书面申请。

申请书应当载明海事请求事项、申请理由、保全的标的物以及要求提供担保的数额，并附有关证据。

2. 担保

海事法院受理海事请求保全申请，可以责令海事请求人提供担保。海事请求人不提供担保的，驳回其申请。

海事请求人申请海事请求保全时提供的担保，应当是充分可靠的担保，如现金担保、银行和其他金融机构提供的担保等。提供的国外担保应由国内的金融机构加保。海事法院应当尽量避免接受海事请求人提供的保证形式的担保。

海诉法第 18 条第 2 款、第 74 条规定[①]的提供给海事请求人的担保，除被请求人和海事请求人有约定的外，海事请求人应当返还；海事请求人不返还担保的，该担保至海事请求保全期间届满之次日失效。

海事法院返还海事请求人的担保以及被请求人提供给海事请求人的担保，除被请求人和海事请求人有约定的外，海事请求人应当返还；海事请求人不返还担保的，该担保至海事请求保全期间届满之次日失效。

案件终审后，海事请求人申请返还其所提供担保的，海事法院应将该申请告知被请求人，被请求人在 30 日内未提起相关索赔诉讼的，海事法院可以准许海事请求人返还担保的申请。被请求人同意返还，或生效法律文书认定被请求人负有责任，且赔偿或给付金额与海事请求人要求被请求人提供担保的数额基本相当的，海事法院可以直接准许海事请求人返还担保的申请。

（三）海事请求保全的裁定及复议

海事法院接受申请后，应当在 48 小时内作出裁定。裁定采取海事请求保全措施的，应当立即执行；对不符合海事请求保全条件的，裁定驳回其申请。

当事人对裁定不服的，可以在收到裁定书之日起 5 日内申请复议一次。海事法院应当在收到复议申请之日起 5 日内作出复议决定。复议期间不停止裁定的执行。

（四）海事请求保全的异议及处理

在海事法院接受申请并裁定采取海事请求保全措施后，利害关系人（即海事请求保全申请人和被申请人以外的对保全的财产主张权利的人，包括财产所有人）对海事请求保全提出异议。海事法院经审查，认为理由成立的，应当解除对其财产的保全；认为理由不成立的，应当书面通知利害关系人。

（五）海事请求保全的解除

1. 被请求人提供担保，或者当事人有正当理由申请解除海事请求保全的，海事法

---

① 《海事诉讼特别程序法》第 18 条第 2 款："海事请求人在本法规定的期间内，未提起诉讼或者未按照仲裁协议申请仲裁的，海事法院应当及时解除保全或者返还担保。"第 74 条："海事请求人的担保应当提交给海事法院；被请求人的担保可以提交给海事法院，也可以提供给海事请求人。"

院应当及时解除保全。

2. 海事请求人在海诉法规定的期间内，未提起诉讼或者未按照仲裁协议申请仲裁的，海事法院应当及时解除保全或者返还担保。

海事请求海事请求保全是诉前保全，因此申请人在海事法院裁定并采取保全措施之后，应当在法定的期限内起诉或申请仲裁，以便使诉前保全转化为诉讼保全。否则，海事法院应当及时解除保全或者返还担保。

注意，海事请求人未在期限内提起诉讼或者申请仲裁，但海事请求人和被请求人协议进行和解或者协议约定了担保期限的，海事法院可以根据海事请求人的申请，裁定认可该协议。

（六）海事请求保全的索赔之诉

海事请求保全执行后，有关海事纠纷未进入诉讼或者仲裁程序的，当事人就该海事请求，可以向采取海事请求保全的海事法院或者其他有管辖权的海事法院提起诉讼，即海事请求保全的索赔之诉，但当事人之间订有诉讼管辖协议或者仲裁协议的除外。

（七）申请海事请求保全错误的索赔之诉

海事请求人申请海事请求保全错误的，依据海诉法第 20 条应当赔偿被请求人或者利害关系人因此所遭受的损失。

被请求人或者利害关系人依据海诉法第 20 条的规定要求海事请求人赔偿损失，向采取海事请求保全措施的海事法院提起诉讼的，海事法院应当受理。

第二节　船舶的扣押与拍卖

船舶的扣押与拍卖，是海事法院根据海事请求人在提起诉讼之前的扣押船舶申请，依照海事诉讼法的特别规定程序，对船舶实施扣押和拍卖的诉讼前财产保全措施。

海事法院对船舶的扣押与拍卖，应当依据《海事诉讼法》及最高人民法院《适用海诉法解释》、《扣押拍卖船舶若干规定》的有关规定。但是，20 总吨以下小型船艇的扣押和拍卖，可以依照《民事诉讼法》规定的扣押和拍卖程序进行。海事请求人申请对船舶采取限制处分或者抵押等保全措施的，海事法院可以依照《民事诉讼法》的有关规定，裁定准许并通知船舶登记机关协助执行，但该保全措施不影响其他海事请求人申请扣押船舶。

一、船舶的扣押

船舶的扣押，又称诉前扣押船舶，是指海事法院根据海事请求人在提起海事诉讼之前的扣押船舶申请，依照法律程序，对船舶实施扣押的诉前财产保全措施。船舶扣押是海事诉讼过程中相当重要且又别有特点的一种程序。

（一）可以申请扣押船舶的海事请求的范围

可以申请扣押船舶的海事请求范围，是指由海事诉讼法所明文规定的、涉及或发生于与船舶的所有、建造、占有、营运、买卖、救助、和抵押以及船舶优先权有关的、因下列海事争议引起的请求：（1）船舶营运造成的财产灭失或者损坏；（2）与船舶营运直接有关的人身伤亡；（3）海难救助；（4）船舶对环境、海岸或者有关利益方造成的损害或者损害威胁；为预防、减少或者消除此种损害而采取的措施；为此种损害而支付的赔偿；为恢复环境而实际采取或者准备采取的合理措施的费用；第三方因此种损害而蒙受或者可能蒙受的损失；以及与本项所指的性质类似的损害、费用或者损失；（5）与起浮、清除、回收或者摧毁沉船、残骸、搁浅船、被弃船或者使其无害有关的费用，包括与起浮、清除、回收或者摧毁仍在或者曾在该船上的物件或者使其无害的费用，以及与维护放弃的船舶和维持其船员有关的费用；（6）船舶的使用或者租用的协议；（7）货物运输或者旅客运输的协议；（8）船载货物（包括行李）或者与其有关的灭失或者损坏；（9）共同海损；（10）拖航；（11）引航；（12）为船舶营运、管理、维护、维修提供物资或者服务；（13）船舶的建造、改建、修理、改装或者装备；（14）港口、运河、码头、港湾以及其他水道规费和费用；（15）船员的工资和其他款项，包括应当为船员支付的遣返费和社会保险费；（16）为船舶或者船舶所有人支付的费用；（17）船舶所有人或者光船承租人应当支付或者他人为其支付的船舶保险费（包括互保会费）；（18）船舶所有人或者光船承租人应当支付的或者他人为其支付的与船舶有关的佣金、经纪费或者代理费；（19）有关船舶所有权或者占有的纠纷；（20）船舶共有人之间有关船舶的使用或者收益的纠纷；（21）船舶抵押权或者同样性质的权利；（22）因船舶买卖合同产生的纠纷。

非因海诉法第 21 条规定的上述海事请求不得申请扣押船舶，但为执行判决、仲裁裁决以及其他法律文书的除外。

（二）扣押船舶的法定范围

我国扣押当事船舶的范围限于“当事船舶”和“其他船舶”。

“当事船舶”是指引起海事请求的船舶。根据海诉法第 23 条的规定，有下列情形之一的，海事法院可以扣押当事船舶：（1）船舶所有人对海事请求负有责任，并且在实施扣押时是该船的所有人；所谓船舶所有人，是指船舶登记所有人。（2）船舶的光船承租人对海事请求负有责任，并且在实施扣押时是该船的光船承租人或者所有人；（3）具有船舶抵押权或者同样性质的权利的海事请求；（4）有关船舶所有权或者占有的海事请求；（5）具有船舶优先权的海事请求。

我国扣押其他船舶的范围：海事法院可以扣押对海事请求负有责任的船舶所有人、光船承租人、定期租船人或者航次租船人在实施扣押时所有的其他船舶，但与船舶所有权或者占有有关的请求除外。我国海事诉讼法对其他船舶的扣押，规定只能扣押对该项海事请求负有责任的船舶所有人，船舶经营人和承租人所有的其他船舶（通常称为姐妹船）。这是比较合理的，并与国际上有关扣船公约的扣船范围接轨。

从事军事、政府公务的船舶不得被扣押。用于军事的船舶，不属于海商法的调整范围。但是军事船舶为商业目的租给非军事单位用于商业运输的，仍应当适用海商法、合同法等有关法律调整当事人之间的权利义务关系。军用船舶租给地方使用，在运输中发生纠纷的，可以视为海商法规定的商用船舶。

（三）扣押当事船舶的管辖法院

1. 当事人在起诉前申请扣押当事船舶的海事请求保全，应当向被扣押当事船舶所在地海事法院提出。

2. 地方人民法院不可以对船舶采取保全措施。

无论在诉讼前还是在诉讼中，地方人民法院都不能对船舶采取保全措施。地方人民法院为执行生效判决或者其他生效法律文书需要对船舶实施扣押或者拍卖的，也应当委托船籍港所在地或者船舶所在地的海事法院执行。

（四）扣押当事船舶的申请

海事请求人申请扣押当事船舶，应当符合前述可以申请扣押船舶的海事请求的范围和海事请求保全的条件要求，如不能立即查明被请求人名称的，不影响申请的提出。

海事请求人不得因同一海事请求申请扣押已被扣押过的船舶，但有下列情形之一的除外：(1) 被请求人未提供充分的担保；(2) 担保人有可能不能全部或者部分履行担保义务；(3) 海事请求人因合理的原因同意释放被扣押的船舶或者返还已提供的担保；或者不能通过合理措施阻止释放被扣押的船舶或者返还已提供的担保。

扣船申请费由申请人支付，执行扣船任务的其他费用由被申请人支付。

（五）提供担保

海事请求人申请扣押船舶的，海事法院应当责令其提供担保。

海事请求人提供担保的具体数额，应当相当于船舶扣押期间可能产生的各项维持费用与支出、因扣押造成的船期损失和被请求人为使船舶解除扣押而提供担保所支出的费用。船舶扣押后，海事请求人提供的担保不足以赔偿可能给被请求人造成损失的，海事法院应责令其追加担保。

但是，海事请求人因船员劳务合同、海上及通海水域人身损害赔偿纠纷申请扣押船舶，且事实清楚、权利义务关系明确的，海事法院可以不要求提供担保。

（六）扣押船舶的执行

1. 协助执行。海事法院在发布或者解除扣押船舶命令的同时，可以向有关部门发出协助执行通知书，通知书应当载明协助执行的范围和内容，有关部门有义务协助执行。海事法院认为必要，可以直接派员登轮监护。

2. 被扣押船舶可附条件继续运营。海事法院裁定对船舶实施保全后，经海事请求人同意，可以采取限制船舶处分或者抵押等方式允许该船舶继续营运。这是在海事诉讼实践中被称为“活扣”的保全形式。

海事法院准许已经实施保全的船舶继续营运的，一般仅限于航行于国内航线上的船舶完成本航次。

3. 被扣押船舶可正常进行装卸作业。船舶被扣押期间，船舶不能离开指定的扣押地点，但是不影响船舶正常作业的进行。

4. 扣押船舶的法定期限。海事请求保全扣押船舶的期限为 30 日。海事请求人在 30 日内提起诉讼或者申请仲裁以及在诉讼或者仲裁过程中申请扣押船舶的，扣押船舶不受该法定期限的限制。

海事请求保全扣押船舶超过 30 日、扣押货物或者其他财产超过 15 日，海事请求人未提起诉讼或者未按照仲裁协议申请仲裁的，海事法院应当及时解除保全或者返还担保。

申请人为申请扣押船舶提供限额担保，在扣押船舶期限届满时，未按照海事法院的通知追加担保的，海事法院可以解除扣押。

5. 已经被扣押的船舶可以再次被扣押。海事法院应不同海事请求人的申请，可以对本院或其他海事法院已经扣押的船舶采取扣押措施。船舶被扣押后，其他海事请求人向海事法院提出海事请求保全申请扣押同一艘船舶的，海事法院可以作出扣押船舶的裁定，但是该扣押船舶的命令应在前一个扣押命令被解除时立即开始执行。

6. 船舶扣押后，海事请求人依据海诉法向其他有管辖权的海事法院提起诉讼的，可以由扣押船舶的海事法院继续实施保全措施。

（七）被扣押船舶的管理

船舶扣押期间由船舶所有人或光船承租人负责管理。船舶所有人或光船承租人不履行船舶管理职责的，海事法院可委托第三人或者海事请求人代为管理，由此产生的费用由船舶所有人或光船承租人承担，或在拍卖船舶价款中优先拨付。

（八）终结扣押船舶裁定的执行

扣押船舶裁定执行前，海事请求人撤回扣押船舶申请的，海事法院应当裁定予以准许，并终结扣押船舶裁定的执行。

扣押船舶裁定作出后因客观原因无法执行的，海事法院应当裁定终结执行。

（九）申请扣押船舶错误的赔偿

海事请求人申请扣押船舶错误的，应当赔偿被申请人或者利害关系人因此所遭受的损失。申请扣押船舶错误造成的损失，包括因船舶被扣押在停泊期间产生的各项维持费用与支出、船舶被扣押造成的船期损失和被申请人为使船舶解除扣押而提供担保所支出的费用。

当事人以申请扣押船舶错误为由对海事请求人提起索赔诉讼的，应当由实施扣押船舶的海事法院行使管辖权。

二、船舶的拍卖

船舶拍卖，是指海事法院对依法实施扣押的船舶，根据申请人的申请或依职权，实行公开竞价，将船舶卖给最高出价人，以备清偿船舶所有人债务的一项保全措施或强制执行措施。

船舶拍卖是海事审判中独具特色的法律制度。海事诉讼法参照拍卖法和司法实践的规定与经验，对拍卖被扣押船舶程序做了明确具体的规定，体现了拍卖船舶的公开、公正，并使之规范化。除海事诉讼法规定的以外，拍卖适用《中华人民共和国拍卖法》的有关规定。海事法院在执行程序中拍卖被扣押船舶清偿债务的，也可以参照海事请求保全中拍卖被扣押船舶程序执行。

（一）申请拍卖船舶

船舶扣押期间届满，被请求人不提供担保，而且船舶不宜继续扣押的，海事请求人可以在提起诉讼或者申请仲裁后，向扣押船舶的海事法院申请拍卖船舶。其条件是：(1) 被拍卖的船舶已经被扣押；(2) 海事请求人在该船舶被扣押后已经提起诉讼或者申请仲裁；(3) 被请求人不提供担保，而且船舶不宜继续扣押。

船舶因光船承租人对海事请求负有责任而被扣押的，海事请求人依据海诉法第 29 条的规定，申请拍卖船舶用于清偿光船承租人经营该船舶产生的相关债务的，海事法院应予准许。

先申请扣押船舶的海事请求人未申请拍卖船舶的，后申请扣押船舶的海事请求人可以依据海诉法第 29 条的规定，向准许其扣押申请的海事法院申请拍卖船舶。

申请扣押船舶的海事请求人在提起诉讼或者申请仲裁后，不申请拍卖被扣押船舶的，海事法院可以根据被申请人的申请拍卖船舶。拍卖所得价款由海事法院提存。

（二）对拍卖申请的审查处理

海事法院收到拍卖船舶的申请后，应当进行审查，作出准予或者不准予拍卖船舶的裁定。当事人对裁定不服的，可以在收到裁定书之日起 5 日内申请复议一次。

海事法院应当在收到复议申请之日起 5 日内作出复议决定。复议期间停止裁定的执行。

（三）拍卖船舶公告

海事法院裁定拍卖船舶，应当通过报纸或者其他新闻媒体连续公告 3 日。拍卖外籍船舶的，应当通过对外发行的报纸或者其他新闻媒体发布公告。

公告包括以下内容：（1）被拍卖船舶的名称和国籍；（2）拍卖船舶的理由和依据；（3）拍卖船舶委员会的组成；（4）拍卖船舶的时间和地点；（5）被拍卖船舶的展示时间和地点；（6）参加竞买应当办理的手续；（7）办理债权登记事项；（8）需要公告的其他事项。

拍卖船舶的公告期间不少于 30 日。

船舶第一次拍卖未能成交，需要再次拍卖的，适用拍卖法第 45 条关于拍卖日 7 日前发布拍卖公告的规定。

与拍卖船舶有关的债权人应当在拍卖船舶的公告期间内，向海事法院办理债权登记手续。逾期不办理的视为放弃在本次拍卖中的受偿权利。

（四）拍卖船舶申请人或者利害关系人申请终止拍卖船舶的处理

拍卖船舶申请人或者利害关系人申请终止拍卖船舶的，应当在公告确定的拍卖船舶日期届满 7 日前提出。

根据海诉法第 31 条规定，拍卖船舶申请人即海事请求人提交拍卖船舶申请后，又申请终止拍卖的，是否准许由海事法院裁定。海事法院裁定终止拍卖船舶的，为准备拍卖船舶所发生的费用由海事请求人承担。

根据《适用海诉法解释》第 32 条规定，利害关系人请求终止拍卖被扣押船舶的，是否准许，海事法院应当作出裁定；海事法院裁定终止拍卖船舶的，为准备拍卖船舶所发生的费用由利害关系人承担。

（五）拍卖船舶的实施

1. 拍卖船舶前的通知。根据海诉法第 33 条规定，海事法院应当在拍卖船舶 30 日前，向被拍卖船舶登记国的登记机关和已知的船舶优先权人、抵押权人和船舶所有人发出通知。通知内容包括被拍卖船舶的名称、拍卖船舶的时间和地点、拍卖船舶的理由和依据以及债权登记等。通知方式包括书面方式和能够确认收悉的其他适当方式。

海事请求人和被请求人应当按照海事法院的要求提供海诉法第 33 条规定的已知的船舶优先权人、抵押权人和船舶所有人的有关确切情况。

2. 组成拍卖船舶委员会。拍卖船舶由拍卖船舶委员会实施，海事法院不另行委托拍卖机构进行拍卖。拍卖船舶委员会由海事法院指定的本院执行人员和聘请的拍卖师、验船师 3 人或者 5 人组成。拍卖船舶委员会组织对船舶鉴定、估价；组织和主持拍卖；

与竞买人签订拍卖成交确认书；办理船舶移交手续。

拍卖船舶委员会对海事法院负责，受海事法院监督。

3. 确定保留价。海事法院拍卖船舶应当依据评估价确定保留价。保留价不得公开。第一次拍卖时，保留价不得低于评估价的百分之八十；因流拍需要再行拍卖的，可以酌情降低保留价，但降低的数额不得超过前次保留价的百分之二十。

4. 竞买人登记。竞买人应当在规定的期限内向拍卖船舶委员会登记。登记时应当交验本人、企业法定代表人或者其他组织负责人身份证明和委托代理人的授权委托书，并交纳一定数额的买船保证金。

5. 展示被拍卖船舶。拍卖船舶委员会应当在拍卖船舶前，展示被拍卖船舶，并提供察看被拍卖船舶的条件和有关资料。

6. 拍卖船舶成交价款的付清。买受人在签署拍卖成交确认书后，应当立即交付不低于百分之二十的船舶价款，其余价款在成交之日起 7 日内付清，但拍卖船舶委员会与买受人另有约定的除外。

船舶被扣押期间产生的各项维持费用和支出，应当作为为债权人共同利益支出的费用，从拍卖船舶的价款中优先拨付。

（六）移交拍卖成交后的被扣押船舶

1. 买受人付清全部价款后，原船舶所有人应当在指定的期限内于船舶停泊地以船舶现状向买受人移交船舶。此处的船舶现状，系指船舶展示时的状况。船舶交接时的状况与船舶展示时的状况经评估确有明显差别的，船舶价款应当作适当的扣减，但属于正常损耗或者消耗的燃油不在此限。

拍卖船舶委员会组织和监督船舶的移交，并在船舶移交后与买受人签署船舶移交完毕确认书。

2. 移交船舶完毕，海事法院发布解除扣押船舶命令。

3. 拍卖的船舶移交后，海事法院应当及时通知相关的船舶登记机关。

4. 船舶移交后，海事法院应当通过报纸或者其他新闻媒体发布公告，公布船舶已经公开拍卖并移交给买受人。

（七）移交船舶后的登记

买受人接收船舶后，应当持拍卖成交确认书和有关材料，向船舶登记机关办理船舶所有权登记手续。原船舶所有人应当向原船舶登记机关办理船舶所有权注销登记。

原船舶所有人不办理船舶所有权注销登记的，不影响船舶所有权的转让。

（八）对拍卖过程中恶意串通竞买行为的处理

竞买人之间恶意串通的，拍卖无效。

参与恶意串通的竞买人应当承担拍卖船舶费用并赔偿有关损失。

海事法院可以对参与恶意串通的竞买人处最高应价百分之十以上百分之三十以下的罚款。

第三节　船载货物的扣押与拍卖

一、船载货物的扣押

扣押船载货物，是指海事法院依据海事请求人的申请，在诉前、诉中、裁前、裁中滞留船舶运载的货物（包括货物收益）的保全措施。

（一）船载货物的扣押申请

海事请求人为保障其海事请求的实现，可以申请扣押船载货物。此处所谓船载货物，是指处于承运人掌管之下，尚未装船或者已经装载于船上以及已经卸载的货物。

海事请求人申请扣押船载货物的，应当符合前述海事请求保全的条件要求，并且还应当注意：(1) 申请扣押的船载货物，应当属于被请求人所有。(2) 海事请求人申请扣押船载货物的价值，应当与其请求的债权数额相当，但船载货物为不可分割的财产除外。

（二）船载货物的扣押期限

海事请求保全扣押船载货物的期限为 15 日。

海事请求人在 15 日内提起诉讼或者申请仲裁以及在诉讼或者仲裁过程中申请扣押船载货物的，扣押船载货物不受前款规定期限的限制。

二、船载货物的拍卖

拍卖船载货物，是指海事法院对被扣押船载货物，依一定的程序，以出售方式，强制转移其所有权，即对货物实行强制处分。

拍卖船载货物，除了按照以下规定外还可参照拍卖船舶的有关规定执行。申请人依据《中华人民共和国海商法》第 88 条规定申请拍卖留置的货物的，参照海诉法关于拍卖船载货物的规定执行。

（一）船载货物的拍卖申请

船载货物扣押期间届满，被请求人不提供担保，而且货物不宜继续扣押的，海事请求人可以在提起诉讼或者申请仲裁后，向扣押船载货物的海事法院申请拍卖货物。

对无法保管、不易保管或者保管费用可能超过其价值的物品，海事请求人可以申请提前拍卖。

（二）船载货物的拍卖申请的审查处理

海事法院收到拍卖船载货物的申请后，应当进行审查，在 7 日内作出准予或者不准予拍卖船载货物的裁定。

当事人对裁定不服的，可以在收到裁定书之日起 5 日内申请复议一次。海事法院应当在收到复议申请之日起 5 日内作出复议决定。复议期间停止裁定的执行。

（三）船载货物的拍卖实施

拍卖船载货物由海事法院指定的本院执行人员和聘请的拍卖师组成的拍卖组织实施，或者由海事法院委托的机构实施。

三、船用燃油及船用物料的扣押

扣押船用燃油及船用物料，是指海事法院依据海事请求人的申请，在诉前、诉中、裁前、裁中滞留船舶船用燃油及船用物料的保全措施。

根据《适用海诉法解释》第17条规定，海事请求人申请扣押与海事请求有关的船用燃油、船用物料的，除适用海诉法的船载货物的扣押与拍卖规定外，还可以适用海事请求保全的一般规定。

【学习总结与拓展】

【关键词】 海事请求保全船舶的扣押与拍卖　船舶的扣押（诉前扣押船舶）　船舶拍卖　扣押船载货物　拍卖船载货物　扣押船用燃油及船用物料

【思考题】

1. 海事请求保全的条件有哪些？
2. 可以申请扣押船舶的海事请求范围有哪些内容？
3. 扣押船舶的法定范围有哪些内容？
4. 申请拍卖船舶的条件有哪些内容？
5. 海事请求人申请扣押船载货物除应符合前述海事请求保全的条件要求外，还应当注意哪些内容？
6. 船载货物的拍卖如何实施？

【阅读资料】

1.《中华人民共和国海事诉讼特别程序法》第三章海事请求保全。

2.《最高人民法院关于适用〈中华人民共和国海事诉讼特别程序法〉若干问题的解释》（法释［2003］3号）二、关于海事请求保全。

3.《最高人民法院关于扣押与拍卖船舶适用法律若干问题的规定》（法释〔2015〕6号）。

4. 罗东川、王彦君、王淑梅、黄西武：《〈关于扣押与拍卖船舶适用法律若干问题的规定〉的理解与适用》《人民司法》2015年第7期。

5. 黄亮：《海事请求保全有关法律问题研究》，《中国律师2010年海商法国际研讨会论文集》2010年版。

6. 许硕：《论我国船舶扣押制度中的活扣押制度》，《南昌教育学院学报》2011年第4期；向明华：《错误扣船损害赔偿案件的管辖权问题》，《广州大学学报：（社科版）》2007年第11期；向明华：《对物诉讼与我国的船舶扣押法律制度》，《河北法学》2006年第4期；谭岳奇：《船舶扣押的法律思考——兼评我国〈海事诉讼特别程序法〉的有关规定》，《贵州大学学报（社会科学版）》2001年第6期；王利、邹宗翠：《海事诉讼中的船舶扣押与择地行诉》，《法律适用》2000年第5期；高伟：《建立以保全海事请求为目的的我国船舶扣押制度》，《中国海商法年刊》1995年00期；徐新铭：《关于对〈联合国扣押船舶公约条款草案〉的几点修改意见》，《中国海商法年刊》1997年00期。

7. 朱涵铂：《强制拍卖船舶的法律性质及客体研究》，《法制博览（中旬刊）》2013年第4期；向明华：《船舶司法拍卖客体探析》，《法学杂志》2009年第12期；向明华：

《船舶司法拍卖的内涵及其法律性质辨析》，《重庆工学院学报（社会科学版）》2009 年第 8 期；周荣庆：《船舶拍卖保留价确定有学问》，《中国拍卖》2008 年第 6 期。

8. 吴南伟：《诉讼前扣押船舶中的担保问题浅议》，《法律科学一西北政法学院学报》1989 年第 6 期；关政、仉庆武：《谈诉讼前扣船案件的海事担保》，《人民司法》1989 年第 6 期。

第三十八章　海事强制令

【学习提示】通过本章学习，了解海事强制令的概念、特点、类型；理解海事强制令的申请与裁定及发布、海事强制令的复议、异议及处理、海事强制令的执行；把握海事强制令的条件，海事强制令的程序、海事强制令之诉。

第一节　海事强制令的概述

一、海事强制令的概念

海事强制令，是指海事法院根据海事请求人的申请，为使其合法权益免受侵害，责令被请求人作为或者不作为的强制措施。

二、海事强制令的特点

（一）海事强制令的目的

海事强制令目的是为了纠正妨碍海事诉讼的行为，强制一方当事人为一定行为或不为一定行为，保证海事司法救济的及时性和有效性，彰显海事强制令的权威性。

（二）海事前强制令的对象

海事强制令的对象是行为，这里的行为包括作为和不作为两种，前者如责令货物的承运人签发提单，后者如禁止船东撤船、开航或出租。

（三）海事强制令的前提

海事强制令以海事请求人的申请为前提，海事强制令须经海事请求人申请而裁定作出。海事法院不能依职权作出强制令。

（四）海事强制令的性质

海事强制令是具有海事行为保全性质的强制措施，其性质，归属于海事行为保全。它突破了我国民事诉讼法的保全对象仅限于财产和证据的范围限制。从海事诉讼法的立法体例上看，海事强制令与海事请求保全、海事证据保全并列，形成行为、财产、证据三种海事保全制度。实践中，海事强制令既可以在起诉前，也可以在案件进入实体诉讼后向海事法院提出。如前者，海事强制令是作为一个独立的司法程序而存在，如后者，则是作为诉讼中的中间程序，法院以裁定的形式做出，它不影响法院对实体争议的审理和判决。

三、海事强制令的类型

在海事司法实践中，常见的海事强制令主要类型有三种：

（一）强制放货

强制放货，是指一方当事人（包括承运人及场站等负有放货义务的人）对持有提单的另一方当事人应当放货而不放货的，应申请人即提单持有人的申请，海事法院签发海事强制令，责令被申请人在限期内向申请人放货。这是海事司法实践中遇到较多的一种情形。强制放货的对象是应当放货而不放货的行为。申请人凭提单或物权证明到海事法院申请海事强制令，强制放货。申请人一般是提单持有人或收货人，被申请人一般是货场主、船东等。这种强制令也是海事法院遇到最多的一种。例如，广州海事法院依法作出裁定并发布海事强制令，准许请求人东方某糖酒有限公司的海事强制令申请，责令被请求人福建某海洋工程公司立即将涉案货物砂糖交付给请求人。海事强制令发出后，福建某海洋工程公司将砂糖交付给东方某糖酒公司。至此，2110 吨泡水砂糖成功“解救”，避免了进一步造成损失。[①]

（二）强制放船

强制放船，一般是指在光船承租合同到期或因其他原因解除承租关系后，光船承租人拒不向出租人交船的，光船出租人也可以申请海事法院签发海事强制令，责令被申请人在限期内向申请人放船。强制放船的对象是应当放船而不放船的行为。通常情况下，申请人是船舶所有人，被申请人是船舶承租人。船舶租赁合同到期或因其他原因解除租船关系后，承租方拒不交船的，出租人可以申请海事法院强制放船。强制放船，还有一种情况也比较普通，即在发生船舶碰撞事故后，碰撞的一方以人身伤亡或船舶损害未得到解决为由，纠集多人“霸船”，被“霸船”的一方也可以向海事法院申请强制令强制对方放船。

（三）强制放单

强制放单，是指一方当事人（包括收到货物后负有签发提单义务的人，一般指承运人）收到另一方当事人货物，后经其要求仍拒不签发提单的，应货方的申请，海事法院签发海事强制令，责令被申请人在限期内向申请人签发提单。强制放单的对象是应当放单而不放单的行为。出现强制放单的海事强制令案件，多是因为海运实践中承运人与货方在长期合作基础上会产生一些未清费用，承运人便以不签发一票货的提单作为强迫货方结清其他费用的“担保手段”。而实际上这种做法是违法的，因海商法明确规定：货物由承运人接收或者装船后，应托运人的请求，承运人应当签发提单。故此类海事强制令案件被申请人通常是负有签发提单义务的承运人，其在收到货物后经货方要求仍拒不签发提单的，货方提出申请，海事法院审查后裁定准许并发出海事强制令强制承运人限期内向货方签发提单。

---

① 记者：洪奕宜、通讯员：胡后波、田昌琦：《海事法院强制放货 避免 2100 吨砂糖入夏缩水》，南方日报 2013 年 05 月 10 日 http://news.sina.com.cn/o/2013-05-10/211527087557.shtml

第二节　海事强制令的程序

一、海事强制令的申请

当事人在起诉前申请海事强制令，应当向海事纠纷发生地海事法院提出并提交书面申请。申请书应当载明申请理由，并附有关证据。

诉讼或者仲裁前申请海事强制令的，不受当事人之间关于该海事请求的诉讼管辖协议或者仲裁协议的约束。

外国法院已受理相关海事案件或者有关纠纷已经提交仲裁的，当事人向中华人民共和国的海事法院提出海事强制令申请，并向法院提供可以执行海事强制令的相关证据的，海事法院应当受理。

二、提供担保

海事法院受理海事强制令申请，可以责令海事请求人提供担保。海事请求人不提供的，驳回其申请。

海事强制令发布后 15 日内，被请求人未提出异议，也未就相关的海事纠纷提起诉讼或者申请仲裁的，海事法院可以应申请人的请求，返还其提供的担保。

三、海事强制令的条件

作出海事强制令，应当具备下列条件：

（一）请求人有具体的海事请求；

（二）需要纠正被请求人违反法律规定或者合同约定的行为；

这表明，当事人申请海事强制令，仅限于被请求人的作为或不作为明显违反法律或者合同约定的情况。海事法院要严格审查当事人的申请，以防止当事人滥用权利。

（三）情况紧急，不立即作出海事强制令将造成损害或者使损害扩大。

以上三项条件必须同时具备，才能作出海事强制令。

四、海事强制令的裁定

对于海事强制令的申请，在审判组织上可以是合议庭审理也可以是独任审理，一般独任审理为宜，以适应海事强制令的保全性特征。

海事法院接受申请后，应当在 48 小时内审查并裁定：(1) 符合海事强制令条件的，裁定作出海事强制令，应当立即执行；(2) 对不符合海事强制令条件的，裁定驳回申请。

五、海事强制令的发布

就海事强制令的程序而论，根据海诉法第 57 条规定，应先出裁定，后据此裁定作出海事强制令，不能仅制作海事强制令。因此，海事法院准予申请人海事强制令申请的，应当制作民事裁定书并发布海事强制令。

六、海事强制令的复议、异议及处理

（一）当事人申请复议及处理

当事人对海事强制令裁定不服的，可以在收到裁定书之日起5日内向海事法院提出复议申请。复议期间裁定不停止执行。

海事法院在收到复议申请之日起5日内作出复议决定。裁定正确的，通知驳回当事人的申请，进入海事强制令的执行；裁定不当的，作出新的裁定变更或者撤销原裁定。

（二）利害关系人对作出海事强制令的民事裁定的异议及处理

利害关系人对海事法院作出海事强制令的民事裁定提出异议，海事法院经审查，认为理由成立的，应当裁定撤销该民事裁定；认为理由不成立的，应当书面通知利害关系人。

（三）利害关系人对海事强制令的异议及处理

利害关系人对海事强制令提出异议，海事法院经审查，认为理由成立的，应当裁定撤销海事强制令。

海事强制令发布后15日内，被请求人未提出异议，也未就相关的海事纠纷提起诉讼或者申请仲裁的，海事法院可以应申请人的请求，返还其提供的担保。

七、海事强制令的执行

（一）海事强制令由海事法院执行。

被申请人、其他相关单位或者个人不履行海事强制令的，海事法院应当依据民事诉讼法的有关规定强制执行。

（二）被请求人收到海事强制令后应当履行海事强制令的内容，立即停止并纠正违反法律规定或者合同约定的行为。

（三）被请求人拒不执行海事强制令的，海事法院可以根据情节轻重处以罚款、拘留；构成犯罪的，依法追究刑事责任。

海事诉讼法考虑到被申请人不执行海事强制令可能给申请人造成严重后果，在强制措施上对罚款的标准予以提高，对个人的罚款金额规定为1千元以上3万元以下。对单位的罚款金额规定为3万元以上10万元以下。

拘留的期限，为15日以下。

第三节　海事强制令之诉

一、海事强制令赔偿之诉

根据海诉法第60条规定和《适用海诉法解释》第46条规定，海事请求人申请海事强制令错误的，应当赔偿被请求人或者利害关系人因此所遭受的损失。被请求人或者利害关系人要求海事请求人赔偿损失的，由发布海事强制令的海事法院受理。

二、海事强制令执行后之诉

海事强制令执行后，有关海事纠纷未进入诉讼或者仲裁程序的，当事人就该海事请

求，可以向作出海事强制令的海事法院或者其他有管辖权的海事法院提起诉讼，但当事人之间订有诉讼管辖协议或者仲裁协议的除外。

【学习总结与拓展】

【关键词】海事强制令　强制放货　强制放船　强制放单

【思考题】

1. 海事强制令的特点是什么？
2. 作出海事强制令应当具备哪些条件？
3. 海事强制令的申请与裁定及发布有哪些内容？
4. 当事人对海事强制令裁定不服申请复议的怎么处理？
5. 利害关系人对作出海事强制令的民事裁定的异议怎么处理？
6. 利害关系人对海事强制令的异议怎么处理？
7. 海事强制令怎么执行？
8. 被请求人拒不执行海事强制令的怎么处理？
9. 海事强制令之诉包括哪些？

【阅读资料】

1. 《中华人民共和国海事诉讼特别程序法》第四章海事强制令。

2. 《最高人民法院关于适用〈中华人民共和国海事诉讼特别程序法〉若干问题的解释》（法释［2003］3号）三、关于海事强制令。

3. 肖健民：《论海事强制令的法律基础》，《咸宁学院学报》2009年第4期；韩凝：《海事强制令适用条件比较研究》，《法制与社会》2009年第8期；倪学伟：《海事强制令比较研究与制度完善》，《珠江水运》2009年第2期；肖健民：《论海事强制令适用的法律程序》，《黄冈师范学院学报》2009年第2期。

4. 谢飞：《论海事强制令的性质与签发条件》，《珠江水运》2007年第11期。

5. 张晓茹：《论我国海事强制令制度之完善》，《人民司法》2006年第4期；吴琼：《我国海事强制令制度的法律分析与立法完善》，《学术界》2006年第5期。

6. 上海市律师协会：《律师代理海事证据保全和海事强制令案件业务指引（2006）》（2006年12月28日业务研究与职业培训委员会会议通过）http://www.lawyers.org.cn/info/b35efb8e54e14e6aa43ba501e5ed7b56

7. 董晓南，陈琦：《完善海事强制令制度的思考》，《世界海运；2004年第6期。

8. 肖健民：《海事强制令之法律程序》，《中国船检》2001年第11期；肖健民：《海事强制令的法律属性》，《中国船检》2001年第10期；郑田卫：《中国海事强制令制度创新与完善的法律研究》，《中国海商法年刊》2001年第00期；尹伟民：《海事强制令在诉讼程序中的实现》，《世界海运》2000年第1期。

第三十九章 海事证据保全

【学习提示】通过本章学习，了解海事证据保全的概念，理解海事证据保全程序，把握海事证据保全应当具备的条件，海事证据保全申请错误的赔偿之诉等。

第一节 海事证据保全的条件

一、海事证据保全的概念

海事证据保全，是指海事法院根据海事请求人的申请，对有关海事请求的证据予以提取、保存或者封存的强制措施。

海事证据保全，包括诉前（含起诉前、申请仲裁前）海事证据保全和诉中（含起诉后、申请仲裁后）海事证据保全。海事证据保全，适用《民事诉讼法》的证据保全规定和《海事诉讼法》的海事证据保全特别规定。《民事诉讼法》在2012年修改之前只对诉讼中的证据保全的可采性有原则性的规定，但没有证据保全的具体操作程序，不能完全适应海事诉讼的需要。针对海事诉讼中所涉及纠纷船舶的流动性大，证据的收集、保存的时间性强的特点，《海事诉讼法》对海事证据保全程序作了相当详细的规定，特别是规定了诉前海事证据保全，使证据保全更加及时有效。2012年修订的《民事诉讼法》，借鉴了《海诉法》的做法将证据保全从诉讼中扩大至诉前。

二、海事证据保全的条件

采取海事证据保全，应当具备下列条件：

（一）请求人是海事请求的当事人；

（二）请求保全的证据对该海事请求具有证明作用；

（三）被请求人是与请求保全的证据有关的人；

（四）情况紧急，不立即采取证据保全就会使该海事请求的证据灭失或者难以取得。

第二节 海事证据保全的程序

一、海事证据保全的申请

（一）管辖法院

当事人在起诉前申请海事证据保全，应当向被保全的证据所在地海事法院提出。

当事人在诉讼中需要并申请保全证据的，由案件受理海事法院管辖。

外国法院已受理相关海事案件或者有关纠纷已经提交仲裁，当事人向中华人民共和国的海事法院提出海事证据保全申请，并提供被保全的证据在中华人民共和国领域内的相关证据的，海事法院应当受理。

（二）申请独立

海事证据保全不受当事人之间关于该海事请求的诉讼管辖协议或者仲裁协议的约束。

（三）申请形式

海事请求人申请海事证据保全，应当向海事法院提交书面申请。申请书应当载明请求保全的证据、该证据与海事请求的联系、申请理由，还应当载明证据收集、调取的有关线索。

（四）提供担保

海事法院受理诉前海事证据保全申请，可以责令海事请求人提供担保。海事请求人不提供的，驳回其申请。

二、海事证据保全申请的处理

（一）裁定是否海事证据保全

海事法院接受申请后，应当在48小时内进行审查并作出裁定。

申请人的海事证据保全请求符合法律规定的，裁定准许申请人的海事证据保全请求、采取海事证据保全措施的，应当立即执行。海事证据保全申请费由申请人负担。

申请人的海事证据保全请求不符合海事证据保全条件的，裁定驳回其申请。

（二）证据保全的裁定书应当送达给当事人

证据保全的裁定书应当依照海诉法的规定送达给当事人，包括海事证据保全程序的请求人和被请求人。

（三）对裁定不服的复议、异议及处理

1. 当事人对证据保全裁定不服的，可以在收到裁定书之日起5日内申请复议一次。

海事法院应当在收到复议申请之日起5日内作出复议决定。复议期间不停止裁定的执行。被请求人申请复议的理由成立的，应当将保全的证据返还被请求人。

2. 利害关系人对海事证据保全提出异议，海事法院经审查，认为理由成立的，应当裁定撤销海事证据保全；已经执行的，应当将与利害关系人有关的证据返还利害关系人。认为理由不成立的，应当书面通知利害关系人。

三、海事证据保全的方法

海事法院进行海事证据保全，根据具体情况，可以对证据予以封存，也可以提取复制件、副本，或者进行拍照、录像，制作节录本、调查笔录等。确有必要的，也可以提取证据原件。

在海事证据保全实务中，保全的证据主要涉及船舶碰撞、触碰造成的损失情况和货物运输中造成的货损情况等等。

四、海事证据保全后的使用

海事法院采取保全措施从船舶上取得的航海日志等有关航行文件，无需经过公证认证等手续，可以作为定案的证据材料。

海事请求人在采取海事证据保全的海事法院提起诉讼后，可以申请复制保全的证据材料；相关海事纠纷在中华人民共和国领域内的其他海事法院或者仲裁机构受理的，受诉法院或者仲裁机构应海事请求人的申请可以申请复制保全的证据材料。

第三节 海事证据保全之诉

一、海事证据保全申请错误的赔偿之诉

海事请求人申请海事证据保全错误的，应当赔偿被请求人或者利害关系人因此所遭受的损失。

被请求人或者利害关系人依据海诉法第 71 条规定要求海事请求人赔偿损失的，由采取海事证据保全的海事法院受理。

二、海事证据保全后之诉

海事证据保全后，有关海事纠纷未进入诉讼或者仲裁程序的，当事人就该海事请求，可以向采取证据保全的海事法院或者其他有管辖权的海事法院提起诉讼，但当事人之间订有诉讼管辖协议或者仲裁协议的除外。

【学习总结与拓展】

【关键词】海事证据保全

【思考题】

1. 采取海事证据保全应当具备哪些条件？
2. 海事请求人如何申请海事证据保全？
3. 海事法院接受海事证据保全申请后应当怎样处理？
4. 当事人对海事证据保全裁定不服的如何处理？
5. 利害关系人对海事证据保全提出异议的怎么处理？
6. 海事法院进行海事证据保全由哪些方法？
7. 海事请求人申请海事证据保全错误的怎么办？

【阅读资料】

1.《中华人民共和国海事诉讼特别程序法》第五章海事证据保全。

2.《最高人民法院关于适用〈中华人民共和国海事诉讼特别程序法〉若干问题的解释》（法释〔2003〕3 号）四、关于海事证据保全。

3. 张湘兰、郭漪：《诉前海事证据保全制度浅析》，《法学评论》2005 年第 1 期。

4. 上海市律师协会：《律师代理海事证据保全和海事强制令案件业务指引（2006）》。

第四十章　海事担保

【学习提示】通过本章学习，了解海事担保的概念、范围，理解海事担保的方式、程序，把握海事担保的减少、变更、取消的正当理由，海事请求人请求担保的数额过高及海事请求人提供的担保的处理。

第一节　海事担保的概述

“海事担保”一词，从广义言，是指在海事领域内即在海上生产、运输的过程中，为了保障债权的实现和债务的履行，通过立法规定一方可向对方作出保证债务履行的承诺或保障，它包括争议发生前的合约性担保，也包括争议发生后成立的合约性或准合约性担保。换言之，广义的海事担保，包括两种：一是海商事领域中的一般债权担保，由民法总则、物权法、担保法和海商法等实体法来规范；二是指海事诉讼及其相关活动所涉及的担保，主要依据民事诉讼法、海事诉讼法的规定。

“海事担保”一词，从狭义言，是指在海事诉讼及其相关活动中，依照海事诉讼法的规定或当事人的约定，为保障当事人的海事诉讼请求得以实现而提供的担保。它通常是提起海事请求的前提，或者是海事请求保全的结果，属诉讼担保之列。

海事诉讼法第六章所规定的海事担保范围，包括海事诉讼法规定的海事请求保全、海事强制令、海事证据保全等程序中所涉及的担保，以及设立海事赔偿责任限制基金和先予执行等程序中所涉及的担保。

第二节　海事担保的方式

海事诉讼法所规定担保的方式为提供现金或者保证、设置抵押或者质押等四种。

海事诉讼担保的方式相对较少，之所以只规定四种担保方式，即现金、保证、抵押或质押，是由于海事诉讼担保这一特点决定了不适合用其他方式的担保。在海事司法实践中，海事请求人申请海事请求保全提供的担保应当是充分可靠的担保，如现金担保、银行和其他金融机构提供的担保等。提供的国外担保应由国内的金融机构加保。海事法院应当尽量避免接受海事请求人提供的保证形式的担保。

一、现金担保

现金担保，即指以现金或现金票据（如汇票、支票、本票、债券或储蓄单）作为出质物的金钱担保。现金担保作为海事担保的方式是最可靠，更方便的担保方式。其原因对请求人而言，一旦其主张的债权成立，即可获得赔偿；对被请求人而言，可有效地避免其在生产经营中的巨额财产继续遭到司法扣押。因此，从保护债权人利益出发，海事诉讼法将其放在担保方式之首。但是，对被请求人而言，现金担保毕竟影响经营，直接产生损失。根据司法实践经验，海事诉讼中的现金担保仅适用于以下情况：1、小额担保；2、债务人或担保人资信较差或情况不明，且时间紧迫，一时无法寻得其他担保方式的，如境外海事请求人申请扣船，或被请求人为方便快捷，避免因小额海事请求而被扣押自营大船的。担保的币种应是我国的通货或国际硬通货，储如美元、日元、欧元等外币，有些币值不稳定的外国通货，即使在我银行可兑，也应避免接受，以免汇率风险。担保的现金，最好通过银行清点辨伪，以策安全。

二、保证

保证，是指当事人以外的第三人作为保证人与债权人约定，当债务人不履行义务时，保证人按照约定清偿债务或承担赔偿责任的担保方式。保证，在海事担保中属于最广泛、最经常使用的担保方式。它操作简单，保管容易，运用灵活。保证关系成立之后，保证人有代债权人的债务人履行债务的义务。在海事诉讼实践中，绝大多数的保证合同以“保函”形式出现，且经常属独立保证。一旦保证合同成立，其本身效力又不依附于基础交易合同，其保证责任仅以自身条款为准。扣押船舶的司法行为通常会带来船东保赔协会出具的保赔保函。保赔保函作为典型的独立保证又具有其三个特征：1、独立性。保函是作为独立保证人船东保赔协会应申请人船东的要求而同受益人（海事请求人）订立的在一定期限内代偿一定债务的合同，只要债权人（受益人）满足保函兑现的条件条款，独立保证人船东保赔协会即按约定向受益人偿债。2、一致性。只要受益人请求兑付时提出的单据与保函中条款一致，独立保证人不问基础法律关系的处理结果，即予代偿，除非证明持函请兑人有欺诈行为。3、首偿性，上述保函作为独立保证合同，船东保赔协会清偿债务的责任永远是第一位的，债务人在清偿过程中甚至毫不露面。

三、抵押

抵押，是指债务人或第三人不转移对某一财产的占有，而将该财产作为债权的担保。债务人不履行债务时，债权人有权依照法律以该财产折价或拍卖该财产的价款优先受偿。抵押标的物包括不动产与动产。抵押物必须是抵押人自己所有的或依法有权处分的，如某一企业是国有财产的合法经营人，有权处分该企业内的国有财产。海事担保中，适用抵押担保的情况大致如下：1、需担保的数额较大，担保人不能提供现金担保，又不能提供充分可靠的保证担保的；2、可抵押的财产是容易转让变现的，或债权人能够乐意拥有的。审判实践中，有的渔民以自己的几间房舍向海事请求人提供抵押担保，常常因为不易变现也不为债权人乐意拥有而遭拒绝。3、抵押物是相对安全的。“安全”包括常态安全和保险安全，前者是指抵押物是合法的，能正常地发挥其应有功能的或具市场价值的，如房屋非违章建筑，船舶是适航、准营运的；后者是指抵押物虽面临一般风险，但已合法投保，灭失损坏后尚能得到保险赔偿的。

四、质押

质押，是指债务人或者第三人将其财产移交债权人占有，并以该财产作为债权的担保，债务人不履行债务时，债权人有权以该财产合法出售的得款优先受偿。抵押与质押最大的差别是，抵押物不转移占有，而出质的财产须转移占有，因而在管理上有很大差别。在海事诉讼中，质押担保适用的情况大致同抵押担保，但质押既要转移占有，便会产生质物保管的问题，特别是一些难以保管的财产，常使质权人陷入接受与拒绝的尴尬；另一方面，由于海事担保的债权尚不确定，质押既要转移对货物的占有，出质人因此可能无端丧失对出质财产的占有使用，使出质人也怠于选择质押担保的方式；再则，法院处于衡平代位的方面，对于某些货物不易保管或不宜长期质押的，也无奈拒绝担保人出质，因此，海事诉讼的多年实践中，很少采用质押方式进行担保的，特别是以动产质押作为申请担保的案件鲜为人知，足见质押担保的运用有限性。

第三节　海事担保的程序

一、海事请求人对海事担保的提交

（一）担保的接受者

海事请求人的担保应当提交给海事法院，不可以提供给海事被请求人。

（二）担保的方式、数额与海事法院的决定权

海事请求人提供的担保，其方式由海事法院决定。

海事请求人提供担保的数额，应当相当于因其申请可能给被请求人造成的损失。具体数额由海事法院决定。

二、海事被请求人对海事担保的提交

（一）担保的接受者

被请求人的担保可以提交给海事法院，也可以提供给海事请求人。

（二）担保方式、数额的双方协商与海事法院决定

被请求人提供的担保，其方式、数额由海事请求人和被请求人协商；协商不成的，由海事法院决定。

海事请求人要求被请求人就海事请求保全提供担保的数额，应当与其债权数额相当，但不得超过被保全的财产价值。

三、海事担保的减少、变更、取消

海事担保提供后（即担保提供以后但在被执行之前），提供担保的人有正当理由的，可以向海事法院申请减少、变更或者取消该担保。该正当理由是指：(1) 海事请求人请求担保的数额过高；(2) 被请求人已采取其他有效的担保方式；(3) 海事请求人的请求权消灭。

（一）担保的“减少”

担保的“减少”，通常是指因海事请求人请求担保的数额过高而造成了担保金额的减少。在海事诉讼实践中，通常表现为：（1）有证据证明海事请求人所遭受损失实际远远低于其请求的担保数额，包括估算错误，损失经挽救减少，致主债务数额明显下降；（2）情势变迁，如汇率调整，担保物价值飙升，又如股票巨额上涨不跌、货物市场价上涨、房地产价大幅度上扬，此时经过流通交易，变现后数额畸高，都属可申请“减少”数额的正当理由。其他如债权人自愿放弃部分索赔或债权人部分债权与被请求人对其所持其他债权抵销等，也都是正当理由。

（二）担保的“变更”

担保的“变更”，是指因被请求人已采取其他有效的担保方式造成了担保方式或担保物的变更。一般包括：（1）现金、保证、抵押或质押间的方式互变；（2）现金担保的币种变换；（3）保证担保主体或相关条款的改变；（4）抵押合同抵押物、质押合同出货物的更换，等等。但无论如何变更，除非经债权人同意，不能削弱担保原有的充分可靠性，不得增加债权人的债权风险，也不得增添担保兑现的不便，应保持当事人双方民事权益和诉讼权利义务的大体公平。

（三）担保的“取消”

担保的“取消”，是指因海事请求人的请求权消灭而造成了返还或废止担保。大致有以下6种情况：（1）保证合同因主债务人自己清偿、提存或抵销、混同，或债权人免除债务；或者保证人实际已清偿、提存、抵销、混同或被免除履行义务；或者债权人与主债务人、保证人协议解除而被取消。（2）因法定原因，如符合《海诉法》第18条第2款规定，海事请求人在保全后不起诉或不提交仲裁的，海事法院应当返还担保函，担保函在海事请求人控制中的，法院应责令其向担保提供人返还，拒不返还的，法院可判决该保函废止。（3）其他原因，如保函的保证期届满，最高额保证终止，保证合同为物的担保所替代，保证合同均可被废止或返还给担保提供人。此外，（4）现金和其他物的担保也可因上述相同或类似的原因返还给该担保提供人，在此，“返还”也属“取消”。（5）抵押还可因抵押物的灭失，质押还可因债权人自愿返还质物或丧失占有，抵、质押担保被取消。（6）海事请求担保的有效期应在相关实体诉讼案审结后2年，被请求担保的有效期自担保提供之日起至实体争议确认后起再续半年，担保过有效期，也应视为“取消”。

四、海事请求人请求担保数额过高的赔偿

海事请求人请求担保的数额过高，造成被请求人损失的，应当向被请求人一方承担赔偿责任。具体把握应当注意以下几点：

1.“请求担保的数额过高”，是指海事请求人向被请求人提出的担保，其数额要求过高。“过高”，按照通常的理解，即指担保的数额超过实际裁定、判决数额的50％即相当于依法裁定判决数额的150％。

2.“损失”必须是经济上实际发生的损失，而且是请求不当引起的直接损失，其他非经济性的，诸如“精神损失”、“名誉损失”等皆不包括在内，其他间接的经济损失不在赔偿范围内。如果光是请求担保数额过高，但没有造成被请求人或其担保人的实际经

济损失，则被请求人一方无权请求赔偿。

3. “应当承担赔偿责任”的原则，仍然是“过错责任原则”。如果，所请求的担保其数额过高，但纯因客观因素造成而非海事请求人存有主观过错，诸如金融市场汇率调整、担保物市场价飙升，海事请求人仍可免除赔偿责任。但是由于海事请求人或其雇用人员或代理，在“责任预测”、“工程预算”、“损失估算”时出错，虽非海事请求人自己过错，因而造成损失的，仍由海事请求人承担赔偿责任。当然，这并不影响海事请求人向有关的责任方行使追索赔偿的权利。

五、海事请求人提供的担保的处理

（一）海事实体裁判生效后，海事请求人提供的担保的处理

相关海事纠纷的实体裁判生效后的一定期间内（可以掌握为30日），被申请人未就海事请求人申请海事请求保全错误提起诉讼的，海事请求人提供的担保解除。

（二）海事强制令执行完毕后，海事请求人提供的担保的处理

海事强制令执行完毕后一定期间内（可以掌握为30日），被申请人或者利害关系人未就海事强制令的执行提出异议或者提起诉讼的，海事请求人提供的担保失效。

【学习总结与拓展】

【关键词】海事担保

【思考题】

1. 海事担保范围包括哪些担保？
2. 海事诉讼担保的方式有哪些？
3. 海事请求人请求担保数额过高的赔偿怎么把握？
4. 海事实体裁判生效后，海事请求人提供的担保如何处理？
5. 海事强制令执行完毕后，海事请求人提供的担保如何处理？

【阅读资料】

1.《中华人民共和国海事诉讼特别程序法》第六章海事担保。

2.《最高人民法院关于适用〈中华人民共和国海事诉讼特别程序法〉若干问题的解释》（法释［2003］3号）五、关于海事担保。

3. 最高人民法院民事审判第四庭编写：《涉外商事海事审判实务问题解答（一）》，中国涉外商事海事审判网 http://www.ccmt.org.cn/shownews.php?id=5034发布于：2004－04－08 08：21：08。

4. 高俊涛、谢飞：《船舶扣押中的海事担保探析》，《珠江水运》2008年第5期。

5. 沈满堂：《海事担保的理论与实践》，《中国对外贸易》2001年第6期。

6. 倪福茨、肖梓勃：《对海事担保问题之管见》，《珠江水运》2001年第11期。

第四十一章 海事审判程序特别规定

【学习提示】通过本章学习，了解审理船舶碰撞案件程序、审理共同海损案件程序、海上保险人行使代位请求赔偿权利、海事诉讼法律文书送达的特别规定，理解海事审判简易程序、督促程序和公示催告程序、其他程序问题的处理规定。

海事审判程序特别规定，涵盖了审理船舶碰撞案件程序的特别规定、审理共同海损案件程序的特别规定、海上保险人行使代位请求赔偿权利的特别规定、简易程序、督促程序和公示催告程序、其他程序问题的处理规定，除海事诉讼法律文书的送达特别规定外。

第一节 海事诉讼法律文书的送达特别规定

一、海事诉讼法律文书的送达，适用《民事诉讼法》的有关规定，还可以采用下列方式：

（一）向受送达人委托的诉讼代理人送达。

（二）向受送达人在中华人民共和国领域内设立的代表机构、分支机构或者业务代办人送达。

（三）通过能够确认收悉的其他适当方式送达。

"通过能够确认收悉的其他适当方式送达"中的"其他方式"是法律规定的一种新的送达方式即电子送达方式。电子送达可以采用传真、电子邮件（包括受送达人的专门网址）、移动通信等即时收悉的特定系统作为送达媒介，受送达人同意采用电子方式送达的，应当在送达地址确认书中予以确认。通过电子方式送达的，应确认受送达人确已收悉，即以送达媒介到达受送达人特定系统的日期为送达日期，为海事法院对应系统显示发送成功的日期，但受送达人证明到达其特定系统的日期与海事法院对应系统显示发送成功的日期不一致的，以受送达人证明到达其特定系统的日期为准。

（四）法律文书可以向船长送达。

1. 向当事船舶的船长送达法律文书

有关扣押船舶的法律文书也可以向当事船舶的船长送达。

诉讼前扣押船舶的法律文书向当事船舶的船长送达视为向被申请人送达；

有关海事强制令、海事证据保全的法律文书可以向当事船舶的船长送达。

2. 向被扣押的被告船舶的船长送达法律文书

应当向被告送达的起诉状副本、受理案件通知书、应诉通知书、开庭传票等法律文书，可以向被扣押的被告船舶的船长送达，但船长作为原告的船员劳务合同纠纷案中应当向被告送达的除外。

二、视为送达

有义务接受法律文书的人拒绝签收，送达人在送达回证上记明情况，经送达人、见证人签名或者盖章，将法律文书留在其住所或者办公处所的，视为送达。

第二节　审理船舶碰撞案件程序的特别规定

船舶碰撞，是指船舶在海上或者与海相通的可航水域发生接触造成损害的事故。这里所称船舶，包括与海船（但是用于军事的、政府公务的船舶和20总吨以下的小型船艇除外）和其他海上移动式装置碰撞的任何其他非用于军事的或者政府公务的船艇。海商法规定了船舶碰撞案件的实体处理规范，海事诉讼法则对审理船舶碰撞案件程序作特别规定。

一、有关当事人的确认

（一）船舶碰撞损害赔偿纠纷案件的诉讼主体

船舶的经营是多样和多变的，但是船舶所有人保证船舶处于安全航行技术状态的责任是不变的，除非船舶是处于光船租船的情况下。因此，在船舶发生碰撞事故后，就碰撞事故提起的诉讼的主体包括船舶所有人或者光船承租人。

碰撞船舶互有过失造成船载货物损失，船载货物的权利人对承运货物的本船提起违约赔偿之诉，或者对碰撞船舶一方或者双方提起侵权赔偿之诉的，人民法院应当依法予以受理。船舶碰撞或者触碰造成第三人财产损失的，应予赔偿。因此，船舶碰撞损害赔偿纠纷案的诉讼主体还包括损失财产的第三人、损失船载货物的权利人。

（二）有权就船舶碰撞引起的船员人身伤亡赔偿纠纷案提起诉讼的主体

船舶碰撞事故造成船员人身伤亡的，伤残船员和死亡船员的遗产继承人可以作为对外索赔的主体。船员外派单位可以协助索赔，但其不能成为对外索赔的主体；外方付给的伤亡赔偿金，应归伤残船员或死者遗产继承人所有。

二、船舶碰撞案件的证据保密规定

鉴于船舶碰撞事故发生后，现场不能保存，证据容易丢失，认定碰撞责任的重要证据船舶航行记录又很容易被伪造，为了防止责任人掩盖事实，编造假证，保证证据的客观性、关联性和合法性，海事诉讼法对船舶碰撞案件的证据保密制度作出规定。

（一）原告在起诉时、被告在答辩时，应当如实填写《海事事故调查表》

海事事故调查表，是指在船舶碰撞案件起诉或答辩时由发生海事事故的当事船舶船长或值班驾驶人员或其他有关人员按各船的实际情况及设备如实逐项填写，并提供海事法院在审理船舶碰撞案件时使用的当事人陈述。

国际通行的船舶碰撞案件的证据保密制度，有别于民事诉讼法规定的普通的举证和证据交换制度，按照民事诉讼法的规定和有关司法解释，当事人在向法院提起诉讼时应当提交相应的证据。而船舶碰撞案件的事故现场不易保留，有些证据容易消失，驾驶人员的记忆未必准确，事故记录可事后补作或更改，因此各国法院强调原告在起诉、被告在答辩时应当如实填写《海事事故调查表》。如，英美在海事诉讼审理船舶碰撞诉讼案时，在法庭调查一开始时，必须经首要程序（preliminaryact），即在开始法庭调查之前，在各方还没有看到对方的证据时，即需填写一份表格，共15项内容，除船名外，主要是发生碰撞的时间、地点、天气情况、碰撞前船舶的方位、状态等。这份表格对填写的当事方具有最终证据效力，以后不得翻供，其目的是为了避免给任何一方提供修改证据或作伪证的机会。我国海事诉讼法与国际接轨，也作出了船舶碰撞案件的原告在起诉时、被告在答辩时，应当背靠背、如实填写《海事事故调查表》，在庭前各自完成举证。

当事人根据《海事事故调查表》（附后）列明的项目，详细地、如实地填写有关碰撞事故发生的基本事实。这种做法一方面可以弥补了船舶碰撞案件证据材料不足的缺陷，另一方面对诉讼当事人收集和提供事实证据提供了指导。对法院查明碰撞事实，分清碰撞责任，妥善审理好船舶碰撞案件将有所帮助。附：《海事事故调查表》如下：

中华人民共和国××海事法院

海事事故调查表

（审理船舶碰撞案件用）

（封面）

原（被）告________________（签名或盖章）

填表人姓名________________职务________________

填表时间____

（注：调查表封面内容占一页）

海事事故发生情况和经过

（注：以上内容为另页）

填表须知

1. 此表应在起诉或答辩时由发生海事事故的当事船舶船长或值班驾驶人员或其他有关人员按各船的实际情况及设备如实逐项填写，如有伪造将依法承担责任。

2. 须用钢笔或毛笔并使用中国的语言和文字（如系外文填写，须译成中文），填写字迹要工整，意思表示要明确，凡涂改处须加盖印章或按指印。

3. 当事人应根据所填写的内容，在开庭审理前提供相应的证据材料，凡系外文版本的材料，应附中文译本。附当事船舶应提供的书面的证据：

（1）当事船舶所有权的所有权证书和国籍证书；

（2）当事船舶的船舶检验证书和适航证书；

（3）当事船舶的航行签证簿和营运许可证或类似的文件。

（4）当事船舶在航行中的航行日志、甲板、轮机、车钟、电台、雷达等原始记录簿或类似文件；

(5) 当事船舶罗经差表和碰撞时所使用的原始海图及自动航向记录;

(6) 当事船舶的船长、值班驾驶员、轮机员的适任证书、船员人数、名单、地址及相应的职务证书;

(7) 发生海事水域的气象、水文情况证明材料;

(8) 当事船舶的海事报告或海事声明;

(9) 当事船舶的海损检验报告;

(10) 当事船舶发生海事时在场证人的证言;

(11) 其他与本案有关的证据材料。

上述证据各船按实际情况的设备提供。

(注:"填表须知"内容另占一页)

说明:

一、本调查表样式系根据《中华人民共和国海事诉讼特别程序法》第八十二条的规定制订的,由当事人填写并提供,供各海事法院在审理船舶碰撞案件时使用。

二、此调查表在作为证据时,仅作为当事人的陈述使用。

(二)海事法院向当事人送达起诉状副本或者答辩状副本时,不附送有关证据材料

这是海事诉讼法对船舶碰撞案件的证据保密制度的规定,以避免使各方当事人的碰撞资料被对方所知,从而使各方当事人在诉讼中没有机会针对对方的证据而伪造对己有利的证据,以保证法院审判的公正性。

三、船舶碰撞案件的举证要求

海事诉讼法把举证限于是当事人的活动,当事人不仅有责任提供证据而且应在指定期间即开庭审理前完成举证,如果不能完成,海事诉讼法未规定海事法院有权调查收集证据,因此海事法院只能依在案的证据判,即只能依在案的证明资料作出判决。当事人未提出的事实和未经证明的事实,即使有利于己,法院也只能不管不顾。海事法院对于事实的判断,仅限于当事人提出的证据、依当事人申请进行证据保全取得的证据、依当事人申请向有关部门调查收集的证据,而不能依职权主动调查取证,这就从程序上进一步强化了当事人提供证据的责任。既保证了法院的中立者的地位,又保证了双方当事人在诉讼程序中的平等。

(一)当事人应当在一审开庭前完成举证

当事人应当在一审开庭前完成举证,其举证范围是《海事事故调查表》中陈述的事实并提交有关船舶碰撞的事实证据材料。当事人在一审开庭审理之前不能完成举证的,败诉的危险就要落在该当事人身上。根据有关司法解释规定,当事人在一审开庭审理前提交有关船舶碰撞的事实证据材料,是指涉及船舶碰撞的经过、碰撞原因等方面的证据材料。

(二)当事人出具完成举证说明书

当事人完成举证后应当向海事法院出具完成举证说明书。之后,当事人可以申请查阅有关船舶碰撞的事实证据材料,即涉及船舶碰撞的经过、碰撞原因等方面的证据材料。

（三）当事人完成的举证一般不得推翻

当事人不能推翻其在《海事事故调查表》中的陈述和已经完成的举证，但有新的证据，并有充分的理由说明该证据不能在举证期间内提交的除外。这里新的证据是指非当事人所持有，在开庭前尚未掌握或者不能获得，因而在开庭前不能举证的证据。

（四）船舶检验或者估价结论的证据价值

船舶检验、估价应当由国家授权或者其他具有专业资格的机构或者个人承担。非经国家授权或者未取得专业资格的机构或者个人所作的检验或者估价结论，海事法院不予采纳。

（五）船舶碰撞纠纷案件一审缺席判决，二审中被告提供的相关证据的证据价值

当事人在一审规定的举证期限内未提供的证据在二审中才提供的，不予采纳；经过法定程序送达，被告未提供证据，一审法院缺席判决的，其在二审中提供的证据不予采纳。

（六）海上交通安全主管机关查明的船舶碰撞事故原因的证据价值

船舶碰撞事故发生后，主管机关依照海上交通安全法的规定查明事故原因和判明责任后，作出的具体的处罚，属于行政行为；对于主管机关查明的碰撞事故的原因，若无相反的证据，可以作为海事法院审理相关纠纷案件的证据材料。

（七）碰撞船舶方应该提供证据证明过失程度的比例

碰撞船舶船载货物权利人或者第三人向碰撞船舶一方或者双方就货物或其他财产损失提出赔偿请求的，由碰撞船舶方提供证据证明过失程度的比例。无正当理由拒不提供证据的，由碰撞船舶一方承担全部赔偿责任或者由双方承担连带赔偿责任。

此处所谓“由碰撞船舶方提供的证据”，是指具有法律效力的判决书、裁定书、调解书和仲裁裁决书。对于碰撞船舶提交的国外的判决书、裁定书、调解书和仲裁裁决书，依照民诉法第 266 条和第 267 条规定的程序审查。

四、船舶碰撞案件的审理期限

海事法院审理船舶碰撞案件，应当在立案后 1 年内审结。有特殊情况需要延长的，由本院院长批准。

第三节　审理共同海损案件程序的特别规定

共同海损纠纷案件，包括船方或者货主关于共同海损的确定以及共同海损分摊请求提起的诉讼。船方或者货主向有责任的第三方提起的追偿诉讼，不属于共同海损纠纷案件。

一、理算与起诉

当事人就共同海损的纠纷，可以协议委托理算机构理算，也可以直接向海事法院提起诉讼。

未经理算的共同海损纠纷诉至海事法院的，海事法院应责令当事人自行委托共同海损理算。确有必要由海事法院委托理算的，由当事人提出申请，委托理算的费用由主张

共同海损的当事人垫付。

理算机构作出的共同海损理算报告，当事人没有提出异议的，可以作为分摊责任的依据；当事人提出异议的，由海事法院决定是否采纳。当事人对共同海损理算报告提出异议，经海事法院审查异议成立，需要补充理算或者重新理算的，应当由原委托人通知理算人进行理算。原委托人不通知理算的，海事法院可以通知理算人重新理算，有关费用由异议人垫付；异议人拒绝垫付费用的，视为撤销异议。

当事人可以不受因同一海损事故提起的共同海损诉讼程序的影响，就非共同海损损失向责任人提起诉讼。

二、审理合并与期限

当事人就同一海损事故向受理共同海损案件的海事法院提起非共同海损的诉讼，以及对共同海损分摊向责任人提起追偿诉讼的，海事法院可以合并审理。

海事法院审理共同海损案件，应当在立案后 1 年内审结。有特殊情况需要延长的，由本院院长批准。

第四节　海上保险人行使代位请求赔偿权利的特别规定

海上保险人行使代位求偿权，又称保险人代位求偿权，是指保险人在其保险责任范围内赔付被保险人保险标的的全部或者部分损失后，在赔偿金额范围内享有的向海上保险事故的责任方即第三人请求赔偿的权利。《海事诉讼法》第八章第三节对于海上保险人行使代位请求赔偿权利作出了明确的规定。

一、海上保险人行使代位求偿权的条件和范围

《海事诉讼法》第 93 条规定，因第三人造成保险事故，保险人向被保险人支付保险赔偿后，在保险赔偿范围内可以代位行使被保险人对第三人请求赔偿的权利。从中可见保险人行使代位求偿权的条件和范围：

（一）保险事故已经发生，且已造成保险标的的实际全损或推定全损或部分损失的后果

保险事故，是指保险人与被保险人约定的任何海上事故，包括与海上航行有关的发生于内河或者陆上的事故。实际全损，指保险标的发生保险事故后灭失，或者受到严重损坏完全失去原有形体、效用，或者不能再归保险人所拥有的情况。船舶在合理时间内未从被获知最后消息的地点抵达目的地，除合同另有约定外，满两个月后仍没有获知其消息的，为船舶失踪。船舶失踪视为实际全损。推定全损，一是指船舶发生保险事故后，认为实际全损已经不可避免，或者为避免发生实际全损所需支付的费用超过保险价值的情况；二是指货物发生保险事故后，认为实际全损已经不可避免，或者为避免发生实际全损所需支付的费用与继续将货物运抵目的地的费用之和超过保险价值的情况。不属于实际全损和推定全损的损失，为部分损失。

（二）保险事故及其后果的发生是由第三人的行为引起

保险人应当在保险责任范围内赔偿被保险人的损失，但是，对于被保险人故意造成

的损失，以及保险合同约定之外的原因造成保险船舶损失的保险货物损失的，保险人不负赔偿责任。由此决定，因第三人造成保险事故及其损失后果，这是被保险人对第三人有损害赔偿请求权的前提从而也构成保险人行使代位求偿权的基础。如果被保险人对第三人的损害赔偿请求权存在瑕疵，则保险人很可能无法成功行使代位求偿权。

（三）保险人已经向被保险人实际支付保险赔偿

行使代位求偿权的保险人应当已经实际支付保险赔偿，是保险人行使代位求偿权的现时要求。保险人支付保险赔款后，其与案件有了直接的利害关系，被保险人向第三人要求赔偿（保险人已实际支付的保险赔偿范围内的）损失的权利，自保险人支付赔偿之日起，相应转移给保险人。

保险人在行使代位请求赔偿权利时，应当向受理案件的海事法院提交其已经按照保险合同的约定支付给被保险人赔偿金的证明，而无需提交被保险人签署的权益转让书。保险人仅提交了被保险人签署的权益转让书但未提交该证明的，其代位行使请求赔偿的权利不予支持。

（四）保险人行使代位求偿权以保险赔偿范围为限

保险人只能在保险赔偿范围内行使代位求偿权，其不能因行使代位求偿权获得额外利益，代位权利仅限于保险人实际赔付的数额。就这一问题，海事诉讼法与保险法的规定相一致。

保险人超出保险责任范围给付保险赔偿的，在第三人提出明确而有效抗辩时，对超出保险责任范围的赔付，保险人不能行使代位请求赔偿的权利。

二、海上保险人行使代位求偿权的名义与方式

海上保险人行使代位求偿权，是以自己的名义作为原告提起诉讼，其行使有以下三种法定方式，无论哪种方式，保险人只能在自己已经实际支付保险赔偿范围内行使代位求偿权：

（一）以自己的名义作为原告提起诉讼

海上保险人行使代位请求赔偿权利时，被保险人未向造成保险事故的第三人提起诉讼的，保险人应当以自己的名义向该第三人提起诉讼。以他人名义提起诉讼的，海事法院应不予受理或者驳回起诉。

（二）以自己的名义替代被保险人作为原告申请参加诉讼

海上保险人行使代位请求赔偿权利时，被保险人已经向造成保险事故的第三人提起诉讼的，保险人可以向受理该案的海事法院提出变更当事人的请求，代位行使该被保险人对该第三人请求赔偿的权利。但在下列第（三）种方式中除外。

（三）以自己的名义和被保险人作为共同原告提起诉讼或申请参加诉讼

被保险人取得的保险赔偿不能弥补第三人造成的全部损失的，海上保险人和被保险人可以作为共同原告向第三人请求赔偿。如果被保险人已经单独先向造成保险事故的第三人提起诉讼的，海上保险人可以向受理该案的法院提出追加当事人的请求，申请以共同原告身份参加诉讼。

海上保险人请求变更当事人或者请求作为共同原告参加诉讼的，海事法院应当予以审查并作出是否准予的裁定。当事人对裁定不服的，可以提起上诉。被保险人依此前进

行的诉讼行为所取得的财产保全或者通过扣押取得的担保权益等，在保险人的代位请求赔偿权利范围内对保险人有效。被保险人因自身过错产生的责任，保险人不予承担。

三、海上保险人行使代位求偿权时应当提交的凭证和其他文件

海上保险人（依照上述行使代位求偿权三种方式之一）提起诉讼或者申请参加诉讼的，应当向受理该案的海事法院提交以下文件：

（一）保险人支付保险赔偿的凭证

保险人支付保险赔偿的凭证，包括赔偿金收据、银行支付单据或者其他支付凭证。仅有被保险人出具的权利转让书但不能出具实际支付证明的，不能作为保险人取得代位请求赔偿权利的事实依据。

除了以金钱作出的实际赔付外，保险人还可以以购置替代物、采取债权债务抵销等方式赔付。无论采取何种赔付方式，保险人均应当收集有关实际赔付的证据材料。

保险人向法院提交已经支付保险赔偿凭证的意义在于：(1) 表明保险人符合行使代位求偿权所要求的初步条件；(2) 明确保险人代位求偿权的索赔范围。

（二）参加诉讼应当提交的其他文件

参加诉讼应当提交的其他文件，主要是指诉讼方面所需要的文件，包括诉讼文书和诉讼证据材料等。

四、在船舶油污损害赔偿诉讼中，保险人的直接代位被请求义务与要求造成损害的所有人参加诉讼的权利

（一）保险人的直接代位被请求义务

海事诉讼法规定，对船舶造成油污损害的赔偿请求，受损害人可以向造成油污损害的船舶所有人提出，也可以直接向承担船舶所有人油污损害责任的保险人或者提供财务保证的其他人提出。海事法院根据油污损害的保险人或者提供财务保证的其他人的请求，可以通知船舶所有人作为无独立请求权第三人参加诉讼。

“船舶”是指装运散装油类货物的任何类型的远洋船舶和海上船艇。“油类”是指任何持久性油类，例如原油、燃料油、重柴油、润滑油以及鲸油，不论是作为货物装运于船上，或作为这类船舶的燃料。“油污损害”是指由于船舶逸出或排放油类（不论这种逸出或排放发生在何处）后，在运油船舶本身以外因污染而产生的灭失损害，并包括预防措施的费用以及由于采取预防措施而造成的进一步灭失或损害。“预防措施”是指事件（即造成污染损害的任何事故，或由于同一原因所引起的一系列事故）发生后为防止或减轻污染损害由任何人所采取的任何合理措施。

因船舶油污损害诉至法院的案件，在海事司法实践中主要有以下两类：一类因操作性排放不当，例如，不按规定排放压舱或洗舱水，装卸油货，加燃油造成油污损害；另一类因海损事故，如发生碰撞、搁浅、船壳断裂、火灾或爆炸造成的油污损害。不论是海损事故还是排放不当造成的油污都会给受害方带来损害。受损害人对油污损害的任何索赔，可以向造成油污损害的船舶所有人提出，也可以向承担船舶所有人油污损害责任的保险人或提供财务保证的其他人直接提出，在后一种请求方式中，保险人或提供财务保证的其他人充当被告，实际承担的是直接代位被请求义务。

（二）承担直接代位被请求义务的保险人要求造成损害的所有人参加诉讼的权利

油污损害责任的保险人或者提供财务保证的其他人被起诉的，有权要求造成油污损害的船舶所有人参加诉讼。海事法院根据油污损害的保险人或者提供财务保证的其他人的请求，可以通知船舶所有人作为无独立请求权的第三人参加诉讼。

海事诉讼法的上述规定，与1980年1月30日我国加入的《1969年国际油污损害民事责任公约》保持一致，该公约第七条第8款规定，对油污损害的任何索赔可向承担船舶所有人油污损害责任的保险人或提供财务保证的其他人直接提出。在上述情况下，被告人可不问船舶所有人的实际过失或暗中参与而援用第五条第1款所规定的责任限度（即“船舶所有人有权将他依本公约对任何一个事件的责任限定为按船舶吨位计算赔偿总额每一吨2000法郎，但这种赔偿总额绝对不得超过2亿1千万法郎。”）。被告人可以进一步提出船舶所有人本人有权援引的答辩（船舶所有人已告破产或关闭者不在此例）。除此以外，被告人可以提出答辩，说明油污损害是由于船舶所有人的有意的不当行为所造成，但不得提出他有权在船舶所有人向他提出的诉讼中所援引的答辩。在任何情况下，被告人有权要求船舶所有人参加诉讼。

第五节 海事诉讼中的简易程序、督促程序和公示催告程序的特别规定

海事诉讼属民事诉讼的特别类型，但两者也有某些共同性的程序问题，可以采用共同的程序规范来处理。因此，对一些海事案件的处理，如海事诉讼法没有特别规定的，可以适用民事诉讼法规定的程序。根据《最高人民法院关于海事审判工作发展的若干意见》（法发〔2006〕27号）规定，海事诉讼活动中，在不影响第三方利益和公共秩序的前提下，经双方当事人同意并记录在案，诉讼程序可以简化。

一、简易程序的适用

海事法院审理事实清楚、权利义务关系明确、争议不大的简单的海事案件，可以适用《民事诉讼法》简易程序的规定。

2012年修订的《民事诉讼法》简易程序一章规定了小额诉讼程序，《海事诉讼法》第98条规定海事法院可以适用简易程序。因此，海事法院可以适用小额诉讼程序审理简单的海事、海商案件。适用小额诉讼程序的标的额应以实际受理案件的海事法院或其派出法庭所在的省、自治区、直辖市上年度就业人员年平均工资30%为限。

二、督促程序的适用

债权人基于海事事由请求债务人给付金钱或者有价证券，符合《民事诉讼法》有关规定的，可以向有管辖权的海事法院申请支付令。

债务人是外国人、无国籍人、外国企业或者组织，但在中华人民共和国领域内有住所、代表机构或者分支机构并能够送达支付令的，债权人可以向有管辖权的海事法院申请支付令。

三、公示催告程序的适用

（一）申请

提单等提货凭证持有人，因提货凭证失控或者灭失，可以向货物所在地海事法院申请公示催告。失控，是指提单或者其他提货凭证被盗、遗失。

申请人依据海事诉讼法第100条的规定向海事法院申请公示催告的，应当递交申请书。申请书应当载明：提单等提货凭证的种类、编号、货物品名、数量、承运人、托运人、收货人、承运船舶名称、航次以及背书情况和申请的理由、事实等。有副本的应当附有单证的副本。

（二）受理及公告、止付

海事法院决定受理公示催告申请的，应当同时通知承运人、承运人的代理人或者货物保管人停止交付货物，承运人、承运人的代理人或者货物保管人收到海事法院停止交付货物的通知后，应当停止交付，至公示催告程序终结。

海事法院决定受理公示催告申请的，应当于3日内发出公告，敦促利害关系人申报权利。公示催告的期间由海事法院根据情况决定，但不得少于30日。

公示催告期间，转让提单的行为无效；有关货物的存储保管费用及风险由申请人承担。

公示催告期间，国家重点建设项目待安装、施工、生产的货物，救灾物资，或者货物本身属性不宜长期保管以及季节性货物，在申请人提供充分可靠担保的情况下，海事法院可以依据申请人的申请作出由申请人提取货物的裁定。承运人、承运人的代理人或者货物保管人收到海事法院准予提取货物的裁定后，应当依据裁定的指令将货物交付给指定的人。

（三）申报权利及处理

公示催告期间，利害关系人可以向海事法院申报权利。

海事法院收到利害关系人的申报后，应当裁定终结公示催告程序，并通知申请人和承运人、承运人的代理人或者货物保管人。申请人、申报人可以就有关纠纷向海事法院提起诉讼。

利害关系人因正当理由不能在公示催告期间向海事法院申报的，自知道或者应当知道判决公告之日起1年内，可以向作出判决的海事法院起诉。

（四）除权判决

公示催告期间无人申报的，海事法院应当根据申请人的申请作出判决，宣告提单或者有关提货凭证无效。判决内容应当公告，并通知承运人、承运人的代理人或者货物保管人。自判决公告之日起，申请人有权请求承运人、承运人的代理人或者货物保管人交付货物。

第六节 其他程序问题的特别规定

一、在海事审判中对违反水上交通安全管理的重大行为的处理

在海事审判中，海事法院认为有关人员有违反水上交通安全管理的重大行为的，应

当建议有关行政机关给予处罚，而不宜由海事法院直接民事制裁。

二、不服海上交通安全管理部门调解海上事故引起的民事侵权赔偿纠纷达成的协议的处理

依照《海上交通安全法》的规定，主管机关可以对海事事故引起的民事赔偿纠纷进行调解处理。但该调解协议不具有法律上的强制力。当事人之间达成调解协议后一方反悔向海事法院提起诉讼的，应予受理。

三、因海上事故宣告死亡案件适用程序的处理

海事法院受理在海上事故中人员失踪提起赔偿诉讼的，在作出有关赔偿请求的判决前，应依据民诉法的规定，作出宣告死亡的判决。

因海上事故人员失踪的，应当属于《民事诉讼法》第 185 条规定的因意外事故下落不明的情况，其宣告死亡的公告期间为 3 个月。

【学习总结与拓展】

【关键词】船舶碰撞　海事事故调查表

【思考题】

1. 海事诉讼法律文书的送达的特殊规定有哪些？
2. 船舶碰撞损害赔偿纠纷案件的诉讼主体包括哪些人？
3. 船舶碰撞案件的证据保密规定有哪些？
4. 船舶碰撞案件的举证要求是什么？
5. 审理共同海损案件程序的特别规定是什么？
6. 海上保险人行使代位求偿权的条件和范围是什么？
7. 海上保险人行使代位求偿权的名义与方式有哪些？
8. 海事诉讼中的简易程序、督促程序和公示催告程序的特别规定是什么？

海上保险人行使代位求偿权时应当提交的凭证和其他文件有哪些？

9. 海事法院可否适用小额诉讼程序审理简单的海事海商案件？
10. 债权人可以向有管辖权的海事法院申请支付令吗？

【阅读资料】

1.《中华人民共和国海事诉讼特别程序法》第八章审判程序。

2.《最高人民法院关于适用〈中华人民共和国海事诉讼特别程序法〉若干问题的解释》（法释［2003］3 号）六、关于送达七、关于审判程序。

3.《最高人民法院关于海事法院可否适用小额诉讼程序问题的批复》（法释〔2013〕16 号）。

4.《最高人民法院关于审理船舶油污损害赔偿纠纷案件若干问题的规定》（法释〔2011〕14 号）。

5.《最高人民法院关于审理船舶碰撞纠纷案件若干问题的规定》（法释〔2008〕7 号）。

6.《最高人民法院关于海事审判工作发展的若干意见》（法发〔2006〕27 号）。

7. 最高人民法院民事审判第四庭编写：《涉外商事海事审判实务问题解答（一）》，中国涉外商事海事审判网 http://www.ccmt.org.cn/shownews.php?id=5034发布于：2004－04－08 08：21：08。

8. 崔亚东：《海事审判理论发展与国家海洋权益保障》，法律出版社 2015 年 10 月版。

9. 李守芹：《我国海事审判制度的历史回顾与创新发展》，载于马灵喜主编：《法治 30 年回顾·反思·展望》，中国人民公安大学出版社 2009 年 5 月版。

10. 陈铁：《浅谈〈海事事故调查表〉》，《水上消防》2007 年第 5 期。

第四十二章　设立海事赔偿责任限制基金程序

【学习提示】通过本章学习，了解海事赔偿责任限制基金、船舶油污赔偿责任限制基金的概念，理解申请设立海事赔偿责任限制基金的要求，海事法院对设立海事赔偿责任限制基金申请后的处理与设立基金裁定，油污损害赔偿责任限制基金的设立，把握海事赔偿责任限制基金设立后的诉讼管辖界定、约束效力与错误设立损失赔偿。

第一节　海事赔偿责任限制基金的概念

一、海事赔偿责任限制的概念

海事赔偿责任限制，是指发生重大海损事故时，对事故负有责任的船舶所有人、救助人或其他人对海事赔偿请求人的赔偿请求依法申请限制在一定额度内的法律制度。

海事赔偿责任限制是海商法的一项特殊制度。为了保护本国的航运业，从而促进对外贸易的发展，考虑到海上运输的特殊风险，世界各国均设立了海事赔偿责任限制制度，规定对因海上事故产生的某些赔偿请求，船舶所有人可以将其责任限制在一定范围之内。

我国海商法将海事赔偿请求分为可以限制责任的请求和不可以限制责任的请求。对于可以限制责任的海事赔偿请求，船舶所有人、救助人即使有过失，也可以限制责任。但是，如经过证明，引起赔偿请求的 损失是由于责任人的故意或者明知可能造成损失而轻率地作为或者不作为造成的，责任人丧失限制责任的权利。

二、海事赔偿责任限制基金的概念

海事赔偿责任限制基金，是指在海事事故或船舶油污损害发生后，依海商法享有赔偿责任限制的责任人提出申请并由有管辖权的海事法院按照海诉法规定程序所设立的，用以在赔偿责任限额内清偿限制性债务的现金或担保。根据《海事诉讼法》第 101 条第 1、2 款规定，海事赔偿责任限制基金，广义上包括海事事故的海事赔偿责任限制基金和船舶油污损害的海事赔偿责任限制基金。

设立海事赔偿责任限制基金是海事诉讼的一项特殊制度。海事事故或船舶油污损害的责任人，依法对（索赔人提出的）可以限制责任的海事赔偿请求向海事法院依法申请设立海事赔偿责任限制基金，享受责任限制。申请设立海事赔偿责任限制基金是对一般海事事故或船舶油污损害被索赔人（责任人）的特殊保护，也是被索赔人一项法定权利。该基金设立后，在同一海事事故或船舶油污损害诉讼中，索赔人不得向该基金的申请人（亦即责任人）的任何财产提出申请，海事赔偿请求只能在该项基金范围内受偿，该项基金应在索赔人之间依海事法院所确定的索赔额比例分配。

第二节 当事人对海事赔偿责任限制基金的设立申请

申请设立海事赔偿责任限制基金程序，应当符合《海事诉讼法》和最高人民法院有关司法解释的要求，方可奏效。

一、申请主体要求

（一）申请主体必须是有权享受海事赔偿责任限制权利的人，包括船舶所有人、承租人、经营人、救助人、保险人

船舶所有人、承租人、经营人、救助人、保险人在发生海事事故后，依法申请责任限制的，可以向海事法院申请设立海事赔偿责任限制基金。船舶所有人，指有关船舶证书上载明的船舶所有人。一次事故只能设立一个基金，前述当事人之一设立的基金应视为是由所有当事人各自设立。

这里所说的"船舶所有人、承租人、经营人、救助人、保险人"，是指因被索赔人提出的（依据海商法规定可以限制责任的四类）海事赔偿请求所直接约束的责任人。"船舶"范围包括：（1）除军事船舶、政府公务船和未满20总吨的小型船艇外，海船和其他海上移动式装置属于可以享受海事赔偿责任限制的船舶；（2）20总吨以上不满300总吨从事我国港口之间货物运输或者沿海作业的船舶，也属于责任限制船舶，但其责任限额根据国务院批准交通部发布的《关于不满300总吨船舶及沿海运输、沿海作业船舶海事赔偿责任限额的规定》。"海上事故"，是指船舶碰撞、搁浅或其他航行事件，或在船上或船外引起船舶或货物的物质损失或有物质损失的急迫危险的其他事件。"依法申请责任限制"，一是指依据海商法规定的实体范围进行申请责任限制，责任人面对海商法第207条所列的可以限制责任的四类海事赔偿请求，除该法第208条和第209条另有规定的不可以限制责任情况外，无论赔偿责任的基础有何不同，责任人均可以依照海商法《第十一章海事赔偿责任限制》的规定限制赔偿责任。二是指依据海事诉讼法规定的设立海事赔偿责任限制基金程序进行申请责任限制。

（二）申请主体不包括以下无权享受海事赔偿责任限制权利的主体

1. 承运人预借提单或者倒签提单的情况下引起提单持有人或者收货人提起赔偿请求时，不得援引海商法规定的海事赔偿责任限制的规定限制其赔偿责任，除非承运人能证明提单不是其本人签发的。

2. 军事船舶、政府公务船和未满20总吨的小型船艇。

3. 造成油污损害的船舶和造成核能损害的核动力船舶不属于海商法规定的可以享受海事赔偿责任限制的船舶。

4. 沉船沉物清除的赔偿请求，未被海商法第207条列为限制性债权，故此类债权应列为非限制性债权。因此包括因船舶碰撞造成的沉没、遇难、搁浅或被弃船舶的打捞等产生的债权应当属于责任人不可以享受海事赔偿责任限制的债权，该责任人依法不能申请责任限制。

二、申请时间要求

当事人可以在起诉前提出设立海事赔偿责任限制基金的申请。

当事人在起诉时申请设立海事赔偿责任限制基金的，则应当最迟在一审判决前提出。

三、接受申请的法院要求（申请设立海事赔偿责任限制基金的管辖法院）

在起诉前，当事人申请设立海事赔偿责任限制基金的，应当向事故发生地、合同履行地或者船舶扣押地海事法院提出，且不受当事人之间关于诉讼管辖协议或者仲裁协议的约束。此处注意，(1) 海事事故发生在中华人民共和国领域外的，船舶发生事故后进入中华人民共和国领域内的第一到达港视为事故发生地。(2) 根据《最高人民法院关于审理海事赔偿责任限制相关纠纷案件的若干规定》（法释［2010］11号），在起诉前，当不同的责任人向不同的海事法院申请设立海事赔偿责任限制基金的，后立案的海事法院应当依照民事诉讼法的规定，将案件移送先立案的海事法院管辖。

在诉讼中，当事人申请设立海事赔偿责任限制基金的，应当向受理相关海事纠纷案件的海事法院提出，但当事人之间订有有效诉讼管辖协议或者仲裁协议的除外。若相关海事纠纷诉讼由不同海事法院受理，责任人申请设立海事赔偿责任限制基金的，应当依据诉讼管辖协议向最先立案的海事法院提出；当事人之间未订立诉讼管辖协议的，向最先立案的海事法院提出。

四、申请方式要求

申请人向海事法院申请设立海事赔偿责任限制基金，应当提交书面申请。

申请书应当载明申请设立海事赔偿责任限制基金的数额、理由，以及已知的利害关系人的名称、地址和通讯方法，并附有关证据。

第三节 海事法院对海事赔偿责任限制基金的设立程序

一、对设立海事赔偿责任限制基金申请的受理

当事人提出设立海事赔偿责任限制基金的申请，符合海诉法及有关司法解释要求的，海事法院予以受理，并作出以下处理。

二、通知利害关系人并公告社会

海事法院受理海事赔偿责任限制基金申请后，应当依照海诉法的有关规定发出通知与发布公告。当事人未申请设立海事赔偿责任限制基金，仅在诉讼中申请海事赔偿责任限制的，不适用海诉法规定的通知与公告程序。

（一）通知与公告的时间

海事法院受理设立海事赔偿责任限制基金申请后，应当在7日内向已知的利害关系人发出通知，同时通过报纸或者其他新闻媒体连续公告3日。如果涉及的船舶是可以航

行于国际航线的，应当通过对外发行的报纸或者其他新闻媒体发布公告。

（二）通知与公告的内容

通知和公告包括下列内容：1、申请人的名称；2、申请的事实和理由；3、设立海事赔偿责任限制基金事项；4、办理债权登记事项；5、需要告知的其他事项.

三、对利害关系人异议处理

（一）异议的提出

利害关系人对申请人申请设立海事赔偿责任限制基金有异议的，应当在收到通知之日起7日内或者未收到通知的在公告之日起30日内，以书面形式向海事法院提出。

（二）异议的处理

海事法院收到利害关系人提出的书面异议后，应当对设立基金申请人的主体资格、事故所涉及的债权性质和申请设立基金的数额进行审查，在15日内作出裁定。作出裁定的期间，自海事法院受理设立海事赔偿责任限制基金申请的最后一次公告发布之次日起第30日开始计算。

异议成立的，裁定驳回申请人的申请；异议不成立的，裁定准予申请人设立海事赔偿责任限制基金。

（三）不服异议处理裁定的上诉

当事人对裁定不服的，可以在收到裁定书之日起7日内提起上诉。第二审人民法院应当在收到上诉状之日起15日内作出裁定。

四、设立海事赔偿责任限制基金的裁定与执行

（一）设立海事赔偿责任限制基金的裁定

利害关系人在规定的期间内没有提出异议的，海事法院裁定准予申请人设立海事赔偿责任限制基金。

（二）设立海事赔偿责任限制基金的执行

1. 准予申请人设立海事赔偿责任限制基金的裁定生效后，申请人应当在3日内在海事法院设立海事赔偿责任限制基金。申请人逾期未设立基金的，按自动撤回申请处理。

（1）基金方式：设立海事赔偿责任限制基金可以提供现金，也可以提供经海事法院认可的中华人民共和国境内的银行或者其他金融机构所出具的担保。

（2）基金数额：海事赔偿责任限制基金应当以人民币设立，数额为海事赔偿责任限额和自事故发生之日起至基金设立之日止的利息，按法院准予设立基金的裁定生效之日的特别提款权对人民币的换算办法计算。

以担保方式设立海事赔偿责任限制基金的，担保数额为基金数额及其在基金设立期间的利息，基金设立期间的利息按中国人民银行确定的金融机构同期一年期贷款基准利率计算。

2. 海事赔偿责任限制基金设立日期的确定

以现金设立基金的，基金到达海事法院指定账户之日为基金设立之日。

以担保设立基金的，海事法院接受担保之日为基金设立之日。

第四节 海事赔偿责任限制基金设立后的诉讼管辖与约束效力及损失赔偿

一、设立海事赔偿责任限制基金后的诉讼管辖

设立海事赔偿责任限制基金以后，当事人就有关海事纠纷应当向设立海事赔偿责任限制基金的海事法院提起诉讼，但当事人之间订有诉讼管辖协议或者仲裁协议的除外。

详言之，海事赔偿责任限制基金设立后，(1) 设立基金的海事法院对海事请求人就与海事事故相关纠纷向责任人提起的诉讼具有管辖权，海事请求人应当向设立该基金的海事法院提起诉讼。海事请求人向其他海事法院提起诉讼的，受理案件的海事法院应当依照民事诉讼法的规定，将案件移送设立海事赔偿责任限制基金的海事法院。但当事人订有诉讼管辖协议的除外。(2) 当事人之间就有关海事纠纷订有仲裁协议的，不得向设立基金的海事法院提起诉讼。

二、海事赔偿责任限制基金设立后的效力

根据海商法第 214 条、215 条及有关司法解释规定，海事赔偿责任限制基金设立后，产生以下效力：1、向责任人提出请求的任何人，不得对责任人的任何财产行使任何权利。细言之，设立海事赔偿责任限制基金后，向基金提出请求的任何人，不得就该项索赔对设立或以其名义设立基金的人的任何其他财产，行使任何权利。2、已设立责任限制基金的责任人的船舶或者其他财产已经被扣押，或者基金设立人已经提交抵押物的，海事法院应当及时下令释放或者责令退还。3、责任限制人，就同一事故向请求人提出反请求的，双方的请求金额应当相互抵销，赔偿限额仅适用于两个请求金额之间的差额。

三、设立海事赔偿责任限制基金申请错误的损失赔偿

申请人申请设立海事赔偿责任限制基金错误的，应当赔偿利害关系人因此所遭受的损失。

第五节 船舶油污损害赔偿责任限制基金的设立

船舶油污赔偿责任限制制度是世界各国为了保护从事海上油类运输的船东的利益而制定的一种特殊的损害赔偿制度。船舶油污损害责任人欲限制其赔偿责任，应当设立船舶油污损害赔偿责任限制基金，即设立基金是享受船舶油污责任限制的必要条件。

船舶油污赔偿责任限制基金，是海事诉讼一项特殊制度。根据《海事诉讼法》第 101 条规定，船舶油污损害的海事赔偿责任限制基金，与海事事故的海事赔偿责任限制基金，一道共同构成海事赔偿责任限制基金的整体，只是使用上各有不同，而设立程序基本上是共同的。因此，有关船舶油污损害赔偿责任限制基金的设立，除本节所述之特殊内容外，按前面各节所述海事赔偿责任限制基金的设立程序进行。

一、船舶油污损害赔偿责任限制基金的概念

船舶油污损害赔偿责任限制基金，是指有管辖权的海事法院受理船舶所有人、船舶油污损害责任保险人或者财务保证人对油轮装载持久性油类造成的油污损害赔偿限额提出申请后，按照海诉法规定程序所设立的且由责任人提交的与赔偿限额等值的款项作为分配给所有限制性债权的基金。

船舶所有人，是指有关船舶证书上载明的船舶所有人。船舶油污损害责任保险人或者财务保证人，是指海事事故中泄漏油类或者直接形成油污损害威胁的船舶一方的油污责任保险人或者财务保证人。油轮，是指为运输散装持久性货油而建造或者改建的船舶，以及实际装载散装持久性货油的其他船舶。油类，是指烃类矿物油及其残余物，限于装载于船上作为货物运输的持久性货油、装载用于本船运行的持久性和非持久性燃油，不包括装载于船上作为货物运输的非持久性货油。

根据《海事诉讼法》第101条第2款规定，船舶造成油污损害的，船舶所有人及其责任保险人或者提供财务保证的其他人为取得法律规定的责任限制的权利，应当向海事法院设立油污损害的海事赔偿责任限制基金。1980年1月30日我国加入的《1969年国际油污损害民事责任公约》规定，当船舶所有人在船舶油污损害事件发生之后已向海事法院设立该项基金并有权限制其责任范围时，则：(1) 对同一船舶油污损害事件造成的油污损害提出索赔的任何人不得就其索赔对船舶所有人的任何其他财产行使任何权利。(2) 海事法院应下令退还由于对该事件造成的油污损害提出索赔而扣留的属于船舶所有人的任何船舶或其他财产，对为避免扣留而提出的保证金或其他保证金或其他保证也同样应予退还。但这2项只在索赔人能向管理基金的法院提出索赔，并且该基金对他的索赔确能支付的情况下才适用。

二、船舶油污损害赔偿责任限制基金的设立申请

对油轮装载持久性油类造成的油污损害，船舶所有人，或者船舶油污责任保险人、财务保证人主张责任限制的，应当向海事法院申请设立油污损害赔偿责任限制基金。

对油轮装载持久性油类造成的油污损害，船舶所有人、船舶油污损害责任保险人或者财务保证人申请设立油污损害赔偿责任限制基金、受损害人申请债权登记与受偿，《最高人民法院关于审理船舶油污损害赔偿纠纷案件若干问题的规定》(法释〔2011〕14号) 没有规定的，适用海事诉讼法及相关司法解释的规定。

对油轮装载的非持久性燃油、非油轮装载的燃油造成油污损害的赔偿请求，适用海商法关于海事赔偿责任限制的规定，不适用油污损害赔偿责任限制。

三、船舶油污损害赔偿责任限制基金的设立管辖法院

(一) 船舶油污事故发生地海事法院

当事人就油轮装载持久性油类造成的油污损害申请设立油污损害赔偿责任限制基金，由船舶油污事故发生地海事法院管辖。

(二) 油污损害结果地或者采取预防油污措施地海事法院

油轮装载持久性油类引起的船舶油污事故，发生在中华人民共和国领域和管辖的其

他海域外，对中华人民共和国领域和管辖的其他海域造成油污损害或者形成油污损害威胁，当事人就船舶油污事故造成的损害申请设立油污损害赔偿责任限制基金，由油污损害结果地或者采取预防油污措施地海事法院管辖。

以上所谓船舶油污损害事故，是指船舶泄漏油类造成油污损害，或者虽未泄漏油类但形成严重和紧迫油污损害威胁的一个或者一系列事件。一系列事件因同一原因而发生的，视为同一事故。

四、油污损害赔偿责任限制基金的设立方式及基金数额

（一）现金

油污损害赔偿责任限制基金以现金方式设立的，基金数额为《防治船舶污染海洋环境管理条例》、《1992 年国际油污损害民事责任公约》规定的赔偿限额。

（二）担保

油污损害赔偿责任限制基金以经海事法院认可的担保方式设立的，担保数额为基金数额及其在基金设立期间的利息。担保，指中国境内的银行或者其他金融机构所出具的担保。

五、利害关系人的异议处理

（一）异议的提出

船舶所有人、船舶油污损害责任保险人或者财务保证人申请设立油污损害赔偿责任限制基金，利害关系人对船舶所有人主张限制赔偿责任有异议的，应当在收到通知之日起 7 日内或者未收到通知的在公告之日起 30 日内，以书面形式提出，但提出该异议不影响基金的设立。

（二）异议的处理

对油轮装载持久性油类造成的油污损害，利害关系人在异议期内对船舶所有人主张限制赔偿责任提出异议的，海事法院在认定船舶所有人有权限制赔偿责任的裁决生效后，应当解除对船舶所有人的财产采取的保全措施或者发还为解除保全措施而提供的担保。

对油轮装载持久性油类造成的油污损害，利害关系人没有在异议期内对船舶所有人主张限制赔偿责任提出异议，油污损害赔偿责任限制基金设立后，海事法院应当解除对船舶所有人的财产采取的保全措施或者发还为解除保全措施而提供的担保。

【学习总结与拓展】

【关键词】海事赔偿责任限制基金　油污损害赔偿责任限制基金

【思考题】

1. 试述对设立海事赔偿责任限制基金的申请要求、异议与处理。
2. 试述设立海事赔偿责任限制基金的裁定与执行。
3. 设立海事赔偿责任限制基金后的诉讼管辖法院如何界定？
4. 海事赔偿责任限制基金设立后产生哪些效力？
5. 申请人申请设立海事赔偿责任限制基金错误的怎么办？

6. 船舶油污损害赔偿责任限制基金的设立有哪些特殊内容？

7. 油污损害赔偿责任限制基金的管辖法院有哪些？

8. 油污损害赔偿责任限制基金有哪些设立方式及基金数额如何？

【阅读资料】

1.《中华人民共和国海事诉讼特别程序法》第九章设立海事赔偿责任限制基金程序。

2.《最高人民法院关于适用〈中华人民共和国海事诉讼特别程序法〉若干问题的解释》（法释［2003］3号）八、关于设立海事赔偿责任限制基金程序。

3.《最高人民法院关于审理船舶油污损害赔偿纠纷案件若干问题的规定》（法释〔2011〕14号）。

4. 刘寿杰、余晓汉：《〈关于审理船舶油污损害赔偿纠纷案件若干问题的规定〉的理解与适用》，《人民司法》2011年第17期。

5. 周燡：《保险免赔额在海事赔偿责任限制基金中的适用》，《人民法院报》2014年10月29日第7版；夏元军：《海事赔偿责任限制基金设立与分配程序的功能反思》，《中国海洋大学学报（社会科学版）》2012年第6期。

6. 张江艳：《设立海事赔偿责任限制基金程序问题的研究》，《海大法律评论》2007年第00期；郭靓斐：《论设立海事赔偿责任限制基金程序与海事赔偿责任限制程序的关系》，《珠江水运》2006年第1期；潘燕、杨俊敏：《我国海事赔偿责任限制基金设立程序》，《水运管理》2005年第3期；关正义：《设立海事赔偿责任限制基金程序的有关问题》，《中国海商法年刊》2002年第00期；雷霆：《论在我国援用海事赔偿责任限制的性质及其影响》，《中国海商法年刊》2001年第00期；吴立群：《海事赔偿责任限制程序之探讨》，《中国海商法年刊》1993年第00期。

7. 詹思敏、莫菲：《关于海事赔偿责任限制基金未实际设立后的案件处理问题初探》，广州海事法网站 http://www.gzhsfy.gov.cn/showexplore.php?id=854提交时间：2005—07—15 17：02：03。

第四十三章 债权登记、确权诉讼与受偿程序及船舶优先权催告程序

【学习提示】通过本章学习，了解海事债权登记程序、海事确权诉讼程序、海事债权受偿程序三者之间的关系，知晓在强制拍卖船舶和海事赔偿责任限制中的海事债权登记、海事确权诉讼、海事债权受偿程序的基本内容，理解船舶优先权催告的申请、审查及裁定、实施等船舶优先权催告程序基本内容。

第一节 债权登记、确权诉讼与受偿程序

强制拍卖船舶和海事赔偿责任限制，均存在海事债权登记、确权诉讼和债权受偿的问题。拍卖船舶所得价款和海事赔偿责任限制基金的分配，应当按照海商法或其他法律规定的顺序清偿，这就要求债权人向海事法院登记债权并按照一定顺序受偿。为此，《海事诉讼法》及《适用海诉法解释》明确规定了在强制拍卖船舶和海事赔偿责任限制中的海事债权登记、海事确权诉讼、海事债权受偿程序。

一、海事债权登记程序

（一）海事债权的登记申请

1. 海事债权的登记申请的种类

（1）“与被拍卖船舶有关的债权”的登记申请

海事法院裁定强制拍卖船舶的公告发布后，债权人应当在公告期间，就与被拍卖船舶有关的债权申请登记。

公告期间届满不登记的，视为放弃在本次拍卖船舶价款中受偿的权利。

（2）“与特定场合发生的海事事故有关的债权”的登记申请

海事法院受理设立海事赔偿责任限制基金的公告发布后，债权人应当在公告期间就与特定场合发生的海事事故有关的债权申请登记。

公告期间届满不登记的，视为放弃债权。申请债权登记期间的届满之日，为海事法院受理设立海事赔偿责任限制基金申请的最后一次公告发布之次日起第60日。

对油轮装载持久性油类造成的油污损害，受损害人没有在规定的债权登记期间申请债权登记的，视为放弃在油污损害赔偿责任限制基金中受偿的权利。

2. 海事债权的登记申请的方式与证据

债权人向海事法院申请登记债权的，应当提交书面申请，并提供有关债权证据。

债权证据，包括证明债权的具有法律效力的判决书、裁定书、调解书、仲裁裁决书

和公证债权文书，以及其他证明具有海事请求的证据材料。

（二）海事债权的登记申请的审查与裁定

1. 审查

海事法院应当对债权人的债权登记申请进行审查：(1) 是否提交书面申请，(2) 是否提供有关债权证据。

2. 裁定

海事法院审查后，应当裁定准予债权登记或驳回债权登记申请或终结债权登记程序。

(1) 对提供了债权证据的，裁定准予债权登记。

这包括二种情况：一是，裁定准予已决债权的登记。即对债权人提供了“证明债权的具有法律效力的判决书、裁定书、调解书、仲裁裁决书和公证债权文书”等债权证据的，裁定准予债权登记。二是，裁定准予未决债权的登记。即对债权人仅提供了“其他证明具有海事请求的证据材料”等债权证据的，裁定准予债权登记。

(2) 对不提供债权证据的，裁定驳回债权登记申请。

(3) 裁定终结债权登记程序

对债权人的登记债权申请审查后，海事赔偿责任限制基金未依法设立的，海事法院应当裁定终结债权登记程序。债权人已经交纳的登记债权申请费由申请设立海事赔偿责任限制基金的人负担。

（三）审查准予登记的已决债权的债权证据，并裁定对该已决债权予以确认或不予确认

1. 海事法院在裁定准予已决债权登记之后，对债权人提供证明债权的判决书、裁定书、调解书、仲裁裁决书或者公证债权文书等债权证据，经审查，认定真实合法的，裁定对该已决债权予以确认。

对于债权人提供的国外的判决书、裁定书、调解书和仲裁裁决书，适用《民事诉讼法》第 281 条和第 282 条规定的程序审查。

债权人被裁定准予登记的已决债权，被海事法院裁定予以确认的，直接进入海事债权受偿程序获得兑现。

2. 海事法院经审查，认定债权人提供证明债权的上述法律文书不真实、不合法的，裁定对该已决债权不予确认。

债权人被裁定准予登记的已决债权，被海事法院裁定不予确认的，必须进入海事确认诉讼程序审理并判决确认该债权后，才能进入海事债权受偿程序获得偿付。

二、海事确权诉讼程序

海事确权诉讼，是指已办理未决债权登记的债权人在受理债权登记的海事法院提起的、由该海事法院依法一审终审确认其是否享有该未决债权（即“与被拍卖船舶有关的债权”或“与特定场合发生的海事事故有关的债权”）的诉讼。

海事确权诉讼程序，适用《海事诉讼法》第 116 条和《适用海诉法解释》的特殊规定；无特殊规定的，适用民诉法的普通程序。

（一）海事确权诉讼的提起

1. 就未决债权而提起确权诉讼

因提供其他海事请求证据而被海事法院裁定准予登记的未决债权，债权人应当在办理债权登记以后（即海事法院裁定准予登记之日起）7 日内，就该未决债权，在受理债权登记的海事法院提起确权诉讼。

2. 就视同未决债权而提起确权诉讼

海事法院裁定不予确认的已决债权，视同债权人被裁定准予登记的未决债权，债权人提供其他海事请求证据的，应当在办理债权登记以后（即海事法院裁定不予确认之日起）7 日内，就该视同未决债权，在受理债权登记的海事法院提起确权诉讼。

3. 确权诉讼的提起应让位于申请仲裁

当事人之间有仲裁协议的，应当及时申请仲裁。

（二）海事确权诉讼的审理

1. 海事确权诉讼，由受理债权登记的海事法院负责审判。债权人在债权登记前已向受理债权登记的海事法院以外的海事法院起诉的案件，在办理债权登记以后，即应转归于登记债权的海事法院管辖，受理案件的海事法院应当将案件移送至登记债权的海事法院一并审理，但案件已经进入二审的除外。

2. 海事法院对海事确权诉讼审理，根据《海诉法》第 111 条、第 112 条的规定，所要确认的债权有二：(1) 在裁定强制拍卖船舶后，确认债权人“与被拍卖船舶有关的债权”；(2) 在设立海事赔偿责任限制基金后，确认债权人“与特定场合发生的海事事故有关的债权”。

3. 海事法院对海事确权诉讼的审理，实行“合议制”和“一审终审”。

4. 海事法院对海事确权诉讼作出的判决、裁定具有法律效力，当事人不得提起上诉。

（三）不适用海事确权诉讼程序的案件

1. 主张责任人无权限制赔偿责任的案件

债权人提起海事确权诉讼时，依据《海商法》第 209 条的规定主张责任人无权限制赔偿责任的，应当以书面形式提出。案件的审理不适用海事诉讼法规定的确权诉讼程序，当事人对海事法院作出的判决、裁定可以依法提起上诉。两个以上债权人主张责任人无权限制赔偿责任的，海事法院可以将相关案件合并审理。

2. 需要判定碰撞船舶过失程度比例的案件

债权人依据《海事诉讼法》第 116 条第 1 款的规定提起海事确权诉讼后，需要判定碰撞船舶过失程度比例的，案件的审理不适用海事诉讼法规定的确权诉讼程序，当事人对海事法院作出的判决、裁定可以依法提起上诉。

三、海事债权受偿程序

（一）召开债权人会议

海事法院审理并确认债权后，应当向债权人发出债权人会议通知书，组织召开债权人会议。

（二）债权人会议协商提出分配方案、签订受偿协议或海事法院作出受偿裁定

1. 债权人会议可以协商提出船舶价款或者海事赔偿责任限制基金的分配方案，签订受偿协议。

受偿协议经海事法院裁定认可，具有法律效力。

2. 债权人会议协商不成的，由海事法院依照《海商法》以及其他有关法律规定的受偿顺序，裁定船舶价款或者海事赔偿责任限制基金的分配方案。

（三）海事债权受偿的分配

1. 拍卖船舶所得价款及其利息，或者海事赔偿责任限制基金及其利息，应当一并予以分配。

2. 分配船舶价款时，应当由责任人承担的诉讼费用，为保存、拍卖船舶和分配船舶价款产生的费用，以及为债权人的共同利益支付的其他费用，应当从船舶价款中先行拨付。

3. 清偿债务后的余款，应当退还船舶原所有人或者海事赔偿责任限制基金设立人。

4. 油污损害赔偿责任限制基金不足以清偿有关油污损害的，应根据确认的赔偿数额依法按比例分配。

5. 在油污损害赔偿责任限制基金分配以前，船舶所有人、船舶油污损害责任保险人或者财务保证人，已先行赔付油污损害的，可以书面申请从基金中代位受偿。代位受偿应限于赔付的范围，并不超过接受赔付的人依法可获得的赔偿数额。

第二节　船舶优先权催告程序

船舶优先权，是指海事请求人依照海商法的规定，向船舶所有人、光船承租人、船舶经营人提出海事请求，对产生该海事请求的船舶享有的优先于其他债权人而受偿的权利。

船舶优先权首先具有法定性的特征，法定性主要表现为以立法限定可产生船舶优先权的具体债权项目，在我国，只有《海商法》第 22 条规定的几项海事请求权上才能产生船舶优先权，海事请求权转移的，其船舶优先权随之转移。船舶优先权应当通过法院扣押产生优先权的船舶行使。但是，如果具有船舶优先权的海事请求，自优先权产生之日起满 1 年（这 1 年期限，不得中止或者中断）不行使；船舶经法院强制出售；船舶灭失的，船舶优先权归于消灭。船舶优先权不因船舶所有权的转让而消灭。但是，船舶转让时，船舶优先权自法院应受让人申请予以公告之日起满 60 日不行使的除外。为此，借鉴民事诉讼法的公示催告程序，海事诉讼法特别规定了船舶优先权催告程序，以保障船舶受让人的合法权益和海事请求人享有的船舶优先权。

船舶优先权催告程序，是指海事法院基于船舶转让的受让人申请，以公告的方式催促不明的船舶优先权人在法定期间内主张并登记船舶优先权，如期间届满无人主张船舶优先权，应当根据船舶转让的受让人申请作出该转让船舶不附有船舶优先权的判决并予公告的特别程序。《海事诉讼法》及《适用海诉法解释》明确规定了船舶优先权催告程序。

一、船舶优先权催告申请

（一）船舶优先权催告的申请主体

船舶转让时，受让人可以向海事法院申请船舶优先权催告，催促船舶优先权人及时主张权利，消灭该船舶附有的船舶优先权。在船舶转让合同订立后船舶实际交付前，受让人即可申请船舶优先权催告。受让人不能提供原船舶证书的，不影响船舶优先权催告申请的提出。

这是因为，船舶优先权该权利是以船舶为对象的担保物权的特性，不因船舶所有权的转让而消失，而是随着船舶的转移而转移。船舶优先权具有秘密性，除了特定海事请求（即具有《海商法》22 条规定的海事请求）事项的债权人和债务人，第三人无从知晓某船舶上是否附有优先权，不知情的新船主往往因所购船舶上附有优先权而面临所购船舶被法院扣押、变卖的窘境。因此，受让人应及时向法院申请受让船舶的公告，公告期内如有人主张受让船舶上的优先权的，受让人可与转让人协商解决办法，最好在这之前已约定了解决办法，那样可按约定解决；购船人应该利用这短期时效保护自己的购船权益。

（二）船舶优先权催告的管辖法院

受让人申请船舶优先权催告的，应当向转让船舶交付地或者受让人住所地海事法院提出。

（三）船舶优先权催告申请方式

申请船舶优先权催告，应当向海事法院提交申请书、船舶转让合同、船舶技术资料等文件。申请书应当载明船舶的名称、申请船舶优先权催告的事实和理由。

二、对船舶优先权催告申请的审查及裁定

海事法院在收到申请书以及有关文件后，应当进行审查，在 7 日内作出准予或者不准予申请的裁定。

受让人对裁定不服的，可以申请复议一次。海事法院应当在 7 日内作出复议决定。

根据《最高人民法院关于审理船舶油污损害赔偿纠纷案件若干问题的规定》（法释 2011〕14 号），船舶取得有效的油污损害民事责任保险或者具有相应财务保证的，油污受损害人主张船舶优先权的，人民法院不予支持。

三、船舶优先权催告实施

（一）海事法院在准予申请的裁定生效后，应当通过报纸或者其他新闻媒体发布公告，催促船舶优先权人在催告期间主张船舶优先权。

（二）船舶优先权催告的法定期间为 60 日。

针对船舶优先权所具有的不为新的船舶受让人所知晓这一秘密性，《海商法》规定船舶转让时，受让人可申请予以公告，自公告之日起满 60 日不行使的船舶优先权归于消灭。该受让船上即使原来有船舶优先权，公告后 60 日内无人主张时也归于消灭。《海事诉讼法》采纳了这一期限。

四、船舶优先权的主张和登记

船舶优先权催告期间，船舶优先权人主张权利的，应当在海事法院办理登记，海事法院应当裁定优先权催告程序终结；不主张权利的，视为放弃船舶优先权。

五、船舶优先权消灭的判决

船舶优先权催告期间届满，无人主张船舶优先权的，海事法院应当根据当事人的申请作出判决，宣告该转让船舶不附有船舶优先权。判决内容应当公告。

【学习总结与拓展】

【关键词】海事确权诉讼　船舶优先权催告程序

【思考题】

1. 海事债权的登记申请的种类有哪些？
2. 债权人向海事法院申请登记债权应当提供哪些债权证据？
3. 海事法院对债权人的债权登记申请审查后作出哪些裁定？
4. 海事法院审查准予登记的已决债权的债权证据后作出哪些裁定？
5. 海事确权诉讼如何提起？
6. 海事确权诉讼如何管辖与审理？
7. 不适用海事确权诉讼程序的案件有哪些？
8. 海事债权受偿的分配如何进行？
9. 船舶优先权催告如何申请？管辖法院有哪些？
10. 船舶优先权催告如何实施？

【阅读资料】

1.《中华人民共和国海事诉讼特别程序法》第十章债权登记与受偿程序、第十一章船舶优先权催告程序。

2.《最高人民法院关于适用〈中华人民共和国海事诉讼特别程序法〉若干问题的解释》（法释［2003］3号）九、关于债权登记与受偿程序，十、关于船舶优先权催告程序。

3. 许俊强：《确权诉讼程序法律问题研究》，《法律适用》2006年Z1期。

4. 于耀东：《海事诉讼法登记债权的确权程序中的几个问题》，《中国海商法年刊》2006年00期。

5. 张波：《试论海诉法规定的确权诉讼及其改进》，中国涉外海商事审判网站http://www.ccmt.org.cn/showexplore.php?id=2009提交时间：2005－11－10 16：41：30。

6. 张乾成、马晓岚：《〈海诉法〉之确权诉讼的弊端及应对》，中国涉外海商事审判网站http://www.ccmt.org.cn/showexplore.php?id=2003提交时间：2005－11－10 16：18：04。

第八编 我国香港、澳门特别行政区、台湾地区民事诉讼

第四十四章 中国香港特别行政区民事诉讼

【学习提示】通过本章学习，了解我国香港特别行政区民事诉讼的法律渊源，以及其民事诉讼基本价值和结构；熟悉其民事司法管辖制度、审级制度、法律援助制度和证据制度；初步掌握其民事普通诉讼程序以及特别程序。

第一节 中国香港特别行政区民事诉讼概述

一、中国香港特别行政区民事诉讼的法律渊源

中国香港特别行政区（以下简称香港）现行民事诉讼制度的法律来源于英国，属于普通法系，一百多年来，基于香港本土的特殊性，香港法制在英国法的基础上有所变通和发展，香港民事诉讼有其自身特点。香港居民以中国人为主体，受中华传统文化的影响根深蒂固，至今仍有部分中国传统习惯法适用于香港。因此，香港民事诉讼制度的法律渊源众多，体系复杂，既有英国的普通法、衡平法、制定法，也有香港自身的立法，此外还有成文法和习惯法。长期以来，香港没有一部完整的民事诉讼法典，有关民事诉讼的原则、管辖、程序等规定散见于《高等法院条例》、《地方法院条例》，《诉讼证据条例》等单行法规中。香港民事诉讼管辖范围非常广泛，包括财产关系和人身关系所引起的一切诉讼，如合同、侵权、继承、离婚、劳动赔偿、公司破产，收回土地和楼宇、税务争议以及性别歧视、残疾及家庭岗位歧视案件等。从终审法院、高等法院、区域法院到审裁处都有自己的规则，有自己具体制度和程序，从而呈现出不同的司法机关适用不同的诉讼程序的状况，民事诉讼程序具有多样性的特征，由此形成了多层次、多审级的民事诉讼法体系。

香港的民事法律和有关民事诉讼制度的法律，源自普通法和成文法规。自 1997 年 7 月 1 日香港回归中国之日起，《中华人民共和国香港特别行政区基本法》规定，香港原有的法律，除与《基本法》相抵触或经香港特区立法机关作出修改者外，均予保留。

香港的民事诉讼法主要由一系列的“法院条例”和“法院规则”构成。“法院条例”是由香港立法会通过正式的立法程序制定的，诸如法院的设立及性质、民事司法管辖权的设定及证据等实体内容均由它所规制。“法院规则”则是以首席法官为首的规则委员会制定的，其性质为“附属规则”，属于授权立法。民事诉讼程序从起诉到执行的全过程均由“法院规则”调整。除了“条例”和“规则”之外，还有与其配套的附属法例。与民事诉讼相关的条例主要有《时效条例》、《证据条例》、《香港终审法院条例》、《高等法院条例》、《区域法院条例》、《小额钱债审裁处条例》、《土地审裁处条例》、《劳资审裁处条例》，以及附属于这些条例的规则。

为适应社会经济发展的需要，香港特别行政区经过多年的筹划，2000 年 2 月，终审法院首席法官李国能宣布成立民事司法制度改革工作小组逐步推行民事司法改革。这是香港回归以来民事诉讼制度最大的一次改革，这次改革历时 9 年，涉及范围广泛，社会反响强烈，意义重大，影响深远。除了 2009 年 4 月正式生效的《民事司法制度（杂项修订）条例》外，为了配合民事司法制度改革，还修订了相关法院规则。2008 年 6 月，新的《高等法院规则》和《区域法院规则》发布。2009 年 1 月，新的《终审法院费用规则》和《区域法院民事诉讼程序费用规则》发布。2009 年 3 月，新的《婚姻诉讼费用规则》发布。2010 年 1 月，作为广义上的民事司法改革成果《调解实务指示》正式施行。此项改革适用于在高等法院和区域法院进行的民事法律程序，至于属于特定案件类别的案件，则由特定案件类别的法官决定新增的规则是否适用。部分由民事司法制度改革引进的新规则和程序，经必要的变通后，亦适用于在土地审裁处和家事法庭的法律程序。

二、中国香港特别行政区法院审判原则

（一）公平的诉讼程序原则

诉讼程序是实施实体法的保证。以前，中国香港特别行政区中（以下简称香港）没有专门的民法典，但是按照普通法的原则以及香港的有关法例，诉讼当事人有许多权利，以保证诉讼过程能公平的进行。

香港基本法第 87 条规定，香港特别行政区的民事诉讼中保留在香港适用的原则和当事人享有的权利。

香港的民事诉讼制度以公平原则为本，采用辩论模式，通过与讼双方互相辩论和举证，让法庭了解争端始末后，再按适用的法律作出裁决。在这过程中，与讼双方必须主动立讼和举证，法庭则采中立持平的态度，一般不会主动查究谁是谁非。公平的原则也体现在诉状中，与讼双方必须在诉状中列出自己认为关于争议事项的所有事实，并就对方的说法提出反驳，以便界定争议范围。诉状的重要性，在于诉状没有包括的事情不能在审讯时提出。与讼双方不能采用“突击战术”，把关键事项留待正式审讯时才提出，令对方措手不及，这一限制体现了公平审讯的精神。

诉讼程序的作用是让与讼双方和法庭明了争议所在。审判公开进行。它要求审判的过程一般应当公开，审判的结果则必须公开，反对秘密审判。当然，由于社会道德、公共秩序等理由，是允许有所保留的。

（二）独立审判原则

香港特别行政区基本法第85条规定："香港特别行政区法院独立进行审判，不受任何干涉，司法人员履行审判职责的行为不受法律追究。"根据这一规定，法官在审理案件时，不受任何方面的干涉，即使是上级法院的法官，也不能过问，只是在上诉时，才能对它发表意见。所有行政机关，立法机关，任何社会团体和个人都不能左右或影响法官的判决。

香港作出了一些具体规定来保障法院的独立审判：(1) 法官不论职位高低，对他承办的案件，拥有依法独立处理权，他没有义务向行政官员和立法机构报告工作，也没有义务向上级法院的法官请求指示。上级法院的法官不得就某件案件如何审判向下级法院主审法官发布指令，即使发布了这种指令，下级主审法官有权拒绝服从。上诉审法院的法官只有权受理依据法定的上诉程序提起上诉的案件，并且只是依据法律才可作出维持、变更或推翻原裁判的裁决。(2) 法官采用高薪制，终身制。在香港，法官的酬薪和待遇比较优厚。最高法院法官的薪金，相当于政府司级官员。法官有绝对的独立性，不能被随便撤职，除非经过独立的裁判庭的查询，在香港司法制度史上，从没有一名法官被撤职。只有这样，法官才能免除后顾之忧，排除各方面的干扰，只服从法律，作出公正的裁判。(3) 法官享有司法豁免权。香港有关法律条例都有法官执行司法职能不被法律追究的规定。《最高法院条例》规定，法官在执行法律职能上的行为不能被诉，即使这些行为是不公正的。基层法院法官也享有类似特权，只有他作出的判决明显是恶意的或毫无理由的，或明知其案件不属其管辖，而作出不公正处理，才有被诉的可能。法官享有司法豁免权，目的是便法官独立地履行职责，不用害怕自己被控诉。

（三）遵循判例的原则

该原则是英美法系的特点之一。按照这一原则，法官就其受理的案件事实而对某个法律要点所作出的决定，对其下级法院的法官，在处理类似事实所产生的相同问题时，具有绝对的约束力。在有些情况下，这一规定不适用于具有同级管辖权的法院。有些决定虽无约束力但被认为具有说服力。

香港的普通法院系统内，上诉法院的判例自然为各级法院所遵循，而且在上诉法院内部任何法官都要服从于法院其他法官行使共同管辖权所作出的判例。地方法院不论是初审或上诉审的判例，对本院法官审案均无拘束力。至于裁判司署，只依循高等法院和上诉法院判例的约束，不受地方法院或其他裁判司署判决的影响。

香港特别行政区成立后，遵循判例的原则仍然适用。基本法第84知规定："香港特别行政区的法院依照本法第18条所规定的适用香港特别行政区的法律审判案件，其他普通法适用地区的司法判例可做参考。"根据基本法第18条规定，在特别行政区适用的法律仍是以普通法和衡平法为基础的，故判例仍是法院判案的主要依据之一。

三、中国香港特别行政区（以下简称香港）民事诉讼的基本价值及民事司法理念的变迁

香港的民事诉讼制度沿袭了英美法系的当事人主义制度，实行辩论原则，诉讼偏重对抗形式。长期以来，香港的民事诉讼存在诉讼程序复杂、审理时间长、诉讼费用高等问题，这些问题使香港民事诉讼制度不能有效的应对因经济和社会发展而带来的日益增

多的民事纠纷和诉讼。为了解决这些问题，香港回归不久后就开始筹备民事司法制度的改革，改革历经近十年，对香港的民事司法制度影响深远，体现香港民事诉讼理念的变迁和制度的更新。

（一）以公正为基础，兼顾效率

香港沿袭英美法系的普通法，其司法理念更侧重于程序正义，诉讼实行对抗模式，重视当事人的程序利益。但纯粹的对抗制会带来诉讼迟延，程序繁琐，成本高昂等弊端。因此必须进行民事司法改革以克服此弊端，香港司法制度改革小组在最后的司法报告中明确了改革的目的："改革措施必须能够达到改革的目标，即提高本港民事司法制度的成本效益、简化民事诉讼的程序和减少诉讼遭拖延的情况，同时所有决定都必须符合'程序公正'和'实质结果公正'的要求。"

为了提高效率，香港民事司法改革对法院的规则和程序作出了重要的修订，简化民事司法程序，从起诉、审判、上诉、证据制度等方面予以简化。主要的体现在（1）将起诉四种方式简化为令状和原诉传票的两种起诉方式。（2）简化非正审申请程序，非正审申请由聆案官处理，聆案官可以根据当事人呈交的文件予以处理，无须开庭；法庭应尽量在适当的情况下，处理非正常申请时，以简易程序评定诉讼。（3）设立"仅涉讼费的法律程序"，如果当事人各方之间尚待解决的争议只是诉费，便可向法庭提出申请，仅就诉费问题进行裁决。

总之香港民事司法改革后，其诉讼的理念和价值从单一的程序正义，走向实体正义与程序正义兼顾，公平与效率兼顾的多元价值目标。

（二）以当事人主义模式为主，借鉴职权主义的优势

香港长期实行的是当事人主义的诉讼模式，案件的进行由当事人和他们的律师推动而非法庭主导。法官消极被动的传统角色无法应对日益增加的案件以及当事人不断提出的要求，香港民事司法面临着英国相似的"司法危机"，因此香港在进行民事司法改革时，反思当事人主义的弊端，开始借鉴大陆法系职权主义的优点，认识到法官的能动作用。香港民事司法改革中期报告就提出：考虑到法官传统角色可能会有所改变，而案件数量也可能会与目前的不一样，因此法庭需要重新调配法官、聆讯官和行政人员，对法官、聆讯官和行政人员提供培训，帮助他们了解各项改革，磨炼他们实践改革所需的技巧。在民事司法法律改革中要求法庭参与更多的案件管理和诉讼监管，确立了法官对案件的管理职能。法庭在诉讼的初期阶段即积极参与，并决定案件的进度时间表。法官管理权和裁量权进一步加大，其具体体现在：法官通过行使案件管理权，在审理中严格使用证据的相关性规则，避免诉讼拖延；法官在任何类型的案件中决定是否做出命令进行诉前开示；鼓励促成和解等。

因此可见，改革后香港民事司法制度，简化了诉讼程序，加强了法庭和法官的能动性，体现了当事人主义与职权主义两种模式的融合。

（三）以诉讼程序为基础，建立多元化的纠纷解决机制

促进各方和解及解决纷争，是香港民事司法改革基本目标之一，民事司法制度改革鼓励及促进和解，引入替代性纠纷解决机制。诉讼作为穷尽其他手段后的最后救济，在真正需要时才使用。2010 年 1 月，作为广义上的民事司法改革成果《调解实务指示》正式施行。明确了当事人及其律师协助法庭进行调解的义务。调解及替代性纠纷解决机

制的介入是2009年香港民事司法改革一大亮点，在审判的基础上，建立多元化的纠纷解决机制。

对促进和解纠纷解决机制主要包括调解、替代性解决机制（ADR)、附带条款和解提议及附带条款和解付款。民事诉讼鼓励各方在法庭提出诉讼前，尽量通过诉讼以外的方式途径解决纠纷：(1) 替代性纠纷解决机制是指所有除法院诉讼以外的纠纷解决方式，各方可以委任中立的第三方来解决或协助解决争议的方法。替代性纠纷解决机制除了比法院诉讼规则更为灵活外，尽量维持争议各方的关系，双方亦能避免因诉讼带来的压力。(2) 民事司法改革后，设立“附带条款和解提议”及“附带条款付款”。新的规则建立了正式的和解提议制度。该制度容许被告及原告就争议和解作出提议，不接纳提议但在随后诉讼未能获得比提议更好的判决的一方需要承担额外的讼费。此制度的目标是鼓励各方认真考虑和解的可能性，避免无意义地拖延诉讼。(3) 法院调解，在争议各方同意的情况下，委任一名中立第三方（调解员）促进各方通过谈判来解决争议。香港司法机构指出，尽管民事司法制度改革下的新规则包含了所有替代性纠纷解决机制，就香港民事司法制度而言，法院调解仍是民事司法制度的首选解决方式。

第二节 中国香港特别行政区民事诉讼制度

一、起诉时效制度

为求公平起见，诉诸法律的权利不能允许无限期的存在。因此，中国香港特别行政区制定了专门的《时效条例》，规定了各种民事诉讼必须在指定时限内提出。例如基于简单合约或侵权行为的起诉时限为诉的产生日期起6年，一般人身伤害诉讼则为3年。但诉讼时效在指定情况下可予延长或豁除，例如某人在诉讼权产生当日没有行为能力，则有关诉讼可在该人不再没有行为能力或去世（以较优先者为准）之日起计的六年内提出。此外，在涉及人身伤亡的案件中，法院如在考虑诉讼时限对原告人的损害等因素后，认为诉讼进行是公平的话，则可指示有关时限不适用于该诉讼。

二、司法管辖制度

中国香港特别行政区（以下简称香港）基本法第81条第1款规定“香港特别行政区设立终审法院、高等法院、区域法院，裁判署法庭和原诉法庭。”基本法的规定基本上维持了香港原有法院组织体系的现状。

（一）专责审裁处

中国香港司法机构设有数个处理专门事项的民事诉讼的审裁处，包括土地审裁处，劳资审裁处则和小额钱债审裁处。土地审裁处审理租务纠纷及涉及收回土地赔偿的争议；劳资审裁处则解决雇主与雇员之间的劳资纠纷；两者均不设申索金额上限。至于小额钱债审裁处，则负责处理金额不超过5万元的钱债纠纷，当事人须亲自或由授权代表人出庭，但不得由律师代理。

（二）裁判法院

裁判法院原称裁判司署，主要是受理轻微的民事案件，承担着约占香港每年聆讯案件总数 90%的案件审理工作。全香港共设有七个裁判法院，除行使刑事管辖权外，也可行使民事管辖权，但权限于下令民事债务以及根据《监护条例》和《分居及赡养条例》下达处理命令。

（三）区域法院

区域法院原称地方法院，区域法院主要行使的原先属于高等法院的简易审判权，处理金额不大民事案件。根据香港法例的规定，区域法院拥有有限的民事和刑事审判权。区域法院审理的案件均由法官独任开庭审理，不设陪审团。不服区域法院判决者，可以上向高等法院上诉法庭上诉。但上诉申请须向原审法官提出，且须经上诉法庭同意，才予以受理。

区域法院的管辖除法例另有规定外，涉及合约、准合约或侵权的申索的款额必须 5 万元以上但不超过 100 万元，否则便须由高等法院原讼法庭处理；如涉及收国土地或土地收益，则以年值或应课差响租值不超过 24 万元为限。所有根据《雇员补偿条例》提出申请及上诉，以及不服印花税署长的评税而提出的上诉，亦由区域法院审理。此外，离婚、领养和其他与家事法有关的诉讼（监护权诉讼外），必须在区域法院家事法庭展开。

（四）高等法院

高等法院由上诉法庭和原讼法庭组成。

1. 原诉法庭。原诉法庭由高等法院首席法官和 25 名法官组成，其民事、海事、刑事管辖权均没有限制。原诉法庭的司法管辖权包括初审和上诉审管辖权。但是，原诉法庭初审的民事案件和刑事案件，都是比较重大的民事案件。原讼法庭的司法管辖权并无上限，在民事审判权方面，它有权审理以下案件：破产、公司清盘、领养子女、遗嘱认证以及精神病认定的案件，还有权审理劳资审裁处和小额钱债审裁处裁决、裁判法院的上诉案件。

2. 上诉法庭。从法院的审级上说，高等法院上诉法庭是香港的最高上诉法庭，但是，按照普通法法系的司法体制，最高上诉法庭的裁判还不等于终审裁判，只有极少数的案件才有上诉到终审法院的机会。高等法院的首席法官是高等法院的院长，也是上诉法庭的庭长。上诉法庭负责审理原诉法庭和区域法庭移交的所有民事案件。上诉法庭审理不服原讼法庭，区域法院或土地审裁处判决而提出的上诉，同时就各下级法院提交的法律问题作出裁决。

（五）终审法院

终审法院是香港特区级别最高的上诉法院，除涉及有关国防、外交等国家行为无司法管辖外，对香港其他刑事、民事等案件均拥有终审权。终审法院由首席法官、3 名常任法官及不超过 30 名非常任法官组成，非常任法官由香港或者世界上其他普通法适用地区法官参加终审法院的审判。就民事案件而言，根据《香港终审法院条例的规定》对不服上诉法庭最终判决而争议款额或价值达 100 万元或以上的案件，有当然权利上诉至终审法院。其他案件则须涉及具有重大广泛的或关于公众的重要性的法律问题或其他理由，并由上诉法庭或终审法院酌情决定终审法院是否受理该上诉。

三、审级制度

中国香港特别行政区（以下简称香港）法院实行四级三审制，第一审民事案件由区域法院和高等法院的原讼法庭组成，香港的区域法院相当于香港原来的地方法院。香港地方法院设立于 1953 年，这是一个审级高于裁判司署，低于最高法院的中级普通法院。香港区域法院，在民刑事方面都只有有限的权力，管辖的民事案件多为合同纠纷，侵权行为以及地收楼的申请。涉及合约、准合约或侵权的申索的款额必须在 5 万元以上但不超过 100 万元，否则区域法院移交高等法院原诉法庭审理。

第二审由高等法院上诉法院审理，上诉法庭审理不服原讼法庭，区域法院或土地审裁处判决而提出的上诉，此外亦就各下级法院提交的法律问题作出裁决。区域法院也可以受理审裁处裁决的案件，并且可以对案件重新审理，作出新判决。区域法院对上诉案件所作出判决为终审判决，当事人不得再行上诉。如果区域法院法官认为上诉案件特殊的，可以将其提交高等法院原诉法庭审理。在上诉管辖权上，对原诉法庭的判决不服，可以向上诉法庭提出，对上诉法庭判决不服的，只能向终审法院提出上诉。

终审法院是香港级别最高的上诉法院，只有极少数的案件才有上诉到终审法院的机会。终审法院负责审理不服高等法院判决而提起的上诉，有权确认，推翻或更改下级法院的判决，也可附上终审法院的指引而将有关事项发回原审法院审理，或对有关事项作出它认为适当的其他命令。具体受理：上诉庭审理的争议金额在 100 万以上的民事案件上诉。其他案件则须涉及具有重大广泛的或关于公众的重要性的法律问题或其他理由，并由上诉法庭或终审法院酌情决定终审法院是否受理该上诉。如果高等法院上诉庭或原诉法庭对于当选的候选人能否就任行政长官作出判决或命令，终审法院应酌情决定是否受理上诉。对于高等法院原诉法庭审理的某些民事案件，如果所涉问题重大广泛或关乎公众，或关乎法律或基本法的诠释，则无需经过上诉法庭便可直接交由终审法院处理。终审法院的判决不能够再上诉，具有最终的效力。

四、法律援助制度

中国香港特别行政区（以下简称香港）的法律援助，是指法律授助署为符合资格的申请人提供一名律师，并在有需要时为其提供一名大律师，代表申请人在法庭进行诉讼。援助范围包括区域法院，高等法院原讼法庭及上讼法庭，以及终审法院进行的法律程序。此外，也包括某些诉讼及申请，例如：根据《业主与租务（综合）条例》第 2 部的规定，就有关租务的问题在土地审裁处进行的诉讼和在死因裁判法庭的广泛公众关注的案件，或向精神健康复查审裁处提出的申请。

要符合获取法律援助的资格，必须通过两项审查：(1) 案情审查：法律援助署通过案情审查决定申请人是否具备合理理由提出诉讼或抗辩。(2) 经济审查：经济审查旨在确定申请人是否符合申请法律援助的经济资格。法律援助并非完全免费，援助署会接受助人的财务资源状况及或本署在民事诉讼中代理其讨回或保留的财产多少，要求受助人分担或偿还讼案所涉的法律费用。

法律援助包括三类计划，普通法律援助计划，刑事诉讼法律援助和法律援助辅助计划。第一，三类法律援助计划共属民事诉讼的法律援助。

普通法律援助计划主要包括家事及婚姻纠纷案件，人身伤害申索，劳资、合约纠纷案件，入境事务及专业申索案件。而法律援助辅助计划是为那些财务资源超出普通法律援助计划上限的“夹心价层”人士提供的法律援助。

香港法律援助署把提供高素质的法律援助服务，作为香港法治精神的基石，并致力于所有符合资格接受法律援助的人士不会因欠缺经济能力而设法寻求公义。所以香港的法律援助制度对于推动整个香港地区的法治建设和满足社会需求的方面，起到积极的作用。

五、证据制度

证据法对证据的形式、效力、举证证人和程序的规定主要见之于《证据条例》。此外，在其他条例和规则中也有相关规定。由于香港沿袭了英国的法律制度，奉行当事人主义的诉讼模式，法官一般不主动调查和收集证据，证据的调查和收集主要是当事人的职责。

根据《证据条例》，香港民事证据的表现形式包括三类：实物证据、书面证据、口述证据。口述证据也称证言，包括当事人陈述和证人证言两大类。在香港证据法中，证人是广义证人概念，包括在法庭内外提供证据一切人，除一般证人外，还包括鉴定人、勘验人员等。香港《证据条例》对证人的资格有严格限定。对其要求：(1) 具有相当的意识能力足以了解作证的意义，知悉证据内容，履行作证的义务；(2) 与诉讼案件无利害关系；(3) 必须明白宣誓的内容；(4) 具有可以让法庭信任的品格。证人一般必须到庭接受聆讯，当事人提出的证据必须公开展示。香港沿袭英国当事人主义传统，在法庭上对证人的询问，进行证言聆讯，当事人双方围绕各类证据的进行辩论。证人传票到庭后，要首选宣誓，未经宣誓的证言不予采纳（小额钱债处或证人为儿童者可不作宣誓)。双方的询问和辩论交叉进行，一般是由要求传唤证人的一方开始询问；再由对方当事人询问，香港法官在法庭上一般不会主动询问证人，而是主持法庭、组织双方的询问、辩论，但是在必要时可向当事人发问。

香港的《证据条例》对证明责任的分配并没有专门规定，但其中对推定、司法认知、表面证据等的规定事实上就包含了证明责任的内容。原则上，证明证任由原告方承当，在特定条件下被告方负担。此外，香港民事诉讼也存在证明责任倒置的情形。证明责任在双方辩论过程中不断转移。原告举证必须达到“超出合理怀疑”的效果，而对被告证据效力的要求则取得“盖然性优势”即可。香港的法官进行证据裁判遵循“自由心证”，虽然证明责任在当事人，但是对证据的取舍和裁定权在于法官，法官通过内心确信形成对于案件事实的认定。为了限制和规范法官心证的裁量，规定了如相关性证据规则、传闻证据的规则。最佳证据规则等。在 2009 年香港的民事司法改革中，对民事证据制度进行了比较大的改革，主要涉及以下几个方面：(1) 加强法官对案件的管理权，包括通过对案件的管理，在审讯中严格适用证据的相关性原则，借此避免审讯变得冗长。(2) 扩大法官在证据规则适用上的自由裁量权。(3) 引入属实申述制度，不论是当事人、证人还是专家证人均有义务通过属实申述来核实其状书、证人陈述书和专家报告，对于违反属实申述的故意虚伪陈述，将被提起藐视法庭的法律程序。(4) 改革书证开示制度，针对书证开示过程的难以控制、拖延，加强法官对书证开示的管理权和裁量权，并对有关规则进行修订。(5) 为促成和解，《2008 年民事司法制度（杂项修订）条例》对《高等法院条例》和《区域法院条例》进行修订，将诉前文件披露的适用范围，从现时的死亡和人身伤害申索延伸至所有民事申索。(6) 改革专家证人制度，确保专家能够不偏不倚、独立地作证，一个重要的措施即确立专家对法庭的首要责任。

第三节　中国香港特别行政区民事诉讼程序

一、中国香港特别行政区（以下简称香港）民事诉讼的普通程序

（一）提起诉讼

在民事司法改革前，香港一直采取令状、原诉传票、原诉动议和呈请书四种方式作为提起民事诉讼的方式。由于程序规则复杂，为了简化民事司法程序，修订后的法院规则将诉讼程序的开展由四种减为两种，即令状和原诉传票两种形式，并在此基础上放宽了对原告选择起诉方法的各种限制。涉及实质事实争议可能性较大的案件采用令状展开程序，涉及法律问题较多的案件则采用原诉传票展开程序，涉及实质事实争议较大的案件则采用原诉传票展开程序。在当事人选用错误时，应允许转回适当的程序。香港《高等法院规则》修订之后，通过原诉动议和呈请书的方式展开法律程序的仅限于成文法律法律规定要求展开的情形。

（二）交换诉状

被告人收到债讯令状及申索陈述书后，须在指定时间内确认收到此等文件和表明是否打算抗辩；如打算抗辩，则须在指定时间内发生抗辩书，一份送交法庭存档，另一份则送达原告人。抗辩书须就申索陈述书的内容逐点反驳，否则可被视为默认不作回应的事项。被告人如拟反告原告人，亦可在抗辩书内提出，形成参照申索陈述书。

原告人收到被告人送达的抗辩书后，可视情况就被告人提出的事实以答复书的形式作出回应。假如被告人在抗辩书内提出反申索，则原告人必须在指定时间内发出申索抗辩书，而被告人亦可就原告人的抗辩作出回应。无论是原告人或被告人，如因逾期不就对方的申索或反申索作出答辩，对方可以向法庭申请即时判令没有答辩的一方败诉。

（三）文件披露与供词交换

以“传讯令状”展开的诉讼，除了诉状程序外，尚有文件披露程序。与讼双方在诉状程序完成后，须在指定时间内交换文件清单，列出过去和现在拥有的一切与案件有关文件。这些文件无论是否对己方有利均须列出，但法律上获特权保障的文件除外。

与讼双方完成交换诉状程序后，须在指定时间内交换文件清单。清单上须列出各自拥有与案件有关的一切文件，并且须列明可让对方查阅此等文件的时间和地点。清单上必须列出双方方拥有但拒绝披露的文件，以及曾经拥有但不再拥有的文件（及其去向）。凡受普通法保密权保障的文件均拒绝披露，例如律师与当事人之间的通信。这样，与讼双方不但可预知对方所根据的事实，更可预知对方会提出什么证据，以支持其说法。清单上没有列出的文件，在正式审讯时便不能用作证据。此外，法庭一般会指示与讼双方法庭送交及互换证人证言，预先透露各自证人拟在正式审讯时提出口述证据的内容。这样，与讼双方便可进一步了解对方有何证据支持其说法。文件披露和供词交换的程序，除了方便与讼双方为正式审讯做好准备外，亦有助双方在了解对方虚实后决定应否继续缠讼还是谋求和解。

（四）非正审程序

在正式审讯前，与讼双方还可按需要提出各种非正审程序。简而言之，就确有争议的诉讼而言，一些非正审程序可对与讼双方的权益提供正式审判前的临时保障，或帮助厘清争议范围。对于证据不足的起诉或答辩，则有特定程序及早豁除，以免浪费法庭时间和讼费。

举例说，原告人如欲维持诉讼标的物现状或避免权益在审前受到进一步侵害，可向法庭申请临时强制令，使现状得以维持至法庭作出判决为止。反过来说，在某些情况下，例如原告人通常居于香港司法管辖权以外的地方，且在香港没有财产或物业，被告人可请求法庭判令原告人把一笔适量的款项存入法庭作为保证，以免被告人在获判得直后无法从原告人讨回应得的讼费。假如原告人认为己方理据充分而被告人没有任何抗辩理由，可在被告人确认收受讯令状后循简易程序请求法庭颁令原告人胜诉。但若被告人能提出事实方面的争议，则法庭不会作出简易判决，而会留待正式审讯时解决这些争议。

民事司法改革简化了非正审申请程序，鼓励当事人以合作和合理态度处理程序争议，对采取不合理态度的一方适用讼费罚则；如法庭认为适宜和必要且不会引起争议，可直接颁布与程序问题有关的暂准命令；非正审申请由聆案官处理，聆案官可以根据当事人呈交的文件予以处理，无须开庭；法庭应尽量在适当的情况下，处理非正常申请时，以简易程序评定诉讼。

（五）法庭审判

所有非正审程序完成后，与讼双方便可请求法庭安排正式审判。在民事审判中，原告人负有举证的责任，因此原告人首先发言。原告人概述案情后，便会传召证人出庭作供，接着由被告人盘问原告人的证人，然后由原告人就其证人接受盘问时的证供内容作出复问，以修正任何疑点。原告人如欲提出物证，则会在证人作证时提交法庭。原告人举证完毕后，便由被告人以相同方式进行举证。最后由双方作结案陈词，原告人可就被告人的陈词作出回应，因此有最后发言的机会。法官考虑过双方的论点和证据后，作出判决。一般情况下，败诉一方须支付胜方的讼费。

（六）判决

香港的民事审讯绝少由陪审团审议，诽谤诉讼可说是仅有的例子。在设有陪审团诉讼，法官会在双方陈词完毕后引导陪审团作出判决和评定诽谤赔偿金额。法庭作出判决后，败诉一方如没有遵办，胜诉一方可展开强制执行判决的司法程序。举例说，债务诉讼的原告人可向法庭申请判令扣押被告人的动产或针对后者的不动产颁下押记令，被告人如在指定时间未能付款，原告人便可出售相关财产，以抵偿判定债项。此外亦可申请扣押被告人的银行存款，甚或申请领令被告人破产。

（七）上诉

当事人不服原审法院判决的，应于法定上诉期内提出上诉。对不服裁判法院、劳资审裁处、小额钱债处的裁决可在 7 天内向高等法院原诉法庭提出上诉。高等法院原诉法庭对上诉的民事案件的审理，通常是通过“陈述案件”的上诉方式实现的。原诉法庭通常由 1 名法官对该理由加以审查，作出准予上诉、驳回上诉或发回重审的决定；当事人对原诉法庭的决定不服，还可以在原诉法庭作出决定后 7 天内向上诉法庭提出准予上诉的请求。

对于区域法院的民事判决、当事人如果要提出上诉，应在该判决作出后 28 天内向主审该案件的法院申请上诉许可。主审法官如不批准，当事人可在该法官拒绝申请当日起 14 天内向上诉法庭申请上诉许可。上诉许可指当事人提起上诉需经原审法院或上诉法院审查，获得许可方可进入上诉程序的制度。[1] 在香港，如果当事人就一个较低级别的法院所作出的判决向一个较高级别的法庭提出上诉，当事人通常要申请上诉许可。香港民事司法改革后，引入非正审上诉许可制度以及规定非正审采用书面上诉。对原审法庭法官非正审判决向上诉法庭提起的上诉，必须得到上诉许可，这种许可有严格的限制，通常须是法庭认为申请人有合理的胜诉可能性，法院有权限制上诉许可之适用于特定的争议点，并在给予许可时附加条件，以确保上诉获得公平和有效的处理。非正审采用书面上诉，在处理上诉许可申请时应避免口头聆讯。上诉法庭拒绝给予许可的决定是最终的决定。上诉法庭由 3 名法官进行审理，经审理之后，作出下令重审、新判决或维持原判的判决。当事人不服上诉法庭的判决，还可以向终审法院上诉。

二、中国香港特别行政区（以下简称香港）的小额钱债审判程序

小额钱债审判处是依据香港法例第 338 章于 1976 年成立的法庭，负责处理不超过 5 万元的案件。小额钱债审判程序简便，不适用任何证据法则，申请书可以用中文和英文填写，若征得审裁官同意，当事人也可以口头提出申请，出席审裁处法庭的人士在一般情况下不得由律师代理。

（一）小额钱债申索的范围

小额钱债申索即涉及款项 5 万元或以下。申索事项可以是债项，亦可以是财物损毁的赔偿。受理的范围主要包括债务，服务费，财物损毁，已售货物，消费者提出的各类索赔。不受理工资，收回土地，赡养费，放债人的贷款，文字或口头诽谤的申索。如原告想知道是否属小额钱债审裁处受理范围，可向登记处查询。

（二）提交申请书和送达

原告向申审裁处提交申请，须向审裁处登记处索取两份表格，一份填上提出申请的人，商号或公司（即原告）的全名及地址，还有被告（即欠款人）的全名及地址，另一份表格即申请书，须列明所欠款额，向答辩人提出申请的理由，申请金额的计算方法等。提交申请书后，登记处会将聆讯日期地点通知书交与申请人。

申请书送达被告后，若被告同意还款可直接交予原告或与登记处联络。如被告通过登记处付款，可将欠款连同原告已缴交的申请提交费一并提交。审裁处不会发生任何法庭指令或作出任何裁决，则案件便告解决。如被告不同意该项申索，必须提交答辩书，可向原告提出反申索。

（三）初次聆讯

法例规定，申请书提交后 60 天内必须进行聆讯，在初次聆讯中，假如被告提出反申索而款额超出审裁处的司法管辖，则该反申索的法律程序会移交其审裁处或法院

---

① 齐树洁：《从理念到规则英、德民事上诉制度改革述评—兼论我国民事上诉制度之重构》，《厦门大学法律评论》（第 4 辑），厦门大学出版社 2002 年版。

审理。

初次聆讯的程序首先是会见审裁主任，当事人均须前往聆讯，按通知书内指定的日期地点向审裁主任报到。审裁主任并无专业资格，不能提供法律意见，由于法庭每天须处理大量新案件，因此按惯常做法，审裁官会指示审裁主任先与当事人会面，审裁主任会协助及便利涉案各方达成和解，在无法达成和解时，确定主要的争议点。会见审裁主任后，由审裁官聆讯，若原告不出席聆讯，申索可被撤销。若被告不出席聆讯，而有证据显示聆讯通知书已经送达，假如原告能够提出足够证据支持他的申索，审裁处可在被告缺席的情况下作出判决。审裁官和审裁主任均有责任调解双方的纷争。

（四）提讯和审讯

若初次聆讯未能达成和解，双方可能要出席另一次聆讯，亦称提讯，案件才可排期审讯。审判官依程序进行提讯，向当事人解释与案件有关的法例，建议当事人应传召谁人作证等，提讯时，审裁官通常会指示双方在某指定日期前交换证人证词。原告须要求证人出席审讯，若有证人不愿意出席聆讯，可要求审裁处发出证人传票。审讯时，审裁官会要求证人在宣誓下以口供作供，审裁官会聆听或阅读双方及证人提出的证据。若原告缺席，审裁处可将申索撤销。若被告缺席情况下作出判决。若不满审裁处的决定可以向审裁处申索复核这项决定或向原讼法庭上诉。

三、中国香港特别行政区（以下简称香港）的土地审裁处的程序

土地审裁处主要处理的因政府收地、物业估值引起的纠纷和业主和租客之间的纠纷。土地审裁处有三位专业法官，一位高等法院原讼庭法官担任土地审裁处庭长，两位区域法院法官担任土地审裁处法官。还有一位审裁委员，由与审裁处工作有关的行业的专业人员出任。法官和审裁委员可单独审案，亦可由任何二人或三人会同审讯案件。

（一）提交申请和送达

审裁处提出任何法律程序的一方称为申请人，属申请人以外的任何一方称“答辩人”或“共同答辩人”（在审裁处席前进行的任何法律程序中）申请人可向土地审裁登记处免费索取表格，列明申请的性质。申请人必须于提交申请通知书后 7 天内，将审裁处签章的申请通知书副本送达答辩人。

如果答辩人想反对申请，则必须于收到申请通知书后 14 天，向土地审裁处司法常务官提交反对通知书，述明反对的理由及希望在审裁处法官席前提出抗辩。答辩人并应按申请通知书上的送达地址将反对通知书副送达申请人。假如是申请收回管有权的命令，而无人提交反对通知书，则申请人可据案情，向审裁处申请而无须经审讯而颁发该命令。

（二）排期聆讯

在提交反对通知书后，申请人和答辩人可向审裁处申请排期审讯。要求审讯的申请书必须提供准备传召的证人数目，以及是否已提交反对通知书等资料，还有向司法常务官申请发生传票。

（三）审讯

审讯可由一位法官进行，诉讼任何一方均可亲自出庭进行诉讼，亦可由大律师或律师代表。土地裁判处以公开聆讯形式审理案件，任何人可旁听，聆讯不拘形式。

审裁处在作出判决1个月内，如果有任何一方当事人申请或自己认为有必要时，可以重新考虑该项裁决，可将裁决撤销、修改或维持原裁决。如果任何一方认为裁决有错误时，可以向上诉法庭上诉。

四、中国香港特别行政区（以下简称香港）的劳资审裁处的诉讼程序

（一）提交申请

香港劳资审裁处诉讼以申请人呈递申请书给审裁官时开始，审裁官还应将申请书交调查委员会，由该委员会会见当事人与证人，并准备一份案情摘要书。

（二）调解

香港劳资审裁处可使用调解的方法，双方当事人若同意调解，审裁处将推迟聆讯。经调解后若双方达成协议，应按规定格式以书面形式记录其内容，并经双方当事人签名，交审裁处存档，按条例的规定，存档的协议被视为审裁处的判决。

（三）聆讯

审裁处只有在接收被授权人员或调查人员所签署的下列证明书后，才可开始进行聆讯：当事人一方或双发拒绝参与调解；虽然试行调解，但未达成协议；调解似无可能达成协议；调解可能损害任何一方当事人的利益。上述证明书最晚应在聆讯申请日期24小时前提交审裁处。凡有关申请的聆讯，一般应当公开进行，不拘形式。凡遇有两项或多项申请书同时呈递，他们涉及同一法律问题和事实，涉及同一案件或将他们合并处理符合公平原则，则审裁处可下令将其合并。即使其中一项或多项申请已开始调查或聆讯，审裁处仍可下令合并。

（四）复审和判决

审裁官在聆讯结束后应尽快宣布其判决。除当事人一方已呈递上诉申请书，并拒绝撤回申请外，审裁官可在裁决或办法命令的加以复审。这时，可就申请的全部或部分重新聆讯，传召证人或听取新证供，以决定维持、更改或推翻原来的裁决和命令。

五、中国香港特别行政区（以下简称香港）的家事调解程序

香港家事法庭设在区域法院内，是处理家庭法律诉讼的专门法庭。婚姻法律程序及所有的家事法律程序属于民事司法程序，必须经过法庭及最终由法庭作出一项命令。如有一方反对另一方所作的申请，审讯便具有对抗性。

婚姻法律程序包括申请离婚、分居、婚姻无效等引起连带相关的家庭子女的抚养、探视及子女附属救济等问题。其他家事法律程序包括：申请一名儿童的抚养、探视和赡养的程序；申请鉴定生父生母的程序；申请领养程序及有关家庭暴力的申请。

（一）家事调解范围

家事调解适用于婚姻法律程序，是为正在分居或离婚的夫妇而设，协助他们就有关子女和财务事宜的安排达成双方可接受的协议。香港司法机构专门制定了一项《家事调解试验计划》，由2000年5月2日开始，在家事法庭设立调解统筹主任办事处，为正在分居或离婚的夫妇提供家事调解服务。

（二）调解主体

家事调解是由双方自愿参与解决问题的方法，是由经过训练的不偏私的第三者（调

解员）协助，双方在保密的情况下就有关的事宜作出沟通及协商。调解员们具有不同的专业背景，一般具备法律，心理学、社会工作或社会科学方面的资格。他们经过训练，并须在协商和解决纠纷的知识和技巧方面达到认可的要求，他们须遵守从事调解工作的执业守则。

调解员不会提供法律意见，但会鼓励被调解人咨询他的律师，保持中立地位，不会偏袒任何一方，不会为被调解人作出任何决定，但会帮助被调解人评估决定的可行性。

（三）调解步骤和方法

离婚的夫妇，在提交离婚申请时，或在诉讼期间的任何阶段，可向家事法庭登记处提出要求，假如双方有意导求调解服务，便会获安排出席由调解统筹主任主持的调解讲座，以便向离婚双方解释婚姻诉讼程序和调解服务。在举行调解讲座后，调解统筹主任会接见有意接受调解服务人士，并在考虑纠纷的性质和能双方的情况后，初步评定个案是否适应以调解方式处理。当调解统筹主任认为适合，将会介绍一名调解员给寻求调解服务的人士，这名调解员是双方认可，并从调解员名单中挑选出来的。

调解员一般在自己的办事处为双方进行调解。在为调解而进行的会谈上，调解员会协助双方讨论及确定在那些方面有争议，探讨双方各自的需要和利益，尽量寻求各种可行的解决方案及选择最适合的解决方法。就每个问题，按双方所同意的解决方法拟定详细的协议。最后，调解统筹主任向法庭报告双方有否要求或接受调解。任何一方申请调解服务并不会导致法律程序自动搁置。

以调解方式处理分居或离婚夫妇的问题，可以避免一些在法庭上对抗引起的紧张和冲突改善夫妻双方沟通的能力，增进子女与父母之间的关系，而且通过调解可节省为上庭抗辩而花费的时间和金钱，双方自愿达成的协议更能遵守。

六、中国香港特别行政区（以下简称香港）的执行程序

按照香港的民事诉讼制度，法庭不主动采取强制执行程序，执行程序只能由当事人申请，需要扣押的财产需由申请人提供，执达主任不负责查找被执行人及其财产；扣押和出售财产，需由申请人向法庭申请财物扣押令，并指示执达主任采取扣押措施。扣押错误由申请人负担后果。

（一）执行机构

香港的执行机构共有五个：海事及高等法院执达主任办事处、港岛区执达主任办事处、九龙区执达主任办事处、新界区执达主任办事处、新界区执达主任（荃湾）办事处。香港的执行机构设在法院大楼内，但不隶属于该法院，而属于整个司法系统，是传票送达和判决执行机构。

（二）执行程序的启动

当事人申请强制执行，若判决、命令或裁定是由劳资审裁处或小额钱债审裁处以及区域法院作出的，应到区域法院登记申请；若判决、命令或裁定是高等法院作出的，则应到高等法院登记处申请。申请人应到登记处填写申请表和相关表格，写明被申请人的正确地址和有关资料，以及追讨债务的数额，并需缴纳一定的执行费用。

（三）执行方式

申请人向登记处申请执行令状，执行令状是对执达主任的命令或指示。令状中明确

了执达主任应执行的内容及款项的数额，包括利息、费用等。针对不同类型的判决及不同的执行方式，需签发不同的令状，执行令状的种类，就表示执行措施的种类。执达主任获得授权，可以采取的措施主要有两种：一是扣押债务人的财物和实产；二是收回土地或房产。此外，执达主任有权拘禁涉及海事诉讼的船舶。

对于金钱债权判决有四种执行方式。包括扣押债务人财产令状、执行债务人对第三人的到期债权、在债务人的财产上设定抵押权，使债权人在该财产变现后优先受偿、委任接管人即由法院任命一位接管人，接收债务人的定期收益。对于物的交付判决的执行方式，如判决交付土地，需申请管有令状。如判决交付其他货物，主要是申请交付令状。对于完成行为判决的执行方式。则可申请暂时扣押令状。该令状可暂时扣押债务人本人的财产。严重的可申请交付羁押令，据此令状被羁押的人可以是债务人本人，如债务人是法人团体，则对其董事或高级管理人员羁押。

执行扣押后，被申请人仍然不将款项交到法庭的，执达主任便可安排将扣押物品公开拍卖。拍卖所得在支付必要的法庭收费后，用来偿还所欠款项。此外香港强制执行措施还包括执行清盘令和破产令，清盘适用于公司，破产适用于自然人，当债务人“资不抵债”时，公司将强制清盘，自然人也可申请破产，此执行令可由债权人申请，也可由债务人申请。如果债权人未能发现债务人在香港有可供执行的财产，但又有证据显示债务人在香港很可能有财产，可以向法院申请禁止债务人离境，即申请禁止离境令。若债务人不履行法院的判决或命令时，债权人向法官提出申请执行交付羁押令。其目的一方面是强制债务人履行法院命令，另一面也是对债务人抗命行为的惩罚。

【学习总结与拓展】

【关键词】独立审判原则　遵循判例的原则　法律援助

【思考题】

1. 简述中国香港特别行政区（以下简称香港）民事诉讼的法律渊源。
2. 香港法院审判原则有哪些？
3. 香港民事诉讼的基本价值有哪些？
3. 香港民事诉讼提起方式有几种情况？
4. 什么是香港民事诉讼中的上诉许可制度？
5. 香港家事调解制度的特点是什么？

【阅读资料】

1.《中华人民共和国香港特别行政区基本法》。

2. 中国香港特别行政区（以下简称香港）《高等法院条例》（香港法例第 4 章）、《高等法院规则》（香港法例第 4 章附属法例 A）、《婚姻诉讼条例》（香港法例第 179 章）、《婚姻诉讼规则》（香港法例第 179 章附属法例 A）、《婚姻法律程序与财产条例》（香港法例第 192 章）、《区域法院条例》（香港法例第 336 章：第 IV 部民事司法管辖权及程序）、《判决（强制执行措施）条例》（香港法例第 9 章）。

3. 齐树洁主编：《港澳民事诉讼法》厦门大学出版社 2014 年版。

4. 齐树洁主编：《台港澳民事诉讼法》（第 2 版）厦门大学出版社 2014 年版。

5. 陳弘毅、陳文敏、李雪菁、陸文慧合编：《香港法概论》（新版），三联书店香港有限公司 2009 年版。

6. 刘杏梅主编：《香港法概论》，中山大学出版社出版 2010 年版。

7. 赵旭东、董少谋著：《港澳台民事诉讼法论要》厦门大学出版社 2008 年版。

8. 张学仁主编：《香港法概论》，武汉大学出版社 2004 年版。

9. 苏绍聪：《香港民事诉讼中的诉讼费担保制度》，《现代法学》2004 年第 4 期。

10. 汤维建著：《香港民事诉讼法》，河南人民出版社 1997 年版。

第四十五章　中国澳门特别行政区的民事诉讼

【学习提示】通过本章学习，了解中国澳门特别行政区（以下简称澳门）的民事诉讼法具有自己独特的历史和独到的体系，理解澳门的民事司法机关、民事诉讼的管辖、民事诉讼程序的一般规定、初审程序、上诉程序以及证据制度等。限于篇幅，澳门民事诉讼的特别程序本章未作介绍，学习中结合立法、司法活动，把握有关民事诉讼制度和立法方面的动向。

第一节　中国澳门特别行政区民事诉讼的概述

一、中国澳门特别行政区（以下简称澳门）民事诉讼的法律渊源和体例

澳门回归祖国前没有自己独立的法律体系，也没有制定自己的民事诉讼法，澳门法律的主要构成部分是葡萄牙专门为澳门制定的法律和葡萄牙法律在澳门的延伸适用。回归前澳门地区施行的《民事诉讼法典》是葡萄牙1961年颁布的，1962年10月第19305号令延伸通用于澳门地区，1967年以后对《葡萄牙民事诉讼法典》做过数次修改，修改内容延伸适用于澳门地区，形成澳门回归前的民事诉讼法律制度。

1988年，中国政府和葡萄牙政府签订《中葡关于澳门问题的联合声明》，澳门随即进入主权转交的过渡期，同时澳门开始了法律本地化工作，澳门法律本土化主要有广义和狭义之分，前者仅指法律本身的本地化，即通过澳门的立法程序将原先主要有葡萄牙延伸适用于澳门的法律规范转换为澳门的法律；后者又称法制本地化，除法律本身的本地化之外，还包括澳门司法制度和架构的本地化、司法官员的本地化、法律语言的本地化、法律教育的本地化以及澳门法律的普及化。1996年1月和1997年4月，《澳门刑法典》、《澳门刑事诉讼法典》相继生效。1999年8月，奥葡当局正式公布《澳门民法典》和《澳门商法典》，1999年10月8日，澳门总督颁布了第55/99/M号法令，核准并公布了《澳门民事诉讼法典》。该三大法典自1999年11月1日生效。其后，1999年12月20日，澳门特别行政区首任行政长官签署并公布了第9/1999号法律——《司法组织纲要法》和第10/1999号法律——《司法官通则》，1999年12月25日签署了第63/99/M号法令，核准并公布了《法院诉讼费用制度》，2004年8月12日，澳门行政长官签署了第9/2004号法令，对《司法组织纲要法》和《民事诉讼法典》个别条款进行了修改和补充。至此，澳门法律的本地化取得了重大成果。

从法律渊源上来看，澳门的民事诉讼法除了《澳门基本法》的相关规定之外，还有《澳门民事诉讼法典》、《司法组织纲要法》、《司法官通则》、《法院诉讼费用制度》等，

另外还包括《澳门民法典》中的相关规定，这些法律、法规相互配套，构成了澳门现行民事诉讼制度的完整体系。澳门的民事诉讼法继承了葡萄牙的法律模式，表现为典型的大陆法学系的法制特色，即以制定法、法典法为基本法律渊源。当然，其中最主要的是《澳门民事诉讼法典》，这部法典由五卷组成，其排列顺序是：诉讼、诉讼程序的一般规定、普通宣告诉讼程序、普通执行程序、特别程序。法典力求沿用规范诉讼程序的主要方式，例如对通常诉讼程序的修改不多，各程序步骤基本维持不变。

二、中国澳门特别行政区（以下简称澳门）民事诉讼的基本原则

澳门在回归祖国前适用的《葡萄牙民事诉讼法典》关于民事诉讼的基本原则分散规定在有关条文中，现行的《澳门民事诉讼法典》则于第一卷第一编“基本规定”的第2条至第9条规定各项基本原则。在基本原则中，澳门民事诉讼法规定有禁止自力救济原则、当事人进行原则及辩论原则、当事人平等原则、处分原则、诉讼程序之领导权及调查原则、形式合适原则、合作原则、善意原则等8个原则。

（一）禁止自力救济原则

《澳门民事诉讼法典》第2条规定：“以武力实现或保证权利并不合法，但在法律规定之情况及限制范围内除外”也就是说实现法律所保护的权利要通过法院来进行，禁止以“自力救济”的方式来实现权利。但是这一原则并不妨碍在法律规定的情况下及在限制范围之内的某些行为的合法性，比如：自助行为、合法自卫行为、经受害人同意的行为、保护物权的行为等。因此，在原则意义上，自力救济受到禁止，在超越法律以外以及保护其他物权的行为等。因此，在原则意义上，自力救济受到禁止，在超越法律允许的情况下的自力救济会构成违法，甚至可导致刑事犯罪。

（二）当事人进行原则及辩论原则

《澳门民事诉讼法典》第3条规定：“一、未经一方当事人提出请求，而另一方亦未获给予机会申辩者，法院不得解决引致诉讼之利益冲突。二、仅在法律规定之例外情况下，方得未经事先听取某人之陈述而采取针对其之措施。三、在整个诉讼过程中，法官应遵守以及使人遵守辩论原则；在当事人未有机会就法律问题或事实问题作出陈述时，法官不得对该等问题作出裁判，即使属依职权审理者亦然，但明显无需要当事人作出陈述之情况除外。”根据以上规定可以看出，当事人进行原则是指法院对民事案件的审理应以当事人的请求为依据，除非法律有例外规定，否则法院不得在一方当事人未提出请求，并且另一方当事人未获机会申辩的情况下解决引致诉讼的利益冲突。辩论原则是指在整个诉讼过程中，当事人需有机会对法律问题或事实问题作出陈述，否则法官不得就此问题作出裁判，但明显无需当事人作出陈述的情况除外。当事人进行原则和辩论原则是当代西方当事人主义民事诉讼模式的重要原则，与之相立的是职权主义的纠问式诉讼模式。这一原则在葡萄牙《民事诉讼法》中也有体现，《澳门民事诉讼法典》继续保留了这一原则。

（三）当事人平等原则

《澳门民事诉讼法典》第4条规定：“在整个诉讼过程中，法院应确保当事人具有实质平等之地位，尤其在行使权能、使用防御方法及适用程序上之告诫及制裁方面。”当事人平等原则的基本含义是：法院有责任保证参与诉讼的当事人无任何分别的享有诉讼

权利以及承担诉讼义务，从而保证双方获得公正裁判的同等机会。《澳门基本法》同样明确，澳门居民在法律面前人人平等，从而使平等原则在历史进程中具有普遍意义。

（四）处分原则

该项原则表明，当事人对涉及自己的诉讼利益的事实有自行处分的权利，法官一般不能超越当事人陈述的事实进行裁判。这一原则是当事人主义模式的典型体现，它强调的是当事人的积极作用以及法官是消极被动的裁判者，法官只能以当事人陈述的事实作为裁判的基础，而不得自行调查案件事实。但在两种情况下无需当事人陈述：一为属一般知识的显著事实，二为法院履行其职务时知悉的事实。

（五）诉讼程序之领导权及调查原则

《澳门民事诉讼法典》第 6 条规定的诉讼程序之领导权及调查原则又称为法官调查原则或纠问原则。这一原则的主要精神在于两个方面：一是法官以职权命令或采取必要的措施，以保证诉讼程序的正常进行；二是法官以职权命令或采取必要的措施以查明案件事实及合理解决争议。此项原则要求：(1) 诉讼程序开始后，法官应当自主的作出安排，使得诉讼程序能依规则迅速展开，法官应当依职权采取必需的措施，使诉讼正常进行，并且拒绝作出任何无关的或者纯粹是属于拖延程序进行的行为。(2) 如所欠缺之诉讼前提系可弥补，法官须依职权采取措施予以弥补，因而应命令作出使诉讼程序符合规范所需的行为，或在诉讼程序中出现主体变更时，请当事人作出该等行为。(3) 法官就其依法可审理的事实，应依职权采取或命令采取一切必需措施，以查明事实真相及合理解决争议。

（六）形式合适原则

《澳门民事诉讼法典》第 7 条规定："如法律规定之程序步骤并不适合案件之特殊情况，法官经听取当事人意见后，应依职权命令作出更能符合诉讼目的之行为。"所谓形式合适，就是要求对不同的诉讼采取不同的诉讼程序，例如适合于简易程序的案件就不能使用一般通常诉讼程序。这项原则赋予法官在遇到特殊情况时，可在听取当事人意见的基础上，有变更诉讼程序的权力，体现了当事人原则的内在协调统一。

（七）合作原则

《澳门民事诉讼法典》第 8 条规定了合作原则。它是指在主导或参与诉讼程序方面，司法官、诉讼代理人及当事人应相互合作，以便迅速、有效及合理解决争议。在诉讼程序中任何时刻，法官得听取当事人、其代理人或诉讼代理人之陈述，并请其就事实上或法律上之事宜作出有关解释，以及将上述措施所得之结果通知他方当事人。如任一方当事人提出合理理由，说明有重大困难获得某些文件或资料，以致影响其有效行使权能或履行诉讼上之责任或义务，法官应尽可能采取措施，排除有关障碍。这一原则体现了法律对诉讼效率的要求，要求参与诉讼的司法官、诉讼代理人及当事人及时履行自己的义务，尽职尽责，积极合作，最终达到及时解决争议的效果。

（八）善意原则

《澳门民事诉讼法典》第 9 条规定了善意原则，要求当事人进行诉讼行为应处于善意的目的，不应提出违法请求，不应陈述与真相不符之事实、声请采取纯属拖延程序进行的措施，以及不给予法官和他方当事人以上述规定的合作。

三、中国澳门特别行政区（以下简称澳门）民事诉讼的类型和形式

（一）诉讼的类型

澳门民事诉讼将诉讼分为两个大类：即宣告之诉和执行之诉。所谓宣告之诉是指原告为了确定某种法律关系或者某种民事权利或义务存在与否以及应当以何种方式存在而进行的诉讼。宣告之诉包括确认之诉、给付之诉和形成之诉。所谓执行之诉是指原告请求采取适当措施以确实弥补遭受侵害之权利的诉讼。执行之诉必须以一定的执行名义为依据，并以此执行名义确定执行之诉的标的和限制。作为执行依据的凭证可以是判决书、公证文书、汇票、账单、支票等。

（二）诉讼的形式

所谓诉讼形式是指诉讼得以开展的样式，即进行诉讼的程序。根据《澳门民事诉讼法典》的规定，诉讼的形式包括普通诉讼程序和特别程序，普通诉讼程序又包括通常诉讼程序和简易诉讼程序。特别诉讼程序适用于法律明文指定之情况，而普通诉讼程序则适用于所有不采用特别程序之情况。通常诉讼程序和简易诉讼程序的区别主要表现在两个方面，一个方面是在适用条件上是以案件利益值为衡量标准的，另一方面的区别是，通常诉讼程序的程序设计比较规范完善，在适用要求上也较为严格，而简易诉讼程序的设计则比较简捷，在适用上也比较灵活。

需要注意的是，《澳门民事诉讼法典》中的上诉程序也被包含在通常诉讼程序之中，而不是单独地作出规定，这种做法和大陆法系多数国家或地区的民事诉讼法体例不同。

第二节　中国澳门特别行政区民事诉讼的主体

一、中国澳门特别行政区（以下简称澳门）的民事司法机关

澳门的司法机关包括法院和检察院，法官和检察官统称为司法官。法院行使民事案件的审判职能，这种职能与大陆法院是相同的，但是澳门检察院在民事案件中的职能却与大陆检察院有所不同，澳门的司法机关和司法官的组成、职能、权限、纪律和待遇等主要依据《澳门基本法》、《司法组织纲要法》、《司法官通则》、《司法官奉薪制度》等法律法规。

（一）法院和法官

澳门在回归中国之前，司法机关的建制简单，只设有第一审法院，当事人如果要上诉，必须向葡萄牙的法院提起。澳门回归后，依据《澳门基本法》第 84 条的规定，澳门设立初级法院、中级法院和终审法院。另外《澳门基本法》第 86 条规定，澳门还设立行政法院行政法院是管辖行政诉讼和税务诉讼的第一审法院，不服行政法院裁决者，可向中级法院上诉。根据《司法组织纲要法》的规定，第一审法院法官编制如下：初级法院和行政法院的合议庭主席均为 4 名，初级法院法官为 24 名，行政法院法官为 2 名。根据《澳门基本法》和《司法官通则》的规定，澳门各级法院的法官由当地法官、律师和知名人士组成的独立委员会推荐，由行政长官任命。法官的选用以其专业资格为标准，符合标准的外籍法官也可聘用。各级法院的院长由行政长官从法官中选任，终审法

院院长由澳门永久性居民中的中国公民担任。终审法院院长的任命和免职须报全国人民代表大会常务委员会备案。法官在任职期间，不得兼任其他公职或任何私人职务，也不得在政治性团体中担任任何职务，法官履行审判职责的行为不受法律追究。

（二）检察院和检察官

澳门在回归之前没有独立的检察机关，回归后的澳门，检察院作为独立的司法机关第一次出现在澳门。根据《澳门基本法》第 90 条的规定，澳门检察院独立行使法律赋予的检察职能，不受任何干涉。澳门特别行政区的检察长是由澳门永久性居民中的中国公民担任，由行政长官提名，报中央人民政府任命，检察院的检察官经检察长提名，由行政长官任命。根据《司法组织纲要法》的规定，澳门检察院设检察长 1 名，助理检察长 9 名，检察官 23 名。

二、中国澳门特别行政区（以下简称澳门）民事诉讼的当事人

《澳门民事诉讼法典》对当事人能力和诉讼能力都作出了明确的定义。第 39 条规定："当事人能力系指可成为当事人之资格。具法律人格者，亦具当事人能力。"所谓人格权在《澳门民法典》第 36 条作了明确的规定："人格始于完全出生且有生命之时"且"未出生之人获法律所承认之权利系取决于其出生"，"人格之保护范围包括对胎儿造成之损害"。这种关于当事人能力的定义与内地民事诉讼法理论的定义是基本一致的，即具有民事权利能力者，具有当事人能力。《澳门民事诉讼法典》还规定了一些例外，通过法定的延伸机制，使本来没有当事人资格的具有当事人能力。例如一本画册，一件古玩等物本不具有当事人能力，一旦组成了遗产而遗产又未确定其拥有人时，它们的准当事人能力就获得了延伸，获得了当事人资格。债权人因此便可以对该等遗产提起诉讼，法院则会指定代理人代表该等遗产参与诉讼。另外，《澳门民事诉讼法典》还对分支机构的当事人能力以及不合规范的法人的当事人能力做出了明确的规定。

诉讼能力是指可亲自参与诉讼的能力。诉讼能力以行为能力为基础，有行为能力则由诉讼能力，对未成年人等无诉讼能力之人通过其代理人或在保佐人的辅助下，方的进行诉讼。对于无行为能力人这种不宜亲自作出诉讼行为的当事人，法律规定了由检察院为其作出防御的机制，此外对于失踪人或者不能作出行为的人，也适用这一机制。

三、中国澳门特别行政区（以下简称澳门）民事诉讼的代理人

澳门的民事诉讼代理人一般分为法定诉讼代理人、诉讼代理人和委托诉讼代理人。另外，针对某些特殊情况的当事人，检察院也可以充当诉讼代理人。

（一）法定诉讼代理人

在澳门的民事诉讼中，法定诉讼代理人代理的事项是无诉讼行为能力人参与诉讼的行为，即代理未成年人、禁治产人、准禁治产人进行诉讼行为。如《澳门民事诉讼法典》第 44 条规定："一、无诉讼能力之人透过其代理人或在保佐人辅助下，方得进行诉讼，但可由无诉讼能力之人亲身自由作出之行为除外。二、如亲权由父母双方行使，则未成年人由父母双方代理进行诉讼，但提起诉讼需父母双方取得一致意见。三、如被告为未成年人，而亲权由父母双方行使，应传唤父母双方应诉。"第 47 条规定："一、准禁治产人得参与其为当事人之诉讼；如其为被告，应传唤之，否则，导致因未作传唤而

生之无效，即使已传唤其保佐人亦然。二、准禁治产人之参与须在保佐人之引导下进行；如两人间有分歧，则以保佐人之意见为准。”可见，在法定诉讼代理人代理制度中，澳门民事诉讼法特别强调被代理人亲自参加诉讼，一般情况下，法定诉讼代理人并不能完全取代被代理人而进行诉讼。

（二）指定诉讼代理人

澳门的指定诉讼代理人一般发生在如下情形：（1）无诉讼行为能力人如果没有一般代理人，应当向有管辖权的法院申请，由该法院代为指定一般代理人。（2）如果被诉的法人、公司或合伙无代理人，或者被告与其代理人之间有利益冲突，则审理有关案件的法官须为其指定特别代理人。（3）如果当事人在澳门未能聘得愿意在法院作为其代理人的人，可以要求代表律师机构的主持人为其指定一名律师。（4）如遇到紧急情况，或者有权限作出指定的实体于10日内不指定律师时，由法官代为指定。

（三）委托诉讼代理人

委托诉讼代理人是指接受当事人委托而代理者。在澳门的民事诉讼中，只有律师才具有接受委托担任代理人的资格，其他任何主体不能受托代理。澳门的律师从某种意义上说甚至具有司法人员的性质，其职能和权利具有充分的法律保障。另外，诉讼代理人的委托可以通过书面形式委托，也可以口头声明委托，记载于笔录之中。

（四）检察院代理

除了上述三种形式之外，检察院代理可以说是澳门民事诉讼代理制度的一个特色。检察院代理在以下情况下进行：1、如无行为能力人或失踪人又或其代理人在作出防御之限期内，不作申辩亦无委托诉讼代理人，则由检察院为其作出防御；为此，须传唤检察院，而答辩之期间将重新进行。2、如针对不确定人提起诉讼，则该不确定人由检察院代理。3、代理澳门地区。如果案件的标的为本地区的财产或权利，而其由自治实体管理或就其取得收益，则该等自治实体可以委托律师与检察院共同参与诉讼；律师与检察院间意见分歧时，以检察院意见为准。

第三节　中国澳门特别行政区民事诉讼的管辖

中国澳门特别行政区（以下简称澳门）法院体制的设置比较单一，只设有三级法院，即初级法院、中级法院和终审法院，因此澳门的法院只有纵向的审级之分，无横向的地域之分，同时，澳门的学者认为，澳门回归后司法机关的审级制度仍维持“有限度的三级终审制”，澳门的民事诉讼管辖主要是级别管辖问题和涉及澳门区域之外的民事案件管辖问题。

一、中国澳门特别行政区（以下简称澳门）法院确定民事诉讼管辖权的原则

根据《澳门民事诉讼法典》的规定，澳门法院确定民事诉讼的管辖权的原则主要有以下几种情形：

1. 根据《澳门民事诉讼法典》第15条的规定：澳门法院具管辖权之一般情况，当出现下列任一情况时，澳门法院具管辖权：a）作为诉因之事实或任何组成诉因之事实在澳门作出；b）被告非为澳门居民而原告为澳门居民，只要该被告在其居住地之法院

提起相同诉讼时，该原告得在当地被起诉；c）如不在澳门法院提起诉讼，有关权利将无法实现，且拟提起之诉讼与澳门之间在人或物方面存有任何应予考虑之连结点。

2. 根据住所地确定管辖权

根据《澳门民事诉讼法典》第 17 条的规定：遇有下列情况，澳门法院具管辖权审理上条或特别规定中无规定之诉讼，但不影响因第十五条之规定而具有之管辖权：a）被告在澳门有住所或居所；b）被告无常居地、不确定谁为被告或被告下落不明，而原告在澳门有住所或居所；c）被告为法人，而其住所或主要行政管理机关，又或分支机构、代办处、子机构、代理处或代表处位于澳门。

3. 专属管辖权

根据《澳门民事诉讼法典》第 20 条的规定，澳门法院对以下情况具有专属管辖权：(1）与在澳门之不动产之物权有关之诉讼；(2）旨在宣告住所在澳门之法人破产或无偿还能力之诉讼。

4. 在某些特殊情况的管辖权

除一般管辖原则之外，《澳门民事诉讼法典》第 16 条还规定了“对某些诉讼具管辖权之情况”，这些特殊情况涉及债权债务、合同纠纷、财产抵押、船舶碰撞、遗产继承等诸多事宜。这些特殊情况仍然体现了上述确定管辖权的一般原则。

二、中国澳门特别行政区（以下简称澳门）各级法院的管辖权

澳门《司法组织纲要法》对各级法院的司法管辖权做出了明确具体的规定。

（一）初级法院的管辖权

根据澳门《司法组织纲要法》第 27 条的规定，初级法院由民事法庭、刑事起诉法庭、轻微民事案件法庭、刑事法庭、劳动法庭、家庭及未成年人法庭组成。就民事案件而言，初级法院是澳门的基层管辖权法院，绝大多数案件，包括通常程序进行的普通宣告之诉和执行之诉的第一审案件均有初级法院管辖。对初级法院的裁判不服的，可以在符合上诉利益限额的前提下向中级法院提出上诉。

（二）中级法院的管辖权

根据澳门《司法组织纲要法》第 36 条的规定中级法院的管辖范围是：审理初级法院的上诉案件；审理对初级法院和中级法院法官、检察官的职务侵权行为之诉；审查及确认澳门之外的法院和仲裁员所作的裁判；行使法律赋予的其他管辖权。在民事案件管辖权方面，中级法院不受理第一审民事案件，而只是作为第二审审理针对初级法院裁判提出的上诉案件。对中级法院裁判不服的，可以在符合上诉利益限额的前提下向终审法院提出上诉。

（三）终审法院的管辖权

终审法院是澳门最高审级的法院，根据澳门《司法组织纲要法》第 44 条的规定，其民事诉讼管辖权是：审判对中级法院作为第二审级所作的属民事或劳动事宜的合议庭裁判。民事案件从初级法院的第一审，到中级法院的第二审，再到终审法院的第三审，可以说澳门在审级上三审终审制，但是，澳门的三审终审并不是针对所有民事案件，只有那些符合法定上诉利益限额的民事案件才可能会适用三审终审。

第四节　中国澳门特别行政区民事诉讼程序的一般规定

诉讼程序的一般规定是指对于诉讼程序中必须遵行的一般制度和带有普遍性的规则或操作规程所作出的规定。了解中国澳门特别行政区的民事诉讼制度，必须了解其关于诉讼程序的一般规定，因为其带有普遍性和基础性。

一、中国澳门特别行政区（以下简称澳门）诉讼程序的原则

《澳门民事诉讼法典》在诉讼程序的一般规定中明确了诉讼行为限制原则、诉讼程序公开原则和诉讼程序恒定原则。

（一）诉讼行为限制原则

根据《澳门民事诉讼法典》第87条的规定，诉讼行为限制原则的内容是："在诉讼程序中不应作出无用之诉讼行为。"接下来的第88条对行为方式做出了基本的要求，如诉讼行为须以最简单而最能符合所欲达致之目的之方式为之；诉讼行为得遵照有权限实体核准之格式为之；但仅就办事处之行为所核准之格式，方可视为属强制使用。须以书面作出之诉讼行为，作出时应避免使人对形式问题之确实性存有疑问，且内容须清楚，所采用之缩写，意思亦须明确。日期及数目得以阿拉伯数字表示，但涉及当事人或第三人权利或义务之表述时除外；然而，作出更改声明时，经涂改或订正之数目应以大写表示。在进行及执行任何诉讼行为或处理及制作任何诉讼文书时，得使用信息方法。初看起来，这一原则性规定显得过于抽象，然而细细品味，仍可体会制定这一原则的良苦用心。诉讼程序过程繁琐复杂，很容易出现拖沓延误现象，因此，制定这种限定性原则是对提高司法效率而言十分重要。

（二）程序公开原则

程序公开是程序公正的最基本的要求，如果没有公开则公正便无从谈起。《澳门民事诉讼法典》第117条规定："民事诉讼程序是公开的，但属法律作出限制之情况除外。"在程序公开的内容上，诉讼程序之公开使当事人或任何可担任诉讼代理人之人有权依法在办事处查阅卷宗，以及有权取得组成卷宗之任何文书之副本或证明，而就此具有应予考虑之利益之人，亦有该等权利。办事处须就被查询之待决案件之情况，向当事人、其代理人或诉讼代理人，或诉讼代理人适当委托之职员，提供准确之资料。诉讼代理人亦得透过查阅办事处内之信息数据库，取得关于其参与之诉讼程序所处状况之资料。

（三）诉讼程序恒定原则

所谓诉讼程序恒定原则，根据《澳门民事诉讼法》第212条的规定，是指传唤被告后，诉讼程序在人、请求及诉因方面均应维持不变，但属法律规定可改变之情况除外。在规定诉讼程序恒定原则的同时又规定了"新当事人参加而引致之主体变更"、"透过协议改变请求及诉讼"、"未有协议时改变请求及诉因"，以及"反诉"和"诉讼之合并"等可以引致诉讼程序的结构发生变更的情况。这些情况的存在，与诉讼程序恒定原则并不矛盾，因为这些变更是在保证诉讼程序恒定的基础上附加了一定的限制性条件之后所允许的变更。

二、中国澳门特别行政区（以下简称澳门）诉讼行为

所谓诉讼行为，在《澳门民事诉讼法典》中是指对参与诉讼的当事人和指挥诉讼程序的法院在进行诉讼的过程中所作出的行为的基本要求。从诉讼行为作出的主体来看，包括当事人的行为、法官的行为和法院办事处的行为；从诉讼行为的内容来看，涉及行为的方式、使用的语言、作出行为期间、对当事人恶意诉讼行为的处罚等内容。

（一）当事人的行为

《澳门民事诉讼法典》对当事人的行为的基本要求是合乎规范和善意诉讼。与之相适应，当事人的行为主要体现为两部分内容：其一为递交诉讼文书的一般性规范，其二为对当事人恶意诉讼行为的处罚。按照《澳门民事诉讼法典》第100条的规定，当事人向法院递交诉辩书状、声明书、答复等诉讼文书之日视为其作出诉讼行为之日。诉讼文书应当递交法院办事处，或以挂号邮寄、图文传真或远距离信息传送的方法递交。当事人进行诉讼应当处于善意的目的，如果违反这一原则就属于恶意诉讼，根据《澳门民事诉讼法典》第385条的规定，对于恶意进行诉讼者必须判处罚款。

（二）司法官的行为

《澳门民事诉讼法典》对司法官的行为的规定实际上有两方面的含义，其一是法官审判行为的基本要求，其二是针对妨害诉讼的行为赋予法官进行处罚的适当权力。对法官审判行为的基本要求方面，《澳门民事诉讼法典》规定“法官负有司法之义务，就待决事宜须作出批示或判决，并依法遵行上级法院之裁判。”此外，还规定了司法裁判的形式要件以及就裁判说明理由的义务。对妨害诉讼行为赋予法官进行处罚的权力。

（三）办事处的行为

澳门法院设置的办事处属于处理法院日常事务及辅助法官从事案件审判活动的行政性机构，这种行政性机构的职能、权限和工作规范是有明确规定。《澳门民事诉讼法典》对111条对办事处的职能和义务做出了规定“办事处须依据其组织法及诉讼法之规定，负责有关待决案件之事务处理、编制卷宗，以及使待决案件依规则进行。”此外，法律对办事处的具体工作范围和行为规范作了详细的规定。

三、中国澳门特别行政区（以下简称澳门）文件分发、期间、传唤与通知制度

（一）文件分发

澳门的文件分发制度是关于法院对各种司法业务的具体分配和安排的制度，包括对案件的分配和对各种需要法院处理的工作的安排。分发的目的在于平均及随机分配法院的工作，而负责审理某一诉讼程序的法庭或担任裁判书制作人职务的法官系通过分发指定。分发制度在很大程度上保证了司法的公正性。

（二）期间

《澳门民事诉讼法典》将期间种类分为中间期间和行为期间。中间期间是指某一行为在延迟一段时间后方可作出，或使另一期间在延迟一段时间后方起算。也就是说中间期间不是立即开始计算的期间，而是在设定的条件得以出现之后才开始计算。例如：《澳门民事诉讼法典》第103条规定：“当事人声请作出任何行为或采取任何措施、就无效提出争辩、提出附随事项或行使其他诉讼权力之期间均为十日；当事人就他方当事人

提出之行为作出答复之期间亦为十日。作出答复之期间自接获须作答复之行为之通知时起算。”而行为期间强调的是可以作出某种行为得时间段，过了这个时间段，作出某种行为的权利也随之消灭。

关于期间延误的处理，《澳门民事诉讼法典》第96条规定了合理障碍：因不可归责于当事人、其代理人或诉讼代理人之事由，以致未能及时作出行为者，为合理障碍。在无合理障碍的情况下，如果是在期间届满后三日内作出诉讼行为，只要缴纳一定的罚款，该行为可视为有效，如果不缴纳罚款，则作出有关行为之权利视为丧失。

（三）传唤

传唤分为向本人传唤及公示传唤。所谓向本人传唤就是直接与被传唤人取得联系，包括邮递传话和司法人员直接将传话文件交付予被传唤人，但在法律有明文规定之情况下，对负责传达传唤内容之人所作之传唤或者向被传唤人委托的授权接受的律师作出传唤，等同于向被传唤之人本人作出；所谓公示传唤就是在被传唤人下落不明的情况下采取公告或登报的方式进行传唤。

（四）通知制度

就一般事项而言，《澳门民事诉讼法典》第200条规定，对待决诉讼程序之当事人作出通知，须向其诉讼代理人为之。但是，如果有关通知旨在召唤当事人亲身作出行为，则除通知其诉讼代理人外，亦须向当事人本人邮寄一挂号通知书。

四、中国澳门特别行政区（以下简称澳门）诉讼程序的开始、中止、中断和消灭

澳门的诉讼程序自提起诉讼时开始，所谓提起诉讼，是以法院办事处收到原告的起诉状作为标志的。一旦法院办事处收到了原告的起诉状，诉讼即视为已提起及处于待决状态。然而对于被告而言，提起诉讼之行为仅自传唤时起对被告产生效力，也就是说被告的诉讼行为包括进行答辩和反诉只有在被法院传唤之后才可进行。

诉讼程序的中止是指因某些特殊情况的出现而导致诉讼无法继续进行，必须等待造成中止的原因消除之后诉讼程序才能继续进行的情形。根据《澳门民事诉讼法典》第220条规定诉讼程序在下列情况下中止：a）任一当事人死亡或消灭，但不影响《商法典》第三百二十五条第二款规定之适用；b）在必须委托律师之诉讼程序中，诉讼代理人死亡或不能履行其委任；c）在并非必须委托律师之诉讼程序中，无行为能力人之法定代理人死亡或不能履行代理，但已委托诉讼代理人者除外；d）法院命令中止；e）法律特别规定须中止诉讼程序之其他情况。

诉讼程序的中断是指因当事人在促进诉讼程序进行方面或促进有关诉讼的附随事项之程序进行方面有过失，以致诉讼程序停顿超过一年的情形。诉讼程序中断以后，经原告提出申请，诉讼程序仍可恢复进行。如果诉讼程序中断达两年即视为弃置，而无须经司法裁判。

诉讼程序的消灭是指诉讼程序因特定情况的出现致使案件没有继续审理的必要，而予以终结的情形。根据《澳门民事诉讼法典》第229条的规定：诉讼程序基于下列原因而消灭：a）作出判决；b）仲裁协定；c）诉之弃置；d）诉之撤回、请求之舍弃、认诺或和解；e）嗣后出现进行诉讼属不可能或无用之情况。

五、案件利益值制度

在《澳门民事诉讼法》中，案件利益值是一项十分重要的制度，所谓案件利益值，是指以澳元货币为计量单位的单个案件的经济价值。它只要有两个方面的功能，一个方面的功能是用以确定对单个案件的第一审应当适用何种诉讼程序，另一个方面的功能是用以确定单个案件能够提起平常上诉。一般情况下，只有符合法定上诉利益限额的第一审判决才可以提起平常上诉。

六、回避制度

《澳门民事诉讼法典》关于回避的规定分为两种情形，第一种属于必须回避的情形，第二种属于声请回避的情形。所谓必须回避是指只要符合法定的必须回避的情形之一的，法官及有关人员即应主动宣告回避，未宣告回避的，当事人得于判决作出前申请宣告回避的情形。所谓声请回避分为两种情况：其一为法官认为他人可对其公正无私产生怀疑，而请求自行回避的情形；其二为当事人因对法官有所怀疑而声请拒却其参与有关案件的情形。对于声请回避的情形，需经过有关法律程序，以决定法官是否需要回避。

七、保全程序

中国澳门特别行政区民事诉讼保全程序分为普通保全程序和特定保全程序。《澳门民事诉讼法典》第326条规定，任何人有理由恐防他人对其权利造成严重且难以弥补之侵害，而在特定保全程序规定的任何措施均不适用于有关情况时，可以申请采取具体适当之保存或预行措施，以确保受威胁之权利得以实现。可见，普通保全程序适用范围十分广泛，它是进行诉讼保全的基本程序，而特定保全程序是针对某些特殊情况作出的规定。

第五节　中国澳门特别行政区民事诉讼的初审程序

一、起诉

根据《澳门民事诉讼法典》第389条的规定，原告起诉应当向法院提交起诉状。起诉状在内容方面的要件包括：a）指出向何法院提起诉讼及有关当事人之身份资料，为此须指明其姓名、居所，如属可能，亦须指明其职业及工作地方；b）指明诉讼形式；c）载明作为诉讼依据之事实及法律理由；d）提出请求；e）声明有关案件之利益值。原告于起诉状之结尾部分即可提出证人名单及声请采取其他证明措施。如果原告的起诉状不符合上述要求，可能导致整个诉讼程序无效。法院在收到起诉书后应当依法对其形式要件进行审查，经审查之后，可以分别根据不同情况作出批示，即初端驳回之批示、补正批示和传唤批示。

二、答辩与反诉

根据《澳门民事诉讼法典》第400条的规定：在传唤被告时，应提醒被告作出答辩，如不作出答辩，则视为其承认原告分条缕述之事实。答辩时针对原告的起诉而进行的防御的必须手段，也是被告所享有的一项重要诉讼权利。被告应于答辩状中指出有关之诉讼，并阐述反对原告之主张的事实理由和法律理由，以及分开列明所提出之抗辩。被告的答辩期间为30日，在特殊情况下，可最多延长30日。

此外，被告如欲提出反诉，应当在提交答辩状期间提出，具体做法是在答辩状中明确表明提出反诉的意图，并另行提出反诉状。在反诉状中应当提出反诉所依据的事实和理由，并提出明确的反诉请求。反诉人还应当声明反诉之利益值；如不声明反诉之利益值，答辩状仍获接受，但须请反诉人指出有关利益值，否则反诉不予受理。

三、反驳与再答辩

在被告进行答辩或者提出反诉后，原告有权进行答复及防御，是为原告的反驳。原告的反驳应于获知或视作获知被告的答辩之日起15日内作出，但是如有反诉，或诉讼为消极确认之诉，则该期间为30日。在原告作出反驳后，被告还可以进行再答辩。被告的再答辩应于获通知或视为获通知原告提出反驳之日起15日内提出。反驳与再答辩是在原被告完成了一轮起诉和答辩之后的再一次论辩过程，看似延长了开庭前的准备程序，但是它实际上具有很高的实用价值，体现了当事人主义的模式，有利于法庭迅速查明案件事实，其客观上提高了诉讼效率。

四、诉讼程序之清理和准备

诉讼程序的清理主要是对前一阶段所遗留的有关问题作出适当处理，并在作出适当处理之后对后续的诉讼程序作出安排。因此，诉讼程序的清理包括法官依职权命令在限期内就诉辩书状欠缺材料的弥补和补正，同时也包括法官在当事人提交的诉辩书状和有关证据的基础上确定哪些事实属于已确定之事实及哪些事实仍需要作进一步调查。针对法官作出的关于案件事实的批示或决定，当事人有权提出异议，法官应当对该异议作出批示，对该批示当事人不得上诉，但可以在针对终局裁判的上诉中提出争执。

所谓诉讼程序的准备不仅指诉讼程序的清理工作，还包括试行调解程序，以及其他准备工作。如果法官认为可以试行调解，则法官主持调解，调解不成，诉讼继续进行。在试行调解后，或者如果没有进行调解，则于提交诉辩书状之阶段结束后或者在法官指定的弥补或补正有关材料的期间届满后的20日内，如有需要，则法官可以作出关于案件须开庭审理的批示，这种批示被称为清理批示。一旦作出了清理批示，就意味着开庭审理的必然性，但需要说明的是法官可以根据具体情况不作清理批示，也不作关于案件事实情况的批示，而只需命令作出有关内容的通知。

五、听证与判决

所谓听证是指以开庭审理的方式对案件事实进行调查、辩论和裁判以及对法律问题进行辩论的过程。在《澳门民事诉讼法典》中，对案件事实的而调查、辩论和裁判，被称为“对事实事宜之审判”，其中，对案件事实的辩论被称为“事实事宜之辩论”；而对法律问题解释和适用的辩论则被称为“法律方面之辩论”，以上这两种辩论都是在听证中进行。

对事实事宜辩论终结后，合议庭须开会以便作出裁判，如合议庭认为还有需要调查的问题，则可以再听取有关陈述或采取其他调查措施。对案件事宜之裁判须以合议庭裁判方式作出，案件由独任法官负责审判时，须通过独任法官的批示作出，只有参与在辩论及审判听证中作出之所有调查及辩论行为之法官，方得参与对事实事宜之裁判，没有参与全程听证的法官不得参与对事实事宜之裁判。合议庭之裁判以多数票决定，由主持合议庭之法官缮写。法律明确的判决的期间即案件在法律方面的辩论终结后，应将卷宗送交法官，以便其在 20 日内作出判决。

判决作出后，法官应以批示形式对判决书中的错漏、无效等问题进行纠正，而不必等待经上诉程序解决。根据《澳门民事诉讼法典》第 569 条的规定，判决作出后，法官对有关案件之事宜之审判权立即终止，但法官得更正判决中存有之错漏、补正无效之情况、就判决所引起之疑问作出解释，以及就诉讼费用及罚款纠正判决。

《澳门民事诉讼法典》对判决的效力也作出了具体规定，其基本原则是：对于纯粹涉及诉讼关系之批示及判决，仅在诉讼程序以内具强制力；对于实体关系所作之裁判在诉讼程序以内或以外均具有强制力，但不影响与再审上诉及基于第三人反对而提起之上诉有关之规定之适用。

第六节　中国澳门特别行政区民事诉讼的上诉程序

《澳门民事诉讼法典》将上诉分为平常上诉程序与非常上诉，非常上诉包括再审上诉及基于第三人反对而提起的上诉，其余上诉为平常上诉。

一、中国澳门特别行政区（以下简称澳门）的平常上诉程序

根据《澳门民事诉讼法典》第 583 条规定，可提起平常上诉的裁判一般应当符合三个条件：（1）当案件之利益值高于作出上诉所针对裁判之法院之法定上诉利益限额；（2）上诉所针对之裁判不利于上诉人之主张；（3）该裁判对其不利之利益值高于该法院之法定上诉利益限额一半。然而，如在因所作之裁判而丧失之利益值方面存有合理疑问，则仅考虑案件之利益值。

另外，遇有下列情况，不论利益值为何，均得提起上诉：（1）以违反管辖权之规则为上诉依据，但不影响第三十四条第三款规定之适用，又或以抵触裁判已确定之案件为上诉依据；（2）裁判涉及案件、附随事项或保全程序之利益值时，以该利益值超过作出上诉所针对之裁判之法院之法定上诉利益限额为上诉依据；（3）所作之裁判违反具强制性之司法见解；（4）属终审法院之合议庭裁判，而此裁判与该法院在同一法律范围内，就同一法律基本问题所作之另一合议庭裁判互相对立，但如前一合议庭裁判符合具强制性之司法见解者除外；（5）属中级法院所作之合议庭裁判，而基于与该法院之法定上诉利益限额无关之理由不得对该裁判提起平常上诉，且该裁判与该法院在同一法律范围内，就同一法律基本问题所作之另一裁判互相对立，但该合议庭裁判符合具强制性之司法见解者除外。在上款（3）项及（4）项所指之情况下，检察院必须提起上诉。

在澳门民事诉讼程序中，上诉是以当事人申请的方式进行的，申请可以是书面的，也可以是口头的。如果是书面申请，则必须在法定期间内向作出上诉所针对的裁判的法

院提交；口头申请上诉发生在口头作出判决或批示的情况下，该口头申请应当载于记录中。提起上诉的期间是10日，一般自作出裁判之通知时起算。上诉若获得接受，便会以不同方式被呈送移送至上级进行审理，上级法院审理上诉案件一般采取不开庭审理的方式。

二、中国澳门特别行政区（以下简称澳门）的非常上诉程序

澳门的非常上诉程序包括再审上诉和基于第三人反对而提起的上诉。

（一）再审上诉

根据《澳门民事诉讼法典》第653条的规定，提起再审之诉的依据包括：（1）透过已确定之判决显示出上述裁判系因法官或参与裁判之任一法官渎职、违法收取利益或受贿而作出者；（2）透过已确定之判决确认法院之文件或行为、陈述或证言又或鉴定人之声明出现虚假情况，而该将予再审之裁判可能因此等虚假情况而作出者；但在作出该裁判之诉讼程序中曾就该等虚假问题进行讨论者除外；（3）有人提交当事人不知悉之文件或提交当事人于作出该裁判之诉讼程序中未能加以利用之文件，而单凭该文件足以使该裁判变更成一个对败诉当事人较为有利之裁判；（4）该裁判所依据之认诺、请求之舍弃、诉之撤回或和解，被已确定之判决宣告为无效或予以撤销；（5）认诺、请求之舍弃、诉之撤回或和解因违反第七十九条及第二百三十九条之规定而属无效，但不影响第二百四十三条第三款规定之适用；（6）显示出未有作出传唤或所作之传唤属无效，以致有关诉讼及执行程序又或仅有关诉讼因被告绝对无参与而在被告不到庭之情况下进行；（7）该裁判与先前作出、对当事人构成裁判已确定之案件之另一裁判有所抵触。

再审程序因案件利害关系人之申请而开始，提起再审上诉的期间为60日，自再审上诉所依据之判决被确定或当事人获得作为再审上诉依据之文件或知悉作为再审上诉依据之事实之日起算。但如果所作裁判作为确定裁判超过5年，则丧失提起再审上诉的权利。再审上诉如果获得受理，则应通知他方当事人本人于20日内作出答复，被上诉人作出答复或答复期限届满后，法院须采取必需的措施，并审理再审上诉的依据。如果裁定再审依据理由成立，则再审所针对的裁判应予废止，而且依据不同情形作出不同的行为：（1）未传唤被告或者传唤无效的，应当撤销在该情况下所做的诉讼行为，而且应当命令传唤被告参与有关诉讼；（2）法官渎职或受贿，或者提交当事人未知悉的文件的，应当重新作出判决，并采取必需的措施，且给予每一当事人20日的期间以作书面陈述；（3）属于法院的虚假行为或者虚假的文件、陈述、证言，或者虚假的鉴定，或者裁判所依据的当事人承认、放弃请求、撤诉或者和解被已确定的判决宣告为无效或者予以撤销，或者因无特别授权而代理当事人进行承认、放弃请求、撤诉或和解之情形的，应当对案件进行重新调查及审判。

（二）基于第三人反对而提起的上诉

根据《澳门民事诉讼法典》第653条的规定，如果争议系基于当事人之间的虚伪行为，且法院因不知悉有关的欺诈行为而没有行使法律赋予的权力，则在有关终局裁判确定后，受该裁判影响之人可以通过基于第三人反对而提起的上诉程序提出上诉。

基于第三人反对而提起的上诉所称第三人主要是指案外人，此外，也包括未亲自参加诉讼的无行为能力人以及任何收到有关裁判之不利影响的当事人的继受人及债权人。

基于第三人的上诉期间为自该第三人知悉该裁判之日起 3 个月内，但最长不超过 5 年。上诉获得受理后，须通知被上诉人于 20 日内作出答复，答复期间届满后，受理法院应裁判上诉是否继续进行。如果上诉继续进行，应当按照被提起上诉的判决的诉讼所采用的程序中在提交诉辩书状阶段结束后的步骤进行审判。

第七节 中国澳门特别行政区民事诉讼的证据制度

一、中国澳门特别行政区（以下简称澳门）民事诉讼的证据种类

《澳门民事诉讼法典》并没有采取列举方式规定证据的种类，而是从证据方法的角度对有关种类的证据作出规定。其证据方法主要包括书证、当事人陈述、鉴定、勘验和人证。

（一）书证

《澳门民法典》第 355 条规定：书证系源自文件之证据；文件系指任何由人编制用以再现或显示人、物或事实之对象。

书证在种类上分为公文书或私文书。公文书系指公共当局在其权限范围内，或公证员或被授予公信力之官员在其所获授权之行事范围内依法定手续缮立之文书；其他文书为私文书。当事人按公证法之规定在公证员面前确认之私文书，为经认证之文书。公文书对其本身所指有关当局、官员或公证员作出之事实，以及对以做成文书实体之认知为依据而透过文书所证明之事实，均具有完全证明力。私文书对其所做承认所作之意思表示有完全证明力，但不影响对文书虚假之争辩及证明。

（二）当事人陈述

关于当事人陈述，《澳门民事诉讼法典》第 477 条规定：法官得于诉讼程序之任何时刻命令当事人亲自到场，就对于案件之裁判属重要之事实作陈述。在陈述的程序上，要经过宣誓、陈述和询问。当事人陈述的事实包括对自己有利的事实和对自己不利的事实。

（三）鉴定

《澳门民法典》第 382 条指出了鉴定的概念：鉴定系在有必要运用专门之技术、科学或技能之知识下，或在基于涉及人身之事实不应成为司法勘验对象之情况下，透过鉴定人而对事实作出了解或认定。《澳门民事诉讼法典》对鉴定的制度和程序做出了详细的规定，包括鉴定的提起、鉴定人的指定、鉴定人履行职务的要求、鉴定措施、鉴定报告及其异议、第二次鉴定等。

（四）勘验

《澳门民事诉讼法典》对勘验的目的作了规定：如法院认为适宜，得主动或应当事人之声请，在尊重私人生活之隐私及人之尊严下，对物或人进行检验，以澄清对案件之审判属重要之任何事实。法院可以偕同具备专门知识的技术人员到场，以便其对法院欲查证之事实在调查及理解方面向法院加以解释。勘验必须制作笔录，当中记录一切对案件之审查及裁判属有用之资料。

（五）人证

人证作为一种证据方法，是指通过证人提供的证言来证明案件事实。《澳门民事诉讼法典》对证人的资格、证人的权利和义务、证人提供证言的方式、证人作证的程序等内容作出了规定。关于证人证言的证明力问题，第386条规定："在任何情况下，只要无直接或间接排除采纳人证，均得采纳人证"，第390条规定："证人证言之证明力，由法院自由判断。"

二、中国澳门特别行政区（以下简称澳门）民事诉讼的证明责任

证明责任有两个方面的含义，其一是指当事人所应当承担的提供证据以证明其主张的事实的责任，其二是指在不能提供证据证明其主张的事实时所应当承担的对其不利的结果的责任。澳门的法律中对证明责任和举证责任这两种提法并没有严格的界限。

根据《澳门民法典》第335条规定了一般情况下的举证责任：（1）创设权利之事实，由主张权利之人负责证明。（2）就他人所主张之权利存有阻碍，变更或消灭权利之事实，由主张权利所针对之人负责证明。（3）如有疑问，有关事实应视为创设权利之事实。在一般情况下，举证责任由提出主张的一方当事人负担，但是，在某些特殊情况下，也可以出现举证责任倒置即由提出主张的对方当事人负举证责任的情形。《澳门民法典》第337条明确规定了举证责任倒置的情形：（1）如果存在法律上之推定、举证责任之免除或解除的情况，责任倒置。（2）因对方之过错使应付举证责任之人不能提出证据时，举证责任亦倒置。（3）当事人可以约定在某种情况下举证责任倒置。

【学习总结与拓展】

【关键词】 中国澳门特别行政区（以下简称澳门）民事诉讼的诉讼程序的原则　级别管辖　共同诉讼　听证制度　证据类型　证明责任

【思考题】

1. 澳门民事诉讼的基本原则包括哪些？
2. 澳门民事诉讼各级法院的设置情况是什么？
3. 澳门民事诉讼管辖权确定的原则是什么？
4. 澳门民事诉讼中级法院的管辖权包括哪些？
5. 澳门民事诉讼中初审程序的概念和诉讼流程有哪些？
6. 澳门民事诉讼中对书证种类以及证明力的规定包括哪些？

【阅读资料】

1.《中华人民共和国澳门特别行政区基本法》；《澳门民事诉讼法典》（澳门政府法令第55/99/M号），http://laws.66law.cn/law-96380.aspx。

2. 赵旭东、董少谋著：《港澳台民事诉讼法论要》，厦门大学出版社，2008年12月版；杨贤坤、邓伟平、邢益强主编：《澳门特别行政区法律通览》，中山大学出版社2004年版；赵秉志、高德志主编：《澳门法律问题》，中国人民公安大学出版社1997年版。

第四十六章　中国台湾地区民事诉讼

【学习提示】通过本章学习，了解我国台湾地区民事诉讼的原则与制度、民事诉讼的具体程序，包括第一审程序、上诉审和再审程序等，知悉我国台湾地区民事特殊诉讼程序和家事事件程序。

第一节　中国台湾地区民事诉讼的原则与制度

一、台湾地区民事诉讼的原则

我国台湾地区的所谓“民事诉讼法”在总则中没有专门就诉讼的原则做出规定，其原则体现在具体的“法律”规定中，归纳起来，主要有以下一些：

（一）言辞辩论原则

言辞辩论是我国台湾民事诉讼程序的核心，包括当事人的陈述，声明证据，分别辩论以即合并辩论等等，相当于我国大陆民事诉讼程序庭审中的法庭调查与法庭辩论。第一审和第二审程序中，都必须进行言辞辩论，并且“法院”在言辞辩论终结后，宣示裁判前，如认为有必要还可命令再次言辞辩论。

言辞辩论原则的例外在于第三审程序，第三审“法院”的判决一般不经言辞辩论即做出，除非“法院”认为确有必要进行言辞辩论。

（二）一事不再理原则

一事不再理原则在中国台湾地区“民事诉讼法”中有多处体现。包括：当事人在诉讼中不能就已经起诉的事件，另行起诉；当事人在本案终局判决以后撤回诉讼的，即不得在重复提起同一诉讼；诉讼标的经过确定的终局判决裁判，除“法律”另有规定外，当事人不得就该“法律”关系另行起诉。

（三）当事人恒定原则

根据中国台湾地区“民事诉讼法”的规定，在民事诉讼中作为诉讼标的的“法律”关系，虽转移于第三人，但对诉讼不产生影响。第三人经双方当事人同意，可以申请代替当事人承担诉讼。

（四）程序公开原则

在中国台湾地区民事诉讼中，言辞辩论一般公开进行，当然涉及个人隐私或者商业秘密的除外。此外，在调解程序中，调解委员会进行的调解亦可不公开；程序公开的例外还有言辞辩论的准备程序不公开，以及宣告禁治产程序的不得公开。

二、中国台湾地区民事诉讼的制度

（一）回避制度

中国台湾地区民事诉讼中回避的范围包括“推事”、“书记官”和通译，回避的方式有自行回避和当事人申请回避两种。“推事”应当自行回避的情形包括：1、“推事”或其配偶、前配偶或未婚配偶，为案件当事人的；2、“推事”为当事人的八等亲内的血亲或五等亲内的姻亲，或曾由此亲属关系的；3、“推事”或其配偶、前配偶或未婚配偶，与案件当事人有共同权利人、共同义务人或者偿还义务人关系的；4、推实现为或曾为案件当事人的法定代理人或家长、家属的；5、“推事”在该案件中现为或曾为当事人的诉讼代理人或辅佐人的；6、“推事”在该案中曾作为证人或鉴定人的；7、“推事”曾参与该案之前的裁判或者仲裁的。

“推事”应当回避而没有自行回避的，当事人可以申请其回避；虽然不属于以上规定的情形，但有足以使当事人认为其执行职务有偏颇的其他情形的，当事人亦可申请其回避。

回避制度是诉讼中一项重要的制度，违背回避制度所作的判决，为当然违背法令，当事人可以上诉于第二审以及第三审“法院”，并且还是当事人提起再审的法定事由。

（二）证人作证制度

中国台湾地区民事诉讼中建立了完备的证人作证制度。“法律”明确规定，任何人于他人的诉讼都有作为证人的义务。对于已受合法通知但无正当理由不到场的证人，“法院”可以对其处以罚款。“法律”还就对于公务员为证人作了特别规定，而且对于证人可以拒绝和不得拒绝提供证言的事由作了具体规定，使证人作证的每一个细节都有法可依。

（三）调解制度

中国台湾地区民事诉讼中的调解有强制调解和任意调解。“法律”规定了一系列强制调解的事件，当事人就这些事件向“法院”提起诉讼时，必须先经向“法院”申请调解；除了必须先经调解的事件外，对于其他事件，当事人也可以通过合意选择是否先行调解。

从时间上来看，又可以把调解分为诉前调解和诉讼中的调解；强制调解属于诉前调解。当事人还可以在第一审诉讼程序中，合意将案件移付调解。在这种情形下，诉讼即停止进行。如果调解成立，则诉讼终结；调解不成，诉讼程序则继续进行。

（四）三审终审制度

在审级制度上，我国台湾地区与大陆地区不同：大陆实行两审终审制度，而台湾地区实行的则是三审终审制。当事人最多可以有两次上诉的机会，使案件经过三次审判。当然，向第二审和第三审“法院”上诉在范围上肯定有所不同，向第三审“法院”上诉的理由仅限于第二审“法院”对案件的裁判违背法令。

第二节　中国台湾地区民事诉讼的第一审程序

一、通常诉讼程序

（一）诉讼的开始与言辞辩论的准备

与我国大陆地区以及世界上任何其他国家和地区一样，我国台湾地区民事诉讼的第一审程序由当事人向“法院”起诉而引发。在台湾地区，当事人向“法院”提起诉讼，必须以起诉状形式书面作出，并且诉状必须至少具备以下内容：1、当事人及其法定代理人；2、诉讼标的及其原因事实；3、应受判决事项之声明（中国台湾地区“民事诉讼法”第244条）。“法院”收受诉状后，经审查和补正，予以立案，即由审判长迅速制定言辞辩论（相当于大陆地区开庭审理中的法庭辩论）期日，并将诉状和言辞辩论期日之通知书一并送达被告。诉状送达后，一般情况下原告不得变更原诉或者追加他诉，除非：1、被告同意，或者2、追加的请求与原诉基于同意事实，或者3、扩张或减缩应受判决事项之声明，或者4、因情势变更而为变更或追加，或者5、追加必要诉讼当事人，或者6、判决必须以某一“法律”关系的成立与否为依据，而这一“法律”关系的确认有争议的，或者7、对于被告的防御或诉讼的终结没有妨碍的。

作为被告的保护手段，被告亦可对原告提起反诉。反诉可在提供答辩状时提出，但必须在言辞辩论终结前向本诉之管辖“法院”提出。对于反诉的提起，中国台湾“民事诉讼法”有三项限制：其一，反诉的标的如果专属于其他“法院”管辖或者与本诉不相牵连的，不得提起；其二，反诉与本诉为属不同种诉讼程序的，不得提起；其三，若当事人意图以反诉拖延诉讼的，也不得提起。反诉与本诉都可撤回，其效力视同未起诉。

中国台湾地区民事诉讼的第一审程序以言辞辩论为中心，当事人诉讼书状的记载与提出实际上都是对言辞辩论的准备，因此其“民事诉讼法”规定：“当事人因准备言辞辩论之必要，因以书状记载其所用之攻击或防御方法，及对于他造之声明并攻击或防御方法之陈述，提出于法院，并以缮本或影本直接通知他造。”言辞白辩论的另一种专门准备叫做准备程序，凡由合议庭进行审理的诉讼案件，都必经准备程序。这时“法院”将任命“受命法官”主持准备程序，以阐明诉讼关系为止。“受命法官”可以通过不公开的法庭形式，命令当事人就准备书状记载之事项做出说明以及就事实或文书、物件做出陈述，整理并协议简化争点或者其他必要事项。当事人就其主张之争点达成协议的，应受其约束，除非双方同意变更或者因不可归责于当事人之事由或其他情形而使协议显失公平。

（二）证据与证明

中国台湾地区“民事诉讼法”对于证据这一节的内容的规定是详尽而周到的，包括了整整一百条的内容，占了整部“民事诉讼法”条文总数的近六分之一。在举证责任的分配原则上，我国台湾地区民事诉讼与大陆地区的做法是一致的，即“谁主张，谁举证”，中国台湾地区“民事诉讼法”是这样阐述的：“当事人主张有利于己之事实者，就其事实有举证之责任。”此外，中国台湾“民事诉讼法”还详细规定了五种举证责任之例外，包括：

1. 显著或已知之事实。指该事实对于“法院”来讲已经显著知悉或者已为其职务上所已知，就无须再举证。

2. 自认。指一方当事人对于对方当事人主张的事实，已经在其准备的书状内或者在言辞辩论是在受命“法官”或者受托“法官”前自认，对方当事人就无须再承担举证责任。对于附条件的自认是否成立则由“法院”进行判断。当事人不得随意撤销自认，除非可以证明该自认于事实不服或者对方当事人同意撤销。

3. 视同自认。即视同于自认的效果。指一方当事人对于对方当事人的主张的事实，在言辞辩论时不予争辩，即视同于自认，对方当事人对此主张就无须再举证。此外，一方当事人对于对方当事人的主张的事实，已经接受合法通知但言辞辩论期日不到场，亦未提交准备书状，也视同于自认。对于当事人对对方的事实主张做出的“不知道”或者“不记得”等陈述，是否视为自认，则由“法院”酌情断定。

4. “法律”推定之事实。“法律”上推定的事实，只要没有反证的，当事人就无须再举证。

5. 事实之推定。指“法院”可以依据已经明确的事实，推定待证事实的真伪。

中国台湾地区的民事诉讼有典型的大陆法系职权主义的特征，“法院”有充分的权限对证据进行调查。对于当事人声明的证据，“法院”应为调查；同时在“法院”不能依当事人声明的证据而得到心证时，也可依职权进行调查；在言辞辩论中，“法院”在认为必要时，还可以依职权讯问当事人。在民事案件的证明过程中，“法院”拥有强大的职权，并且建立了完备的证人作证制度。中国台湾“民事诉讼法”明确规定，任何人于他人的诉讼，都有作证的义务，“法律”另有规定的除外。对于经合法通知，无正当理由不到场作证的证人，“法院”可以处以罚款并采取拘提措施。当然，证人在“法律”规定的特殊情形下，也可以拒绝提供证言，如证人与当事人存在规定的亲属关系，证人证言会带来对自己或上述亲属的直接财产损害或使其受刑事追诉或者蒙受耻辱，以及证人有职务上或者业务上的保密义务等等。在言辞辩论中，审判长以及陪审“法官”可以向证人发问。

（三）判决与既判力

在中国台湾地区民事诉讼中，判决的作出部一定要在整个案件完全审理清楚之后，只要诉讼达到可以做出裁判的程度，“法院”就应当做出终局判决。合并进行言辞辩论的数宗诉讼，只要其中之一达到了可以做出判决的程度，就可以对此项诉讼先行做出判决。诉讼标的的一部分或者数项诉讼主张之一达到了可以做出裁判的程度，“法院”就可以就该部分标的做出终局判决。“法院”还可以做出中间判决，即对于诉讼中的各种独立的攻击、防御方法或者争执点，只要达到可以做出裁判的程度，就可以做出判决。与大陆地区的民事诉讼制度一样，中国台湾民事诉讼中也有缺席判决，称作“一造辩论判决”，即指当事人一方在言辞辩论时不到场，或者虽然到场却不作辩论，“法院”就可以依当事人申请（言辞辩论当日不到场）或者依职权（经再传仍不到场）根据到场当事人的辩论而做出判决。不过，做出“一造辩论判决”也有例外，如未到场当事人并未受到合法通知，未到场的原因是天灾或者不可避免的事故，或者到场的当事人对于“法院”依职权进行的调查不能提供必要的证明以及到场的当事人所提出的事实、证据或者声明未在适当时期内通知对方当事人。对于判决的范围，中国台湾“民事诉讼法”规定，“法院”不得就当事人没有提出的事项做出判决。

关于“法院”作出的判决的既判力的客观范围，中国台湾地区的民事诉讼制度贯穿适用了“一事不再理”的原则，即诉讼标的经过确定的终局判决裁判，除“法律”另有规定外，当事人不得就该“法律”关系另行起诉。在既判力的主观范围上，判决不仅于当事人有效，其效力同样及于当事人的继受人以及代其保有诉讼标的物。

二、调解程序

（一）强制调解制度

在调解程序上，我国台湾地区的做法与大陆地区有很大的区别。大陆地区的调解程序是诉讼的一部分，并且一般都在案件审理过程中进行，与调解一词相对应的则是判决。在台湾民事诉讼制度中，与调解相对应的是诉讼，调解是独立于诉讼之外的另外一种程序，并且一般调解程序都进行于诉讼之前，有点像大陆仲裁与诉讼的关系。中国台湾地区“民事诉讼法”规定了十一项必须先经调解才能起诉的事件，对于这些事件，当事人在起诉前，必须先经“法院”调解，否则，当事人如径行起诉的，也只能视为调解申请。

上述强制调解事件之外的就是任意调解事件，当事人可以选择在起诉前申请调解。“法院”经审查发现调解申请存在“法律”规定的情形如票据纠纷、对方反诉、经其法定机关调解不成等等（中国台湾地区“民事诉讼法”第四百零六条），即径行裁定驳回当事人调解申请。

“法院”受理当事人调解申请后，由简易庭“法官”担任调解“法官”，并选任调解委员会1至3人先行调解。调解委员会进行调解时，基于平和和恳切的态度，对双方当事人进行适当的劝导，就所调解的事件之定平允的方案，力求达到双方和谐。调解委员会进行的调解一般不公开进行，至调解到相当程度或有其他必要情形时，再报请“法官”到场。当事人在调解期日无正当理由不到场的，“法院”可以对其作出处以罚款的裁定。“法官”在调解过程中，可以在必要时调查取证。

在第一审诉讼程序中，双方当事人亦可经合意将案件移付调解。在这种情形下，诉讼即停止进行。如果调解成立，则诉讼终结；调解不成，诉讼程序则继续进行。

（二）调解的结果

关于财产权利争议的调解，经过双方当事人同意，由调解委员会拟定解决争议的调解条款，除双方当事人另有约定外，由调解委员会过半数确定。该调解条款经书面记录并由“法官”审核后，视为调解成立。

如果调解委员会不能确定调解条款时，“法官”在征得双方当事人同意后，可以确定调解条款，或者另定调解期日，或者视为调解不成立。“法官”确定的调解条款经记明于调解笔录，即视为调解成立。

调解经当事人合意成立后，在效力上等同于诉讼中的和解。

调解不成立的，“法院”可以依一方当事人的申请，将调解转成诉讼程序，进行言辞辩论。在此情形下，视为调解申请人自申请调解时就已经起诉，即不再另行起诉。

三、简易程序与小额诉讼程序

（一）简易程序

与大陆地区一样，在中国台湾地区的简易程序也仅在第一审程序中适用。对于简易程序的适用，中国台湾地区“民事诉讼法”以列举的方式详细规定了适用范围，其中包括必须适用简易程序的案件和当事人选择适用的情形。前者必须适用简易程序的情形除了以诉讼标的的金额为标准外（新台币 50 万元以下），还有 10 种不论标的金额大小都一律适用简易程序的情形，即：1、因建筑物或其他工作物定期租赁或借贷纠纷；2、雇佣关系纠纷；3、旅店与客人之间的财物纠纷；4、请求保护占有的诉讼；5、不动产界限或设置界标纠纷；6、票据纠纷；7、和会纠纷；8、请求给付利息、租金、赡养费等定期给付的纠纷；9、动产租赁或借贷纠纷；10、涉及以上第 1 至 3 项和第 6 至 9 项的保证关系的纠纷。

除了必须适用简易程序的情形外，当事人亦可以书面形式合意适用简易程序，即当事人有选择是否适用简易程序的权利。并且对于不属于必须适用简易程序的案件，如果“法院”已经按照简易程序进行审理，双方当事人对此均未提出异议并已经进行言辞辩论的，视为已经达成合意。

相对于普通程序，简易程序可以言辞方式起诉，由“法院”“书记官”做出记录；其他的声明或者陈述也用言辞方式。同时，当事人到庭进行言辞辩论时，也可以不经通知，而直接在“法院”通常开庭之日自行到场。简易程序由一名“法官”独任审理，以一次期日辩论终结为原则。

由于当事人对原诉讼请求的变更、追加或者提起反诉，而致使案件不再属于必须简易程序的情形的，由“法院”以裁定形式改为适用通常诉讼形式，并由原“法官”继续审理；但是当事人也可以合意继续适用简易程序。对于简易程序的第一审裁判，当事人可以向有管辖权的地方“法院”上诉或者抗告。

（二）小额诉讼程序

小额诉讼程序是针对金钱或有价证券给付而诉讼标的额的数量很小的案件而设立的一种更为简易的诉讼程序。我国台湾地区“民事诉讼法”规定关于给付金钱或其他代替物或有价证券的诉讼，其标的金额或者价额在新台币 10 万元以下的，即适用小额诉讼程序。同时对于标的金额在 50 万元以下的，“法院”也可依当事人的书面合意而适用小额诉讼程序。

适用小额诉讼程序的案件，当事人在起诉时，必须使用由所谓“司法院”规定的格式化的诉状；并且除非当事人提出异议，小额诉讼程序一般在夜间、周末或者其他休息日进行。同简易程序一样，小额诉讼程序也言辞方式起诉，由“法院”“书记官”做出记录；其他的声明或者陈述也用言辞方式。同时，当事人到庭进行言辞辩论时，也可以不经通知，而直接在“法院”通常开庭之日自行到场。小额诉讼程序也由一名“法官”独任审理，并以一次期日辩论终结为原则。

对于小额程序的第一审裁判，当事人可以向有管辖权的地方“法院”上诉或者抗告，但上诉或抗告的唯一理由是该裁判违背法令。

第三节　中国台湾地区民事诉讼的上诉审与再审程序

一、上诉审程序

我国台湾地区的民事诉讼在审级制度上实行三审终审制，因此当事人对与判决或者裁定不服，理论上将都可以有两次上诉或者抗告的机会。

（一）上诉与抗告

当事人不服第一审获第二审终局判决，可以上诉于有管辖权的第二审“法院”或第三审“法院”。上诉一般以上诉状形式向做出原判决的第一审或者第二审“法院”提出。对于第一审判决，当事人在判决宣示或者送达后，可以舍弃上诉权。上诉人也可以在终局判决做出前撤回上诉，但被上诉人如已经附带上诉的，应经其同意。撤回上诉后，上诉人即丧失其上诉权。被上诉人可以在第二审程序言辞辩论终结前提其附带上诉。

相对而言，向第三审“法院”上诉的范围略窄，中国台湾地区“民事诉讼法”列明了三种不得上诉的规定，即：1、第一审判决的一部分未经向第二审“法院”上诉或者附带上诉当事人对于维持原判的第二审判决，不得上诉；2、对于财产权利的诉讼的第二审判决上诉，其所得受的利益不超过新台币以百万元的，不得上诉；但是，对于第一审为简易程序，而第二审为通常程序的判决，则不论金额，都可以上诉于第三审“法院”；3、向第三审“法院”上诉只能以第二审判决违法为理由，如判决“法院”的组织不合法，依法应当回避的“法官”没有回避，违背专属管辖规定，当事人在诉讼中未经合法代理的，违背言辞辩论公开的规定，判决没有理由或者理由矛盾等等。此外，对于第二审判决的上诉，上诉人应当委托律师担任诉讼代理人；并且，对于上诉的声明不得变更或者扩张，被上诉人亦不得提出附带上诉。

与中国大陆地区民事诉讼对裁定的上诉不同，中国台湾地区民事诉讼中，当事人不服“法院”裁定，可以提出抗告。诉讼进行中所做出的裁定，除“法律”另有规定外，一般不得抗告；不得上诉与第三审“法院”的事件，对于第二审“法院”做出的裁定，也不得抗告。抗告应当向做出裁定的原“法院”或者原审判长所属“法院”以抗告状形式提出，第一审程序适用简易程序的案件，可以以言辞方式抗告。当事人提出抗告可以同时提出新的事实和证据。抗告由直接上级“法院”裁定。抗告“法院”认为抗告不合法或者没有理由，应当裁定驳回抗告；如认为抗告有理由，就应当废弃原裁定，重新做出裁定，或者必要时命原“法院”或审判长更改裁定。对于抗告“法院”做出的废弃或者变更原裁定的裁定，当事人可以再抗告。同上诉一样，当事人对于自己的抗告权亦可舍弃或者撤回。

（二）上诉审程序

不论是第二审还是第三审程序，“法院”都将对当事人的上诉进行审查，如果其上诉已过上诉期间或者是对于依法不得上诉的判决提起的上诉，“法院”即以裁定驳回当事人上诉，或令其在一定期间内补正。

第二审程序也进行言辞辩论，并且言辞辩论的范围仅限于上诉所声明的范围之内。在第二审程序中，一般情况下，非经对方当事人同意，一方当事人不得变更或者追加诉讼请求，除非 1、追加的请求与原诉基于同意事实，或者 2、扩张或减缩应受判决事项之声明，或者 3、因情势变更而为变更或追加，或者 5、追加必要诉讼当事人，或者 4、判决必须以某一“法律”关系的成立与否为依据，而这一“法律”关系的确认有争议的。而非经对方当事人同意，一方当事人亦不得在第二审程序阶段提起反诉，除非 1、判决必须以某一“法律”关系的成立与否为依据，而这一“法律”关系的确认有争议的，或者 2、就同一诉讼标的有反诉利益的，或者 3、就主张请求的余额部分有反诉利益的，或者 4、对方当事人对提起反诉没有异议，并且已经进行言辞辩论的。当事人在第一审程序中所进行的诉讼行为，对于第二审程序仍有效力；当事人还可以在第二审程序中提出新的攻击或者防御方法。

与第二审程序不同，第三审程序中，当时人上诉的声明，不得进行变更或者扩张，被上诉人也不得提出附带上诉。第三审“法院”的判决，一般不经过言辞辩论即做出，除非“法院”认为确有必要。第三审“法院”在当时人上诉声明的范围之内行使调查的权力，但调查第二审判决是否违背法令，则不受上诉理由的拘束。第三审“法院”经调查，如认为当事人的上诉有理由，则就该部分废弃原判决，并将案件发回原第二审“法院”或者发交其他同级“法院”，或者就该案件自行做出判决。如果第二审“法院”违反了有关“法律”程序上的规定，但并不影响裁判的结果，只要不属于判决“法院”的组织不合法，依法应当回避的法官没有回避，违背专属管辖规定，当事人在诉讼中未经合法代理的，违背言辞辩论公开的规定等情形，那么第三审“法院”就不能废弃原判决。

二、再审程序

（一）再审的提起

再审之诉，是当事人对于业经确定的终局判决声明不服的方法。与大陆地区的审判监督程序不同的是，中国台湾地区民事再审之诉提起的主体仅限于案件当事人，“法院”不会依职权对案件进行再审，“检察机关”一般也不介入。再审之诉一般由当事人以再审诉状形式向原判决“法院”提出；但如果当事人对于同一案件的第一审和第二审判决同时声明不服，或者对于第三审判决声明不服，则向第二审“法院”提起。

提起再审之诉的期间为自判决确定时起 30 日不变期间，如再审事由再判决确定之后才知道的，则自知道该事由时起算。自判决确定时，或自再审事由发生时起超过 5 年的，就不得在提起再审之诉。

对于已经确定的裁定不服的，存在再审事由的，当事人亦可申请再审。

（二）再审的事由

本着一种纠错的精神，我国台湾地区“民事诉讼法”对再审的作了详尽而明确的规定。概言之，当事人可以提起再审之诉的理由如下：1、适用“法律”明显有错误；2、判决力由与主文存在明显矛盾；3、做出判决的“法院”的组织不合法；4、应当回避的“法官”参与审判；5、当事人在诉讼中没有经合法代理；6、当事人明知对方当事人的住所或居所，而称其所在不明而进行诉讼的（对方当事人已承认其诉讼程序的，不在此限）；7、参与审判的“法官”在诉讼中有违背职务的犯罪行为的；8、当事人的代理人，或对方当事人或其代理人有刑事违法行为，影响判决的；9、作为判决基础的证物是伪造或变造的；10、作为判决基础的证人证言或鉴定人的证言是虚假陈述的；11、作为判决基础的民事或刑事判决或其他行政处分，根据之后的确定裁判或行政处分已经变更的；12、当事人发现就同一诉讼标的在前已有确定的判决或和解、调解或得使用该判决或和解、调解的；13、当事人发现有未经斟酌的证物或得使用该证物的。对于以上事由，如果当事人在上诉中已经主张或者明知这些事由而不主张的，就不能再提起再审之诉。

此外，对于因为上诉得受利益未逾法定价额而不能上诉与第三审“法院”的案件，除以上规定的之外，如果足以影响判决的证物有遗漏而没有斟酌的，当事人亦可以提起再审之诉。同时，对于作为判决的基础的裁判，如果有以上情形的，亦可据此对该判决提起再审之诉。

（三）对再审之诉的处置

再审之诉的辩论与裁判，以当事人声明不服的部分为限；“法院”审理再审之诉的程序，适用关于该审级诉讼程序的规定。

当事人提起的再审之诉不合法，“法院”即以裁定方式直接驳回；如果再审之诉明显没有再审理由，“法院”就可以不经过言辞辩论而以判决驳回；如果再审之诉虽然有再审理由，但“法院”认为原判决为正常，也以判决驳回。再审之诉的判决，对于第三人在起诉以前善意取得的权利不产生影响。

第四节　中国台湾地区民事诉讼的特殊程序

一、概述

与通常民事诉讼程序相对应，我国台湾地区“民事诉讼法”还规定了一系列针对特殊事件的特殊程序。这些程序与我国大陆民事诉讼法的规定基本相同，在这里我们把它概括成一节。这些特殊的程序包括督促程序、保全程序和公示催告程序，都是以当事人的申请为启动程序的必要条件。由于中国台湾地区民事诉讼制度中的督促程序与公示催告程序在大陆地区民事诉讼制度中也有规定，并且大同小异，这里就不做赘述了。在这一节我们重点介绍一下中国台湾地区的保全程序。

二、保全程序

与大陆地区民事诉讼法关于财产保全的规定有所不同，中国台湾地区“民事诉讼法”的将保全程序区分为对财产的“假扣押”，以及对财产之外的请求的“假处分”。

“假扣押”主要针对债权人的金钱请求或者易为金钱请求的请求，并且可以针对没到期的请求做出。除非因为以后不能强制执行甚至难以强制执行，债权人不得提出假扣押的申请。假扣押的申请，由案件的管辖“法院”或者标的物所在地“法院”管辖。债务人可以提供对应金额的担保，从而免为执行或者撤销假扣押。假扣押的原因消灭或者债权人没有在一定期间内起诉（诉前保全），都应当撤销假扣押。如果假扣押因自始不当而被撤销，则债权人应当赔偿债务人因假扣押或者提供担保而受的损害。

“假处分”指的是债权人就金钱之外的请求，为保全强制执行，而向“法院”提出的申请。债权人申请“假处分”必须以因请求标的的现状并更，致使以后不能强制执行甚至难以强制执行为理由，否则不能提出。假处分一般由案件的管辖“法院”管辖，但情形急迫的可以由标的物所在地“法院”管辖。关于假扣押的规定大都适用于假处分，所不同的是，假处分得选任管理人并命令或者禁止债务人为一定行为，并且，非由特别情形，“法院”不得准许债务人以提供担保而撤销假处分。

第五节　中国台湾地区的家事事件程序

为适应2012年我国台湾地区所谓“家事事件法”的颁行实施，其所谓“民事诉讼法”在2013年修改时，删除了第九编“人事诉讼程序”，进一步分离了家事事件与民事诉讼的管辖“法院”。家事事件专由少年及家事“法院”处理；未设少年及家事“法院”的地区，则由地方“法院”家事“法庭”处理。

一、家事事件的类型

中国台湾地区所谓“家事事件法”将家事事件分成了5大类共40件，其中：

甲类事件包括：1、确认婚姻无效、婚姻关系存在或不存在事件；2、确定母再婚后所生子女生父事件；3、确认亲子关系存在或不存在事件；4、确认收养关系存在或不存在事件。

乙类事件包括：1、撤销婚姻事件；2、离婚事件；3、否认子女、认领子女事件；4、撤销收养、撤销终止收养事件。

丙类事件包括：1、因婚约无效、解除、撤销、违反婚约之损害赔偿、返还婚约赠与物事件；2、因婚姻无效、撤销婚姻、离婚、婚姻消灭之损害赔偿事件；3、夫妻财产之补偿、分配、分割、取回、返还及其他因夫妻财产关系所生请求事件；4、因判决终止收养关系给与相当金额事件；5、因监护所生损害赔偿事件；6、因继承回复、遗产分割、特留分、遗赠、确认遗嘱真伪或其他继承关系所生请求事件。

丁类事件包括：1、宣告死亡事件；2、撤销死亡宣告事件；3、失踪人财产管理事件；4、监护或辅助宣告事件；5、撤销监护或辅助宣告事件；6、定监护人、选任特别代理人事件；7、认可收养或终止收养、许可终止收养事件；8、亲属会议事件；9、抛弃继承、无人承认继承及其他继承事件；10、指定遗嘱执行人事件；11、儿童、少年或身心障碍者保护安置事件；12、停止紧急安置或强制住院事件；13、民事保护令事件。

戊类事件包括：1、因婚姻无效、撤销或离婚之给与赡养费事件；2、夫妻同居事件；3、指定夫妻住所事件；4、报告夫妻财产状况事件；5、给付家庭生活费用事件；6、宣告改用分别财产制事件；7、变更子女姓氏事件；8、定对于未成年子女权利义务之行使负担事件；9、交付子女事件；10、宣告停止亲权或监护权及撤销其宣告事件；11、监护人报告财产状况及监护人报酬事件；12、扶养事件；13、宣告终止收养关系事件。

其中，甲、乙两类属于身份关系事件，丙类是与身份有密切关联性的财产关系事件，丁类为严格的非讼事件，戊类为有讼争性因素的非讼事件。这些事件在中国台湾地区“民事诉讼法”2013年5月8日第20次修改之前，多由地方“法院”适用人事诉讼程序进行解决，修改之后，地方“法院”的人事诉讼程序取消，就都属于家事事件的管辖范围了。

二、家事事件程序的原则和制度

（一）专业处理原则

“家事事件法”明确规定家事事件由少年及家事“法院”或地方“法院”家事法庭处理；同时，少年及家事“法院”处理家事事件的“法官”，除了要求具备相关学识、经验以外，还要求具有热忱。

（二）程序不公开原则

为保护家庭成员的隐私与名誉，在发现真实之外也要尊重家庭制度，因此中国台湾地区所谓“家事事件法”规定家事事件的处理程序，除有特别规定之情形外，均不公开。

（三）职权调查事实及证据

由于家事事件多与身份关系有关，又往往涉及公益，因此在审理程序中，为使“法院”裁判与事实相符，并保护受裁判约束的利害关系第三人，便于统合处理家事纷争，鼓励实行职权探知主义，明确规定除“法律”另有规定外，“法院”可视个案具体情形，斟酌当事人所未提出之事实，依职权调查证据。

（四）社工陪同

未成年子女在家事诉讼或非讼程序中，有时需要表达意愿或陈述意见，或者需要出庭作证，为稳定、安抚其情绪，明确规定“法院”可视案件具体情况，通知社会工作人员或其他专业人员陪同出庭协助，以帮助其顺畅陈述。同时，为确保未成年人及其陪同人员的隐私与安全，“法院”亦需采取适当的必要措施

（五）程序监护人制度

家事事件程序中设计了程序监护人制度，程序监护人代当事人在诉讼以及非讼事件中进行程序性行为，保护其利益，并作为当事人与“法院”间沟通之桥梁，协助“法院”迅速妥善处理家事事件，从而利于促进程序经济，以及保护关系人的实体利益及程序利益。

（六）家事调查官

为发现家事纷争背后隐藏的真正问题，辅助“法院”厘清事实，解决家庭纷争，我国台湾地区所谓“《家事事件法》”明确规定家事调查官受“法官”之任命，以其专业社工、教育、心理、辅导等学识知能就特定事项进行调查，并协助“法官”分析家事事件个案所需的专业辅助，引入社会资源，妥善处理家事事件。

（七）强制调解原则

为妥善解决家庭成员间之纷争，家事事件在“法院”裁判前，一般应当让当事人先行调解，自主解决纷争，以期能重建或调整其身份及财产关系，故中国台湾地区所谓“家事事件法”明确规定调解前置程序，以建构替代性解决讼争的功能。

三、诉讼程序与非讼程序的交错运用

家事诉讼事件分为婚姻、亲子关系、撤销监护宣告及辅助宣告、撤销死亡宣告及继

承等事件。家事诉讼程序适用合并审理制度，以避免因诉讼类型的分化或请求权之差异，导致当事人必须分别提起数个诉讼，造成当事人无谓的费用支出及裁判之间互相矛盾。故中国台湾地区所谓“家事事件法”明确规定婚姻或亲子关系的诉讼事件要合并提起，或与基于同一原因事实的家事诉讼事件或家事非讼事件合并提起，以及变更、追加诉讼请求或反诉都需要合并审理裁判。

家事非讼事件分为婚姻、亲子、监护宣告及辅助宣告、死亡宣告、失踪人财产管理、收养、未成年人监护、定扶养费给付方法、继承、亲属会议及保护安置等事件，

中国台湾地区所谓“家事事件法”的立法初衷，就是在于交叉运用诉讼法理和非讼法理，妥善、迅速、统筹处理家事事件，维护人格尊严，同时保障性别地位平等，谋求未成年子女最佳利益，进而 健全社会共同生活。因此，家事事件中，家事诉讼与非讼的二元对立被打破，两者之间不再有泾渭分明的界限。在统合审理中，既可能在家事诉讼程序中涉及合并审理的家事非讼事件而运用非诉程序，也可能在存在家事非讼程序中涉及合并审理的家事诉讼事件而交错运用诉讼程序。

【学习总结与拓展】

【关键词】言辞辩论原则　一事不再理原则　三审终审制　自认视同自认事实之推定　一造辩论判决　假处分

【思考题】

1. 我国台湾地区民事诉讼有哪些原则和制度？
2. 我国台湾地区民事诉讼的第一审程序包括哪些内容？
3. 我国台湾地区民事诉讼的上诉审和再审是如何进行的？
4. 我国台湾地区民事特殊诉讼程序包括哪些？
5. 我国台湾地区家事事件程序有什么特点？

【阅读资料】

1. 我国台湾地区“民事诉讼法”（2013 年 5 月 8 日修订）。
2. 我国台湾地区“民事诉讼法实施法”（2013 年 5 月 8 日修订）。
3. 我国台湾地区“家事事件法”（2012 年 1 月 11 日颁布）。
4. 熊云辉：《简论中国台湾地区“民事诉讼法”修法的指导理论》，《司法改革论评》2014 年第 1 期。
5. 齐树洁：《中国台湾地区民事诉讼制度改革述评》，《法治研究》2011 年第 6 期。
6. 齐树洁、谢岚：《中国台湾地区民事诉讼当事人制度述评》，《中国台湾研究集刊》2000 年第 3 期。

参考文献

1. 中共中央文献研究室编. 习近平关于全面依法治国论述摘编［C］. 北京：中央文献出版社，2015.

2. 张卫平著. 民事诉讼法［M］. 北京：中国人民大学出版社，2015.

3. 江伟. 肖建国主编. 民事诉讼法（第七版）［M］. 北京：中国人民大学出版社，2015.

4. 王亚新著. 社会变革中的民事诉讼（增补版）［M］. 北京：北京大学出版社，2014.

5. 江伟主编. 民事诉讼法学（第二版）［M］. 北京：北京大学出版社，2014.

6. 常怡主编. 民事诉讼法学［M］. 北京：中国政法大学出版社，2013.

7. 陈永革主编. 民事诉讼学［M］. 北京：清华大学出版社，2013.

8. 季卫东. 法律程序的意义［M］. 北京：中国法制出版社，2012.

9. 江必新编著. 新民事诉讼法导读［M］. 北京：法律出版社，2012.

10. 张卫平等编. 民事诉讼法读本［M］. 上海：上海交通大学出版社，2011.

11. 江伟主编. 民事诉讼法学（第二版）［M］. 上海：复旦大学出版社，2010.

12. 张卫平著. 推开程序理性之门［M］. 北京：法律出版社，2008.

13. 常怡主编. 民事诉讼法学［M］. 北京：中国法制出版社，2008.

14. 陈永革主编. 民事诉讼学［M］. 北京：清华大学出版社，2008.

15. 蔡虹等著. 民事诉讼法学［M］. 北京：中国法制出版社，2008.

16. 宋朝武主编. 民事诉讼法学［M］. 北京：中国政法大学出版社，2008.

17. 田平安主编. 民事诉讼法原理（第三版）［M］. 厦门：厦门大学出版社，2007.

18. 谭兵主编. 中国民事诉讼制度变革与创新［M］. 北京：法律出版社，2007.

19. 李祖军著. 契合与超越：民事诉讼若干理论与实践［M］. 厦门：厦门大学出版社，2007.

20. 何文燕. 廖永安. 唐东楚. 陈文曲. 曾琼著. 民事诉讼理念变革与制度创新［M］. 北京：中国法制出版社，2007.

21. 赵钢著. 民事诉讼法学专题研究［M］. 北京：中国政法大学出版社，2006.

22. 廖中洪主编. 民事诉讼改革热点问题研究综述（1991－2005）［M］. 北京：中国检察出版社，2006.

23. 王德玲著. 民事检察监督制度研究［M］. 北京：中国法制出版社，2006.

24. 王亚新，傅郁林，范愉，徐昀，朱芒著. 法律程序运作的实证分析［M］. 北京：法律出版社，2005.

25. 张卫平著. 民事诉讼：关键词展开 [M]. 北京：中国人民大学出版社，2005.

26. 田平安主编. 21 世纪民事诉讼法学前沿系列：民事诉讼法原理（修订版）[M]. 厦门：厦门大学出版社，2005.

27. 夏蔚著. 民事强制执行研究 [M]. 北京：中国检察出版社，2005.

28. 江伟主编. 民事诉讼法（第二版）[M]. 北京：高等教育出版社，2005.

29. 唐德华主编. 民事诉讼理念与机制 [M]. 北京：中国政法大学出版社，2005.

30. 潭兵主编. 民事诉讼法学 [M]. 北京：法律出版社，2004.

31. 张卫平著. 民事诉讼法 [M]. 北京：法律出版社，2004.

32. 叶自强著. 中国民事诉讼法 [M]. 北京：法律出版社，2004.

33. 蔡虹著. 民事诉讼法学（修订本）[M]. 北京：中国法制出版社，2004.

34. 杨荣馨主编. 民事诉讼原理 [M]. 北京：法律出版社，2003.

35. 谭兵主编. 外国民事诉讼制度研究 [M]. 北京：法律出版社，2003.

36. 张卫平主编. 外国民事证据制度研究 [M]. 北京：清华大学出版社，2003.

37. 江伟主编. 民事诉讼法学 [M]. 北京：中共中央党校出版社，2003.

38. 陈永革主编. 民事诉讼法学 [M]. 成都：四川大学出版社，2003.

39. 陈界融著. 民事证据法：法典化研究 [M]. 北京：中国人民大学出版社，2003.

40. 沈达明. 比较民事诉讼法初论 [M]. 北京：中国法制出版社，2002.

41. 吴明童主编.，会主义市场经济条件下利益冲突解决机制研究 [M]. 西安：陕西人民出版社，2002.

42. 唐德华著. 民事诉讼法立法与适用 [M]. 北京：中国法制出版社，2002.

43. 李祖军主编. 民事诉讼法学论点要览 [M]. 北京：法律出版社，2001.

44. 王利明. 江伟. 黄松有主编. 中国民事证据的立法研究与应用 [M]. 北京：人民法院出版社，2000.

45. 张卫平主编. 民事诉讼法教程 [M]. 北京：法律出版社，1998.

46. 刘荣军. 诚实信用原则在民事诉讼中的适用 [J]. 法学研究，1998 (04).

47. 章武生主编. 民事诉讼法新论 [M]. 北京：法律出版社，1993.

48. 张文显著. 法学基本范畴研究 [M]. 北京：中国政法大学出版社，1992.

49. 柴发邦主编. 民事诉讼法学 [M]. 北京：法律出版社，1987.

后 记

民事诉讼法是中国特色社会主义法律体系中的基本部门法之一，民事诉讼法治是一道最终、权威地解决自然人、法人和非法人组织之间发生的民事经济利益纠纷冲突的国家司法防线与社会安全屏障，民事诉讼法学是一门研究民事诉讼法治的应用型基本学科，是高校法律专业核心课程之一。

在以习近平同志为核心的党中央领导下，党和国家全面推进加入 WTO 后我国社会主义市场经济的繁荣发展以及全球经济一体化和“一带一路”宏图实施，全面推进依法治国方略，加快构建和谐社会及全面建成小康社会，达到“两个一百年”奋斗目标，实现伟大中国梦的新形势下，民事诉讼法治与时俱进，经历 2007 年 10 月、2012 年 8 月、2017 年 6 月三次民诉修法已有很大的改革、完善，民事诉讼法学内容也在不断丰富深化、更新发展。为此，四川大学出版社于 2015 年上半年筹划并由四川大学本科教学督导委员会委员陈永革教授担纲组织法学院诉讼法教研室同仁与有关高校法学院系中具有丰富民事诉讼法学教学经验、国家民事司法实务体验的同行学者、法务工作者撰写了这本《民事诉讼法教程》，旨在贴近国家民事司法实务，完善高校民事诉讼法教学，推进民事诉讼法学教育与民事诉讼法治建设在不断丰富、更新中融合互动发展，培养大量合格的建设社会主义法治国家、和谐社会、小康社会所需的民事诉讼法治人才。

本书的特点是：(1) 思政性。坚持核心意识，以习近平关于全面依法治国论述为指导思想，把习近平同志“让人民群众从每一个司法案件中感受到公平正义”等加强诉讼法治建设一系列重要讲话精神以及在中国政法大学“五四”视察对当下法学教育的重要指示精神为贯穿全书写作的主旋律，且渗透在各个章节内容的正能量阐述之中供法学生、实务者领会、理解、掌握、运用，恪守高校意识形态领域思政规矩，划清积极借鉴人类社会民事诉讼法治优秀文明成果、有选择地吸收和转化世界上民事司法先进经验与囫囵吞枣、照搬照抄西方国家民事诉讼法律制度、吹捧全盘西化思想意识的明确界限，彰显中国特色社会主义民诉法学教育立德树人的思政效果。(2) 全面性。尽可能全面系统阐明民事诉讼、民事诉讼法、民事诉讼法学的基本概念、基本知识、基本原理，以及本学科研究新内容。(3) 学术性。与时俱进，及时把握我国民事诉讼法治改革最新进展，借鉴本学科研究的前沿性成果，并予学术梳理，适当地提出我们的观点。本书的体系结构及论述内容，以中国特色社会主义民事诉讼法治建设为主体，涵盖我国港、澳、台地区民事诉讼，尽展“一国两制”状态下的当代中国民事诉讼的完整图景，学科视野开，学术包容无遗，教研需求可供，这在目前我国民事诉讼法学著作中亦属拓荒首例。(4) 实务性。针对高校法学专业学生及民事司法实务需求者学习民事诉讼法基本知识，掌握民事诉讼法律规范，培养民事诉讼法治理论素养和基本的民事诉讼实务能力，适应民事诉讼法治实践的需要，及时吸纳最新颁布实施的国家立法、司法解释文件，包括全国人大常委会 2007 年 10 月、2012 年 8 月、2017 年 6 月三次修改后的《民事诉讼法》新规定及《法院适用民诉法解释》（法释〔2015〕5 号）、《检察院民诉监督规则》（高检发释字〔2013〕3 号）、《审理环境民事公益诉讼适用法律解释》（法释〔2015〕1 号）、《审理消费民事公益诉讼适用法律解释》（法释〔2016〕10 号）、《关于建立完善国家司法救助制度的意见（试行）》（中政委〔2014〕3 号）、《两高关于民事执行法律监督规定》（法发〔2016〕30 号）等等的基本规范内容，注重理论联系实际，使读者从本书寻找到可以解决民事诉讼实务问题的基本头绪。

本书的撰写以我国民事诉讼法学通说为基点，吸取了各撰写人平时教学科研、法务实践的经验和成果，也借鉴了其他同类教材的成功之处。由陈永革、张斌、李志萍、刘海蓉、潘庆林、崔霞担任主编并负责全书的统稿和定稿工作。全书各章撰写人及分工如下：

刘海蓉（四川大学法学院副教授）：第一章民事诉讼法概述、第二章民事诉讼法的历史沿革、第三章民事诉讼的基本原理。

高跃先（四川大学法学院副教授）：第四章民事诉讼法律关系、第五章民事诉讼的基本原则和基本制度、第六章管辖。

马丽芳（四川司法警官职业学院法学副教授）：第七章诉讼当事人、第八章诉讼代理人。

李志萍（成都师范学院法学教授）：第九章民事诉讼中的诉权和诉、第十五章诉讼费用、第二十二章特别程序第七、八节、第二十三章督促程序。

韦淇宁（广西壮族自治区人民检察院民事行政检察处检察官）：第十章民事诉讼中的证据与证明，以及部分章节中有关 2017 年 6 月 27 日全国人民代表大会常务委员会关于修改《中华人民共和国民事诉讼法》的决定、《人大授权检察公益诉讼试点决定》及《检察公益诉讼试点方案》、《检察公益诉讼试点办法》、《法院审理检察公益诉讼试点办法》和《两高关于民事执行法律监督规定》等最新人大立法、审判解释、检察解释文件中人民检察院提起民事公益诉讼及实施民事执行法律监督的内容增补阐述。

刘晴辉（四川大学法学院副教授）、虞丽琴（四川大学法学院 2014 级诉讼法研究生、云南北上律师事务所律师）、周竹青（四川大学法学院 2015 级诉讼法研究生）、董浙（四川大学法学院 2015 级诉讼法研究生）：第十一章法院调解、第十二章保全和先予执行、第十三章期间、送达、第十四章对妨害民事诉讼的强制措施。

王夏玮（四川宜宾学院法学院副教授）：第十六章第一审普通程序。

毛天媛（四川大学法学院副教授级图书馆员）：第十七章第一审简易程序、参考文献目录、主要论著书目索引。

罗文禄（四川大学法学院讲师）：第十八章公益诉讼、第十九章第三人撤销之诉。

张斌（四川大学法学院教授）、董浙（四川大学法学院 2015 级诉讼法研究生）周竹青（四川大学法学院 2015 级诉讼法研究生）：第二十章第二审程序、第二十一章审判监督程序、第二十二章特别程序第一、二、三、四、五、六节。

李勇军（四川大学出版社副编审）：第二十四章公示催告程序。

潘庆林（广西财经学院法学副教授）：第二十五章执行程序概述、第二十六章执行程序的一般规定、第二十七章执行启动、第二十八章执行措施与对妨害执行行为的强制措施、第二十八章执行措施与对妨害执行行为的强制措施、第二十九章暂缓执行、执行中止、执行终结、终结本次执行程序与执行结案、第三十章执行救济与执行监督。

崔霞（中共四川省委省直机关党校法学副教授、四川卓安律师事务所高级合伙人）：第三十一章涉外民事诉讼程序的特别规定、第三十二章涉外仲裁。

刘艳群（延安大学西安创新学院法学副教授）：第三十三章司法协助。

陈永革（四川大学法学院教授）：第三十四章海事诉讼特别程序法概述、第三十五章海事诉讼的受案范围、第三十六章海事诉讼管辖、第三十七章 海事请求保全、第三十八章海事强制令、第三十九章海事证据保全、第四十章海事担保、第四十一章海事审判程序特别规定。

邵宴生（四川省委党校法学部讲师）：第四十二章设立海事赔偿责任限制基金程序、第四十三章债权登记、确权诉讼与受偿程序及船舶优先权催告程序。

喻芳（西南民族大学法学院副教授）：第四十四章中国香港特别行政区民事诉讼。

张淑芬（四川师范大学文理学院法学副教授）：第四十五章中国澳门特别行政区民事诉讼。

孙燕（成都理工大学法学院讲师）：第四十六章中国台湾地区民事诉讼。

柯宁、卓敏（四川大学法学院教务办）：目录、必读法律文献附录、后记。

本书编辑出版，承四川大学法学院领导和四川大学出版社领导及李勇军编辑给予大力支持及辛勤劳动，在此致以深深的谢意！

作　者

2017年7月1日